中共六盘水市委
六盘水市人民政府　主办

六盘水年鉴

LIUPANSHUI YEARBOOK

2013

六盘水市地方志编纂委员会　编

方志出版社

图书在版编目（CIP）数据

六盘水年鉴 .2013/ 六盘水市地方志编纂委员会编
—北京：方志出版社，2013.12
ISBN 978-7-5144-1142-3

Ⅰ. ①六… Ⅱ. ①六… Ⅲ. ①六盘水市—2013 —年鉴
Ⅳ. ①Z527.33

中国版本图书馆 CIP 数据核字（2013）第 304743 号

六盘水年鉴（2013）

编　　者：六盘水市地方志编纂委员会
责任编辑：梅中英

出 版 者：方志出版社
（北京市东城区夕照寺 14 号院富瑞苑公寓 6 层）
邮编　100061
网址　http://www.fzph.org
发　　行：方志出版社发行中心
（010）67110500
经　　销：各地新华书店
法律顾问：北京高文律师事务所
印　　刷：昆明滇印彩印有限责任公司

开　　本：889×1194　　1/16
印　　张：31.75
字　　数：976 千字
版　　次：2013 年 12 月第 1 版　　2013 年 12 月第 1 次印刷
印　　数：0001 ～ 1000 册

ISBN 978-7-5144-1142-3/K・929　　定价 :200. 00 元

审图号：黔S(2008)020号

六盘水市旅游景点分布图

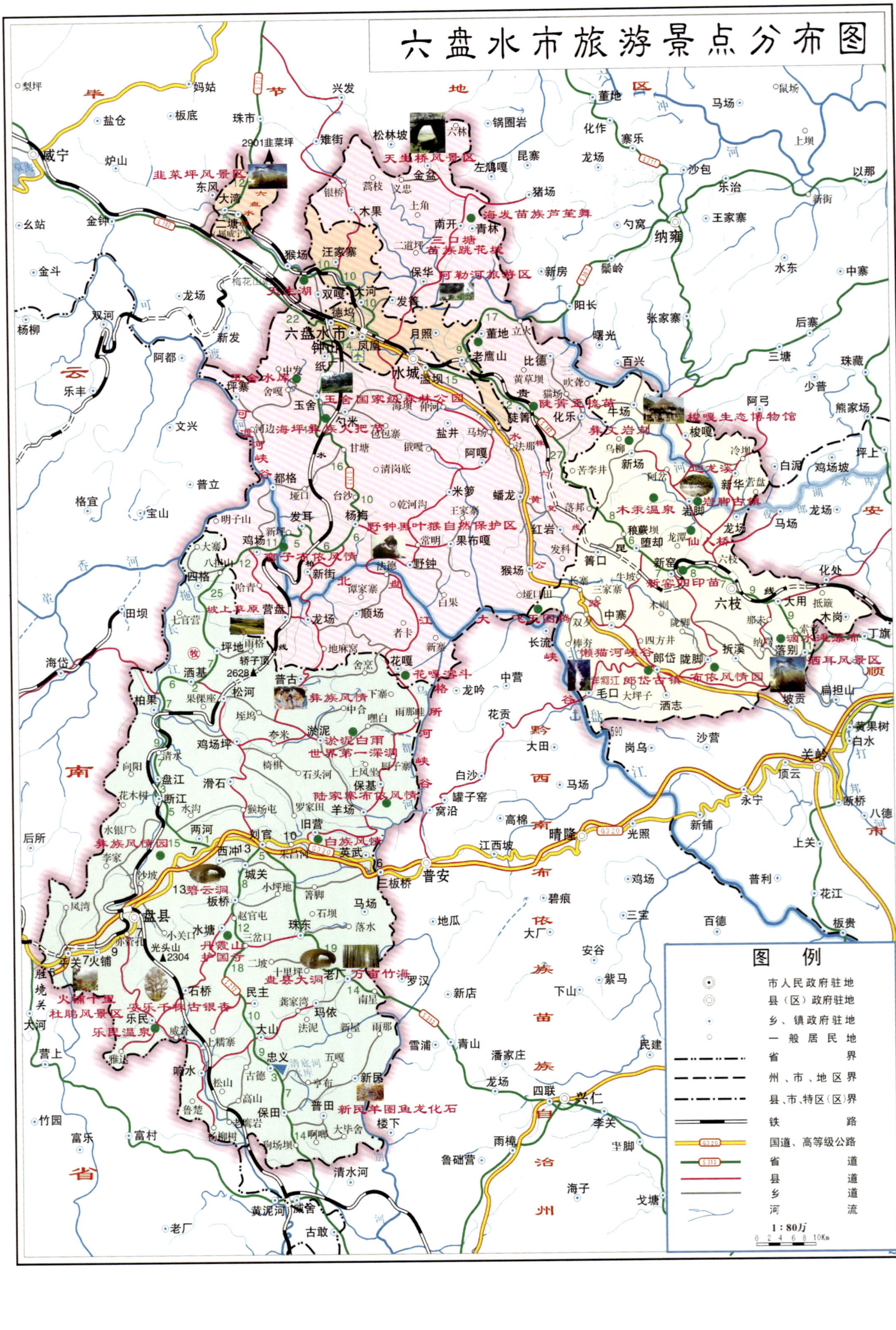

编辑说明

一、《六盘水年鉴》是中共六盘水市委、六盘水市人民政府主办，六盘水市地方志编纂委员会编辑出版的大型综合权威资料性文献，国内外公开发行。

二、《六盘水年鉴》于2000年创刊。本卷为 2013 年卷，登载 2012 年的内容，为了增强信息的时效性，保证资料的连续性和完整性，部分资料适当追溯或下延。

三、《六盘水年鉴》以马列主义、毛泽东思想、邓小平理论、“三个代表”重要思想和科学发展观为指导，坚持解放思想、实事求是、与时俱进的思想路线，坚持为人民服务、为社会主义服务、为富民兴市同步建成小康社会服务。内容着重反映2012年六盘水市在贯彻省委关于“加速发展，加快转型，推动跨越”主基调，“三化同步”主战略，继续深化改革和扩大开放，维护稳定，加强社会主义经济建设、政治建设、文化建设、社会建设和生态文明建设等方面的新举措、新进展、新成果、新经验、新问题，为社会各界了解和研究六盘水提供地情资料。

四、《六盘水年鉴》结构采取类目、分目、条目3个层次。2013卷分设35个类目：大事记，六盘水概况，七届人大代表及政协委员名录，领导人名录，中共六盘水市委，六盘水市人大常委会，六盘水市人民政府，政协六盘水市委员会，纪检监察，民主党派与工商联，人民武装，群众团体，法治工作，经济管理与监督，财政税务，金融保险，农业气象，工业地勘，建设环保，交通运输，信息产业，商业贸易，教育，科技卫生，文化体育旅游，新闻传媒，社会生活，县区概况，开发区建设，社会经济发展统计资料，特载，专文，文件选编，另设图片专辑和附录。

五、《六盘水年鉴》资料主要由市直各部门，各县、特区、区政府，各经济开发区管委会和有关群团企事业单位提供。原始资料由供稿单位主要负责人担任主审，资料可靠。

六、《六盘水年鉴》“社会经济发展统计资料”类目的数据由市统计局提供。由于各部门统计口径或数字资料来源不同，条目之间同一事项的统计数据有的不尽一致，使用时请以统计部门提供的数据为准。

六、《六盘水年鉴》在撰、编、印、发全过程中，得到各级党委政府、各有关部门和单位领导及社会各界人士的关心与支持，在此一并致谢！本年鉴由于篇幅较大，图文虽经多次审核、校对，但仍难免有差错和疏漏之处，恳请 广大读者批评指正。

六盘水市地方志编纂委员会

六盘水年鉴编辑部

图片专辑

目 录

图为六枝牂牁江景区（市旅游局 供图）

重要会议

2 月 12 日至 17 日，六盘水市第七届人大一次会议在市机关会场召开。（市人大 供稿）

市长何刚在市第七届人大一次会议上作政府工作报告。（市人大 供稿）

市人大常委会主任黄金在市第七届人大一次会议上作人大工作报告。（市人大 供稿）

2012 年新当选的六盘水市人大常委会班子成员合影。（市人大 供稿）

2月11日至16日，中国人民政治协商会议第七届六盘水市委员会第一次会议召开。
（市政协 供稿）

市政协主席唐方信在政协七届一次会议上作政协工作报告。
（市政协 供稿）

市委书记王晓光（左一）听取政协委员讨论政府工作报告。
（黄蜀锦 摄）

2012年新当选的六盘水市政协领导班子成员合影。（市政协 供稿）

2012年12月17日，中共六盘水市委六届二次全体会议召开。图为会议现场。（田中平 摄）

图为市委书记王晓光在市委六届二次全会上讲话。（田中平 摄）

图为市长何刚在市委六届二次全会上讲话。（田中平 摄）

2012年3月14日，全市宣传思想文化工作会议在市机关会场召开。
（田中平 摄）

市委书记王晓光（右一）在2012全市宣传思想工作表彰会上为获奖单位授牌。
（田中平 摄）

市委常委、市委宣传部部长杨宏远在2012年全市宣传思想工作会议上讲话。
（田中平 摄）

2012年2月24日，六盘水市开展"三忠诚"集中教育活动。图为新闻发布会现场。（田中平 摄）

2012年6月29日，六盘水市召开全市保持党的纯洁性教育动员大会。（薛云 摄）

2012 年 4 月 12 日，六盘水市召开承办第八届贵州旅游产业发展大会动员大会。（田中平 摄）

2012 年 6 月 29 日，六盘水市召开纪念中国共产党成立 91 周年暨创先争优表彰大会。（薛云 摄）

2012年5月3日，全市选派干部驻村任职表彰暨联乡驻村工作会议在市机关会场召开。图为会议现场。（田中平 摄）

2012年9月10日，六盘水市邀请环保部科学技术委员会委员彭近新在市机关会场作循环经济知识讲座。图为知识讲座现场。（田中平 摄）

2012 年 3 月 9 日，全市教育工作会议召开，图为会议现场。
（田中平 摄）

2012 年 5 月 18 日，全市高速公路建设动员大会会议现场。（田中平 摄）

2012 年 3 月 26 日，六盘水市召开扶持微型企业发展工作推进会。
（田中平 摄）

领导调研

2012 年 12 月 10 日，贵州省委副书记陈敏尔（左一）在六盘水市委书记王晓光（右一）、市长何刚（左二）陪同下，到凤凰山城市综合体视察。（黄蜀锦 摄）

2012 年 12 月 11 日，贵州省委副书记陈敏尔（右三）在市委书记王晓光（右二）、市长何刚（左二）的陪同下，到市公共资源交易中心督导检查工作。（黄蜀锦 摄）

2012年12月11日上午，贵州省委副书记陈敏尔（左二）在市委书记王晓光、市长何刚陪同下到首钢水城钢铁（集团）有限责任公司视察。（首钢水钢 供稿）

2012年6月26日至27日，贵州省委常委、副省长黄康生在六枝特区梭嘎乡、陇脚乡调研。图为黄康生（左一）在陇脚乡花德村生态鸭养殖基地询问村民刘远轮养鸭收入。（黄蜀锦 摄）

2012 年 6 月 25 日，贵州省委常委、省纪委书记宋璇涛（右二）到钟山区老鹰山镇和鑫小区搬迁安置点调研。市委书记王晓光（右一）、市长何刚（左一）陪同。　（田中平　摄影）

2012 年 6 月 14 日，贵州省副省长孙国强（左三）到水钢煤焦化干熄焦项目现场视察。市委书记王晓光（右三）、市长何刚（右二）、水钢相关领导陪同调研。（水钢煤焦化公司　供稿）

2012 年 1 月 22 日，农历除夕，市委书记王晓光，深入水矿集团公司汪家寨煤矿，慰问仍在坚守岗位的煤矿工人。图为王晓光（中）与煤矿工人在井下共吃年夜饭。　　（黄蜀锦 摄）

2012 年 7 月 13 日，市委书记王晓光（左二）接待群众信访。　　（田中平 摄）

2012 年当选的市领导简历

六盘水市七届人大一次会议选举产生的市人大领导成员简历

主　任
黄　金

黄金：男，汉族，1960年9月出生，贵州盘县人，1983年8月参加工作，1985年8月加入中国共产党，中央党校在职研究生学历。1979年9月至1983年8月，在贵州财经学院工业经济系计划统计专业学习；1983年8月至1987年9月，先后任贵州省六盘水市计划委员会财贸科工作员、科员；1987年9月至1988年10月，任贵州省六盘水市计划委员会财贸科副科长；1988年10月至1990年3月，任贵州省六盘水市计划委员会财贸科科长；1990年3月至1993年5月，任贵州省六盘水市计划委员会综合科科长；1993年5月至1996年8月，任贵州省六盘水市计划委员会副主任（其间：1994年9月至1995年1月，在省委党校中青班学习；1995年1月至1996年1月，挂职任盘县特区党委副书记）；1996年8月至2001年9月，任贵州省六盘水市计划委员会党组书记、主任（其间：1999年9月至2000年1月，在清华大学继续教育学院公共管理培训班学习）；2001年9月至2002年4月，任贵州省六盘水市发展计划委员会党组书记、主任（2000年3月至2003年1月，在中国人民大学国民经济管理专业研究生课程进修班学习）；2002年4月至2002年6月，任贵州省六盘水市政府副市长、党组成员，发展计划委员会党组书记、主任；2002年6月至2003年12月，任贵州省六盘水市政府副市长、党组成员（2000年9月至2003年7月，在中央党校研究生班政治经济学专业学习）；2003年12月至2004年1月，任贵州省六盘水市委常委，市政府副市长、党组成员；2004年1月至2010年1月，任贵州省六盘水市委常委，市政府常务副市长、党组副书记，市行政学院院长（其间：2008年4月至2008年9月挂职任环境保护部污染控制司副司长）；2010年1月至2010年2月，任贵州省六盘水市人大常委会党组书记；2010年2月起，任贵州省六盘水市人大常委会主任、党组书记。2012年2月当选为六盘水市第七届人大常委会主任。

副主任
杨明达

杨明达：男，彝族，1954年8月出生，贵州钟山人，1969年1月参加工作，1980年1月加入中国共产党，大学学历，政工师，助理经济师。1969年1月至1975年9月，任水城钢铁厂工作员；1975年9月至1978年9月，在贵州大学哲学系哲学专业学习；1978年9月至1980年12月，任共青团贵州省六盘水市委工作员；1980年12月至1984年2月，任共青团贵州省六盘水市委宣传部副部长；1984年2月至1985年1月，任贵州省六盘水市委直属机关党委宣传干事兼市委直属机关团委书记；1985年1月至1986年8月，任贵州省水城特区大河镇镇长（副县级）；1986年8月至 1987年6月，任贵州省六盘水市乡镇企业局副局长；1987年6月至1994年8月，任贵州省六盘水市开发集团总公司总经理、党委书记（1991年11月评为政工师）；1994年8月至1995年6月，任贵州省六盘水市开发集团总公司党委书记（其间：1994年8月至1995年1月，挂职任北京市朝阳区经委主任助理）；1995年6月至1995年12月，任贵州省六盘水市委副县级组织员；1995年12月至1996年10月，任贵州省水城县委副书记；1996月10日至1998年2月，任贵州省水城县委副书记，副县长；1998年2月至2002年1月，任贵州省水城县委副书记，县长（其间：2000年9月至2002年1月，在贵州省委党校法律专业学习）；2002年1月至2002年5月，任贵州省水城县委书记，县长；2002年5月至2004年8月，任贵州省水城县委书记，水城县人民武装部第一书记；2004年8月起，任贵州省六盘水市政府副市长、党组成员。2012年2月当选为六盘水市第七届人大常委会副主任。

副主任
陈光明

陈光明：男，汉族，1954年5月出生，重庆人，1971年1月参加工作，1973年7月加入中国共产党，省委党校在职大学学历。1971年1月至1977年11月，在解放军步兵某团某连当战士（其间：1972年6月至1974年6月，在昆明陆军学校某军军教导队步兵专业学习）；1977年11月至1981年2月，任解放军步兵某团某连某排排长；1981年2月至1983年9月，先后任解放军步兵某团某连副指导员、某连指导员；1983年9月至1985年12月，任解放军步兵某团后勤处协理员、某营副指导员；1985年12月至1988年5月，先后任贵州省六枝特区区委组织部干部科工作员、科长、副主任科员；1988年5月至1990年3月，任贵州省六枝特区区委组织部副部长；1990年3月至1990年10月，任贵州省六枝特区区委组织部第一副部长（正区级）；1990年10月至1994年12月，任贵州省六枝特区区委常委、组织部部长；1994年12月至1998年2月，任贵州省水城县委副书记［1994年9月至1997年6月，在贵州省委党校经济管理专业学习（函授大专）；1997年3月至1997年7月，在中央党校进修部进修二班学习］；1998年2月至1998年8月，任贵州省水城县委副书记（正县级）；1998年8月至2005年4月，任贵州省六盘水市劳动和社会保障局局长、党组书记［1997年9月至2000年7月，在贵州省委党校党政管理专业学习（函授本科）；1999年5月至2001年5月，在西南师范大学马克思理论与思想政治教育专业法学方向研究生课程班学习；2000年3月至2000年4月，参加劳动保障部组织的“劳动社会保障及法律法规”知识学习；2001年6月至2001年9月，在国家行政学院全国劳动社会保障厅局长班学习］；2005年4月至2005年8月，任贵州省六盘水市人大常委会副主任、党组成员；2005年8月起，任贵州省六盘水市人大常委会副主任、党组成员，市总工会主席。2012年2月当选为六盘水市第七届人大常委会副主任。

副主任
陶兴锐

陶兴锐：男，白族，1956年7月出生，贵州盘县人，1976年4月参加工作，无党派人士，省委党校在职大学学历。1976年4月至1985年5月，先后任贵州省盘县特区工商行政管理局市场股工作员、副股长；1985年5月至1993年8月，任贵州省盘县特区工商行政管理局副局长［其间：1985年9月至1988年9月，在贵州工商管理学校学习（函授中专）；1988年5月至1990年5月，在北京经济工商行政管理专业学习（函授大专）］；1993年8月至 1997年3月，任贵州省盘县特区工商联副主任委员；1997年3月至1999年3月，任贵州省盘县特区工商业联合会会长；1999年3月至2003年7月，任贵州省盘县政协副主席（不驻会）、工商业联合会会长；2003年7月至2008年8月，任贵州省六盘水市工商业联合会（总商会）会长［其间：2004年9月至2004年11月，在贵州省行政学院县长班学习；2005年3月至2007年7月，在贵州省委党校法律专业学习（函授本科）］；2008年8月至2009年2月，任贵州省六盘水市工商联（总商会）主席（会长）；2009年2月起，任贵州省六盘水市人大常委会副主任，市工商联（总商会）主席（会长）。2012年2月当选为六盘水市第七届人大常委会副主任。

副主任
杨龙政

杨龙政：男，白族，1958年7月出生，贵州盘县人，1980年8月参加工作，1986年7月加入中国共产党，省委党校在职大学学历。1978年3月至1980年8月，在贵州省六盘水市农校牧医专业学习；1980年8月至1982年10月，任贵州省六盘水市农校办公室工作员；1982年10月至1984年9月，任贵州省六盘水市农牧局人事科工作员；1984年9月至1986年7月，在贵州省农干院农业管理系农业管理专业学习；1986年7月至1988年5月，先后任贵州省六盘水市委组织部工作员、科员；1988年5月至1991年6月，先后任贵州省六盘水市委办公室副区级秘书、正区级秘书；1991年6月至1994年2月，任贵州省六盘水市委办公室秘书科长；1994年2月至1996年5月，任贵州省水城县县长助理（副县级）；1996年5月至1998年2月，任贵州省水城县副县长；1998年2月至2002年6月，任贵州省水城县县委副书记［其间：1998年9月至2001年7月，在贵州省委党校法律专业学习（函授本科）］；2002年6月至2002年7月，任贵州省六盘水市人事局局长、党组书记；2002年7月至2004年10月，任贵州省六盘水市委组织部副部长，市人事局局长、党组书记，六盘水市行政学院第一副院长；2004年10月至2004年11月，任贵州省水城县委书记，六盘水节行政学院第一副院长；2004年11月至2011年2月，任贵州省水城县委书记；2011年2月至2011年6月，任贵州省六盘水市人大常委会副主任，水城县委书记；2011年6月起，任贵州省六盘水市人大常委会副主任、党组成员。2012年2月当选为六盘水市第七届人大常委会副主任。

副主任
龙秋芳

龙秋芳：男，彝族，1958年6月出生，贵州盘县人，1977年6月参加工作，1980年3月加入中国共产党，省委党校在职大学学历。1977年6月至1979年11月，先后任贵州省六盘水地区（市）盘县特区乐民区广播员、会计；1979年11月至1982年5月，任贵州省六盘水市盘县特区乐民区金竹公社革委会副主任、管委会主任；1982年5月至1984年1月，任贵州省六盘水市盘县特区乐民区委秘书；1984年1月至1985年8月，任贵州省六盘水市盘县特区团委书记；1985年8月至1987年7月，在贵州省委党校党政干部培训班学习；1987年7月至1987年10月，任贵州省六盘水市盘县特区团委书记；1987年10月至1989年7月，任贵州省六盘水市盘县特区乐民区区长；1989年7月至1990年8月，任贵州省六盘水市盘县特区乐民区区委书记、区长；1990年8月至1994年6月，任贵州省六盘水市盘县特区区委组织部副部长；1994年6月至1998年3月，任贵州省六盘水市盘县特区区委常委、组织部部长（其间：1994年7月至1997年7月，在贵州省委党校经济管理专业学习）；1998年3月至1999年9月，任贵州省六盘水市盘县特区区委常委、常务副区长（其间：1998年5月至1998年11月，在国家煤炭工业局中煤建设集团公司企业发展部挂职任副主任）；1999年9月至2002年6月，任贵州省六盘水市盘县县委副书记、常务副县长；2002年6月至2003年6月，任贵州省六盘水市钟山区区委副书记、常务副区长；2003年6月至2004年2月，任贵州省六盘水市政府党组成员、副秘书长，市政府办公室副主任（主持工作）、党组副书记；2004年2月至2004年4月，任贵州省六盘水市政府党组成员、副秘书长，市政府办公室副主任（主持工作）、党组书记；2004年4月至2011年2月，任贵州省六盘水市政府党组成员、秘书长，市政府办公室主任、党组书记（其间：2006年3月至2006年5月，在贵州省委党校中青年干部调训班学习）；2011年2月至2011年5月，任贵州省六盘水市人大常委会副主任，市政府党组成员、秘书长，市政府办公室主任、党组书记；2011年5月起，任贵州省六盘水市人大常委会副主任、党组成员。2012年2月当选为六盘水市第七届人大常委会副主任。

副主任
阳松林

阳松林：男，壮族，1957年8月出生，广西临桂人，1976年1月参加工作，1984年12月加入中国共产党，省委党校在职大学学历。1976年1月至1980年9月，任贵州省盘江矿务局老屋基矿工作员；1980年9月至1982年7月，在贵州省六盘水师专中文系学习；1982年7月至1988年8月，先后任贵州省煤炭基本建设局六十六工程处宣传科干事、团委副书记、团委书记；1988年8月至1989年7月，任贵州省六盘水市团委工作员；1989年7月至1996年10月，先后任贵州省六盘水市政府办公室工交科科员、副主任科员、正科级秘书、科长；1996年10月至1999年1月，任贵州省六盘水市政府办公厅副主任［1996年9月至1999年7月，在贵州省委党校经济管理专业学习（函授本科）］；1999年1月至2000年10月，任贵州省六盘水市政府副秘书长；2000年10月至2004年6月，任贵州省六盘水市安全生产委员会办公室副主任（2000年9月至2002年7月，在贵州大学民商法方向研究生课程进修班学习）；2004年6月至2004年10月，任贵州省六盘水市政府经济发展研究室副主任、市政府体改办副主任（主持工作）；2004年10月至2005年4月，任贵州省六盘水市经济发展研究中心主任；2005年4月至2011年12月，任贵州省六盘水市人大常委会秘书长、办公室主任、机关党组书记、机关党委书记；2011年12月起，任贵州省六盘水市人大常委会党组成员、秘书长。2012年2月当选为六盘水市第七届人大常委会副主任。

副主任
刘 静

刘 静：女，汉族，1962年11月出生，贵州水城人，1982年8月参加工作，1987年6月加入中国共产党，省委党校在职大学学历。1980年9月至1982年8月，在贵阳师院六盘水大专班中文班学习；1982年8月至1984年8月，在贵州省六盘水市水城特区小山中学任教师；1984年8月至1988年5月，在贵州省六盘水市水城县委党校任教师（其间：1985年3月至1985年6月，在泉州黎明大学国民经济管理学师资班学习）；1988年5月至1989年3月，任共青团贵州省六盘水市钟山区委副书记（主持工作）；1989年3月至1995年5月，任共青团贵州省六盘水市钟山区委书记（其间：1990年4月至1990年5月，在中央团校团县委书记培训班学习）；1995年5月至2003年6月，任贵州省六盘水市钟山区委常委、宣传部部长［其间：1995年9月至1995年10月，在贵州省委党校宣传部长培训班学习；1995年9月至1998年6月，在贵州省委党校经济管理专业学习（函授本科）；1997年5月至1997年8月，挂职任大连市甘井子区政府区长助理］；2003年6月至2005年1月，任贵州省六盘水市钟山区委副书记（其间：2003年8月至2003年9月，在中国农业大学县级农业领导干部专题研究班学习）；2005年1月至2006年9月，任贵州省六盘水市委宣传部副部长、讲师团团长、市文明办主任（其间：2005年7月至2005年8月，在中宣部第28期地方党委宣传部长培训班学习；2006年4月至2006年5月，在中华女子学院妇女领导干部培训班学习）；2006年9月至2008年11月，任贵州省六盘水市委宣传部副部长、市文明办主任（其间：2007年 5月至2007年6月，在清华大学城市发展招商引资管理干部高级研修班学习）；2008年11月至2009年12月，任贵州省六盘水市委宣传部常务副部长、市文明办主任（其间：2009年4月，在中央文明办第一期地方文明办主任培训班学习）；2009年12月至2011年12月，任贵州省六盘水市委宣传部常务副部长；2011年12月起，任贵州省六盘水市人大常委会党组成员。2012年2月当选为六盘水市第七届人大常委会副主任。

副主任
高玉林

高玉林：男，汉族，1960年12月出生，辽宁法库人，1980年8月参加工作，1988年1月加入中国共产党，省委党校在职大学学历。1978年9月至1980年8月，在辽宁锦州师范学院阜新师专政教专业学习；1980年8月至1985年8月，在辽宁阜新市第二高中任教师［1980年4月至1984年5月，在辽宁大学历史系历史学专业学习（函授大专）］；1985年8月至1986年9月，在贵州省六枝特区党校任教师；1986年9月至1988年7月，在贵州省委党校党建理论专业学习；1988年7月至1990年8月，在贵州省六枝特区党校任教师；1990年8月至1994年12月，先后任贵州省六枝特区党委办公室秘书、秘书科科长、党委办公室副主任；1994年12月至1995年4月，任贵州省六枝特区党委办公室副主任（正科级）；1995年4月至1996年3月，任贵州省六盘水市委办公室正科级秘书；1996年3月至1996年8月，任贵州省六盘水市委办公室秘书科副科长（保留正科级）；1996年8月至1997年7月，任贵州省六盘水市委办公厅秘书一处处长；1997年7月至1998年1月，任贵州省六盘水市委办公厅秘书二处处长；1998年1月至1998年12月，任贵州省六盘水市委办公厅秘书一处处长（其间：1998年9月至1998年11月，在四川大学经济管理干部培训班学习）；1998年12月至2001年2月，任贵州省六盘水市委办公厅副主任；2001年2月至2005年4月，任贵州省六枝特区区委副书记；2005年4月至2006年3月，任贵州省六盘水市劳动和社会保障局局长、党组书记；2006年3月至2006年12月，任贵州省六盘水市钟山区区委副书记、代理区长，钟山经济开发区党工委副书记、管委会主任；2006年12月至2010年4月，任贵州省六盘水市钟山区区委副书记，区长，钟山经济开发区工委副书记、管委会主任；2010年4月至2011年9月，任贵州省六盘水市钟山区区委副书记，区长；2011年9月起，任贵州省六枝特区区委书记。2012年2月当选为六盘水市第七届人大常委会副主任。

六盘水市七届人大一次会议选举产生的市政府领导成员简历

市 长
何 刚

何 刚：男，汉族，1962年1月出生，河北乐亭人，1983年8月参加工作，1983年6月加入中国共产党，在职研究生学历，教授级高级工程师。1979年11月至1983年8月，在贵州工学院采矿系采煤专业学习；1983年8月至1988年10月，先后任盘江矿务局火铺矿实习技术员、主任、区长（1988年6月评为工程师）；1988年10月至1994年9月，任盘江矿务局月亮田矿总工程师（1994年7月评为高级工程师）；1994年9月至1996年3月，任盘江矿务局月亮田矿矿长；1996年3月至1997年6月，任盘江矿务局副局长；1997年6月至1997年9月，任盘江煤电（集团）有限责任公司副总经理、总工程师；1997年9月至2000年3月，任贵州省煤炭工业厅（贵州煤炭工业管理局）副厅长（副局长）、总工程师、党组成员（1996年9月至1998年7月，在中国社会科学院研究生院工业经济系企业管理专业学习）；2000年3月至2002年4月，任贵州煤矿安全监察局副局长、党组成员；2002年4月至2002年12月，任贵州煤矿安全监察局副局长、党组副书记（主持工作）；2002年12月至2004年3月，任贵州煤矿安全监察局局长、党组书记；2004年3月至2008年5月，任贵州省安全生产监督管理局局长、党组书记，贵州煤矿安全监察局局长、党组书记（2004年9月评为教授级高级工程师）；2008年5月至2008年6月，任贵州省六盘水市委副书记，贵州煤矿安全监察局局长；2008年6月至2009年2月，任贵州省六盘水市委副书记，副市长、代理市长（保留正厅长级）；2009年2月起，任贵州省六盘水市委副书记，市长。2012年2月当选为六盘水市人民政府市长。

副市长
周斯弼

周斯弼：男，汉族， 1964年12月出生，贵州盘县人，1986年8月参加工作，1989年11月加入中国共产党，省委党校在职研究生学历。1982年9月至1986年8月，在贵州农学院农学系农学专业学习；1986年8月至1990年1月，任贵州省盘县特区农业局助理农艺师，种子公司副经理；1990年1月至1993年8月任贵州省盘县特区政府办公室秘书、副股长、股长；1993年8月至1994年8月，任贵州省盘县特区政府办公室副主任；1994年8月至1995年1月，任贵州省六盘水市政府办公室农经科副主任科员；1995年1月至1995年9月，任贵州省六盘水市政府办公室常务办副主任；1995年9月至1996年10月，任贵州省六盘水市政府办公室常务办主任；1996年10月至1999年1月，任贵州省六盘水市政府副秘书长、政府办党组成员；1999年1月至2000年2月，任贵州省六盘水市政府副秘书长、政府办公厅主任、党组副书记；2000年2月至2002年6月，任贵州省六盘水市计划委员会（发展计划委员会）副主任、党组副书记（正县级）；2002年6月至2004年6月，任贵州省六盘水市发展计划委员会主任、党组书记；2004年06至2006年2月，任贵州省六盘水市发展和改革委员会主任、党组书记；2006年2月至2006年10月，任贵州省六盘水市副市长、党组成员；2006年10月至2012年2月，任贵州省六盘水市委常委、秘书长，市委办公室主任（其间：2007年9月至2010年6月在贵州省委党校在职研究生班公共管理专业学习）；2012年2月起，任贵州省六盘水市委常委、市政府常务副市长，市委秘书长、市委办公室主任。

副市长
魏树旺

魏树旺：男，汉族， 1967年12月出生，河北清苑人，1986年7月参加工作，1990年12月加入中国共产党，在职研究生学历，哲学硕士，法学博士。1983年9月至1986年7月，在河北省保定师范学校学习；1986年7月至1988年8月，任河北省望都县贾村中学教师；1988年8月至1992年7月，在北京师范大学哲学系思想政治专业学习；1992年7月至1996年11月，任北京师范大学团委干部、副书记（其间：1993年9月至1996年1月，在北京师范大学哲学系伦理学专业在职硕士研究生学习，获哲学硕士学位）；1996年11月至1997年11月，任团中央学校部中学中专处干部；1997年11月至1999年4月，任团中央学校部中学中专处正科级干部；1999年4月至2001年12月，任团中央学校部中学中专处副处长；2001年12月至2006年4月，任团中央学校部全国学联办公室主任（其间：2002年9月至2005年6月，在北京师范大学哲学系马克思主义理论与思想政治教育专业攻读在职博士研究生，获法学博士学位）；2006年4月至2006年11月，任团中央青年志愿者工作部副部长（副厅局级）；2006年11月至2006年12月，任国家信访局办信二司副司长（副局级）；2006年12月至2009年4月，任国家信访局办公室副主任（副局级）；2009年4月至2010年10月，任国家信访局机关服务中心（机关服务局）主任（局长）兼局办公室副主任（其间：2009年5月至2009年7月，在中央党校地厅级干部进修班学习）；2010年10月至2010年12月，任贵州省六盘水市委常委；2010年12月至2012年2月，任贵州省六盘水市委常委、钟山区委书记、钟山区人武部党委第一书记、钟山区国防动员委员会第一主任；2012年02至2012年6月，任贵州省六盘水市委常委、副市长、钟山区委书记、钟山区人武部党委第一书记、钟山区国防动员委员会第一主任；2012年6月起，任贵州省六盘水市委常委、副市长(其间：2012年9月1日起，在中央党校第33期中青班学习)。

副市长
范三川

范三川：男，汉族，1964年2月出生，四川成都人，1984年8月参加工作，民盟盟员，大学学历，副教授。1980年9月至1984年8月，在贵阳师范学院生物系生物专业学习；1984年8月至1997年1月，先后任贵州省六盘水师专教师、讲师、生物系副主任；1997年1月至1997年3月，任六盘水师专讲师、生物系副主任、民盟市委副主委；1997年4月至2000年7月，任贵州省六盘水师专图书馆馆长，民盟六盘水市委员会副主任委员（1999年12月评为副教授）；2000年 7月至2001年9月，任贵州省六盘水市教委副主任，民盟六盘水市委员会副主任委员；2001年9月至2002年4月，任贵州省六盘水市教育局副局长，民盟六盘水市委员会主任委员；2002年4月至2002年6月，任六盘水市政协副主席、民盟六盘水市委主委、六盘水市教育局副局长；2002年6月至2007年2月，任贵州省六盘水市政协副主席，民盟六盘水市委员会主任委员；2007年2月起，任贵州省六盘水市副市长，民盟六盘水市委员会主任委员（其间：2009年4月至2009年9月，挂职任国家煤矿安全监督局办公室副主任）。2012年2月当选为六盘水市人民政府副市长。

副市长
周宏文

周宏文：男，汉族，1967年1月出生，贵州贵阳人，1987年7月参加工作，1996年1月加入中国共产党，大学学历，项目管理硕士，工程技术应用研究员。1983年9月至1987年7月，重庆建筑工程学院工业与民用建筑专业学习；1987年7月至1996年2月，任贵州省建筑设计院设计三所助理工程师、工程师（其间：1990年1月至1991年2月，贵州省建筑设计院上海分院工作）；1996年2月至1998年2月，任贵州省建筑设计院设计三所副所长；1998年2月至2000年12月，贵州省建筑设计研究院设计三所所长（聘任）（1998年12月评为高级工程师、2000年11月通过全国考试获得国家一级注册结构工程师资格）；2000年12月至2001年11月，任贵州省建筑设计研究院设计三所所长（正处级）；2001年11月至2004年1月，任贵州省建筑设计研究院副院长（法人代表）、党委委员，（其间：2003年8月至2003年9月，在贵州省委党校中青年干部培训班学习）；2004年1月至2009年9月，任贵州省建筑设计研究院院长（副厅级）（法人代表）、党委委员，贵州省第十次党代会代表，贵阳市第十二届人民代表大会代表（其间：2002年5月至2004年11月，在贵州工业大学与加拿大魁北克大学席库提米分校合作举办的项目管理专业硕士学位课程班学习）；2007年12月至2008年1月，在贵州省委党校学习；2009年9月至2011年11月，任贵州省住房和城乡建设厅副厅长、党组成员（2009年12月评为工程技术应用研究员；2010年2月至2010年3月，在国家行政学院依法行政及行政法规地厅班学习；2010年3月至2011年2月，担任贵州省党建扶贫黔东南自治州剑河县工作队队长、县委副书记 ）；2011年11月起，任贵州省六盘水市人民政府副市长、党组成员。2012年2月当选为六盘水市人民政府副市长。

副市长
尹志华

尹志华：男，白族，1964年7月出生，贵州盘县人，1984年8月参加工作，1988年9月加入中国共产党，在职大学学历，高级工程师。1981年9月至1984年8月，在贵州省贵阳煤校采煤专业学习；1984年8月至1987年9月，任贵州省盘江矿务局火铺矿通风区技术员；1987年9月至1989年7月，在北京煤炭干部管理学院煤矿安全专业学习；1989年7月至1990年4月，任贵州省盘江矿务局火铺矿安检科技术员、技术主管；1990年4月至1995年11月，先后任贵州省盘江矿务局火铺矿通风区副区长、区长；1995年11月至1996年2月，任贵州省盘江矿务局救护大队大队长；1996年2月至1997年9月，任贵州省盘江矿务局通风处副处长；1997年9月至2000年7月，先后任贵州省盘江煤电（集团）公司安全监察局副局长兼总工程师、常务副局长；2000年7月至2007年2月，任贵州省盘江煤电（集团）有限责任公司月亮田矿矿长（其间：2002年9月至2004年7月，在贵州工业大学工商管理专业学习）；2007年2月至2009年1月，任贵州盘江煤电（集团）有限责任公司副总经理；2009年1月至2009年4月，任贵州盘江煤电（集团）有限责任公司副总经理，贵州遵义汇兴铁合金有限责任公司董事长、党委书记；2009年4月至2010年7月，任贵州盘江煤电（集团）有限责任公司董事、副总经理，贵州遵义汇兴铁合金有限责任公司董事长、党委书记；2010年7月至2011年4月，任贵州盘江投资控股（集团）有限责任公司副总经理、党委委员，贵州遵义汇兴铁合金有限责任公司董事长、党委书记；2011年4月至2011年11月，任贵州盘江投资控股（集团）有限责任公司副总经理、党委委员，贵州遵义汇兴铁合金有限责任公司副董事长、党委副书记（兼）；2011年11月起，任贵州省六盘水市政府副市长、党组成员。2012年2月当选为六盘水市人民政府副市长。

副市长
谢朝碧

谢朝碧：女，布依族，1958年6月出生，贵州大方人，1974年8月参加工作，1982年12月加入中国共产党，在职大学学历。1974年8月至1977年3月，在贵州省大方县理化区当知青；1977年3月至1979年8月，任贵州省水城特区军供站工作员；1979年8月至1984年8月，任贵州省水城特区人民防空战备办工作员；1984年8月至1987年8月，任贵州省水城特区区委组织部科员；1987年8月至1989年7月，在贵州省委党校民族班党政管理专业学习（大专）；1989年7月至1989年12月，任贵州省水城县委组织部秘书科科长；1989年12月至1992年9月，任贵州省水城县委组织部副主任科员；1992年9月至1993年8月，任贵州省水城县财政局副局长；1993年8月至1998年2月，任贵州省水城县财政局局长（其间：1993年9月至1996年7月，在贵州省高等教育自学考试政治经济专业学习）；1998年2月至1999年6月，任贵州省水城县副县长；1999年6月至2002年5月，任贵州省六盘水市财政局副局长（其间：2000年9月至2000年12月，在北京大学经济管理高级研修班学习）；2002年5月至2003年6月，任贵州省六盘水市财政局党组副书记、副局长（主持工作）；2003年6月至2009年2月，任贵州省六盘水市财政局局长、党组书记；2009年2月起，任贵州省六盘水市政府副市长、党组成员。2012年2月当选为六盘水市人民政府副市长。

副市长
付昭祥

付昭祥：男，汉族，1960年2月出生，贵州六枝人，1981年1月参加工作，1984年1月加入中国共产党，省委党校在职大学学历。1981年1月至1982年10月，在贵州省六盘水市六枝特区党校干训班学习；1982年10月至1983年3月，任贵州省六盘水市六枝特区牛场乡秘书；1983年3月至1990年9月，先后任贵州省六盘水市六枝特区新场区干事、秘书、办公室主任、黑塘乡党委书记，新场区委副书记、区长；1990年9月至1995年9月，任贵州省六盘水市六枝特区政府副区长［1995年7月至1997年5月，在贵州省委党校经济管理专业学习（函授大专）］；1995年9月至2001年9月，任贵州省六盘水市乡镇企业局副局长；2001年9月至2002年11月，任贵州省六盘水市政府副秘书长；2002年11月至2004年10月，任贵州省六盘水市政府副秘书长、市西电东送办公室常务副主任（正县级）［2003年9月至2006年3月，在贵州省委党校经济管理专业学习（函授本科）］；2004年10月至2006年4月，任贵州省六盘水市经贸委主任、党委副书记；2006年4月至2009年4月，任贵州省六盘水市发展和改革委员会主任、党组书记；2009年4月至2011年12月，任贵州省六盘水市发展和改革委员会主任、党组书记，六盘水月照机场有限责任公司总经理；2011年12月起，任贵州省六盘水市政府党组成员。2012年2月当选为六盘水市人民政府副市长。

政协六盘水市七届一次会议选举产生的市政协领导成员简历

主　席
唐方信

唐方信：男，汉族，生于1954年8月，贵州六枝人，中共党员，1970年10月参加工作，贵州大学物理系电子技术专业，贵州省委党校经济管理专业毕业。1970年10月至1972年6月，任湘黔铁路郎岱民兵团二营十连通讯员；1972年6月至1974年9月，任贵州省六枝矿务局凉水井矿工人；1974年9月至1977年9月，在贵州大学物理系电子技术专业学习；1977年9月至1982年7月，任贵州省六枝矿务局线路工区技术员；1982年7月至1984年9月，任贵州省六盘水市政府办公室副区级秘书；1984年9月至1986年1月，任贵州省六枝特区平寨镇副镇长；1986年1月至1988年12月，先后任贵州省六盘水市政府办公室副科长、科长；1988年12月至1992年12月，任贵州省六盘水市政府副秘书长；1992年12月至1994年6月，任贵州省六盘水市政府办党组书记、政府副秘书长；1994年6月至1997年4月，任贵州省六盘水市政府秘书长、党组成员、政府办党组书记；1997年4月至1997年6月，任贵州省六盘水市政协副主席；1997年6月至1998年5月，任贵州省六盘水市政协副主席、市委统战部部长［1994年7月至1997年9月；在贵州省委党校经济管理专业学习（函授大学）］；1998年5月至1998年6月，任贵州省六盘水市委常委、市委统战部部长、市政协副主席；1998年6月至1998年8月，任贵州省六盘水市委常委、市委宣传部部长、市委统战部部长、市政协副主席；1998年8月至1998年10月，任贵州省六盘水市委常委、市委宣传部部长、市政协副主席；1998年10月至1999年4月，任贵州省六盘水市委常委、市委宣传部部长、市政协副主席、市总工会主席（政协贵州省第七届委员会委员）；1999年4月至2005年3月，任贵州省六盘水市委常委、市委宣传部部长、市总工会主席（其间：1999年10月至2000年1月在清华大学高级研修班学习结业，2004年3月至2004年5月在贵州省委党校地厅班学习结业，任全国总工会第十三、十四届委员会执行委员）；2005年3月至2005年7月，任贵州省六盘水市委副书记、市委宣传部部长、市总工会主席；2005年7月至2005年8月，任贵州省六盘水市委副书记、市总工会主席；2005年8月至2006年12月，任贵州省六盘水市委副书记；2006年12月至2007年2月，任贵州省六盘水市政协党组书记；2007年2月至2012年2月，任贵州省六盘水市政协第六届委员会党组书记、主席；2012年2月当选为政协第七届六盘水市委员会主席。

副主席
王兴建

王兴建：男，汉族，生于1957年10月，山东范县人，中共党员，1974年9月参加工作，贵州大学法律系法学专业毕业。1974年9月至1976年3月，任贵州省六枝特区岩脚区知青；1976年3月至1980年3月，任中国人民解放军某部队战士、班长、文书；1980年3月至1980年7月，任贵州省六盘水市中级人民法院工作员；1980年7月至1985年12月，先后任贵州省六盘水市司法局工作员、副科长；1985年12月至1989年3月，任贵州省六盘水市司法局公证律师管理科科长［其间：1984年9月至1987年7月，在西南政法学院法律专业学习（函授大专），1987年3月获律师资格］；1989年3月至1998年5月，任贵州省六盘水市司法局副局长、党组成员（其间：1994年3月至1994年7月，在贵州省委党校中青班学习）；1998年5月至2002年1月，任贵州省六盘水市纪委副书记；2002年1月至2002年4月，任贵州省六盘水市人民检察院党组副书记、常务副检察长；2002年4月至2002年7月，任贵州省六盘水市人民检察院党组书记、检察长；2002年7月至2006年11月，任贵州省六盘水市人民检察院党组书记、检察长，市委政法委副书记（其间：2004年3月至2006年1月在贵州大学法学专业本科班学习）；2006年11月至2006年12月，任贵州省六盘水市人民检察院副厅级检察员；2006年12月至2007年2月，任贵州省六盘水市政协党组副书记、市人民检察院副厅级检察员；2007年2月至2012年2月，任贵州省六盘水市政协第六届委员会党组副书记、副主席；2012年2月当选为政协第七届六盘水市委员会副主席。

副主席
田满华

田满华：男，贵州盘县人，生于1957年1月，1980年2月参加工作，1989年5月加入民进党派。1977年2月至1980年2月，在贵阳师范学院历史系历史专业学习；1980年2月至1995年9月，任贵州省六盘水市一中历史教师、史地教研组组长、教务处副主任、主任（1989年3月加入民进）；1995年9月至1996年12月，任贵州省六盘水市一中副校长；1996年12月至1998年8月，任贵州省六盘水市一中副校长、民进贵州省六盘水市第一届委员会副主任委员(不驻会)；1998年8月至2000年10月，任贵州省六盘水市一中校长、民进贵州省六盘水市第一届委员会副主任委员(不驻会)；2000年10月至2001年9月，任民进贵州省六盘水市第一届委员会副主任委员；2001年9月至2002年4月，任民进贵州省六盘水市第二届委员会主任委员；2002年4月至2006年8月，任贵州省六盘水市政协副主席、民进六盘水市第二届委员会主任委员；2006年8月至2011年8月，任贵州省六盘水市政协副主席、民进六盘水市第三届委员会主任委员；2011年8月至2012年2月，任贵州省六盘水市政协第六届委员会副主席、民进六盘水市第四届委员会主任委员；2012年2月当选为政协第七届六盘水市委员会副主席。

副主席
张俊昌

张俊昌：男，汉族，1954年5月生，山东青岛人，1970年入伍，毕业于昆明军区军医学校。1970年12月至1974年3月，任中国人民解放军某医院战士；1974年3月至1975年12月，在昆明军区军医学校医疗专业学习；1975年12月至1976年11月，任中国人民解放军某医院医生；1976年11月至1995年3月，先后任贵州省六盘水煤机厂职工医院医士、主治医师、副院长、院长（1988年10月获主治医师资格）；1995年3月至1997年3月，任贵州省六盘水煤机厂生活服务公司副总经理、总经理兼职工医院院长；1997年3月至1998年2月，任贵州省六盘水煤机厂生活服务公司总经理兼职工医院院长、九三学社贵州省六盘水市第三届委员会副主委（不驻会）；1998年2月至2000年4月，任贵州省六盘水煤机厂副厂长、九三学社贵州省六盘水市第三届委员会副主委（不驻会）；2000年4月至2001年9月，任九三学社贵州省六盘水市第三届委员会副主委；2001年9月至2002年4月，任九三学社贵州省六盘水市第四届委员会主任委员；2002年4月至2006年8月，任贵州省六盘水市政协第五届委员会副主席、九三学社六盘水市第四届委员会主任委员［其间：2003年9月至2005年8月在贵州省委党校法律专业学习（函授本科）］；2006年8月至2007年2月，任贵州省六盘水市政协第五届委员会副主席、九三学社六盘水市第五届委员会主任委员；2007年2月至2011年8月，任贵州省六盘水市政协第六届委员会副主席,九三学社六盘水市第五届委员会主任委员、六盘水社会主义学院院长；2011年8月至2012年2月，任贵州省六盘水市政协第六届委员会副主席，九三学社六盘水市第六届委员会主任委员、六盘水社会主义学院院长；2012年2月当选为政协第七届六盘水市委员会副主席。

副主席
聂志权

聂志权：男，汉族，生于1957年7月，贵州遵义人，1974年9月参加工作，贵阳师院六盘水大专班教育管理专业，贵州省教育学院教育管理专业毕业。1974年9月至1975年12月，任贵州省六枝矿务局乌速龙农场知青；1975年12月至1978年5月，任贵州省盘江矿务局老屋基矿工人；1978年5月至1979年8月，在贵阳师范学院六盘水大专班物理专业学习；1979年8月至1989年9月，任贵州省六枝特区第三中学教师、教导主任；1989年9月至1991年7月，在贵州省教育学院教育管理系教育管理专业学习；1991年7月至1994年7月，任贵州省六枝特区第三中学副校长；1994年7月至1995年8月，任贵州省六枝特区第四中学筹备组办公室负责人；1995年8月至1999年1月，任贵州省六枝特区第四中学校长；1999年1月至1999年6月，任贵州省六枝特区政府副区长兼六枝特区第四中学校长；1999年6月至2002年4月，任贵州省六枝特区政府副区长；2002年4月至2002年6月，任贵州省六盘水市政协第五届委员会副主席、六枝特区政府副区长；2002年6月至2007年2月，任贵州省六盘水市政协第五届委员会副主席；2007年2月至2012年2月，任贵州省六盘水市政协第六届委员会副主席（2004年9月至2007年7月贵州省委党校经济学研究生班学习）；2012年2月当选为政协第七届六盘水市委员会副主席。

副主席
邓　刚

邓刚：男，苗族，生于1959年10月，贵州盘县人，中共党员，1980年8月参加工作，中国青年政治学院，贵州省委党校国民经济管理专业毕业。1977年3月至1980年8月，在贵州省六盘水市农校农学专业学习；1980年8月至1984年4月，任贵州省六盘水市团委工作员；1984年4月至1985年8月，任贵州省六盘水市青年联合会筹委会副秘书长、青年联合会副秘书长（副科级）（其间：1984年7月至1985年8月在贵州省盘县特区盘江镇挂任副镇长）；1985年8月至1987年8月在中央团校政教专业学习；1987年8月至1987年11月，任贵州省六盘水市青年联合会副秘书长（副科级）；1987年11月至1988年5月，任贵州省六盘水市团委青农部副部长；1988年5月至1988年9月，任贵州省六盘水市监察局监察科副科长；1988年9月至1993年6月，任贵州省六盘水市人大民委办公室主任；1993年6月至1994年12月，任贵州省六盘水市人大民委副主任（其间：1994年9月至1994年11月在贵州省委党校民干班学习）；1994年12月至1996年12月，任贵州省六盘水市人大副秘书长；1996年12月至1998年2月，任贵州省六盘水市人大副秘书长、办公厅主任；1998年2月至2001年9月，任贵州省六盘水市民族事务委员会主任、党组副书记［其间：1996年9月至1999年7月在贵州省委党校经济管理专业学习（函授本科）］；2001年9月至2002年12月，任贵州省六盘水市民族宗教事务局局长、党组副书记（其间：2000年9月至2002年7月在中央民族大学政治经济学专业研究生课程班学习）；2002年12月至2005年4月，任贵州省六盘水市委统战部副部长，市民族宗教事务局局长、党组副书记；2005年4月至2007年2月，任贵州省六盘水市政协第五届委员会副主席、党组成员；2007年2月至2012年2月，任贵州省六盘水市政协第六届委员会副主席、党组成员；2012年2月当选为政协第七届六盘水市委员会副主席。

副主席
赵泽义

赵泽义：男，汉族，生于1957年10月，贵州水城人，1974年10月参加工作，贵州省委党校经济管理专业毕业。1974年10月至1976年2月，任贵州省水城特区比德区知青；1976年2月至1980年6月，任贵州省水城特区猫场公社工作员；1980年6月至1982年7月，任贵州省水城特区吹聋公社副主任；1982年7月至1983年9月，任贵州省水城特区比德派出所副所长；1983年9月至1985年7月，在贵州省六盘水市委党校党政专业大专班学习；1985年7月至1986年10月，任贵州省水城特区整党办工作员；1986年10月至1988年5月，任贵州省水城特区区委组织部组织科科长；1988年5月至1992年11月，任贵州省六盘水市钟山区区委组织部副部长；1992年11月至1995年6月，任贵州省六盘水市钟山区区委组织部副部长（正科级）；1995年6月至1997年12月，任贵州省六盘水市钟山区区委常委、组织部部长；1997年12月至1998年3月，任贵州省六盘水市直属机关工委副书记；1998年3月至1999年2月，任贵州省盘县县委副书记［1995年8月至1998年7月在贵州省委党校经济管理专业本科班学习（函授）］；1999年2月至2002年6月，任贵州省六盘水市委组织部副部长；2002年6月至2003年6月，任贵州省六盘水市建设局党组书记、副局长；2003年6月至2007年2月，任贵州省六盘水市建设局局长、党组书记；2007年2月至2007年4月，任贵州省六盘水市政协副主席、党组成员，市委统战部部长，市建设局局长、党组书记；2007年4月至2012年2月，任贵州省六盘水市政协第六届委员会副主席、党组成员，市委统战部部长；2012年2月当选为政协第七届六盘水市委员会副主席。

副主席
滕树红

滕树红：女，汉族，生于1960年5月，贵州人，1975年9月参加工作，2000年4月加入民建党派，中国人民大学贸易商业企业管理专业、贵州省委党校经济管理专业研究生毕业。1975年8月至1978年3月，任贵州省六枝特区商业局农场知青；1978年3月至1979年12月，在贵州省商业学校统计专业学习；1979年12月至1984年9月，任贵州省六盘水市商校教师；1984年9月至1986年7月，在中国人民大学贸易系商业企业管理专业学习；1986年7月至1989年6月，任贵州省六盘水市商校教师；1989年6月至1992年10月，任贵州省六盘水市经济社会发展研究中心工作员、副科长；1992年10月至2001年9月，任贵州省六盘水市钟山经济开发区管委会招商处副科级干部、处长［其间：1994年9月至1997年7月在贵州省委党校经济管理专业学习（函授本科）；1997年5月至1997年9月在上海经干院中青班学习，2000年4月加入民建，1995年2月获经济师职称］；2001年9月至2002年12月，任民建六盘水市委副主委，钟山经济开发区管委会招商处处长；2002年12月至2006年8月，任民建六盘水市委副主委，钟山经济开发区经济发展局（招商局）局长；2006年8月至2007年2月，任民建六盘水市委主委，钟山经济开发区经济发展局（招商局）局长；2007年2月至2011年8月，任贵州省六盘水市政协第六届委员会副主席、民建六盘水市第三届委员会主任委员（其间：2007年9月至2010年9月在省委党校公共管理研究生班学习）；2011年8月至2012年2月，任贵州省六盘水市政协第六届委员会副主席、民建六盘水市第四届委员会主任委员；2012年2月当选为政协第七届六盘水市委员会副主席。

副主席
吴文祥

吴文祥：男，汉族，生于1956年10月，贵州盘县人，中共党员，1974年12月参加工作，长沙工程兵学院工兵专业毕业。1974年12月至1975年3月，任基建工程兵某大队战士；1975年3月至1975年10月，任河北地质学院经济管理系学员；1975年10月至1983年5月，任基建工程兵某大队计划统计员、计划统计参谋；1983年5月至1985年12月，任乌鲁木齐军区某团作训参谋；1985年12月至1988年9月，任兰州军区某团军务参谋(其间：1986年8月至1989年6月任长沙工程兵学院学员）；1988年9月至1992年5月，任贵州省六盘水市委组织部干部科科员，副主任科员；1992年5月至1995年3月，任贵州省六盘水市委组织部青干科科长；1995年3月至1996年6月，任贵州省六盘水市委组织部干部科科长；1996年6月至1996年10月，任贵州省六盘水市委副县级组织员、市委组织部干部科科长；1996年10月至1999年6月，任贵州省六盘水市委组织部副部长；1999年6月至2004年10月，任贵州省六盘水市钟山区委副书记(其间:2002年10月至2002年11月在清华大学继续教育学院现代公共管理进修班学习)；2004年10月至2004年11月，任贵州省六盘水市人事局局长、党组书记；2004年11月至2008年10月，任贵州省六盘水市人事局局长、党组书记，市委组织部副部长，市行政学院第一副院长；2008年10月至2012年2月，任贵州省六盘水市委组织部常务副部长，市人大选举任免联络委员会副主任委员；2012年2月当选为政协第七届六盘水市委员会副主席。

项目建设与招商合作

2012 年 9 月 27 日，总投资 375.7 亿元的 283 个项目集中开工仪式在盘县英武乡朱昌河畔举行。图为市委书记王晓光宣布开工。

2012 年 3 月 20 日，建设中的水盘高速公路。（朱祖雄 摄）

2012 年 12 月 15 日，六盘水市月照机场施工现场。（黄蜀锦 摄）

2012 年 3 月 30 日，全市第二批 200 个项目在六枝特区循环经济园举行集中开工仪式。图为省、市领导为路喜循环经济园区奠基。
（六枝政府办 供稿）

2012 年 4 月 1 日，市委常委、副市长、钟山区区委书记魏树旺宣布三线文化广场暨老城旧城改造项目开工。（黄蜀锦 摄）

2012 年 3 月 5 日，贵州省国土资源厅与市人民政府签订数字六盘水地理空间框架建设协议。
（市国土局 供稿）

2012 年 12 月 12 日，凉都体育中心项目工地上，施工人员在捆扎钢筋。（黄蜀锦 摄）

2012 年 6 月 28 日，六盘水市 2012 年第三季度 200 个项目暨凤凰山城市综合体项目集中开工。（黄蜀锦　摄）

2012 年 5 月 10 日，盘县柏果镇黔桂天能焦化 200 万吨循环经济型煤焦化项目建设施工现场。（黄蜀锦　摄）

2012 年 5 月 9 日，盘县四格乡坡上牧场，正在安装的风电机组。（黄蜀锦　摄）

2012 年 8 月 1 日，市政府在上海举行的 2012 年六盘水市重点招商项目上海合作洽谈会上，与 5 家企业签约，投资总额达 43.2 亿元，达成意向性合作投资额为 106 亿元。（黄蜀锦 摄）

2012 年 9 月 29 日，钟山区人民政府与福建隆德集团项目招商签约现场。（安静 摄）

2012 年 6 月 18 日，市政府与四川省川威集团有限公司签约，凤凰山片区土地整理暨城市综合体全面启动。（黄蜀锦 摄）

2012 年 3 月 12 日，市委组织部与兖矿集团贵州能化有限公司举行招商引资战略合作框架协议签约仪式，兖矿贵州能化拟投资 4 亿多元，在六盘水市进一步发展煤炭产业。（黄蜀锦 摄）

2012 年 3 月 29 日，毕节市、六盘水市和黔西南州在六盘水召开毕水兴能源资源富集区发展研讨会。（田中平 摄）

2012 年 8 月 19 日，第三届川滇黔十市州合作与发展峰会在六盘水市举行。图为峰会现场。（高翀 摄）

2012 年 8 月 19 日，川滇黔合作发展峰会六盘水项目签约仪式现场。（高翀 摄）

2012 年 8 月 19 日，川滇黔合作发展峰会商务局长联席会现场。（高翀 摄）

2012 年 11 月 3 日，市政府与省扶贫开发办公室“办市合作”签约仪式。（市扶贫局 供稿）

城镇化建设

2012 年 3 月 16 日，市委书记王晓光（左四）在现场听取水城老城棚户区改造工作汇报。
（高锡杰 摄）

2012 年水城老城全景。（高锡杰 摄）

2012年建设中的六盘水市城市东片区。（高锡杰 摄）

2012 年 8 月 16 日，
建成后的明湖湿地公园。
（郭君海 摄）

2012 年盘县
红果新城一角。
（郑克顺 摄）

2012 年 11 月 17 日，凤凰山城市综合体开发项目建设场景。（高锡杰 摄）

2012 年盘县淤泥乡彝族风情街。（盘县地方志办　供稿）

2012 年盘县淤泥乡小城镇全貌。（盘县地方志办 供稿）

2012 年 6 月 29 日，人民路暨城市西片区改造建设场景。（高锡杰摄）

2012 年 11 月 17 日，建设中的钟山区德坞新区。（高锡杰 摄）

2012 年盘县红果新城一角。（盘县地方志办 供稿）

2012 年 11 月 9 日，建设中的钟山区杨柳新区。（高锡杰 摄）

新型工业化

2012 年 10 月 11 日，市委书记王晓光（右二）、市长何刚（右一）、市人大常委会主任黄金（左一）在六枝观摩工业园区。（田中平 摄）

2012 年 8 月 30 日，市委书记王晓光（左二）在红桥工业园区调研。（田中平 摄）

2012 年改扩建中的盘县天能焦化厂 。(盘县地方志办 供稿)

2012 年 6 月 26 日上午 10 时，水钢富余煤气利用发电技术改造项目竣工投产。 (首钢水钢动力厂 供稿)

2012 年水城县百亿投资企业双元铝业。(水城县政府办 供稿)

2012 年水城发耳煤业外景图。(水城县政府办 供稿)

2012年首钢水钢新轧线生产场景。（首钢水钢党委宣传部　供稿）

2012年首钢水钢炼钢连铸生产线场景。（首钢水钢党委宣传部　供稿）

2012 年水城县工业园区勇能特种煤机（煤化工）装备制造项目厂房。
（水城县政府办　供稿）

2012 年水城发耳电厂外景。（水城县政府办　供稿）

2012 年盘江股份井下紧急避险系统全面建成。（盘江股份　供稿）

农业现代化

2012 年六盘水“四在农家”建设——水城县龙场乡农屋。（市文明办 供稿）

社会主义新农村建设——2012 年盘县平关镇石脑村。（盘县地方志办 供稿）

2012 年水城县纸厂乡蔬菜大棚。（水城县政府办　供稿）

2012 年钟山区月照乡独山村“四在农家”建设。（苏刚　摄）

2012 年钟山区立信农业循环经济示范园。（高锡杰 摄）

2012 年钟山区大河镇大箐村农居。（高锡杰 摄）

2012 年六盘水“四在农家”建设——六枝特区陇脚乡生态鸭养殖基地。（市文明办 供稿）

2012 年建成的六枝特区郎岱镇阿乐村农民多功能信息服务站。（田中平 摄）

2012 年盘县滑石乡核桃苗繁育基地。（盘县地方志办供稿）

12 月 27 日，钟山区凤凰街道办松树坪村的六盘水市微型企业特色农业产业科技孵化园，一微型企业工作人员正在培育脱毒马铃薯试管苗。（黄蜀锦 摄）

2012 年盘县滑石乡岩脚村广场。（盘县地方志办 供稿）

2012 年盘县淤泥乡彝舞广场。　　（盘县地方志办 供稿）

2012 年钟山区汪家寨宏裕现代化种猪养殖场。（高锡杰 摄）

社会管理与服务

2012 年《当代六盘水》杂志获“全国十佳党刊”称号。
（田中平 摄）

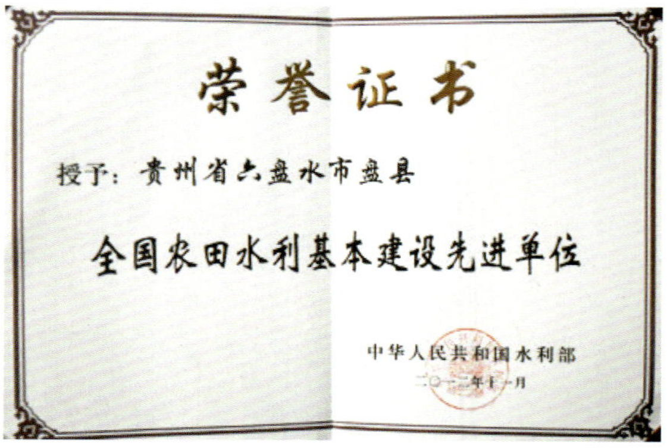

2012 年盘县农田水利建设获水利部授予的先进单位称号。
（盘县地方志办 供稿）

2012 年 5 月 4 号，市委书记王晓光（右一）在纪念建团 90 周年活动中为优秀青年颁奖。
（团市委 供稿）

2012 年 9 月 4 日，全省“质量安全月”启动仪式在六盘水市人民广场举办。
（市质监局 供稿）

2012 年 8 月 3 日，市工商联号召非公有制企业筹资 300 万元购置 64 辆电动警务巡逻车，捐赠给市中心城区 64 个治安岗亭用于街面巡逻。

（市工商联 供稿）

2012 年 6 月 27 日，六盘水武警支队举行“在党旗下成长”宣誓活动。（市武警支队 供稿）

2012年7月2日，六盘水市召开“五城联创”工作动员大会。
（田中平 摄）

2012年5月10日，市法院党组书记、院长潘铁军（左一）在市法院信访接待室接待来访群众。
（市法院 供稿）

2012年7月31日，市人防办举行防空法规培训。
（市人防办 供稿）

2012 年 11 月 9 日，九三学社六盘水市委赴陡箐乡土发村送科技文化下乡。

（市九三学社 供稿）

2012 年 11 月 30 日，云贵川三省地级人工影响天气协作会年会在六盘水召开 。

（市气象局 供稿）

2012 年 11 月 5 日，省档案局（省地方志办）领导到六盘水调研档案馆、方志馆建设情况。（市档案局 供稿）

社会民生

2012 年 10 月 26 日，贵州科学院六盘水分院成立，市委书记王晓光（前排右一）出席揭牌仪式。
（市师范学院 供稿）

2012 年 10 月 23 日重阳节，市社会福利中心老年公寓举办文艺汇演。该老年公寓是六盘水市唯一一所国家出资兴办的市级老年公寓，拥有 700 余张床位，集生活、学习、养护、康复、健身、医疗、娱乐于一体，可基本满足城市老年人社会化养老需要。
（黄蜀锦 摄）

2012 年 6 月 6 日，市委书记王晓光（前排右一）调研市第三人民医院——建设路社区卫生服务站。

（市第三人民医院 供稿）

2012 年 4 月 20 日，市教育局获全国未成年人思想道德建设工作先进单位。图为市委常委、市委宣传部部长杨宏远（后排右一）为市教育局颁发奖牌和荣誉证书。（市教育局 供稿）

2012 年 9 月 8 日教师节，市领导与人民教育基金优秀教师合影。（市教育局 供稿）

2012 年 9 月 7 日，市长何刚到市四中调研教育工作，校长彭楚忠汇报工作。（市四中　供稿）

2012 年 8 月 21 日，市第三人民医院领导与病人召开座谈会，听取意见。（市第三人民医院　供稿）

2012 年 9 月 20 日，贵阳医学院教学基地——六盘水妇幼保健院授牌现场。（市妇幼保健院 供稿）

2012 年贵州省教育系统科学发展成就辉煌大型图片展在水城县展出。（市教育局 供稿）

精神文化生活

2012年3月11日，六盘水市国税局荣获全国文明单位称号。（市国税局 供稿）

2012年12月28日，市委书记王晓光慰问“感动凉都十大人物”及特别贡献人物。（田中平 摄）

2012年4月28日，六盘水市举行“五一”表彰大会暨全市职工歌咏大赛。（黄蜀锦 摄）

2012年7月31日，六盘水市邀请原国家外贸部副部长、博鳌亚洲论坛国际咨询委员会委员、高级经济师龙永图作专题报告。（田中平 摄）

2012年8月18日，六盘水市市长何刚（右一）会见前来参加六盘水市消夏文化节的奥地利著名歌星墨拉妮·墨瑞欧（左一）。（市外事办 供稿）

2012年8月17日，六盘水市市委常委、常务副市长周斯弼（前排左五）与匈牙利小昆市访问团合影留念。（市外事办 供稿）

2012年7月1日，六盘水市钟山区公安分局特巡警大队便衣中队协警陈涛在英勇抓捕手持匕首犯罪时被刺中心脏不幸牺牲。7月5日，群众自发在追悼会上送别英雄陈涛。（黄蜀锦 摄）

2012年11月27日，贵州三线建设博物馆动工兴建。（高锡杰 摄）

2012年9月8日，六盘水市邀请音乐名家徐沛东到六盘水采风创作。（王述慷 摄）

2012 年 5 月 15 日，六盘水市钟山区文学艺术界联合会第一次代表大会在钟山区会展中心开幕。

（钟山区史志办 供稿）

2012 年的 7 月 18 日至 20 日，作家叶辛到钟山区采风讲学，图为钟山区区委书记付国祥（左一）会见叶辛（右一）时情景。

（钟山区史志办 供稿）

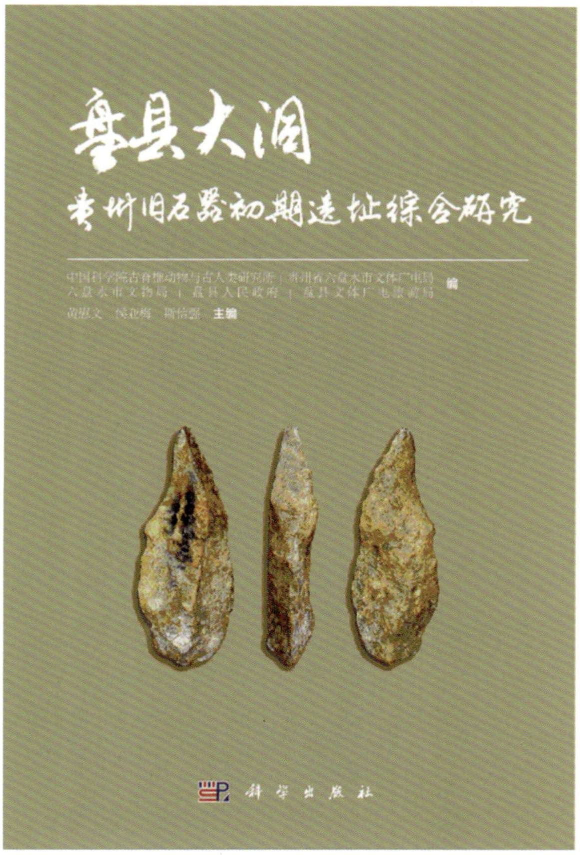

2012 年 12 月，《盘县大洞——贵州旧石器初期遗址综合研究》出版。该书由六盘水市文体广电局、文物局，盘县人民政府，盘县文体广电旅游局编纂，黄慰文、侯亚梅、斯信强主编。（图为该书封面）

（斯信强 供稿）

2012 年 8 月，全国滑翔伞邀请赛在六盘水市开幕。 （市文体广电局 供稿）

9 月 15 日至 16 日，“2012 凉都消夏文化节”帐篷露营大会在水城县坪寨乡五里坪举行。 （市文体广电局 供稿）

8 月 26 日，2012 中国凉都消夏文化节自行车邀请赛在六盘水市中心城区开幕。　　（高锡杰 摄）

9 月 1 日，2012 中国凉都消夏文化节“商行杯”越野摩托车场地邀请赛在红桥新区开幕。（黄蜀锦 摄 ）

2012 年 6 月 30 日，约 3000 名市直机关党员领导干部职工在钟山大道参加主题为“重走三线路、推动大发展”健步走活动。（黄蜀锦 摄）

2012年8月25日，全国单绳攀爬赛在六盘水举行。图为运动员单绳攀爬现场。
（市文体广电局 供稿）

石龙雕饰——

胡家冒坟石碑浮雕盘鼓卷草盘龙 （水城都格）

清代阿扎屯古石桥起突高浮雕镇桥龙头（水城盐井）

清代胡家冒坟石碑浮雕法轮穿套“二龙戏珠”图 （水城都格）

民国鹦哥嘴墓碑浮雕团云龙抢宝图 （盘县响水）

清代朱家坟高浮雕局部镂空镂雕火云龙抢宝图（林逢春摄于六枝郎岱）

清代文庙御道浮雕彩云团龙图 （盘县城关）

清代大龙井和尚墓碑起台浅浮雕卷叶龙伴日月双羊图 （钟山大河）

马星朝自刻墓碑浮雕四脚爬螈龙戏宝图 （水城比德）

清代陈家坟古墓碑高浮雕局部镂空水云龙抢宝图 （六枝岩脚）

六盘水民间石雕艺术选萃

龙能行云播雨，弄波御风，为多种图腾崇拜的结合体，有吉祥、权威、显贵、无所畏惧等寓意，是最具中国特色的一种象征性神灵动物。龙在六盘水石雕艺术中常用于碑额、殿柱、庑顶、房脊等部位作装饰。从雕饰构造特色上区分，有跨步而走的“行龙”、云气环绕的“云龙”、腾空而起的“飞龙”、盘成圆形的“团龙”、头呈正面的“祥龙”、头呈侧面的“望龙”、头在上尾在下的“升龙”、头在下尾在上的“降龙”等；从形态上区分，有鳞的为“蛟龙”、有翼的为“应龙”、有角的为“虬龙”、无角的为“螭龙”、尚未升天的为“蟠龙”、好水的为“蜻龙”、喜火的为“火龙”等。以及从古铜器物中传承下来的“夔龙”、“龙花拐子”，民间自创的“草龙”，“四角爬螈龙”等。常见有“二龙戏珠”、“二龙抢宝”、“团龙吐水”、“五龙奉圣”等传统图案。

（汪龙舞／摄影撰文）

清代龙天佑墓碑浮雕“夔龙团花”图　（盘县保基）

清代小冲可张氏古墓碑高浮雕“五龙捧圣”图（盘县红果）

清代邓氏诰命碑上的起台平雕“二龙捧圣”图　（盘县红果）

竹海寺方底圆雕龙头柱础（盘县老厂）

清代范家亖坟墓碑高浮雕牡丹托透雕卷龙　（水城勺米）

明代大威寺方底圆面浮雕龙纹顶鼓落槽柱础　（盘县城关）

民国马桑凹张家合坟雕花半圆雕石龙柱　（盘县石桥）

明代车田卄氏诰命碑浮雕“二龙戏珠”图（盘县板桥）

王家老坟石碑局部透雕起台吐瑞拐子龙（水城盐井）

生态旅游

2012年5月11日，六盘水“凉都石漠化综合治理科技示范园控制性详细规划”专家评审会在省水利厅二楼会议室组织召开。

2012年4月，盘县保基乡、普古乡交界处的老马冲原始森林内，发现3万余株红豆杉。

2012年9月，栖息在六盘水市中心城区荷城花园内的白鹭。
（黄蜀锦 摄）

2012 年 3 月 29 日，已投入使用的市区焦炉气公交车。
（田中平　摄）

2012 年开始使用的焦炉气公交车加气站。
（田中平　摄）

2012 年 12 月，到六盘水市明湖湿地公园越冬的红嘴鸥。（黄蜀锦　摄）

贵州之巅——韭菜坪，位于钟山区大湾镇，摄于2012年。（市旅游局 供稿）

2012 年盘县妥乐银杏村景区。（市旅游局 供稿）

2012 年于水城县纸厂乡梅花山拍摄的六盘水市区全景。（张三都 摄）

水城野钟峡谷黑叶猴（李华奇 摄）

水城野钟峡谷黑叶猴（李华奇 摄）

水城县野钟峡谷风光（张三都 摄）

钟山区荷城花园 摄影 高锡杰

凉都欢迎您

目 录

大事记

六盘水概况

六盘水市七届人大代表及政协委员名录

领导人名录

中共六盘水市委

六盘水市人大常委会

六盘水市人民政府

政协六盘水市委员会

纪检　监察

民主党派与工商联

群众团体

人民武装

法治工作

经济管理与监督

财政　税务

金融　保险

农业　气象

工业　地勘

建设　环保

交通　运输

信息产业

商业 贸易

教　育

科技　卫生

文化 体育 旅游

新闻 媒体

社会生活

县区概况

开发区建设

社会经济发展统计资料

特 载

专 文

文件选编

附 录

大事记

1月

1日　《癸巳年》特种邮票首发式在六盘水市举行。

5日　全市经济工作会议在市机关会场召开。会议主要任务是深入贯彻落实中央经济工作会议、全省经济工作会议和市第六次党代会精神，分析当前经济形势，总结2011年经济工作，部署2012年经济工作。

6日　市委农村工作会议在市机关会场召开。市委书记王晓光作重要讲话。会议由市委副书记何冀主持。

7日　市委书记王晓光，市长何刚，市委副书记何冀，市委常委、组织部长李朝卉，市委常委魏树旺，市委常委、宣传部长杨宏远，市委常委、纪委书记向昀出席“心系群众、关注民生”冬令送温暖工作会。

8日　中央电视台副台长、中央新影集团董事长高峰在六盘水市作题为“文化与产业发展”专题报告会。

10日至11日　贵州省安全生产目标考核组在六盘水市考核。

11日　情系“凉都”迎春团拜会在筑举行。

是日　省委常委、省委政法委书记、省公安厅厅长崔亚东在六盘水市强制隔离戒毒所、102省道梅花山抗凝冻救灾服务站、市交警支队直属一大队梅花山执勤点、钟山公安分局钟山派出所等地慰问部分政法干警、困难群众、英烈家属。

11至12日　六盘水市党政代表团在大连考察并举行对口帮扶座谈会。

13日　六盘水市委、市政府2012年春节团拜会在六盘水会议中心大会议室举行。市委书记王晓光致新年贺辞。市委副书记、市长何刚主持。市委、市几大班子其他成员，水城军分区、市法院、市检察院主要负责同志参加团拜会。

18日　盘县金佳煤矿发生“1·18”安全生产事故。

20日　市政府在六盘水会议中心二会议室召开学习和贯彻落实《国务院关于进一步促进贵州经济社会又好又快发展若干意见》专题会议。市长何刚主持。

30日　全省电煤生产保供和煤矿安全生产工作电视电话会议召开。副市长尹志华在六盘水电信分公司电视电话会议室六盘水分会场参会。会后立即在原会场召开市政府专题会议，研究电煤生产保供和煤矿安全生产工作问题。

2月

3日　市委、市人民政府下发《关于奖励2011年度安全感测评先进单位的决定》《关于奖励2011年度社会管理创新先进单位的决定》《关于表彰2011年度全市平安建设和“两打三治”先进集体和先进个人的决定》《关于表彰2011年度“十大杰出政法干警”的决定》。

7日至9日　六盘水市党政代表团赴张家港市学习考察。

8日　市直机关（单位）挂帮联系“四在农家”创建活动动员大会召开。

10日　六盘水市人民政府与贵州大学全面合作协议在六盘水时代假日酒店签订。

11日至17日　六盘水市七届人大一次会议和政协六盘水市七届一次会议隆重召开。开幕式和闭幕式均在市机关会场举行。

会议选出六盘水市第七届人民代表大会常务委员会主任为黄金，副主任为杨明达（彝族）、陈光明、陶兴锐（白族）、杨龙政（白族）、龙秋芳（彝族）、阳松林（壮族）、刘静（女）、高玉林，秘书长为李盘春；新一届六盘水市人民政府市长为何刚，副市长为周斯弼、魏树旺、范三川、周宏文、尹志华（白族）、谢朝碧（女、布依族）、付昭祥；六盘水市中级人民法院院长为潘铁军；选举六盘水市人民检察院检察长为龙晨明，并按宪法规定报请省人民检察院检察长提请省人大常委会批准。

会议选出政协第七届六盘水市委员会主席为唐方信，副主席为王兴建、田满华、张俊昌、聂志权、邓刚（苗族）、赵泽义、滕树红（女）、吴文祥，秘书长为江胜东（苗族）。

16日　国务院安委会副主任、国家安监总局局长骆琳一行到盘县盘江精煤公司金佳煤矿、红果宏强砂石厂调研安全生产工作。副省长孙国强，省安监局（贵州煤监局）党组书记、局长李尚宽，市长何刚，副市长尹志华陪同调研。

18日　第七届市人民政府第一次全体会议在六盘水会议中心大会议室召开。会议确定了2012年至2016年50件大事和2012年100项重点工作，通过了新修订的《市人民政府工作规则》。

是日　西部家具流通产业未来发展趋势论坛暨六盘水西南国际家居装饰博览城招商发布会在市机关会场举行。

18日至19日　全国人大教科文卫委员会副主任委员、中国奥委会副主席、原国家体育总局党组书记李志坚到六盘水市考察体育工作。省体育局局长蔡国祥，市领导何刚、黄金、杨宏远、龙秋芳、范三川等参加汇报会或陪同考察。

19日　乌克兰能源与煤炭工业部代表团到市境内攀枝花煤矿考察。

24日　国务院扶贫开发领导小组副组长、国务院扶贫办党组书记、主任范小建，副省长禄智明在六盘水市检查指导扶贫开发工作。

是日　中国旅游研究院院长戴斌在六盘水做“旅游发展”专题讲座。

25日　由国家有关部委组成的国家煤炭资源税费调研组到六盘水市调研煤炭资源税费改革。副市长范三川参加座谈并汇报六盘水市煤炭资源税费情况。

27日 市委常委魏树旺、汪寿武在北京参加“全国双拥模范城（县）命名暨双拥模范单位和个人表彰大会”，并代表六盘水市领取“全国双拥模范城”荣誉牌匾。

27日至3月3日　六盘水市就进一步贯彻落实国发2号文件赴京到国家有关部委对接汇报工作，积极争取支持，取得显著成果。市委书记王晓光、市长何刚率市有关领导及市直有关部门主要负责同志开展了此次对接汇报工作。

28日　市委书记王晓光、市长何刚在北京做客人民网强国论坛与网友在线交流。

是日　全国工商联执委、湖北省政协常委、湖北省工商联副主席余元九率武汉企业家代表团在市考察工业园区项目。

3月

1日　市委副书记何冀出席城市湿地公园环湖步道建设工程开工仪式。

是日　市委常委、水城县委书记王彬率团在广东深圳东部开发（集团）有限公司、惠州博罗冠业电子有限公司招商考察。

3日至5日　国家林业局驻贵阳专员办专员康晓达到六盘水市调研森林防火、配套集体林权制度改革、森林采伐限额等工作。

5日　宣传部长杨宏远出席“传承雷锋精神·参与志愿服务”六盘水绿丝带志愿者活动月启动仪式并致辞。

是日　贵州省国土资源厅在六盘水会议中心四会议室组织举行数字六盘水地理空间框架建

设项目设计书评审会暨共建共享合作协议签署仪式。由省第一测绘院编制完成的《数字六盘水地理空间框架建设项目设计书》通过评审并全面启动项目建设。

5日至6日　市人大常委会主任黄金带领主任会议组成人员到盘县调研“四在农家”创建工作开展情况。

7日　2012年水城县南开乡苗族跳花节活动开幕。

是日　英国爱德思国家职业学历与学术考试机构六盘水市第三中学考试中心举行挂牌仪式。

8日　六盘水市举办“三八”妇女节文艺展演活动。

是日　六盘水市社会保障卡首发暨“12333”咨询服务平台启动仪式在六盘水时代假日酒店会议室举行。

8日至9日　省民政厅厅长丁治学率冬春救助工作检查组在六枝特区、水城县检查冬春救助和城乡低保提标工作。

12日　市委组织部与兖矿集团贵州能化有限公司招商引资战略合作框架协议签约仪式在六盘水会议中心一会议室举行。

是日　六盘水恒远房地产开发有限公司“大润发项目”暨“帝都新城（东区）商住楼”开工庆典在钟山区举行，标志着世界500强企业之一的大型连锁量贩店大润发超市即将入驻六盘水市。

13日　贵州电网公司总经理杨晋柏率有关人员就贯彻落实国发2号文件到六盘水市调研并与市委、市政府座谈。市委书记王晓光主持座谈会并作讲话。座谈会议定了双方会商机制的建立及董地工业园区拟建热电联产项目、六盘水高载能企业电价、电网规划、电力供应、城市建设中电缆入地、马依电厂（暂定4×60万千瓦）等事项。

是日　市委、市人民政府下发《关于推动全市文化大发展大繁荣的实施意见》。

是日　省民委主任吴军在市调研扶贫生态移民工作。

13日至14日　省节能目标责任评价考核组在市考核节能目标工作。

15日　全省2011年度人力资源社和社会保障统计年报会审会在市召开。

是日　国家环保部环境影响评价司副司长崔书红在市调研。

是日　六盘水市委、市人民政府下发《关于建立盘北经济开发区的决定》。

16日　市政协主席唐方信率主席会议成员到水城县调研“四在农家”创建工作。

是日　全市扶持微型企业发展工作推进大会在六盘水会议中心大会议室召开。

是日　市委常委、政法委书记、市公安局局长徐立平在广东肇庆参加肇庆—六盘水两地公安机关素质强警交流协作活动。

是日　省发展改革委党组成员、西开办副主任高鸿率队督查六盘水市贯彻落实国发〔2012〕2号文件工作情况。

17日　市政府与盘江投资控股（集团）有限公司就对接国发2号文件有关工作在贵阳盘江大厦座谈。

20日　组织部长李朝卉出席六盘水市选派干部“联乡驻村”集中出发仪式并讲话。

20日至30日　魏树旺参加省人民政府赴新加坡、马来西亚、中国香港开展招商引资推介活动。

21日　省纪委、监察厅执法监察室副主任石磊率省财政涉农专项资金检查组在市检查财政涉农专项资金监管工作。

21日至22日　市政协主席唐方信到六枝特区协调“六镇”“六六”高速公路建设。

22日　中南大学商学院党委书记、教授、博士生导师胡振华率课题组在六盘水市调研统筹城乡规划编制工作。

是日　省环保厅副厅长姜平率队督查六盘水市污染减排工作。

23日　市政府举行政府系统人大代表建议政协委员提案交办会议。

24日　六盘水市邀请国家发展改革委产业经济与技术经济研究所研究室主任、研究员、博士生导师姜长云，农业部农业经济研究中心主任、研究员、博士生导师宋洪远，为六盘水市从事农业工作的领导、干部和职工作喀斯特山区特色农业发展专题讲座。副市长付昭祥主持专题讲座。

27日　省委副书记陈敏尔在六枝特区郎岱镇

农业产业园区、富农合作社示范基地调研干部作风建设、“三农”工作和非公党建工作并座谈。

28日　市委书记王晓光、杨宏远出席六盘水市2012“多彩贵州踏春行”大型采访活动媒体见面会。

是日　“大力弘扬雷锋精神，构筑贵州精神高地—2012贵州省道德模范先进事迹报告会”在六盘水市举行。

29日　毕节市、六盘水市和黔西南州在六盘水召开毕水兴能源资源富集区发展研讨会。三地联手抢抓国发2号文件历史机遇，布局区域经济转型升级，并签订《“毕水兴”能源资源富集区战略合作框架协议》。省发展改革委、省能源局、国开行贵州省分行等有关省级部门领导出席。国家发展改革委西开司综合处处长、国发2号文件主笔人于合军，国务院发展研究中心产业部处长梁仰椿，国家发展改革委宏观经济研究院科管部副主任、博士史育龙，中国矿业大学管理学院能源经济与管理研究所副所长、管理学博士龙如银等16位专家出席并发表演讲。

是日　国家滇黔桂石漠化片区联合调研组到市调研石漠化片区区域发展与扶贫攻坚等工作。

29日至30日　省卫生厅三甲医院评审组对六盘水市人民医院进行三级甲等综合医院评审，该院成功晋级三级甲等综合医院。

30日　六盘水市第二季度217个项目集中开工仪式在六枝特区循环经济园举行。受省政府主要领导委托，省政府副秘书长吴跃宣布开工。当天，盘县、水城县、钟山区分会场也分别举行了集中开工仪式。

是日　省食品安全工作考核评价检查组在市检查工作。

4月

1日　“三线文化”广场暨老城旧城改造项目开工。

5日　全市推进“工业化、城镇化、农业现代化”第一次现场观摩会在水城县举行。市委书记王晓光率队观摩并在总结会上强调要在“三化”同步中实现增比进位突破。市长何刚参加观摩并在总结会上讲话。市委副书记何冀参加观摩并主持总结会。

9日　省军区司令员李亚洲少将到水城军分区看望慰问官兵并检查指导工作。市委书记、水城军分区党委第一书记王晓光汇报六盘水市经济社会发展和党管武装工作情况。市委常委、水城军分区政委汪寿武代表水城军分区党委作工作情况汇报。

是日　六盘水市政协举行市县两级政协委员专题培训会开班仪式。

10日　全市领导干部大会召开，传达中央文件精神。

11日　六盘水市政府与省农信社政银合作协议签约仪式在六盘水时代假日酒店举行。按照协议，省农信社将向六盘水市提供500亿元以上贷款，重点支持涉农企业、非公有制经济、教育卫生及其他涉及民生的产业和项目。

是日　中国书法家协会理事、省书法家协会主席包俊宜在市讲评指导书法作品。

是日　六盘水市投资促进局举行挂牌仪式。

12日　六盘水市承办贵州省第八届旅游发展大会动员大会在市机关会场召开。

是日　中煤科工集团天地科技有限公司综采成套装备推介会在六盘水会议中心大会议室召开。

13日　德国玛莎（MASA）集团销售总监雷斯科、中国区总经理方鸥笛一行到市考察。双方就加强沟通合作、加快推进六盘水市建材市场发展进行了深入友好的交流。

15日　大连市经合办副主任李居昌一行3人赴市调研2011年度援建项目落实情况和2012年拟立项目准备情况。

17日　六盘水市出席省第十一次党代会的市委副书记、市长何刚作客新华网贵州频道“天翼高端访谈”，就六盘水市经济社会发展、民生等话题与网友在线交流，引起强烈反响。新华网贵州频道、贵州信息港、多彩贵州印象网现场直播，六盘水市亦利用腾讯六盘水微博、新浪六盘水微博、人民网六盘水政务微博同步转播。截至次日9时，网页显示直接参与提问页面浏览人数

5037人，实际在线1.8万人，近30万网民关注和转载了此次访谈。

18日　东方证券公司一行来六盘水市，副市长蔡晓峰在六盘水会议中心五会议室与该公司一行座谈。

18日至19日　农业部药检所副所长叶纪明一行赴市检查春耕生产。

同期　国家水利部副司长曾大林一行赴市开展挂职干部考核工作。

20日　六盘水市领导干部大会在六盘水会议中心大会议室召开，传达贯彻省第十一次党代会精神，动员全市各级党组织和广大党员干部群众，坚决按照省党代会的部署，统一思想，抢抓机遇，振奋精神，奋发有为，锐意进取，全面做好改革发展稳定各项工作，大力实施“三大战略”，打造现代特色都市，全面建设“五个六盘水”，以优异的成绩迎接中共十八大胜利召开。市委书记王晓光主持并作讲话，就全市学习、宣传、贯彻、落实好省第十一次党代会精神提出要求。何刚在会上传达了省第十一次党代会和省委十一届一次全会精神。

是日　六盘水市教育局荣获全国未成年人思想道德建设工作先进单位。

是日　六盘水市人民政府与贵州科学院科技合作座谈会暨“十二五”科技合作协议签约仪式在六盘水会议中心二会议室举行。

是日　韩国工商经贸参访团在六盘水市参观访问。

21日　广东明阳风电产业集团有限公司董事长张传卫一行在六盘水市考察。双方就加快红桥新区明阳风电设备制造项目建设进度等问题进行了座谈。

23日　省政协经济委调研组一行在市调研工业园区建设情况。市政府在六盘水会议中心二会议室举行汇报会，向调研组一行汇报六盘水市工业园区建设情况。

是日　市中心血站献血屋工程举行启动仪式。

25日 市委书记王晓光在全市学习贯彻省党代会精神培训会上作题为《学习贯彻落实省第十一次党代会精神，六盘水怎么干》辅导报告。

27日 市委书记王晓光陪同中国建筑第四工程局有限公司总经理卢遵荣一行考察杭瑞高速南互通处、凉都体育中心、凤凰山片区、明湖湿地公园、明湖宾馆等项目情况并座谈。

是日　重庆市贵州商会“黔乡行”商务考察团在六盘水市考察。

28日　贵州省副省长禄智明在六盘水市检查黔中水利枢纽一期工程防汛抗旱准备工作。

是日　全市“五一”表彰大会暨职工歌咏大赛在市中心城区人民广场举行。

是日　六盘水市中心城区明湖湿地公园举行开园仪式，开始向凉都市民和游客免费开放。

是日　市委下发《关于表彰“十佳选派干部”和优秀选派干部的决定》《关于开展向寇强同志学习活动的决定》。

5月

2日　六盘水市人民政府与四川川威集团有限公司、国家开发银行股份有限公司贵州省分行就市中心城区凤凰山片区土地整理项目在六盘水时代假日酒店二十四楼共同签订合作框架协议。协议规定，市人民政府以凤凰山片区城市开发项目范围内12195亩土地的出让成本返还、土地出让收益等资金作为回购担保支持，川威集团设立项目公司作为融资主体并配套自由资金作为资本金或为土地储备项目提供自有资金作资本金，国家开发银行股份有限公司贵州省分行将根据国家政策提供信贷资金融资，共同完成对12195亩土地范围内土地整理。市委书记王晓光出席签约仪式并讲话。市长何刚代表市政府与四川川威集团有限公司董事长、首席执行官、党委书记王劲，国家开发银行股份有限公司贵州省分行副行长王磊签字。签约仪式由市委副书记何冀主持。

3日　全市选派干部到村任职总结暨干部联乡驻村工作会议召开。

是日　六盘水市人民政府与工商银行贵州省分行举行贯彻落实国发2号文件共促六盘水经济社会又好又快、更好更快发展座谈会暨战略合作备忘录及协议签署仪式。

4日　共青团六盘水市委纪念建团90周年、“五四”运动93周年表彰大会暨大型文艺演出活动举行。

7日　中央、香港驻黔及省内媒体“走转改”大型主题采访媒体见面会在六盘水举行。市委书记王晓光接受采访。杨宏远出席见面会。

是日　贵州省政协副主席刘鸿庥率调研组在六盘水市调研产业园区环保基础设施建设情况。

是日　珠委领导一行就北盘江流域规划在六盘水市调研。副市长杨朝晖陪同。

7日至8日　省委常委、省纪委书记宋璇涛在红桥新区、钟山区荷城街道花园路社区、市政务服务大厅、市公共资源交易中心调研产业园区建设、基层党风廉政建设、优化投资环境、发展和加强纪检监察机关自身建设等情况并座谈。

8日　钟山经济开发区红桥时代广场竣工对外开放。

是日　贵州电网公司董事长、党组书记唐斯庆一行在市调研。

是日　江西铜业集团副总经理范小雄一行到六盘水市。副市长尹志华就六盘水市铅锌资源开发在六盘水时代假日酒店三楼会议室与范小雄副总经理一行座谈。

8日至10日　省人口计生委调研组在市调研。

同期　六盘水市人大常委会副主任杨明达率队赴福建省龙岩市永定县参加全国十六煤城人大工作研讨会第七次会议。

8日至11日　贵州省政府督查组一行在六盘水市检查春耕生产情况。

9日　广东粤电集团副总经理李明亮一行到六盘水市。

10日　贵州省卫生厅大型医院巡查组在六盘水市巡查。

10日至11日　贵州省政协主席王正福在明湖湿地公园、红桥新区、恒远新型建材厂和老鹰山鑫晟煤化工基地视察六盘水市实施工业强省和城镇化带动战略工作情况。

11日　市政府与中国北车集团唐车公司就加快推进六盘水轨道交通建设等方面深度合作在六盘水会议中心一会议室举行座谈会。

17日　全国人大常委会委员、全国人大内司委副主任委员姜兴长、陈斯喜，全国人大内司委委员赵锡君在六盘水市就《中华人民共和国禁毒法》实施情况和禁毒工作情况开展专题调研并座谈。

18日　全市高速公路建设动员大会在六盘水会议中心大会议室召开。市长何刚作讲话。贵州高速公路开发总公司总经理任仁应邀到会指导。

18日至21日　六盘水参加第八届中国（深圳）国际文化产业博览会。

20日　何冀在市特殊学校出席庆祝第22个“全国助残日”暨“共享快乐、绽放精彩”首届校园阳光体育演出并致辞。

是日　魏树旺在六枝郎岱镇出席庆祝第22个“全国助残日”暨“三忠诚”“四在农家”文艺演出活动并讲话。

22日　盘县板桥镇遭遇特大暴雨灾害。

24日　全国人大常委会副秘书长、民建中央副主席张少琴在六盘水市考察并走访看望民建六盘水市委委员、部分企业界会员。

28日　贵州省第八届旅游产业发展大会主会场建设项目开工仪式在凉都森林公园老虎嘴（小地名）举行。

29日　市政府与省地质矿产勘查开发局合作开展六盘水优势特色矿产勘查开发协议签约暨合作项目启动仪式在六盘水时代假日酒店举行。副市长周宏文与省地质矿产勘查开发局副局长杨在锋签约。

29日至31日　贵州省卫生厅党组书记宋宇峰一行在六盘水市调研。

30日　杭瑞高速贵州境毕节至都格（黔滇界）公路项目（总监）办揭牌仪式在钟山区举行。

是日　盘县鱼洞坝水利工程大坝封顶仪式举行。

31日　贵阳海关党组书记、关长张卫民一行在市调研对外经济贸易工作。市长何刚在六盘水时代假日酒店会议室与张卫民关长一行就尽快在六盘水设立海关机构有关事宜座谈。

6 月

1日　中国建筑第四工程局有限公司总经理卢遵荣一行到六盘水市考察，并与市委、市政府领导座谈。

4日　贵州省"2012绿盾"检疫执法专项行动暨主要特色经济林有害生物调查（西片区）培训会在六盘水市召开。

5日至6日　市长何刚随同贵州代表团在昆明出席第二十届中国昆明进出口商品交易会、第五届南亚国家商品展。其间，在昆明六盘水商会与六盘水籍企业家座谈。

7日　省教育厅党组成员、机关党委书记赵廷昌，市委常委、副市长、钟山区区委书记魏树旺在市三中、市四中、市第一实验中学、市十中等考点巡视高考工作。

是日　贵州省2012"社科理论下基层"活动在六盘水举行。省发展改革委经济研究所所长、副研究员毕业作"抓住历史机遇期增比进位，促进地方经济社会跨越发展"专题讲座。

7日至8日　《人民日报》社"走基层·西部纪行"记者一行在六盘水市采访循环经济工作。

同期　省委宣传部副部长、省文明办主任杨兴举率队检查指导水城县、钟山区"整脏治乱""满意在六盘水"及未成年人思想道德建设工作并座谈。

8日　六盘水市流动人口计划生育服务管理驻昆联络站成立大会在昆明举行。

是日　全市领导干部大会召开。传达中央有关文件精神。

是日　水城县政府与深圳东部开发集团有限公司就玥硐湖国际新城项目在六盘水时代假日酒店举行合作签约仪式。项目开发建设总投资约70亿元，规划总建筑面积180万平方米，建成后将配置生态旅游景观区、星级酒店商务区、国际风情商业区和欧美风情居住区四个片区，其中商业区25万平方米。

9日至13日　六盘水市组队参加在香港举行的"2012贵州·香港投资贸易活动周"，并在活动周期间签约2个项目总额10亿美元。

13日　六盘水市在市机关会场举行《国务院关于进一步促进贵州经济社会又好又快发展的若干意见》（国发2号文件）专题讲座，副省长孙国强应邀作解读。

13日至14日　贵州省副省长孙国强在六盘水市调研。

同期　国家体育总局登山运动管理中心户外运动部主任张志坚率队考察六盘水市山地户外运动资源。

14日　副省长孙国强在恒远新型建材有限公司、首钢水城钢铁集团公司干熄焦项目点和动力厂富余煤气发电项目点调研并座谈。

15日　六盘水市公共资源交易中心揭牌仪式举行。

是日　六盘水市委下发《关于追授卢征东同志"优秀共产党员"称号的决定》。

18日　市政府与川威集团凤凰山片区土地整理暨城市综合体BT项目合同签订仪式在六盘水时代假日酒店24楼会议室举行。

18日至19日　省交通运输厅党委委员、总工程师罗强率队督查水盘高速公路建设情况。

20日　盘江矿区总体规划评估会议在贵阳丽豪酒店会议室举行。

20日至21日　由省人大常委会副主任顾久带队的省人大常委会执法检查组在六盘水市检查《贵州省水利工程设施管理条例》贯彻实施情况。

21日　省交通厅与六盘水市就《贯彻落实国务院关于进一步促进贵州经济社会又好又快发展的若干意见加快六盘水市交通运输事业发展会谈纪要》在六盘水电视电话会议室举行签署仪式。

是日　2012"多彩贵州·凤舞钟山"舞蹈大赛颁奖晚会。

23日　2012"凉都之夏"大型歌舞晚会举行。

25日至26日　贵州省委常委、省纪委书记宋璇涛率队督导六盘水市影响社会稳定及涉及群众利益突出矛盾和问题化解工作并座谈。听取市保持党的纯洁性教育试点工作筹备情况汇报。

26日　六盘水市人民政府、贵州盘江煤层气开发利用有限责任公司、北京莱特经贸发展公司招商引资合作签字仪式在市燃气公司四楼会议室举行。

是日　六盘水会展中心开工奠基仪式举行。

26日至27日　贵州省副省长黄康生在六枝特区梭戛乡安柱村、高兴村，陇脚乡花德村、补雨村、月亮河村等地调研地质灾害搬迁工作和扶贫工作并座谈。

27日　市委举行庆祝建党91周年座谈会。

是日　市直机关纪念中国共产党成立91周年暨庆“七一”表彰大会召开。

是日　中共六盘水市委下发《关于表彰创先争优先进基层党组织、优秀共产党员和“十佳”基层党组织书记、村党组织书记、社区党组织书记、机关党组织书记、非公企业党组织书记的决定》。

是日　贵州省总工会党组书记、副主席姚亚非，纪检书记胡茜一行在六盘水市开展“面对面、心贴心、实打实”服务职工在基层活动。

27日至28日　贵州省公共资源交易中心建设工作推进会在六盘水市召开。省委常委、省纪委书记宋璇涛，副省长黄康生，中纪委监察部执法监察室副主任王大同及市领导王晓光、何刚、黄金、唐方信、向昀等出席会议。省纪委副书记、省监察厅厅长廖建宇主持会议。

28日　六盘水市第三季度200个项目暨凤凰山城市综合体项目集中开工仪式在市中心城区凤凰山麓举行。省委常委、省纪委书记宋璇涛出席并宣布开工。省人民政府副省长黄康生出席。市委书记王晓光致辞 。市委副书记何冀主持。当天，六枝特区、盘县、水城县也分别举行了集中开工仪式。

28日至29日　贵州省人民政府副省长蒙启良率队在首黔公司煤电钢一体化项目建设现场、红果经济开发区检查指导工作并座谈。何刚陪同督查并作汇报，周斯弼陪同督查并主持汇报会。

29日　全市开展保持党的纯洁性教育试点工作动员会议召开。

是日　六盘水市纪念中国共产党成立91周年暨创先争优表彰大会召开。

30日　六盘水市直机关广大党员在市中心城区举行“重走三线路，推动大发展”健步走活动，以此庆祝中国共产党成立91周年，深入推进保持党的纯洁性教育试点工作。3000多名党员干部职工参加了健步走活动。

7月

6月30日至7月1日　中国人民银行反洗钱中心副司长、挂任省政府金融办副主任柴青山率省金融办有关人员到六盘水市调研企业上市和发行债券情况。其间，副市长周斯弼在六盘水会议中心一会议室就企业上市和发行债券工作与调研组一行座谈。

7月1日　六盘水市金融知识专题讲座在六盘水电视电话会议室举行。中国人民银行反洗钱中心副司长、挂任省政府金融办副主任柴青山作题为“贵州应如何解决融资紧张问题”专题讲座。

2日　全市“五城联创”（创建全国文明城市、国家卫生城市、国家园林城市、国家环保模范城市和全国双拥模范城市）动员大会电视电话会议在六盘水电视电话会议室召开。

3日　水城军分区召开宣布司令员调整命令大会。尹华亮任水城军分区司令员，沙劲松调任贵阳警备区司令员。

是日　市政府召开保持党的纯洁性教育工作动员大会。

3日至4日　由教育部全职委主任、科技部专家、著名教授刘延申带队的智慧城市投资考察团在市考察。

3日至9日　财政部驻贵州省财政监察专员办事处赴六盘水开展中央政府公共投资预算执行情况专项检查。

4日至5日　水利部副部长刘宁一行到六盘水市调研。

5日至6日　共青团六盘水市第七次代表大会召开。

7日　2012“多彩贵州”舞蹈大赛六盘水赛区选拔赛举行颁奖典礼。

9日至10日　全市推进“工业化、城镇化、农业现代化”第二次现场观摩会在盘县举行。

11日　住建部公积金贷款支持保障房建设检查组在六盘水市检查工作。

是日　省人口计生委党组成员、省计生协会专职副会长周承洲；省计生困难家庭扶助中心主任、省人口福利基金会秘书长杨佐锋，何冀在市人民广场出席钟山区“人口福利 生育关怀基金”捐赠仪式。

11日至13日　贵州省政协主席、省人大代表王正福率部分省人大代表到市视察上半年经济社会发展情况。

12日　环保部总量司副司长赵群英率核查组在发耳电厂、盘南电厂、首钢水城钢铁（集团）公司、红果污水处理厂等企业核查主要污染物总量减排工作并座谈。刘友宾陪同核查并作汇报。

是日　六盘水市与贵州科学院组建贵州科学院六盘水分院座谈会在六盘水师院会议室举行。

13日　六枝特区洒志乡田坝村小磨卜组特大暴雨引发一农户房屋掩埋。

16日至18日　贵州省委巡视组在市检查卫生系统有关惠民政策落实及专项惠民资金使用和管理情况。

18日　六盘水市上半年经济运行工作分析专题会议召开。

是日　当代贵州杂志社六盘水记者站、当代贵州期刊传媒集团有限责任公司六盘水办事处挂牌仪式举行。

是日　美国美中关系全国委员会副主席白莉娟率代表团在六盘水市访问。

是日　市委、市政府、水城军分区下发《关于表彰市双拥工作先进单位的决定》。

19日　民盟省委主委、省科学院院长何力在市调研民盟地方组织工作并座谈。

20日　全市领导干部会议在六盘水会议中心大会议室召开。传达全省半年经济工作会议及全国、全省维护稳定工作电视电话会议精神，要求正确研判形势，抓住发展机遇，把开展保持党的纯洁性教育试点工作与下半年工作结合起来，始终保持经济社会又好又快发展势头，以优异成绩迎接中共十八大胜利召开。

21日　六盘水市在六盘水会议中心大会议室举办保持党的纯洁性教育试点工作专题讲座。中央组织部党建研究所副巡视员、全国党建研究会副秘书长陈东平作讲座。

21至23日　市委书记王晓光、市委常委杨宏远、王彬等陪同中央委员、全国政协港澳台侨委员会副主任林树森，省政协副主席左定超在六枝特区、水城县、市中心城区考察。

22日至25日　省财政厅财政管理工作检查组在市检查工作。

23日　六盘水市政府与盘江投资控股集团战略合作框架协议签约仪式在六盘水迎宾馆举行。根据协议，盘江集团将投资1120亿元对六盘水市煤及煤化工、电力、装备制造、物流、建材、资源综合利用、农业现代化以及城镇化等方面项目进行开发和建设。市委书记王晓光、市长何刚、副市长尹志华出席签约仪式。副市长付昭祥主持签约仪式。盘江投资控股集团公司党委书记、董事长张仕和，集团公司党委委员、总会计师尹新全出席。何刚与张仕和在协议上签字。

24日　全省艾滋病麻风病防治工作半年总结会在六盘水凤凰祥林酒店召开。

26日　市政府与北京中禾德源投资有限公司在六盘水时代假日酒店24楼会议室，就该公司拟投资148亿元在六盘水市建设以煤炭综合利用为基础的煤化工经济产业园举行签约仪式。

是日　贵州省“打非治违”专项督察组在六盘水市检查工作。六盘水市在六盘水会议中心二会议室向督察组一行举行工作情况汇报会，副市长尹志华出席。

是日　中国残联维权部主任薄绍晔在六盘水市调研残疾人维稳工作并座谈。

28日　水矿控股集团有限责任公司、水城矿业股份有限公司挂牌成立。副省长蒙启良发来贺信。省委组织部部务委员曾长明受省委常委、省委组织部部长孙永春委托，对公司挂牌成立表示热烈祝贺并揭牌。市领导唐方信、周斯弼、阳松林出席揭牌仪式。周斯弼受市委书记王晓光、市长何刚委托讲话。省国资委党委副书记、常务副主任谢谦，水矿控股集团有限责任公司董事长、党委书记魏永柱，总经理倪德飞为水矿控股集团和水矿股份公司揭牌。

是日　中国凉都·六盘水市“商行杯”第九

届全国桥牌邀请赛在六盘水富丽豪酒店开赛。

30日　六盘水市开展“八一”拥军优属慰问活动。

31日（至8月1日）　贵州省政协副主席孔令中率省政协视察组一行到六盘水市视察贯彻落实全省科技大会精神情况。

是日　六盘水市保持党的纯洁性教育专题报告会及专题讲座在市机关会场举行。中国复关及入世谈判首席谈判代表、原外经贸部副部长、原博鳌亚洲论坛秘书长、现任复旦大学国际关系与公共事务学院院长龙永图，省统计局党组书记朱新武分别作了专题讲座，纵论国内外经济形势，为六盘水市经济社会发展建言献策。

是日　中共六盘水市委群众工作部举行揭牌仪式。

8月

7月31日至8月6日　人民网、新华网、中国网、国际在线、中国广播网等全国18家重点网媒赴六盘水，以“壮美六盘水喜迎十八大”为主题采访报道一周。

1日　省政协副主席孔令中视察市贯彻落实全省科技大会精神情况。

是日　“壮美六盘水 喜迎十八大—中央重点网站聚焦中国凉都六盘水大型采访活动”启动仪式在贵州省委大礼堂广场举行。

是日　市政府在在上海西郊假日酒店举行“2012年六盘水市重点招商项目上海合作洽谈会”。六盘水市与5家企业签约，投资总额43.2亿元，达成意向性合作投资额106亿元。

是日　2012第五届中国凉都杯全国业余围棋赛开幕。

3日　市政府与中南大学战略合作框架协议签约仪式在六盘水明湖花园酒店举行。

是日　六盘水市“三线建设”文化资料征集工作会议召开。

是日　2011年度烟叶生产基础设施建设项目省级验收座谈会在六盘水假日酒店会议厅召开。

4日至5日　联合国粮农组织驻华代表赴盘县、水城考察。

5日　市委书记王晓光、市长何刚接受“壮美六盘水 喜迎十八大—中央重点网站聚焦中国凉都六盘水大型采访活动”视频直播专访。

是日　市委、市政府下发《关于表彰科协工作先进集体和科协、科技先进工作者的决定》。

6日　六盘水市科学技术协会第七次代表大会举行。

是日　贵州省生态文化旅游发展规划调研组就《贵州省生态文化旅游发展规划》在六盘水明湖宾馆一会议室召开征求意见座谈会。

6日至7日　全省基层组织建设年工作调度会暨“帮县、联乡、驻村”工作现场会议在六盘水市召开。

7日至8日　贵州省九市州政协工作联系会第二十一次会议在六盘水市召开。

8日　市政府与中国中小企业协会合作框架协议在六盘水明湖宾馆一会议室签订。中国中小企业协会会长李子彬，市长何刚分别代表签约双方签订协议。国家发展改革委西部司巡视员费志荣，中国工商银行总行公司一部副总经理余龙出席签约仪式。副市长尹志华主持签约仪式。

是日　中国纪检监察报总编室主任吴洪跃在六枝特区梭嘎乡考察。

是日　贵州铁路投资有限公司董事长李路考察六沾铁路复线六盘水境内段建设情况。

是日　六盘水市猕猴桃产业发展座谈会在六盘水会议中心四会议室召开。

9日　新华社贵州分社社长、总编辑王念在六盘水市就维稳及安全生产工作进行采访调研。

11日　市委书记王晓光就六盘水市开展保持党的纯洁性教育试点工作情况接受中央驻黔及省级媒体采访。

是日　六盘水市农业生产暨农业九大产业发展推进会召开。

13日　广州富力地产集团联席董事长、总裁张力，中建四局总经理卢遵荣一行在凉都体育中心、凤凰山城市综合体、明湖湿地公园、明湖花园酒店等地考察城市建设情况。

16日　川滇黔十市州媒体合作与发展联合采访活动在市人民广场启动。

是日　市委常委、盘县县委书记陈少荣陪同联合国粮农组织首席顾问、“世界杂交水稻之父”、中国工程院院士袁隆平在盘县板桥镇、滑石乡和红果经济开发区调研农业综合开发情况并座谈。

17日　市政协主席唐方信率市交通局、水城县公路局部门领导到水城县陡箐乡协调帮助“四在农家”创建工作。

是日　匈牙利巴克斯昆州克西昆菲莱吉哈扎市市长卡帕斯·克瑞斯蒂安率代表团到六盘水市访问。副市长周斯弼会见代表团一行，并代表市政府与克西昆菲莱吉哈扎市签订了友好城市关系备忘录。

18日　2012年中国凉都·六盘水消夏文化节开幕式暨第三届川滇黔十市州合作与发展峰会文艺晚会在市三中凤凰校区举行。省委副书记陈敏尔发来贺信。省委常委、副省长秦如培出席并宣布本届消夏文化节开幕。国家有关部门曾在六盘水市挂职的领导；国家发展改革委、云南省发展改革委、省发展改革委有关领导及出席川滇黔十市州合作与发展峰会的四川省宜宾市、攀枝花市、凉山州，云南省昆明市、昭通市、楚雄州、大理州、丽江市、曲靖市，贵州省毕节市、黔西南州的党政代表团领导和成员，以及与六盘水市缔结友好城市关系的匈牙利克西昆菲莱吉哈扎市代表团、奥地利施拉德明市代表团一行出席。市委书记王晓光致辞。市委副书记、市长何刚主持。

是日　贵州省委常委、副省长秦如培在六盘水市调研六六高速、六镇高速、六盘水月照机场建设情况。

19日　第三届川滇黔十市州合作与发展峰会在六盘水明湖花园酒店会议室举行。会议表决通过了《第三届川滇黔十市州合作与发展峰会关于增加云南省曲靖市、贵州省黔西南州为峰会成员的决议》《第三届川滇黔十市州合作与发展峰会六盘水共识》，修改并通过了《川滇黔十二市州合作与发展章程》。下届峰会由毕节市承办。

是日　六盘水业余男子足球暨川滇黔十市州媒体合作与发展峰会足球邀请赛开赛。

是日　攀西—六盘水资源富集区经济发展座谈会在市召开。

是日　第三届川滇黔十市州合作与发展峰会投资洽谈会、交通基础设施项目建设合作座谈会、文体广电局长联席会议、媒体合作与发展年会在六盘水市召开。

21日　六盘水市见义勇为表彰大会在市机关会场召开，对47名见义勇为先进个人进行表彰。

22日　省政府高速公路建设督查组在市检查高速公路建设工作情况。

22日至23日　贵州省民政厅厅长丁治学率督查组在六盘水市代储库、市救助站、市福利中心、军供站等项目点检查民政基础设施项目建设情况。

24日　2012年六盘水“圆梦大学”资助百名学子捐赠仪式举行。

24日至26日　贵州省扶贫办在六盘水市督查扶贫生态移民工程实施和示范工作推进情况。

25日　水城县金盆乡天生桥景区举行全国单绳攀爬邀请赛。

26日　由国家人口计生委副主任王培安任组长的中央信访工作督导组一行，在省人大常委会副主任张群山等陪同下，到市开展信访督导工作。

27日　贵州出入境检验检疫局局长祝一方就设立六盘水出入境检验检疫机构有关事宜在市进行专题调研并座谈。

29日　六盘水市人大常委会主任黄金、秘书长李盘春到盘县平关镇开展“听选民呼声、为群众办事、促问题解决”主题实践活动。

是日　“川威杯”公路自行车邀请赛开幕。

是日　贵阳海关党组成员、副关长陈清峰就设立六盘水海关机构有关事宜在市进行专题调研并座谈。

30日至31日　清华长三角研究院生物技术产业化博士团队首席科学家王玉龙博士一行赴六盘水市考察调研。

31日　贵州省水利厅在六盘水时代假日酒店举行六盘水市中心城区应急供水花鱼洞取水工程水资源论证报告书审查会。

9月

1日至4日　六盘水市组团赴山东兖矿集团公司考察，并与该集团签署战略合作框架协议。

2日　贵州省委讲师团团长谢一率省联合调研组一行到六盘水市，就《资源深加工基地研究》《毕水兴能源富集区发展研究》《特色轻工业基地研究》课题进行调研。

4日　全省质量月活动启动仪式在市中心城区人民广场举行。

4日至5日　环保部检查组在六盘水市检查工作。

4日至6日　六盘水市人大常委会主任黄金率队赴黑龙江省七台河市参加全国十六煤城人大工作研讨会第八次会议。

5日　贵州省保持党的纯洁性教育试点工作蹲点指导组组长、贵阳市政协副主席张承新在六盘水市检查指导开展保持党的纯洁性教育试点工作并座谈。

6日　市委书记王晓光、统战部长李朝卉走访慰问各民主党派、工商联、无党派人士并座谈。

是日　六盘水·钟山凉都村镇银行开业并揭牌。

6日至7日　环保部应急中心调研组在六盘水市调研。

7日　六盘水市政协主席唐方信率部分市政协委员到市工商局召开市政协对市工商局开展民主评议大会。市政协副主席张俊昌、邓刚、赵泽义、滕树红出席了会议。

是日　中国著名作曲家徐沛东为团长、陈小奇为副团长的“畅想凉都”音乐作品创作采风团一行到六盘水市。

8日　“川滇黔渝桂百家媒体聚焦世界古银杏之乡——中国·盘县”暨盘县首届旅游文化艺术节开幕。

是日　国家林业局、省林业厅专家组赴六盘水市实地考察明湖国家湿地公园并论证评审拟建规划。

9日　“郎牌特曲杯”2012CBA夏季联赛六盘水站比赛开赛。

10日　环保部专家在市机关会场举行循环经济知识专题讲座。

11日　六盘水市承办第八届贵州旅游产业发展大会誓师大会在市人民广场举行。

11日至12日　贵州省委常委、省纪委书记宋璇涛在六盘水市督导调研信访维稳工作并接访部分上访群众。

12日　贵州省经信委党组书记、主任王江平在首钢水城钢铁（集团）公司、红桥新区调研工业经济运行情况并座谈。

是日　六盘水市招商引资项目专场推介会在贵阳举行。

14日　九三学社贵州省委主委黄宗洪一行到六盘水市进行社务调研。

17日　市政府与中国葛洲坝集团股份有限公司在六盘水明湖花园酒店会议厅签订六盘水机场高速公路BT合作框架协议。

是日　六盘水市举行首届社会科学宣传普及周活动启动仪式暨大型科普宣传活动。

18日至19日　全省重点流域环境保护河长制工作现场会在六盘水明湖花园酒店会议大厅召开。副省长慕德贵出席并讲话。市长何刚陪同考察并作经验交流发言。

18日至20日　六盘水市政协副主席王兴建出席镇胜高速公路沿线五县政协第十次协作年会。

19日　美国哈佛大学设计学博士、北京大学教授、北京土人景观与建筑规划设计研究院院长俞孔坚考察明湖湿地公园、明湖水库。

20日　六盘水市妇女儿童医院挂牌贵阳医学院教学医院。

是日　六盘水市参加云南彝良抗震救灾医疗事迹报告会在市人民医院举行。

20日至23日　六盘水市组团到广西南宁参加中国东盟博览会。市长何刚率团。其间，市长何刚参加了在广西南宁荔园山庄国际会议中心二楼大会议厅举行的中国东盟博览会暨中国——东盟商务与投资峰会；与广西投资集团座谈并签订了六盘水市与广西投资集团《中长期战略合作框架协议》；在南宁参观了中国东盟博览会电子科技、机械制造、绿色农业、食品等展区。

21日　贵州证监局在六盘水时代假日酒店举办“真情反哺投资者，热情服务地方经济”活动。

是日　法国巴黎莫雷市市长一行到六盘水市参观访问。副市长谢朝碧在六盘水明湖花园酒店会见巴黎客人。

22日　六盘水市首届“聚福杯·我爱凉都”少儿绘画大赛举行。

23日　2012中国凉都·六盘水消夏文化节“和谐基金”大型群星慈善晚会举行。

是日　六盘水明湖旅游度假区项目洽谈会在北京举行。希望用三年时间，把明湖旅游度假区项目打造成高端城市综合体，不断提高城市带动力和承载力，双方深入探讨了项目具体合作事宜并达成初步意见。

是日　多彩贵州“畅想凉都”原生态国际摄影大展凉都秘境民俗之旅摄影采风活动开机仪式在市中心城区人民广场举行。

25日　六盘水市循环经济示范城市建设推进大会召开。

是日　市委、市人民政府下发《关于命名表彰首届市管专家的决定》。

26日至27日　国家慢性病综合防控示范区现场考评组在六盘水市检查工作。

26日　六盘水市开展保持党的纯洁性教育试点工作总结大会在市机关会场召开。

是日　六盘水市“2012年中秋茶话会”在市政协举行。

27日 六盘水市第四季度总投资375.7亿元的283个项目集中开工仪式在盘县英武乡朱昌河举行。至此，2012年以来，全市新开工项目940个，总投资达1193.3亿元，超额完成市委、市政府年初确定的新开工项目800个、总投资1000亿元目标任务。当天，六枝特区、水城县、钟山区也分别举行了集中开工仪式。六枝特区集中开工项目81个，计划总投资106.22亿元；水城县集中开工项目55个，总投资70.82亿元；钟山区集中开工项目80个，总投资87.5亿。

28日　贵州省铁建办专职副主任陈熵到盘县检查沪昆客专盘县段征地拆迁工作。

29日　双桥水库大坝实现截流。

是日　2012年六盘水市农业产业重点项目推介及投资洽谈会举行。

10月

1日　六盘水市就市中心城区明湖旅游度假区域城市设计事宜与富力集团在广州举行洽谈会。

6日　武汉武船机电设备公司、上海融联租赁股份公司、重庆尧鑫工贸公司投资考察团一行到盘县。

8日至14日　市委常委、副市长刘友宾在国家发展改革委对接六盘水市向外融资和循环经济示范城市创建事宜。

9日至10日　江苏红豆集团副总裁率队在六盘水市考察。

10日至11日　全市推进“工业化、城镇化、农业现代化”第三次现场观摩会在六枝特区举行。

12日　2012首届“凉都杯”全国滑翔伞邀请赛开幕式在六枝特区牂牁湖举行。

12日至13日　六盘水市党政代表团赴毕节学习考察，认真借鉴毕节科学发展尤其“四在农家”创建、工业园区建设、项目建设、农村危房改造、小城镇建设方面的先进理念和经验，谋划并推动六盘水后发赶超、跨越发展。

13日　贵州省依法行政考核组考核六盘水市2012年依法行政工作。

14日　贵州省纪委常委、省监察厅副厅长张美圣在六盘水市调研2008年至2012年惩治和预防腐败体系工作落实情况并座谈。

14日至15日　铜仁市党政代表团在六盘水市明湖湿地公园、凤凰山城市综合体、凉都体育中心、红桥新区、水城县蟠龙乡法那村、六枝特区郎岱镇阿乐村等地考察城市建设、项目建设、工业园区建设和新农村建设工作。

15日至16日　全省煤矿井下安全紧急避险系统建设工作会议在盘县召开。

18日　六盘水市举行纪念干部离退休制度建立30周年座谈会。

是日　全省山区高速公路连续刚构桥梁经验交流会在六盘水市中心城区时代假日酒店召开。

20日　市中心城区集中供热项目开工典礼在市中心城区凤凰新区举行。项目一期工程总投资7.9亿元，采暖面积1200万平方米，以大唐野马寨电厂为热源，建成后将彻底改变市中心城区分散式供热现状，从根本上缓解烟尘污染难题。

21日　六盘水机场高速公路开工奠基仪式举行。

是日　六盘水市社会福利中心老年公寓举行入住仪式。

23日　市政协党组副书记、常务副主席王兴建赴安顺出席川滇黔赣冀五省二十市州政协第32次联系会议。

24日　市长何刚会见中国铁路物资股份有限公司总裁助理、铁路建设事业部总经理杜波，并就六盘水至安顺城际铁路建设相关事宜进行座谈。

是日　六盘水市委、市政府下发《关于加强科技创新促进经济社会更好更快发展的实施意见》。

是日　贵州省发展改革委检查组到六盘水市检查2012年中央预算内投资计划执行情况。

25日　市委书记王晓光、市长何刚出席威宁县与钟山区花岩洞水源取水协议书签约仪式。同日，接受中国新闻社十八大专题采访。

是日　省纪委常委、省监察厅副厅长张美圣在六盘水市督导人口计生工作，并对钟山区、水城县、盘县人口计生主体指标完成情况进行抽样调查。

是日　宣传部长杨宏远在市人民广场慰问部分环卫工人，并到部分家庭困难环卫工人家中走访。

是日　贵州省防汛抗旱工作总结会议在六盘水市明湖花园酒店召开。

26日　贵州大学与六盘水市校市合作座谈会在明湖花园酒店1号厅举行。贵州大学党委书记姚小泉、六盘水市委书记王晓光出席座谈会并分别讲话。市长何刚主持。六盘水师范学院党委书记袁仁庆出席。

是日　六盘水市科技创新大会在市机关会场召开。市委书记王晓光出席并讲话，省科学院院长何力应邀出席。会上，王晓光和何力为贵州科学院六盘水分院授牌；并签订了《贵州省知识产权局、六盘水市人民政府共同推进六盘水市知识产权事业发展合作框架协议（2012年—2015年）》《贵州省科学技术厅、六盘水师范学院科学技术联合基金协议》；为16名首届市管专家、23名2012年第一批市级科技特派员代表和7名市级特聘科技特派员颁发证书。

是日　中共六盘水市委下发《关于发展和繁荣文学艺术事业的意见》。

28日　六盘水豪龙水泥厂日产4800吨熟料干法水泥生产线点火仪式在水城县双戛乡举行。

是日　六盘水市首届少儿书法绘画大赛颁奖典礼在位于钟山区德坞街道的聚福新城举行。

30日　“中国凉都”品牌发展规划签约仪式举行。

是日　中国纪检监察学院科研部副主任、副教授胡扬在六盘水市调研并出席“完善纪检监察派驻机构统管工作课题调研”启动会。

31日　贵州省军区宣布水城军分区领导班子调整命令大会召开。

是日　2013年中国邮政贺卡“‘助力’凉都·六盘水”主题贺卡首发仪

11月

1日　明硐湖国际新城项目一期工程暨明硐湖五星级国际大酒店奠基仪式举行。

2日　六盘水市高中阶段学校对口帮扶签约仪式在市第二实验中学举行。

3日　贵州省扶贫办与六盘水市人民政府在省国际会议中心四会议室举行产业扶贫工作座谈会暨精品水果（猕猴桃）产业化扶贫战略合作协议签约仪式。

4日　盘县普古银湖种植养殖农民专业合作社授牌暨贵州娘娘山喀斯特特色农业生态旅游观光园举行开工仪式。

5日　六枝特区懒龙河水库工程开工。

是日　省委政策研究室在六盘水市开展全面建设小康社会调研并在六盘水会议中心一会议室召开调研座谈会。

5日至6日　贵州省扶贫生态移民工程督查组到六盘水市检查工作。

5日至7日　省委副秘书长、省直机关工委书记申振东在盘县、水城县、钟山区督导检查六盘水市机关党的建设工作开展情况并座谈。

5日至8日　国家煤监总局领导在六盘水市检查工作。

同期　六盘水市政协副主席、民建市委主委滕树红率队出席贵州省城市政协主席联席会。

6日　山西路鑫能源集团公司创始人、原董事长朱其诚，董事长朱福连一行到六盘水市。市长何刚与朱其诚、朱福连一行在明湖花园酒店三楼一会议室座谈，共商由该集团投资控股、贵州路喜工矿集团建设的六枝路喜循环经济产业基地建设事项。

6日至9日　贵州省农委“三秋”工作督查组在六盘水市督促检查工作。

7日至8日　贵州省水利厅副厅长吴春一行在六盘水市检查督导2012年度投资计划执行和重点水利项目建设进展情况。

8日　六盘水市各地收看中国共产党第十八次全国代表大会开幕盛况，市四大班子在六盘水电视电话会议室集中收看。

8日至15日　中共市委书记王晓光在北京参加中国共产党第十八次全国代表大会。

9日　六盘水市人民政府与中铁十八局集团有限公司战略合作框架协议在明湖花园酒店签订，协议拟以建设六盘水至安顺城际铁路为重点，深度沟通，务实合作，互利共赢。市委副书记、市长何刚与中铁十八局公司总经理彭仕国代表双方签订协议。

10日　六盘水市白族学会第一次代表大会召开。

13日　野玉海［野鸡坪（五里坪）、玉舍、海坪三地的合称］国际旅游度假区总体规划评审会在贵阳举行。

14日　六盘水市旅游商品“两赛一会”开幕式在市体育馆举行。

15日　贵州省空白乡镇邮政所补建工作督查组到六盘水市检查工作。

16日　六盘水市监狱工程开工仪式在钟山区双戛乡落飞戛村斗官坪举行。

是日　红桥新区南客运站开工。

是日　六盘水市第八届“华瑞鼎兴杯”农民学法用法知识竞赛活动在水城县蟠龙乡法那村百车河举行。吴跃（省司法厅厅长）、何刚、何冀、徐立平、杨宏远出席。

17日　六盘水市领导干部会议在市机关会场召开，传达学习 精神。中共十八大代表、市委书记王晓光传达了中共十八大会议基本情况和主要精神及贵州省代表团参加会议的有关情况。中共十八大代表、盘县淤泥乡岩博村党支部书记余留芬和水矿集团老鹰山煤矿机修厂防爆班副班长吕丽在主席台就座。

18日　重庆大帝重工有限公司与西南天地煤机装备制造有限公司锻造项目合作签约仪式在红桥新区举行。

19日至21日　六盘水市人大常委会副主任杨龙政带领市人大环境与资源保护委员会及市直新闻媒体开展以“关注城市环境、促进五城联创”为主题的2012年六盘水环保行活动。

20日　六盘水日报传媒集团“21do.com”商业网站上线启动仪式举行。

20日至21日　贵州省食品安全考核组在六盘水市检查工作，在六盘水会议中心四会议室举行汇报会。

21日　六盘水市委、市政府与川威集团、中建六局就如何推进市中心城区凤凰山城市综合体项目加快建设，在贵州省国际会议中心六盘水厅进行座谈。市委书记王晓光，市委副书记、市长何刚，市委副书记何冀，川威集团董事长、首席执行官王劲，中建六局董事长吴春军，交通银行贵州分行行长王毅峰出席。

22日　六盘水市2012年度新兵入伍欢送大会举行。

23日　贯彻执行《六盘水市非公经济组织内部治安保卫工作暂行办法》动员部署暨新闻发布会在市公安局举行。

24日10时55分　盘南煤炭开发有限公司响水煤矿河西采区1135掘进工作面发生煤与瓦斯突出事故，造成23人死亡、5人受伤，抢险救援至26日结束。

25日至27日　“2012六盘水市招商引资重点

项目广州合作洽谈会”在广东省广州市举行。

27日　贵州省创建省级创业型城市工作现场推进会在六盘水市明湖花园酒店会议厅召开。

是日　贵州省考核组到六盘水市检查考核2012年领导干部带头招商引资工作情况。

是日　水城县人民政府与贵州省水利水电勘测设计研究院战略合作框架协议签约仪式在水城县县委二楼会议室举行。

28日　六盘水市开发投资有限公司入股湖南黑金时代股份有限公司签约仪式在明湖花园酒店举行，根据股权转让协议，湖南省煤业集团有限公司湘煤集团将所持黑金时代的1亿股股权转让给六盘水市开发投资有限公司。

是日　贵州省重点水利工程、投资6.4085亿元的水城县观音岩水库开工典礼在水城县阿戛乡举行。

是日　六盘水市政府与平安证券有限责任公司在深圳签署《战略合作框架协议》，副市长周斯弼代表市政府参加签约仪式。

是日　六盘水市委、市人民政府下发《关于进一步加强新形势下统计工作的意见》。

28日至29日　贵州省2012年第四季度污染减排专项督查组在六盘水市检查工作。

29日　贵州中船路鑫矿用高新装备建设项目在六枝路喜循环经济工业园区开工建设。

是日　六盘水市热力有限公司组建签约。

是日　六盘水市“天网工程”总集成项目签约暨开工仪式在市中心城区凤池园举行。

是日　六盘水市喀斯特山区特色农业示范区规划评审会在贵阳举行。

30日　贵州省督查组到六盘水市检查政府信息公开工作及国发2号文件贯彻落实情况。副市长周斯弼代表市政府向省督查组汇报工作。

是日　云贵川十市州人工影响天气工作协作年会在六盘水假日酒店多功能会议室召开。副市长付昭祥出席并致欢迎辞。省气象局副局长李昌兴出席并讲话。

12月

4日至8日　国家土地督察武汉局副局长唐世力率督察组一行到六盘水市，就2012年度土地审批利用审核督察实地核查暨水库用地工作开展督察调研。

8日　钟山经济开发区（红桥新区）与浙江省乐清市鸿光照明科技有限公司就LED系列产品举行签约仪式。此举标志着鸿光照明科技有限公司LED产业化项目即将落地红桥新区。

10日　中共六盘水市委向各民主党派、工商联、无党派人士征求《中共六盘水市委关于认真学习贯彻党的十八大精神奋力推进跨越发展后发赶超全面小康的决定》（讨论稿）意见座谈会。

是日　省委宣讲团中共十八大精神报告会在六盘水市举行。

10日至11日　中共贵州省委副书记陈敏尔在六盘水市开展“讲、访、帮、促”活动，听取六盘水市推进惩防体系建设情况汇报并讲话。省检察院检察长袁本朴出席汇报会并讲话，王晓光主持并作汇报。

11日　中共六盘水市委书记王晓光会见土耳其驻华大使馆首席商务参赞恩德·昂基并座谈。

12日　六盘水瑞德奥特莱斯国际商业广场举行授权签约仪式。

12日至13日　贵州省计生委副主任彭翔一行在六盘水市评估创国优项目。

14日　六盘水市学习贯彻中共十八大精神干部培训会举行。中南大学党委书记高文兵作题为《以科学发展观为指导提高领导干部执行力》专题讲座。

是日　贵州省2012年社会消防工作目标考核组对六盘水市2012年社会消防工作进行考核。

16日　六盘水市政协主席唐方信出席德西社区“互助共建”首届书画展剪彩仪式并致辞。

17日　贵州省政协经济委员会副主任、省经信厅原正厅级纪检员曹国民在六盘水市督查“帮县、联乡、驻村”工作暨基层组织建设年工作开展情况并座谈。

17日至18日　中共六盘水市委六届二次全会召开。全会传达学习了省委副书记陈敏尔在六盘水市调研时的重要讲话精神，听取讨论了王晓光受市委常委会委托所作的工作报告，审议通过了《中共六盘水市委关于认真学习贯彻党的十八大精神为与全省全国同步全面建成小康社会而奋斗的决定》。

18日　由江苏省教育厅副厅长倪道潜带队的教育部校安工程督查组在六盘水市督查校安工程实施情况。

19日　六盘水市邮政管理局成立会议在六盘水会议中心四会议室召开。

19日至20日　贵州省卫生厅“三甲”医院模拟评审组对六盘水市盘江总医院、水矿总医院、首钢水钢总医院进行模拟评审。

同期　贵州省文明办专职副主任朱文东在六枝特区郎岱镇阿乐村、花脚村，陇脚乡补雨村、月亮河村、花德村，水城县蟠龙镇法那村等地调研“四在农家”创建工作并座谈。

22日　六盘水市经济工作会议在市机关会场召开。王晓光作重要讲话。何刚总结了2012年经济工作，部署明年经济工作。何冀主持会议，周斯弼作总结讲话。

23日　中国凉都品牌规划省级专家座谈会在贵阳民族文化宫举行。

25日　六盘水市举行2012年迎新春暨“祖国好、家乡美”总结表彰汇报演出。

26日　六盘水市委、市人民政府下发《关于表彰2010~2012年老干老龄关心下一代工作先进集体和先进个人的决定》。

27日　贵州省副省长蒙启良在六枝特区郎岱镇阿乐村、水城县蟠龙镇法那村、红桥新区、首钢水城钢铁（集团）公司督查民族村寨建设、统筹城乡转型发展综合开发项目建设、园区建设和节能减排及技改项目建设情况。

是日　六盘水市委、市人民政府下发《关于授予谢梁等“感动凉都人物特别奖”和王文举等“感动凉都十大人物”的决定》。

28日　2013年六盘水市县区工作目标责任书、“十大工程”责任书和“二十件民生实事”责任书签订大会在市机关会场召开。市委书记王晓光、市长何刚分别代表市委、市政府与各县、特区、区、开发区签订2013年度县区工作目标责任书。何刚代表市政府与市直有关部门签订2013年“十大工程”责任书和2013年“二十件民生实事”责任书。

是日　六盘水市2013年第一季度318个项目暨市中心城区内环快线项目集中开工仪式在钟山区黄土坡街道办双坝社区举行。

是日　“2012感动凉都十大人物”颁奖典礼在凉都影城举行。

29日　贵州勇能煤炭特种装备制造项目开工仪式在水城经济开发区举行。

是日　六枝特区路喜循环经济产业园区4×350MW热电联产项目举行开工典礼。

是日　六盘水市书画院、图书馆、全省第八次旅发大会主会场暨六盘水师范学院二期工程开工仪式在六盘水市书画院建设现场举行。

30日　六盘水市人民政府与中国北车唐山轨道客车有限责任公司在明湖花园酒店共同签署了《六盘水市有轨电车一号线一期工程项目BT合作框架协议》，标志着六盘水市有轨电车一号线工程项目正式启动，国内首条100%低地板钢轮钢轨制式有轨电车线路即将落户六盘水市。

31日　六盘水市2010至2012年老干老龄和关心下一代工作“双先”表彰会议在六盘水会议中心大会议室召开。

是日　六盘水市中心城区凤凰山城市综合体土地招拍挂项目推介会在六盘水明湖花园酒店举行。规划总面积共160880.04平方米、位于凤凰山城市综合体的五宗商业居住用地开始接受开发商竞逐，将打造成为凤凰山城市综合体核心区的商务带。

是日　2013中国凉都新年音乐会举行。

是日　六盘水市委、市人民政府下发《关于授予王如柏等首届十佳文艺家荣誉称号的决定》。

（赵福江　综编）

六盘水概况

基本情况

【概况】 六盘水市是中国三线建设的产物。根据毛泽东同志关于加强基础工业和战备的指导思想，把全国划分为一、二、三线战略布局，中共中央作出了建设“大三线”的战略决策，国务院决定在贵州西部煤炭资源丰富的六枝（原郎岱）、盘县、水城三个县境内建立煤炭基地，六盘水这个由县名第一个字组合而成的专用地名由此产生。

（余朝林）

【六盘水的历史变迁】 六盘水市境内史前是古人类的重要发源地。贵州省已发现的早期智人主要分布在六盘水市。盘县大洞出土的距今20多万年的人牙化石呈现直立人向早期智人过渡的特征，被命名为“大洞人”。水城硝灰洞出土的距今8万年的人牙化石具有早期智人的特征，被命名为“水城人”。六枝桃花洞出土的距今一万多年的人股骨化石也具有早期智人的特征，被命名为“桃花洞人”。

今六盘水市所辖境内春秋时期为牂牁国属地；战国时期，市境内为夜郎国属地，由于金属工具的使用，已进入了农耕时代，并反映奴隶制生产关系的特征；秦统一中国后，为巴郡汉阳县属地；汉代，中央王朝派使者通往六盘水境内，设立郡县，市境内分属牂牁郡夜郎县、宛温县、平夷县和犍为郡汉阳县、存鄢县，郡县设立后，驻军推行了屯田政策，这时，大批移民迁入夜郎地区，促进了当地政治经济文化社会的发展。东汉以后，屯田制逐渐被瓦解，许多豪民发展成为封建贵族，反映出了封建制生产关系的特征。

三国两晋南北朝时期，彝族先民从滇东北向今市境内和黔西广大地区发展，逐步战胜了当地的濮人而占有其地，实行了封建领主制统治。三国时期，市境内分属“南中”的牂牁郡平夷县和兴古郡宛温县；魏仍分属牂牁郡平夷县和兴左郡宛温县；晋也属牂牁平夷县和兴左郡宛温县。隋时期，改郡为州，唐承隋制。唐代今市境内南为盘州地，北为汤望州地。中央王朝为了通过土官实施对其地的间接统治，二州为羁縻州。唐后期至宋末，中央王朝对土酋封以王号，借助土酋力量对抗南诏和大理国。今市境内作为缓冲地带，南为于矢部地（自杞国），东北为牂牁国（后称罗甸国），北为罗氏鬼国，这三个藩国均为少数民族政权。

元代，于矢部地（自杞国）被命为于矢万户，后改为普安路总管府；罗殿国被命为普定万户，后改为普定府；罗氏鬼国被命为八番顺元宣慰司。二府一司任用“蛮夷官”，实行土司制度。土司在其领土上仍然“世有其土，世长其民”。

明代，今市境内社会制度有了新的发展，中央王朝改土官间接统治方式为任命流官直接统治的方式，即改土归流。明永乐十三年即1415年，普安路总府改为普安州，设流官知州，普定府改为西堡官司，八番顺元宣慰司改为贵州（水西）宣慰司。由于政治制度的变革，经济的发展，社会的进步，中原文化开始渗入。清雍正年间，今市境内改土归流基本结束，今市境内北设水城厅，东设郎岱厅，南设普安州。从此，中央政权实行了对县级政区的直接统治，延续千余年的领主制度被地主制度取而代之。地主制经济取代了过去领主制经济，实物地租取代了劳役地租，自耕农相对于农奴有较大的人身自由。民国时期，今市境内设水城县、盘县、郎岱县。

随着流官统治制度的进一步推行，今市境内自清代以后社会经济得到了较大的发展，交通状况得到改善，教育文化事业得到发展，农业生产方式大为改进，粮食产量大幅提高，手工业和商业显著发展，采掘业和冶炼业逐步兴起和发展。

由于大地主阶级对农民的残酷剥削和压迫，清朝中后期，贫苦百姓“数年不能更衣，终年不得盐”，不堪忍受苦难的各族人民群众进行无数次武装起义，与太平天国运动遥相呼应，一批有识之士走上革命道路，为推翻封建统治做出了贡献。在国民党的黑暗统治时期，市境内社会矛盾日益激化，人民反抗斗争未曾中断。中国工农红军一、三军团，九军团，二、六军团分别途经今市境内，得到各族儿女的热情拥护和支持，人民群众看到了光明。抗日战争时期，今市境内各县开展了声势浩大的抗日救亡运动，数千名爱国青年奔赴抗日前线，数百名将士为国捐躯，为中华民族的解放事业做出了伟大的贡献。

（余朝林）

【六盘水市建制沿革】 中华人民共和国成立后，1949年12月至1950年2月，今市境内的盘县、郎岱县、水城县相继解放。紧接着就顺利地完成了“清匪、反霸、征粮、减租、退押”的五大任务，并用两年左右的时间完成了土地改革。到1956年今市境内各县基本完成了“农业、手工业、资本主义工商业”的社会主义改造，社会主义制度得以建立。新中国成立初期，今市境内的水城县、盘县、郎岱县的建制没有什么变化。

1964年初，根据中共中央工作会议的精神，经过国家计划委员会和煤炭工业部等部门反复调查对比，1964年5月，中共中央作出关于建设“大三线”的战略决策，并决定在贵州西部煤藏丰富的六枝（时属安顺地区），盘县（时属安顺地区后属兴义地区），水城（时属毕节地区）三县境内建立三线建设的重点煤炭基地，设立三个相应的矿区分别进行管理，当时，这种管理体制具有比较政企合一的特点。1965年1月，经国家经济委员会批准成立西南煤矿建设指挥部。3月，中共贵州省委支援三线建设领导小组成立。1965年11月29日，贵州省人民委员会决定设立六枝、盘县、水城三个矿区人民委员会，接受煤炭工业部和贵州省人民委员会双重领导，从贵州省的六枝、盘县、水城、威宁、普定、镇宁和云南省宣威划出部分区、社（队）归新成立的三个矿区，原六枝、盘县、水城三个县仍分别属安顺、兴义、毕节地区管辖。1966年2月22日，三个矿区改为特区。4月，经中共中央批准成立六盘水地区工业建设总指挥部。1967年春，贵州省军区对六盘水实行军事管制，六盘水地区工业建设总指挥部的职能自然终止，其机构名存实亡。1967年10月29日和1968年4月18日，经贵州省革命委员会、贵州省军区批准先后成立六盘水地区革命委员会筹备小组和六盘水地区革命委员会。1970年12月2日，国务院、中央军委批准成立六盘水地区革命委员会，为地区一级政权机关，撤销西南煤矿建设指挥部；原六枝、盘县、水城三个特区分别与郎岱（六枝）、盘县、水城三个县合并为六枝特区、盘县特区、水城特区，行使县一级职权，归六盘水地区革命委员会领导。1978年12月18日，也就是中共中央十一届三中全会召开的当天，国务院批准，六盘水地区改设为六盘水市（省辖市），下辖六枝特区、盘县特区、水城特区。1987年12月15日，经国务院批准，撤销水城特区，分设钟山区和水城县；1999年2月28日，经国务院批准，盘县特区更名为盘县。至此，六盘水市辖一特区两县一区，为六枝特区、盘县、水城县、钟山区。全市国土面积为9914平方公里，到 为止全市人口约为310万人。

（余朝林）

【市辖特区、县、区建制沿革】

（一）六枝特区建制沿革

六枝特区，原为郎岱县，1950年1月14日解放后，成立县人民政府，隶属于安顺专区。1960年5月27日撤销郎岱县，改设六枝市。1962年10月2日六枝市改为六枝县。1965年11月29日，在六枝境内设六枝矿区人民委员会，受煤炭工业部和贵州省人民委员会双重领导，六枝县仍属安顺专区。1966年2月22日，矿区改为特区，同时六枝县复名郎岱县。1970年12月2日，原六枝特区与郎岱县合并为六枝特区，归六盘水地区领导，行使县一级职权。1978年12月18日，六盘水地区改为六盘水市后，六枝特区归六盘水市领导。

（二）盘县建制沿革

盘县，1949年12月20日解放，1950年4月成立县人民政府，隶属于兴仁专区。1952年12月4日兴仁专区改为兴义专区，盘县隶属关系改属为兴义专区。1956年7月18日，兴义专区撤销，与安顺专区合并，盘县归属安顺专区。1965年8月17日，恢复兴义专区，盘县复归属兴义专区。1965年11月29日，在盘县境内设立盘县矿区人民委员会，受煤炭工业部和贵州省人民委员会双重领导，盘县仍归属兴义专区。1966年2月22日，矿区改为特区。1970年12月2日，原盘县特区与盘县合并为盘县特区，归六盘水地区领导，行使县一级职权。1978年12月18日，六盘水地区改设为六盘水市后，盘县特区归六盘水市领导。1999年2月28日，盘县特区更名为盘县，隶属关系不变。

（三）水城县沿革

水城县，1950年2月13日解放后，成立县人民政府，隶属于毕节专区。1965年11月29日，水城境内设立水城矿区人民委员会，受煤炭工业部和贵州省人民委员会双重领导，水城县仍属毕节专区。1966年2月22日，矿区改为特区。1970年12月2日，原水城特区与水城县合并为水城特区，归属六盘水地区领导，行使县一级职权。1978年12月18日，六盘水地区改设六盘水市后，水城特区归属六盘水市领导。1987年12月15日，撤销水城特区，分设水城县和钟山区，县和区都归六盘水市领导。

（四）钟山区建制沿革

1987年12月15日，六盘水市钟山区设立，为县级政区。

（余朝林）

【自然地理】 六盘水市位于贵州省西部、云贵高原一、二级台地斜坡上，地跨北纬25° 19′ 44″ 至26° 55′ 33″ 、东经104° 18′ 20″ 至105° 42′ 50″ ，总面积9914平方公里，占全省总面积的5.63%。市境东邻安顺市，南连黔西南布依族苗族自治州，西接云南省曲靖市，北毗毕节市；市区钟山区的大湾镇飞嵌于毕节市威宁县和赫章县之间。

市境大地构造属扬子准地台上扬子台褶带。位于扬子准地台（Ⅰ级构造）上扬子台褶带（Ⅱ级构造）的威宁至水城迭陷褶断束、黔西南迭陷褶断束以及黔中早古拱褶断束和黔南古陷褶断束的极西边缘。地势西北高、东南低，境域因北盘江与三岔河的强烈切割侵蚀，起伏剧烈。一般地区海拔在1400至1900米之间。市域最高点在钟山区大湾镇韭菜坪，海拔2900.3米，同时也是贵州省海拔最高点；最低点在六枝特区毛口乡北盘江河谷，海拔586米。相对高差2314.3米。地貌景观以山地、丘陵为主，还有盆地、山原、高原、台地等地貌类型。

土壤类型主要有黄壤土类、红壤土类、山地黄棕壤土类、山地灌木丛草甸土类、石灰土土类、紫色土土类、水稻土土类、潮土土类、沼泽土土类等9种，分为24个亚类，74个土属，141个土种。土壤面积933.03万亩，占土地总面积的62.74%。黄壤是境内地带性土类，面积422.32万亩，占土壤总面积的50.62%。

市境属亚热带季风湿润气候区，受低纬度高海拔的影响，冬暖夏凉，气候宜人。年均温13至14℃，1月均温3至6.3℃，7月均温19.8至22℃。有“中国凉都”之美誉。年降水量1200至1500毫米。无霜期200至300天。由于地形起伏较大，局部地区垂直气候明显。全市总水量约142.18亿立方米，其中地表水体平均年流量64亿立方米，地下水体年平均流量52.68亿立方米，过境地表水体（不计界河水）25.5亿立方米。

六盘水市地处长江流域乌江水系和珠江流域北盘江水系的分水岭地区。分水线为乌蒙山脉东支岭脊和苗岭山脉西端岭脊，由水城的纸厂、城关、白腻、滥坝、陡箐、冷坝至六枝郎节坝老马地大山与苗岭相接，再延至六枝、木岗。分水线北为长江流域，以乌江上游三岔河为干流，展布于市境北部；南为珠江流域，以北盘江为干流，由西北向东南横贯市境中部，南盘江支流分布于市境南部边缘。境内长10公里以上的河流有43条，其中长江水系9条，珠江水系34条。地表河网多呈现河谷深切、河床狭窄、水流急、落差大的特征。

境内地理环境复杂，植被种类多样，分布错杂，地理区域分异明显。天然植被有针叶林、阔叶林、竹林、灌丛及草丛、沼泽与水生五类植被；地带性植被为中亚热带常绿阔叶林。东部植被为湿润性中亚热带常绿阔叶林；南部植被为具有热带成分的河谷季雨林；西部植被为中亚热带半湿润常绿阔叶林。植被在水平分布上表现出南北过渡和东西过渡的特征。由于境内海拔差异大，植被垂直分布特征也很明显。珍稀植物有水杉、秃松、珙桐、红豆杉、银杏等。六盘水市有“世界古银杏之乡”“中国红豆杉之乡”称号。境内原生植被破坏严重，现存植被多为次生植被。森林面积440万亩，灌林面积281万亩，森林覆盖率41.2%。

（赵福江）

【自然资源】 六盘水市国土总面积9914平方公里，占贵州省国土总面积的5.63%。境内岩溶地貌类型齐全，发育典型。山峦众多，延绵起伏；沟壑纵横，深履险峻。地势西北高，东南低。

六盘水矿产资源丰富。已发现矿种有煤、铁、铅、锌、铜、锑、镍、铀、钴、银、硫铁矿、硅砂、石灰石、白云石、大理石、萤石、方解石、冰洲石、重晶石、海泡石（又称石棉）、锗、镉、镓、铟、铱、镧、砷、水晶、油页石、石膏、水泥配料黏土等30余种。已探明储量的有煤、铁、铅、锌、铀、镍、银、锗、镉、镓、铟、硫铁矿、石灰石、白云石、萤石、石膏等，其中以煤、铁、铅、锌储量为多。煤储量居全省之首。六盘水煤田可靠储量711亿吨（2000米以内），探明储量164亿吨，垂深 1000米以内可靠储量413亿吨，煤种齐全，煤质优良，埋藏浅。六盘水市素有“西南煤海”“江南煤都”之誉。

六盘水境内水资源主要源于天然降水。地表水与地下水相互补给，转化频繁。地下水循环交替强烈，化学类型简单，以低矿化度重碳酸盐类淡水为主，除局部轻度污染外，大部分地区水质良好。过境客水主要为北盘江及三岔河干流客水。北盘江多年平均入境径流总量23.5亿立方米，三岔河多年平均入境径流总量13亿立方米，总量36.5亿立方米。由于河流切割深，农田灌溉难于利用。全市水能资源理论蕴藏量116.65万千瓦，平均每平方公里土地拥有水能资源理论蕴藏量117.66千瓦。可开发水力资源70.68万千瓦，占理论蕴藏量的59.84%。

市内野生植物种类繁多，按用途分为牧草类、药用类、果类及其他类4个类型。牧草类植物有40科192属514个种。药用植物略计700余种，主要品种195种。野生果类有刺梨、猕猴桃、棠梨、山楂、樱桃、葡萄、枇杷、杨梅、草莓等。其他有用野生植物有毛栗、毛脉山栎、青冈子、蕨类、火棘、野生茶树、苦酊茶、八角、花椒、棕榈等。市境乔木树种及竹种223个，分属62种、140属。其中有国家一级保护树种水杉、秃松，二级保护树种红豆杉、伞花木、香果树、银杏、杜仲、十齿花、光叶珙桐、鹅掌楸、野茶树，三级保护树种银雀树、黄杉、西康玉兰、三尖杉、檫木、厚朴、清香木、木荷等；有省、市珍稀树种木棉、紫树、复叶栾树、黄连木、香楠、毛黑壳楠、山桐子、黄牛奶树、火绳树、贵州紫薇、红花油茶、灯台树等。具观赏价值的树种有滇杨、杜鹃、大官杨、沙兰杨、水杉、垂柳、法桐、女贞、枫杨、冬青、雪松、玉兰、木槿、龙柏、凤尾柏、木芙蓉、郁李、桂花、夹竹桃、山茶、罗汉松等。粮食作物有玉米、稻、马铃薯、麦、大豆、荞等。玉米产量居全市大田作物之首，次以稻产为大宗。经济作物有油菜、烟草、花生、茶、麻类、棉、糖料、蚕桑、芝麻及其他油料作物。所产水果分属12科22属计30余种。

六盘水市的动物。鱼类有35个品种，分属4目8科。其中本地鱼21个品种，分属4目7科；省外和国外引进品种14个，分属3科。两栖类动物共18种，分属有尾和无尾2目7科。其中大鲵（娃娃鱼）属国家三级保护动物；贵州疣螈、蓝尾蝾螈为稀有品种。爬行类动物分属龟鳖目、蜥蜴目、蛇目，有8科33种。野生鸟类品种繁多，常见50余种，分属13目21科。稀有珍禽有国家一级保护动物白鹳、白冠长尾雉；二级保护动物白腹锦鸡；三级保护动物鸢、苍鹰、鹊鹞等。哺乳类野生动物有52种，分属8目23科。其中珍稀种类有国家一级保护动物华南虎（现已绝迹）、黑叶猴、金钱豹（近年未发现）、云豹、斑羚、苏门羚；国家二级保护动物猕猴、穿山甲、林麝；国家三级保护动物西南黑熊、大灵猫、小灵猫、豹猫。

六盘水旅游资源独具特色。市境山奇水秀，气候宜人，具有融民族风情和喀斯特地貌风光为一体的独特旅游风格。2005年8月，六盘水市以“凉爽、舒适、滋润、清新、紫外线辐射适中”的气候特点，被中国气象学会授予“中国凉都”的称号。境内名山、喀斯特景观与洞穴、河段漂流、温泉、林木、草场、野生动物栖息地、人类文化遗址、古建筑、革命纪念地、特色村落与园林等各显风姿，加上地域特征明显，气候资源独特，为六盘水开发集休闲游览、避暑度假为一体的旅游项目奠定了良好的基础。已开发的旅游路线主要有盘县精品线路、六枝旅游精品线路、中心城区周边游、凉都山水风光游、凉都民族风情游、凉都地质生态游、凉都山地休闲度假游。主要景点有廻龙溪景区（岩脚古镇）、牂牁江风景区、梭戛长角苗国际生态博物馆、凉都陇脚·月亮河夜郎布依生态文化园、盘县会议会址（九间楼）、妥乐银杏景区、丹霞山护国寺、四格坡上牧场、长海子景区、盘县大洞古人类文化遗址、盘县万亩竹海、天生湖景区、罗咪期度假区、玉舍森林公园、麒麟洞公园、荷城花园、白鹤旅游区、韭菜坪景区等。

（夏厚军）

降水和气候概况

【2012年市境降水情况】 全市境内降水量较常年略偏少。枯期降水与多年均值相比较，降雨量比常年偏少1成至6成。枯期降雨总量最高出现在水城县付家寨雨量站，枯期降水总量 301.9毫米；枯期降雨总量最低出现在盘县羊场雨量站，降水量为86.7毫米。

2012年，汛期降水总量在737.5～1588.6毫米之间，总体比常年偏多。降雨主要集中在5～8月份，其中6月、7月降水相对较为集中。各站点出现暴雨次数1～5次。汛期降雨总量最高出现在六枝二塘雨量站，雨量为1588.6毫米，为一降水中心；汛期降雨总量最少出现在钟山区滥坝雨量站，雨量为737.5毫米。与历年同期均值相比较，比常年偏丰1成左右。年降水量最大出现在六枝二塘雨量站，年降水1795.1毫米，为一降水中心；钟山区滥坝雨量站年降雨量850.1毫米为最小。与常年相比较，趋势为北部和南部地区比常年偏枯1至2成，中部和西部地区偏丰1至3成。

2012年，出现暴雨次数较多，江河水位水势平缓，各水文站水位变幅较之常年大幅度偏少，汛期各站除大渡口水文站出现超警戒水位的大洪水外，其余各站均未超警戒水位的大洪水。

（岳健强）

【气候概况】 2012年，六盘水市年平均气温与常年相比东部地区偏低、西部地区正常到偏高，年总降水量正常到略偏少，年总日照时数偏少。年内出现了春旱、低温雨雪冰冻、暴雨、大雾、大风、冰雹等气象灾害。全年六盘水市无大范围严重的气候灾害事件发生，总体为正常年景。

（卢文诗）

国民经济发展和社会发展情况

【经济实力持续快速增长】 2012年，全市生产总值738.65 亿元，比上年增长16 %；农林牧渔业总产值69.25 亿元，增长12.25 %；工业总产值1199.88亿元，增长 23.5 %；财政总收入 1563498万元，增长21.7 %，公共财政预算收入1034949 万元，增长46.11 %；公共财政预算支出1880834万元，为调整预算的99.04%，增长28.20%；社会消费品零售总额 182.82亿元；城市居民人均可支配收入18764 元，比上年增长14.6%，城镇居民人均消费支出10216.45元，比上年增长7.7%；农民人均纯收入5182元。全市固定资产投资完成1088.9亿元，同比增长97.8%。全市完成地区生产总值738.65亿元，同比增长16.0%，高于全国8.2个百分点，高于全省2.4个百分点。全市综合排位实现前移进位，从2011年末的全省第6名上升至第4名。

（赵福江　敖　波）

【重大项目建设加快发展】 2012年，全市产业园区基础设施建设投入60.8亿元，完成投资181.4亿元，增长36%。建成标准厂房120.4万平方米，在建企业165家，投产企业149家，累计完成工业增加值154亿元，占全市工业增加值的42.5%。着力打造煤电钢、煤电铝、煤电化、煤电材“四个一体化”品牌，六枝路喜、黔桂天能等一批重点循环经济项目加快推进。更加注重节能减排万元GDP能耗降低3.43%，完成了主要污染物总量减排目标任务。

（赵福江　敖　波）

【基础设施建设快速推进】 月照机场飞行区土石方主体工程基本完工，六沾复线建成通车，六盘水火车站改造主体已完成，长昆客专建设进展顺利，水盘高速建设进入收尾阶段，六镇高速路基工程基本完成，六六高速、杭瑞高速境内段建设加快推进，机场高速、市中心城区内环快线、红果主城区西北出口工程、红果至两河快速通道开工建设。启动盘兴高速、六威高速、毕兴高速前期工作。信息建设加快推进，完成信息基础设施建设投资4.28亿元，新增157个自然村寨通电话和宽带，完成58个行政村有线广播电视联网延伸覆盖任务，安装24789套农村直播地面接收设备。加强电力基础设施建设，实施电网建设和改造3113公里。深入实施天然林保护、石漠化治理等重点生态工程，完成营造林36.33万亩。截至2012年12月，全市通车里程11994.5公里，当年新修公路里程110.4公里。

（赵福江　敖　波）

【城镇化建设步伐明显】 加快城镇建设步伐，城镇化率提高到41%。启动第四轮城市总体规划修编，完成30个乡镇、505个村的村庄整治规划编制工作。启动了凤凰山、六盘水体育中心、明湖等一批各具特色的城市综合体项目，成立了8个城市建设指挥部，加快以“6个城市广场”“6个湿地公园”和城市棚户区改造等为重点的城市建设步伐。整合项目和资金，启动和加快了郎岱、柏果、玉舍等特色示范小城镇建设。红桥新区、双水城区、六枝城区、盘县城区的城市建设取得较大进展。市中心城区集中供热工程启动实施。全市商品房屋施工面积1030.7万平方米，增长26.7%；商品房销售面积119.12万平方米，增长20%。深入开展“整脏治乱”“五城联创”活动和“五项城市管理工程”。

（赵福江　敖　波）

【社会事业工作显成效】 新建或改扩建乡镇幼儿园25所，启动建设中学5所、小学6所，建成农村寄宿制学校3万平方米，教师周转房3598套，启动实施农村中小学学生营养餐工程，惠及21.3万学生。贵州科学院六盘水分院正式授牌，国家煤炭清洁转化产品质量监督检验中心基本建成。新一轮深化医药卫生体制改革启动以来，五项重点工作取得了阶段性成绩，新型农村合作医疗制度和贫困农民大病医疗救助制度不断完善，政府补助标准由200元提高到240元。大力实施文化、体育、广电惠民工程，六盘水大剧院、市博物馆、方志馆、图书馆、美术馆等项目开工建设；建成全民健身路径25条、村级农民体育健身工程35个、农家书屋125个、农村数字书屋20个，完成24789套农村广播电视设备安装，新增58个行政村有线电视联网延伸覆盖。

（赵福江　敖　波）

【深化体制改革　增强发展活力】 国有企业改革改制工作有序、规范推进。投融资体制改革取得新突破，《六盘水市市级政府投资性项目BT投融资建设管理办法（试行）》等一批文件相继出台并实施，成立了市政府金融办，新组建的8家市级融资平台公司、3家村镇银行运行良好，全市首支16亿元企业债券发行成功。改革试点示范工作取得新进展，钟山区和水城县滥坝镇被列入全国第三批改革发展试点县、试点城镇，水城县被确定为全省统筹城乡和新型工业化试点县。行政审批制度改革取得新成效，取消、下放、调整各类事项共计416项。行政许可、非行政许可和行政服务事项分别减少到47项、20项和36项。市、县两级政府政务服务大厅建成投运，减少126项行政许可事项、106项非行政许可事项、184项行政服务事项，行政效能进一步提高。公共财政体系初步建立。民营经济不断壮大，完成增加值338.93亿元，占全市生产总值的比重达45.89%，登记在册的私营企业和个体工商户分别达6250户和86000户。社会领域改革稳步推进，文化、卫生、教育事业单位实行了全员聘用制，六盘水日报社、广播电台、电视台和市电影公司、市文化馆改制正常推进。加快培育开放型经济，大力加快开放载体建设，六盘水海关、贵州出入境检验检疫局六盘水办事处申报建设工作有序推进。

（赵福江　敖 波）

【确定2012年各项污染物控制目标】 二氧化硫排放总量控制在24.2392万吨以内，较2010年增加4.98%，较2011年削减2.11%；氮氧化合物排放总量控制在17.3588万吨以内，较2010年增加34.88%，较2011年增加11.14%；化学需氧量排放总量控制在2.3203万吨以内，较2010年削减4.51%，较2011年削减1.66%；氨氮排放总量控制在0.2195万吨以内2010年削减6.79%，较2011年削减6.19%。

（赵福江　敖 波）

【数字六盘水地理空间建设项目启动】 2012年3月5日，市政府与省国土资源厅签订了数字六盘水地理空间框架建设共建共享合作协议。这标志着数字六盘水地理空间框架建设项目正式实施，该项目由国家测绘地理信息局、省国土资源厅和市人民政府合作建设，建设成果三方共享。内容包括：标准规范体系建设、建立地理空间框架基准、基础地理数据处理、更新及整合、元数据库建设、基础地理信息数据库建设、地理信息公共平台建设和二次开发专题示范应用子系统。六盘水市将以建设数字六盘水为抓手，以地理信息资源共享为核心，以地理空间信息应用为重点、依托标准规范、示范工程建设，着力构筑起网络化、信息化、数字化城市，从根本上改变六盘水市基础地理信息的传统服务，提升六盘水市地理信息公共服务能力。

（赵福江　敖 波）

【六盘水市公共资源交易中心挂牌】 2012年6月15日，市公共资源交易中心揭牌仪式隆重举行。省监察厅副厅长申楚，市委副书记、市长何刚共同为六盘水市公共资源交易中心揭牌。通过党委政府主抓、纪检监察主推、部门协同配合，采取政银合作和政企合作的模式，在不到3个月的时间内，高标准建成财政投入少、整合项目多、软硬件设施先进、功能齐全的市公共资源交易中心，圆满召开全省现场推进会，10月份通过省级验收，获省纪委监察厅500万元奖励。将工程建设、政府采购、土地和矿业权出让等7大类73小项交易项目纳入中心进行交易，做到应进必进，完成交易项目276个，成交金额33.83亿元，节约和增值资金1.5亿元。开展5次特殊号牌拍卖，实现收益516.8万元。政务服务大厅、行政审批暨电子监察系统正式投入使用，实现了省、市、县三级联网监察，扭转了建设进度在全省靠后的局面，大厅规模、软硬件建设位于全省前列。

（赵福江　敖 波）

【第三届川滇黔十市州合作与发展峰会在六盘水市召开】 2012年8月19日，以“加强区域合作，统筹城乡发展”为主题的第三届川滇黔十市州合作与发展峰会在六盘水市举行。峰会成员大理州、六盘水市、毕节市、丽江市、昆明市、宜宾市、昭通市、凉山州、楚雄州、攀枝花市出席会议，云南省曲靖市、贵州省黔西南州应邀列席会议。项目投资洽谈会签约项目12个，投资总额46.2亿元。十市州还共同签订了《川滇黔十市州合作与发展峰会六盘水会议经济技术合作框架协议》，合作内容包括：深入开展交流活动、建立长期友好的合作互信关系、建立信息共享平台、开展招商项目合作、突出产业对接、推动市场建设、强化企业合作招商等。

（赵福江　敖 波）

【第九届中国凉都·消夏文化节圆满成功】 第九届中国凉都·消夏文化节由六盘水市委、市政府主办，六枝特区、盘县政府、水城县政府、钟山区政府和市直相关部门承办。本届消夏文化节以“开放融合、和谐发展、运动健康、宜居宜业”为主题，2012年从8月18日至8月26日为集中活动时间，活动项目为文化类和体育类两大类十一项。文化类活动项目主要为开幕式文艺晚会、行草书书法大赛、观赏石博览会等3项，体育类项目主要为甲A篮球对抗赛、全国自行车邀请赛等等。8月18日，在六盘水市三中凤凰校区举行了消夏节开幕式文艺晚会，国内知名歌星及川滇黔十市州优秀演员登台献艺。

（赵福江　敖 波）

【六盘水市启动“五城联创”工作】　2012年7月2日，六盘水市启动了“五城联创”工作。在动员会上，市委副书记何冀强调全市各级各部门要全力以赴投入到“五城联创”（创建全国文明城市、国家卫生城市、国家园林城市、国家环保模范城市和巩固全国双拥模范城市）活动中来，以更加扎实、更加到位、更富成效的工作，倾力打造现代特色都市，全面建设实力、魅力、活力、文明、幸福六盘水。这次动员大会标志着六盘水市全面开展创建全国文明城市、国家卫生城市、国家园林城市、国家环保模范城市和巩固全国双拥模范城市的“五城联创”工作正式拉开了序幕。五城联创工作目标是：力争2014年取得全省文明城市、全国创建文明城市工作先进城市称号，力争2017年申报全国文明城市并实现创建目标；2014年申报国家卫生城市，力争2017年实现创建目标；力争2016年实现国家园林城市创建目标；力争2017年实现国家环保模范城市创建目标；继续巩固全国双拥模范城市创建成果，努力实现全国双拥模范城市多连冠目标。“五城联创”的主要目的，是通过城市文明建设促进改革、促进发展、促进创新、促进转型、促进追赶，在干部群众中注入奋进意识，力争通过五年努力实现“五城联创”目标。

（赵福江　敖 波）

【六盘水市城市信息化位列全国前50名】　2012年12月，在江苏省无锡市举行的2012年第三届中国城市信息化50强发布会上，六盘水市首次跻身中国城市信息化50强。此前，六盘水市曾在首届（2008年）中国城市信息化50强评选活动中获创新奖，在第二届（2010年）中国城市信息化50强评选活动中获信息化推进奖。

（赵福江　敖 波）

【五举措抓好农民增收】　一是通过调整产业结构挖掘农业内部增收潜力。积极扩大延伸农业产业链，增加就业容量，拓宽农民增收空间。二是通过加快工业化进程和小城镇建设，积极发展农村二、三产业，促进产业协调发展，培育新的农业增长极，壮大县域经济，为农民创造更多就业和增收机会。三是以深入推进农村土地承包经营权、集体林地经营权和林木所有权、集体建设用地使用权等制度改革，作为增加农民财产性收入的重要渠道。四是坚持完善和强化对农民综合直补、良种补贴、农机购置补贴等各项强农惠农富农政策，及时落实兑现，不断增加农民转移性收入。五是大力推进扶贫开发富民，深入实施三个集中连片特困地区区域发展与扶贫攻坚规划，积极实施扶贫生态移民工程。2012年，全市农民人均纯收入达到5180元，比2011年增加17.4%。

（赵福江　敖 波）

【救灾　救济工作】　六盘水市2012年发生各类灾害共31起，73万人受灾，因灾死亡13人，农作物受灾5.3万公顷，直接经济损失1.80亿元，其中农业损失1.25亿元。全年共发放救助粮1.61万吨，救助卡9.3万张，共完成了32.79万人的冬春救助工作。云南省昭通市彝良县9·7地震发生后，市委、市政府安排部署，及时启动应急联动机制，第一时间将价值30万元的救灾物资运抵彝良灾区。

（赵福江　敖 波）

【2012年度十二件民生实事启动实施】　一是对全市32.7905万因灾需口粮救助的低保对象和缺乏自救、互助能力的困难群众进行冬春救助。二是实现城乡居民社会养老保险制度全覆盖，领取养老金人数达27万人。三是实施营养改善计划，实

现农村义务教育阶段学校“人人吃午餐”；建设农村寄宿制学校学生宿舍3万平方米，教师周转宿舍12.579万平方米。四是完成5个中心乡镇卫生院（2280平方米）规范化建设。五是新增解决14万农村人口饮水安全问题。六是启动实施生态移民工程，搬迁移民4264人。七是实施农村危房改造3.309万户，建成城镇保障性安居工程住房1.0062万套；新开工建设城镇保障性安居工程住房1.0642万套。八是建成通村油路600公里，新增80个建制村通油路，实现40%建制村通油路。九是培训农村劳动力2.53万人。十是城乡居民最低生活保障标准提高10%以上，其中，城市低保月保障标准市中心城区从320元提高到355元，其余地区从300提高到335元；农村低保年平均保障标准从1420元提高到1562元。十一是新增80个自然村寨通电话、80个自然村寨通宽带，安装2.4万套农村直播卫星地面接收设备，新增40个行政村有线广播电视联网延伸覆盖。十二是建设、改造10千伏线路730公里，低压线路1127公里，实现农村电网改造全覆盖。

（赵福江　敖　波）

招商引资工作

【概况】 2012年，市投资促进局积极参加省组织的各类活动，强化“走出去、请进来”战略，采取领导干部带头招商、小分队招商、委托中介招商、以商招商、自行组织开展重大招商引资活动等多种招商形式，招商引资工作取得明显成效。

2012年全市共完成招商引资实际到位资金650.07亿元，同比增长174.26%，占固定资产投资1098亿元的59.2%。其中，总投资规模3000万元以上项目到位资金312.6亿元，同比增幅120.6%，增幅位列全省第一。超额完成省下达的200亿元的全年工作目标任务。

（徐文清）

【参加省组织的招商活动】 参加2012年省政府开展的招商引资活动对接项目共16个，其中，“贵州省赴新加坡、马来西亚、中国香港招商推介活动”对接项目6个；“中国贵州—500强知名企业合作发展座谈会”对接项目3；“贵州投资机会说明会（渝洽会）”对接项目3个；“贵州·中外名企千亿优势项目对接会”对接项目2个；“赴广东佛山市、东莞市产业对接会”对接项目2个。

签约项目共18个，签约总金额424.95亿元，其中，“第二届中国·贵州—香港投资贸易活动周”签约项目4个，签约金额108.8亿元；“第二届中国（贵州）国际酒类博览会”签约项目13个，签约金额304.15亿元；“第八届泛珠三角区域合作与发展论坛暨经贸洽谈会”签约项目1个，签约金额12亿元。

（徐文清）

【招商形式多样效果明显】 2012年，在北京、上海、重庆、广州、贵阳、昆明等驻外办事处加挂招商分局牌子，明确招商引资工作职责和任务；由市四大班子领导带队，先后赴北京、上海、香港、江苏、山东、云南、广西、陕西、福建、广东等地开展项目推介和招商引资活动；自行组织开展重大招商引资活动5次，共签约项目24个，签约金额319.99亿元。其中，在6月香港举行的六盘水市重点项目香港合作洽谈会上签约项目4个，签约金额90.79亿元；在8月份六盘水市举办的第三届川滇黔十市州合作与发展峰会项目投资洽谈会上签约项目8个，签约金额33.2亿；在8月初上海举行的贵州六盘水重点招商项目上海洽谈会上签约项目5个，签约金额149.2亿元；在9月参加第九届中国—东盟博览会期间，与广西投资集团签订了长期战略合作框架协议；在11月广州举行的六盘水市招商重点项目广州合作洽谈会上签约项目6个，签约金额46.8亿元。

（徐文清）

【强化项目库建设】 全年更新招商引资项目3次，筛选整理市级招商引资重点推介项目80个，投资总额1854.75亿元，其中，一产类项目2个，总投资4.1亿；二产类项目48个，总投资1551.27亿；三产类项目30个，总投资299.38亿元。通过对接，省投资促进局出资为六盘水市重点包装5个项目统一对外招商。（徐文清）

六盘水行政区划

【概况】 2012年，六盘水市辖两县、一个特区、一个市区，共四个县级行政区；全市有53个乡（其中少数民族乡41个），41个镇，7个街道办，共计101个乡、镇（街道办），有1019个行政村，150个社区居委会。其中，六枝特区辖14个乡（其中少数民族乡9个），5个镇，220个行政村，25个社区居委会；盘县辖17个乡（其中少数民族乡11个），20个镇，450个行政村，49个社区居委会；水城县辖21个乡（其中少数民族乡20个），12个镇，301个行政村（红桥新区托管4个），5个社区居委会；钟山区辖1个乡（其中少数民族乡1个），4个镇，7个街道办事处，48个行政村（红桥新区托管2个），71个社区居委会。 （罗轲　吴学丹）

2012年六盘水市行政区划基本情况表

表一　　　　单位：个

名　称	合计	乡	镇	街道办事处	行政村	社区居委会
六枝特区	19	14	5		220	25
盘　县	37	17	20		450	49
水城县	33	21	12		301	5
钟山区	12	1	4	7	48	71
总　计	101	53	41	7	1019	150

2012年六盘水市行政区划一览表

表二　　　　单位：个

县级政区	所辖乡名称	所辖镇名称	所辖街道办名称
六枝特区	新华乡、洒志彝族布依族苗族乡 新窑乡、梭嘎苗族彝族回族乡 新场乡、落别布依族彝族乡 折溪彝族乡、牛场苗族彝族乡 堕却乡、箐口彝族仡佬族布依族乡 龙场乡、毛口布依族苗族乡 中寨苗族彝族布依族乡、陇脚布依族乡	平寨镇 木岗镇 大用镇 郎岱镇 岩脚镇	
盘县	滑石乡、珠东乡、英武乡、普田回族乡 马场彝族苗族乡、新民乡、鸡场坪彝族乡、 旧营白族彝族苗族乡、羊场布依族白族苗族乡、 保基苗族彝族乡、两河乡、四格彝族乡、淤泥彝族乡、普古彝族苗族乡、坪地彝族乡、松河彝族乡、忠义乡	红果镇、城关镇、火铺镇、 洒基镇、水塘镇、玛依镇、 板桥镇、民主镇、盘江镇、 大用镇、老厂镇、石桥镇、 保田镇、响水镇、乐民镇、 平关镇、柏果镇、西冲镇、 断江镇、刘官镇	
水城县	盐井乡、坪寨彝族乡、董地苗族彝族乡、陡箐苗族彝族乡、 发箐苗族彝族乡、南开苗族彝族乡、青林苗族彝族乡、 金盆苗族彝族乡、纸厂彝族乡、新街彝族苗族布依族乡、 米箩布依族苗族彝族乡、双嘎彝族乡、 花嘎苗族布依族彝族乡、果布嘎彝族苗族布依族乡、 野钟苗族彝族布依乡、顺场苗族彝族布依族乡、 杨梅彝族苗族回族乡、红岩布依族彝族苗族乡、猴场苗族布依族乡、龙场苗族白族彝族乡、营盘苗族彝族白族乡	滥坝镇、发耳镇 玉舍镇、鸡场镇 都格镇、勺米镇 阿戛镇、蟠龙镇 化乐镇、比德镇 木果镇、保华镇	
钟山区	月照彝族回族苗族乡	大湾镇 汪家寨镇 老鹰山镇 大河镇	黄土坡街道办事处 荷泉街道办事处 红岩街道办事处 荷城街道办事处 杨柳街道办事处 凤凰街道办事处 德坞街道办事处

六盘水市第七届人大代表政协委员名录

六盘水市第七届人民代表大会代表名单

六枝特区（75人）

丁　勇　王卫华
王文明（彝族）　王本志
王兴华　王怀福（布依族）
王建生　王朝荣
王道贤　韦仕虎（布依族）
卢　瑶（女）　卢致臣（布依族）
付昭祥　包崇刚
吕阳益（苗族）　向　红（女）
向　昀　刘　挺
刘　萍（女）　刘云凡
刘安学（苗族）　刘国尧（苗族）
刘胜芬（女，苗族）　江　浩
安　庆　阳松林（壮族）
孙乾林　杜　娟（女，彝族）
杜昌兰（女）　李　红
李　燕（女）　李光富
李英俊　李绍祥
李春娴（女）　李盘春
杨　权　杨　芳（女，布依族）
杨　波　杨　彬
杨全明（苗族）　肖玉林（彝族）
肖明华（彝族）　余荣凤（女）
邹家进　宋　磊（布依族）
张　林　张　浪
张　黔　陆儒平
陈　艳（女）　陈　蓉（女，彝族）
陈小刚　陈开玉（彝族）
陈光明　明祥玉（女）
金　剑（仡佬族）　周合平
郑　刚（彝族）　赵　强
胡　平（彝族）　胡照云
夏　芳（女）　徐丽菊（女）
高玉林　唐方信
曹发光　梁　斌
韩伟兴　韩学智
舒　勇　靳　茹（女）
谭　枫（苗族）　熊壮美（女，苗族）
潘　林

盘县（118名）

马选国　王时繁
王禹峰　王　琴（女）
牛卫国　毛明贤（彝族）
孔克向　邓　秀（女，苗族）
邓　强　邓文专（苗族）
邓志宏（苗族）　龙秋芳（彝族）
龙晨明　卢　梅（女）
叶晓尧　田四清
代明勇　冯贵英（女）
宁谷前　宁显飞

吕学锋　　朱　锐（彝族）
朱绍伦　　朱恩甫
任　山　　任　水
任亚林　　刘　纯（水族）
刘　勃　　刘米菊（女）
刘经达　　安成智（女）
安　振（彝族）　　李宗培
李艳红（女）　　李晓忠
李德文　　杨　虹（女）
杨九生（彝族）　　杨龙政（白族）
杨晓霜　　杨德敏（女，白族）
肖　力（满族）　　肖执方
吴文祥　　吴仕泽（彝族）
吴应芬（女，彝族）　　吴泽琼（女）
吴显龙　　岑　敏（女，布依族）
何　俊　　何希丽（女）
何荣芳（女）　　余兆星
余周林（女，蒙古族）　　余荣泽
余榕江（彝族）　　邹　彩（女，黎族）
张　雷　　张　嫦（女）
张大芬（女）　　张文争
张叶兰（女）　　张兴坤
张厚仙（女）　　张院花（女，苗族）
陆凤萍（女，水族）　　陈少荣（穿青人）
陈永红（女）　　陈华伟（黎族）
陈学燕（女）　　范　斌
范三川　　罗资湘
金成良（彝族）　　周光辉
周庄生（土家族）　　周斯弼
郑克顺　　郑林春（女）
房国剑　　赵桂兰（女）
胡开然　　胡召航
柏志华　　柳修美（彝族）
祝天华　　班福元（彝族）
桂希统（回族）　　贾　杰（女）
顾有元　　晏　虹（女）
徐玉良　　徐永俊
唐　飞　　陶兴锐（白族）
黄　飞　　黄　金
黄太红（苗族）　　黄初秀（女）
黄初玺　　黄河勇
彭贵波　　蒋　丽（女）
蒋先赞　　蒋承龙
蒋家梁　　程绪权
谢承厚（彝族）　　童　静（女）
赖永惠（女）　　路元翠（女）
路　振　　管庆米（女，布依族）
廖军玉（女）　　谭方智
谭　代　　潘顺华

水城县（82名）

丁晓宁　　马　媛（女，苗族）
马永相（回族）　　马明安（回族）
王　彬　　王代文（布依族）
王发燚　　王建功
王晓光　　王彬达（彝族）
王德仕（布依族）　　方　化
尹志华（白族）　　邓泽跃（苗族）
付国祥　　代华远
吕树鸣　　朱志鹏
刘　睿（女）　　刘安珍（女，苗族）
刘纯玉（彝族）　　汤公宇
安学文（彝族）　　李　勇（水族）
李　艳（女，苗族）　　李正兰（女，彝族）
李发秀（女，苗族）　　李亚洲（女）
李昌辉　　李真进（苗族）
李朝卉（女）　　李葆青
杨　飞（女，苗族）　　杨　帆（女）
杨　坚（苗族）　　杨明达（彝族）
肖雯稹（苗族）　　邹云钦（白族）
沙快菊（女，彝族）　　张　倧
张　涛（彝族）　　张　霖（穿青人）
张成周（苗族）　　张良开（回族）
陈龙芬（女，彝族）　　陈兴梅（女，彝族）
陈启文　　陈顺福（彝族）
陈亲萍（女）　　范　义（彝族）
国景芹（女）　　罗文波
罗登官（苗族）　　金开流（彝族）
赵玉恒（布依族）　　赵庆周（白族）
赵泽智　　胡中兴
侯贵玉　　侯竣然
施绍琴（女）　　敖琴英（女）

夏虎义　徐　园（彝族）
徐立平　高士勇
高登权（彝族）　郭　琴（女，苗族）
郭岚莲（女，土家族）　陶建华（苗族）
黄光启　黄承光（苗族）
梁成立　彭永兰（女，仡佬族）
蒋　彪（布依族）　蒋金安
谢朝碧（女，布依族）　熊　艳（女，苗族）
黎永胜（彝族）　潘铁军
穆怀荣（女）　魏洪群（女）
管彦鹤（布依族）　熊礼渊（女，苗族）
魏树旺

水城军分区（6名）

马战营（回族）　汪寿武
沙劲松　唐　欣（苗族）
盛向阳　梁洪波

钟山区（61名）

马兴文（回族）　王　劭
王　英（女）　王玉琼（女）
王尔彬　王明刚
王凯明　方裕谦
邓兴贵　龙怀飞（女）
吕红星（回族）　朱光菊（女）
刘　静（女）　刘子华
刘占国　孙　炜（女）
苏国泽　李　茂
李　明　李　玲（女）
李令波　李永林
李鹤泉　杨　旭（白族）
杨兴光（白族）　杨宏远（侗族）
吴　勇　何　飞
何　刚　何　冀
佘大刚　余　宁（蒙古族）
闵志宏　张忠芳（女）
张莉英（女）　张新建
陈大荣　陈林庆
陈声碧（女）　郁钟铭
金子文　周　胜（彝族）
周凤祥　周训莲（女）
周宏文　费仁良
晋方琴（女）　钱廷刚（彝族）
徐　铭　唐　涌（土家族）
唐　锋　黄决文（苗族）
梁　建　彭　杰
普兆敏（女，彝族）　葛永俊（女）
蒋第梅（女）　蔡永忠

中国人民政治协商会议
第七届六盘水市委员会委员名单

中国共产党（9人）

王兴建　邓　刚（苗族）
卢书林（布依族）　江胜东（苗族）
汤金云（女）　吴文祥
赵泽义　唐方信
舒　勇

中国民主同盟（11人）

王琼芳（女，彝族）　毛朝荣
孔跃坤（布依族）　杨友联（白族）
李有祥　李柱杨
何兴贵　余漫江（女）
周绍勇　郑小蓉（女）
碗香勤（女）

中国民主建国会（11人）

王　霞（女）　王永玲（女）
代　波　杨孝平
严新忠　吴学明
何　玉（女）　陈　伟
陈海燕（女）　韩德坤
滕树红（女）

中国民主促进会（11人）

田满华　李铁芬（女）
吴明兰（女）　何　黔（女）
辛朝素（女）　宋淑珍（女）
陈　珍　陈江龙

罗亚婴　胡玲芳（女）
崔有昌

九三学社（11人）

刘　烜（苗族）　刘洪章
何晓斌　张俊昌
陈　强（穿青人）　陈声波
林进洪　贺小考
敖显能　熊　瑛（女）
薛畅敏（女）

无党派人士（5人）

王成俊　沈　明
张　毅　聂志权
彭纪星（女）

中国共产主义青年团、六盘水市青年联合会（5人）

朱　莉（女）　李　睿（穿青人）
张家兴　徐　丽（女）
颜　迅

六盘水市总工会（9人）

王爱民（女，彝族）　宁　奕（女）
李　富　吴文英
张道举　易　宏
周焕品　席立新
龚元丁

六盘水市妇女联合会（5人）

丁成珍（女，回族）　王　娴（女）
安　芳（女，彝族）　肖启芬（女）
陈　芳（女）

六盘水市工商业联合会（6人）

王守会　邓　辉
吕贵平　陈长江（黎族）
金　芬（女）　潘　柯

六盘水市归侨侨眷联合会（4人）

于小黔　任　丽（女，土家族）
余　平　张尚黔

文化艺术和体育界（19人）

王利彬　尹　巍（女）
石忠华　卢肇明
司光荣　刘　咏（女）
李　垚　李　荔（女）
李清洋（苗族）　吴大江
张植星　陈文洪
陈玉兴　周琼琳（女）
庞文远　徐荣杰（女）
高　霞（女，仡佬族）　黄　笠
梁　嵩

六盘水市科学技术协会和科学技术界（44人）

马悦萍（女，回族）　王本林
王燕鸿　卢开云
卢锡宏　冯　凌（女）
朱希伟　朱朝本
伍丛应　刘　恒（苗族）
刘绍元　孙建平
杨　松　杨茂麟（侗族）
杨德传　肖平川（仡佬族）
吴学刚　何　枢
宋　健　张　元
张汉刚（苗族）　张所栋
张润琼（女，仡佬族）陆书生
陈忠义　陈选江（黎族）
欧阳蓓蓓（女）　周　涛
赵连山（满族）　姚国川
骆汉民　敖成桥
敖顺安　徐永新
高长益　唐元江
黄　琨（女，布依族）　龚　华（彝族）
龚江平（土家族）　龚顺良
彭　超　蒲毅蕻
简永红　瞿树林

经济界（59人）

万伦军（穿青人）　马六益
马林达　王　进
王　翔　王永芳
王汉标　王金秋

邓　泽　　田如燕（女，土家族）
冯艳秋（女）　　司选权
伍广秀（女）　　刘　杰
刘艳凤（女）　　庄智辉
安万学（土家族）　　阳鲁深
杨　忠　　严子松
苏顺发（彝族）　　李仁祥
李文元（白族）　　李宥进
时素敏（女）　　吴洪昌
吴海涛　　吴碧海
何文生　　何成富（布依族）
何丽娜（女）　　何登明
汪素朴（穿青人）　　张永东（女）
陈　晶　　陈丽娟（女，穿青人）
陈孝惠　　陈建飞
林　松　　林昭群
周家良　　赵　松
赵庆福　　秦　江（苗族）
袁潮湧　　徐仁义
徐礼忠（彝族）　　卿宪华
郭　昆　　郭高鹏
高　昂（彝族）　　唐红军
黄武汉　　黄清海
康　沣　　蒋剑涛
曾　利　　谢　梁（彝族）
谢黔华

农业界（13人）

王井洪　　许小由
邹盘龙　　范仕云
周全海（白族）　　赵　萍（女）
聂玉林　　夏厚军
徐　方　　涂　锐（女）
陶用红　　章人上
简正隆

教育界（22人）

王友梅（女）　　冉　明（女）
任　群（女，侗族）　　刘雪梅（女）
许东吴（女，苗族）　　杨春明（彝族）
李　军　　李　强
张一雷（女）　　张加一（回族）
张和平（回族）　　林成荣
郑晓红（女）　　封双朴
陶春英（女）　　黄冬菊（女）
黄尧江　　彭若平
蒋承云　　曾　慧（女）
曾启芳（女）　　蒲　慧（女）

新闻出版界（4人）

闫焕卫　　李　她（女，满族）
赵　芳（女）　　蒋　宇

医药卫生界（15人）

伍　军（布依族）　　刘　俊
牟绍璞　　孙春燕（女）
孙海霞（女）　　杨　璟（女）
张兴槐（穿青人）　　张丽莎（女）
张春龙　　陈　君
陇文菊（女，彝族）　　赵　伟
姚玉龙　　郭　骏
董金丽（女）

少数民族界（9人）

丁廷莉（女，回族）　　牛光龙（彝族）
尹端德（彝族）　　杨　协（苗族）
李　斌（苗族）　　肖　明（彝族）
陈官林（苗族）　　罗　涛（女，布依族）
班丽梅（女，布依族）

宗教界（5人）

支成江　　杨明祥（苗族）
李兴国（回族）　　张旭亮
陶军国（苗族）

特别邀请人士（52人）

于鹏磊　　马　力
马　玲（女）　　支成平（彝族）
王圣麟　　王志禹
孔垂平（彝族）　　文向东（彝族）
孔跃辉（彝族）　　尹德贵
龙建刚　　田景刚

吕选俊（苗族）
任溪霞（女，满族）
安开华（彝族）
劳　琼（女）
李业昕
吴道贤
张礼各
张保双
陈　静
陈龙远
朱启华
刘开全（彝族）
杨谦麟
李　勇
肖建军（彝族）
沈成秀（女，布依族）
张同云
陈　石（穿青人）
陈本友
陈盛德
范云莉（女）
周　松
郑学群（女）
赵福江
袁　美（女，彝族）
夏　明
陶贵萍（女）
龚申雄（苗族）
谢培康（白族）
颜昌友
罗兴全
周晓波
赵　单
侯盘红（女）
顾玉玺
徐晓娟（女）
黄　燕（女）
覃　杰
熊海龙
穆　燕（女）

领导人名录

本名录时限为2012年，姓名后面有*号的为2012年底去职，无*号的仍在职

中国共产党六盘水市委员会

书　记　王晓光
副书记　何　刚　何　冀
常　委　李朝卉（女）　周斯弼
魏树旺　徐立平
汪寿武　杨宏远（侗族）
陈少荣（穿青人）　向　昀
王　彬　蔡晓峰*
刘友宾
秘书长　周斯弼
常务副秘书长　刘　纯（水族）
副秘书长　姚远明　郑建国*（彝族）
赵　坤　王志禹

中国共产党六盘水市委员会各工作部门

市委办公室
主　任　周斯弼
专职纪检员　赵宝玉*
直属机关党委书记　王崇立
市委组织部
部　长　李朝卉（女）
常务副部长　吴文祥
副部长　李秀英（女）　李 丽（女）
汤金云（女）　张　勇（彝族）
部务委员　孔　滔（彝族）　杜　军（苗族）
廖　艳（女）
市委宣传部
部　长　杨宏远（侗族）
常务副部长　龚远鹏（回族）
副部长　林书华（女，白族）
袁国中　李　黎（女）
精神文明建设指导委员会办公室
主　任　林书华（女，白族）
专职副主任　姚　斌（白族）
市委统战部
部　长　赵泽义*　李朝卉（女）
常务副部长　陈永红（女）
副部长　吕贵平　陈官林（苗族）
戴玉芬（女）
卢书林（布依族）*
车明江（彝族）
市委政策研究室
主　任　马　勇（回族）*　赵　坤
副主任　赵　略*　谭明福　廖明芳
市委市政府督查室
主　任　陈　石
副主任　张鹏飞　杨兆垠
政法委员会
书　记　徐立平
常务副书记　方　化*　黄勤励

副书记　舒　勇　刘勇坤（回族）
余榕江（彝族）
纪委书记　左正海*
秘书长　王广文*　何友座
政治部主任　徐　青（女）
综治办主任　黄勤励
综治办副主任　杨香琴（女）　宋邦会
维稳办（610办）主任　刘勇坤（回族）*
李晓忠*
余榕江（彝族）
维稳办副主任　谢　鹏*

离退休干部工作局

局　长　李秀英（女）
副局长　蒙建华*　刘亚非　唐　胜
杨　勇

直属机关工作委员会

书　记　禄　祎（女）
副书记　马　鑫（回族）
司　硕（彝族）
纪工委书记　魏亚非*
市直目标办专职副主任　马　鑫（回族）
夏　雪（女）

市委党校

校　长　李朝卉（兼）
常务副校长　马秀峰
副校长　陈　丽（女）　封　毅
教育长　周慧敏
纪检组长　郭绍全

六盘水行政学院

院　长　周斯弼
常务副院长　马秀峰
副院长　陈　丽（女）　封　毅
教育长　周慧敏

六盘水社会主义学院

院　长　张俊昌
常务副院长　马秀峰
副院长　陈　丽（女）封　毅　吴永祥
教育长　周慧敏

六盘水日报传媒集团有限公司

党组书记　袁国中
党组副书记　刘　黔　　彭绍良（穿青人）*
社　长　刘　黔
总编辑　袁国中
副总编辑　谷　平　赵　芳（女）
副社长　高仕贤　秦海峰
任舟影（女，黎族）
胡　媛（女）　马永刚
纪委书记　杨光辉
总会计师　段松臣

保密委员会办公室（国家保密局）

主　任（局长）　李　玮

机构编制委员会办公室

主　任　李　华（女）
副主任　喻　可　余　华

老年大学

校　长　何发建
副校长　周尚书

老龄工作委员会办公室

主　任　何　皋*　沈成秀（女，布依族）
副主任　韩绍美（女）*

市委台湾工作办公室（市政府台湾事务办公室）

主　任　戴玉芬（女）
副主任　张　涛

市委机要局

局　长　郑海燕（女）

党史研究室

主　任　李　瑜
副主任　王　娟（女）

市委讲师团

团　长　王鹏升（彝族）
副团长　施基平*

市信访局

局　长　郑建国（彝族）*
副局长　何大云*　杜　荣（穿青人）
王维伦（水族）
市群众工作中心主任　严景波
市政府信访督查专员　冷　尉　胡建新

中国共产党六盘水市纪律检查委员会

书　记　向　昀
副书记　马　莉（女）
　　张　洪（女，穿青人）
　　孔跃辉（彝族）
常　委　罗　敏（女，布依族）*
　　赫光祥　胡学华（女）*
　　吴　刚　周晓波
秘书长　孔跃辉（彝族）*　吴　刚
办公室
主　任　孔跃辉（彝族）*　吴　刚
机关党委书记
主　任　王红蕾（女）
案件监督管理室
主　任　吴胜卫
纪检监察四室
主　任　夏祥坤
审理室
主　任　王　瑾（女，回族）
信访室
主　任　黎得学（彝族）
党风廉政室
主　任　吴　刚*　任　健
干部室
主　任　任　浩（羌族）*　陶乃维
执法监察室
主　任　周　海
宣传教育室
主　任　傅文友
第一纪工委（监察分局）
书　记　朱峻立
局　长　骆科用
副书记　骆科用　曾启芬（女，土家族）
委　员　史红伦（穿青族）
　　赵　煦（女，白族）
第二纪工委（监察分局）
书　记　孔跃辉（彝族）
局　长　张　涛
副书记　张　涛　黄育军
委　员　张和昆（回族）　冯安兴（彝族）
第三纪工委（监察分局）
书　记　陈　晶
局　长　黄　河（苗族）
副书记　黄　河（苗族）　任　浩（羌族）
委　员　邵建梅（女）
第四纪工委（监察分局）
书　记　罗　敏（女，布依族）
局　长　李建辉（女）
副书记　李建辉（女）　宋作丽（女）
委　员　谢建平（壮族）　唐克思
第五纪工委（监察分局）
书　记　马　玲（女）
局　长　陈大贤
副书记　陈大贤　李继明
委　员　范云莉（女）　邵建梅（女）
　　廖亚玲（女）
第六纪工委（监察分局）
书　记　胡学华（女）
局　长　刘　雄
副书记　刘　雄　田　沛
委　员　王事必（女）　袁荣林

六盘水市第七届人大常委会

主　任　黄　金
副主任　杨明达（彝族）　陈光明
　　陶兴锐（白族）　杨龙政（白族）
　　龙秋芳（彝族）　阳松林（壮族）
　　刘　静（女）　高玉林
秘书长　李盘春
副秘书长　耿贵正（常务）　杜　梅（女）*
　　张明常　卢　薇（女）
　　赵渝培（蒙古族）*
常务委员　尹华亮　王朝荣　方　化*
　　邓兴贵　卢　瑶（女）　吕学锋
　　吕树鸣　向　红（女）

刘　睿（女）* 刘国尧（苗族）
杨　坚（苗族） 杨　虹（女）
李　明 李绍祥 吴文祥 何　皋
沙劲松* 张　倧 张　雷
陈永红（女） 陈华伟（黎族）
陈启文 胡中兴
赵庆周（白族） 赵桂兰（女）
郭岚莲（女，土家族）
普兆敏（女，彝族）
谢承厚（彝族） 潘顺华

办公室

主　任　李盘春

机关党委

书　记　李盘春

专职副书记　朱文才（彝族）*

专职纪检员　朱峻立（彝族）*
史红伦（穿青人）

信访办公室

主　任　明祥玉（女） 朱文才（彝族）

副主任　韩　敏（女，布依族）*
王　艳（女）

研究室

主　任　詹　高

副主任　余盛龙

离退休干部工作处

处　长　郑爱晶

六盘水市人大第七届专门委员会

内务司法委员会

主任委员　李学朋* 吕学锋

副主任委员　杨　波

财经委员会

主任委员　吴德惠* 胡中兴

副主任委员　丁晓宁 敖琴英（女）

教育科学文化卫生委员会

主任委员　胡中兴* 潘顺华

副主任委员　王玉琼（女）

农业与农村经济委员会

主任委员　刘国尧（苗族）

副主任委员　吴显龙

民族宗教侨务委员会

主任委员　刘国尧（苗族）* 何　皋

副主任委员　吴显龙* 赵渝培（蒙古族）

选举任免联络委员会

主任委员　杨　虹（女）

副主任委员　吴文祥* 张　黔

环境与资源保护委员会

主任委员　陈启文

副主任委员　明祥玉（女）

六盘水市人民政府

市　长　何　刚

副市长　周斯弼 魏树旺 蔡晓峰（挂职）*
刘友宾（挂职） 范三川
周宏文 马　雷 尹志华（白族）
谢朝碧（女，布依族） 付昭祥
杨朝晖（挂职）

市长助理　周清波 张　艳（女）
贺　青（女） 由　阳（女）
韩　培

秘书长　程绪权

副秘书长　罗资湘 王际明
向　萍（女，土家族） 吴世平
戴宇霖 赵　泽 陈　泉
王维家（挂职）

办公室

主　任　程绪权

机关党委

书　记　何　楠（女）*

纪检组长　曾启芬（女，土家族）

六盘水市人民政府驻外机构

市政府驻北京联络处主任　徐光毅* 肖开荣

市政府驻上海联络处主任　李维毅

市政府驻广州办事处主任　饶丹梅（女）

市政府驻重庆办事处主任　王必钧*　陈怒涛
市政府驻昆明办事处主任　陈清发
市政府驻贵阳办事处主任　蔡　斌

市委市政府接待处
副主任（主持工作）　方荔菠（女）
副主任　蒋家华

市政府法制办
主　任　贺兴华
副主任　赵　方（彝族）

六盘水市人民政府工作部门及所属单位

市发展和改革委员会
主　任（党组书记）　邹家进
副主任　张　静（女）*　高进文
　　　　毛贞红　凌　云
总经济师　杨道斌
党组成员　杨建成
纪检组长　陈　晶*　张　涛
市铁路建设办主任　王永诚

市政府研究室
主　任　李新宜
副主任　张云长（常务）　毛贞红*
总经济师　吴　进

市政府金融办公室
主　任　宋　昕
副主任　赵宝玉　施仲浩（挂职）

市委市政府信息管理中心
主　任　孙立杰

市政府政务服务中心
主　任　王印春（女）

市经济和信息化委员会
主　任（党组书记）　黄志芳（女）
副主任　王宜明　段刚奇　周晓冬
　　　　张经阳（苗族）
总经济师　梅建南

市国资委
主　任　宋　昕*
主　任（党委书记）　周　兆
副主任　袁潮涌　郭　华（女）
纪委书记　郑永萍（女，彝族）
总会计师　吴向军

市教育局
局　长（党委书记）　王时明
副局长　彭若平*　朱大权*　田本华
　　　　彭大章　黄初俊（彝族）
党委副书记　许南平（女）*
　　　　　　薛月琼（女，回族）
纪委书记　许南平（女）*　王　勇
正县级督学　龚永华　余龙江
副县级督学　崔炳芳（女）*
　　　　　　薛世国（回族）*
考试中心主任　杨一飞（壮族）
教育教学研究室主任　蔺代平

市科学技术局（知识产权局）
局　长（党组书记）　李晓东
副局长　蒲毅蘖　杨　莉（女）
专职纪检监察员　邵建梅*　李继明

市民委市民族宗教事务局
主　任（局　长）　陈官林（苗族）
党组书记　张远才（彝族）
副主任（副局长）　杨诗超（布依族）
　　　　　　　　　王礼琴（女，彝族）
　　　　　　　　　车加文（彝族）
专职纪检监察员　张和昆（回族）

市公安局
局　长（党委书记）　徐立平
常务副局长（副书记）　魏华松（仡佬族）
副局长　钟　铮（女）　耿贵正*
　　　　李晓忠　黄崇文　马从容（回族）
　　　　李光绪*　陈际生（苗族）*
纪委书记　黄崇文*　管　维（布依族）
政治部主任　江辅华
机关党委书记　孔铃华（女，彝族）
交警支队支队长　肖开荣*　卢成祝

市监察局
局　长　杨继亮*　张　洪（女，穿青人）
副局长　胡学华（女）*　郭丙生
市民政局
党组书记　何　皋*
局　长　唐明刚（侗族）
副局长　覃　杰　徐　祥　覃才科　王亚军
党组成员　沈成秀（女，布依族）
纪检组长　宋作丽（女）*　任　浩（羌族）
双拥办主任　徐　祥（兼）
市司法局
局　长（党委书记）　何　勇（穿青人）
副局长　舒筱德（回族）*　吴道贤
　　　　韩建波　彭　康　杜　梅（女）
　　　　谢　凝*　宋登远
纪委书记　黄毕忠（白族）*
政治部主任　周仕银（土家族）
市财政局
局　长（党组书记）　罗资湘*
　　　　　　　　　　刘　睿（女）
副局长　代云盘*　蒋泽川（白族）
　　　　张　辉　彭纪星（女）
纪检组长　蔡云声*　陈　晶
总会计师　彭纪星（女）*
非税收入管理局局长　张　辉*
市人力资源和社会保障局
局　长（党组书记）　李　丽（女）
副局长　马龙华　张锡钢（苗族）
　　　　陈　静
纪检组长　黄　河（苗族）
市能源局（市煤炭局）
局　长　邹立宏
副局长　胡鼎昌*　陈　嵩（穿青人）
　　　　周　龙
纪检组长　张　涛*
市交通运输局
局　长（党组书记）　方志江
副局长　李远林　王佐华（回族）
　　　　吴文峰　宋邦维
机关党委书记　朱华俊
纪检组长　吴　强*　罗　敏（女，布依族）
总工程师　孙建平
党组成员　彭福生
市公共资源交易中心
主　任　张　洪（女，穿青人）*
主　任（党组书记）　肖建军
副主任　罗　敏（女，布依族）*　薛盘文
市公路处
处　长　郑晓燕（女）
市交通运输集团
总经理（党委副书记）　董力健
副总经理（党委副书记）万伦军（穿青人）
纪委书记　樊红军
副总经理（工会主席）　王　强
副总经理　张　平
六盘水路桥发展总公司
总经理　王　宇
副经理　梁　李　朱华虎
水城公路管理局
局　长　桂希衡（回族）
党委书记　郭　元
纪委书记（工会主席）　陆魁林
副 局 长　袁大海　郑　健
总工程师　翟树林
水城高速公路管理处
处　长　袁金章（彝族）
书　记　王永生
副处长　钱廷方　廖 荣
市住房与城乡建设局
局　长（党组书记）　李维忠
副局长　姜永凤（女）　贾应华（苗族）
　　　　陈玉琢　宋登远*
党组成员　王正海
机关党委书记　周学锋（布依族）
纪检组长　谢建平（壮族）
总工程师　阳东升　李雄辉*
市棚改办主任　冯全云
风景名胜管理处主任　邓安宁
城建执法支队队长　陈　雄

市城乡规划局
局　长（党组书记）　王诗煌
副局长　黄　浩（彝族）　张金焰
专职纪检员　宋作丽（女）
总工程师　沈　明
规划监察支队队长　温红飚
市城市管理局
局　长（党组书记）　马　军（回族）
副局长　龚申雄（苗族）　王文仕
　　　　孔　涛（女）
纪检组长　唐克思
市投资促进局
局　长（党组书记）　邢　华
副局长　朱德贵（彝族）　刘　娟（女）
　　　　饶丹梅（女）　龙　超（彝族）
市规划设计研究院
院　长　刘　恒（苗族）
副院长　李庆宪（女）*　陈　劲
总工程师　吴　焱
市燃气总公司
总 经 理　熊小林
党委书记　任　清
纪委书记　秦国亮
副总经理　付九全　顾　洪　何英杰
工会主席　李永昌
总工程师　陈建西
市住房公积金管理中心
主　任（党组书记）　许利霖
副主任　李　进
纪检组长　韩嘉彦
市国土资源局
局　长（党组书记）　陈寿林*
党组书记　陈寿林
局　长　方　化
副局长　周红明（苗族）　覃莉蓉（女，壮族）
　　　　杨　鹏
总工程师　黄友清
纪检组长　吕 波（女）
市环境保护局
局　长（党组书记）　项　凯
副局长　项　凯*　于鹏磊　李桂军　魏　嵬
纪检组长　刘　雄
总工程师　黄亚萍（女）
市审计局
局　长（党组书记）　赵　敏（女，布依族）*
　　　　　　　　　　李文旭（彝族）
副局长　张勤荣（女）*　李文旭（彝族）*
　　　　李成培　董巍娜（女）
专职纪检员　张传义*　邵建梅（女）
总审计师　卢德正
市统计局
局　长（党组书记）　李新益*　罗资湘
副局长　淳廷勇*　陈银芳（女）　李武星
专职纪检员　王海北（女）*
市物价局
局　长（党组书记）　潘顺华*　司选权
副局长　王必钧　杜学玉（彝族）
市农委
党组书记　鲍时举*
主　任　唐明刚（侗族）*　方裕谦
副主任　吴显龙*　张同云*　朱辉礼*
　　　　许小由　胡光汝（白族）
　　　　蒋先福　胡书龙（布依族）
　　　　刘德彬　龙伟杰　王奇兵　张锦林
纪检组长　黄军育*　胡学华（女）
机关党委书记　徐　莉（女）
总农艺师　黄光辉
市林业局
局　长（党组书记）　徐贤碧*　杨显昌（苗族）
副局长　李瑞霞（女）　吴开燕（女）
总工程师　聂玉林
专职纪检员　袁荣林
市水利局
局　长（党组书记）　李文科（白族）
副局长　段　炼（白族）　周有柏
纪检组长　田　沛
总工程师　姚文龙
市水利水电工程移民局
党组书记　蒋泽选
局　长　何　枢

副局长　李春兰（女）　张　林

市商务粮食局

局　长（党组书记）　李世雄（白族）

副局长　万昌思（苗族）　张华（女）

　　　　张　宇（女，苗族）

机关党委书记　杨　毅

纪检组长　冯安兴（彝族）

党组成员　王建军（女）　张应华（苗族）

总经济师　张春华（女）

市文体广电局

局　长（党组书记）　周应寿（布依族）

副局长　王　静（女）　李幼曦（彝族）

　　　　邓昭华（仡佬族）　蒋　宇

　　　　韩　洪（土家族）

纪检组长　范云莉（女）

市广播电视台

党委书记　张金黔

台　长　周应寿（布依族）*

　　　　彭绍良（穿青人）

副台长　谢笃芳（苗族）

　　　　王家平（穿青人）

总编辑　奚宽军

市地方志编纂委员会办公室（年鉴编辑部）

主　任　余朝林

副主任　汪龙舞*　戴宇霖*　赵福江

　　　　夏厚军

市人口计生委

主　任（党组书记）　籍中苏*　包崇刚

副主任　李文瑛（女，白族）　付应林*

　　　　花照林（布依族）　蒋承礼

纪检组长　陈大贤*　马　玲（女）

督查室主任　赵　健

计生协会专职副会长　罗兴全

计生协会秘书长　敖永红

市人防交通战备办公室

主　任（党组书记）　郑建华*

　　　　　　　　　　杨国彦（布依族）

副主任　淳廷勇　李雄辉

市外事侨务办公室

副主任　杨谦麟

市旅游局

局　长（党组书记）　李飞霜（女，彝族）

副局长　樊　勇　李松涛（满族）

市供销合作社联合社

主　任（党组书记）　曹泽坤

副主任　伍广秀（女）　黄万鹏　赵　敏

机关党委书记　邓　平（女）

市机关事务管理局（机关事务服务中心）

局　长（主任）　张万顺*

　　　　　　　　郭　前（穿青人）

副局长（副主任）　富　源（满族）

　　　　　　　　　肖建平

市档案局

局　长　陈盛德*

副局长　刘　燕（女）*　王留德（彝族）

　　　　肖　丽（女，彝族）

市扶贫开发局

局　长（党组书记）　郭收年*

　　　　　　　　　　张　涛（彝族）

副局长　黄流赋（苗族）*　夏厚军*

　　　　何　楠（女）　蒋弟明

专职纪检员　王事必（女）

市双桥供水工程管理处（市地方电力局）

主　任　何维申

副主任　夏松林（彝族）

总会计师　姜　帆（满族）

六盘水市无线电管理局

局　长　黄　劲

副局长　姜顺涛

市安全生产监查管理局

局　长（党组书记）　蔡　军

副局长　范存文　王圣刚　吴学刚

纪检组组长　李建辉（女）

市政府副县级督察员　杨　林（侗）*　余洪胜

　　　　　　　　　　韦正洪（布依族）*

市卫生局

局　长（党组书记）　马军（回族）*

　　　　　　　　　　张新芝（女）

副局长　黄良民　孙海霞（女）　郑国伦

纪检组长　周治黄*　陈大贤

直属机关党委书记　许　松

卫生监督所

所　长　陈辛幸

副所长　赵贵生（壮族）　胡雍琦

市疾病控制中心

主　任　倪荣中*　朱桉瑛（女）

副主任　付文建　丛旭滋*　张德武（彝族）

专职纪检员　王咏梅（女）

市中心血站

站　长　夏凤君（女）*　伍　军（布依族）

六盘水市人民医院

院　长　张新芝（女）*　郎庆华（布依族）

党委书记　张丽莎（女）

副院长　吕建一　钟元康

纪委书记　蒋先国（彝族）

市妇女儿童医院

院　长　刘春萍（女）

党委书记　张兴槐（穿青人）

副院长　范青梅（女）　田　艳（女）

纪委书记　马永荣

市第二人民医院

院　长　胡长福

党委书记　周福良

副院长　侯玉彩*　王世其

　　　　陇文菊（女，彝族）

市第三人民医院（市传染病院、市精神病院）

院　长　吕　武

党委书记　张莉翎（女）

市第四人民医院

院　长　王震宇（回族）

党委书记　朱桉瑛（女）*

副院长　李　毅　陈　勇

市中医院

院　长　陈华伟（黎族）

市紧急救援指挥中心

主　任　林　海

水矿集团总医院

党委书记　王成虎

院　长　唐元明

副院长　付　强　樊世峰　陈恩祥

贵州银行六盘水分行

董事长　肖慈发

行　长　李克勇

监事长　丁伟恒

常务副行长　张弘东

纪委书记　张黔林

副行长　张　倞　鲁桂英

工会主席　卓子丹

董事会秘书　董齐德

政协六盘水市第七届委员会

主　席　唐方信

副主席　王兴建　田满华　张俊昌　聂志权

　　　　邓　刚（苗族）　赵泽义

　　　　滕树红（女）　吴文祥

秘书长　龚远鹏（回族）*　江胜东（苗族）

常务委员（按姓氏笔画排列）

丁成珍（女，回族）　王　霞（女）　王永芳

王井洪　王成俊　王守会　邓　辉

卢书林（布依族）　任　丽（女，土家族）

刘开全（彝族）　刘洪章　孙海霞（女）

安开华（彝族）　庄智辉　汤金云（女）

闫焕卫　严新忠　何　黔（女）　何兴贵

何登明　吴洪昌　张植星

李　睿（穿青人）　杨　忠　杨友联

杨孝平　杨明祥（苗族）肖平川（仡佬族）

邹盘龙　陈长江（黎）　陈本友

陈官林（苗族）　陈盛德　周晓波

周焕品　郑学群（女）　金　芬（女）

姚玉龙　赵庆福　骆汉民　卿宪华

徐仁义　敖显能　秦　江（苗族）

高　霞（女，仡佬族）　高长益

梁　嵩　黄清海　龚江平（土家族）

彭纪星（女）　曾　慧（女）　舒　勇

谢　梁（彝族）　谢培康（白族）

韩德坤　简正隆　潘　柯

副秘书长　赵福江*　文向东（彝族）*

　　　　吕选俊（苗族）　张林青

杨继军（彝族）

机关党委

书　记　穆　燕（女）*　任溪霞（女，满族）

专职纪检员　马　玲（女）*

研究室

主　任　吴文方*　安开华（彝族）

提案委员会

主　任　陈本友

副主任　张同云

经济委员会

主　任　谢培康（白族）

副主任　孔垂平（彝族）

社会法制委员会

主　任　陈盛德

副主任　马　力

科教文卫体委员会

主　任　刘开全（彝族）

副主任　王圣麟　倪荣中

学习文史和联谊委员会

主　任　安开华（彝族）*

副主任　黄　燕（女）

人口资源环境委员会

主　任　郑学群（女）

副主任　袁　美（女，彝族）

智力支边办公室

主　任　朱启华*　文向东（彝族）

委员联络处（信访办）

主　任　穆　燕（女）

法院　检察院

市中级人民法院

院　长（党组书记）　潘铁军

常务副院长（党组副书记）　何　勇（穿青人）*

熊光敏（女）

副院长　钟　铮（女）*　马敏龙（回族）

李学伟

政治部主任　焦玉明（女）*

机关党委书记　张新朝*　王广文

纪检组长　王　雯（女）

审委会专职委员　陈代艳（女）　谢沁玮

市人民检察院

检察长　龙晨明

常务副检察长　熊光敏（女）*　王永刚

副检察长　黄勤励*　孙志勇　谢　凝

赵　杉（女，白族）

纪检组长　韩贵安*　杜安祥（彝族）

政治部主任　吕万萍（女）*　朱华祥

机关党委书记　王丽娜（女）

反贪局局长　赵　杉（女，白族）*　杨胜鸿

军区　部队

中国人民解放军水城军分区

司令员　沙劲松*　尹华亮

政治委员　汪寿武*　杨光芒

参谋长　许况良*　孟和平

政治部主任　周国新*　焦继忠

后勤部部长　周晓波

中国人民武装警察部队六盘水市支队

支队长　吕红星（回族）

第一政治委员　徐立平

政治委员　李先江

副支队长　罗建平*　吴英俊

陈泽波（布依族）

副政治委员　熊海龙

参谋长　杨东山

政治处主任　罗红强*　刘基智

后勤处处长　万军民

中国人民武装警察部队六盘水市消防支队

支队长　罗文波

政治委员　曹　进

副支队长　龙胜刚*　何长武*　赵　胜

王　劲

参谋长　彭树宏

政治处主任　王　劲*　向顺革

后勤处处长　王瑞举*　杨正毅

防火监督处处长　郑兴彬*　杜林俊

民主党派与工商联

中国民主同盟六盘水市第六届委员会

主任委员　范三川

副主任委员　李用凯　吴永祥　何兴贵
　　　　　　向　红（女）

中国民主建国会六盘水市第四届委员会

主任委员　滕树红（女）

副主任委员　杨孝平　王　霞（女）
　　　　　　张　倞　王友梅（女）

中国民主促进会六盘水市第四届委员会

主任委员　田满华

副主任委员　宋淑珍（女）　何　黔（女）
　　　　　　李铁芬（女）　陈华伟（黎族）

九三学社六盘水市第六届委员会

主任委员　张俊昌

副主任委员　普兆敏（女、彝族）
　　　　　　刘洪章　卢　瑶（女）
　　　　　　陈声波

市工商业联合会（六盘水市总商会）

会　长　陶兴锐（白族）

党组书记　吕贵平

副会长（驻会）　邱传海（兼秘书长）
　　　　　　　　王守会

群众团体

市总工会

主　席　陈光明

党组书记（副主席）　赵桂兰（女）

副主席　周焕品　张雅萍（女）　付应林

经审委员会主任　王　军（穿青人）

共青团六盘水市委员会

书　记　杨　坚（苗族）

副书记　李　睿（穿青人）
　　　　刘　强（苗族）

市妇女联合会

主　席（党组书记）　刘　睿（女）*

副主席　丁成珍（女、回族）
　　　　戴　燕（女、苗族）
　　　　杜　薇（女）

市残疾人联合会

理 事 长（党组书记）　尹德贵

副理事长　柏学德（回族）　贾　兵

市文学艺术界联合会

主　席　徐永俊

副主席　吴学良　石忠华

市社科联

主　席　袁仁庆

专职副主席　高守亚*　赵　略

秘书长　黄　笠

市科学技术协会

党组书记　刘绍元

主　席　卢　瑶（女）

副主席　欧阳崇筑　阳晓军

市归侨侨眷联合会

主　席　晏　虹（女）

市红十字会

会　长　范三川

常务副会长　孙乾卫（布依族）

秘书长　籍中丽（女）

中央有关部门在市单位

市国家税务局

局　长（党组书记）　周光辉

副局长　毛世华　刘洪静　陈　斌

纪检组长　张定强（仡佬族）

总经济师　余　强（蒙古族）

稽查局长　陈　林

中国人民银行六盘水市中心支行

行　长（党委书记）　王凯明

副行长　江　虹（女）　张永东（女）
　　　　张华明

纪委书记　孙为民

农业发展银行六盘水分行
行　长（党委书记）　林　卫
副行长　杨秀翔　钟　健　夏　昆
工商银行六盘水分行
行　长（党委书记）　蒋云志
副行长　肖淙仁　袁珍凡　邱世元
　　　　陈　宇（女）　赵爱军（女）
农业银行六盘水分行
行　长（党委书记）　戴忠杰
副行长（党委副书记）　杨　嵩（彝族）
副行长（纪委书记）　谢　勇（京族）
副行长　项承刚　胡国元（布依族）
中国建设银行六盘水分行
行　长（党委书记）　杨昌标（土家族）
纪委书记　翟爱东（女）
风险主管　米世超
行长助理　李艳秋（女）
中国银行六盘水分行
行　长（党委书记）　李　红*　王　强
副行长　何劲松　万朝志
中国银行业监督管理委员会六盘水监管分局
局　长（党委书记）　吴忠胜
副局长　罗德琼（女）　张永刚
纪委书记　余　平
中国人民财产保险股份有限公司六盘水分公司
总经理　杨光华
副总经理　奚宽伟　邓　濛
中国人寿保险股份有限公司六盘水分公司
总经理（党委书记）　仵洪彬
总经理助理（纪委副书记）　宋玉君
中国平安人寿保险股份有限公司六盘水中心支公司
总经理　李　品
中国平安财产保险股份有限公司六盘水中心支公司
总经理　罗　毅（布依族）
副总经理　刘远烈　黄诚勇　徐　琳（女）
中国太平洋财产保险股份有限公司六盘水中心支公司
总经理（党组书记）　谌鞍宁
副经理　陈　智
中国太平洋人寿保险股份有限公司六盘水中心支公司
总经理（党委书记）　刘劲松
副总经理　吕江燕（女）
总经理助理　司朝晖（女）
国家统计局六盘水统计调查队
队　长（党组书记）　徐仪秋（女）
副队长　李发举　赵　兴
纪检组长　潘巧娟（女）

省有关部门在市单位

市地方税务局
局　长（党组书记）　任亚林
副局长　时素敏（女）　赵光立　王梅林
纪检组长　祝学林
总会计师　张家荣（彝族）
总经济师　姜　华
市工商行政管理局
局　长（党组书记）　房国剑*
副局长（主持工作）　吴　坚（侗族）
副局长　王汉标　孙丽玫（女）　宋启志
纪检组长　何兴琴（女）*　邓　军
机关党组书记　杨成虎
经检支队支队长　段永红
市质量技术监督局
局　长（党组书记）　张汉刚（苗族）
副局长　朱慧鹏　王美玉（女）　王泰鸿
纪检组长　张道波
市食品药品监督管理局
局　长（党组书记）　郭收年
副局长　赵仁怀（白族）　牟绍璞　翟从勇
稽查局局长（执法支队支队长）　雷　青（女）
省煤监局水城煤监分局
局　长　蔡龙春*　赵九利
党组书记　黄国平
副局长（总工程师）　高景波
监察专员　毕　刚

六盘水市水文水资源局
党工委副书记（纪委书记） 夏选锋
副局长 何朝东
总工程师 张晓聪

省 市双重领导单位

中国石油化工股份有限公司贵州六盘水石油分公司
经 理（党委书记） 罗洪战*
党委书记 姚建波
副经理（主持工作） 陈 青
副经理 张 琦（布依族） 李 胜
中石化天然气六盘水分公司
党支部书记 徐 路
经 理 陈永亮
副经理 张发富
总会计师 蔡维志
贵州电网公司六盘水供电局
局 长 徐 铭
党委书记 王瑞祥
副局长 刘应明 杨永祥 范 伟
纪委书记（工会主席） 何俊华
总会计师 余仁贵
省广电网络公司六盘水市分公司
总经理 樊 俊（白族）
副总经理 徐应坚 马福伟 范延飞
六盘水市邮政局
局 长（党组书记） 唐 涌（土家族）*
余卫国
副局长 李 强 邹 勇 段 评
六盘水市电信公司
总经理（党委书记） 陈忠义
副总经理 李生虎 李 健 吴文红
吴 边
财务总监 彭 毅
贵州移动通信有限责任公司六盘水分公司
总经理（党组书记） 何 飞
副总经理（纪委书记） 杨 涛
副总经理（工会主席） 朱希伟
副总经理 陈海涛
中国联合通信有限公司六盘水分公司
总经理（党委书记） 欧卫波
副总经理 张财富 龙立军 阎 春
六盘水市气象局
局 长（党组书记） 康学良（彝族）
副局长（纪检组长） 赵群剑
副局长 刘书华 易列刚
六盘水市烟草专卖局（分公司）
局 长（经理） 张拥军
副局长 韩晓勇
副经理 张 毅 何建华 王丹林
纪委书记 马 翼
贵州盐业（集团）六盘水有限责任公司
党委书记 周 颖
总经理（执行董事） 胡绍久
副经理 熊 刚 徐 刚 张 溶（女）
贵州省农村信用社联合社六盘水办事处
主 任 申时全

大 中专及成人学校

六盘水师范学院
党委书记 袁仁庆
校 长（党委副书记） 郁钟铭
副书记（纪委书记） 蒋承云
副校长 田应洲（侗族） 傅亚频
董明建 彭望书（女） 张德恩
党办主任 王崇正
组织部部长 王国宁
宣传部部长 朱 彬
教务处处长 刘清秀
学生处处长 张 武
人事处处长 王国宁
科研处处长 林长松
计划财务处处长 张贤昌
保卫处副处长（主持工作） 余 征
招生就业指导中心副主任（主持工作）
左金洪

监察室（审计处）主任（处长） 武友琴
机关党委书记 陈怒涛
团委副书记（主持工作） 李 翔
成人教育部主任 崔有昌
现代教育技术中心副主任（主持工作）
王家理
学报编辑部主任 左经会
后勤处处长 吕选周
图书馆馆长 黄 萍
国资处处长 任 慧
基建处处长 钟承智
附中校长 何友江
政教与法学系主任 肖兴燕（女）
副书记（主持工作） 李枝维
历史与社会文化科学系主任 刘青秀（女）
书 记 王世平
中文系主任 费 虹（女）
书 记 刘付华
外语系主任 彭雪梅
书 记 张 枝
教育科学系主任 赵碧玫
书 记 孔德明
数学系主任 张忠群
书 记 赵 芳
物理与电子科学系副主任（主持工作）
祝 坤
化学与化学工程系主任 李 志
书 记 卢香宇
生命科学系主任 李 松
书 记 杨永贵
记科与信息技术系主任 杨光强
书 记 张凌峰
环境与资源科学系副主任（主持工作）
张美竹
书 记 谭 萍
矿业工程系主任 艾德春
艺术系主任 杨再伟
书 记 王星治
体育系副主任（主持工作） 高 徐
副书记（主持工作） 方敬秋

六盘水职业技术学院
院 长 李葆青
党委书记 杨兴祥
党委副书记 晋其勇 何 鹏
副院长 王铭志 张加一（回族） 张先宇
纪委书记 黄筑卫
工会主席 王铭志

贵州广播电视大学六盘水市分校
校 长 张和平（回族）
副校长 王世泽（彝族） 王 战

市民族职业学校
校 长 董国芳（彝族）
副校长 肖莉群（女） 王选进

市一中
校 长 周昭华（女）
副校长 刘朝发 杨云和 许路林 石明光

市二中
校 长 樊国庆
党总支书记 王光祥
副校长 应旺安* 刘 蓉（女）

市三中
校 长（党委书记） 桂 斌（回族）
副校长 周扬平 朱放鸣 朱家彦 刘功盛

市四中
校 长 彭楚忠

市七中
校 长 黄训科

市八中
校 长 李 跃

市民族中学
校 长（党总支书记） 王廷云
副校长 庄德红（女） 何兴贵

市实验一中
校 长 李 植
副校长 杜虹洁（女） 张学先

市实验二中
校 长 何有江
副校长 陈 磊 杨彦庆 李军花（女，布依族）

钟山区

中共钟山区委
书　记　付国祥
副书记　梁　建　李令波*　郑建国（彝族）
常　委　曾晓芳（女）　　吴仕泽（彝族）
　　　　黄承勇（苗族）　张群芳（女，彝族）
　　　　程国强　孟国光
区委办副主任　周　婷（女）
区组织部
部　长　黄承勇（苗族）
副部长　徐永安（常务）　齐运梅（女）
　　　　孙　勇*
区宣传部
部　长　张群芳（女）
副部长　陆登江（彝族）　张世军
区纪委
书　记　曾晓芳（女）
副书记　孟永平（彝族）　杨　军（彝族）
第一纪工委书记（第一监察分局局长）
　　　　晋平方
第二纪工委书记　肖　璇（女）
第二监察分局局长　杨朝刚（穿青人）
第三纪工委书记　徐昳飞（女）
第三监察分局局长　黄明杰
第四纪工委书记　夏体军
第四监察分局局长　蔡劲松
区政法委
书　记　孟国光
副书记（维稳办主任）　李永林
副书记　刘桂新（苗族）　苏志敏
统战部
部　长　黄承勇（苗族）
副部长　赵德文（白族）　张　进
区委督查室
主　任　蔡绍锦（女）
信访局
局　长　张伯萍（女）
机要局
局　长　邓召勇
保密办（保密局）
主　任（局长）　左敏常
区委史志办
主　任　马永超
区委政策研究室
主　任　刘开盛
区武装部
政　委　骆科用
部　长　梁洪波
编　办
主　任　方金怀（女，彝族）
机关党委
书　记　石亚雄
老干局
局　长　齐运梅（女）
总工会
党组书记　张道举
副 主 席　张道举　张　萍（女，穿青人）
团　委
书记（党组书记）　韩　琳（女）
妇　联
主　席（党组书记）　卢文琪（女，彝族）
残　联
理事长（党组书记）　费家彦
工商联
党组书记（副主席）　李文标（白族）
科　协
党组书记　张有儒（白族）
主　席　欧阳蓓蓓（女）
红十字会
副会长　刘　云（女，主持工作）
党　校
常务副校长　季　忠
区人大常委会
主　任　李　明
副主任　蔡永忠　陆秀薇（女）　詹　琴（女）
　　　　谌洪举　刘伟民　孙　鹏
人大办主任　李永红

人大内司委
主　任　李朝建
人大环资委
主　任　邱　敏（女）
人大民宗委
主　任　李汝莉（女，彝族）
人大选联委
副主任　李荣莲（女）
人大信访办
主　任　罗学平
人大教科文卫委
主　任　李　刚（水族）
人大财经委
主　任　刘元敏（女）
区人民政府
区　长　梁　建
副区长　宋淑珍（女）　黎家良（苗族）
　　　　周元智　王厚源　胡宝钢
区长助理　宋文雄
政府办主任（应急办）（党组书记）　吴　迪
副主任　陈　曼（彝族）
区政协
主　席　陶贵萍（女）
副主席　杨　丹（女）　潘　柯　杨　溢
　　　　饶富学　李明勇　潘继华
秘书长（办公室主任）　卢文涛
政协提案委
主　任　尹端德（彝族）
政协社会发展委
主　任　朱孝林
政协学习与文史委
主　任　陈素芳（女）
政协经科委
主　任　潘耀红
政协智力支边办
主　任　周建华
区检察院
检察长　钱廷刚（彝族）
副检察长　张瑞槐　陈芸筠（女）

区法院
院　长　唐　峰
副院长　王　勋　刘　艳（女）
　　　　赵　萍（女）
公安分局
党委书记　孟国光
局　长　陶　甄
监察局（纠风办）
局　长（主任）　孟永平（彝族）
外事办
主　任　张国燕（女）
国教办
主　任　龙怀林（女）
人防办
主　任　黄甫军
法制办
主　任　谢光清
投资促进局
局　长　冯艳秋（女）
扶贫开发局
局　长　孙昌盛
电子政务办公室
主　任　刘红宇
机关事务局
主　任　廖金荣
区政务服务中心
主　任　李跃勇
房屋征收和补偿管理办
主　任　张宏斌
凉都森林公园管理处
主　任　杨　磊（彝族）
接待办
主　任　王　鑫
发改局
局　长（党组书记）　罗绍瑜
教育局
党委书记　肖俊良（彝族）
局　长　宋淑珍（女）
经信局（非公经发局）
局　长（党组书记）　龙家杰

安监局

副局长（主持工作） 李晓荣

民宗局

局 长（党组书记） 班丽梅（女，布依族）

民政局

党组书记 尹家顺

局 长 刘崇厚（穿青人）

财政局

局 长（党组书记） 江壁文

人资社保局

局 长（党组书记）杜 琼（女，彝族）

住房和城乡建设局

党组书记（副局长） 马令琦

城管局（城市综合执法局）

局 长（党组书记） 宋文雄

区河道管理处

主 任 罗吉蛟

交通运输局

局 长 卢凤学（穿青人）

海事处

处 长 冉泽全

公路管理所

所 长 胡良凤（女）

道路运输局

局 长 张选池（仡佬族）

农业局（科技和知识产权局）

党组书记 洪 兵

局 长 施辉贤

科技事业局

局 长 蒋成承

蔬菜产业服务中心

主 任 王明凤（女）

防震减灾管理中心

主 任 黄家奇

林业和园林绿化局

局 长（党组书记） 罗爱红

文体广电旅游局

局 长（党组书记） 黎永明

卫生和食品药品监督管理局

党组书记 蒋承君

副局长 宋培亮

卫生监督所

所 长 卢凤权（穿青人）

疾控中心

主 任 姚志勇（侗族）

钟山人民医院

院 长 王震宇（回族）

计生局

局 长（党组书记） 胡传斌

计生协会

副会长 林国雄

妇保站

站 长 李洋龙

煤炭局

党组书记 彭晓庆

局 长 张 平

审计局

局 长（党组书记） 苏荣仙（女）

统计局

党组书记 洪胜华

局 长 林 宏

乡镇统计管理办

主 任 周 卉（女）

档案局

局 长（党组书记） 邓小敏（女，白族）

环保局

局 长（党组书记） 刘海膺

区环境监察大队（区环境突发事件应急中心）

队 长（主任） 阳家茂

商务和粮食局

党组书记 沈庆碧（苗族）

局 长 蒋 谦

供销社

主 任 杨友发

水利局

党组书记 敖顺安

局 长 陈 涛

司法局

局 长（党组书记） 安 芳（女，彝族）

市实验一中

校　长　李　植

市五中

校　长　李明晶

市九中

校　长　何　波（回族）

市十中

校　长　佘大纲

市十二中

校　长　杨明才

市十三中

校　长　左常安

市十四中

校　长　付予黔

市十五中

校　长　代俊生

市十六中

校　长　周得忠（苗族）

职　校

校　长　苏荣娥（女）

新兴中学

校　长　肖明卫

农广校

校　长　蒙　英（女）

黄土坡街道办

办事处主任（党工委副书记）　吴　勇

荷城街道办

党工委书记　闵志宏

主　任　陈林庆

凤凰街道办

党工委书记　刘子华

主　任　李　昕

德坞街道办

党工委书记　王　劭

主　任　周　胜（彝族）

大河镇

党委书记　唐宏伟

镇　长　刘　昆（白族）

汪家寨镇

党委书记　李　茂

镇　长　徐运畅

双嘎乡

党委书记　陈　普（白族）

镇　长　王　萍（女，彝族）

大湾镇

党委书记　蒋朝明

镇　长　王　渊

月照乡

乡　长（党委副书记）　熊礼渊（女，苗族）

大河经济开发区

管委会主任　朱　莉（女）

水月产业园区

管委会主任　高登权（彝族）

杉树林社区管理服务局

局　长　钱文舟

凤安公司

经　理　刘　庸

荷城花园公司

经　理　田景彪

杨柳公司

经　理　刘　端

国信拆迁安置公司

经　理（党组书记）　陈正贤

区煤炭工业公司

经　理　吕亚东

六枝特区

中共特区区委

书　记　高玉林

副书记　舒　勇　王文明（彝族）
　　　　李令波

常　委　包崇刚*　黎明棣（女）
　　　　鲁玉龙　陈　松　盛向阳
　　　　马战营　卢　波　宿　刚（满族）*
　　　　幸雪梅（女）

党委办公室主任　侯东何

特区纪委

书　记　黎明棣（女）

特区组织部
部　长　鲁玉龙
特区宣传部
部　长　陈松
特区统战部
部　长　鲁玉龙
特区人大常委会
主　任　王朝荣
副主任　韩伟兴　金　芬（女）　李德兴
　　　　龚鸿文　何益贵
　　　　王　菁（女，布依族）　王道洪
人大办公室主任　赵　勇*　杨朝荣
选任委主任　张文山
教科文卫委主任　向忠花（女）
财经委主任　伍凤英（女，布依族）
民宗乔与农经委主任　吴开荣（彝族）
信访办主任　刘发英（女）
法工委主任　喻　勇
环资委主任　娄成江
特区人民政府
区　长　舒　勇
常务副区长　李令波
副区长　周金平　石灿敏（女）
　　　　撒玉怀（回族）　安长辅
　　　　王　赟（苗族）
特区政府办公室主任　龚德祥
特区政协
主　席　夏　明
副主席　余红亚　黄秋英（女）　黄世杰
　　　　吴文英　赵孝和（布依族）
　　　　叶发伦
秘书长　周元军（穿青人）
办公室主任　周元军（穿青人）
提案委主任　邓进仁（苗族）
文史委主任　马淑元（女）
社法委主任　陈　华
经科委主任　王道平
智力支边办主任　何正洲*　艾　妮（女）
特区法院
院　长　肖　健（满族）
特区检察院
检察长　余　松（蒙古族）
特区公安局
局　长　郭军力
特区监察局
局　长　陈俊松
特区工商联
主　席　金　芬（女）
特区编委办
主　任　卢　刚
直属机关党委
书　记　陶思贤（彝族）
特区信访局
局　长　陈米突（女）
特区离退局
局　长　陈　方
特区党校
校　长　鲁玉龙
特区史志办公室
主　任　杜应良
特区老年大学
校　长　叶　华（彝族）
特区发该局
局　长　何启筠
特区经信局
局　长　刘安学
特区教育局
局　长　邓仁委
特区民宗局
局　长　马敏龙（回族）
特区民政局
局　长　钱国富
特区司法局
局　长　谭有跃
特区财政局
局　长　杨　彬
特区人资社局
局　长　刘廷和（回族）
特区城乡建设局
局　长　陈　刚

特区城管处
主　任　陈　刚
特区水利局
局　长　梁厚学
特区农业局
局　长　郭旭照
特区林业局
局　长　徐　洪
特区环保局
局　长　李清洋（苗族）
特区交通局
局　长　禹中华
特区卫食药监局
局　长　郭永贤
特区计生局
局　长　刘　义（彝族）
特区审计局
局　长　何兴品
特区统计局
局　长　左永洪
特区文广旅游局
局　长　肖忠学
特区煤炭局
局　长　丁　勇
特区国土局
局　长　连家华
特区安监局
局　长　李广生
特区档案局
局　长　蔡兴忠
特区水利水电移民局
局　长　龚　伦
特区扶贫局
局　长　马　勇
特区投资促进局
局　长　王国华
特区金融办
局　长　金家琪
特区供销社
主　任　王　毅（彝族）
特区社区局
局　长　韩学智
特区社保局
局　长　韦思刚
特区草地中心（农业产业办）
副主任　王明祥（主持工作）
特区疾控中心
主　任　吴永平（女）
特区卫监所
所　长　夏昌隆
六枝梭戛生态博物馆
馆　长　牟辉绪
特区人民医院
院　长　杨　芳（女）
特区海事处
处　长　吕选才（苗族）
花德河林场
场　长　马　勇
特区总工会
主　席　吴文英
特区团委
书　记　张家兴
特区妇联
主　席　肖启芬（女）
特区科协
主　席　任官科（仡佬族）
特区文联
主　席　黄微波
特区残联
理事长　张　辉（仡佬族）
特区红十字会
会　长　邱学军
特区职校
校　长　高　源
特区一中
校　长　王尚江
特区二中
校　长　撒玉怀（回族）
特区三中
校　长　郑启荣（彝族）

特区四中
校　长　刘大宇
特区五中
校　长　陈　鸿
实验中学
校　长　刘耀辉*
平寨镇
书　记　王道洪
镇　长　谭　枫
郎岱镇
书　记　杨　刚
镇　长　周和平
岩脚镇
书　记　幸雪梅（女）
镇　长　金　剑
大用镇
书　记　陈本义
镇　长　李志军（女）
木岗镇
书　记（人大主席）　杨明兰（女，黎族）
镇　长　胡　平（彝族）
落别乡
书　记（人大主席）　韦如电（布依族）
乡　长　何　蕊（女）
折溪乡
书　记（人大主席）　柴　健（彝族）
乡　长　肖 良
新窑乡
书　记（人大主席）　路　林（彝族）
乡　长　宋绍高
堕却乡
书　记（人大主席）　彭梁国
乡　长　谭明勇
陇脚乡
书　记（人大主席）　龙　挺（穿青人）
乡　长　卢运勇（布依族）
毛口乡
书　记（人大主席）　王　华（布依族）
乡　长　吕阳益
洒志乡
书　记（人大主席）　胡　庆（穿青人）
乡　长　李　林（彝族）
中寨乡
书　记（人大主席）　丁朝栋（彝族）
乡　长　苏　勇
新场乡
书　记（人大主席）　敖　勇
乡　长　宁　浩
牛场乡
书　记（人大主席）　龙　醒（彝族）
乡　长　郑　刚
梭戛乡
书　记（人大主席）　杨　强
乡　长　吕阳光（苗族）
新华乡
书　记（人大主席）　周定忠
乡　长　杨枝兴
箐口乡
书　记（人大主席）　王仕福
乡　长　程 虎
龙场乡
书　记（人大主席）　安　庆
乡　长　邓建新

盘　县

中共盘县县委
书　记　陈少荣（穿青人）
副书记　邓志宏（苗族）　王成刚
常　委　支成平（彝族）　雷邦元（苗族）
李晓忠*　宿　刚（满族）
段　芳（女，白族）
杨　强（侗族）　张　勇（彝族）*
王　帆　鲍吉克（布依族）
县委办主任　王　赟*（苗族）　杨显龙（水族）
组织部
部　长　张　勇（彝族）*　王　帆
副部长　姚平方（常务）　胡开然

肖　明（白族）　许忠阳（白族）
瞿春元

宣传部

部　长　段　芳（女，白族）
副部长　祝天华（常务）　邹兴林
王爱民（女，彝族）　蒋晓雄
甘　琦（彝族）

统战部

部　长　支成平（彝族）
副部长　苏　俊（常务 彝族）
牛光龙（彝族）　胡亭峰（苗族）
韩德俊

政法委

书　记　李晓忠*　宿　刚（满族）
副书记　李廷勇（常务 白族）
吴有洋（回族）陈正雄（彝族）
顾　勇　刘　勃　肖　力（满族）

综治办

主　任　吴有洋（回族）

国安办

主　任　顾　勇

直属机关党委

书　记　许忠阳（白族）

县信访

局　长　郭贵诗（苗族）

保密局

局　长　余芝文

机要局

局　长　陈荣志

党史研究室

主　任　唐　昆

老年大学

第一副校长　王　平

离退休干部工作局

局　长　肖　明（白族）

县人大常委会

主　任　谢成厚（彝族）
副主任　叶晓尧　方奇政 杜国辉（彝族）
徐卫星　吴彦忠
欧阳廷宏（彝族）
龙　琳（女，彝族）
办公室主任　邓永清（苗族）
信访办主任　张祥舟
财委主任　蒋　虹（女，布依族）
教科文委主任　张发凤（彝族）
选任联委主任　张宗凯（彝族）
法委主任　蒋泽伟（白族）
民宗侨与农村经济委主任　张双平（彝族）

县人民政府

县　长　邓志宏（苗族）
常务副县长 王成刚
副县长　鲍吉克（布依族）　张　毅
曹　丽（女，白族）　桂希统（回族）
杨显龙（水族）
县政府办主任　黄昌达（彝族）

县政协

主　席　张礼各
副主席　张忠阳　陈长江（黎族）
王文峰　张进忠　黄建勋
龙剑锋（彝族）　胡开然
秘书长（办公室主任）　马忠益
提案委主任　张培基
科教文卫体委主任　张　璇（女）
学习与文史委主任　段学成
智力支边办主任　邱光粉（女）

县纪委

书　记　雷邦元（苗族）
副书记　赵六云（彝族）　严翔宇
纪委常委　韦　斌（女，布依族）　李贵雄
第一纪工委书记　李晓昌（彝族）
第一监察局局长　朱　丹（女，白族）
第二纪工委书记　黄　圣
第二监察局局长　戴　群（女）
第三纪工委书记　张映霞（女）
第三监察局局长　汤　俊
第四纪工委书记　杨兴彦（女，白族）
第四监察局局长　余　江（蒙古族）
第五纪工委书记　刘仕琼（女，白族）
第五监察局局长　何有昌
第六纪工委书记　张廷军

第六监察局局长　袁占平

县法院

院　长（党组书记）　刘　勃

副院长　刘泽欢　李兴贵　张光选（布依族）

县检察院

检察长（党组书记）　肖　力（满族）

副检察长　蒙朝政（布依族）　唐君武

李文国（白族）

县公安局

局　长（党委书记）　李晓忠*

宿　刚（满族）

政　委　黄红松

县监察局

局　长　赵六云（彝族）

县委县政府督查室

主　任　张　健

县编委办

主　任　黎家华（彝族）

县事业单位登记管理局

局　长　李仕彦（白族）

县发改局

局　长　张兴坤

党组书记　鲁文永

县投资促进局

局　长　田子能（苗族）

县经济和信息化局

党组书记　杨兆林

局　长　高　新（白族）

县教育局

党组书记（副局长）　顾有元

副局长　张春萍（女）

县民宗局

局　长　牛光龙（彝族）

党组书记　张学富（回族）

县民政局

局　长　朱家应（彝族）

党组书记　张朝伟

县司法局

局　长　周建辉

党组书记　王学平

县财政局

局　长　任　山

党组书记　李大连

县人力资源和社会保障局

局　长　胡开然

党组书记　吴忠幸（女）

县社会保险实业局

局　长　孟庆珏（女，苗族）

县国土资源局

局　长（党组书记）　刘　玉

县住房与城乡建设局

局　长　黄书华

党组书记　邹　能

县交通运输局

党组书记　胡荣成（彝族）

副局长（主持工作）　范友忠

县水利水电移民局

局　长　赵兴俊

县农业局

局　长（党组书记）　朱文俊（彝族）

草地畜牧业发展中心主任　唐世政（满族）

农科所所长　张金龙

县林业局

局　长（森林公安局政委）　张智标（白族）

党组书记　易正忠

县环保局

局　长　尹　虎

党组书记　石　勇

县卫生和食品药品监督管理局

局　长　陈春涛

党组书记　封嘉菊（女）

县卫生监督所

所　长　张仕杰

县疾控中心

主　任　王　飞

县人口与计生局

局　长　唐　震

党组书记　郑　东

县审计局

局　长　范仕云

党组书记　马　骏（回族）

县统计局

局　长（党组书记）　王德熙（彝族）

县煤炭局

局　长　黄太红（苗族）

县文体广播电视局

局　长　邹兴林

党组书记　徐　丽

县安全生产监督局

局　长　蒋先赞

党组书记　刘书异

县档案局

局　长（党组书记）　张登蓝

县城管局

局　长　蒋泽鹏

县扶贫开发局

主　任　李　芳（女，彝族）

县武装部

部　长　杨　强

政　委　唐　欣

县供销社

主　任（党组书记）　李德思（白族）

县党校

校　长　王　帆

第一副校长　丁武柱（回族）

县一中

副校长（主持工作）　封乔周

县二中

校　长　彭　书

县三中

校　长　刘经宇

县四中

校　长　刘书荣

县五中

校　长　赵金稳

县六中

校　长　牛开江

党支部书记　张春萍（女）

县华夏（七中）中学

校　长　许大超

党支部书记　叶二宽

县八中

校　长　薛　平

党支部书记　唐永惠（女）

县十中

校　长　叶丕达

县职业中学

校　长　叶征雄

县教师进修学校

校　长（党支部书记）　吴泽刚（彝族）

县人民医院

院　长　赵金祥

县第二人民医院

院　长　何水清（彝族）

县中医院

院　长　王文峰

党支部书记　杨　成

县安宁医院

院　长　高明凯（彝族）

县总工会

主　席　徐文星

党组书记　陈春华

县团委

副书记　陈雯雯（女）

县妇联

主　席（党组书记）　郑林春（女）

县工商联

商会会长　陈长江（黎族）

党组书记　韩德俊

县残联

理事长　胡　勇（女，彝族）

党组书记　支太生

县文联

副主席（主持工作）　万和平（彝族）

县红十字会

副会长　李彦翠（女，白族）

县计生协会

专职副会长　金世玺（彝族）

县科协

主　席（党组书记）　袁华金

老厂林场
场　长　张　驰
党支部书记　李学勇（白族）
保田镇
书　记　廖招才
镇　长　罗　波
忠义乡
书　记（人大主席）　谢　烜（彝族）
镇　长　唐　笠（布依族）
大山镇
书　记（人大主席）　龙剑锋（彝族）
镇　长　吕群洋
民主镇
书　记　张　蔚
镇　长　孔维锐（彝族）
马依镇
书　记　卜　顺
镇　长　高　海
老厂镇
副书记（主持工作）　陆逢荣
副镇长（主持工作）　周　潮
刘官镇
书　记　陆凤萍（女，白族）
镇　长　徐天和
洒基镇
书　记　刘昌华
镇　长　孔令川（彝族）
柏果镇
书　记　赵　文（彝族）
镇　长　任广向（水族）
盘江镇
书　记　丁武培（回族）
镇　长　肖执方
断江镇
书　记　徐　政
镇　长　张　贤
红果镇
书　记（人大主席）　舒小本（彝族）
镇　长　何希丽（女）
火铺镇
书　记　秦明高
镇　长　莫　帆（苗族）
平关镇
书　记　张云沛
镇　长　牛卫国（彝族）
西冲镇
书　记　顾　平
镇　长　洪光祥（彝族）
城关镇
书　记　朱映泉
镇　长　蒋家梁
板桥镇
书　记　金良武（白族）
副镇长（主持工作）　唐　振
水塘镇
书　记　肖启龙
镇　长　汤治诺（回族）
石桥镇
书　记　顾　勇
镇　长　路　振
乐民镇
书　记　丁全宇（回族）
镇　长　邹跃信（彝族）
响水镇
副书记（主持工作）　王时繁
镇　长　王时繁
新民乡
书　记　王　强
乡　长　李宗培
普田乡
书　记（人大主席）　桂宝斌（回族）
乡　长　丁廷刚（回族）
珠东乡
副书记（主持工作）　谭方智
乡　长　杨晓明
马场乡
书　记　邓寿长（苗族）
乡　长　蒋文刚（彝族）

英武乡

书　记　支太斌

乡　长　李华锋

旧营乡

书　记（人大主席）　任　水

乡　长　李华甫（白族）

羊场乡

副书记（主持工作）　岑天雷（布依族）

乡　长　岑天雷（布依族）

保基乡

书　记　邓文专（苗族）

乡　长　陈万能（彝族）

普古乡

书　记　付　迁

乡　长　柳修江（彝族）

淤泥乡

书　记　廖光卫（彝族）

乡　长　安　振（彝族）

松河乡

书　记　龙　兴（彝族）

乡　长　朱　锐（彝族）

坪地乡

书　记　敖成秋

乡　长　杜国龙（彝族）

四格乡

书　记（人大主席）　杨晓荣（苗族）

乡　长　毛明贤（彝族）

鸡场坪乡

书　记　杜国辉（彝族）

乡　长　柳修美（彝族）

滑石乡

书　记　唐　霞

乡　长　肖枝稳

两河乡

书　记　马　鹏（回族）

乡　长　胡召航

水城县

中共水城县委

书　记　王　彬

副书记　王尔彬　吴君隆（侗族）
　　　　闫秀春（女）　赵　单（挂职）

县委常委　张云长*　李仕强　尹俊辉
　　　　　何　方　李佳军　肖　明（彝族）
　　　　　廖　翔（苗族）　李　勇（水族）
　　　　　黄光启

县委办公室主任　赵传刚

县纪委

书　记　李佳军

副书记　刘祖均　范　永

第一纪工委书记　张　广

第二纪工委书记　王　磊

第三纪工委书记　徐　志

组织部

部　长　闫秀春（女）*　廖　翔（苗族）

常务副部长　张　瑜

副部长　薛德顺　杜雨昕（女）　张　凌

宣传部

部　长　李　勇（水族）

常务副部长　邓刚森

副部长　朱光怀　杨明文

政法委

书　记　何　方

副书记　周厚元　申沁恒

维稳办主任　周厚元

综治办主任　申沁恒

国安办主任　安　海

统战部

部　长　黄光启

副部长　周光学　吴顺文　周顺昌

县人大常委会

主　任　赵庆周（白）

副主任　樊章学*　徐青青（女）　严金光
　　　　谢开亮（白族）　王　鹏（彝族）

办公室主任　朱书文
财经委主任　赵泽郢
科教文卫主任　罗登官
民工委主任　陆隆富
法工委主任　施绍琴
环工委主任　明汉阳
信访室主任　蒋学亮
选联委副主任　朱　垚

县人民政府

县　长　王尔彬
常务副县长　张云长*　李仕强
副县长　肖　明（彝族）　龚　茜（女）
蔡盛周　罗忠国（彝族）　唐小国
县长助理　刘　俊
办公室主任（县应急办）　沈建黔

县政协

主　席　颜昌友
副主席　陈泰斌　王友梅（女）
杨喜书（布依族）　蒋先中（苗族）
简正隆　罗亚婴　赵玉雄（布依族）
秘书长　狄春波
办公室主任　郑　治
提案委主任　余　霖
经济委主任　张禹祥
科教文卫委主任　林本娟
社发委主任　王林鹏
智力支边办主任　陈志琴

水城县法院

院　长（党组书记）　徐　园（彝族）
副院长　赵庆川　王相聪　李　涛

县检察院

检察长（党组书记）　蒋金安
副检察长　尹端荣　杜学铀　邓贵平
纪检组长　杨毅霞

县人武部

武装部长　盛向阳
政　委　尹俊辉

县督查室

副主任（主持工作）　王　群

县信访局

局　长　李江姿

县机要局

局　长　田晓光

县保密局

局　长　项丽萍

县监察局

局　长　刘祖均

县离退局

局　长　杜雨昕（女）

县执法监督管理局

局　长　杨朝海

县发改局

局　长（党组书记）　易基恒

县招商引资和投资促进局

副局长　赵庆林

县经济和信息化局

副局长　李再达

县教育局

党组书记　车秀荣

县科技局

局　长　马明安

县财政局

局　长（党组书记）　赵　奇

县编办

主　任　高龙俊

县机关党委

书　记　王家奎

县工会

主　席　樊学章
党组书记　席立新

县团委

书　记　李　珺

县妇联

主　席　陈　芳（女）

县文联

主　任　王鹏翔

县科协

主　席　王鹏华

县工商联（总商会）
党组书记 史洪滔
会 长 邓 辉
县残联
理事长 李连君
县红十字会
专职副会长 陈圣贤
县疾控中心
主 任 马玉勇
县卫生监督所
所 长 周 俊
县委党校
党委书记（常务副校长） 陈兴益
县老年大校
校 长 李庆春
县职校
副校长（主持工作） 孙 良
县进校
校 长 傅亚南
县人民医院
院 长 唐伟节
县公安局
局 长（党组书记） 何 方
县司法局
局 长（党组书记）马明安
县农业局
局 长 冉启权
党组书记 刘学武
县林业局
局 长 李 明
党组书记 黄兴文
县水利局
局 长 许云峰
党组书记 黄初胜
县扶贫开发局
局 长 金 里
县水利水电移民局
局 长 陈安卫
党组书记 徐应华

县工商局
党组书记 王炳军
副局长 宁德军 李永霞
县人资社保局
局 长 张 凌
党组书记 刘昆华
县民政局
党组书记 杨 彬
县国土局
局 长（党组书记） 安 胜
县卫生和食品药品监督管理局
局 长（党组书记） 刘渡凯
县教育局
党组书记 车秀荣
副局长 付 达
县审计局
党组书记 徐爱华
县住房和城乡建设局
局 长 吴学海
党组书记 潘志明
县文广局
局 长 冯 伟
党组书记 李显平
县统计局
局 长（党组书记） 严碧超
县民宗局
局 长 周顺昌
党组书记 何希考
县煤炭局
局 长（党组书记） 梅 鸿
县人口和计生局
局 长（党组书记） 黎永胜
县计生协会
专职副会长 左 旭
县档案局
局 长 龙迎洪
县环保局
局 长 张 茁
党组书记 罗德政

县史志办
副主任（主持工作） 郑应吉
县禁毒办
专职副主任 朱 炟
县安监局
局 长（党组书记） 朱宪武
县供销社
主 任 张天常
党组书记 戴顺龙
县交通局
局 长 陈幼学
党组书记 梁军锋
县绿色产业服务中心（烤烟生产办）
主 任 陈学辉
县草地畜牧中心
主 任 朱春鹏
县开发投资咨询服务中心
主 任 龙永智
县玉舍林场
主 任 杨昌华
县双水新区
负责人 杨礼建
县文化中心
主 任 肖建华
滥坝镇
镇 长 侯竣然
老鹰山镇
书 记 颜 讯
镇 长 吕荣军
董地乡
书 记 段昌友（白族）
乡 长 付正先（女，彝族）
陡箐乡
书 记 包卺江（苗族）
乡 长 訾承毅（彝族）
比德乡
书 记 李昌富（苗族）
乡 长 曹 浪（彝族）
化乐乡
书 记 许正波
乡 长 邓泽跃（苗族）
发箐乡
书 记 朱如才（苗族）
乡 长 金开流（彝族）
保华乡
书 记 李洪喜（苗族）
乡 长 王 垚
南开乡
书 记 余天志（蒙古族）
乡 长 范 义（彝族）
金盆乡
副书记（主持工作） 陈德俊（苗族）
乡 长 卯丹鸿（苗族）
玉舍乡
书 记（人大主席） 唐小国
乡 长 王 敏（彝族）
勺米乡
书 记 金 星
乡 长 张 瑜（女，彝族）
坪寨乡
书 记 李恒刚（穿青人）
乡 长 张仕兵（彝族）
杨梅乡
书 记 邓泽正（苗族）
乡 长 尚源卉（女，苗族）
新街乡
书 记 陆胜新（布依族）
乡 长 张明俊（彝族）
野钟乡
书 记 王元海
乡 长 陆大明（布依）
果布戛乡
书 记 赵玉彬（布依族）
乡 长 陈顺福（彝族）
发耳乡
书 记 蒋 彪（布依族）
镇 长 罗能辉（苗族）
都格乡
书 记 翁毅飞
乡 长 廖官伦（彝族）

鸡场乡

书　记　李　刚（苗族）

乡　长　王彬达（彝族）

蟠龙镇

书　记　朱志鹏

乡　长　张　辉

阿戛镇

书　记　段　权（白族）

乡　长　周　潮

米箩乡

书　记　谢寿阳

乡　长　陆朝平（布依族）

木果乡

副书记（主持工作）　蒋尚明（苗族）

乡　长　蒋尚明（苗族）

纸厂乡

书　记　陈志文（彝族）

乡　长　肖　昕（彝族）

红岩乡

书　记　杨　锦（苗族）

乡　长　范　伦（布依族）

猴场乡

书　记　郭　萌（女，白族）

乡　长　肖雯稹（苗族）

龙场乡

书　记　邓世学（苗族）

乡　长　王　志（白族）

营盘乡

书　记　何永熙（白族）

乡　长　邹云钦（白族）

顺场乡

书　记　李京祥（白族）

乡　长　刘 鸿（苗族）

花戛乡

书　记　杨兴慧（苗族）

乡　长　刘纯玉（彝族）

青林乡

书　记　金　鑫

乡　长　谢盛祥（穿青人）

盐井乡

书　记　王洋龙

乡　长　梁成立

经济开发区

钟山经济开发区管委会（红桥新区）

党工委书记　张志祥

管委会主任　王尔彬*　王宜治

纪工委书记　龙选芝（女，瑶族）

副主任　李　勇　邹振伟　司　灏

郭振东（女，穿青人）

公安局红桥分局局长　严贵平（土家族）

红果经济开发区管委会（两河新区）

党工委书记　陈少荣（穿青人）

管委会主任（副书记）　邓志宏（苗族）

纪工委书记　张保双*　王龙江（黎族）

副主任　余榕江（彝族）*　陈再仁　吴国兴

主任助理　赵　咏

水城经济开发区管委会

党工委书记　王　彬

管委会主任　王宜治*　王尔彬

纪工委书记　谢如宪

管委会副主任　张　霖（穿青人）　王晓春

赵庆强　马华国

县公安局党委副书记　叶　圣

工矿企业

首钢水城钢铁（集团）有限责任公司

董事长　王青海

党委书记（副董事长）　张槐祥（穿青人）

总经理（党委副书记）　张新建

党委副书记（纪委书记 工会主席）　赵　单

副总经理　王　彬　常　进　夏朝开

何友德

总工程师　王琳松

总会计师　高　军（女）

六枝工矿（集团）有限责任公司

董事长（党委书记） 张仕和* 施文刚
副董事长（党委副书记 总经理） 施文刚*
总经理 何宗辉
党委副书记（纪委书记 工会主席） 李英俊
副总经理 周 东 龙海岑（侗族）*
高世俊 迟恩波 白启树*
总工程师 高世俊* 皮礼明
财务总监 齐敬宗
总会计师 付 建

盘江煤电集团公司

董事长 张仕和
党委书记 周炳军
总经理 周炳军* 孙朝芦
党委副书记 任碧初* 刘永国
纪委书记 李宗喜* 肖时华
副总经理 尹 立* 孙朝芦* 尹志华*
易国晶 邓德华 包庆林
工会主席 辛 华* 张永祥
总经济师 李果毅
总会计师 尹新全* 郝春艳
总工程师 黄寿卿* 徐再刚

水城矿业（集团）有限责任公司

董事长（党委书记） 魏永柱
副董事长（总经理） 倪德飞
党委副书记 刘振涛
纪委书记 苏国泽
副总经理 阎昭铸 蔡 毅 张思明
郑志伟（苗族） 杨 建
田景刚（满族）
总会计师 黄时晴（苗族）
工会主席 赵 诚

贵州乌蒙山发展有限公司

党委书记 李文田
董事长（总经理 党委副书记） 刘小平*
王永刚
副总经理 陈志国 黄克隆 蒋立新*
路言琼 刘家华*
工会主席 杨达志
总会计师 路言琼

水城瑞安水泥有限公司

董事长 薛金华
总经理 藤建华
党委书记 李文田
副总经理 刘小平（常务）
销售副总监 徐维杰
生产经理 牟 波
财务总监 李 玲
人力资源经理 李安宁

贵州省地矿局113地质大队

大队长 卢启富（穿青人）
党委书记 史洪桥
副大队长 刘 军 付汉阳*
总工程师 孟昌忠

贵州有色地质勘查局二总队

队 长（副书记） 刘政远
党委副书记（纪委书记） 张增祥*
副队长 肖世明 杨宁文 蒋向东
总工程师 张地震

贵州煤田地质局159队

队 长 沈加申
党委书记 王柏勇
副队长（总工程师） 段晓鹏
党委副书记（副队长 纪委书记） 周嘉仁

贵州黔桂发电有限公司

总经理（党委书记） 詹玉华
副总经理 郭满志 麻朝海（彝族）
方德亚（白族） 侯应权
党委副书记（纪委书记 工会主席） 田四清
总工程师 官正兴
总经济师 沈 健
总会计师 黄子俊

盘南电厂

总经理 黎中涛
党委书记 邓 雄
副总经理 方 阳 李东麟 陈 艳
罗德海（土家族）

大唐贵州野马寨有限公司

厂 长 王 军
副厂长 张鸿福 彭台方 付卫平

党委书记　陈迎民
工会主席　傅海生
总工程师　冉怒吟　梁春泉

六盘水车务段

段　长　贾　平
党委书记　彭　智*　张琪琳
副段长　覃如相　曹建学　张　剑　廖文君
纪委书记　毛　云
工会主席　钟　啸
段长助理　熊晓明

六盘水工务段

段　长　蒋世辉
党委书记　曾健康*　冯　杰
副段长　曾　勇　印义全　傅后龙
　　　　游若晖（土家族）
纪委书记　李　红
工会主席　李大强
总工程师　张　扬
段长助理　徐林华

贵州水红铁路有限责任公司

总经理　刘强力
常务副总经理　杨凤翔
党委副书记（纪委书记 工会主席）　陈兴汶
副总经理　杨顺全　杨学文

重庆啤酒集团六盘水啤酒有限责任公司

总经理　刘仁发
党委副书记　盘祖林
副总经理　罗礼贵　方　针（女）
　　　　　聂　伟　张恩富

六盘水市开发投资有限公司

董事长（总经理）　张朝军*（彝族）
　　　　　　　　　代云盘
副总经理　卢征东*　王成洪　唐性芬（女）
总会计师　陈志雄（白族）

六盘水市公共交通总公司

副总经理　曾　利（主持工作）
副总经理　翟　辉　谢　健　李　刚
　　　　　沈承云　陈　文（女）

六盘水市水务公司

董事长（总经理）　李志明
党委书记　张瑞国
副经理　张强开（白族）*　黄模刚
总工程师　王光鹏
纪委书记　钟　海

中央储备粮库六盘水直属库

主　任　潘　岳（水族）

贵州发耳煤业有限公司

董事长（党委书记、工会主席）　于世叶
总经理　孟昭君
副总经理　颜士华　崔相杰
总工程师　张贵山
总会计师　沈贵亮

六盘水市月照机场公司

总经理　卢征东*　钟承智*　龙秋芳（彝族）
副总经理　申　浩　张强开（白族）
总会计师　蒋仕文
总工程师　张强开（白族）

六盘水市食品厂

厂　长　杨文艳（彝族）
党支部书记　张光华
副厂长（工会主席）　胡才清

中共六盘水市委

2012年市委常委会议

【六届市委第1次常委会议】 1月4日下午3:00，市委书记王晓光在六盘水市会议中心一会议室主持召开六届市委第1次常委会议。

一、传达学习栗战书书记关于换届工作的批示精神；

二、传达全省经济工作会议精神并研究全市经济工作会议有关文件。

（市委办）

【六届市委第2次常委会议】 1月5日下午6:00（经济工作会结束后），市委书记王晓光在六盘水市会议中心一会议室主持召开六届市委第2次常委会议。

一、研究《市人大常委会党组关于市七届人大一次会议有关事项的请示》；

二、研究《市政协党组关于市政协七届一次会议有关事项的请示》和《关于政协第七届六盘水市委员会常务委员会组成人员人选建议名单的情况说明》；

三、干部工作。

（市委办）

【六届市委第3次常委会议】 1月17日上午8:00，在六盘水市会议中心一会议室召开六届市委第3次常委会议。

一、传达学习省"两会"精神；

二、研究《中共六盘水市委常委会2012年工作要点》；

三、讨论《政府工作报告》《六盘水市2011年国民经济和社会发展计划执行情况及2012年国民经济与社会发展计划草案的报告》《六盘水市2011年全市和市本级财政预算执行情况及2012年市本级财政预算草案报告》《六盘水市中级人民法院工作报告》和《六盘水市人民检察院工作报告》；

四、听取2011年度市直机关目标考核情况汇报并研究《六盘水市直机关2012年度目标考核办法》；

五、研究《关于市直机关事业单位调整津贴补贴标准的方案》；

六、研究《市人民政府驻外办事（联络）处管理暂行办法》；

七、研究《2011年度推进惩防体系建设落实党风廉政建设责任制检查考核情况报告》；

八、研究《中共六盘水市委关于中共六盘水市委常委分工的通知》；

九、干部工作。

（市委办）

【六届市委第4次常委会议】 2月1日上午8:30，在六盘水市会议中心一会议室召开六届市委第4次常委会议。

一、传达学习省纪委十届七次全会及相关会议精神并研究贯彻意见；

二、传达学习全省宣传部长会议精神并研究贯彻意见；

三、传达学习全省政法工作会议精神并研究贯彻意见；

四、听取全市扶贫开发工作情况汇报；

五、研究《中共六盘水市委六盘水市人民政府关于建立盘北经济开发区的决定》和《中共六盘水市委六盘水市人民政府关于建立水城经济开发区的决定》；

六、研究《中共六盘水市委关于成立六盘水市第七届人民代表大会第一次会议 政协六盘水市第七届委员会第一次会议临时党委的决定》。

（市委办）

【六届市委第5次常委会议】 2月11日下午2:30，在六盘水市会议中心一会议室召开六届市委第5次常委会议。

一、传达全省统战部长会议精神并研究贯彻实施意；

二、传达全省人口和计划生育工作和重点管理工作会议精神，听取全市人口和计划生育工作及全市人口和计划生育工作增比进位誓师大会筹备情况汇报，研究《六盘水市人口和计划生育工作问责办法》；

三、研究《关于市政府相关部门机构设置等有关事项的请示》；

四、研究《水城县发耳等11个乡撤乡建镇的报告》；

五、研究《关于撤销钟山区黄土坡街道办事处和荷城街道办事处设立钟山区麒麟街道办事处等五个街道办事处的方案》；

六、干部工作。

（市委办）

【六届市委第6次常委会议】 2月17日晚上8:30，市委书记王晓光在六盘水市迎宾馆凉都厅主持召开六届市委第6次常委会议，研究干部工作。

一、研究免去靳茹 朱绍伦 石明全党组成员职务；

二、研究省“两委”委员候选人初步人选。

（市委办）

【六届市委第7次常委会议】 3月8日上午8:30，市委书记王晓光在六盘水市会议中心一会议室主持召开六届市委第7次常委会。

一、传达全国“严肃换届纪律深入整治用人上不正之风工作推进视频会”精神并研究贯彻意见；

二、听取当前维护社会稳定的有关工作汇报，听取2012年1至2月全市主要经济指标完成情况和项目推进情况汇报；

三、研究《关于组建六盘水市公共资源交易中心的建议方案》；

四、研究《中共六盘水市委六盘水市人民政府关于推动全市文化大发展大繁荣的实施意见》（稿）和2012年全市宣传思想工作会议方案；

五、听取2013年贵州省第八届旅游产业发展大会筹备工作情况汇报；

六、研究《市人大常委会党组关于报送〈六盘水市人大常委会2012年年度议题计划〉的请示》；

七、案件工作；

八、干部工作。

（市委办）

【六届市委第8次常委会议】 2012年4月9日下午，市委书记王晓光在六盘水会议中心一会议室主持召开六届市委第8次常委（扩大）会议，传达学习省委十届十三次全会精神和《人民日报》近期刊发的四篇评论员文章。

会议认为，省委十届十三次全会是省第十一次党代会做好准备的一次重要会议，全市各级党委要传达好、学习好、领会好、落实好省委十届十三次全会精神，切实营造良好的政治生态和社会环境，以饱满的精神状态、扎实的工作作风和优异的工作成绩来迎接省第十一次党代会和中共十八大顺利召开。

会议指出：今年以来，在市委、市政府的坚强领导下，在全市各级领导干部的共同努力下，一季度，六盘水市经济社会发展实现了“开门红”，但与其他地区相比，存在一定的差距。各级各部门要切实增强危机感和紧迫感，把思想和行动集中到发展上来，提振精气神，做好基础性工作，强化项目建设，加强经济运行调度，加大统计工作力度，确保二季度各项经济指标时间过半、任务过半。

会议议定:

（一）深入学习贵州省委书记栗战书的讲话精神，以饱满的热情喜迎省第十一次党代会的胜利召开。全市各级各部门要认真学习战书书记的重要讲话精神和近期《人民日报》刊发的四篇评论员文章，把思想和行动统一到中央和省委的决策部署上来，统一到贯彻国发2号文件的各项要求上来，结合本地区、本部门实际，解放思想、求真务实，开拓进取，扎实工作，努力实现市第六次党代会提出的各项目标任务，为全面贯彻落实省第十一次党代会精神做好各项工作准备。

（二）坚定政治立场，严格政治纪律，不信谣、不传谣，以良好的精神状态和工作成绩迎接省党代会召开。全市各级党组织和广大党员干部要与党中央保持高度一致，坚决听党的话，在大是大非面前做到头脑清醒，在路线原则上坚定政治立场，严格政治纪律，不为杂音噪音所扰，不为传闻谣言所惑，真正做到不信谣、不传谣。真正做到一心一意搞建设，集中精力谋发展，以健康向上、奋发有为的精神状态和扎实的工作迎接省党代会的召开。

（三）突出重点，抓住难点，营造良好的经济、社会、政治和民生环境，以优异的经济社会发展成果喜迎中共十八大和省第十一次党代会的胜利召开。

1、重点抓好安全生产。各级各部门要高度重视安全生产，对各项工作进行再安排、再部署，要认真排查各个领域、各个环节存在的安全隐患，对出现的问题认真整改，确保省党代会期间不发生重特大安全事故，在保证安全生产的前提下，各企业要开足马力生产。各级各有关部门要加强对重点项目和新开工项目的调度，帮助项目业主实现早开工、开真工。

2、切实维护社会稳定。各级各部门要站在讲政治、顾大局的高度，正确处理好改革、发展、稳定的关系，坚持一手抓发展、一手抓稳定，继续落实领导干部包案制和信访接待日制度，深入基层倾听群众心声，了解群众疾苦。按照“依法办事、按章办事、法外开恩”的原则，对于群众的合理诉求，能解决的尽快解决，暂时不能解决的做好群众思想工作。对闹访、缠访和恶意滋事、别有用心、严重影响社会秩序的非正常上访人员，政法、公安等部门要依法严格处置，争取在省党代会期间实现“零非访”。切实关注民生，解决好群众生产生活中遇到的突出问题，全力推进民生项目，确保民生得到改善、人民群众的幸福指数不断提升。

3、积极营造良好的舆论氛围。国安、网监等部门要加大对网络媒体的监管力管，高度关注网络舆情，在政治上不能跑音走调，更不能有杂音。各级宣传部门和新闻媒体要开设专栏，大力宣传六盘水市经济社会发展和党的建设取得的丰硕成果，做到报纸有文字，电视有图像，广播有声音，切实为省第十一次党代会的胜利召开营造良好氛围。

4、强化值班制度。各级各部门要制定值班表，安排人员24小时值班，要实行领导干部带班制度，保持通讯畅通，确保突发事件能及时处理。遇紧急重大信息，要严格执行信息报送制度，加强沟通协调，统一上报口径，并第一时间报市委、市政府主要领导，确保信息报送的规范性、及时性和准确性；要落实责任制和责任追究制，确保相关工作要责任到人。

5、各县（特区、区）要尽快召开常委会传达市委常委（扩大）会议精神，安排部署有关工作。

（市委办）

【六届市委第9次常委会议】 2012年4月12日晚8:00，市委书记王晓光在六盘水会议中心一会议室主持召开六届市委第9次常委会议。

一、传达《贯彻落实省委书记栗战书重要批示维护社会和谐稳定会议纪要》，听取省第十一次党代会期间信访维稳工作安排部署情况汇报；

二、传达全省县级纪检监察派驻机构全面统管试点工作会、推进公共资源交易中心建设座谈会、党务公开工作会和“三访”工作电视电话会议精神并研究贯彻意见；

三、干部工作。

（市委办）

【六届市委第10次常委会议】 2012年4月28日上午9:30，市委书记王晓光在六盘水会议中心一会议室主持召开六届市委第10次常委会议。

一、传达川滇黔十市地州合作与发展峰会大理会议精神；

二、研究《关于设置相关机构贯彻落实国发【2012】2号文件精神的请示》；

三、听取全市选派干部到村任职的考核情况报告；

四、干部工作。

（市委办）

【六届市委第11次常委会议】 2012年5月10日上午9:00，市委书记王晓光在水城军分区二楼指挥中心主持召开六届市委第11次常委会议。

1、市委副书记何冀传达省委议军会精神；

2、六盘水市人大常委会副主任、六枝特区党委书记、特区人武部党委第一书记高玉林作党管武装述职；

3、水城军分区司令员沙劲松报告2011年全市国防后备力量建设情况及2012年工作打算；

4、讨论研究国防后备力量建设需要解决的实际问题；

5、市委副书记、市长何刚讲话；

6、市委书记、水城军分区党委第一书记王晓光作重要讲话；

7、中共六盘水市委常委、军分区政委汪寿武作表态发言。

（市委办）

【六届市委第12次常委会议】 2012年 5月10日下午3:00，市委书记王晓光在六盘水会议中心一会议室主持召开六届市委第12次常委会议。

一、传达赵克志省长关于旅游业和旅发大会重要指示精神并研究贯彻意见；

二、传达全省社会管理创新综合试点工作推进会精神并研究贯彻意见；

三、传达全省完善县级纪检监察派驻机构统一管理工作视频会议精神并研究贯彻意见；

四、传达全省对台工作会议精神并研究贯彻实施意见；

五、研究《关于召开共青团六盘水市第七次代表大会的请示》；

六、研究《关于筹备召开六盘水市科学技术协会第七次代表大会有关问题的请示》；

七、审议《六盘水市引进高层次人才办法（草案）》；

八、案件工作；

九、干部工作。

（市委办）

【六届市委第13次常委会议】 2012年5月31日下午3:00，市委书记王晓光在六盘水会议中心一会议室主持召开六届市委第13次常委会议。

一、听取贯彻落实国发2号文件全市项目建设推进情况汇报；

二、研究六盘水市抢抓国家“扩大内需”机遇的有关措施；

三、传达学习全省扶贫生态移民工程启动大会精神并研究贯彻意见；

四、干部工作。

（市委办）

【六届市委第14次常委会议】 2012年6月8日上午9:00，市委书记王晓光在六盘水会议中心一会议室主持召开六届市委第14次常委会议。

一、听取全市信访工作情况汇报；

二、研究《关于加强科技创新促进经济社会更好更快发展的实施意见》（稿）；

三、研究《中共六盘水市委六盘水市人民政府关于贯彻落实省市党代会精神加强党的纯洁性建设确保全市后发赶超跨越发展的分解落实方案》（稿）；

四、研究《关于加强农业科技创新推进农业结构调整促进农业增效农民增收农村繁荣的意见》（稿）；

五、干部工作。

（市委办）

【六届市委第15次常委会议】 2012年6月15日上午9:00，市委书记王晓光在六盘水会议中心一会议室主持召开六届市委第15次常委会议。

一、研究《2012年中国凉都·六盘水消夏文化节活动总体方案（草案）》和《第三届川滇黔十市州合作与发展峰会六盘水会议筹备方案》；

二、研究《纪念建党91周年系列活动方案》；

三、传达学习全国公共资源交易市场建设工作推进会精神，听取全省公共资源交易中心推进会筹备情况汇报；

四、传达学习《贵州省实施〈中国共产党巡视工作条例（试行）〉办法的通知》；

五、案件工作；

六、干部工作。

（市委办）

【六届市委第16次常委会议】 2012年6月21日下午2:30—4:00，市委书记王晓光在六盘水电视电话会议室主持召开六届市委第16次常委（扩大）会议。

1、市委副书记、市长何刚传达全省项目建设现场观摩会和全省改革开放工作会议精神；

2、市委书记王晓光作重要讲话。

（市委办）

【六届市委第17次常委会议】 2012年6月21日下午4:00，市委书记王晓光在六盘水会议中心二会议室主持召开六届市委第17次常委会议。

一、听取关于将老鹰山镇委托给水城经济开发区管理和将双戛乡委托给大河经济开发区管理的情况汇报

二、传达全省开展保持党的纯洁性教育试点工作动员会议精神并研究贯彻意见。

（市委办）

【六届市委第18次常委会议】 2012年 7月4日下午4:00，市委书记王晓光在六盘水会议中心大会议室主持召开六届市委第18次常委会议。

一、听取全市党的基层组织建设情况汇报；

二、研究共青团六盘水市委七届委员会候选人、候补候选人的请示。

（市委办）

【六届市委第19次常委会议】 2012年 7 月19日下午3:00，市委书记王晓光在六盘水会议中心一会议室主持召开六届市委第19次常委会议。

一、传达学习全省半年经济工作会议和全国维护社会稳定工作电视电话会议、全省信访维稳专题会议精神并研究贯彻意见；

二、研究《中共六盘水市文联党组关于召开全市文学艺术工作会议的请示》和《中共六盘水市委关于加强和改进新形势下文学艺术工作的意见（稿）》；

三、研究《六盘水市完善纪检监察派驻机构统一管理实施方案（稿）》；

四、研究《中共六盘水市关于召开全市政协工作会议的请示》；

五、研究《关于召开六盘水市社科联第二次代表大会的请示》；

六、研究干部工作。

（市委办）

【六届市委第20次常委会议】 2012年7月31日下午3:00-4:30，市委书记王晓光在六盘水会议中心大会议室主持召开六届市委第20次常委（扩大）会议。

1、市信访局、市维稳办汇报省信访维稳工作电视电话会议精神及当前六盘水市信访维稳工作情况；

2、参会市领导发言；

3、市委书记王晓光作重要讲话。

（市委办）

【六届市委第21次常委会议】 2012年2012年8月6日上午10:00-12:00，市委书记王晓光在六盘水迎宾馆五楼电视电话会议室主持召开六届市委第21次常委（扩大）会议。

1、市委副书记、市长何刚传达胡锦涛在省部级主要领导干部专题研讨班开班式上的重要讲话精神；

2、市委副书记何冀传达习近平在省部级主要领导干部专题研讨班结业式上的重要讲话精神；

3、市委常委、市委组织部部长、市委统战部部长李朝卉传达省委常委（扩大）会议精神和陈敏尔在六盘水市纯洁性教育汇报材料上的批示；

4、市委书记王晓光讲话。 （市委办）

【六届市委第22次常委会议】 2012年8月10日下午2:30，市委书记王晓光在六盘水会议中心一会议室主持召开六届市委第22次常委会议。

一、研究《关于2012年开展“阳光晒权”系列活动—“向人民汇报、请人民监督、让人民满意”“百名科长群众评”“民主评议基层站所”实施方案》；

二、研究《关于召开六盘水市见义勇为表彰大会的请示》；

三、研究《关于提高建国初期参加革命工作退休干部医疗待遇建议方案》；

四、听取六盘水市首届市管专家评选工作情况汇报，研究六盘水市首届市管专家建议人选名单；

五、研究《市卫生局党组关于成立中共六盘水市第三人民医院委员会、纪律检查委员会的请示》；

六、研究《关于部分市直机关和事业单位机构级别及领导职数等事宜的请示》；

七、研究《关于重新确定六盘水广播电视台领导职数的请示》；

八、研究《关于对盘县公安局强制隔离戒毒所“4·22”重大脱逃事故有关责任人和责任单位处理的请示》；

九、研究干部工作。

（市委办）

【六届市委第23次常委会议】 2012年8月24日上午8:30，市委书记王晓光在六盘水会议中心一会议室主持召开六届市委第23次常委会议。

一、传达全省小城镇建设发展大会精神并研究贯彻意见；

二、研究《六盘水市招商引资奖励办法》（稿）；

三、研究《六盘水市“十二五”期间扶贫开发工作目标》（稿）；

四、研究《中共六盘水市委六盘水市人民政府关于进一步加强新形势下统计工作的意见》（稿）；

五、听取2011年市管干部年度考核情况汇报

六、研究干部工作。 （市委办）

【六届市委第24次常委会议】 2012年8月30日上午11:00，市委书记王晓光在六盘水会议中心一会议室主持召开六届市委第24次常委会议。

传达《省委组织部关于提名马雷任六盘水市政府副市长的通知》。

（市委办）

【六届市委第25次常委会议】 2012年9月15日晚10:30，市委书记王晓光在六盘水会议中心一会议室主持召开六届市委第25次常委会议。

安排部署当前维护社会稳定有关工作。

（市委办）

【六届市委第26次常委会议】 2012年9月17日上午10:30，市委书记王晓光在明湖花园酒店多功能厅主持召开六届市委第26次常委（扩大）会议。传达中央、省委有关文件精神。

（市委办）

【六届市委第27次常委会议】 2012年9月26日上午10:00，市委书记王晓光在一会议室主持召开六届市委第27次常委（扩大）会议。

一、传达学习《周永康在贵州座谈会上的讲话》，并研究贯彻意见；

二、听取全市开展保持党的纯洁性教育试点工作有关情况汇报；

三、研究《关于切实做好中秋、国庆和十八大期间有关工作的通知》（稿）；

四、听取六盘水市公安局关于“两节”安全保卫工作情况汇报；

五、研究干部工作。

（市委办）

【六届市委第28次常委会议】 2012年10月9日下午3:00，市委书记王晓光在明湖花园酒店一楼多功能厅主持召开六届市委第28次常委（扩大）会议。

1、市委副书记、市长何刚传达中央政治局常委、国务院总理温家宝在贵州视察时的重要讲话精神；

2、市委副书记何冀传达省委书记赵克志在省

委常委（扩大）会议上的重要讲话精神；

3、市委常委、市委组织部部长、市委统战部部长李朝卉传达中央政治局原常委、国务院原副总理李岚清在贵州考察时的重要讲话精神；

4、市委副书记、市长何刚传达全省第二轮第二次项目建设现场观摩会精神；

5、市发展改革委汇报全市项目建设情况；

6、钟山、水城、盘北、红果、木岗经济开发区汇报今年来企业入园情况和下一步打算；

7、传达省纪委、省委组织部在省人大政府政协换届中严肃换届纪律工作部署（视频）会精神。

（市委办）

【六届市委第29次常委会议】 2012年10月14日上午11:30，市委书记王晓光在明湖宾馆1号厅主持召开六届市委第29次常委会议。通报何冀、李朝卉、张志祥推荐结果。

（市委办）

【六届市委第30次常委会议】 2012年10月19日下午2:30，市委书记王晓光在一会议室主持召开六届市委第30次常委会议。

一、传达学习习近平在《贵州省委党建工作领导小组关于学习贯彻落实中央党建工作领导小组第36次会议精神的情况报告》上的重要批示及赵克志的批示；

二、传达全国创先争优活动总结交流视频会议精神并研究贯彻意见；

三、传达全省保持党的纯洁性教育试点工作总结大会精神并研究贯彻意见；

四、传达全国、全省科技创新大会精神并研究贯彻意见；

五、传达省委办公厅、省政府办公厅关于对仁怀市坛厂镇“7.21”群体性事件调查处理情况的通报；

六、研究《中共六盘水市人大常委会党组关于设立六盘水市人民代表大会农业与农村委员会和民族宗教侨务委员会的请示》；

七、研究《中共六盘水市人大常委会党组关于市七届人大二次会议有关事项的请示》；

八、研究《关于召开六盘水市第五次归侨侨眷代表大会的请示》；

九、研究《关于成立保增长促发展工作领导小组的通知》。

（市委办）

【六届市委第31次常委会议】 2012年11月2日上午8:30，市委书记王晓光在一会议室主持召开六届市委第31次常委会议。

一、传达赵克志在省委政法委调研时的重要讲话精神并研究贯彻意见；

二、传达赵克志、陈敏尔、宋璇涛在《关于六盘水市突出矛盾和问题化解情况的督导报告》上的重要批示并研究贯彻意见；

三、传达全省公安局长座谈会精神并研究贯彻意见；

四、研究六盘水市首届“十佳文艺家”候选人名单；

五、研究《市人大常委会党组关于六盘水市选举贵州省第十二届人民代表大会代表名额分配方案的请示》；

六、研究《六盘水市园区能源公司组建方案》；

七、研究《关于六盘水市委党校机构升格等事项的请示》；

八、干部工作。

（市委办）

【六届市委第32次常委会议】 2012年11月2日下午3:00，市委书记王晓光在一会议室主持召开六届市委第32次常委会议。

一、传达全省文化体制改革和文化产业发展暨“五个一工程”表彰大会精神并研究贯彻意见；

二、研究《关于进一步加强和改进公安工作的意见》及市公安局《关于对全省公安局长座谈会精神的贯彻意见的请示》。

（市委办）

【六届市委第33次常委会议】 2012年11月17日上午10:30，市委书记王晓光在市人大常委会议室主持召开六届市委第33次常委会议。

讨论《中共贵州省委关于认真学习贯彻党的十八大精神为与全国同步建成全面小康社会而奋斗的决定》（征求意见稿）。

（市委办）

【六届市委第34次常委会议】 2012年11月22日下午3:00，市委书记王晓光在明湖花园酒店明湖会议厅主持召开六届市委第34次常委（扩大）会议。

一、何刚传达省委十一届二次全会精神；

二、王晓光作重要讲话。

（市委办）

【六届市委第35次常委会议】 2012年11月29日上午8:30，市委书记王晓光在一会议室主持召开六届市委第35次常委会议。

一、传达学习《胡锦涛在党的十七届七中全会上的讲话》；

二、传达省委书记赵克志在省纪委监察厅调研座谈会上的讲话并研究贯彻意见，听取《关于全市党风廉政建设和反腐败工作民意调查分析的报告》；

三、研究《关于支持第八届贵州旅游产业发展大会举办地六盘水市加快发展旅游业的意见》（稿）；

四、传达《省新闻出版局转发〈关于个别党员干部携带政治性有害出版物入境典型事例的通报〉的通知》；

五、研究《六盘水市关于开展党的十八大精神及省委十一届二次全会精神宣讲方案》；

六、研究《关于大河经济开发区等产业园区成立党工委和纪工委的请示》；

七、干部工作。

（市委办）

【六届市委第36次常委会议】 2012年12月11日下午3:40，市委书记王晓光在明湖花园酒店1号厅主持召开六届市委第36次常委会议。

一、传达学习中央政治局关于改进工作作风密切联系群众的八项规定并研究贯彻意见；

二、研究《市人大常委会党组关于市第七届人大二次会议有关事项的请示》；

三、听取2013年省政协换届工作安排部署会议精神，研究《中共六盘水市委统战部关于推荐第十一届贵州省政协委员的方案》；

四、研究关于成立城市内环快线建设指挥部的决定。

（市委办）

【六届市委第37次常委会议】 2012年12月11日下午，市委书记王晓光在六盘水明湖花园酒店一号厅会议室主持召开六届市委第37次常委会议，传达学习省委副书记陈敏尔在六盘水调研时的重要讲话精神。

会议认为，陈敏尔的重要讲话，以中共十八大和省委十一届二次全会精神为指导，紧密结合六盘水实际，对六盘水市坚持科学发展、奋力后发赶超、同步建成小康社会和深入推进党风廉政建设提出了明确要求，具有很强的指导性、针对性和可操作性。全市各级各部门要及时组织传达学习陈敏尔的重要讲话精神，结合贯彻落实中共十八大和省委十一届二次全会精神抓好落实，结合全面超额完成全年各项目标任务抓好落实，结合谋划好明年各项工作抓好落实。

会议议定:

（一）各级各部门要牢固树立经营城市、发展城市就是抓发展的思想，抓城市综合体就是抓民生的理念，以城市综合体建设为切入点，进一步转变作风，强化服务，加大投入，细化管理，不断加大建设力度，通过城市综合建设为人民群众提供更多就业岗位，提供更好居住环境，实现城市科学发展，不断提升城市功能和品位。

（二）坚持规划先行，立足高起点、高标准、特色化的要求，面向国际招标，广泛征求群众意见，使规划更具现代特色、文化特色、地域特色，实现城市综合体规划方式创新；要通过招大商、引好商，多形式、多渠道引进知名大企业参与综合体建设，把城市管理、社区管理等基础设施寓于综合体建设中，实现城市综合体建设方式创新；要坚持政府主导，科学规划布局产业，实现产业功能创新，推动产城融合发展。

（三）切实加强组织领导。成立由何刚任组

长，何冀任常务副组长，周宏文任副组长，市直有关单位主要领导为成员的城市综合体建设推进领导小组，负责全市城市综合体建设统筹协调、建设指导、督促检查工作。坚持抓规划、抓基础、抓配套、抓融资、抓招商，提高规划建设水平，打造城市建设精品工程。

（四）积极加大向上争取力度。切实加大工作力度，认真搞好衔接汇报，确保钟山区明湖旅游休闲城市综合体、凤凰山城市综合体、体育休闲公园城市综合体，水城县明硐湖城市综合体，盘县东湖城市综合体，六枝东方龙城国际城市综合体，钟山经济开发区红桥城市综合体7个重点项目进入全省100个城市综合体建设盘子。进一步加大前期工作力度，力争钟山区老城改造城市综合体、森林公园体育城市综合体、德坞水库城市综合体，水城县塔山城市综合体、以朵城市综合体，六枝特区连城国际城市综合体、红林万象城市综合体，盘县干沟桥城市综合体、蛾郎铺城市综合体、刘官温泉度假城市综合体进入全省重点规划建设盘子。

（五）扎实做好招商引资工作，引进娃哈哈集团入驻红桥新区参与城市综合体建设。成立由市委常委、市政府常务副市长周斯弼任组长，市政府副市长周宏文任副组长，市发展改革委、市规划局、市住建局、市国土资源局等部门和钟山经济开发区主要领导任成员的招商工作领导小组，立即启动相关工作，确保招商引资项目尽快落地。

（市委办）

【六届市委第38次常委会议】 2012年12月16日下午4:00，市委书记王晓光在一会议室主持召开六届市委第38次常委会议。

一、讨论中国共产党六盘水市第六届委员会第二次全体会议的有关文件；

二、研究《市人大常委会党组关于召开六盘水市第七届人民代表大会第三次会议的请示》；

三、研究《市政协党组关于召开政协第七届六盘水市委员会第二次会议的请示》。

（市委办）

【六届市委第39次常委会议】 2012年12月21日晚上8:00，市委书记王晓光在明湖花园酒店明湖会议厅主持召开六届市委第39次常委会议。

一、讨论全市经济工作会议的有关材料。

1、《六盘水市2012年经济社会发展情况和2013年经济工作的初步建议（稿）》；

2、2013年度全市“十二大工程”“十二件民生实事”（稿）》；

3、《2013年度各县（特区、区）和钟山经济开发区工作目标责任书（稿）》；

4、《2013年度全市招商引资目标任务分解表》和《2013年度六盘水市招商引资考核办法（稿）》；

二、研究《关于2012年“感动凉都十大人物”评选表彰及颁奖晚会有关事宜的请示》；

三、研究《关于全市老干部工作关心下一代工作暨老龄工作“双先”表彰大会方案》；

四、研究《关于成立六盘水市第七届人民代表大会第二次会议临时党委的决定》，听取六盘水市选举出席省第十二届人民代表大会代表候选人的情况汇报。

（市委办）

市委中心工作

【“三化”观摩会】 为贯彻落实国发2号文件精神，深入贯彻落实省委省政府“两加一推”主基调，“三化同步”战略，市委、市政府研究决定，在4个县（特区、区）按季度分别召开一次推进“工业化、城镇化、农业现代化”现场观摩会，按照“全党抓经济、重点抓工业、首要建园区、核心抓招商、突破抓转型、跨越抓项目”的工作要求，以“三抓、三打造、两深入”（三抓即抓项目编制，全力促进招商引资；抓项目建设，全力促进固定资产投资；抓民生工程，全力促进和谐社会的构建。“三打造”即打造特色都市，全力推进城镇化建设；打造千亿百亿级开发区，全力推动工业产业提速转型；打造以“四在农家”为载体的新农村示范点，全力推动农民增收农业增效农村文明。“两深入”即深入开展

"五城连创"；深入开展社会治安综合治理，全力提升广大市民的安全感和满意度）为着力点，全力突破五个"瓶颈"（产业园区建设"瓶颈"，招商引资"瓶颈"，交通"瓶颈""四在农家"建设"瓶颈"，城市功能基础设施与城市管理的"瓶颈"），通过纵向比提士气、横向比增压力，推动各县（特区、区）在全市全省"三化"同步中实现增比进位突破。

（市委办）

【毕水兴能源资源富集区发展研讨会】 为贯彻落实国发2号文件精神，积极推动毕水兴能源资源富集区可持续发展，2012年3月29日，毕节市、六盘水市、黔西南州三市州人民政府在六盘水市召开了"毕水兴"能源资源富集区发展研讨会，共商三市州发展大计。国家发改委西部开发司综合处处长于合军，国务院发展研究中心产业部处长梁仰椿，国家发改委宏观经济研究院科管部副主任、博士史育龙，中国矿业大学管理学院能源经济与管理研究所副所长、管理学博士龙如银，省社科联党组书记唐福金，省委党史研究室主任、研究员、省管核心专家徐静，中南大学教授、博士生导师、财政部财经研究所博士后潘勇辉，贵州财经学院院长、教授、省管核心专家陈厚义，省广播电视大学校长、教授汤会琳等16位专家和省发改委、省能源局、省经信委、省交通厅领导及国开行贵州省分行、南网贵州公司领导，三市州发改、经信、交通、水利、旅游等部门负责同志以及六盘水有关单位负责同志应邀参加此次会议。

（市委办）

【凤凰山城市综合体项目开发】 凤凰山城市综合体开发项目是市委、市政府承办2013年全省第八届旅游发展大会建设的重大项目之一，占地8.13平方公里，东起凉都体育中心、南至六盘水南编组站铁路、西到川心南路、北抵凉都大道。一期开发主要包括一级土地整理、文化中心项目建设及凤凰山片区8.13平方公里范围内的道路、管网及其配套工程建设，项目投资共计约80亿元，土地整理期限4年，项目建设工期2年。核心区将建设六盘水市文化中心，项目位于凤凰山以北，人民路以南，荷泉路以西，麒麟路以东，长约1500米、宽约600米的带形用地。其功能主要包含"一院七馆四中心"，即:凉都大剧院；文化馆、图书馆、档案馆、地方志馆、博物馆、科技馆、城市规划展览馆；体育中心、青少年活动中心、健身中心、职工活动中心。项目占地面积1133亩，建筑总面积32万平方米。

凤凰山城市综合体项目因投资体量大、带动能力强、综合效益好，被称为六盘水2012年城市建设的"引爆点"，标志着全市中心城区城镇化建设步入"大发展，大开发，大跨越"时期，掀开了中心城区城镇化建设历史新的一页。

（市委办）

【第三届川滇黔十市州合作与发展峰会暨第九届中国凉都·消夏文化节】 2012年8月19日，以"加强区域合作，统筹城乡发展"为主题的第三届川滇黔十市州合作与发展峰会在六盘水市举行。峰会成员大理州、六盘水市、毕节市、丽江市、昆明市、宜宾市、昭通市、凉山州、楚雄州、攀枝花市出席会议，云南省曲靖市、贵州省黔西南州应邀列席会议。

峰会期间，十市州秉承"携手合作、共赢发展"的宗旨，在基础设施、产业发展、文化旅游、商贸流通、媒体合作等重点领域进行了深入探讨。谋划了一批事关区域全局和长远发展的重大项目，签署了《第三届川滇黔十市州合作与发展峰会交通基础设施项目会谈备忘录》《第三届川滇黔十市州合作与发展峰会旅游发展合作备忘录》《第三届川滇黔十市州合作与发展峰会文体广电发展合作框架协议》《第三届川滇黔十市州商务经济合作框架协议》等文件，召开了"攀西—六盘水资源富集区"经济发展座谈会，举办了川滇黔十市州项目投资洽谈会、川滇黔十市州特色商品博览会，以及一系列文化、体育、商贸活动。在各州市的共同努力下，峰会成员就一系列重大问题达成共识，取得了丰硕成果。

为进一步扩大区域合作范围，本次峰会表决通过了《关于增加云南省曲靖市、贵州省黔西南州为峰会成员的决议》，决定"川滇黔十市州合作与发展峰会”更名为“川滇黔十二市州合作与发展峰会”。会上，省委常委、副省长秦如培，国家发改委西部开发司领导分别讲了话。川滇黔各市州领导分别发表了主题演讲。表决通过了《第三届川滇黔十市州合作与发展峰会中国凉都·六盘水共识》。下届峰会的承办方贵州省毕节市在会上致辞。

2012年8月18日，第九届中国凉都·消夏文化节拉开序幕。消夏文化节由六盘水市委、市政府主办，分别由六枝特区、盘县政府、水城县政府、钟山区政府和市直相关部门承办。

本届消夏文化节以“开放融合、和谐发展、运动健康、宜居宜业”为主题，从8月18日至8月26日为集中活动时间，活动项目为文化类和体育类两大类11项。文化类活动项目主要为开幕式文艺晚会、行草书书法大赛、观赏石博览会等3项，体育类项目主要为甲A篮球对抗赛、全国自行车邀请赛等等。8月18日，在六盘水市三中凤凰校区举行了消夏节开幕式文艺晚会，国内知名歌星及川滇黔十市州优秀演员登台献艺。

近年来，六盘水市围绕独特的气候资源，制定了多元化产业转型战略，实现城市转型和可持续发展。每年举办的消夏文化节都包含了丰富多彩的文化、体育活动，在满足全市人民群众日益增长的物质、精神文化需求的同时，也推动城市建设和经济社会的发展，充分宣传六盘水深厚的文化底蕴，展示六盘水充满个性、充满活力的新形象。“中国凉都·六盘水消夏文化节”已经成为打造“中国凉都”城市品牌强有力的支撑和重要平台。

（市委办）

【市委六届二次全会】 2012年12月17日，市委六届二次全会召开。会议传达学习了省委副书记陈敏尔在六盘水市调研时的重要讲话精神，听取讨论了王晓光受市委常委会委托所作的工作报告，审议通过了《中共六盘水市委关于认真学习贯彻党的十八大精神为与全省全国同步全面建成小康社会而奋斗的决定》。会议指出，全市各级党组织和广大党员干部要全面贯彻落实中共十八大和省委十一届二次全会精神，按照全面建设“五个六盘水”的总体部署，牢牢把握“加速发展、加快转型、推动跨越”主基调，大力实施“三化同步”主战略，紧紧围绕“突出特色、做大总量、提速转型、增比进位”总目标，全面落实“能快则快、又快又好、更快更好”总要求，以“让人民群众有更好的教育、更稳定的工作、更满意的收入、更可靠的社会保障、更高水平的医疗卫生服务、更舒适的居住条件、更优美的环境”为根本落脚点，统筹推进经济建设、政治建设、文化建设、社会建设和生态文明建设，大力提高党的建设科学化水平，确保2020年与全省全国同步全面建成小康社会。

（市委办）

【全市经济工作会议】 2012年12月22日，全市经济工作会议召开。会议要求，全市各级各部门要按照市委六届二次全会的部署，继续坚持“稳中求快”总基调，围绕“突出特色、做大总量、提速转型、增比进位”总目标，落实“好中求快、快中保好、又快又好、更快更好”总要求，坚定不移地贯彻主基调、实施主战略，坚持工业化、信息化、城镇化、农业现代化同步发展，更加注重做大总量，更加注重结构调整，更加注重城镇带动，更加注重改革开放，更加注重改善民生，更加注重绿色发展，奋力走出一条跨越发展、后发赶超、全面小康的发展之路。 会议明确了2013年六盘水市经济工作的总体要求和任务，生产总值增长18%以上；全社会固定资产投资增长50%以上；财政总收入和公共财政预算收入分别增长20%以上；规模以上工业增加值增长24%以上；招商引资到位资金增长53%以上；社会消费品零售总额增长20%以上；城镇居民人均可支配收入增长15%以上，农民人均纯收入增长17%以上；人口出生率控制在千分之12.3以内；城镇登记失业率控制在4.2%以内；完成省下达的节能减排指标任务的经济工作目标。

（市委办）

市委办公室工作

【概况】 市委办公室现设市委市政府督查室（正县级）、秘书一科、秘书二科、秘书三科、秘书四科、信息科、综合科、直属机关党委办公室、文书科、行政科、财务科、接待科、老干科、电子政务科、车队15个科（室、队）。共有行政编制59名，其中副县级以上领导职数9名，工勤人员编制20名。

主要职能是负责办理市委的日常工作事务，确保市委日常工作正常运转；负责市委日常文书处理，督促检查中央、省委和市委重要工作部署贯彻落实的情况，督办落实中央、省委和市委领导同志批示；组织安排市委各种会议、事务工作和市委领导参加的重大活动；围绕中央、省委和市委总体工作部署，收集处理信息、反映动态、进行综合调研；承担市委文稿的起草、修改和审核工作；指导全市党委办公室系统业务工作；指导、协调人民群众来信来访工作，负责重大信访案件的立案和督办工作；负责中央、省委文件和党、政、军领导机关及要害部门机密文电、信件的传递和密码管理工作；承办市委档案资料的立卷、归档、管理工作；负责市级重要接待任务的协调工作，负责和参与接待部分重要宾客；协调市人大常委会办公室、市政府办公室、市政协办公室和市纪委机关的有关事宜；完成市委和省委办公厅交办的其他任务。

（市委办）

【信息工作】 通过建立健全信息快速反映机制，较好地突出了重大信息和紧急信息上报的时效性和准确性，多篇调研信息被省委办公厅采取，其中《法那村富民型党组织调查》在2012年6月得到了中共中央政治局委员、中共中央书记处书记，中共中央组织部部长李源潮及中共贵州省委书记栗战书等中央、省、市领导的签批。

（市委办）

【督查机构合并】 整合督查力量，2012年9月，将原市委督查室、原市政府督查室合二为一，机构升格为正县级，成立市委、市政府督查室，设在市委办公室。合并后的市委、市政府督查室进一步提高了督查效率，避免了过去督查资源分散而出现的重复督查、交叉督查等现象。

（市委办）

【“四在农家”创建工作】 市委办公室把“四在农家”活动与机关党建工作紧密结合起来，选派一名副科级干部到“四在农家”联系点郎岱镇阿乐村蹲点，在帮助村“两委”制定发展规划、理清发展思路、确定发展目标的同时，积极协调有关部门，共投入960余万元帮助解决该村基础设施建设、产业结构调整、精神文明建设等方面所需资金。

（市委办）

【“保纯”教育试点工作】 市委办公室在开展保纯教育试点工作中，以“周末大讲堂”为载体，采取集中学习、领导辅导、职工交流、上下互动等十种方式，深化主题学习活动。结合“八个方面的问题”提炼出“忠诚坚定，精细敏锐，团结奉献，务实为民”的实践标准。结合“走基层、接地气、提能力、促发展”为主题的“服务基层、服务群众”实践活动，组织党员干部深入六枝特区郎岱镇安乐村、花脚村，钟山区文化南路社区等基层单位，宣传国发2号文件和省、市党代会精神，了解社情民意，化解矛盾纠纷，解决实际问题。

（市委办）

机构编制工作

【调整机关机构和职能】 按照市委、市政府的安排部署，报省编办批复后，编办对市委、市政府部分工作部门机构设置及职责进行调整；深化六盘水市水务体制改革和文化体制改革；积极开展全市纪检监察派驻机构统一管理试点工作；组织实施市委、市政府部分工作部门职能、编制、职数的核定工作；组织完成红果经济开发区、水城经济开发区、盘北经济开发区和大河经济开发区“三定”工作；设立六盘水市公安局两河分局、盘北分局、水城分局和机场分局，为市公安局的派出机构，行使县级公安机关职权。

（李怀建）

【加强事业单位机构编制管理】 一是为深入贯彻落实《国务院关于进一步促进贵州经济社会又好又快发展的若干意见》精神，确保六盘水市各项工作扎实有效推进，结合文件中涉及六盘水市的重点项目，向市委、市政府提出设置“循环经济”“扶贫攻坚”“统筹城乡”“喀斯特山区农业”“城际轨道”相关机构的建议。在各县（特区、区）设立“人民政府金融工作办公室”，进一步加强各县（特区、区）人民政府与金融机构的合作及对融资项目的协调管理工作。

二是为有效解决公共资源交易场所分散、渠道不畅、滥用职权、以权谋私、腐败易生等问题，成立六盘水市公共资源交易中心。

三是为促进六盘水市社会经济发展，做好扶贫开发技术服务工作，成立了六盘水市扶贫开发技术服务中心，同时单独设置了六盘水市钟山区扶贫开发局、水城县扶贫开发局、盘县扶贫开发局。

四是大力加强城市文化功能设施建设，推动文化产业发展，成立了市博物馆、市展览馆、市凉都大剧院、市体育运动技术学院、市科技馆等机构。

五是加强农村养老机构建设，提高农村养老工作管理水平，在全市乡镇设立“养老服务中心”。

（李怀建）

【完成市、县、乡机关机构编制核查工作】 通过开展机构编制核查，实现了“机构编制底数清、人员编制性质清、财政供养人数清、主管部门归属清、分类管理责任清”的核查目标，对下一步盘活用好现有机构编制资源，健全完善机构编制管理制度，进一步落实机构编制实名制，夯实机构编制管理，提升机构编制管理水平，发挥机构编制资源最大效用，奠定了良好的基础，为全市经济社会发展提供有力支撑和保障。

（李怀建）

【开展事业单位年检工作】 扎实开展工作，完成2011年度事业单位法人年检工作。市直年检事业单位153家，其中合格153个，年检合格率达100%。

（李怀建）

【政务信息工作】 制定信息工作管理办法。为加强政务信息工作，宣传全市机构编制管理的新情况，好做法，做到信息报送对外统一、真实，对内规范、严格，制定了《六盘水市机构编制系统信息工作管理办法（试行）》。截至2012年12月31日，全市共报送信息80条，其中10余篇信息被省编委办网站、《六盘水市日报》、金黔在线、中国六盘水网等报刊收录。

加强机构编制实名制管理工作。在已完成对市直机关机构编制实名制网络管理培训的基础上，开展对各县、特区、区机构编制实名制网络管理的培训。全市共举办培训班11期，参加培训单位617个，培训668人，培训面覆盖全市党政群机关和事业单位。

进一步做好已注册的政务和公益域名的跟踪服务和续费工作，对于新成立或者变更名称的单位，督促进行网上申报，同时收集相关材料，及时进行缴费。2012年，全市政务和公益域名共注册单位数量3681个，其中，市直352个。全面完成市县两级到期续费工作。

（李怀建）

组织工作

【概况】 市委组织部是市委主管组织工作和干部工作的职能部门。2012年，内设办公室、研究室、组织科、干部一科、干部二科、干部调配科、干部教育科、人才科、干部监督科、信息科、公务员管理科11个科室，另有市委设在组织部的农村党员干部现代远程教育领导协调小组办公室、市委组织员办公室。

2012年，全市辖4个县（特区、区），101个乡（镇、街道），1019个行政村，150个社区（居委会）。共有基层党组织3599个，其中基层党委177个，党总支110个，党支部3312个。共有党员81990名，其中农民党员33022名，占40.28%；女党员17554名，占21.41%；少数民族党员21309名，占25.99%；35岁以下党员19405名，占23.67%；大专以上学历党员31212名，占38.07%。

截至2012年12月31日，新招录336名公务员、33名省委组织部选调生，接收安置5名军转团职干部。全市公务员及参公在职人数11405人，其中，研究生学历413人，占3.62%；大学学历5981人，占52.44%；大专学历4044人，占35.46%；中专及以下966人，占8.47 %。35岁及以下3173人，占27.82%；36～40岁2055人，占18.02%；41～45岁1982人，占17.38 %；46～50岁2425人，占21.26 %；51～55岁997人，占8.74 %；56岁及以上772人，占6.77%。

全年，全市选派20名干部到中直机关、省直机关、国有骨干企业和东部经济相对发达地区挂职，选派41名干部到信访、纪检监察、重要经济部门以及重大项目建设点进行挂职锻炼；接收中直、省直机关共13名干部到六盘水市挂职。

建立全市4500余名行政、企事业科级实职干部信息库，完善干部管理系统。

（研究室）

【补充机构设置】 2012年6月，成立中共六盘水市委组织部信息中心，为财政全额预算管理副县级事业单位，隶属于中共六盘水市委组织部，事业编制6名。2012年6月，在“六盘水市农村党员干部现代远程教育工作领导协调小组办公室”加挂“六盘水市党代表联络服务办公室”和“中共六盘水市非公有制经济组织和社会组织工作委员会办公室”牌子，为财政全额预算管理副县级事业单位，隶属于中共六盘水市委组织部，事业编制12名。

（研究室）

【干部人事制度改革】 全年共提拔县级干部278人，其中女干部63人，占22.66%；少数民族干部73人，占26.26%；党外干部7人，占2.52%；研究生学历36人，占12.95%，大学学历178人，占64.03%，大专学历60人，占21.58%，中专学历4人，占1.44%。交流县级干部 192人，其中，平级交流114人、提拔交流78人。

“两会”换届选举。严格依照《地方组织法》的有关规定，认真抓好选举环节的每项工作，组织提名的各项职务候选人均以满票或高票当选，新一届市人大、政府、政协领导班子换届选举工作顺利完成。

选配政府工作部门正职。按照发扬民主、统筹考虑、突出发展、改善结构、适度交流、人岗相适的原则，组织完成市政府工作部门行政正职的配备工作。在提名的32个政府部门“一把手”中，继续提名的干部14名，占43.8%；交流任职的干部10名，占31.2%；提拔任职的干部8名，占25%。女干部的配备率明显提高，年龄结构有所改善，平均年龄从机构改革时的49.9岁下降为46.4岁，平均年龄下降3.5岁。

政法系统干部交流调整。不断推进政法系统班子建设，改善班子结构，其中提拔县级干部38人，占本年度提拔总数的13.67%。消除瓶颈，不断加大公、检、法、司领导班子的交流和政法系统干部与市县党委、政府工作部门、人大、政协机关的交流，共交流县级干部54人，占本年度交流干部总数的28.13%。

公开选拔使用年轻干部。采取“双推三考”方式面向全市35岁以下年轻干部选拔15名副县级领导干部，通过民主推荐，共160人参加笔试，45人参加面试，30人进入重点考察，层层差额，层层选拔，15名优秀年轻干部走上领导岗位，其中，年龄最大的35岁，最小的31岁，平均年龄33.87岁，属破格提拔的6人，属越级提拔的3人。加大公开选拔副县级领导干部力度，选出11个职位面向全国进行公选，经过报名、资格审查、笔试、面试、组织考察等程序，达到开考职位的5个职位人选走上领导岗位。

从基层一线选拔干部。注重从基层一线选拔县级领导干部。2012年，从乡镇和县直机关、企事业单位提拔县级领导干部106名，占提拔县级领导干部总数的38.13%，其中，具有乡镇党政正职任职经历的41人，企事业单位任职的48人。加大从优秀村干部中考录乡镇事业单位工作人员力度，考录4名优秀村干部到事业单位工作。对在乡镇一线工作时间长、德才表现好、做出实绩的5名乡镇党政正职，在待遇方面实行倾斜。

（研究室）

【中共党的基层组织建设】 市委紧紧围绕“两加一推”主基调和“三化同步”战略，抢抓国发2号文件机遇，以“十项行动、百项任务”为重点，统筹抓好创先争优、“四帮四促”“基层组织建设年”等活动，全力加强发展型、服务型和富民型党组织建设，为推动科学发展、实现后发赶超提供坚强组织保障。

落实党建责任制。把党的建设与推动发展紧密结合起来，制定《六盘水市党的基层组织建设工作考核试行办法（试行）》，出台了《六盘水市领导干部问责办法（试行）》，建立了述职、考核、督查、问责“四位一体”的考评机制，建立健全党建考核体系，增强各级党组织和党员干部的责任感和紧迫感。

开展富民型党组织创建工作。以推动农村发展为主题，以促进农民增收为主线，以“一强双争双富”（强组织，党员争当带富先锋、群众争当致富能手，生活富裕、精神富足）为抓手，全面落实“十个一”（选好一个支部书记、配强一个村级班子、建好一个活动阵地、完善一套工作机制、选准一条发展路子、培育一个特色产业、培养一批致富能手、带动一批群众致富、创造一流工作业绩、促进一方和谐稳定）工程，大力推进富民型党组织创建工作，命名了首批39个富民型党组织。

推进机关与社区“互助共建”活动。组织101个市直机关党组织与市中心城区41个社区结成“互助共建”对子，构建“党建共商、资源共享、文明共创、难题共解”的工作机制，共召开党建联席会1377次，开展党员主题实践活动1470次，帮助社区理清发展思路2051条，慰问困难党员群众982人次，投入各类资金668万元，为社区居民办实事1611件次，实现了机关与社区良性互动。

深化“联乡驻村”工作。选派1207名机关干部联乡驻村，驻村干部共协调资金5亿多元，争取各种项目3000多个，发展农村党员3000名，化解矛盾2600余起。7月，六盘水市作为贵州的市州代表就加强基层组织建设工作在中组部于成都召开的西南5省片区会上作发言。8月，全省基层组织建设年工作调度会暨“帮县、联乡、驻村”工作现场会在六盘水市召开。

加强社区“三有一化”建设。深入开展“党的组织进小区、党的声音进楼院、党的温暖进家庭”活动，组建1120个网格党小组，建立社区党员报到制度、承诺制度和工作日制度，在8000多名党员家门口张贴“共产党员家庭”标识牌，促进党员亮身份、做表率、树形象。深入开展民情民意联络工作，聘请450名老党员、老干部作为社区民情民意联络员参与社区管理服务。

开展“三忠诚”（忠于党、忠于祖国、忠于人民）教育、“保持党的纯洁性教育”“基层组织建设年”活动。以形势教育、党员意识教育、履职教育和廉政教育为抓手，集中开展“三忠诚”教育活动，引导广大党员干部着力构筑“精神高地”，凝聚发展活力。2012年7月至9月，市四大班子和市级机关90家试点单位、322个党组织、6063名党员以“保持纯洁性，争创新业绩，迎接十八大”为主题，开展保持党的纯洁性教育试点工作。试点工作中，《人民日报》、央视新闻频道等省级以上主流媒体报道六盘水市活动信息245篇（条）。通过试点工作开展，全市积存的矛盾纠纷和信访问题从1.41万件下降到450件，化解率达97%。加快重大项目建设步伐，集中力量开展项目攻坚，编制项目3800个、计划总投资1.6万亿元。夯实基础建设，强化基层党建。将村干部报酬提高到每月1000元以上，村活动场所全部达到90平方米以上，社区活动场所确保达到200平方米以上，将村（社区）活动经费提高到1.5万元以上。全面加强1个省级和11个市级党员短期教育培训基地建设，共投入资金200万元，对盘县岩博村等基地教育设施进行改善。对全市3599个基层党组织分类定级，通过督促指导和评定验收，471个一般党组织实现晋位升级，72个后进党组织实现整改提高。

远程教育进非公企业试点工作。组建4个经济开发区党工委，采取单建、联建、挂建、区域统建等方式，建立非公党组织441个，组建社会组织党组织267个，农民专业合作社、专业协会党组织100个，选派党建指导员3000多名。

2012年，市远程办在全市共建立远程教育进老年教育站点50个，成为全省首家开展远程教育进老年教育系统的单位，并利用教育站点开展老年人培训42000余人次，利用远程教育进老年大学资源开发适合老龄人口的课件10余个。加大对农村党员干部培训力度，不断提高党员干部脱贫致富和带领群众致富的能力，全市各远程教育站点培训农民群众20万人次。

受表彰情况。水城县蟠龙乡法那村党支部、六盘水市钟山区荷城街道花园路社区党支部、六盘水市钟山区荷城街道博宏冶金炉料公司党支部等三个党支部获全国创先争优先进基层党组织称号。

水城县蟠龙乡法那村党支部、钟山区荷城街道花园路社区党支部、钟山区大河镇大桥社区党支部、六枝特区平寨镇塔山村党支部、盘县第二中学党支部、盘县平关镇党委、六枝特区疾控中心党支部、钟山区荷城街道博宏冶金炉料公司党支部等8个党支部获全省创先争优先进基层党组织称号。

六枝特区林业局党组、盘县环保局党组、水城县财政局党组、钟山区民政局党组、六盘水市发改委党组等5个单位党组（党委）获2012年全省机关、企事业单位党建工作先进党组（党委）称号。

六枝特区的毛口乡党委、新场乡仓脚村党支部、新窑乡联合村党支部、六枝特区第二小学党支部，盘县的西冲镇党委、大山镇大河村党支部、平关镇石脑村党总支、红果镇迎旭社区党支部、县工商局机关党委，水城县的、发耳乡党委、勺米乡红布村党支部、县委组织部党支部、蟠龙乡法那村党支部、玉舍乡甘塘村党支部，钟山区的六盘水市第一实验中学高中党支部、黄土坡街道松坪北路社区党支部、汪家寨镇沙坝场社区党支部、区委组织部党支部，市直机关工委中有六盘水市实验小学党支部、六盘水市审计局党支部、六盘水市委组织部党支部，六盘水市公安局禁毒工作支队党支部，贵州省煤田地质局一四二队第三党支部，国投盘江发电有限公司党委等24个党支部被命名为第五批省级“五好”基层党组织。

钟山区文体广电旅游局群体中心主任寇强、盘县四格乡坡上村党支部书记李碧峰、六枝特区落别乡党委委员、副乡长梁明丽（女，布依族）水城县勺米乡坡脚村党支部书记张云、六盘水市人民医院急诊科主任李新华、盘县教育局党组成员、盘县第七中学校长许大超、水城县蟠龙乡法那村村民顾建平等7人获全省创先争优优秀共产党员称号。

（研究室）

【人才队伍建设】 截至2012年底，各类人才总量26.17 万人，其中党政人才1.1万人，企业经营管理人才2.72万人，事业单位管理人才0.65万人，专业技术人才6.54万人，技能人才9.33万人，农村实用人才6.93万人。坚持党管人才原则，进一步理顺人才工作领导体制，健全完善运行机制，切实发挥市人才工作领导小组及其成员单位的作用。启动第一批市管专家评选工作，经申报推荐、评审、审议研究，命名表彰16名首届市管专家人选。出台《六盘水市引进高层次人才试行办法》，以“一事一议”的方式解决引进人才的岗位安排和相关待遇。增加人才工作经费及提供住房等形式落实好引进人才的待遇，做好高层次人才的管理和服务工作。2012年，六盘水市共引进高层次和急需特殊人才364人，其中高层次人才102人，急需特殊人才262名。着力本土人才培养，深入实施校企合作培养技师和高级技师，逐步打造3—5个每年培训输出万余名技工人才的职教基地。进一步优化人才发展环境，健全人才引进、培养激励机制，下发《关于贯彻落实中共六盘水市委 六盘水市人民政府贯彻落实<国务院关于进一步促进贵州经济社会又好又快发展的若干意见>的实施意见的实施办法》，对用足人才倾斜政策，争取中央国家机关、中央企业、东部地区与六盘水开展干部双向挂职，实施人才引进、培养重点工程等人才政策细化分解落实措施。

（研究室）

【干部教育培训】 结合“四在农家”建设需要，选派1341名县、乡、村干部赴遵义市实地学习“四在农家”先进经验。邀请省内外专家学者到六盘水市就中共十八大、国发2号文件和省、市党代会精神进行专题讲座。在清华大学、浙江大学、湖南大学等高校举办领导干部培训班，并针对统计、政法、纪检、民族、妇女、园区建设等领域举办干部专题培训班次。2012年，全市共完成上级干部调训366 期61328人次，投入资金3400余万元，自主办班培训201期59487人次。

（研究室）

统战工作

【搭建参政议政平台】 2012年，市委统战部引导和推动民主党派、工商联和无党派人士加强政治理论学习，为统一战线成员营造调查研究、参政议政、建言献策的环境，市委统战部协助市委、市政府及相关部门召开协商会、座谈会、情况通报会6次，各民主党派市委、市工商联开展调查研究，全年提意见、建议、议案、提案94件。

（陈健梅）

【实施“同心工程”】 市委统战部以“同心·助推发展、扶贫开发、开放合作、人才培育、三学两比”五大行动为载体，与各统一战线成员单位广泛协商，共设计17类项目，制定《关于在全市统一战线推进“同心”行动的实施方案》，先后组织召开了新春座谈会、全市统战系统招商引资动员会议、全市统战工作研讨会、千企帮村现场会、非公有制经济代表人士座谈会等7次大型活动，推动“同心行动”走向深入。

与各民主党派共同搭建“同心”平台，民进六盘水市委充分发挥“感恩中国”六盘水站等三个“同心工程”平台的作用，从全国各地筹集善款及各种物资价值520余万元，帮助水城县等地困难农村学校学生购置校服、学习用品，并为水城县部分乡镇的苗族村寨解决了大量生产生活资料；支持市侨联扎实开展“侨心工程”，共引进资金80.5万元，修建1所侨心小学，资助186名困难学生；配合市智力支边办切实做好引资助学项目，资助591名贫困学生，资助金额达83.18万元；完成对28个学校图书馆的图书捐赠工作，捐赠图书2.4万册。

协助市工商联成立招商办，建立福建商会、浙江商会、湖北商会、江苏商会及昆明市六盘水商会等5个招商基地，依托红桥项目办公室，搭建园区服务平台，为非公有制经济企业提供融资担保、信息咨询服务。

联系六盘水市总商会汽车行业商会向六枝特区毛口乡中学捐赠了价值8万余元的电脑及电脑桌，帮助解决教学设施落后的问题。

市委统战部牵头成立和谐凉都促进会，共筹集善款995万元；发放218万元化解社会矛盾23起，解决了一批久拖未结、久拖难解的社会纠纷。

（陈健梅）

【打造“千企帮村”统战品牌】 市、县两级统战部门均成立“千企帮村”活动指导小组，市委统战部、市工商联先后组织召开了三次大型会议，进行动员和督促检查，确保活动顺利开展。截至2012年12月底，六盘水市有1110家企业参与“千企帮村”活动，涉及629个村居，已覆盖全市53.85%的村居，占计划动员任务的110%。累计开展帮扶项目607个，启动实施项目581个，资金投入近12.97亿元。通过各种项目实施，使被帮扶村的村容村貌、基础设施建设、群众收入等大大改观。

六枝特区组织139家企业与220个行政村结对帮扶，共投入资金3.01亿元，项目涵盖种植、养殖、农产品生产加工等各个方面，创造就业岗位1800多个。如宜枝魔芋生物科技有限公司规划10万亩魔芋建设基地，覆盖中寨、郎岱、折溪、岩脚等6个乡镇；道地种养殖农民专业合作社采取“合作社+基地+农户”、订单种植、技术保障、保价回收的运行模式，已种植中药材5万亩。盘县动员了37个乡镇286个企业参与“千企帮村”活动，落实了结对帮扶村202个，共计投入帮扶资金46044.44万元，解决了当地用工2.2万余人，惠及农户达22万多人；组织召开“千企帮村”村企联谊座谈会，20多家企业参加座谈，探讨极贫乡帮扶脱贫之路；开展“同心·圆梦”工程，通过发动企业义买义卖，共筹集资金34万元，资助贫困大学生100名；表彰了红果谷粮酒业公司、星达商贸公司、红果打牛厂煤矿、盘县紫森源集团、盘县立业担保公司等12家企业，并颁发了爱心证书，在社会中引起极大的反响。

水城县结合帮扶点的实际情况，拟定发展思路和帮扶措施，县民宗局针对少数民族和民族地区的扶贫开发工作，争取并安排中央、省、市、县民族经费项目34个，投入资金237.4万元，有力推动少数民族群众增产增收，改善群众生产生活条件，促进民族间文化的传承、保护和发展。

钟山区引导民营企业把投身“千企帮村”行动作为践行光彩事业的重要内容，捐资帮助农村修路、修桥，参与助学、助医、扶贫、敬老，促进农村社会和谐发展。全区帮村企业投入资金35.95万元资助困难学生230人，投入4.22万元帮扶大学生7人，支持学校建设资金32万元，技能培训1.2万人次，吸纳当地农民工4093人，年付工资7000万元，投入资金80万元修建进组公路2条，投入78万元扶贫济困900余人，修建村级活动场所捐资31万元，实施项目带动投资1217.5万，投入155.7万改善公共基础设施建设，带动农户发展种养殖业，农户获利2000余万元。

市委统战部注重典型示范带头作用，将22家先进民营企业的先进事迹材料汇编成册，印发各基层单位学习，在全市评选出“千企帮村”活动示范点53个，统一进行挂牌管理，通过各种主流媒体广泛进行宣传。

（陈健梅）

【加强党外代表人士队伍建设】 召开领导干部和党外干部座谈会，起草学习贯彻《中共中央关于加强新形势下党外代表人士队伍建设的意见》的措施并征求各方面的意见。在市社会主义学院举办了一期党外人士培训班，来自全市范围的48名民主党派、无党派骨干成员参加了培训；全年共抽调7名党外代表人士参加省委统战部举办的培训班。全年提拔党外干部8名。

（陈健梅）

【维护宗教界的和谐稳定】 进一步完善六盘水市少数民族代表人物名单及宗教界上层人士名单，会同有关部门化解民族宗教方面的各种矛盾纠纷，做好民族宗教稳定工作。与市宗教局联合举办一期“全市宗教工作干部政策法规培训班”，共培训全市宗教工作干部35人；针对六盘水市天主教爱国组织建设情况与市宗教局开展调查研究并完成调研报告。

（陈健梅）

【对台侨和海外统战工作】 一是市委统战部利用元旦、春节等节日，共走访慰问包括归侨侨眷、台胞台属、民族宗教人士、党外人士、黄埔同学等统一战线成员70人，发放慰问金34800元。二是积极开展对台及海外宣传、交流工作。市侨联向海外华侨华人、归侨侨眷寄送了154份新年贺卡。市台办通过《贵州与台湾》开展对台宣传，发表信息26篇，图片108幅，推出了“贵州六枝特区梭嘎长角苗民族风情”专题，宣传中华民族文化；组织了非公经济人士考察团赴台湾考察，拓宽六盘水市民营企业家视野。

（陈健梅）

【统战信息和宣传工作】 市委统战部全年向市委办公室报送《每日动态》40条，向省委统战部报送《六盘水统战信息》56篇，向省委统战部宣传信息处报送信息67篇，其中被《凝聚力》采用4篇、被贵州省委统战部网站采用2篇；编发《六盘水统战工作》12期；召开全市统战工作研讨会，共收到研讨文章10篇，上报省委统战部5篇。

（陈健梅）

政策研究

【概况】 2012年，中共六盘水市委政策研究室设有综合科、经济研究科、社会研究科，有行政编9名，工勤人员编制1名。

2012年，参与起草完成《王晓光在全市经济工作会议上的讲话》《关于加强科技创新促进经济社会更好更快发展的意见》《解放思想实事求

是 奋力开启后发赶超跨越发展新征程—市委书记王晓光9月12日在市委中心组学习读书会上的讲话》《在市委六届二次全体（扩大）会议第一次全体会议上的讲话（2012年12月17日）》《认真学习贯彻党的十八大精神为与全省全国同步全面建成小康社会而奋斗—市委书记王晓光在市委六届二次全会第二次全体会议上的讲话（2012年12月18日）》《中共六盘水市委关于认真学习贯彻党的十八大精神为与全省全国同步全面建成小康社会而奋斗的决定（讨论稿）》等文稿。

联合相关部门开展调研，形成《关于进一步下放权限促进经济开发区加快发展的意见》《加强新形势下保持党的纯洁性建设调研》报市委市政府决策参考。完成《关于对全市非正常死亡未安葬（火化）尸体处置情况的调查报告》，报市委主要领导审阅后报省委，得到省委书记赵克志的批示。完成省委重点课题《创新创业政策环境推进中小企业发展研究》初稿。

认真开展内部刊物《调研报告》编辑工作，2012年共编辑《调研报告》6期；编辑《发展要情》12期，供市委、市政府决策参考。

积极组织撰写文稿，在《贵州调研》《六盘水日报》《当代六盘水》《六盘水经济发展研究》《凉都》等省、市报刊杂志上发表文章12篇。

完成《2011年度全市重点调研课题汇编》的收集、整理、汇编和印刷工作。

（马文忠）

【“专项工作”的调查研究】 一是经济强县建设工作。认真贯彻落实全省经济强县建设工作会议精神，深入钟山区、盘县调查了解经济强县建设情况，适时指导，并要求各相关县区按要求落实建强工作要求。2012年，在全省88个县（市、区、特区）经济发展增比进位综合测评中，盘县列1位。

二是农村改革试验试点工作。按省农村改革试验试点办公室的要求，积极开展省第五轮农村试验改革相关工作，指导钟山区完成了《六盘水市钟山区统筹城乡发展改革试点方案》，已获得省农村改革试验试点办公室批复。（马文忠）

【政务服务】 2012年4月，确定了涉及全市经济社会发展重点、热点、难点问题的34个课题，起草了《关于认真做好2012年重点调研课题调研工作的通知》，经市委办公室、市政府办公室批准下发了市办通33号文件，并督促各承担课题单位在11月30日前全部完成，并陆续将比较好的调研报告选择6篇以《调研报告》内部刊物形式报送市四大班子领导参阅。

2012年，起草和参与起草市委领导讲话稿、汇报材料等10个。

（马文忠）

党史研究

【概况】 中共六盘水市委党史研究室是市委的直属事业参照公务员管理单位。2012年，按照《中共中央关于加强和改进新形势下党史工作的意见》和《中共六盘水市委关于加强和改进新形势下党史工作的实施意见》的要求，积极开展党史资料的征集、研究和地方党史的宣传、教育工作。

编辑出版《中共六盘水市历史大事记（1991~2010年）》；编印出版《六盘水党史》第20期；征集、整理《六盘水市卫生事业的发展》《六盘水市以退耕还林为重点的生态建设》2个专题资料；开展六盘水市建设社会主义新农村带头人口述历史专题资料的征集工作，征集整理了1个示范点的口述历史资料；继续编写《中国共产党六盘水市历史》；根据市委安排，参与征集六盘水三线建设历史资料和市四大班子历届领导成员有关情况的资料；开展六盘水地方党史宣传和教育工作，进一步扩大党史宣教受众面。

完成上级党史部门安排的工作:一是组织全市党史系统撰写论文2篇，参加中央党史研究室举办的全国“党史文化论坛”。二是进一步补充红军长征过六盘水的资料并报省委党史研究室。三是开展六盘水市革命老区扶贫情况调研工作。四是组织全市党史系统开展党史教育基地推荐工作。五是按照省委宣传部、省委党史研究室联合下发《关于拍摄制作电视文献片〈跨越〉的通知》要求，与市委宣传部拟定《关于协助拍摄电视文献片〈跨越〉及图集资料征集方案》，征集整理有关材料报省委党史研究室。按照市冀鲁豫党史联络组的要求，完成了冀鲁豫南下老干部六盘水和贵阳片区座谈会的组织及服务等工作。

（洪　溢）

【编辑出版《中共六盘水市历史大事记（1991~2010年）》】 该书是《中国共产党六盘水市（地区）历史大事记（1934—1990年）》的续编本，主要记载中国共产党六盘水市地方组织在建设中国特色社会主义进程中开展的重大活动和重要事件；市委、市政府的重大决策和举措；全市各行各业在市委领导下取得的主要成就等。

（洪　溢）

【编印出版《六盘水党史》第20期】 《六盘水党史》是市委党史研究室每年定期出版的刊物，2012年编印《六盘水党史》第20期。本期《六盘水党史》主要设有党史工作会议精神、保持党的纯洁性教育、回忆峥嵘岁月、六盘水地方党史图片资料等专栏。

（洪　溢）

【征集党史专题资料】 征集、整理《六盘水市卫生事业的发展》《六盘水市以退耕还林为重点的生态建设》2个专题资料。同时，开展六盘水市建设社会主义新农村带头人口述历史专题资料的征集工作，征集整理了1个示范点的口述历史资料。

（洪　溢）

【六盘水市革命老区扶贫工作调研】 根据省委党史研究室《关于开展全省革命老区扶贫工作调研的通知》要求，市委党史研究室与市扶贫局、市民委共同开展六盘水市革命老区扶贫情况调查和研究，形成了《六盘水市革命老区扶贫工作调研报告》，并报送省委党史研究室。

（洪　溢）

【贵州省党史教育基地推荐】 按照省委党史研究室关于推荐第一批“贵州省党史教育基地”的要求，市委党史研究室及时组织全市党史系统开展党史教育基地的推荐工作。共整理上报盘县会议会址、六枝梭戛生态博物馆和钟山区仙水坡烈士陵园3个党史教育基地的相关材料到省委党史研究室。

（洪　溢）

【六盘水地方党史宣传和教育】 开展六盘水地方党史宣传和教育工作，进一步扩大党史宣教受众面。向市社科联主办的《中国凉都》杂志提供六盘水党史人物和地方党史图片资料，向中国凉都·六盘水网站提供党史专题资料。

（洪　溢）

宣传教育

【宣传六盘水】 2012年，在人民网首页开设“中国凉都·六盘水视窗”，宣传推介六盘水，加速“中国凉都”走向世界；在《人民日报》头版组合头条刊发《煤灰抢手　钢渣走俏　六盘水循环经济改写“煤文章”》；在《香港经济日报》刊发《六盘水电煤成金　开辟循环经济快车道》；在中国新闻社刊发《江南煤都六盘水　立足煤　跳出煤　超越煤》《发展循环经济　六盘水淘汰落后产能1313万吨》；在中国青年报刊发《以新型建材为突破 六盘水吃定循环经济》；在中国广播网、光明网、凤凰网、人民网贵州频道、新华网、贵州频道等，利用微博、论坛、社区发布相关信息，发动广大网民参与互动。组织开展了“壮美六盘水·喜迎十八大”——中央网络媒体聚焦“中国凉都六盘水”大型采访活动和“多彩贵州踏春行”大型采访活动；邀请徐沛东、陈小奇、宋雪莱等42名词作家、歌唱家到六盘水开展“畅想凉都”音乐作品创作采风和原生态摄影活动、音乐采风活动；邀请美国、英国等国以及山东、深圳等省市的83名摄影家齐聚凉都开展原生态摄影活动，展示宣传六盘水风土人情；邀请央视拍摄制作六盘水城市形象宣传片，拍摄制作旅游风光和人文微电影，填补六盘水市影像外宣品缺失的空白。在“川滇黔10市州发展峰会”期间，邀请邻近10市州区域内的媒体报道宣传，共同推动10个城市之间互动交流，把区域联动、媒体合作、学术交流推向更新更高的发展阶段；为响应国发2号文件中提出的“积极推动毕水兴能源资源富集区可持续发展”要求，毕节市、六盘水市和黔西南州3市、州人民政府在六盘水召开了毕水兴能源资源富集区发展研讨会，中央、省级媒体20余名记者对峰会进行全方位采访报道。

（罗　宇）

【对内宣传】 通过召开新闻通气会、阅评会、联席会，结合实际明确宣传主题，制定宣传方案，提前启动宣传工作，为十八大、省市党代会、市“两会”的方针政策和重大战略决策的贯彻落实营造浓厚氛围。围绕“两加一推”主基调、“三化同步”主战略，组织市级新闻媒体开设各种时政专栏，全面宣传报道各级各部门在贯彻落实中共十八大、省市党代会精神、国发2号文件精神等方面的重大举措和工作情况，向广大人民群众展示全市经济、社会、文化和党的建设等方面所取得的显著成效，进一步增强全市人民坚持科学发展、奋力后发赶超，全面建成小康社会的信心和决心。发现、总结和组织宣传各级各部门在实施“工业化、城镇化、农业现代化”三大战略中的成功经验和各行各业涌现出的先进典型，先后推出了循环经济建设先进典型、“感动凉都十大人物”、水城县蟠龙乡法那村村民顾建平自编山歌谢党恩先进典型、水城县蟠龙乡法那村“富民型”党组织建设先进典型、千余村民按手印挽留驻村干部寇强的先进典型。

（罗　宇）

【理论宣传】 以党委（党组）中心组学习为龙头，通过读书会、报告会、讨论会、专题学习、专题讲座等形式，深入宣传贯彻十八大、国发2号文件和省、市党代会精神。先后开展10次集中学习讨论，邀请理论专家开展8场报告会。组建宣讲团分赴机关、企业、学校和乡（镇）开展宣讲90场，8000余人听讲；组建地级以上党员领导干部、县级党员领导干部和理论专家3个层次的宣讲团，深入到县（特区、区）、各大企业、乡（镇、办）、党建扶贫“四在农家”联系点和社区宣讲中共十八大精神、省委十一届二次全会精神，实现宣讲工作全覆盖；邀请省、市社科理论专家开展“增比进位，后发赶超”主题报告会、“打造‘五个六盘水’”主题座谈会、“‘走、转、改’——社科理论专家深入工业园区调研”活动，在8个乡（镇）开展科普报告。编印中共十八大精神学习读本、省第十一次党代会报告学习读本、市第六次党代会报告学习读本、《六盘水市第六次党代会精神学习辅导读本》70000册、《市委中心组2012年第二次集中学习发言汇编》及《市委中心组2012年第四次集中学习发言汇编》1000册；开展学习贯彻国发2号文件、省第十一次党代会精神和“学习马列经典、坚定理想信念、推动跨越发展”征文活动；组织媒体和邀请专家对中共十八大精神、国发2号文件、省第十一次党代会精神和市第六次党代会精神进行深入系统地解读和诠释。

（罗　宇）

【文化体制改革和文化产业发展】 市、县两级图书馆、文化馆及市非物质文化遗产保护中心等公益性文化事业单位实施了医疗保险、生育保险、工伤保险、失业保险、基本养老保险等改革，实现全市公益性文化事业单位的收入分配与绩效挂钩；完成《乌蒙新报》非时政类报刊出版单位改革任务；进一步推动建立健全新视屏文化传媒公司、天波文化发展公司现代企业制度。组织全市宣传文化系统参加第八届深圳文博会并开展招商推介，香港、深圳80余家企业参加项目推荐活动，意向性签约30亿元。组织文化产业项目申报使用2012年度省、市文化产业发展专项资金。开工建设六盘水会展中心、凤凰山文化广场、凉都大剧院，夜郎文化创业园、凉都影视文化中心和牂牁江影视拍摄文化旅游基地“六大文化产业”重点工程。启动“中国凉都”品牌规划，进一步深化和拓展“中国凉都”品牌。

（罗　宇）

【队伍建设与《当代六盘水》编辑】 市委外宣办升格为副县级，提拔1名副县级领导干部；增设市网络舆情监管中心和文化产业发展中心，解决事业编制8人。《当代六盘水》杂志编印12期正刊和1期学习贯彻市委中心组学习读书会精神的特刊，全年共编发图片400多张，编发稿件400多篇90多万字，其中编辑部自己采写的稿件100余篇。2012年5月，在湖北宜昌召开的全国城市党刊研究会第二十一届年会上，《当代六盘水》获“全国城市十佳党刊”称号。《当代六盘水》办刊经验入选全国城市党刊研究会会刊《党刊人》创刊号。

（罗　宇）

党校教育

【教学培训】　3月5日至6月7日，共举办7期新一届乡（镇）领导班子成员培训班，实施集中轮训，采取分类、分期两段式培训方式，培训668人，每期培训10天，在党校培训5天，到遵义学习考察5天；举办参照公务员法管理机关（单位）工作人员培训班10期（共357人）；事业单位初聘人员培训班10期（共783人）；佛山市领导干部履新培训班1期（共65人）；全市第五期党外人士培训班1期（共50人）；全市地税系统培训班2期（共180人）。

（宝艳光）

【科研课题】　2012年，课题组完成《保持党的纯洁性　推进“五个六盘水”建设》的重点课题，获保持党的纯洁性教育试点工作课题组三等奖，并被课题组编入论文集。常务副校长马秀峰主持的《六盘水市“十二五”总体发展战略思路及对策研究》课题获市级表彰。副校长、教授封毅承担的《六盘水市“十二五”城乡统筹发展的思路及对策研究》以及副教授骆英承担的《六盘水市‘十二五”基础设施建设的思路及对策研究》课题也分别获市级表彰。2012年由中央党校出版社出版发行《理论与实践探索——中共六盘水市委党校论文集》。全年完成市级科研课题1项，校级科研课题15项，专兼职教师在公开刊物上共发表科研论文60篇，教师参加省级部门研讨会获奖论文3篇；参加市级部门理论研讨会获奖论文5篇。

（宝艳光）

【教学活动】　2012年4月27日，“中共六盘水市委党校（六盘水行政学院、六盘水市社会主义学院）”规格升为副厅级。4～6月，围绕如何推动“毕水兴”能源资源富集区发展，组织教师赴毕节、兴义和安顺等地调研并形成调研报告。7月23日，佛山市国情教育六盘水基地揭牌仪式在市委党校举行；佛山市委常委、组织部部长、党校校长吴卫华，市委常委、组织部部长、统战部部长、党校校长李朝卉，市政协副主席、市委组织部常务副部长吴文祥参加揭牌仪式。11月9日，进行全市党校系统教师优质课评比活动。11月18～24日，常务副校长马秀峰、教育长周慧敏与各教研室主任等10人赴中央党校和北京大学进行培训；另有3名专职教师赴省委党校进行十八大精神培训。12月11日起，与六盘水市电视台联合推出《专家解读十八大报告精神》，由市委党校7名专家学者分别从不同的角度，结合六盘水的实际对中共十八大精神进行解读。具体专题为:《“五位一体”体现以人为本　建设美丽中国》《经济发展重在推进经济结构战略性调整》《实施创新驱动战略意义重大》《十八大报告描绘幸福民生的画卷》《将文化建设推向一个新高度》《社会主义核心价值观塑造时代精神气质》《提高党的建设科学化水平》等7个专题板块。

（宝艳光）

市委讲师团

【概况】　2012年，六盘水市委讲师团以理论学习、理论宣讲、理论研究、理论教育为主线，创新工作思路，不断拓展干部理论宣讲教育的覆盖面，切实增强理论学习和理论研究的针对性，着力提升在职干部理论教育工作科学化水平，努力造就一支政治立场坚定、肯学善讲的理论工作宣讲队伍，为推动全市经济社会又好又快更好更快发展提供了有力的理论指导和思想保证。

（王鹏升　马韶光）

【理论宣讲】 2012年，六盘水市委讲师团组织教学人员开展“市、县、乡理论宣讲下基层”活动，推进理论宣讲到基层的延伸，总计宣讲了68场次。深入宣讲中共十八大、省委十一届二次全会和市委六届二次全会精神15场次；深入宣讲了国发2号文件精神、省第十一次党代会精神、市第六次党代会精神，中央、省、市经济工作会议精神，2012年中央、省、市“两会”精神，中央、省、市关于社会主义文化大发展、大繁荣的决定，市委、市政府确定的“全党抓经济、重点抓工业、首要抓园区、核心抓招商、突破抓转型、跨越抓项目”的工作思路，实施“三大战略打造现代特色都市”“建设五个六盘水”“创先争优”“四帮四促”“三个建设年”取得的巨大成就总计53场次；配合市委“双创双建”活动开展文明礼仪讲座。

（王鹏升 马韶光）

【为各级党委中心组学习服务】 2012年，六盘水市委讲师团按照中央、省、市委对加强各级党委（党组）中心组学习的有关要求，按期印发省委讲师团编制的《中心组学习参考资料》，全年印发9期，共99篇参考资料；编写《2012年政治理论学习参考》共6期，编载文章60篇；编写《2012年政治理论宣讲报告》共6期，编写宣讲报告等材料60多篇，其中还编写了《学习党的十八大专辑》《学习王晓光书记在市委中心组学习读书会上的讲话专辑》《学习胡锦涛总书记7.23重要讲话专辑》《认真学习贯彻党的十八大精神 与全国同步全面建成小康社会而奋斗》的宣讲报告。两个刊物每期各印制600份，发放到市直机关单位及各县区特区宣传部、各乡镇领导学习参考。

（王鹏升 马韶光）

【理论调研】 2012年度，六盘水市委讲师团在省内外发表理论调研文章30篇，其中荣获省级表彰二等奖二篇，三等奖5篇。其中，王鹏升等撰写的《在科学发展中展示工业文化魅力》和《保持党的纯洁性关键在于保持党员思想纯洁》荣获省委讲师团表彰二等奖；王鹏升、邓琼云撰写的《建设文化旅游发展创新区 推动凉都旅游业新跨越》、向镭钠撰写的《“官本位”—保持党员纯洁性的最大障碍》和《浅谈六盘水旅游发展》、马韶光撰写的《六盘水旅游创新发展战略探讨》、冯满园、陈国宁撰写的《关于建设牂牁江旅游发展创新区的调研思考》荣获省委讲师团表彰三等奖；由王鹏升、马韶光负责圆满完成了省委讲师团下达的课题《六盘水市创新社会管理的实践探索》；讲师团课题组完成的《富民党建惠民众 凝心聚力奔小康—贵州省六盘水市水城县创建“富民型”党组织实践案例》参加2012年全国基层党建理论创新与实践专题案例征集，全文11月22日登载于中共中央党校主办的理论网。

（王鹏升 马韶光）

【全市干部政治理论学习考试】 2012年5月12日，以市宣通〔2012〕9号市委宣传部、组织部、市委讲师团联合下发了《2012年全市在职党员干部和职工政治理论学习考试的通知》；由市委宣传部、市委组织部和市委讲师团组织编写了《2012年政治理论学习读本》，主要包括中央1号文件、国发2号文件、省第十一次党代会精神、关于文化大发展大繁荣的有关精神、关于党的“纯洁性”教育及“三忠诚”教育活动等相关内容；9月21日，组织全市5万多名党员干部参加了考试。

（王鹏升 马韶光）

【培训理论宣讲骨干】 12月5日至7日，由市委宣传部主办，市委讲师团承办，培训了62名理论宣讲骨干，完成举办学习贯彻中共十八大精神宣讲骨干培训班的任务。

（王鹏升 马韶光）

【建设学习型党组织】 2012年，市委讲师团领导班子按照建设学习型党组织的要求，始终把抓好全团干部职工的理论学习作为首要任务，建立健全学习制度，不断推进全团职工的理论学习向纵深发展。

固定时间专题学。2012年以来，讲师团始终坚持每周一的学习制度和定期的支部“三会一课”制度，重点学习中央、省、市委近期重要文件、会议讲话精神，及时掌握中央和省、市委近期精神实质，为准确宣讲党和国家的重大方针政策尤其是中共十八大精神、国发2号文件精神、省第十一次党代会精神及十一届二次全会精神、市第六次党代会精神及六届二次全会精神奠定了坚实的思想基础。

联系实际针对学。结合全省上下深入扎实开展“四帮四促”活动和市委要求围绕“转变作风，提高效率，服务基层，推动跨越”的主题，从2012年3月1日开始，讲师团在全体干部职工中认真开展了《马列主义经典著作选编学习导读》的读书活动，并进行了学习表彰。

结合岗位拓展学。结合讲师团宣讲业务的开展，分别在年初及11月30日至12月3日选派了5人次参加了省委讲师团举办的学习十八大、学习国发2号文件、省委党校举办的理论骨干培训会，不定期组织播放学习宣讲家网站的最新理论动态，收看宣讲家时事政策专题报告。与此同时，讲师团还开展互动式的教研活动，组织全团有宣讲业务的同志围绕党的中心工作精心选题，联系授课单位实际深入到基层调研，认真备课，并且要求宣讲前在全团干部职工大会上试讲通过以后，才能进行宣讲。宣讲结束后，授课单位要对讲课老师填写教学意见反馈表，作为工作目标考核内容之一。

（王鹏升 马韶光）

【创建服务型党组织】 制定了2012年度“三个建设年”暨“四帮四促”活动帮扶计划。2012年1月17日，市委讲师团团长王鹏升带队开展春节慰问活动，对原党建扶贫点水城县南开乡兴寨村贫困户发放棉被20床，大米10袋（300斤）；到扶贫点水城县南开乡兴寨村开展理论教育下乡村活动，共宣讲2场。

干部挂帮“四在农家”活动。市委讲师团安排市场经济教研室王太昆从2012年4月底开始，到水城县营盘乡鸡戏村任村主任助理。并督促检查驻村干部切实发挥作用，加强驻村干部管理，支持“帮县、联乡、驻村”干部开展工作。

（王鹏升 马韶光）

【建设创新型党组织】 2012年，认真抓好“三忠诚”暨“纯洁性”教育活动的开展。按照集中教育活动的要求，市委讲师团深入开展集中教育活动，还完成了市委纯教办交给的调研课题《开展“三忠诚”教育活动 推进纯洁性彰显》，并收录在《六盘水市开展保持党的纯洁性教育工作——十个主要问题研究成果汇编》一书。

认真开展了“四比四带头”主题实践活动。市委讲师团按照比学习，带头提高素质；比作风，带头深入基层服务群众；比工作，带头立足岗位创先争优；比贡献，带头争创一流业绩的要求。

开展基层组织建设年情况。继续开展好与凤苑社区的2012年度“互助共建”工作。制定了2012年工作计划，并按照市办通字〔2012〕68号要求，分别于6月中旬和12月下旬开展了两次与社区的共建活动和联席会，在会中宣讲了省第十一次党代会、十一届二次全会精神、市第六次党代会及六届二次全会精神，学习贯彻中共十八大精神的宣讲。市委讲师团、市供销社、市人资社保局联合与钟山区凤凰办事处凤苑社区共同建立打造的“数字凤苑、礼仪凤苑、文明凤苑、和谐凤苑”四个凤苑的典型经验受到了市直机关工委的肯定，并在《贵州日报》《六盘水日报》登载作为经验推广。

（王鹏升 马韶光）

精神文明建设

【概况】 开展“贵人善行”“五心教育”活动，倡导“爱国、敬业、诚信、友爱”的价值取向，培育和弘扬“开放创新、团结奋进”的贵州时代精神。组织“回顾辉煌历程、喜迎中共十八大”——悦达学习杯读书竞赛活动（为全省唯一获中宣部表彰的地区）。

开展以农民思想道德教育示范点创建为载体的农民素质教育活动，在六枝特区龙场乡永丰村、盘县坪地乡述格村、水城县蟠龙乡法那村、钟山区汪家寨镇沙坝场村启动农民思想道德教育示范点创建工作。

围绕“我们的节日”，开展丰富多彩的节日文化活动和民俗活动，营造欢乐祥和的浓厚节日氛围；开展“红红火火过大年”主题活动、“文明祭祀 平安清明”为主题的公祭活动、“缘来是你”单身青年交友联谊会、重阳慰问老人等活动。

围绕“学习雷锋精神”常态化，“文明交通行动计划”等，开展“在党旗下成长”诗文大赛、“革命诗词”书法大赛、“颂歌献给党”歌唱大赛，“我推荐、我评议身边好人”“做一个有道德的人”等活动。

市委、市政府将全市6万户“四在农家”建设任务列入2012年“十大民生工程”建设；建立“市级领导班子包县、县级领导班子包乡（镇）、单位包村（社区）、领导包点、干部入户”的挂帮联系制度，围绕主要公路铁路干线、旅游景点景区及特色村镇，逐步形成城市支持农村、工业反哺农业的工作格局。积极争取中央、省的支持，完成22个农民文化家园和11个乡（镇）少年宫的建设任务。

进一步深化和拓展“整脏治乱”专项行动和“满意在六盘水”主题活动，启动首届中国凉都“争先创优微笑服务明星”评选大赛；开展以“小手牵大手”等形式的文明礼仪普及宣传活动，构建家庭、学校、社会“三位一体”的宣教模式，共同整治城市脏、乱、差，市民文明素质得到进一步提升。评选出“感动凉都十大人物”，并通过媒体多角度、多层次对其先进事迹进行宣传，发挥先进典型的示范效应和引领作用。

（罗 宇）

机关工委工作

【概况】 2012年，市直机关各级党组织紧紧围绕市委、市政府工作大局，着力强化理论武装、开展创先争优、完善体制机制、深化“互助共建”、突出考核激励，充分发挥了机关党组织推动发展、服务群众、凝聚人心、促进和谐的作用，为“五个六盘水”建设凝聚了强大力量。

（蒋中阳）

【促进党员干部思想政治素质提高】 精心创设“五课堂”促学提质。为推动市直机关党员干部学习贯彻中共十八大、国发2号文件、省第十一次党代会、市第六次党代会精神，引导党员干部学用结合、用以促学，创设理论、园区、勤廉、实践、楷模五课堂，组织举办市直党务、工会、团务干部中共十八大精神专题研修班各1期，组织党建知识答题、中共十八大知识竞赛、“机关党组织书记畅谈纯洁性”征文、“信念、信心、跨越”十八大主题征文等活动；号召和发动市直机关党员到经济开发区、产业园区参观学习，实地了解园区谋发展、抓发展的经验与做法，分析存在困难和问题，及时提出解决办法；组织开展了领导干部讲廉政党课和警示教育活动；结合“联乡驻村”“互助共建”、党建扶贫等活动，把市直机关学习实践活动阵地延伸到社区、农村等基层一线；组织开展了“三线精神”宣讲活动等。

积极开展机关文化建设铸魂励志。发挥机关党、工会、团组织在机关文化建设中的主体作用，组织开展了“纪念五四运动93周年暨三忠诚集中教育扫墓”“保持纯洁性、践行三忠诚”演讲比赛、“重走三线路，推动大发展”健步走、“保持纯洁性、奋力后发赶超、建设五个六盘水”健身操、拔河比赛等活动。通过机关文化建设，“艰苦创业、开放包容、务实创新、和谐发展”的六盘水精神和“艰苦奋斗、无私奉献”的三线精神得到进一步弘扬。

（蒋中阳）

【基层组织建设年活动】 中央、省委、市委作出开展“基层组织建设年”活动的部署后，市直机关党组织紧紧围绕“强组织、增活力，创先争优迎十八大”这一主题，认真完成“规定动作”，大胆创新“自选动作”，结合实际组织开展了“四比四带头”等多种主题实践活动，开展了党员示范岗、红旗科室评选活动。共命名495个党员示范岗、159个红旗科室。按照省委、市委关于开展保持党的纯洁性教育试点的部署，市直机关322个党组织和6063 名党员参与了保持党的纯洁性教育试点活动。通过扎实抓好“基层组织建设年”活动，既确保了创先争优活动取得实效，涌现出一大批优秀基层党组织、优秀党务工作者和优秀共产党员。2012年，获省、市级先进基层党组织12个、市级“五好”基层党组织22个、创先争优优秀共产党员9名、“十佳”基层党组织3个、“十佳”机关党组织书记6名、“十佳”非公企业党组织书记2名；工委表彰先进基层党组织30

个、“五好”基层党组织55个、抓基层党建工作先进单位9个、优秀党务工作者30名、优秀共产党员50名。

（蒋中阳）

【机关党建制度化　规范化】　坚持以完善体制机制为重点，在深入学习贯彻《中国共产党党和国家机关基层组织工作条例》的基础上，结合贯彻落实《中共贵州省委关于加强和改进新形势下机关党的建设的意见》精神，建立健全机关党建工作体制机制，大力推进机关党建的科学化、规范化建设。

推动机关党建议事制度落实。《中共贵州省委关于加强和改进新形势下机关党的建设的意见》出台后，全市认真抓好文件精神的贯彻落实，市委常委会多次专题研究部署机关党建工作，帮助解决一些实际困难。市委党建办制定下发了《关于加强和改进新形势下机关党的建设的意见》，着力从领导机制、工作机制、队伍建设、经费保障等方面细化措施，为加强机关党建工作提供了保障。

促进机关党务干部交流。注重采取选拔、轮岗、选派年轻党务干部到村任职锻炼等多种方式，积极推进党务干部与行政干部之间的双向交流。2012年，共提拔交流5名党务干部到县区、市直部门、经济开发区任职，调动了党务干部工作积极性。

完善经费保障机制。落实党费使用向基层倾斜的要求，把机关党组织上缴党费按50%的比例留存原单位管理和使用，做到专款专用，有效保障了基层党组织的活动经费。

强化组织机构和队伍建设。贯彻机关党组织机构设置的规定，加强机关党委建设，凡党员人数超过100名的均可成立机关党委及办公室。党员不足100名但因工作需要设置机关党委的，由市委组织部、市直机关工委提出意见报市委审批。2012年度共审批成立机关党委（党总支、党支部）8个、机关党办10个。同时，加强对县（区）机关党建工作指导，四个县（区）机关党委均改设为机关工委。

（蒋中阳）

【互助共建服务社会　服务群众新机制】　坚持以“互助共建”为载体，整合社会管理资源，不断拓展机关党建服务和推动社会管理创新的领域与途径，工委设计并推广“互助共建”标识，明确了7家示范点，构建起机关党建服务社会、服务群众的新机制。着力把“互助共建”作为机关党建品牌在全市推广，在“四共四联”的基础上，把互助共建内容向法律援助、平安创建、就业救助、社区管理、环境整治、医疗卫生等社区居民强烈关注的方面拓展，初步形成“一社区一品”的特色模式，推动“互助共建”工作向纵深发展。市直101个互助共建单位与社区召开党建联席会1377次，开展党员主题实践活动1470次，帮助社区理清发展思路2051条，慰问困难党员群众982人次，投入各类资金668万元，为社区居民办好事、做实事、解难事1611件次。通过整合资源，推动困难职工（党员）关怀帮扶工作重心下移，形成法律援助、劳动人事争议仲裁、司法鉴定维权联动机制，成功解决劳动争议案件和纠纷2起，帮扶困难职工及子女1179人，发放帮扶资金42.2万元；慰问生活困难党员172名，发放慰问金5.56万元；协调圆梦大学行动资助困难家庭学生3名。“互助共建”活动受到上级组织的肯定，新闻媒体的关注，社区组织及居民的赞誉，省直工委书记申振东，省委宣传部副部长、省文明办主任杨兴举等领导对“互助共建”工作做了重要批示，新华网、《贵州日报》等媒体等作了专题报道。

（蒋中阳）

【考核推动机关效能提升】　坚持把目标管理作为激发内生动力、提高工作效率、推动工作落实的重要手段，大胆探索通过目标管理促进机关效能建设的途径和办法，力求通过目标考核真正考出实绩、考出压力、考出动力。为引导和鼓励机关各单位解放思想、大胆开拓、推动发展，调整优化了目标构成和分值，设立创新工作奖、争取中央及省级项目资金实效奖等，加大对各部门开拓创新、增比进位、提速增效和服务质量、工作效率的考评权重，建立健全了以发展实绩为核心的目标考核体系，目标管理考核的导向、激励作用进一步凸显。

（蒋中阳）

老年教育

【概况】 2012年，全市共有各级各类老年大学（学校）93所（地方92所、企业1所）；在地方92所中，县级以上5所、乡（镇、街道办）66所、村及社区21所。常年在校学员12724人，地方县以上老年大学3725人，乡（镇、街道办）老年大学5858人，村及社区老年大学2805人，企业老年大学336人。

（何发建）

【乡级老年大学】 2012年，全市新建乡（镇、街道办）老年大学40所，投入530200元，超过之前12年建校总数的53.84%，建校增幅为153.86%，高于全省平均水平10.68个百分点，排名从2011年全省第七提升到全省第二。乡（镇、街道办）建校率:六枝特区100%、钟山区88.89%、盘县59.46%、水城县51.52%。全市老年学员占老年人口总数的3.74%（六枝特区2687人，占3.2%；盘县4853人，占3.08%；水城县1843人，占2.2%；钟山区2334人，占4.09%）。

（何发建）

【老年大学活动】 县以上5所老年大学（老教办）自办、参与各类、各种形式的第二课堂活动共56场次。市老年大学（老教办）组织参与国际性合唱比赛1次（获优秀表演奖），省级汇演1次（获三等奖），自办全市性大型活动2次，组织联谊、共建活动各1次；六枝特区组织参与市级文艺汇演1次，校际交流活动1次，自办展演1次，其他活动3次；盘县自办大型活动2次，组织参加全国比赛2次，省级比赛4次，市级比赛10次，均获三等奖；水城县组织参与市级汇演1次，全县大型宣传活动1次，自办活动1次；钟山区组织参与全市性活动2次，全区性活动2次，深入乡镇、社区演出21场次，校际交流活动3次。

（何发建）

离退休干部工作

【概况】 2012年，六盘水市着力落实老干部“两项待遇”，保障“三个机制”，发挥离退休干部积极作用，抓好老干部阵地建设，加强离退休干部党支部建设和思想政治工作，推动了全市老干部工作的顺利开展。

（张 巍）

【落实政治待遇】 2012年，市委离退局为全市副县级以上离退休干部订阅报刊杂志80多万元；市委组织部、市委宣传部各划拨数万元经费，从2013年起每年为老干部增订一份《晚晴》杂志和《人民日报》；党委政府邀请老干部参加重要会议20余次，向老干部征求党代会报告、政府工作报告、干部选拔任用等重大工作方面的意见和建议；组织老干部就近就地到仙水坡烈士陵园和百车河廉政教育基地参观学习；召开情况通报会3次，向老干部通报六盘水市经济社会运行情况以及组织工作和老干部工作的开展情况，会后组织老同志进行文体活动。

“两节”期间，全市共慰问离休干部410人（其中市直109人），副县级以上退休干部557人（其中地专级退休干部61人），慰问易地安置六盘水市离休干部13人，老干部遗孀355人，看望住院老干部100多人次。

坚持走访老干部“四必访”制度，即老干部生病住院必访，老干部遇到特殊困难和重大变故必访，重大节日和重大活动必访，孤老、独居的老干部必访。全年各级党委政府、各单位开展走访活动100多次，走访老干部近800人次。

（张 巍）

【落实生活待遇】 2012年，市委离退局认真落实离休干部离休费和医药费，确保离休费按照规定发放，医药费按规定实报实销，确保离休干部“两费”保障机制的正常运转。

协助有关部门做好38名离休干部和13名副县级以上退休干部的善后事宜，及时为遗属办理公墓补助等相关费用。

经市委常委会研究，决定由市、县两级财政分级负担，每年拨款330万元用于解决六盘水市建国初期参加革命工作的260多名退休干部反映的医疗待遇问题。

在考虑平衡周边市、州慰问金标准及物价上涨因素等情况下，结合六盘水市实际，经市委、市政府会议研究，同意增加35万元财政拨款，为全市离休干部、副县以上退休干部及遗孀提高慰问金标准。

经市委离退局多方协调，市直目标管理工作领导小组研究，同意将离退休干部目标管理奖标准从按在职职工40%提高到50%发放。

（张 巍）

【活动阵地建设】 2012年，各老干（老年）活动中心接待老干部（老年人）10万人次。活动中心根据季节气候、重大节日、重要活动和老同志的兴趣爱好调整活动内容、活动方式，适时开展健康有益的游园踏青、各类比赛等活动，协调联系有关单位部门共同举办保健知识讲座、专题讲座、老年书画展和党史展等形式多样的讲座和展览，平均每月至少有1场次，参加老干部人数达3000多人次。

（张 巍）

【服务工作】 为掌握老同志身体健康状况，2012年，市委离退局结合春、夏季多发病期，积极开展离退休干部健康咨询，巡诊送药服务，及时诊断处理就医老同志出现的常见病。全年共有810人就诊，上门巡诊8次，约100多人次，就诊用药费用306000余元。

（张 巍）

【2010~2012年度“双先”表彰会】 12月31日，召开全市老干老龄关心下一代工作“双先”表彰会，会议表彰了2010~2012年度离退休干部和离退休干部工作、老龄工作、关心下一代工作的先进集体及先进个人。会议由市委常委、市政府常务副市长、市委秘书长周斯弼主持，市领导王晓光、何刚、唐方信、李朝卉等出席会议。离退休老干部代表李鹤泉、杨志鹗、时念好、葛文甫、周绍邦等出席会议。市委常委、市委组织部部长、市委统战部部长李朝卉宣读了《中共六盘水市委六盘水市政府关于表彰2010年至2012年老干老龄关心下一代工作先进集体和先进个人的决定》，市委书记王晓光在会上作了讲话。

（张 巍）

【特困老干部帮扶机制】 2012年初，市财政落实了特困老干部帮扶资金50万元，市委离退局制定了《六盘水市直机关离休干部、离休干部遗孀及副县级以上退休干部特困帮扶暂行办法》，并组织市直各单位开展特困老干部摸底调查工作。经帮扶工作领导小组认真研究，确定了30名特困帮扶对象和11.8万元特困补助，并于2013年春节前发放到老干部及遗孀手中。

（张 巍）

【纪念干部离退休制度建立30周年活动】 按照省委组织部、省委老干部局在全省组织开展纪念干部离退休制度建立30周年系列活动通知要求，市委离退局参加和开展各项纪念活动。各老干部工作部门组织全市500名离退休干部参加“喜迎十八大、健康我先行”全省万名老干部健康知识竞赛活动。参加全省干部离退休制度30周年图片展，并在市、县开展了图片展，组织老干工作者和老干部1000余人参观学习。三是召开老干部座谈会，请离退休干部代表以他们的亲身经历畅谈离退休干部制度建立的重大意义和对党和国家事业发展的作用；请老干部工作部门代表回顾老干部工作者在六盘水市干部离退休制度建立三十年来的辉煌业绩，交流做好老干部工作的体会和经验；请市委领导对进一步做好老干部工作提出要求。《六盘水日报》整版刊登了这次座谈会的内容。四是组织工作人员参加全省“喜迎十八大，业务我争先”老干部工作政策知识竞赛，组织了全市老干工作者进行了业务知识培训和测试。

（张 巍）

六盘水市人大常委会

【概况】 2012年，市人大常委会坚持以邓小平理论和“三个代表”重要思想为指导，认真贯彻落实科学发展观，深入学习党的十七大、十七届五中、六中全会、中央经济工作会议和省委、市委有关会议精神，按照市委和市六届人大六次会议的工作部署，紧紧围绕“加速发展、加快转型、推动跨越”主基调、主战略和六盘水市“十二五”规划纲要的实施，突出监督重点、改进监督方式，切实加强法律监督和工作监督，充分体现寓支持于监督之中，不断增强监督工作实效，为促进社会主义民主法治，推进社会主义物质文明、政治文明、精神文明与和谐社会建设，加快依法治市进程，推动六盘水市经济社会又好又快、更好更快发展。

（市人大常委会办公室）

【六盘水市七届人大一次会议召开】 2012年2月12日至17日，举行六盘水市第七届人民代表大会第一次会议。会议听取和审议市人民政府工作报告、市人大常委会工作报告、市中级人民法院工作报告、市人民检察院工作报告；审查和批准六盘水市2011年国民经济和社会发展计划执行情况与2012年国民经济和社会发展计划草案的报告、六盘水市2011年全市和市本级预算执行情况与2012年全市和市本级预算草案的报告；批准2012年国民经济和社会发展计划、2012年市本级预算；大会依法选举黄金为市七届人大常委会主任、杨明达（彝族）、陈光明、陶兴锐（白族）、杨龙政（白族）、龙秋芳（彝族）、阳松林（壮族）、刘静（女）、高玉林为市七届人大常委会副主任、李盘春为市人大常委会秘书长，何刚为市人民政府市长、周斯弼、魏树旺、范三川、周宏文、尹志华（白族）、谢朝碧（女、布依族）、付昭祥为副市长，潘铁军为市中级人民法院院长、龙晨明为市人民检察院检察长，并通过大会各项决议。

（余盛龙）

【依法行使监督权】 2012年，依法组织召开了市七届人大一次会议及8次常委会会议。常委会共听取和审议了2011年市级财政决算、财政审计报告、2012年上半年国民经济和社会发展计划执行、市级财政预算执行、全市园区建设和招商引资、民办教育、农业九大产业、水利、市中心城区整脏治乱、保障性住房建设、社区卫生、市中级人民法院关于涉诉信访案件处理工作情况、全市基层检察院建设情况和全市公安机关打击刑事犯罪工作情况等15个方面的专项工作报告。

（余盛龙）

【实施法律监督】 按照省人大常委会的统一安排，先后组织开展残疾人权益保障法、文物保护法、农产品安全法、贵州省农产品质量安全条例、贵州省水利工程设施管理条例等法律法规实施情况的执法检查。

（余盛龙）

【首次开展专题询问】 市七届人大常委会第五次会议期间，通过会议联组审议方式，围绕园区建设和招商引资工作中的服务质量、政策措施落实、征地拆迁安置、体制机制等问题开展专题询问，并将专题询问所提意见和建议，以审议意见通报形式交由市人民政府整改落实。

（余盛龙）

【开展专题调研】 按照省人大安排和市委要求，组织有关部门深入县区、乡村、社区、园区和企业，围绕全市招商引资、园区建设、农村综合改革、禁毒工作、固定资产投资、重大项目建设、双桥水库建设、猴场乡猕猴桃基地纠纷问题以及“保增长、促发展”等内容开展专题调研，及时向省人大和市委报告，并向市人民政府反馈情况。

（余盛龙）

【加强信访工作】 积极维护人民群众的合法权益，不断加强和改进信访工作。按照“属地管理、分级负责，谁主管、谁负责”的原则，及时将来信来访转有关部门办理。对反映强烈、久拖不决的信访案件，采取联合接访、约见信访人、跟踪督办等方式，督促有关部门解决，着力化解矛盾，维护社会稳定。一年来，共接待和受理人民群众来信来访639批次1236人次，与2011年同期相比批次增长了17.9%，人数下降了11.65%。

（余盛龙）

【依法行使决定权和任免权】 审查批准2011年市级财政决算。针对凤凰山城市综合体项目开发、六盘水老城棚户区改造工程（和谐园）项目、六盘水月照机场、凉都大道及水城河景观综合治理一期工程建设、六盘水机场高速公路建设、六盘水市内环快线工程项目建设等重大事项，依法作出有关决议，推动重大项目建设。正确行使人事任免权。2012年，根据“一府两院”的提请，依照法定程序，任免地方国家机关工作人员76人，其中，任职58人，免职10人，接受辞职8人。

（余盛龙）

【推进代表工作】 做好省人大代表选举。根据省人大安排，按照省、市委的要求，召开市七届人大二次会议，依法选举六盘水市出席贵州省第十二届人民代表大会代表51名，圆满完成选举任务。

保障代表知情权。切实加强与人大代表的联系，为代表依法履职、知情知政创造条件。一是通过给市人大代表订阅赠送各级人大刊物、政府公报、统计资料、法院要情、检察要况等，为代表履职提供学习资料。二是坚持邀请省、市人大代表列席人大常委会会议制度，积极组织代表参与执法检查、视察、专题调研以及“食品质量安全监管开放日”、循环经济座谈会等活动，为代表知情知政拓宽渠道，增强了代表履职的主动性和积极性。

抓好代表议案建议办理。切实加大督办力度，不断提高办理质量。一是着力加强议案督办工作。高度重视市七届人大一次会议代表提出的《下大力治理六盘水市中心城区脏乱问题》的议案办理工作，通过代表专题调研、组织新闻媒体开展环保行活动、听取和审议市人民政府专项工作报告，向市人民政府提出意见和建议。市政府成立议案办理领导小组，制定《关于下大力治理市中心城区脏乱问题的实施意见》，明确工作目标、主要任务和保障措施，对存在的31个方面问题进行分解，明确牵头和办理的责任单位。通过增加投入和强化整改落实措施，市中心城区脏乱治理工作取得阶段性成效。二是注重提高建议办理质量。在综合分析、实行统一交办、建议公开上网的基础上，经研究，将代表反映集中、问题比较突出的6件建议列为主任会议重点督办件，明确由常委会副主任分别牵头领办、各专委会具体督办和提建议代表参与跟踪督办，着力提高办理质量。市七届人大一次会议以来共收到代表建议116件（含议案转建议24件），年底已全部办理答复代表，问题解决率和代表满意率有所提高。

注重代表小组建设。为进一步发挥市人大代表在闭会期间的作用，做到科学合理划分代表小组，在原划分十七个代表小组的基础上，结合代表的工作性质和专业特点，重新组建了六个专业性相对较强的市人大代表小组，使代表小组活动更具专业性和灵活性。

强化代表培训。为提高代表和人大干部整体

素质，采取委托培训、以会代训等方式，分别组织乡镇人大主席和市、县人大干部赴全国人大培训基地培训。委托并指导各县、特区、区人大常委会对市七届人大代表进行集中培训，着力提高了代表的综合素质和履职能力。

积极开展代表视察调研活动。受省人大的委托，组织六盘水市选举的省人大代表，深入红桥新区西南家居装饰博览城、西南天地煤机制造项目、明阳风电整机制造项目、六盘水月照机场、水城县天弈栖凤苑示范住宅小区、蟠龙乡法那村“四在农家”建设、百车河凉都国际休闲城规划建设、钟山区花园路社区、市公共资源交易中心、市政府服务大厅进行视察，听取市人民政府关于全市国民经济和社会发展情况的汇报，全面了解六盘水经济社会发展情况，代表们积极为六盘水市经济社会发展建言献策。根据《代表法》有关规定，围绕全市经济社会发展重点，组织部分市人大常委会组成人员和市人大代表对工商行政管理工作开展专题视察，并采取上下联动方式，委托县区组织市人大代表，分别对全市上半年国民经济和社会发展情况、工业化、城镇化、农业产业化、园区建设、招商引资、旅游发展、市中心城区整脏治乱、公交客运管理等工作进行专题调研，充分发挥代表主体作用。

密切代表与选民联系。为加强代表与选民的联系，真诚听取选民呼声，组织开展了“听选民呼声，为群众办事，促问题解决”专题调研，由常委会主任、副主任分别牵头组织部分市人大代表深入各县区、深入基层和群众，采取走访、座谈等形式，广泛听取选民的意见和建议，与选民共商发展大计，使选民反映的一些实际问题得到解决，增强了代表的责任感和使命感。

（余盛龙）

【自身建设】 强化思想建设。组织干部职工认真学习讨论中共十八大精神和国发2号文件，把思想统一到发展上，坚定走中国特色社会主义道路的理想信念，保证人大工作正确政治方向。采取邀请专家讲课、选派干部外出进修、鼓励职工参加在职学习等方式，不断加大培训力度，拓宽视野，充实人大工作知识。

强化制度建设。坚持和完善常委会党组中心组学习和“三会一课”制度，落实党员组织生活会制度，党组织书记抓党建工作责任制，党员民主评议制度，进一步修订和完善了市人大各专委会工作制度、常委会机关各办事机构工作制度、机关后勤保障制度，进一步加强信息报送工作。通过制度建设，强化科学管理，推动常委会各项工作制度化和规范化。

强化作风建设。以开展各项活动为抓手，注重服务基层，服务群众，转变干部作风。根据市委统一部署，认真开展保持党的纯洁性教育、“三忠诚”集中教育、基层组织建设年、“五城联创”“四在农家”“保增长、促发展”等活动，深入开展“忠诚与责任”大讨论。常委会班子成员带头深入基层开展调查研究，带头宣讲中共十八大精神，带头抓招商引资，着力为基层、为群众办实事。

强化人大宣传。常委会不断加强和改进人大宣传工作，组织召开了全市人大宣传工作会议，成立市人大常委会办公室新闻宣传工作协调领导小组，制定了新闻宣传工作方案，加强与市直各新闻单位的密切联系，充分运用各新闻媒体，采取多种形式，不断强化对人大工作的宣传。首次组织市直各新闻媒体到各县、特区、区开展联合采访活动，走进基层，走进代表，大力宣传人大制度，展示代表风采。积极配合《人民代表报》采访团，开展对代表的采风和人大常委会主任的专访活动。通过多媒体、多形式的宣传报道，使广大人民群众充分了解人大工作和代表履职情况，促进民主法治建设，为开创六盘水市人大宣传工作新局面奠定了基础。

（余盛龙）

六盘水市人民政府

六盘水市人民政府办公室工作

【概况】 根据《中共贵州省委办公厅贵州省人民政府办公厅关于印发〈六盘水市人民政府机构改革方案〉的通知》和《中共六盘水市委六盘水市人民政府关于市人民政府机构改革的实施意见》精神，设立六盘水市人民政府办公室，为协助市人民政府领导同志处理市人民政府日常工作的机构。

（何荣斌）

【职责调整】 强化协调服务职责，加强应急、法制、督查工作，进一步发挥参谋助手和运转枢纽作用。

（何荣斌）

【主要职责】 （一）协助市人民政府领导同志处理日常工作；根据有关法律、法规和政策，协助市人民政府领导同志抓好政策指导和组织协调工作。

（二）负责市人民政府会议的会务工作，协助市人民政府领导同志组织实施会议议定事项；负责市人民政府重大活动的组织安排。

（三）承办省委、省政府及省直各部门和市委、市人大常委会交给市人民政府办理的有关事项。

（四）处理各县、特区、区人民政府和市人民政府各部门报送市人民政府的文电；组织起草或审核以市人民政府、市人民政府办公室名义制发的公文；指导全市政府系统的公文处理工作。

（五）根据市人民政府领导同志的指示，对各县、特区、区人民政府和市人民政府各部门之间出现的争议问题提出处理建议，报市人民政府领导同志决定。

（六）根据市人民政府的工作重点和市人民政府领导同志的指示，组织专题调查研究，及时反映情况，提出建议。

（七）负责办理市以上人大代表议案建议和政协委员提案，并督促检查议案、建议及提案的落实情况。

（八）负责全市政府法制工作的规划、协调、监督和服务，审查修改或起草规范性文件、行政规章草案，负责行政执法监督工作，办理行政复议、应诉和国家行政赔偿等事项。

（九）负责全市国防教育规划的具体实施，全面掌握国防教育情况，并适时进行检查指导。

（十）负责协调全市重大项目前期工作及建设的有关事项；收集、整理、分析市重大项目的动态情况、政策信息、市场信息等事项。

（十一）督促检查市人民政府重大决定、重要工作部署及市人民政府领导同志批示的贯彻执行情况。

（十二）负责拟定全市应急管理规划建议，指导、督促全市应急管理体系建设；负责协助市领导处置特大、重大及敏感突发事件；协助处理各县、特区、区和市人民政府各部门向市人民政府反映的重要问题；负责接收、汇总、研判、报告突发事件有关信息，汇总、处理应急管理工作有关信息；负责市人民政府总值班工作；指导、督促全市政府系统值班工作。

（十三）负责市人民政府驻外办事机构的管理工作。

（十四）负责市人民政府有关对外接待和后勤保障工作。

（十五）办理市人民政府领导同志交办的其他事项。

（何荣斌）

【内设机构】 市人民政府办公室设14个内设机构和市政府法制办公室、市国防教育办公室、市政府应急管理办公室、市外事侨务办公室。

（何荣斌）

2012年各月主要经济发展指标

【1至2月主要经济指标】 1~2月，50万元以上固定资产投资完成53.08亿元，同比增长47.3%。其中，基本建设投资完成31.07亿元，同比增长67.6%；更新改造投资完成8.18亿元，同比增长83%；房地产开发投资完成5.41亿元，同比增长85.8%。

1~2月，限额以上社会消费品零售总额累计完成8.75亿元，同比增长30.9%。1~2月份居民消费价格指数103.9%，比上年同期上涨3.9个百分点。居民八大类消费品呈“五升二降一持平”态势，食品类、烟酒及用品类、衣着类、医疗保健和个人用品类、交通和通信类分别上涨9.6%、1.4%、4.6%、3.4%、1.2%；娱乐教育文化用品及服务类、居住类分别下降1.5%、1.5%；家庭设备用品及维修服务类持平。

1~2月，财政总收入达19.34亿元，比上年同期增长4.1%，其中，公共财政预算收入累计完成12.36亿元，同比增长41.5%。公共财政预算支出完成17.06亿元，同比增长78.3%。

2月规模以上工业增加值完成20.43亿元，较上年同月增长19.6%；累计完成规模以上工业增加值35.62亿元，同比增长10.9%。2月规模以上工业总产值为69.99亿元，较上年同月增长27.6%；累计工业总产值为124.43亿元，同比增长23.2%。全市规模以上工业企业本月完成工业销售产值68.48亿元，比上年同月增长25.9%，累计实现工业销售产值120.45亿元，同比增长22.3%。本月工业产销率为97.85%，累计实现工业产销率96.80%，同比下降0.7个百分点。

2月末，金融机构存款余额577.78亿元，比年初增加16.71亿元，其中，单位存款296.03亿元，比年初减少8.70亿元；个人存款281.75亿元，比年初增加16.79亿元。金融机构贷款余额415.33亿元，比年初增加19.59亿元，其中，短期贷款99.62亿元，比年初增加8.81亿元；中长期贷款315.71亿元，比年初增加10.29亿元。

（何荣斌）

【1至3月主要经济指标】 1~3月累计完成规模以上工业增加值76.86亿元，同比增长19.6%。3月规模以上工业总产值为115.00亿元，较上年同月增长44.4%；累计工业总产值为249.18亿元，同比增长33.8%。全市规模以上工业企业本月完成工业销售产值110.92亿元，比上年同月增长40.3%，累计实现工业销售产值241.03亿元，同比增长30.5%。本月工业产销率为96.45%，累计实现工业产销率96.73%，同比下降1.7个百分点。

1~3月，全社会固定资产投资完成210.80亿元，同比增长110.6%。其中，基本建设投资完成47.50亿元，同比增长58.9%；更新改造投资完成12.52亿元，同比增长122.1%；房地产开发投资完成9.76亿元，同比增长91.2%。

1~3月，社会消费品零售总额累计完成43.52亿元，同比增长16.6%。3月份，居民消费价格总水平同比上涨3.2%，较上月上涨0.2个百分点。1~3月份居民消费价格指数103.7%，比上年同期上涨3.7个百分点。居民八大类消费品呈“五升二降一持平”态势，食品类、烟酒类、衣着类、医疗保健和个人用品类、交通和通信类分别上涨8.5%、0.9%、4.6%、3.4%、1.1%；娱乐教育文化用品及服务类、居住类分别下降1.0%、0.9%；家庭设备用品及维修服务类持平。

1~3月，财政总收入达35.95亿元，比上年同期增长18.8%，其中，公共财政预算收入累计完成23.34亿元，同比增长44.8%。公共财政预算支出完成34.03亿元，同比增长95.9%。

3月末，金融机构存款余额604.44亿元，比年初增加27.42亿元，其中，单位存款300.20亿元，比年初减少4.52亿元；个人存款289.16亿元，比年初增加24.20亿元。金融机构贷款余额442.76亿元，比年初增加25.78亿元，其中，短期贷款102.80亿元，比年初增加11.98亿元；中长期贷款319.49亿元，比年初增加14.07亿元。

（何荣斌）

【1至4月主要经济指标】 1~4月，累计完成规模以上工业增加值107.48亿元，同比增长19.3%。4月规模以上工业总产值为97.09亿元，较上年同月增长42.5%；累计工业总产值为347.31亿元，同比增长38.0%。全市规模以上工业企业本月完成工业销售产值94.50亿元，比上年同月增长41.7%，累计实现工业销售产值336.46亿元，同比增长36.2%。本月工业产销率为97.33%，累计实现工业产销率96.88%，同比下降1.3个百分点。

1~4月，50万元以上固定资产投资完成159.17亿元，同比增长70.3%。其中，基本建设投资完成77.57亿元，同比增长57.2%；更新改造投资完成16.92亿元，同比增长80.4%；房地产开发投资完成11.66亿元，同比增长46.2%。

1~4月，限额以上消费品零售总额累计完成19.25亿元，同比增长26.4%。4月份，居民消费价格总水平同比上涨2.0%，1~4月份居民消费价格指数103.2%，比上年同期上涨3.2个百分点。居民八大类消费品呈“五升二降一持平”态势，食品类、烟酒类、衣着类、医疗保健和个人用品类、交通和通信类分别上涨7.1%、0.9%、4.6%、3.4%、0.9%；娱乐教育文化用品及服务类、居住类分别下降0.7%、0.6%；家庭设备用品及维修服务类持平。

1~4月，财政总收入达45.65亿元，比上年同期增长16.2%，其中，公共财政预算收入累计完成28.89亿元，同比增长43.5%。公共财政预算支出完成46.33亿元，同比增长81.9%。

4月末，金融机构存款余额601.98亿元，比年初增加24.97亿元，其中，单位存款297.56亿元，比年初减少7.16亿元；个人存款288.63亿元，比年初增加23.67亿元。金融机构贷款余额426.77亿元，比年初增加29.76亿元，其中，短期贷款107.22亿元，比年初增加16.41亿元；中长期贷款319.55亿元，比年初增加14.12亿元。

（何荣斌）

【1至5月主要经济指标】 1~5月，50万元以上固定资产投资完成203.99亿元，同比增长71.4%。其中，基本建设投资完成102.28亿元，同比增长70.0%；更新改造投资完成23.01亿元，同比增长53.1%；房地产开发投资完成15.10亿元，同比增长48.9%。

1~5月，限额以上消费品零售总额累计完成24.60亿元，同比增长24.4%。5月份，居民消费价格总水平同比上涨2.4%，1~5月份居民消费价格指数103.1%，比上年同期上涨3.1个百分点。居民八大类消费品呈“五升二降一持平”态势，食品类、烟酒类、衣着类、医疗保健和个人用品类、交通和通信类分别上涨6.5%、0.9%、4.6%、3.0%、0.9%；娱乐教育文化用品及服务类、居住类分别下降0.5%、0.2%；家庭设备用品及维修服务类持平。

1~5月，财政总收入达58.08亿元，比上年同期增长17.3%，其中，公共财政预算收入累计完成35.76亿元，同比增长39.9%。公共财政预算支出完成59.17亿元，同比增长80.5%。

5月完成规模以上工业增加值29.51亿元，较上年同月增长19.8%，1~5月累计完成规模以上工业增加值126.80亿元，同比增长19.3%。5月规模以上工业总产值为104.25亿元，较上年同月增长51.2%；累计工业总产值为446.43亿元，同比增长39.2%。全市规模以上工业企业本月完成工业销售产值102.62亿元，比上年同月增长51.6%，累计实现工业销售产值433.95亿元，同比增长37.9%。本月工业产销率为98.43%，累计实现工业产销率97.20%，同比下降0.9个百分点。

5月末，金融机构存款余额621.46亿元，比年初增加57.87亿元，其中，单位存款325.79亿元，比年初增加21.07亿元；个人存款295.67亿元，比年初增加30.71亿元。金融机构贷款余额450.33亿元，比年初增加33.36亿元，其中，短期贷款

108.92亿元，比年初增加18.11亿元；中长期贷款322.20亿元，比年初增加16.78亿元。

（何荣斌）

【1至6月主要经济指标】 1~6月，全社会固定资产投资完成470.82亿元，同比增长91.8%，50万元以上固定资产投资完成293.85亿元，同比增长66.9%。其中，基本建设投资完成129.55亿元，同比增长54.0%；更新改造投资完成28.48亿元，同比增长56.9%；房地产开发投资完成18.22亿元，同比增长67.3%。

1~6月，社会消费品零售总额累计完成87.89亿元，同比增长16.3%，限额以上消费品零售总额累计完成29.18亿元，同比增长21.8%。6月份，居民消费价格总水平同比上涨2.8%，1~6月份居民消费价格指数103.0%，比上年同期上涨3.0个百分点。居民八大类消费品呈“六升一降一持平”态势，食品类、烟酒类、衣着类、医疗保健和个人用品类、交通和通信类、居住类分别上涨6.2%、0.8%、4.6%、2.5%、0.8%、0.6%；娱乐教育文化用品及服务类下降0.4%；家庭设备用品及维修服务类持平。

1~6月，财政总收入达77.20亿元，比上年同期增长23.5%，其中，公共财政预算收入累计完成49.23亿元，同比增长45.3%。公共财政预算支出完成75.85亿元，同比增长60.1%。

6月完成规模以上工业增加值30.41亿元，较上年同月增长24.4%，1~6月累计完成规模以上工业增加值157.28亿元，同比增长20.8%。6月规模以上工业总产值为103.48亿元，较上年同月增长31.4%；累计工业总产值为549.91亿元，同比增长38.2%。全市规模以上工业企业本月完成工业销售产值101.22亿元，比上年同月增长32.3%，累计实现工业销售产值535.42亿元，同比增长37.2%。本月工业产销率为97.81%，累计实现工业产销率97.37%，同比下降0.7个百分点。

6月末，金融机构存款余额634.63亿元，比年初增加57.61亿元，其中，单位存款314.31亿元，比年初增加9.59亿元；个人存款301.61亿元，比年初增加36.65亿元。金融机构贷款余额441.24亿元，比年初增加39.15亿元，其中，短期贷款112.80亿元，比年初增加21.98亿元；中长期贷款328.44亿元，比年初增加23.02亿元。

（何荣斌）

【1至7月主要经济指标】 1~7月，50万元以上固定资产投资完成332.06亿元，同比增长65.9%。其中，基本建设投资完成147.93亿元，同比增长59.4%；更新改造投资完成33.66亿元，同比增长55.0%；房地产开发投资完成21.27亿元，同比增长60.2%。

1~7月，限额以上消费品零售总额累计完成33.56亿元，同比增长19.3%。7月份，居民消费价格总水平同比上涨2.5%，1~7月份居民消费价格指数103.0%，比上年同期上涨3.0个百分点。居民八大类消费品呈“六升一降一持平”态势，食品类、烟酒类、衣着类、医疗保健和个人用品类、交通和通信类、居住类分别上涨5.6%、0.8%、5.0%、2.2%、0.9%、1.2%；娱乐教育文化用品及服务类下降0.2%；家庭设备用品及维修服务类持平。

1~7月，财政总收入达85.41亿元，比上年同期增长19.2%，其中，公共财政预算收入累计完成53.20亿元，同比增长37.9%。公共财政预算支出完成88.00亿元，同比增长49.6%。

7月完成规模以上工业增加值27.70亿元，较上年同月增长19.5%，1~7月累计完成规模以上工业增加值184.63亿元，同比增长20.5%。7月规模以上工业总产值为89.77亿元，较上年同月增长23.5%；累计工业总产值为638.23亿元，同比增长37.2%。全市规模以上工业企业本月完成工业销售产值86.41亿元，比上年同月增长23.8%，累计实现工业销售产值620.31亿元，同比增长36.7%。本月工业产销率为96.25%，累计实现工业产销率97.19%，同比下降0.4个百分点。

7月末，金融机构存款余额609.31亿元，比年初增加46.85亿元，其中，单位存款304.17亿元，比年初减少0.55亿元；个人存款305.14亿元，比年初增加40.17亿元。金融机构贷款余额463.27亿元，比年初增加46.30亿元，其中，短期贷款116.09亿元，比年初增加25.27亿元；中长期贷款333.21亿元，比年初增加27.79亿元。 （何荣斌）

【1至8月主要经济指标】 1~8月，50万元以上固定资产投资完成373.11亿元，同比增长65.9%。其中，基本建设投资完成177.11亿元，同比增长64.0%；更新改造投资完成38.33亿元，同比增长43.8%；房地产开发投资完成25.48亿元，同比增长55.8%。

1~8月，限额以上消费品零售总额累计完成38.29亿元，同比增长18.3%。8月份，居民消费价格总水平同比上涨1.9%，1~8月份居民消费价格指数102.8%，比上年同期上涨2.8个百分点。居民八大类消费品呈“七升一降”态势，食品类、烟酒类、衣着类、医疗保健和个人用品类、交通和通信类、娱乐教育文化用品及服务类、居住类分别上涨5.0%、0.8%、4.9%、1.9%、0.9%、0.1%、1.7%；家庭设备用品及维修服务类下降0.1%。

1~8月，财政总收入达92.45亿元，比上年同期增长12.2%，其中，公共财政预算收入累计完成57.31亿元，同比增长29.5%。公共财政预算支出完成101.11亿元，同比增长40.7%。

8月完成规模以上工业增加值24.72亿元，较上年同月增长19.9%，1~8月累计完成规模以上工业增加值213.11亿元，同比增长20.4%。8月规模以上工业总产值为80.29亿元，较上年同月下降8.9%；累计工业总产值为720.38亿元，同比增长28.0%。全市规模以上工业企业本月完成工业销售产值77.38亿元，比上年同月下降4.1%，累计实现工业销售产值699.53亿元，同比增长28.6%。本月工业产销率为96.37%，累计实现工业产销率97.11%，同比增长0.4个百分点。

8月末，金融机构存款余额608.87亿元，比年初增加44.52亿元，其中，单位存款300.66亿元，比年初减少4.06亿元；个人存款308.21亿元，比年初增加43.25亿元。金融机构贷款余额470.79亿元，比年初增加53.81亿元，其中，短期贷款120.28亿元，比年初增加29.46亿元；中长期贷款337.32亿元，比年初增加31.89亿元。

（何荣斌）

【1至9月主要经济指标】 1~9月，社会消费品零售总额累计完成133.95亿元，同比增长15.6%。其中限额以上消费品零售总额累计完成43.29亿元，同比增长17.1%。9月份，居民消费价格总水平同比上涨2.3%，1~9月份居民消费价格指数102.8%，比上年同期上涨2.8个百分点。居民八大类消费品呈“七升一降”态势，食品类、烟酒类、衣着类、医疗保健和个人用品类、交通和通信类、娱乐教育文化用品及服务类、居住类分别上涨4.7%、0.8%、4.8%、1.7%、0.9%、0.3%、2.1%；家庭设备用品及维修服务类下降0.1%。

1~9月，财政总收入达101.75亿元，比上年同期增长11.2%，其中，公共财政预算收入累计完成63.18亿元，同比增长28.7%。公共财政预算支出完成113.18亿元，同比增长33.0%。财政总收入和公共财政预算收入增速均较上月有所回落。

9月完成规模以上工业增加值27.51亿元，较上年同月增长22.5%，1~9月累计完成规模以上工业增加值241.01亿元，同比增长20.8%。9月规模以上工业总产值为92.34亿元，较上年同月下降0.9%；累计工业总产值为813.72亿元，同比增长24.0%。全市规模以上工业企业本月完成工业销售产值91.30亿元，比上年同月增长7.0%，累计实现工业销售产值791.62亿元，同比增长26.0%。本月工业产销率为98.87%，累计实现工业产销率97.28%，同比增长1.5个百分点。

9月末，金融机构存款余额633.37亿元，比年初增加70.52亿元，其中，单位存款318.54亿元，比年初增加13.82亿元；个人存款314.83亿元，比年初增加49.87亿元。金融机构贷款余额490.88亿元，比年初增加73.91亿元，其中，短期贷款125.62亿元，比年初增加34.80亿元；中长期贷款350.57亿元，比年初增加45.14亿元。

（何荣斌）

【1至10月主要经济指标】 1~10月，50万元以上固定资产投资完成514.15亿元，同比增长64.1%。其中，基本建设投资完成242.00亿元，同比增长65.5%；更新改造投资完成60.29亿元，同比增长60.0%；房地产开发投资完成38.02亿元，同比增长58.7%；农村非农户投资129.91亿元，同比增长70.7%；其他投资43.93亿元，同比增长49.8%。

1~10月，限额以上消费品零售总额累计完成49.44亿元，同比增长17.9%。10月份，居民消费价格总水平同比上涨2.1%，1~10月份居民消费价格指数102.7%，比上年同期上涨2.7个百分点。居民八大类消费品呈“七升一降”态势，食品类、烟酒类、衣着类、医疗保健和个人用品类、交通和通信类、娱乐教育文化用品及服务类、居住类分别上涨4.5%、0.9%、4.2%、1.6%、1.0%、0.5%、2.3%；家庭设备用品及维修服务类下降0.1%。

1~10月，财政总收入达116.75亿元，比上年同期增长14.4%，其中，公共财政预算收入累计完成74.35亿元，同比增长36.8%。公共财政预算支出完成131.17亿元，同比增长39.0%。财政总收入和公共财政预算收入增速均较上月有所回升。

10月完成规模以上工业增加值37.98亿元，较上年同月增长20.8%，1~10月累计完成规模以上工业增加值280.22亿元，同比增长20.8%。10月规模以上工业总产值为121.17亿元，较上年同月增长22.7%；累计工业总产值为935.42亿元，同比增长23.9%。全市规模以上工业企业本月完成工业销售产值118.35亿元，比上年同月增长26.4%，累计实现工业销售产值910.53亿元，同比增长26.0%。本月工业产销率为97.67%，累计实现工业产销率97.34%，同比增长1.7个百分点。

10月末，金融机构存款余额631.86亿元，比年初增加71.32亿元，其中，单位存款321.15亿元，比年初增加16.43亿元；个人存款310.71亿元，比年初增加45.75亿元。金融机构贷款余额500.77亿元，比年初增加83.79亿元，其中，短期贷款131.52亿元，比年初增加40.71亿元；中长期贷款355.85亿元，比年初增加50.43亿元。

（何荣斌）

【1至11月主要经济指标】 1~11月，50万元以上固定资产投资完成624.29亿元，同比增长68.6%。其中，基本建设投资完成309.44亿元，同比增长63.0%；更新改造投资完成73.50亿元，同比增长60.0%；房地产开发投资完成49.27亿元，同比增长85.5%；农村非农户投资141.75亿元，同比增长85.0%；其他投资50.33亿元，同比增长60.2%。

1~11月，限额以上消费品零售总额累计完成56.36亿元，同比增长21.8%。11月份，居民消费价格总水平同比上涨2.5%，1~11月份居民消费价格指数102.7%，比上年同期上涨2.7个百分点。居民八大类消费品呈“七升一降”态势，食品类、烟酒类、衣着类、医疗保健和个人用品类、交通和通信类、娱乐教育文化用品及服务类、居住类分别上涨4.4%、0.9%、3.9%、1.5%、1.0%、0.7%、2.6%；家庭设备用品及维修服务类下降0.1%。

1~11月，财政总收入达137.39亿元，比上年同期增长22.2%，其中，公共财政预算收入累计完成90.25亿元，同比增长49.4%。公共财政预算支出完成161.51亿元，同比增长49.0%。财政总收入和公共财政预算收入增速均较上月有所回升。

11月完成规模以上工业增加值40.01亿元，较上年同月增长24.1%，1~11月累计完成规模以上工业增加值322.44亿元，同比增长21.8%。11月规模以上工业总产值为136.38亿元，较上年同月增长28.3%；累计工业总产值为1076.68亿元，同比增长25.0%。全市规模以上工业企业本月完成工业销售产值133.79亿元，比上年同月增长33.9%，累计实现工业销售产值1049.20亿元，同比增长27.6%。本月工业产销率为98.10%，累计实现工业产销率97.45%，同比增长2.0个百分点。

11月末，金融机构存款余额651.80亿元，比年初增加74.78亿元，其中，单位存款320.59亿元，比年初增加15.86亿元；个人存款314.39亿元，比年初增加49.42亿元。金融机构贷款余额494.51亿元，比年初增加87.73亿元，其中，短期贷款133.14亿元，比年初增加42.32亿元；中长期贷款361.37亿元，比年初增加55.95亿元。

（何荣斌）

【1至12月主要经济指标】 1~12月，全社会固定资产投资完成1088.90亿元，同比增长97.8%。50万元以上固定资产投资完成766.38亿元，同比增长74.2%。其中，基本建设投资完成412.93亿元，同比增长84.0%；更新改造投资完成85.82亿元，同比增长44.4%；房地产开发投资完成55.48亿元，同比增长79.9%；农村非农户投资161.86亿元，同比增长80.0%；其他投资50.29亿元，同比增长41.9%。

1~12月，社会消费品零售总额累计完成182.82亿元，同比增长16.0%。限额以上消费品零售总额累计完成62.32亿元，同比增长21.9%。12月份，居民消费价格总水平同比上涨3.3%，1~12月份居民消费价格指数102.7%，比上年同期上涨2.7个百分点。居民八大类消费品呈“七升一降”态势，食品类、烟酒类、衣着类、医疗保健和个人用品类、交通和通信类、娱乐教育文化用品及服务类、居住类分别上涨4.4%、1.0%、3.7%、1.5%、1.0%、0.9%、2.8%；家庭设备用品及维修服务类下降0.1%。

1~12月，财政总收入达156.35亿元，比上年同期增长21.7%，其中，公共财政预算收入累计完成103.49亿元，同比增长46.1%。公共财政预算支出完成188.08亿元，同比增长28.2%。

12月完成规模以上工业增加值36.97亿元，较上年同月增长19.4%，1~12月累计完成规模以上工业增加值364.42亿元，同比增长21.6%。12月规模以上工业总产值为123.21亿元，较上年同月增长13.2%；累计工业总产值为1199.88亿元，同比增长23.5%。全市规模以上工业企业本月完成工业销售产值122.17亿元，比上年同月增长16.8%，累计实现工业销售产值1171.39亿元，同比增长26.2%。本月工业产销率为99.16%，累计实现工业产销率97.63%，同比增长2.1个百分点。

12月末，金融机构存款余额676.21亿元，比年初增加99.19亿元，其中，单位存款345.38亿元，比年初增加40.66亿元；个人存款324.41亿元，比年初增加59.45亿元。金融机构贷款余额508.38亿元，比年初增加91.41亿元，其中，短期贷款134.64亿元，比年初增加43.83亿元；中长期贷款365.59亿元，比年初增加60.17亿元。

（何荣斌）

2012年市政府主要工作

【启动实施2012年度十大工程】 涉及农业产业化建设。建设50万亩农业生产基地，其中蔬菜5.8万亩、茶叶12.5万亩、猕猴桃7.32万亩、核桃21万亩、其他3.38万亩。新农村建设。新建、改造农村新民居6万户。工业园区厂房建设。完成红桥产业新区45万平方米，红果产业新区、董地工业园区、水月产业园区各25万平方米，木岗产业园区、盘北循环工业园区各10万平方米，大湾和保田工业园区各5万平方米。交通建设。加快推进六盘水至六枝高速公路及杭瑞高速六盘水境内段建设，开工建设机场快线。城市建设。开工建设6个城市广场、城市棚户区改造、市中心城区集中供热工程。教育基础设施建设。六盘水师院一期工程完善、二期工程开工，六盘水高等职业技术学院二期工程开工，各县、特区、区各建成城区中学1所、小学1所，钟山区开工建设城区中学1所、小学2所，全市建成乡镇幼儿园21所。卫生基础设施建设。建成盘县安宁医院，开工建设市精神病医院、市中心血站。旅游基础设施建设。开工建设凉都森林公园旅游发展大会会场项目、牂牁江景区开发项目一期工程、玉舍国家森林公园博物馆、三线遗址博物馆、城市湿地群环湖道路改造工程和改造妥乐古银杏景区。文化基础设施建设。开工建设凉都大剧院、市图书馆、市文化馆、市博物馆、市档案馆、市民中心和会展中心。社会管理基础设施建设。建成天网工程，开工建设市第二戒毒劳教所。上述工程包含项目58个，总投资261.86亿元。

（何荣斌）

【提高城市居民最低生活保障标准】 从2012年1月起，六盘水提高城市居民最低生活保障标准，市中心城区月标准由320元提高到360元，全市其余地区月标准由300元提高到340元，平均增幅达11.31%。

（何荣斌）

【明确消除麻风病目标任务】 2012年，六盘水印发了市人民政府办公室《关于印发六盘水市消除麻风病危害五年行动计划（2011~2015年）的通知》，明确了到2015年底，全市实现基本消除麻风病危害的目标，即以县为单位麻风病患病率小于1/10万。

（何荣斌）

【及时贯彻落实国发2号文件精神】 《国务院关于进一步促进贵州省经济社会又好又快发展的若干意见》下发后，六盘水立即进行传达学习，通过市委中心组学习及市长办公会等重要会议认真组织重点研读并专题研究贯彻措施。一是要求全市各级各部门深刻领会2号文件对六盘水跨越发展的重要意义和作用，立足一个“快”字，全面拟定经济社会发展项目，用一个月时间完成发展项目库本子。二是成立由市委书记、市长担任组长，有关市委常委和副市长任副组长，有关部门为成员单位的组织机构，以保证贯彻工作全方位推进。三是对2号文件涉及六盘水的项目，如六枝火电厂4×66万千瓦、煤制烯烃一期60万吨、水城钢厂升级改造等，迅速组建项目班子，先行汇报并尽快完善和抓紧前期工作，及时上报，尽早落地开工建设。四是围绕建设循环经济示范城市、喀斯特山区特色农业示范区、统筹城乡配套改革试点等，进一步补充完善规划或抓紧做规划，并形成一批项目单子，按程序综合推进。五是根据2号文件提及的经济社会发展支持范围，结合六盘水实际，拟定项目单子，按“能快则快”原则抓紧推进。为有效推进项目尽快落地，根据项目需要，各专项工作组及项目组要责任到单位，落实到人头，一抓到底，抓出成效。

（何荣斌）

【两节期间慰问困难群众】 两节期间发放困难群众燃煤补贴9757万余元，六枝特区农村低保对象每户240元、发放46447户，农村五保对象每人100元、发放1660人，城市低保对象每户130元、发放9783户，共计发放12585070元；盘县农村低保对象每户500元、发放94218户，农村五保对象每户700元、发放4506户，城市低保对象每户500元、发放21500户，共计发放61013200元；水城县农村低保对象每户300元、发放63415户，农村五保对象每户500元、发放3055户，城市低保对象每户150元、发放1066户，共计发放20711900元；钟山区农村低保对象每户300元、发放7969户，农村五保对象每人500元、发放249人，城市低保对象每户150元、发放5012户，共计发放3267000元。全市共发放97577170元。

（何荣斌）

【首家本土村镇银行挂牌】 钟山凉都村镇银行获批筹建，是六盘水市第三家村镇银行、首家主要由本土投资人参股的银行。该行拟注册资本金6000万元，除市商业银行作为主发起银行占股20%以外，其他社会投资人合计占股80%。由本土银行主发起，主要由本土企业法人、自然人投资参股是该村镇银行的最大优势。在15个社会投资者中，来自六盘水的企业法人占3个，自然人11人，所参股投资占该行全部社会投资股的91.67%。

（何荣斌）

【积极筹办全省旅发大会】 一是传达了国发2号文件、全国旅游工作会、省旅游发展改革领导小组全体会议、黔旅办12号文件精神，明确了当前和今后一个时期的旅游重点工作。二是成立了协办工作领导小组，抽调专门人员，组建专门办公室，协调各项事宜，为旅发大会的顺利召开提供了坚实的组织保障。三是各县（区）党委政府已行动起来，六枝特区请求把分会场放在六枝牂牁江景区，盘县请求将旅发会闭幕式放在红果，水城县谋划将百车河作为大会主要接待场地等。四是提出用超常规的办法和措施奋力赶超，背水一战。将借旅发大会东风，加大投入，奋力推进交通基础设施、城市基础设施、城市湿地群、六个广场、三馆一院三中心、老城改造、旅发大会主会场等建设。

（何荣斌）

【开展民主评议百名科长活动】 为着力解决实际工作中存在的“中梗阻”现象和投资者反映较多的“科长专政”等突出问题，市委、市政府开展了2011年“民主评议百名科长”活动，对41家市直（含省属）单位中，与全市经济社会密切相关的，面向社会、直接服务企业和基层群众的100名科室主要负责人进行评议。评议活动采取组织考评和社会测评方式对参评科长履行职责情况、依法办事情况、政务公开情况、工作作风情况、服务质量情况、廉洁自律情况等五个方面进行评议。对综合评议得分前15名的科长授予了“优秀科长”称号并予以通报表彰，年度考核直接定为“优秀”等次。通过此次测评，使社会各界代表和群众对相关单位的办事程序和服务态度有了进一步的认识和了解，同时也让各参评单位和参评科长服务群众、服务基层的意识有了进一步的提高。

（何荣斌）

【救治尿毒症患者首批医院定点】 全市六家医院成为首批救治尿毒症患者的定点医院。市人民医院、市第二人民医院、盘县人民医院、首钢水钢总医院、水矿集团总医院、盘江集团总医院等六家医疗机构被确定为六盘水终末期肾病患者的新农合定点服务机构。定点医院将对符合救治条件的患者进行登记管理，按照《医疗机构血液透析管理规范》提供服务，严格执行单次定额收费全年限价标准。终末期肾病患者可在全市范围内看病就医实行新农合“一卡通”。

（何荣斌）

【六盘水市与贵州大学签订科技产业合作框架协议】 一是贵州大学帮助引进技术，给予人力资源和技术支撑，为建设六盘水市循环经济研究基地提供指导。二是贵州大学利用师资和技术力量优势，加强与六盘水马铃薯、核桃、茶叶、油菜、蔬菜、猕猴桃、中药材、烤烟、畜牧业等九大产业规划的合作和研究，加大对产业发展项目的指导，建立贵州大学六盘水教学实践、培训基地。帮助六盘水在实施水利建设、生态建设和石漠化治理综合规划进行指导，利用成熟技术在六盘水推广。三是双方加强产学研合作，贵州大学帮助六盘水推广计算机辅助设计（CAD）、计算机辅助制造（CAM）、产品数据管理（PDM）以及并行工程，提升产品设计和制造水平，帮助组建贵州六盘水煤机制造、煤化工制造等研发中心。四是双方开展中药产业现代化科技合作，促进六盘水市中药产业现代化发展步伐；开展煤矸石资源综合利用科技合作，帮助六盘水在固体废弃物资源化利用建设科技创新团队。五是贵州大学利用专家人才优势，为六盘水提升充实环境工程评审专家库和技术服务，加强对六盘水重大经济社会发展环保课题项目的技术指导和咨询。六是贵州大学利用师资人才资源优势，加强与六盘水高等院校的校际合作。（何荣斌）

【中心城区启用新水源补充供水】 截至2月20日，市中心城区主要水源玉舍水库蓄水量873.3万立方米（死库容600万立方米），可用水量273.3万立方米；窑上水库蓄水量332.8万立方米，可用水量282.8万立方米。玉舍、窑上两水库共计供水556.1万立方米，按市中心城区日用水9.1万立方米（其中老鹰山煤化工基地日用水约1.8万立方米）计，当时蓄水量只能供到2012年四月中旬。后市水务公司启用一线天和箐口水源，日补充供水1.2万立方米。另一备用水源勺米乡小箐村应急供水工程2012年3月建成供水。

（何荣斌）

【全市贫困人口统计】 2012年全市尚有贫困人口127.11万人。自中共中央决定将农民人均纯收入2300元（2010年不变价）作为新的国家扶贫标准。比2009年提高了92%。经省扶贫办核算，六盘水有乡村人口250.8万人，人均纯收入2300元以下贫困人口127.11万人（其中，六枝24.49万人，占全市的19.3%；盘县50.8万人，占全市的40%；水城45.45万人，占全市的35.8%；钟山6.37万人，占全市的5%），贫困发生率为50.7%。

（何荣斌）

【社会保障工作有亮点】 六盘水正式发行社会保障卡暨启动12333咨询服务平台。标志着六盘水社会保障卡建设工作全面启动，到“十二五”期末，确保六盘水近180万城镇社会保障服务人群持有该卡，通过刷卡享受医保服务，同时还可通过社保卡上搭载的金融功能享受金融服务。12333咨询服务热线的开通，为群众了解六盘水有关人力资源和社会保障政策及其办事流程提供了一条便捷途径，拨打热线电话便可咨询六盘水劳动就业、社会保险、劳动关系、劳动保障监察及仲裁等相关政策及办事流程。

（何荣斌）

【继续扩大马铃薯种植面积】 2012年全市马铃薯种植面积达200万亩。其中六枝25万亩、盘县70万亩、水城90万亩、钟山15万亩；脱毒马铃薯推广率将达80%，总产马铃薯260万吨，商品率将达到35%以上。近几年来，六盘水每年投入马铃薯产业发展专项资金达1000万元以上，其中2011年投入6618.88万元（省级1052万元，市级1260万元，县级4134万元，乡级172.88万元）。2012年，马铃薯原种生产能力达到1500万粒，建有原种扩繁生产基地800亩，一、二级良种扩繁基地40000亩，专用薯生产基地2500亩，建成四格乡马铃薯产地批发市场项目一个。

（何荣斌）

【口粮田建设项目全面完成】 六盘水2006至2009年重点退耕还林地区基本口粮田建设项目全面完成。项目工程建设面积36450亩，涉及21个乡镇46个村组，受益农户12063户47952人，分布在六枝3个乡镇7个村、盘县4个乡镇7个村、水城13个乡镇27个村、钟山2个乡镇6个村。四个县区均基本或超额完成计划任务。其中，坡改梯完成2458亩，占计划100%；土壤改良完成13304亩，占计划105%；修建蓄水池863个，占计划100%；修拦山沟500米，占计划100%；修机耕道3748米，占计划99.5%；修生产道13230米，占计划90.5%；修引水渠61.782公里，占计划94.5%；修提灌站2座，占计划100%；修排洪渠8.6114公里，占计划98.3%；修取水坝2座，占计划100%。

（何荣斌）

【成立小微企业金融服务中心】 六盘水成立四家农信系统小微企业金融服务中心。2012年3月31日，六枝、盘县、水城、钟山农村信用社小微企业金融服务中心成立。金融服务中心是专门为小微企业发展提供金融服务的金融机构，中心立足“三农”，采取区别于传统的贷款融资方式，实行快捷的审批机制、便捷的贷款手续、灵活的还款方式，着力解决小微企业融资难的问题，竭力为小微企业提供更优质、更方便、更快捷的金融服务。

（何荣斌）

【科技基金项目创新高】 六盘水科学技术基金项目立项再创新高。较上年增加3项，增幅100%，立项项目共获资助额度20.4万元，较上年增加10.9万元，增幅115%。获2012年贵州省科学技术基金立项支持的分别是“葡萄座腔菌属真菌多基因分子系统学研究”“六盘水‘小花苗’体质特征及影响因素研究”“利用拆分煤炭大分子结构的方法以研究煤炭微生物转化机理”“粉煤灰基‘地聚合物’复合材料的制备与研究”“西南山区矿业城市生态基础设施现状评价及优化模式研究——以六盘水为例”及“基于CA-Markov模型的石漠化演变轨迹预测研究”等六个项目。

（何荣斌）

【建立机制保障重大项目推进】 六盘水建立四项机制保障重大项目顺利推进。一是重大项目备案制。备案内容包括项目名称、投资额、项目业主、主管部门及其负责人、项目实施联络人等。市有关部门将有关建设项目在项目正式下达后15日内报市监察局，对审批部门还未正式下达审批文件的，可预留文号直接报送备案。二是联络员走访制。每个项目确定一名联络员，随时了解项目建设进展情况，每季度深入项目单位一次以上，详细了解项目建设及有关审批办事部门工作情况，对项目建设各环节中有关部门和公职人员不作为、慢作为、乱作为的及时上报监察机关。对特别重大建设项目，派驻主管部门纪检组、监察室人员，全程监督服务项目建设。三是定期调度制。市监察局、市委市政府督查室及有关部门，每月集中调度项目建设情况，集中梳理、汇总和解决项目推进过程中遇到的困难和问题，对项目推进中有关单位和个人存在的不作为、慢作为、乱作为行为及时移送监察机关问责。四是重点督办制。根据调度项目的进展情况，重点督办问题比较多、进展缓慢的项目。涉及多个部门的问题，通过协调会、现场办公等方式集中研究解决。同时，将调度、督办情况及时通报全市，并严肃查处有关单位和人员的违纪行为。

（何荣斌）

【启动卫生监督协管工作】 六盘水全面启动卫生监督协管工作。已制定实施方案，成立领导机构。围绕群众最关心、反映最强烈的食品安全、职业卫生、饮用水卫生、学校卫生、医疗服务与血液安全等突出问题，建立健全了基层卫生监督协管工作制度。县区完善了卫生监督协管工作的软硬件建设，明确了工作人员，并已培训卫生监督协管人员209人。乡镇（街道、办事处）卫生监督协管员和村卫生监督信息员开始履行职责，积极报送食品安全、饮用水安全巡查、学校卫生服务、非法行医和非法采供血等信息。

（何荣斌）

【多措施推进农业产业结构调整】 六盘水四条措施推进农业产业结构调整。科学规划，选准产业。结合六盘水立体气候特征及各地区资源条件和产业基础特点，因地制宜，扬长避短，按照一乡一业、一村一品思路和要求，抓好优势特色农业基地建设，形成以交通沿线为骨架，农业园区为支撑，不同海拔地区为覆盖的产业立体分布网络。以点带面，做大规模。通过多种形式的土地流转，发展规模经营，鼓励专业大户、龙头企业、专业公司建设农产品生产基地，带动产业发展。扶持龙头，延长链条。通过建园区、引龙头、扩基地、搞加工、带农户，形成完整的产业链。同时，把龙头企业作为农业产业发展的“火车头”，通过财政、税收、用地等优惠政策，大力培育农业产业化经营龙头企业，全力支持龙头企业发展农产品储藏、包装、加工、运输和销售业，加强品牌打造，实施标准化生产，形成农工互动、产业相融的农业产业化发展格局。抓住重点，打造亮点。进一步加强对马铃薯、茶叶、油茶、猕猴桃、核桃等产业的良种繁育体系建设和干果、水果的苗木繁育基地建设，引进优良品种，选育和改良地方品种，确保提供优质、高产、高效的良种和苗木。在农业自然条件较好的区域布局，以点带面逐步推开，全力打造“核桃长廊”“富硒茶海”等亮点工程。

（何荣斌）

【钟山区入选全国发展改革试点城市】 六盘水钟山区入选全国发展改革试点城市。滥坝镇入选全国发展改革试点小城镇。2012年，国家发展改革委办公厅公布了第三批全国发展改革试点城镇名单，此次全国共有64个市（区）和369个镇列为全国发展改革试点城镇，贵州省共有3个区入选发展改革试点城市（区）、11个城镇入选发展改革试点小城镇。

（何荣斌）

【首例地理标志产品诞生】 六盘水首例地理标志产品在六枝特区诞生。经过几年的努力，六枝特区的郎岱酱产品，成功注册“地理标志集体商标”，核定使用商标（第30类）。这是六盘水首例成功申请的地理标志产品。

（何荣斌）

【全市实施粮食增产工程】 全市实施粮食增产工程80万亩。2012年，六盘水通过项目的示范带动，进一步促进“双杂”良种、水稻旱育稀植、玉米育苗移栽等一系列增粮技术在生产中的推广应用，全市共实施粮食增产工程80万亩（其中水稻15万亩、玉米65万亩），涉及乡镇50个，其中六枝特区19万亩（水稻11万亩、玉米8万亩），涉及乡镇16个；盘县30万亩（水稻4万亩、玉米26万亩），涉及乡镇15个；水城县27万亩（玉米27万亩），涉及乡镇16个；钟山区4万亩（玉米4万亩），涉及乡镇3个。

（何荣斌）

【全市重点用能企业能耗指标下降】 六盘水重点用能企业单位产品能耗指标22项下降。1至4月，全市22户重点用能企业28项指标有5项上升、22项下降、1项不可比。节能的16家企业共节标煤7.28万吨，超耗的5家企业共超耗标煤1.35万吨，节超相抵共节标煤5.93万吨，稳定降低率为81.48%。

（何荣斌）

【保基乡发现3万株红豆杉】 盘县保基乡发现3万株红豆杉。红豆杉属国家一级重点保护野生植物，2012年在保基乡与普古乡交界处的老马冲原始森林内发现红豆杉。初步估算，约有3万株红豆杉分布在老马冲原始森林内。盘县已拨付经费，聘请护林员加大管护力度。

（何荣斌）

【钟山区被国务院纳入石漠化规划】 六盘水钟山区被国务院扶贫办纳入滇桂黔石漠化片区规划。钟山区是乌蒙山和滇桂黔两个石漠化片区的“天窗”县，经市、区党委、政府及有关部门的积极努力争取，2012年国务院扶贫办在《关于上报片区规划补充数据材料的函》中，将钟山区纳入了滇桂黔石漠化片区规划。六盘水现正在抓紧上报基本情况数据和片区规划的重点项目建设内容。

（何荣斌）

【赴港项目签约显成效】 六盘水2012年赴港重点项目合作洽谈会签约项目6个计247273万美元。其中外资项目5个、内资项目1个。外资项目香港华润集团投资25396万美元建设循环经济园华润建材项目、达源国际（香港）有限公司投资7620万美元建设电子产品交易市场、康沣香港旅游投资（集团）有限公司投资63490万美元建设六枝特区牂牁江景区综合旅游开发项目、香港华润集团投资9.522亿美元建设华润电力六枝电厂项目（含六枝日产4000吨水泥厂项目2.382亿美元）、香港美佳达投资置业有限公司投资7937万美元建设六盘水市美雅国际实验学校，其中美雅国际实验学校2012年12月开工建设；内资项目为广东粤电集团西部投资公司投资47610万美元建设水城县境内风力发电项目。

（何荣斌）

【非物质文化遗产工作显成绩】 六盘水非物质文化遗产保护工作成绩显著。六盘水是全国第一家公布和建立地市级非物质文化遗产名录的地区。全市有六枝“梭戛‘箐苗’彩色服饰艺术”、盘县“布依族口传史诗——布依族盘歌”、水城“苗族芦笙舞（箐鸡舞）”、盘县“彝族山歌”等4个项目列入了国家级非物质文化遗产名录，盘县“老厂土法造纸”等24个项目列入了省非物质文化遗产名录，市人民政府公布了三批市级非物质文化遗产名录计71项，各县、特区、区也相继公布了县级非物质文化遗产名录110项。2012年，全市有国家级重点文物保护单位1处、省级11处、市级23处、县级113处。

（何荣斌）

【清理行政审批事项】 六盘水积极开展行政审批事项清理推进政府职能转变。2011年，通过清理，市级保留行使的行政许可审批事项173项、非行政许可审批事项119项、行政服务事项191项。2012年，通过取消、下放、转变管理方式、归并审批事项等措施，市级行政机关实施的行政审批事项进一步减少为：行政许可审批事项47项，精减率72.8%；非行政许可审批事项20项，精减率84.1%；行政服务事项36项，精减率83.6%。清理工作对推进依法行政和法治政府建设产生了积极的作用。

（何荣斌）

【启动甲醇汽油项目】 六盘水甲醇汽油项目试点推广工作正式启动。贵州黔晟新能源实业有限公司“甲醇汽油项目”自2011年开工以来，土建和设备安装、调试等全部完成，项目已具备试生产条件，市醇醚燃料试点推广工作领导小组决定从2012年7月4日起正式启动甲醇汽油推广工作。

（何荣斌）

【建立九大产业推进联席会议制度】 六盘水建立九大产业推进联席会议制度。市农委、市林业局、市扶贫局决定建立九大产业联席会议制度，以研究和解决推进产业发展、整合资源、信息共享等方面存在的困难和问题，全力打造喀斯特山区特色农业示范区。联席会议时间原则上每月召开一次，由三个部门轮流主持。在推进产业的过程中，三个部门将本着“整合项目资金、部门各司其职、对上各记其功、群众真正受益”的原则，打破地区间的区域限制，围绕九大产业，按照共同打造产业带、一体化推进的要求，对向上争取的项目、资金、人才、技术等资源进行整合；充分发挥融资平台作用，帮助、协助扶贫，解决林业融资问题；整合宣传资源，对九大产业推进过程中的好做法、好经验、新亮点适时进行宣传报道，树立典型。

（何荣斌）

【六盘水建立煤矿分级监管制度】 将辖区内矿井分成A、B、C、D四类管理。对A类矿井实行常态监管、B类矿井加强监管、C类矿井重点监管、D类矿井挂牌监管。在“打非治违”专项行动中，对A、B类矿井进行常态督导，C、D类矿井重点督导，对D类矿井实行挂牌整治。实施分级监管以来，已对34个D类矿井挂牌督办；对已整改提高的13个矿井摘牌，煤矿安全生产形势创下历史同期最好水平。1至7月份，共发生煤矿事故19起、死亡23人，为省控制指标60人的38%，比控制进度少死12人，同比减少12起少死41人，分别下降38.7%和64.1%。

（何荣斌）

【新蓝天科技有限公司获省科技厅支持】 六盘水新蓝天科技有限公司获省科技厅500万元重大专项立项支持。此次立项项目《焦炉气汽车发动机关键技术研究与示范应用》，是在焦炉煤气汽车新能源关键技术研究基础上，进一步开展车用焦炉气净化处理关键技术、焦炉气汽车发动机关键技术、整车改造技术、焦炉气汽车加气站技术与示范应用等研究。该项目的实施，将为进一步发展新能源汽车及其相关产业创造条件。

（何荣斌）

【公积金支持保障房建设获国家批准】 六盘水被国家批准为利用住房公积金支持保障性住房建设试点城市。批准试点项目3个，总贷款规模7.93亿元，其中，水城矿区中央下放煤矿棚户区改造项目2.6亿元，和谐园城市棚户区改造项目3.82亿元，钟山区2011年公共租赁住房项目1.51亿元。

（何荣斌）

【六盘水“四项清理”工作成效明显】 清理规范评比达标表彰活动方面。截至8月20日，参与清理单位17个，涉及项目88个，其中12个单位65个项目已开展活动；下半年将有9个单位24个项目开展活动。清理规范各级党政机关检查考核活动方面。2012年，省对市、县（特区、区）已开展或拟开展各类检查考核共计156项，其中，市占57项，县（特区、区）占99项；4个县（特区、区）接受市级各类检查考核活动共计254项，乡镇接受市、县（特区、区）各类检查考核活动473项。清理规范行政事业性收费工作方面。2012年，清理审核行政事业性收费单位169个、收费项目908项，2012年收费总额55140.99元，上缴财政金额55140.99万元，全部使用财政票据，实行“收支两条线”管理；清理行政事业性单位及附设社会团体收取经营性服务收费单位13个，收费项目60项，2012年度收费2923.56万元，未发现收费执收单位擅自设立收费项目及标准的行为。四是清理庆典研讨会论坛活动方面，2012年全市未举办庆典研讨会论坛活动，截至2012年8月，全市共上报庆典1个，涉及金额120万元，经省清理和规范庆典研讨会论坛工作领导小组办公室审核未获批准。

（何荣斌）

【六盘水中心城区集中供热工程开工】 该工程一期建设内容为：隔压换热站1座、中继泵站1座、小区换热站80座、供热主干管网105公里，以及生产调度中心等，工程总投资7.9亿元，采暖面积1200万平方米。以大唐野马寨发电公司现有机组（3X20万千瓦）进行供热改造后为热源，12月已在市中心城区凤凰新区正式实现示范小区供热。

（何荣斌）

【六盘水一项科技成果达到国内领先水平】 六盘水高新技术企业六盘水神驰生物科技有限公司《真空脱羧法焦性没食子酸节能降耗生产工艺》项目最近通过省科技厅组织的科技成果鉴定。鉴定委员会专家听取公司的汇报，审阅了相关资料，经答疑及讨论，一致形成鉴定意见：该成果采用自主研发的发明专利技术，进一步优化了均衡加热，结合生产过程的多点温度控制，实现工艺优化和集成创新，与传统工艺相比，具有降低能耗、节约成本、提升品质的效果，鉴定结果该成果达到国内领先水平。

（何荣斌）

【两家农业重点招商引资项目开工】 一、水城县米萝乡猕猴桃产业基地。项目总投资1.8亿元，计划种植猕猴桃10000亩，建成达产后，年产猕猴桃1.125万吨，年产值可达4.5亿元，实现年利润1亿元以上，带动1800户农户脱贫致富，户均年增收3000元以上。二、位于盘县普古乡的贵州娘娘山喀斯特特色农业生态旅游观光园项目。项目规划面积161.6平方公里，分五年三期投入3.4亿元，集特色种植、生态旅游、酒店等为一体。随着产业发展，可带动普古乡及水城县龙场乡、顺场乡和花嘎乡9000余户农户29000人发展。

（何荣斌）

【六沾复线开通运营】 沪昆铁路六沾复线12月6日10时26分开通运营。六沾复线（六盘水至沾益）工程东起六盘水市双水车站，向西途经水城、钟山、威宁、宣威、沾益等县（区、市），为国家Ⅰ级双线自动闭塞电气化铁路，设计时速160千米/小时，全线总投资约100亿元。增建第二线改造后，正线长度217.93千米，其中利用既有线长度75.34千米，既有线利用率31.4%。六沾复线铁路是中国铁路网“八纵八横”主通道中沪昆通道的重要组成部分，担负着云南、贵州两省与中南、华东地区物资、人员交流运输任务，是连接能源生产地和能源消费地的纽带，在云南、贵州两省交通运输网中起着骨干作用。六沾复线的开通，将使沪昆铁路运输能力提高3倍以上，年输送能力将由现在的客车9对/日、货运1587万吨/年，提高到客车34对/日、货运7000多万吨/年。

（何荣斌）

【六盘水政府门户网站获佳绩】 中国凉都·六盘水政府门户网站在全国政府网站绩效评估中获佳绩。2012年，在由中国软件评测中心、人民网、新浪网、百度共同举办，有58个中央国家机关、26个省（自治区、直辖市）和部分地市、区县、开发区代表及70余家新闻媒体共700余人参加的第十一届（2012）中国政府网站绩效评估结果发布暨经验交流会上，“中国凉都·六盘水”政府门户网站在全国296个地级城市参加的2012年地市政府网站绩效排名中，位列24名。

（何荣斌）

【全市农业九大产业任务全面超额完成】 完成马铃薯种植210.1万亩，占计划105.05%；脱毒马铃薯种植169.99万亩，占计划106.24%；高产示范基地12.69万亩，占计划126.9%。核桃基地21万亩，占计划100%。茶叶基地12.5万亩，占计划100%。油茶基地10.09万亩，占计划100.9%。蔬菜种植63.15万亩，占计划103.52%；商品蔬菜基地5.94万亩，占计划102.4%；核心蔬菜基地2.09万亩，占计划104.5%。猕猴桃基地7.48万亩，占计划102.19%。中药材种植7.17万亩，占计划239.07%。烤烟种植13.15万亩，占计划101.13%；烟叶收购29.75万担，占计划99.17%，担均价1065.09元，收购工作基本结束。畜牧产业存栏猪149.89万头、牛50.08万头、羊38.99万只、禽742.1万羽，出栏猪138.26万头、牛9.26万头、羊23.13万只、禽813.39万羽。存、出栏数分别比上年增长猪12.27%、11.83%，牛21.67%、8.05%，羊18.51%、18.01%，禽13.98%、12.24%。

（何荣斌）

【完成石漠化治理年度任务】 全市2008年至2011年度石漠化治理全面完成。六盘水4个县区均属国家石漠化综合治理100个试点县。试点工程于2008年底正式启动。2008年至2010年度，完成总投资8960万元（中央8221万元，地方739万元），完成石漠化治理任务211.91平方公里，完成人工造林4896.36公顷、封山育林育草13589公顷、草地建设1807.6 公顷、棚圈建设 40299平方米、饲料机械119台，青贮窖 4617立方米 、坡改梯502.03公顷、排灌沟渠 32.569公里、沟道整治9.065公里、拦沙/谷坊坝24座、沉沙池 35口、蓄水池/水窖 376口、田间生产道路54.86公里、输水管67.7公里。所有项目均通过市级验收。2011年至2013年度，批复六盘水治理岩溶面积627.97平方公里，治理石漠化面积239.4平方公里；批复总投资13200万元（中央12000万元，地方1200万元）。2011年度，批复总投资3545万元（中央3200万元，省20万元，市县共325万元）；治理石漠化面积68.46平方公里，涉及六枝特区金家坪，盘县旧普安、五一桥，水城县双山、干沟、穆家寨，钟山区石板河、响水河等8条小流域。截至2012年11月底，完成封山育林4611.69公顷，占任务100 %；经济林1317.26

公顷，占任务100 %；防护林 785.49公顷，占任务100%；中药材种植8公顷，占任务100%；坡改梯124.28公顷，占任务100%；田间生产道路3.48公里，占任务67.05%；机耕道3.42公里，占任务100%；排涝渠1.22公里，占任务100%；蓄水池32口，占任务68.42%；小水窖113口，占任务126%；灌溉管网1公里，占任务14.29%；河堤1公里，占任务100%。累计完成总投资3385.42万元（中央3156万元，地方229.42万元）。

（何荣斌）

【全面落实惠农补贴】 2012年全市落实惠农补贴5447.5万元。其中，水稻种植补贴32万亩，补贴资金480万元；玉米种植补贴101万亩，补贴资金1010万元。油菜种植补贴12万亩，补贴资金120万元；小麦种植补贴44万亩，补贴资金440万元；农机购置机具补贴13066台（套），补贴资金3397.5万元。

（何荣斌）

【超额完成农村危房改造】 六盘水2008至2012年完成农村危房改造119071户。占省下达任务数106256户的112.06%，为全市统计在册危房改造任务数147119户的80.9%。其中2012年完成农危改任务46893户，占省下达年目标任务数29512户的158.89%，多完成17381户。

（何荣斌）

【社保工作取得新成效】 2012年全市基本社会保险工作取得新成效。一、各项社会保险待遇及时足额发放。累计支出城镇职工基本养老保险31714万元、失业保险2034万元、基本医疗保险16320万元、工伤保险15372万元、生育保险414万元。二、基本社会保险覆盖面进一步扩大。参保人数及全年目标任务完成分别达到城镇职工基本养老保险7.92万人、101.53%，失业保险9.85万人、100.51%，医疗保险64.29万人、100.45%，工伤保险21.71万人、100.51%，生育保险13.01万人、100.08%，城乡居民社会养老保险93.4万人、93.4%（占省任务145.9%）。三、社保基金运行安全。保险基金征缴额及全年目标任务完成分别为城镇职工基本养老保险52032万元、121.8%，失业保险7446万元、130.63%，医疗保险27091万元、90.91%，工伤保险20200万元、100.48%，生育保险1382万元、131.49%。四、困难弱势群体社会保障更加有力。城乡居民社会养老保险享受待遇人数（60周岁以上参保人员）达到27.05万人，提前超额完成全年27万人目标任务；办理集体工、家属工、五七工养老保险4874人，征收养老保险费1.28万元；通过一次性补交三年资金的方式，将“老工伤”人员纳入社会统筹6418人。五、社会保险待遇水平不断提高。企业退休人员养老金人均月增加174.94元，达到1514.1元；市本级城镇职工基本医保最高支付限额由6万元提高到15万元、乙类药品自付比例由20%下调到10%、个人账户划入比例下调、报销比例提高。

（何荣斌）

【公共资源交易中心实现资金节约和增值】 六盘水公共资源交易中心截至12月12日节约和增值资金14623.63万元。共受理交易项目323个，完成236个，成交金额243657.0516万元，其中，工程建设项目172个，交易金额186037.6716万元，节约资金12262.27万元；政府采购项目39个，交易金额20454.74万元，节约资金1454.72万元；产权交易8个，成交金额456.64万元，增值456.64万元；国土项目交易17宗，成交金额36708万元，增值资金450万元。

（何荣斌）

【六盘水火车站改造工程主体完工】 该工程是六沾铁路复线的配套工程。2012年底，站房东西侧主体已完工，中间钢结构已安装完毕，已进入屋面板安装阶段和室外装饰工程准备。施工单位正在加紧施工，确保2013年上半年投入使用。

（何荣斌）

【全市农业经济实现增比进位】 全市粮食总产量达到75.3万吨，比上年增长33.35%，其中，夏粮18.71万吨，比上年增长2%，秋粮56.58万吨，比上年增长48.45%。全市农业增加值达到43.27亿元（现价），比上年增加12亿元（现价），实际增速达8.8%（可比价），实际增速从2011年全省第8位上升至2012年的全省第3位。全市农民人均纯收入达到5210元，增长17.4%，增速从2011年的全省第8位上升至2012年的第3位。

（何荣斌）

【全市改革开放不断深化】 一、行政管理体制改革取得新成效。经清理审核，保留行政许可事项119项、非行政许可事项113项、行政服务事项197项。市县两级政务服务中心、市公共资源交易中心建成投入运行。二、投融资体制改革步伐加快。完善了农村信用联社法人治理结构。组建担保公司40余家，组建了市民生公司、交通投资公司及农业、工业、文化、旅游等产业投资公司。发行企业债券16亿元。公共财政体系初步建立。三、国企改革不断深化。改革改制面超过70%。首钢与水钢资产重组，首钢与省内市内企业联合组建首黔公司，六枝工矿集团与贵州水电集团完成战略重组，盘江煤电集团整体上市工作稳步推进。四、所有制结构不断优化。2012年底，民营经济增加值达250亿元，占全市生产总值比重38%，登记在册私营企业和个体工商户分别达6250户和86000户。五、农村改革取得一定成效。新农合参合率超过98%，乡财县管乡用、集体林权制度改革全面推行，农村土地承包经营权流转逐步规范，农业产业化经营有所进步。六、社会领域改革稳步推进。初步建立了以企业为主体的技术创新体系。七、试点示范工作稳步推进。水城县被列为全省统筹城乡发展和推进新型工业化试点县，钟山区和滥坝镇被列为全国第三批改革发展试点城镇。八、加快培育开放型经济。在全省组织的各类招商推介活动中签署了一批框架合作协议，无水港建设和六盘水海关、贵州出入境检验检疫局六盘水办公处申报建设有序推进。

（何荣斌）

【就业工作取得新突破】 一、狠抓城镇新增就业不放松。全市城镇新增就业8.6万人，同比增长114.36%，占全年目标任务139.3%；失业人员实现就业3621人，占全年目标任务104.46%；就业困难人员实现就业3091人，占全年目标任务103.03%；城镇登记失业率控制在4.14%，比控制数低0.06个百分点。二、农村富余劳动力转移力度不断加大。转移农业劳动力就业5.6万人，占全年目标任务102%；农村劳动力技能培训0.76万人，占全年目标任务127%；职业培训0.95万人，占全年目标任务135%；农村实用人才培训1333名，全市农村实用人才达到3.2万人；农村劳动者创业培训1800人，引导和扶持农民工创业开办企业6600余户，创业带动就业2万余人。三、大力促进大学生到基层就业。大学生就业4135人，占全年目标任务103%；应届高校毕业生西部计划、“三支一扶”志愿者141人；参加就业见习190人；选聘、选派高校毕业生到村任职110人。四、大力促进创业带动就业。建立了173人的创业培训师资库，其中SIYB创业培训教师143人，创业模拟实训教师30人。对2910名城乡各类人员进行了创业培训，同比增长26.2%，其中1202人成功创业，创业开办率达41.6%。兑现各种创业扶持补贴3000余万元，扶持微企1.6万余户、小老板373户。发放就业小额担保贷款3.8亿元。

（何荣斌）

【工业经济主导地位显著增强】 2012年，全市工业产业结构进一步优化。传统支柱产业进一步做强做优。煤炭行业实现产能11578万吨，电力装机达700万千瓦，钢铁行业产能达500万吨，新型干法水泥形成产能760万吨。煤化工、装备制造等新兴产业初具规模。建成水城矿业集团鑫晟煤化工有限公司一期30万吨/甲醇项目、金佳矿低浓度瓦斯提纯工业化示范项目、六盘水阳极碳素项目；西南天地煤机成套装备制造等项目开工建设并顺利推进。高新技术产业高起点发展。水钢、盘江、水矿、双元铝业等重点企业在生产工艺、生产流程上不断运用高新技术成果，提高产品附加值；六盘水新蓝天科技公司等一批新能源、新材料的企业建成投产；铝及铝加工、锰镁合金加工取得新进展，产业向高、精、尖纵深发展。工业经济主导地位显著增强。全市规模以上工业完成总产值1199.88亿元，同比增长23.5%；规模以上工业完成增加值364.4亿元，占全市GDP的49%，较上年增长4个百分点，对全市GDP贡献率达63.87%，拉动全市GDP增长10.22个百分点。主要产品产量创新高，原煤产量突破7000万吨，达7156万吨，增长27.33%；洗精煤2568万吨，增长55.89%；焦炭产量504.96万吨，增长18.8%；钢产量突破500万吨，达501.5万吨，增长25.03%；发电量375.5亿千瓦时，增长4%；水泥产量523.24万吨，增长12.14%。

（何荣斌）

【重点用能企业降低能耗标准】 六盘水重点用能企业2012年单位产品能耗稳定降低率为76.92%。全市22户重点用能企业能源消耗量15850878吨标煤，产值5768428万元，产值能耗2.75吨标煤/万元，比上年下降2.14%。其中28项指标与上年同期相比上升6项、下降20项、不可比2项。与上年同期相比，18家节能企业共节标煤288479吨，4家超耗企业共超耗标煤28851吨（贵州博宏实业有限责任公司4733吨、贵州六盘水双元铝业有限责任公司4785吨、贵州水城矿业（集团）有限责任公司19247吨、贵州湘能实业有限公司86吨），节超相抵共节标煤259628吨。

（何荣斌）

【重大项目投资进度全省第一】 2012年六盘水省级重大工程和重点项目投资进度全省第一。81个省级重大工程和重点项目总投资1512亿元，截至12月31日，完成144亿元，占年度计划144%。

（何荣斌）

【超额完成利用外资】 六盘水2012年利用外资任务超额完成。实际利用外资0.9亿美元，占全省外资项目完成总量10.46亿元的8.6%，位于贵阳市、遵义市之后，居全省第三位；同比增长47.10%，增速居全省第六位；占全年目标任务131%，任务完成率居全省第二位。

（何荣斌）

【加大农业专项资金投入】 2012年六盘水市县财政农业专项资金投入均高于财政经常性收入增长幅度。市级财政预算安排11700万元（农业专项资金7700万元，生态治理2000万元，“四在农家”补助2000万元），实际投入12234万元，较2011年增长67.64%，高于市级财政经常性收入增长幅度56.35个百分点；县级财政投入41726万元，较2011年增长42.73%，高于县级财政经常性收入增长幅度13.5个百分点。

（何荣斌）

社会发展改革

【概况】 2012年，全市生产总值完成738.65亿元，同比增长16%，为计划的98.49%，比全省平均增速高2.4个百分点。其中，第一产业增加值43.27亿元，增长8.8%，为计划的120.19%；第二产业增加值451.56亿元，增长15.9%，为计划的86.51%；第三产业增加值243.82亿元，增长17.3%，为计划的100.75%。全市综合排位从2011年的第6名上升至第4名。

（吴晓颖）

【农业发展】 农业农村投资大幅增加，争取省级以上农业资金16.04亿元，市、县财政共投入农业专项资金3.23亿元。编制完成《喀斯特山区特色农业示范区总体规划》和“九大产业”发展规划，围绕“品种调优、产业调特、规模调大”的原则推进农业农村工作。粮食总产量75.29万吨，增长33.4%，为计划的113%。实现农林牧渔业总产值69.25亿元，增长22.6%；油料产量1.04万吨，增长22.9%；蔬菜产量53.49万吨，增长16.9%；肉类总产量11.54万吨，增长6%；禽蛋产量5800吨，增长2%；水产品产量1571吨，增长5.3%。特色产业发展加快，“九大产业”均按计划或超额完成，结构调整取得实质性进展，粮经比为63：37。农业产业化经营步伐加快，省级龙头企业33家（新增14家）、市级龙头企业81家（新增19家），农民专业合作经济组织402个，4家中药制药企业通过国家GMP认证。六枝郎岱现代农业产业园区、盘县普古娘娘山生态农业示范产业园区、盘县滑石农业产业园区、水城米箩猕猴桃产业园区和钟山大河都市型现代农业产业园区等建设初具规模，完成18个省级现代高效农业示范区申报工作。水城县百车河现代高效农业生态园、六盘水天生湖奇景生态园、六枝特区戈厂生态观光园分别被评为省级休闲农业与乡村旅游示范点。首次举办农业产业重点项目推介暨投资洽谈会，签约资金44.9亿元，22个签约项目开工建设。全年完成土地流转10.45万亩。深入推进“四在农家”创建工作，农村面貌发生显著变化。退耕还林成果得到巩固，完成营造林36.33万亩，为计划的145.32%，森林覆盖率41.2%，后续产业建设完成用材林3100亩、经果林9074亩、药材726亩、牧草1037亩。恢复经营退耕地补植补造1.49万亩，荒山荒地造林补植补造1.11万亩。新农村建设取得突破性进展，新建或改造民居6万户，建设开工率和竣工率均达100%。

（吴晓颖）

【扶贫攻坚】 争取省以上财政扶贫资金2.86亿元，增长345%，全力打造“扶贫攻坚示范区”，实现12个扶贫开发重点乡（镇）的“减贫摘帽”目标和 54个村的“整村推进”，减少贫困人口14.08万人。

（吴晓颖）

【工业发展】 全市规模以上工业增加值364.42亿元，增长21.6%，为计划的100.67%。原煤产量7156万吨，增长27.3%；洗精煤产量2633.86万吨，增长42.4%；焦炭产量504.96万吨，增长18.8%；钢产量501.48万吨，增长25%；发电量375.49亿千瓦时，增长4%；水泥产量523.24万吨，增长12.1%。一是传统支柱产业进一步做大做强。煤矿通过整合、技改，数量减少到306对，产能提升到8000万吨；电力行业在“上大压小”、脱硫脱硝、行业标准化管理等方面再上新台阶，资源综合利用项目、新能源项目取得突破性发展，全市电力装机达700万千瓦；钢铁行业在增加总量、调整品种结构等方面实现新突破，随着50万吨精品线材和100万吨精品棒材高端产品生产线的建成，水钢达到500万吨钢综合生产能力；建材产业资源综合利用力度加大，鑫晟煤化工水泥有限公司、豪龙水泥厂等一批水泥生产企业建成投产，形成1000万吨新型干法水泥产能。二是煤化工、装备制造等新兴产业初具规模。焦化企业生产能力达830万吨，建成鑫晟煤化工有限公司一期30万吨甲醇项目、金佳矿低浓度瓦斯提纯工业化示范项目、六盘水阳极碳素项目；开工建设六枝佳顺一期120万吨焦化、黔桂天能二期130万吨焦化、盘县宏盛120万吨焦化、盘县红果循环经济煤焦化、首黔配套200万吨焦化等一批项目。装备制造业发展势头较好，西南天地煤机成套装备制造等项目建设顺利推进。三是产业园区建设成效明显。全市产业园区基础设施投入60.8亿元，完成投资181.4亿元，增长36%。建成标准厂房120.4万平方米，在建企业165家，投产企业149家，累计完成工业增加值154亿元，占全市工业增加值的42.5%。四是着力打造煤电钢、煤电铝、煤电化、煤电材“四个一体化”品牌，六枝路喜、黔桂天能等一批重点循环经济项目加快推进。节能减排万元GDP能耗降低3.43%，完成主要污染物总量减排目标任务。

（吴晓颖）

【基础设施建设】 以交通、水利为重点的基础设施建设加速推进。月照机场飞行区土石方主体工程基本完工，六沾复线建成通车，六盘水火车站改造主体已完成，长昆客专建设进展顺利，水盘高速建设进入收尾阶段，六镇高速路基工程基本完成，六六高速、杭瑞高速境内段建设加快推进，机场高速、市中心城区内环快线、红果主城区西北出口工程、红果至两河快速通道开工建设。启动盘兴高速、六威高速、毕兴高速前期工作。建成响水至瓦窑田公路、英柏公路英武至羊场段、红果环城东线。新开工建设运煤公路120.8公里，建成44.1公里。建成乡村公路756.7公里，建设通村水泥路（油路）1740公里，建成675.7公里，争取省下达通村油路1000公里并全部开工建设。市中心城区5个客、货运枢纽站建设加快，建成农村客运站3个。开工建设新发、毛口、中寨、岩脚等旅游码头，建成乡（镇）渡口9道。抢抓扶贫开发机遇，完成水利投资45.1亿元；双桥、旧院、卡河、观音岩、懒龙河等中型水库建设顺利，雨夺箐、中寨水库建设加快，开工建设市中心城区应急水源花鱼洞供水工程、朱昌河水利工程。基本建成鱼洞坝、白河沟水库。实施病险水库治理5座，完成烟水配套工程1.5万亩，治理水土流失面积62.68平方公里，完成中小河流治理项目19个，新增有效灌溉面积4.86万亩，解决22.79万农村人口饮水安全问题。完成信息基础设施建设投资4.28亿元，新增157个自然村寨通电话和宽带，完成58个行政村有线广播电视联网延伸覆盖任务，安装24789套农村直播地面接收设备。加强电力基础设施建设，实施电网建设和改造3113公里。深入实施天然林保护、石漠化治理等生态工程。

（吴晓颖）

【城镇规划建设】 围绕打造现代特色都市目标，以承办第八届全省旅游产业发展大会为契机，加快城镇建设步伐，城乡面貌改观较大，城镇化率提高到41%。启动第四轮城市总体规划修编，完成30个乡（镇）、505个村的村庄整治规划编制工作，做好控制性详细规划、修建性详细规划和各项专业设计，形成多极化、组团式、网络型的市域城镇空间格局。市中心城区基础设施和公共服务设施建设力度进一步加大，以城市综合体引领城市发展，启动凤凰山、六盘水体育中心、明湖等一批各具特色的城市综合体项目，成立8个城市建设指挥部，加快以“6个城市广场”“6个湿地公园”和城市棚户区改造等为重点的城市建设步伐。整合项目和资金，启动和加快郎岱、柏果、玉舍等特色示范小城镇建设。红桥新区、双水城区、六枝城区、盘县城区的城市建设取得较大进展。市中心城区集中供热工程启动实施。全市商品房施工面积1030.7万平方米，增长26.7%；商品房销售面积119.12万平方米，增长20%。深入开展“整脏治乱”“五城联创”活动和“五项城市管理工程”，城市管理水平进一步提升。

（吴晓颖）

【财税、金融运行】 全年完成财政总收入156.35亿元，比上年增长21.7%，其中，公共财政预算收入103.49亿元，比上年增长46.1%；公共财政预算支出188.08亿元，比上年增长28.2%。年末，全市金融机构人民币各项存款余额676.21亿元，比年初增加99.19亿元，同比增长17.2%。各项贷款余额508.38亿元，比年初增加91.41亿元，同比增长21.9%。

（吴晓颖）

【消费品市场增长】 全年实现社会消费品零售总额182.82亿元，比上年增长16%。城镇消费品零售总额增长16.3%，乡村消费品零售总额增长14%。批发业增长17.6%，零售业增长15.5%；住宿业增长42.1%；餐饮业增长17.5%。全年居民消费价格总水平比上年上涨2.7%。

（吴晓颖）

【社会事业】 教育“4+2”工程稳步推进，教育基础设施建设进一步加强。新建或改扩建乡（镇）幼儿园25所，启动建设中学5所、小学6所，建成农村寄宿制学校3万平方米，教师周转房3598套，启动实施农村中小学学生营养餐工程，惠及21.3万学生。贵州科学院六盘水分院正式授牌，国家煤炭清洁转化产品质量监督检验中心基本建成。新一轮医药卫生体制改革取得阶段性成绩，新型农村合作医疗制度和贫困农民大病医疗救助制度不断完善，政府补助标准由200元提高到240元。新农合改革范围内住院费报销比例市级70%以上，县级80%以上，乡级90%以上。市人民医院成功创建三级甲等医院，水矿医院等3家创建三级甲等医院通过省级评审。乡（镇）卫生院和村卫生室规范化建设稳步推进，各类传染病得到有效控制。人口计生工作措施有力，实现人口出生率、自然增长率、出生人口性别比下降、符合政策生育率上升的“三降一升”目标，摆脱在全省挂末的被动局面。文化、体育、广播电视等事业不断发展；建成全民健身路径25条、村级农民体育健身工程35个、“农家书屋”125个、农村数字书屋20个。双拥工作成效显著。妇女、儿童、老龄、残疾人等事业健康发展，科技、民族、宗教、外事、侨务、对台、档案、气象、人防、共青团、工会、红十字等工作取得新成绩。

（吴晓颖）

【就业和社会保障】 实施积极的就业政策，省级创业型城市创建工作通过评审。以五大体系建设为抓手，以实施“4122”工程为载体，对5031名有创业培训需求的人员进行创业培训，创业培训合格率为100%，经过培训后有2093人成功创业，创业开办率为41.6%。认真落实“3个15万元”政策，全市兑现各种创业扶持补贴3295万元，新增微型企业1600户，带动就业10751人，扶持小老板373户，发放就业小额担保贷款3.79亿元。全市城镇新增就业90572人，失业人员实现再就业3621人，就业困难人员实现就业3091人，转移农业劳动力就业56338人，城镇登记失业率控制在4.14%。基本医疗保险参保64.25万人，养老保险参保7.98万人，失业保险参保9.83万人，新型城镇居民和农村社会养老保险参保102万人，工伤保险参保21.61万人，生育保险参保12.61万人。

（吴晓颖）

【改善民生】 城镇低保月人均保障标准提高40元，农村低保年平均保障标准提高157元，保障水平位居全省前列。新建48个居家养老服务站（点）和9个农村养老服务中心，市老年公寓投入使用。完成14284套保障性安居工程和33090户农村危房改造任务；启动实施150万平方米城市棚户区改造；利用公积金贷款支持保障性住房7.93亿元，被国家列为公积金支持保障性住房建设试点城市。办好“十二件民生实事”，涉及项目总投资49.6亿元，年度投资计划39.4亿元，累计到位资金33.6亿元，完成投资41.9亿元，为年投资计划的106%。坚持用群众工作统揽信访工作，实行市、县（特区、区）、乡（镇）各级领导包案督访消化制度，疑难信访问题总量从2011年的14200件降至400多件。

（吴晓颖）

【对外经济和旅游发展】 全年进出口总额10.77亿美元（进口总额6.81亿美元，出口总额3.96亿美元），比上年增长38.6%。新批外商投资项目2个，实际利用外资9023.24万美元，比上年增长47.1%，全年招商引资项目456个，实际到位资金650.07亿元，比上年增长174.3%。实现旅游总收入32.88亿元，比上年增长37.4%。

（吴晓颖）

【深化改革】 国有企业改革改制有序、规范推进；《六盘水市市级政府投资性项目BT投融资建设管理办法（试行）》等一批文件相继出台并实施，成立市政府金融办，新组建的8家市级融资平台公司、3家村镇银行运行良好，全市首支16亿元企业债券发行成功。钟山区和水城县滥坝镇列入全国第三批改革发展试点县、试点城镇，水城县被确定为全省统筹城乡和新型工业化试点县。行政审批制度改革取得新成效，取消、下放、调整各类事项416项，行政许可、非行政许可和行政服务事项分别减少到47项（减少126项）、20项（减少106）和36项（减少184项）；市、县两级政府政务服务大厅建成投运。文化、卫生、教育事业单位实行全员聘用制，六盘水日报社、广播电台、电视台和市电影公司、市文化馆改制正常推进。成功举办“第三届川滇黔十市州合作与发展峰会”暨“第九届中国凉都·六盘水消夏文化节”。积极参加全省组织的各类招商推介活动，成功引进中建四局、川威集团、富力集团、葛洲坝集团等一批战略合作者，成功引入“奥特莱斯”品牌。六盘水海关、贵州出入境检验检疫局六盘水办事处申报建设工作有序推进。加快民营经济发展步伐，民营经济增加值完成320亿元，占全市生产总值的43%，登记在册的私营企业和个体工商户分别达6250户和86000户。

（吴晓颖）

【困难和问题】 项目建设推进还不够快，产业政策调整、基础设施和高速公路建设滞后，乡村道路建设管理差距大，工程性缺水问题突出，生态环境脆弱，制约发展的瓶颈问题没有得到根本解决；产业结构单一，传统产业不强，新兴产业发展缓慢；财税收支矛盾突出，投资环境不够好，基层基础工作仍较薄弱；城镇化率较低，农村公共基础设施落后，城乡居民收入差距大，全面建成小康和扶贫攻坚任务繁重；加强和创新社会管理的任务十分艰巨，人民群众对社会治安状况不够满意，生产安全事故尚未得到有效遏制；政府的履职能力与发展需要和人民要求还有差距，创造力和执行力不够。农业基础仍然薄弱，产业转型升级进展缓慢，节能减排任务艰巨，经济社会发展协调性还不够。

（吴晓颖）

济》，协助市发改委完成《六盘水市循环经济示范城市建设专题工作》和市人大完成《六盘水招商引资工作情况调研》。

（董凤琴、李玲、朱金成）

政府政策研究

【概况】 2012年，市人民政府研究室认真学习党的各项方针、政策，着力抓好干部队伍的素质建设和内部管理，圆满完成了重大文稿起草、经济社会发展研究、基础数据库建设、刊物编辑出版等工作，进一步发挥了写作班子、调研单位、参谋部门和咨询机构的作用。

（董凤琴、李玲、朱金成）

【文稿起草】 2012年，市政府研究室完成《关于六盘水市经济发展实现增比进位突破的汇报材料》《何市长在全市统计培训工作会议上的讲话》《关于对盘县人民政府提出扩大经济管理权限有关问题的审查报告 》《 关于全市扩大经济管理权限的实施意见》《关于支持水务公司改革发展的实施意见》《关于贯彻落实全省改革工会会议精神的工作方案》《六盘水市人民政府研究室关于推进全市统筹城乡综合配套改革的建议》等20多份文稿起草。

（董凤琴、李玲、朱金成）

【调研工作】 完成调研成果有：《理顺市中心城区中小学教育管理体制的调研报告》《农村人口向城镇转移保障政策的调研报告》《六盘水城市矿产综合利用的调研报告》等20余篇。与市委政研室共同确定市委、市政府工作部门2012年重点调研课题28个，县（特区、区）重点调研课题8个，对制定的调研课题进行定期调度，做好协调、服务工作，调动各方面力量，确保各项调查研究工作顺利开展。参与市公安局牵头的《深入推进户籍制度改革调研报告》和市民政局牵头的《研究县区行政区域调整》，配合市住建局完成《积极扶持专业型　主题型　地标型商务楼宇开发建设　大力发展楼宇经济　CBD经济等各类总部经济　打造现代产业发展新高地》和市委政研室完成《扩权强县的政策措施　逐步壮大县域经济》，协助市发改委完成《六盘水市循环经济示范城市建设专题工作》和市人大完成《六盘水招商引资工作情况调研》。

【办好刊物】 加强《六盘水市人民政府公报》（以下简称《公报》）和《六盘水市经济社会发展研究》（以下简称《研究》）的组稿工作，《公报》结合六盘水的工作重点、难点和热点，每月及时刊登指导和服务性强、群众关心的重要法律法规、规范性文件、政务活动信息以及市政府制定的行政措施等，确保政令、政策得到准确、及时传达；进一步拓展《六盘水市经济社会发展研究》组稿范围；2个刊物封面图片更加丰富，主题更加突出；加强审稿、印刷和发行工作，逐步提高刊物质量；共编辑出版《公报》12期、《研究》4期。编辑出版《经济快讯》45期，围绕经济工作热点、难点以及六盘水市产业发展的关键问题，刊载国家产业政策、外地发展经验、理论研究前沿等资料。

（董凤琴、李玲、朱金成）

【扶贫工作】 松河乡果倮座村是市政府研究室“四在农家”的挂帮联系点，协调市民宗局、市民政局等部门为该村完善移动通信设施和为60名贫困学生解决御寒物资；春节期间，职工捐款4000多元，为果倮座村贫困党员和贫困家庭购买了猪肉、大米、食用油等过年物质。蹲点工作人员配合该村领导到盘县农村信用联社协调房屋改造启动资金，该村完成房屋改造586户（超计划248户），完成村寨主干道改造2公里（15000平方米），入户道路硬化2.6公里。

（董凤琴、李玲、朱金成）

【其他工作】 圆满完成“第三届川滇黔十市州合作与发展峰会”会务筹备和保持党的纯洁性教育工作。建立市政府研究室网站，加强干部队伍建设和管理，外出培训职工13人。

（董凤琴、李玲、朱金成）

依法行政

【概况】 2012年5月25日至6月10日，根据《省人民政府行政复议办公室关于开展全省行政复议工作规范化建设的意见》，市政府法制办牵头对全市行政复议工作规范化建设情况进行专项检查。6月8日，市政府在六盘水电视电话会议室召开全市依法行政工作电视电话会议。12月，在市经济发展研究中心（市政府研究室）设立市依法行政研究所，定事业编制8名，科级领导职数1名。全年完成省政府8件地方性法规规章的征求意见及反馈工作；共收到行政复议申请28件，经审查不予受理2件，受理26件，审结24件，其中维持11件，撤销6件，自愿撤回申请1件，驳回3件，调解1件，变更1件，中止审理1件，正在审理2件。2012年度六盘水市依法行政综合分数为96份，在全省排名并列第二。

（张 碧）

【行政事项及文件清理】 3月至6月，市政府法制办组织市级50个部门和单位对行政强制实施主体、行政强制措施事项、行政强制执行事项进行清理，有28个部门和单位有行政强制措施124项、行政强制执行事项60项；编印《六盘水市市级行政强制实施主体和行政强制措施事项行政强制执行事项》，在“中国凉都·六盘水”政府门户网站进行公告。

7月，市政府法制办组织市级各部门对2011年保留行使的173项行政许可事项、119项非行政许可审批事项、191项行政服务事项进行再清理，清理后市级保留行使的行政许可事项47项，精减率为72.8%，非行政许可审批事项106项，精减率为84.1%，行政服务事项36项，精减率为83.6%；编印了《六盘水市市级行政许可事项非行政许可审批事项行政服务事项汇编》，并在“中国凉都·六盘水”政府门户网站进行公告。

8月，根据《中共贵州省委贵州省人民政府关于进一步加快全省民营经济发展的意见》和《省政府法制办关于开展清理限制非公有制经济发展规定的工作的通知》，市政府法制办对市政府2006年以前出台的44件规范性文件进行了集中清理，逐件逐条比对所出台的规范性文件是否与行政许可法、行政处罚法、反垄断法、反不正当竞争法等法律、法规相抵触，是否不适应经济社会发展，是否设定了限制非公有制经济发展的情形；经过清理，无限制非公有制经济发展的规范性文件，并以市政府名义印发《市人民政府关于废止部分规范性文件和公布现行有效规范性文件的决定》，对被新规定替代或适用期已过的20件规范性文件宣布废止，对现行有效的9件规范性文件目录予以公布，对需要修改的15件提出修改时限，并按规范性文件制定程序重新修改发文。

市政府法制办对市政府出台的59件文件进行前置合法性审查，其中需上报省政府备案的规范性文件33件，已报23件，其余待公布后将及时上报。2012年，市政府法制办对各县（特区、区）政府及市政府各部门备案的5件规范性文件进行备案审查，其中对市住建局上报的《六盘水市市外建筑企业进入本市管理办法（暂行）》鉴于与现行法律法规相抵触，及时下发通知书要求自行纠正。

（张 碧）

民 政

【防灾减灾工作】 2012年，全面完成32.79万人的冬春救助工作，全市发放救助粮1.61万吨，救助卡9.3万张；全市发生各类灾害31起，73万人受灾，因灾死亡13人，农作物受灾5.3万公顷，直接经济损失1.80亿元，其中农业损失1.25亿元。云南省昭通市彝良县“9·7”地震发生后，市民政局根据市委、市政府安排部署，及时启动应急联动机制，第一时间将价值30万元的救灾物资起运彝良灾区。

（罗 轲 吴学丹）

【城乡社会救助体系建设】 完成城乡低保提标任务，城乡低保标准均列全省第二位。2012年，全市发放城市低保金、两节一次性生活补贴1.76亿元；发放农村低保金、两节一次性生活补贴4.50亿元；将7.59万名农村低保季节性缺粮户纳入粮食救助范围，在6、7、8月份按月发放了507.6万斤救助粮；发放农村五保对象五保供养金3224万元；支出城乡医疗救助资金7681万元，资助47.83万名城乡困难群众参保参合，实施大病救助2.15万人；临时救助城乡困难群众2133人，支出临时救助资金302.6万元；发放20世纪60年代精简退职老职工生活费74.16万元；与市邮政局签订合作框架协议，完全实现全市范围内低保金社会化发放全覆盖；提请市政府研究出台了《六盘水市农村养老服务机构管理暂行办法》《六盘水市城市低收入家庭认定实施办法》《六盘水市临时救助制度实施办法》等规范性文件；加强了乡镇养老服务中心管理人员队伍建设，落实了91所乡镇养老服务中心（敬老院）事业编制232名。

（罗　轲　吴学丹）

【双拥优抚安置工作】 第二次荣获“全国双拥模范城”荣誉称号，及时召开全市双拥工作暨总结表彰会议，安排部署第三轮双拥创建工作。及时足额发放全市优抚对象定期定量生活补助金4028.08万元，兑现义务兵家属优待金880.6万元。建立健全在乡老复员军人自然增长机制，其中六枝为970元、水城县785元、盘县822元、钟山区1336元。退伍军人安置改革工作稳步推进，对符合重点安置的退役士兵全部完成安置任务，在全省率先发放农村籍的退役士兵自主就业一次性自主就业补助金。投入资金98万元对自愿参训的465名退役士兵进行免费培训，推荐就业451人；在全省率先开展复退军人信访维稳改革试点，总结推广了六枝试点经验，六枝特区、钟山区、水城县复退军人实现了“零上访”，工作创新受到省民政厅表彰。双拥共建工作进一步得到巩固提高，市、县两级共投入资金6042万元支持部队建设。

（罗　轲　吴学丹）

【基层民主和社区建设】 在全市命名表彰了89个村务公开民主管理示范单位，9个乡镇被省级命名为村务公开民主管理示范乡镇；指导钟山区申报了全国村务公开民主管理示范县（区）；以钟山区松坪北路社区为试点，予以20万元福彩公益金支持，在城市社区启动网格化管理工作；指导各县区开展“农村社区建设实验全覆盖”创建活动，加强了对钟山区农村社区“全覆盖”建设工作的督促指导力度，并顺利通过省级检查验收，填补了六盘水市无“农村社区建设实验全覆盖示范单位”的空白。

（罗　轲　吴学丹）

【社会福利事业】 全市共发放90岁以上高龄老人养老补贴360余万元；安排150万福彩公益金资助社区居家养老服务站（点）进行升级改造，完成48个居家养老服务站（点）建设任务；争取省民政厅支持开展农村养老服务中心改扩建工作，基本实现农村养老服务中心全覆盖；建成了集生活、健身、学习、娱乐、医疗于一体的标准养老公寓楼，并于重阳节正式入住。同时，完成了中国凉都国际老年生态养生苑项目的前期工作，已经完成项目申报。完成了1426名孤儿的信息录入工作；为六盘水市及周边的纳雍县、威宁县、赫章县122名唇腭裂患者进行免费医疗救治；圆满完成了2012中国（宁夏）黄河善博览会六盘水展厅的参展工作，充分展示了六盘水近年来慈善事业的发展历程；依法做好收养登记，全市办理国内收养登记19件，保障了孤残儿童合法权益；福彩销售额平稳增长，全市福彩销售额累计完成1.91亿元，筹集福彩公益金6685万元。

（罗　轲　吴学丹）

【殡葬管理服务体系建设】 全市火化遗体2062具，与上年同期相比提高了8%，入墓703穴，火化率稳中有升。启动市中心城区可视范围内坟墓搬迁工作。2012年，凤凰山片区丈量核定有主坟4378座，已搬迁3955座；核定无主坟1747座，已搬迁841座；明湖湿地公园、水库一带，核定有主坟215座，已搬迁85座。《六盘水市殡葬救助保障实施办法》自出台以来，六盘水成为贵州省首个也是唯一一个全面铺开殡葬惠民政策的城市。2012年全年，全市共救助99人，发放补助资金12万元；同时，投入殡葬惠民政策宣传经费5万余元，大力开展殡葬惠民政策宣传，提高公众对殡葬改革工作的知晓率。

（罗 轲　吴学丹）

【其他专项社会事务】 修订完善了《六盘水市地名管理办法》，完成市中心城区120条街、路、巷、桥的命名及标牌的设置、安装工作；按要求完成了《中华人民共和国政区大典》（贵州六盘水分卷）初稿；协调召开钟山区老鹰山镇、水城县双戛乡民政工作托管会议，安排部署了民政工作托管相关事宜；完成8个乡改镇报批及挂牌工作；继续深入推进六盘水市行政区域界线管理，加强界限管理工作，化解界限争端矛盾；完成了社会组织的登记审批、年审检查、档案管理、党建等一系列工作；加强婚姻登记管理，2012年，全市办理婚姻登记29308对，婚姻登记合格率达100%；救助流浪乞讨人员3084人次，积极开展“接送流浪孩子回家”专项行动，共护送419名流浪未成年人回家。

（罗 轲　吴学丹）

【基础设施建设】 一是市福利中心老年公寓项目已竣工验收，并正式入住。二是市儿童福利院项目主体工程已竣工并通过建设部门验收，外墙装饰及室内初步装饰工程已基本结束。三是代储库、市救助站、市未保中心项目主体工程建设已基本结束，累计完成投资1783万元。四是农村敬老院升级改造项目进度加快，2012年，争取到的省民政厅9所农村养老服务中心建设项目均已完成主体工程建设，其中，盘县水塘镇敬老院已入住。五是城乡社区建设项目顺利完成，采用以奖代补的方式完成了全省十大民生工程之一的三个社区服务站的建设（大湾镇幸福社区、月照乡小屯社区、黄土坡街道办人民西路社区）；向市委、市政府提交了“全国城社乡区建设全覆盖示范市”创建工作方案，完成了创建前期准备工作。六是公墓建设项目稳步推进，“西福园”公益性公墓和六枝特区仙鹤山生态陵园已开工建设，水城县碧天园经营性公墓、净清园经营性公墓已进入征地拆迁阶段。七是盘县安宁医院项目进展顺利，完成平场工程及招投标工作。八是水城县社会福利中心（光荣院）项目进展顺利，一号楼进行室内墙体砌筑及门窗安装；二号楼进行室内墙体砌筑；三号楼已完成招投标，即将开工建设。

（罗 轲　吴学丹）

人力资源与社会保障

【城镇新增就业人数增幅全省排名第一】 2012年，六盘水市建立了173人的创业培训师资库，在全省位列第一，农村劳动力技能培训、职业培训、农村实用人才培训和农村劳动者创业培训2.1万人；2012年，全市人资社保系统继续深入实施“3个15万元”扶持政策，全市私营企业和个体工商户数量达到77878户，同比增长39.2%。累计发放就业小额担保贷款4.54亿元，同比增长731%，帮助6479人成功创业，带动就业25916人，拉动民间资金投入11.23亿元。全市兑现各种创业扶持补贴3000余万元，扶持发展微型企业1.6万余户，扶持小老板373户。2012年，全市城镇新增就业86374人，增幅达114.36%，转移农业劳动力就业5.6万人，大学生就业4135人，应届高校毕业生西部计划、“三支一扶”志愿者和就业见习331人；选聘高校毕业生到村任职110人。城镇登记失业率控制在4.14%，比控制数低0.06个百分点。在全市21项增比进位指标中，城镇新增就业人数增幅在全省排名第一。

（杨家岭）

【社会保障水平提升】 2012年，全市城镇职工基本养老、失业、基本医疗、工伤、生育、城乡居民社会养老保险参保人数分别达到7.98万人、9.83万人、64.57万人、21.61万人、13万人和94.36万人，超额完成全年目标任务。各项社会保险基金征缴收入达13.89亿元。各类待遇依法按时足额发放。企业退休人员月人均增加养老金174.94元，达到1514.1元。完成了市、县两级城镇职工基本医疗保险的市级统筹。城镇居民医保政府补助标准由原来的每人每年200元提高到240元。全市60周岁以上城乡居民社会养老保险享受待遇人数达27.19万人，超额完成全年目标任务；办理集体工、家属工、五七工养老保险4874人，征收养老保险费1.28亿元；通过一次性趸交三年资金的方式，将6418“老工伤”人员纳入社会统筹，社保基金在总体运行安全稳定。2012年，顺利完成34万张社会保障卡制卡任务，社会保险信息化建设迈出坚实步伐。

（杨家岭）

【人才队伍壮大】 2012年，全市人资社保系统大力开展引智工作，出台了《六盘水市引进高层次人才办法（试行）》，发布了《六盘水市引进高层次人才需求公告》及《六盘水市引进急需紧缺人才公告》，共引进人才265人，其中高层次人才92人。同时，大力开展专业技术提升工程，2012年，全市2367人取得工程、农业、卫生、教育等相应专业技术职务任职资格；5225人取得相应职业技术资格证书，其中，高级341人，中级2750人，初级2134人。农村实用人才总量达3.2万人。同时，组建了工程、卫生系列副高级职称评审委员会，自行对全市晋升副高级职称的工程、卫生系列专业技术人员进行评审。

（杨家岭）

【公务员队伍质量】 2012年，全市录用公务员（人民警察）337人；完成13家参公管理单位206名工作人员公务员登记工作；组织完成公务员初任培训、新任科级干部任职培训、优秀科级干部综合素质提升培训和参公管理人员过渡培训682人；大力推行竞争上岗，20家单位选拔任用了145名科级干部。

（杨家岭）

【事业单位人事制度改革】 2012年，全市考聘事业单位工作人员725人；全面推行事业单位岗位设置管理和人员聘用制，全市98%的事业单位完成岗位设置方案核准备案；完成全市事业单位270名符合条件的专业技术人员竞聘五级、六级岗位的审查评议工作。圆满完成19名军队转业干部接收及随调家属安置工作。

（杨家岭）

【构建和谐劳动关系】 2012年，按要求收缴工资保障金45户917.47万元，积极开展“整治非法用工、打击违法犯罪”专项行动，全市共受理劳动监察案件226件，涉及劳动者6310人，为6280名劳动者追回被拖欠工资1960万元。“两节”期间处理劳动保障监察案件26件，涉及用工人数1404人，金额1156万元。依法高效办理劳动仲裁案件，共受理案件2454件，涉及金额5000余万元，结案率达93%以上。开展清理整顿人力资源市场秩序专项行动，共检查用人单位、职业介绍机构、职业培训机构、劳务派遣公司6900户次，责令用人单位与2083人签订劳动合同。劳动用工备案134户2584人，发放劳动合同文本4418份，签订劳动合同2209人。全市共受理工伤认定申请1535件，在规定期限内办结率达100%。工伤职工劳动能力鉴定2719例，达到伤残等级2602例。

（杨家岭）

【争取资金工作】 2012年，全市人资社保系统共争取到中央、省各类转移支付资金3.9亿元。其中，争取就业资金1.53亿元，同比增长50.52%，占全省份额12.65%；争取社保资金2.37亿元，同比增长15%。全年完成招商引资到位资金2.11亿元，是市委、市政府下达任务数的5倍。

（杨家岭）

【自身能力建设】 2012年，全市人资社保系统深入开展“基层组织建设年”“四帮四促”“四在农家”和“保持党的纯洁性教育”等活动，注重人资社保系统队伍建设，考聘了各类所需人才充实到市县两级人社系统工作，选拔了一批工作突出、群众公认的年轻干部到中层领导干部岗位工作。同时，强化基层就业和社会保障服务平台建设，强力推进“网络化、网格化”工程，促进了各项中心工作的顺利开展。

（杨家岭）

【全市人力资源和社会保障工作会议】 2月8日，全市人力资源和社会保障工作会议召开，市委常委、副市长刘友宾出席会议并作了重要讲话。会议明确了2012年全市人力资源和社会保障工作的七个重点：进一步落实促进就业的政策措施，大力开展职业培训，着力做好就业服务，千方百计促进就业，全力确保就业局势稳定。积极推进社会保障制度建设，加快完善社会保障体系，加强社会保险基金监管，提高社会保障能力和水平。健全公务员选用机制，不断完善公务员管理，加强公务员队伍建设。完善人才工作机制，积极培养引进高层次人才，大力推进专业技术人才和技能型人才队伍建设。深化事业单位人事制度改革，做好军队转业干部安置工作。加强劳动关系协调机制建设，强化企业工资分配宏观调控，加大劳动人事争议仲裁和劳动保障监察执法力度，推动和谐劳动关系建设。不断夯实基础，提高公共管理和服务水平。

（杨家岭）

【“春风行动”招聘会】 3月10日，市人资社保局与市总工会、市妇联联合举办了六盘水市工业园区用工暨“春风行动”大型招聘会。此次共有50余家企业提供了240个工种2507个用工岗位，涉及机械制造、饮食服务、商业服务、物流、医疗等行业，进场应聘人数达3000余人，现场应聘成功332人，达成意向性协议627人，提供各种咨询2000余人次。

（杨家岭）

【全省2011年度人资社保统计年报会审会在六盘水召开】 3月15至16日，全省2011年度人资社保统计年报会审会在六盘水召开，市委常委、副市长魏树旺出席会议并致辞，省人社厅规划开发处处长贾昕对统计年报会审工作作出了要求和安排部署。全省人资社保系统50余人参加了会议。

（杨家岭）

【养老金标准调整】 3月，对六盘水市养老金标准进行调整，人均养老金达到1296.77元左右，人均月增加养老金174.94元。

（杨家岭）

【人力资源市场联合执法专项行动】 2月8日至3月20日，市县两级人社局、公安局和工商局在全市范围内集中开展清理整顿人力资源市场秩序联合执法专项行动。此次共检查各类用人单位226户，检查职业介绍机构22家，检查各类职业培训机构5户，检查劳务派遣公司4家。共清退职介机构违规收取的押金5000元，涉及求职者7人；共发放《农民工维权手册》《劳动合同法》《就业促进法》等宣传资料2000余份。

（杨家岭）

【专业技术人员计算机应用能力考试】 3月6日至31日，2012年六盘水市第一次专业技术人员计算机应用能力考试举行。此次共有1983人报名，参考4439人次，参考率为80.1%，及格率为59.1%。

（杨家岭）

【“老工伤”人员纳入工伤保险社会统筹工作】 5月2日，六盘水市“老工伤”人员纳入工伤保险社会统筹工作基本完成，共接收“老工伤”人员6418人。

（杨家岭）

【调整企业因病或非因工死亡人员供养直系亲属生活补助标准】 7月，六盘水市对企业因病或非因工死亡人员供养直系亲属生活补助费标准进行了调整，调整后，配偶和其他供养直系亲属月生活补助费标准410元和380元，分别提高100元，供养直系亲属是孤寡老人或孤儿的，分别在上述标准基础上再增加40元。

（杨家岭）

【全省就业小额担保贷款工作现场会在盘县召开】 7月，全省就业小额担保贷款工作现场会在盘县召开，有力促进了六盘水市就业小额担保贷款工作的开展。

（杨家岭）

【劳动保障监察科获部表彰】 9月，人力资源和社会保障部对在2012年清理整顿人力资源市场秩序专项行动中涌现出来的389个先进集体进行了通报表扬，市人资社保局劳动保障监察科因成绩突出位列其中。

（杨家岭）

【全省创建省级创业型城市工作现场推进会在六盘水市召开】 11月，全省创建省级创业型城市工作现场推进会在六盘水市召开，9个市（州）、88各县（市、区）200余名参会代表到六盘水市进行现场观摩学习，交流经验，创建工作得到了省、市各级领导和与会代表的一致肯定和好评。

（杨家岭）

【创建省级创业型城市工作通过省级验收】 12月底，在盘县召开的创建省级创业型城市工作现场评估验收会上，六盘水顺利通过省级验收。

（杨家岭）

【发放就业小额担保贷款4.54亿元】 2012年，通过增加放贷银行、拓宽担保渠道、提高担保基金担保比例等有效措施，全年累计发放就业小额担保贷款4.54亿元，同比增长731%，帮助6479人成功创业，带动就业25916人，拉动民间资金投入11.23亿元。全市兑现各种创业扶持补贴3000余万元，扶持发展微型企业1.6万余户，扶持小老板373户。

（杨家岭）

信　访

【概况】 2012年7月，市信访局更名为中共六盘水市委群众工作部。全年全市信访总量18261件次，比上年上升18.9%，其中来信463件，比上年上升14.1%；来访3256批次、17798人次，比上年上升18.5%和16.1%。市级信访总量7142件次，比上年上升33.1%；其中来信305件，比上年下降8.6%，来访1197批次、6837人次，比上年分别上升53.1%和36%。赴省集体访785人次，比上年下降21.6%；进京非正常上访19人次，比上年下降24%。全年特别是中共十八大、各级“两会”等重要会议、重大活动期间，全市没有发生赴省、进京群体上访和在京、在筑治安事件，没有发生影响较大的群体性事件、严重暴力事件、重大治安案件和群死群伤的安全事故。

（宋邦启）

【信访接处与督办】 充分利用“信、访、网、电”四位一体的群众诉求受理平台、联合接访中心、“信访绿色通道”和“阳光信访综合服务系统”及时接处各类信访事项。在做好接访处信访的同时，及时处理好其他途径反映出来的信访事项，共办结国投办交办件36件，省长信箱150件，市长信箱2745件，市长专线电话3570件；办结省信访联席办交办信访积案119件，省、市立案督办案件79件，办结率均为100%。下发《关于印发〈全市当前影响社会稳定及涉及群众利益突出问题责任分解表〉的通知》等3个文件，将202件信访积案分解，并由18位市领导包案督办。包案领导按照“六包”责任制要求落实各项措施，下硬功夫、动真感情化解积案。认真落实《六盘水市信访工作督查督办暂行办法》，向各级各部门下发督办函49件，中共十八大期间组织4个督查组分赴县（特区、区）专项督查10余天，推动240件信访事项的解决。完善《六盘水市解决特殊疑难信访问题专项资金管理使用办法》，对46件久拖不决的“钉子案、骨头案、无头案”进行信访救助305.61万元。

（宋邦启）

【信访防治】 坚持把更多精力用于事前防范，提前介入信访问题化解和矛盾纠纷调处。全市疏理矛盾纠纷1386个、涉及16632人，其中群体性矛盾纠纷453个、涉及14253人。认真落实全国领导干部接待群众来访工作经验交流会精神，印发《市县党政领导干部大接访活动实施方案》和《关于集中开展市领导公开接访来访群众活动的通知》，推进市四大班子领导干部有针对性地深入重点地区和重点群体指导工作、化解矛盾，把问题解决在基层，把人员稳定在当地。有35位市领导到市信访局接待来访167批次、705人次，20位市领导带案下访384件次。在中共十八大召开前后20天，33位市领导到市信访局公开接待来访群众73批次、292人次，四大班子4位领导带队分赴县（特区、区）带案下访10天，化解一大批突出矛盾和信访事项。专门对征地拆迁、涉法涉诉、水库移民、矿群矛盾等重点群体进行风险评估，形成《党的十八大前夕社会政治稳定风险评估报告》，有针对性地提前防范和化解，深化了矛盾纠纷和信访问题源头预防，最大限度减少信访问题增量。坚持依法及时就地解决问题与疏导教育相结合，充分发挥党的群众工作优势，更多地通过思想动员、说服教育、心理疏导和情绪理顺等方式促使重复信访人息诉罢访；对市级322个、县级1000多个信访事项逐一立档建卡、落实稳控责任单位和责任人，组建110个稳控小组，发动4000余人构筑京、省、市、县、乡、村“六级防控体系”，通过经济、政治、法律和亲情稳控等措施稳定重点人员，有效控制择机上访。积极加强社会管理模式创新，与贵阳、昆明、开远铁路公安处协调联动，首创信访维稳工作路地联防、联动机制，形成了重点上访人员购票查、进站查、上车查的“三道防线查”模式，在列车上劝返进京上访人员6批次、12人次，在火车站劝返76人次。坚决依法处置破坏信访秩序、影响和谐稳定的违法信访行为，全市公安、司法机关刑事拘留并依法处置幕后策划上访违法人员1人、行政拘留煽动上访违法人员6人次、行政拘留非正常上访人员46人次、告诫非正常上访人员25人次、法治教育培训人员7人次。

（宋邦启）

外事　侨务

【概况】　2012年，六盘水市外事工作积极配合国家的总体外交政策，努力拓展对外交往渠道，积极开展对外交流合作，来访国外的专业团体、民间交往等活动逐渐增多，交往领域涉及文化、科技、教育、扶贫等方面。同时六盘水市因公出国（境）人数逐年增多，通过培训、考察、交流、招商等活动，拓宽了六盘水市对外交往渠道，促进了全市社会经济建设的发展。

宣传、贯彻落实侨务“一法两办法”，有效开展侨务信访、涉侨行政确认事项工作，完成了侨务慰问救济、侨务扶贫、侨务联谊、侨务招商引资等为侨、为经济建设的服务工作。

（丁新军　代锦）

【因公出国（境）情况】　2012年，全年因公出国（境）58批125人次，其中市政府组团赴中国香港招商1批31人次；部门组团2批9人次；参加国家部、办、委组团13批14人次、省级部门组团42批71人次。出访内容涉及培训、考察、交流、招商等。

（丁新军）

【制定因公出国（境）管理规定】　为加强六盘水市因公出国（境）管理工作，规范因公出国（境）办理手续，市人民政府办公室于6月出台了《关于规范行政事业单位因公出国（境）手续办理程序的通知》。

（丁新军）

【乌克兰能源与煤炭工业部官员到六盘水考察访问】　2月18日至19日，乌克兰能源与煤炭工业部第一副部长波波维基一行9人在中国天地科技总公司吴德政总经理陪同下，到六盘水市考察了水城攀枝花煤矿，西南天地煤机设备制造有限公司。何刚市长会见了客人。

（丁新军）

【日本横须贺市“项目六”协会到六盘水市访问】　3月4日至8日，应六盘水市人民对外友好协会邀请，日本神奈川县横须贺市项目六协会会长山下浩二一行3人到六盘水市访问。访问团为六枝的2所学校29名贫困学生发放助学金26000元（全年计47000元）。访问期间，为加大双方合作交流力度，双方签订了《六盘水市人民对外友好协会与日本横须贺市“项目六”协会友好协作协议书》。

（丁新军）

【六盘水市与匈牙利小昆市签署友好城市备忘录】　8月16日至19日，应六盘水市市长、市人民对外友好协会会长何刚的邀请，以匈牙利驻华使馆大使夫人纳吉·麟为团长的匈牙利、奥地利友好访问团一行7人访问六盘水市，并参加消夏文化节。六盘水市常务副市长周斯弼、省友协秘书长薛友乔等领导与匈牙利小昆市克瑞斯蒂安市长一行进行了友好会谈，并签署了《中国六盘水市与匈牙利小昆城建立友好城市关系备忘录》。何刚市长分别会见了匈牙利、奥地利客人。

（丁新军）

【德国玛莎集团公司到六盘水考察】 4月13日，德国玛莎集团公司销售总监一行3人考察了六盘水市恒远新型建材有限责任公司、红桥新区，双方商谈了合作意向。何刚市长、周斯弼常务副市长会见了客人。

（丁新军）

【韩国工商企业经贸访问团到六盘水考察】 4月17日至21日，韩国中国商会会长姜博率韩国工商企业经贸参访团一行11人应邀到六盘水市进行考察访问。市长何刚，市委常委、副市长魏树旺在贵阳喜来登酒店设宴招待了客人。市政府副市长尹志华及相关部门与韩国客人就招商引资政策及今后合作进行了广泛交流。

（丁新军）

【中美关系学会代表团到六盘水考察】 7月18日至19日，中美关系学会一行11人在团长白莉娟女士的带领下，在贵州省政策发展中心有关领导的陪同下考察了六盘水市劳动人事争议仲裁院并进行了座谈。代表团一行参观了白车河农业生态园，市委常委、副市长魏树旺会见了客人。

（丁新军）

【联合国官员到六盘水考察农业情况】 8月4日至6日，联合国粮农组织驻华代表珀西·米斯卡（非洲纳米比亚人）及农业部有关领导一行5人到六盘水市进行考察。考察组一行考察了盘县滑石乡联合国千年发展目标项目、水城县猴场乡补那村民族文化村、土地流转、猕猴桃基地、水城县蟠龙乡法那村“四在农家”等情况。副市长付昭祥，市长助理周清波全程陪同。

（丁新军）

【日本NHK电视台到六枝特区拍摄民族风情】 8月4日至5日，日本NHK摄制组一行21人应中国广电协会邀请，到六枝特区新场乡拍摄民族风情纪录片《关口之宏重返中国——中日民间友好交流之旅》。

（丁新军）

【法国巴黎莫雷市市长访问六盘水】 9月20至21日，应市政府的邀请，法国巴黎莫雷市市长巴提克·赛普提、法国法中文化艺术交流中心主席佟爱明一行4人到六盘水市访问，副市长谢朝碧会见了客人。

（丁新军）

【“两节”侨务慰问活动】 2012年1至2月，根据市委、市政府的安排，市外事侨务办联合市侨联深入全市各县、特区、区、厂矿企业开展春节慰问活动，共慰问归侨侨眷160户，发放慰问金8万元。

春节前，市外事侨务办向六盘水籍海外华人、华侨及侨团商社寄送新春贺卡50份。

（代　锦）

【侨务信访和涉侨行政确认】 2012年5月、6月，分别受理了香港商人余竞光、俄罗斯籍华人杨文举的遗孀李爱萍、韩国华侨方石天的3批次来访，分别反映企业经营、房产咨询、开办企业等问题，市外事侨务办联合水城县外事侨务办积极协调相关部门认真解决反映问题，并将处理结果及时反馈当事人。满意率100%。

2012年度，市外事侨务办办理了2名涉侨考生的身份确认工作。

（代　锦）

侨　联

【概况】 六盘水市侨联是参照公务员管理的人民团体，有编制7个，在职人员5名，主席1名、副主席兼秘书长1名、副调研员1名、办公室主任1名，聘用工勤人员1名，内设办公室和业务科。

2012年11月，市侨联机构升为正县级，增加了领导职数和干部编制，保障换届经费，为侨联进一步发展壮大、开展工作打下了坚实基础。

（余培玲）

【走访慰问侨眷】 2012年，走访看望年老、生病、有困难的归侨侨眷10户，送去慰问品和慰问金；为生活困难的归侨13人申领了23400元省侨联的扶贫济困金，帮助他们解决部分困难；向海外的华侨华人、归侨侨眷寄送了154份新年贺卡；以慰问信、电话的方式问候兄弟单位；春节期间，与市外侨办分别到盘县、六枝、水城、钟山和市中心城区走访慰问困难归侨侨眷，送上每户500元慰问金，走访慰问归侨侨眷160户，共计80000元。在重阳节前夕，市侨联主席亲自带队走访慰问退休老归侨谢炳强、林连发和李勇福每人送上1800元慰问金。

（余培玲）

【维护侨眷利益】 组织干部职工加强学习《中华人民共和国归侨侨眷权益保护法》《中华人民共和国归侨侨眷权益保护法实施办法》《贵州省实施〈中华人民共和国归侨侨眷权益保护法〉办法》。通过学习，不断提高侨联干部依法护侨的能力，进一步提高他们的法律意识，学会用法律武器保护归侨侨眷的合法权益。

利用“9·7”侨法宣传日、“12·4”法治宣传日，以召开座谈会、走访、上街宣传、悬挂标语等方式宣传侨法，引导促进社会各界领会和掌握保护法的法律内涵，增强广大干部依法护侨的法律意识。

把《中华人民共和国归侨侨眷权益保护法》及《实施办法》《贵州省实施〈中华人民共和国归侨侨眷权益保护法〉办法》一起编印了500余份小册子，送到归侨侨眷手中。

为归侨侨眷提供咨询服务，认真做好侨界群众来访来信工作。国家对“三侨”子女参加高考有一定的优惠政策，但很多“三侨”子女的家长不了解具体的政策和应该提供的相应材料，为此根据现有掌握的资料，提前主动和有考生的家庭联系，向他们宣传政策，为他们提供服务，协助他们在最短的时间内办齐材料。对来访、来信中反映要求解决的问题，都及时地转办和督办，使绝大多数问题得到解决或基本解决。

（余培玲）

【参政议政】 侨联机关不断强化界别的责任意识，认真组织侨界政协委员履行政治协商、民主监督、参政议政职能，支持侨界委员积极参与市政协组织的各项活动，围绕群众关心的热点、难点、重点问题，深入实际，调查研究，建言献策，撰写提案。年初，市政协七届一次会议和市七届人大一次会议相继召开，市侨联推荐的4名新一届侨界政协委员和1名人大代表在政协、人大会议上积极反映侨情民意，代表广大归侨侨眷的利益，把侨界关心的热点、难点问题以及好的建议提出来，切实提高了侨界民主参与、民主监督的工作质量，建立健全了新形势下侨联维权工作机制，主动、科学、依法维护了归侨侨眷和海外侨胞的合法权益。会议期间，侨界政协委员与人大代表们以高昂的政治热情和强烈的社会责任感，认真听取并讨论了《政府工作报告》及其他报告，围绕侨的发展、经济建设和民生问题积极参加分组讨论发言，向两会提出了各类可行性的建议。

（余培玲）

【侨心工程】 “侨心工程”是中国侨联向海内外侨界倡导的一项公益活动，旨在发扬海内外侨界热心公益、爱国爱乡、关爱社会、造福桑梓的优良传统，聚侨力、献爱心、办实事，为支持贫困地区的发展做出侨界的贡献。5月上旬，将14万元助学款分别发放到品学兼优的高中贫困学生手中。其中，市四中70名、市民中70名、市三中60名，共计200名。每生每学年700元，项目管理费每生10元，共2000元，全市每年共获捐赠款142000元人民币。连续五年在三所学校开展马来西亚星洲日报爱心助学款活动，将91万元助学款分别发放到1300名品学兼优的高中贫困学生手中。

9月7日，由浙江省新华爱心教育基金会与市三中共同设立的“彤程·珍珠班”正式开班。这是继2010年“施维亚珍珠班”、2011年“中欧珍珠班”之后，在六盘水开设的第三届珍珠班，共引资465000元，为成绩特优、家庭特困的“双特”学生提供生活补助费（每年给予每位“珍珠班”学生人民币2500元生活补助费，其中2000元为餐费补助，另外500元为杂用补助费）、学校配套免学费及住宿费，用以资助完成高中三年学业。

（余培玲）

方志　年鉴

【市委　市政府《关于推进地方志文化又好又快发展的意见》出台】　2012年8月16日，市委办市政府办印发《关于推进地方志文化又好又快发展的意见》（以下简称《意见》）。《意见》指出了地方志工作的意义，明确地方志文化发展的总体要求。《意见》要求按照《地方志工作条例》和《贵州省地方志工作规定》做好依法修志工作，全面推进志书编纂，加强地方志学科建设，深化地方志资源开发利用。

《意见》明确了“十二五”期间全市地方志文化工作的总体目标，即始终坚持“党委领导、政府主持、地方志工作机构组织实施、各承编单位分工合作”的工作格局，以“一纳入，五到位”（把修志工作纳入各地经济社会发展规划和各级政府的任务之中，坚持领导到位、机构到位、经费到位、队伍到位、条件到位）为工作总要求，以贯彻落实《地方志工作条例》《贵州省地方志工作规定》，强化依法修志的政府职责为抓手，以全市二轮修志任务为重点，以地方志学术研究和学科建设为基础，以地方志馆等项目建设和资政服务为动力，协力推进地方志文化事业又好又快、更好更快发展。力求到2015年，市、特区（县、区）二轮修志任务高质量按时完成；市、县（特区、区）要做到一年一鉴；形成“志、鉴、库、网、馆、研、用”七业并举的地方志工作新局面。《意见》要求市县两级应将地方志的工作任务纳入年度目标管理，实施统一的责任目标督查、落实、考核。

（毕　封）

【市地方志办公室机构及人员编制发生变化】市地方志办公室为财政全额拨款参照公务员法管理的正县级事业单位，截至2011年12月31日，有内设机构3个（综合科、方志科、年鉴科），人员编制12名。

2012年6月18日，市编办印发市机编发36号文件，调整和增加市志办内设机构及人员编制，调整后的内设机构为综合科、方志管理科（地情编研科）、年鉴管理科、政策法规科，事业人员编制增至15名。其中，政策法规科为全国地（市）级地方志机构首家设立的有关地方志政策法规的科室。

2012年6月27日，市编办印发市机编发96号文件，成立六盘水市地方志馆，明确市地方志馆与市地方志编纂委员会办公室（六盘水年鉴编辑部）实行“三块牌子，一套人员”，同时增加事业编制5名，增编后市志办累计事业编制为20名。至此，市志办人员编制总数在全省市州地方志单列机构中位列第一，同时也为全国地（市）级地方志单列机构人员编制总数最多之一。

（毕　封）

【市地方志馆开工建设】　2012年6月28日，六盘水市凤凰山城市综合体举行集中开工仪式。市博物馆、市规划展览馆、市地方志馆“三馆合建”项目作为城市综合体项目之一正式开工建设，项目总建筑面积34157平方米，总投资23992万元，其中市博物馆13222平方米、市规划展览馆12872平方米、市地方志馆8063平方米。

市地方志馆建成后，将致力收藏全国县级以上行政区地方志书、年鉴和其他地情资料，以省级行政区及大行业门类为布展和馆藏单位。开发志书和地情资源，集“编修、收藏、研究、开发、利用”为一体，成为地方志文化学术交流中心，为传统文化教育、国情地情教育、爱国主义教育基地。

（毕　封）

【全市第二轮修志工作进一步加强】　六盘水市地第二轮修志工作启动于2004年9月，受各种因素影响，修志进度一直较缓。2012年5月，针对全市修志进度缓慢的情况，市委市政府印发《关于进一步加快全市第二轮修志工作的通知》，要求各部门进一步明确责任单位第二轮修志编纂领导小组和责任人，加快市志资料长编的编写工作和报送任务。截至2012年12月31日，全市104家市志资料长编责任单位中共有93家完成编写及报送任务。

（宋 兵）

【《六盘水简志》完成初稿编写】 六盘水市首轮修志共规划出版了60部志书，字数逾千万字，卷帙浩繁，难于检索，不利于学习与交流。针对这一情况，市志办决定编修《六盘水简志》以概括首轮修志的情况，该项工作于2011年经市委、市政府批准启动实施。《六盘水简志》即将首轮修志的60部志书浓缩为一部并且增补部分首轮修志未录内容，该书上限溯源，下限定为2008年，字数为50万字，计划2013年12月出版。截至2012年12月31日，《六盘水简志》初稿编写完成，共22章103节，字数约45万字，部分资料还有待进一步增补。

（宋 兵）

【《贵州省志·档案方志卷》六盘水资料编写完成】 《贵州省志·档案方志卷》为省地方志办公室主持编纂的，系统记载全省档案和地方志发展变化情况的省级志书。2012年8月，根据省志办的安排，六盘水市志办着手《贵州省志·档案方志卷》六盘水资料的编写，9月下旬志稿的初稿完成，共2万余字，志稿详细记载了六盘水地方志工作从无到有和不断发展壮大的过程，志稿包含了地方志机构、人员、业务、成果等方面的内容。志稿于12月中旬经审验修改后上报省地方志办公室。

（宋 兵）

【年鉴工作】 2011年底，《六盘水年鉴》仅出版了2009年卷，2010年卷、2011年卷尚未按照年鉴时限要求完成任务。2012年，市志办首次将年鉴工作纳入市直机关目标管理考核，通过调整内部编辑力量和外聘编辑人员参与，提高了编纂工作进度。至2012年12月，2010年卷、2011年卷相继出版发行，2012年卷完成初稿。

（毕 封）

【三线建设系列文化活动启动】 2012年，六盘水市委、市政府决定修建三线建设博物馆，并将三线文化征集办公室设在市志办，市志办主任余朝林兼任办公室主任。之后市志办以征集三线建设资料征集成果为契机，启动了《六盘水三线建设志》《六盘水市三线建设图志》《三线风云》（六盘水专辑）的编纂工作。其中《三线风云》（六盘水专辑）为市志办与中国史学会三线建设研究会联合编纂，此为贵州省首家市州地地方志部门参与国家级机构合编史书。

（毕 封）

【六盘水方志信息网开通】 根据省市电子政务信息网建设的要求，市志办于2012年年初明确年内建好六盘水方志信息网的业务目标。经过争取，六盘水方志信息网列入了省档案局（省地方志办）2012年的重点规划项目。到年底，六盘水方志信息网建成并开通运行。

（毕 封）

档 案

【招商引资】 按照市政府2012年招商引资工作的安排，为力争完成招商引资工作任务，市档案局高度重视，成立招商引资工作领导小组，并实地考察了盘北工业园区、两河工业园区等，最后与原党建扶贫点盘县保基乡人民政府共同引进了贵州省凉都电解锰厂和盘县江源石材厂两个项目，落地保基乡。

（陈 燕）

【通过市级政务服务目标专项考核】 2012年3月至12月，协助并进驻市政务服务中心工作大厅窗口进行收件、接待等工作，年终对窗口服务工作进行总结，并通过了市级政务服务目标专项考核。

（陈 燕）

【档案馆建设全面展开】 2012年6月28日，市发改委下文对申报的市档案馆建设项目立项批复，市委、市政府明确市档案馆为六盘水市2012年第三季度集中开工项目之一，并与六盘水市行政中心综合体项目同步规划。盘县档案馆建设项目属中央财政投入的项目，该项目主体工程已经结束，并于12月组织验收；六枝档案馆建设已获省发改委的审批，由中央财政投入741万，于2013年动工新建。

（陈　燕）

【副市长杨朝辉到市档案局调研】 2012年8月23日，市政府副市长杨朝辉到市档案局实地调研，充分肯定了市档案局服务社会的工作举措，并帮助解决市档案局在工作中遇到的一些困难和问题。

（陈　燕）

【人员培训】 2012年8月至9月，市档案局8名干部参加了市人事局组织的参公人员培训班学习；10月至11月，5名中层干部参加市委组织部、市人资社保局在浙江大学、四川大学举办的高级研修班及培训班学习培训。

（陈　燕）

【增设科室】 经六盘水市编制委员会研究决定，同意市档案局增设“档案信息技术科”和“重点档案征收集科”2个内设科室，并增编6人。

（陈　燕）

【参加创建全省社会主义新农村建设档案工作示范县验收】 2012年12月4至5日，根据省档案局业务二处的工作安排，参加对安顺市普定县和黔西南州册亨县创建全省社会主义新农村建设档案工作示范县活动验收工作。

（陈　燕）

【通过《六盘水市档案局“十二五”信息化建设规划》】 2月27日，六盘水市档案局局务会议通过了《六盘水市档案局“十二五”信息化建设规划》。

（陈　燕）

【档案法治环境建设】 2012年，市县两级档案局进一步加强档案法治环境建设，做好档案法治宣传工作，开展全国法治宣传日档案法律法规知识宣传活动；对档案行政执法权力运行流程及行政强制事项进行了及时梳理，编制《六盘水市档案局行政执法制度汇聚》，汇编《六盘水市档案局行政执法人员管理制度》《六盘水市档案局行政执法评议考核制度》《六盘水市档案局行政执法调查取证制度（暂行）》《六盘水市档案局行政执法与刑事司法衔接制度（暂行）》《六盘水市档案局行政执法责任制（暂行）》《档案行政执法卷评查制度（暂行）》等六项制度。

（陈　燕）

【推进新农村建设建档工作】 2012年，市档案局加大档案工作业务指导力度，以创建新农村建设档案工作示范县为突破口，全面推进新农村建档工作。

围绕经济社会发展，积极开展社会主义新农村建设档案工作示范县创建活动。钟山区作为省级社会主义新农村建设档案工作示范县，制定实施方案，成立创建工作领导小组。于6月15日召开动员大会，创建工作正式拉开序幕，取得了明显成效。

（陈　燕）

【档案资源开发】 2012年，全年各级档案馆接收进馆42家单位共594卷（其中，市档案馆接收档案7家单位259卷；六枝档案馆接收档案16盒；钟山档案馆接收档案35家319卷）。水城档案馆征集到县辖内濒危彝文古籍9册。

抓好档案信息收集和利用工作。2012年市县两级档案馆提供档案利用共899次（其中，市档案馆提供档案利用129人次，六枝档案馆提供档案利用310人次，盘县档案馆提供档案利用300人次，水城县档案馆提供档案利用89人次，钟山档案馆提供档案利用71人次）；提供档案查阅共4102次（其中，市档案馆提供984卷，六枝档案馆提供1042卷，盘县档案馆提供1300卷，水城县档案馆提供档案176卷，钟山区档案馆提供档案600卷）；复印利用资料3661页（其中，市档案馆

1661页，盘县档案馆2000页）；出具各类证明共220份；装订报刊杂志共36册。

现行文件阅览中心接收政府信息和现行文件资料共1296件（册）。其中，市档案馆359件（册），六枝档案馆66件（册），盘县档案馆39件（册），水城县档案馆817件（册），钟山档案馆15件（册）。接待文件查询54人次，提供利用现行文件56份，在各级档案信息网站挂接现行文件目录596条供网络查阅。

（陈　燕）

【创新服务手段】 2012年，市档案局完成强化管理、服务创新方面的典型案例4例，档案利用中产生经济、社会效益的典型案例8例报省档案局，超额完成省档案局2012年工作安排和市目标办业务目标任务。

（陈　燕）

【获得贵州省档案系统二等奖】 根据省档案局关于征集《贵州省志·档案地方志》编修资料的通知要求，完成1985年至2010年档案信息资料等近2万字的报送工作，获贵州省档案系统征集《贵州省志·档案篇》编修资料二等奖。

（陈　燕）

【参加政府信息查阅建设】 市档案局及时在六盘水档案信息网站及政务公开网上传六盘水市档案局工作动态，2012年全年共公开信息33条，并做好公开文件的归类、整理，共公开现行文件506份。

（陈　燕）

【重点档案异地备份】 为保护重点档案的安全，2012年，六盘水市盘县档案馆馆藏清朝档案已全部制成光盘共12张，进行异地备份，送交市档案馆保存。（陈　燕）

【行政执法检查】 2012年10月11日，市档案局通过电子公文传输方式普发“关于开展2012年档案行政执法检查工作的通知”文件，以自查和抽查的方式开展档案行政执法检查。共收到各市直机关、企事业单位自查报告91份，并由一名副局长带队，3名持有行政执法证的中层干部组成执法检查组到20家单位进行检查。

（陈　燕）

【“帮县联乡驻村”及“四在农家”工作】 民居建设工作。市档案局根据市委市政府关于开展“帮县联乡驻村”及“四在农家”党建扶贫等项工作的安排部署，通过实地调研，与中寨乡噜嘎村共同拟定了58户农户进行“四在农家”新民居建设，全面完成58户新民居建设工作任务。

积极协助噜嘎村制定2012年帮扶计划。培育好产业、打造好环境、营造好乡风、培育新型农民等。市档案局从有限的经费中挤出10000元并联系企业赞助10吨水泥用于噜嘎村集贸市场坝平整硬化，还资助噜嘎村电脑、打印机各一台，改善了村支两委办公条件，方便了村民学习技能、了解政策法律、更新观念。

（陈　燕）

电子政务

【概况】 六盘水市电子政务办公室为财政全额预算管理的副县级参公管理事业单位，隶属于六盘水市人民政府办公室，内设综合科、电子政务推进科、政府信息公开科、系统管理科和网站管理科5个科（均为副科级），共有编制18个，其中，管理人员编制15个，工勤人员编制3个（含聘用驾驶员编制2个）。现有副县级领导1人，正科级领导3人，副科级领导3人，普通管理人员5人，工勤人员2人（其中聘用工勤1人）。

“第十一届（2012）中国政府网站绩效评估结果发布暨经验交流会”上，“中国凉都·六盘水”政府门户网站在全国296个地级城市排名中位列24名。

在“政府网站集约化建设与精品栏目管理经验交流大会”上，“中国凉都·六盘水”政府门户网站的政府信息公开平台、网上办事被评为信息公开、网上办事类精品栏目。

“百万用户话协同—致远软件第二届协同应

用大赛”上，六盘水市政府协同办公网荣获全国二等奖。

2012 第三届中国城市信息化50强发布会上，六盘水市荣获中国城市信息化50强称号。

（邢颖辉）

【促进全市电子政务又好又快发展】 正式下发《市人民政府关于加快推进电子政务建设的意见》《六盘水市市级电子政务项目建设管理暂行办法》；对《六盘水市旅游信息综合平台》《六盘水中心血站信息化建设项目》等5个项目进行立项前的技术审查；对市政府37个工作部门网站进行评测改版；创办《六盘水市电子政务工作专报》和《六盘水市政府信息公开工作专报》，各出刊5期；《凉都电子政务简报》出刊10期。

启动了六盘水市电子政务数据交换共享平台的前期工作，完成《六盘水市电子政务数据交换共享平台建设项目可行性研究报告》。完成电子政务外网建设，市电子政务外网工程于2010年开始建设，已建设完成并投入正式运行。启动新行政中心电子政务基础建设工作。

（邢颖辉）

【推进全市政府信息公开】 公开政府信息121060条（次）；市、县（特区、区）接受社会组织及群众到现场查阅信息79922人次；受理群众咨询1077件（市长信箱处理478件）；各县、特区、区政府公开各类政府信息7457条（次）；群众提出依申请公开25件，均已受理并办结。

（邢颖辉）

【推进电子政务应用】 依托载体，丰富内容，加强“中国凉都·六盘水”网站建设。做好“中国凉都·六盘水”政府门户网站的运行维护工作，全年共上传信息14970条，外出采访205次；完成了市党代会、市“两会”、身边的好人好事（现更名为贵人善行）、乡村少年宫、“四在农家”“祖国好、家乡美”“六盘水市开展保持党的纯洁性教育”等专题制作及信息维护工作；全年共向省政府网站上报信息1000余条，采用363条；全年共回复何刚市长留言11条。

推进市政府协同办公系统应用。通过协同办公网共办理公文13784件次，办公收文3370个，发文1576个。协同信息发送14915条，公共信息刊物1087份，公文阅览室发布公文1803个。

（邢颖辉）

【加强机构建设，提升服务质量】 负责全市120余家单位电子政务外网接入及维护工作，保障70余家未接入电子政务外网的企事业单位能够通过VPN等方式访问公文交换、协同办公等应用系统，全年处理各种网络问题100余次；做好六盘水市电子公文交换系统和协同办公系统的技术维护，新增了26枚公章，制作了25份红头，全年共处理系统故障40余次；全年维护计算机200余次；开展协同办公应用培训500余人次。

（邢颖辉）

政务服务中心

【概况】 2012年，市政府政务服务中心建成政务大厅，实现“统一受理、统一送达”的集中式对外服务。贯彻落实中共中央办公厅、国务院办公厅印发的《关于深化政务公开加强政务服务的意见》，转变政务服务工作职能，提高行政效率；组织人员分两批到湖南省长沙市及四川省成都市进行考察调研；加强政务服务工作的宣传，发挥市政府政务服务中心网站的资源优势，将市政府政务大厅动态工作情况等以图片、文字的形式放在网上，制作46块大厅宣传板，利用公报宣传日等节日上街宣传，向群众发放大厅宣传画册、服务指南、办事指南、进驻窗口电话册等服务资料3000余份，上报信息58篇，印发大厅工作简报26期。接受《人民日报》、新华社、中国新闻社、贵州电视台、《贵州日报》、六盘水电视台、《六盘水日报》《乌蒙新报》等新闻媒体的采访30余次。截至12月10日，累计收件16.66万件，办结16.15万件，提前办结率97%，提供咨询导办服务10.86万次。

（刘　皓）

【政务大厅建设】 市政府政务大厅于3月26日正式投入运行。有五个特点：一是规模大，大厅建筑面积7200多平方米，共4层，设有96个办事窗口和55间办公室，可容纳较多的行政办事机构整体进驻；二是功能全，已进驻单位不仅有依法行政的审批部门，还有与老百姓息息相关的水、电、气、通信等公用企业；三是分区科学，大厅设置企业注册登记区、建设工程审批区、投资项目申报区、公用企业服务区、综合部门审批区、出入境管理独立办事区、自助网上申报区等7个功能区，设有投诉中心、查阅中心、文印中心、金融中心；四是信息化程度高，接入各部门业务专网，安装近2000台信息化设备，集成行政审批、电子监察、公开公示、排队叫号、工作评价、考勤管理、语音广播、安防监控等14个信息系统；五是便民设施多，大厅配有2块大型LED显示屏、6台自助网上申报电脑、7台排队叫号机、8台触摸屏信息查询机和饮水机、休息等候椅、填单台、资料架、便民盒等设备设施。

（刘 皓）

【规范行政审批事项】 参与和配合行政审批事项清理，承担办理环节和办理时限的压缩工作，对市发改委、市规划局、市林业局等7个单位的事项清理情况进行抽查。落实行政审批事项清理结果，该取消的取消、该下放的下放、该调整的调整。《六盘水市人民政府关于市级行政许可事项非行政许可审批事项行政服务事项清理结果公告》中保留的67项行政审批事项，有63项进驻大厅（其中行政许可事项47项、非行政许可审批事项16项），其余4项非行政许可审批事项因大厅场地所限，经市政府同意，在市交警支队、市就业局、市社保局、市产权监理处设立政务服务分厅予以实施。全部保留事项达到“应进必进”的要求。固化从申请人提出申请开始，到向申请人送达决定为止的主要审批环节，事项承诺时限较法定时限有大幅压缩，压缩率49.33%。

（刘 皓）

【制定操作规程】 3月底，根据《市人民政府办公室关于印发市人民政府政务服务大厅进驻方案的通知》，起草并公布《市人民政府关于市政府政务服务大厅启动运行的通告》，向社会公告进驻市政府政务服务大厅的部门单位及事项。根据《市人民政府关于市级行政许可事项非行政许可事项行政服务事项清理结果公告》的清理结果，市政府政务中心对进驻大厅的事项进行重新整理，向市政府提出修订《市政府政务服务大厅进驻事项目录》的书面建议，起草《市人民政府办公室关于印发市人民政府政务服务大厅进驻事项目录的通知》《市人民政府办公室关于印发市人民政府政务服务大厅进驻部门（单位）名单的通知》。4月，根据《进驻市政府政务服务大厅的部门单位及事项》，向各进驻部门单位窗口印发《关于制作大厅进驻事项办事指南电子文档的通知》，开展制作大厅进驻事项办事指南的收集、整理、核对工作。11月，拟定《市政府政务服务中心印制［六盘水市人民政府政务服务大厅进驻事项目录及操作规程汇编（第一册）］工作方案》及《市人民政府政务服务中心关于成立市政府服务大厅进驻事项操作规程汇编编印工作领导小组的通知》，开展操作规程汇编的编制工作。根据2011–2012年法律法规及事项变动情况，开展新一轮行政审批法律法规库更新工作，变更的法律法规等共21件。其中更新法律2件，新增法律2件；更新行政法规1件，更新地方法规4件，新增地方法规5件，删除地方法规1件；更新部门规章3件，新增部门规章2件；新增其他文件1件。中心法律法规库共有503项法律法规。根据《市人民政府法制办公室关于市级行政机关行政职权目录的公告》，向有关单位下发《市政府政务服务中心关于制作市级行政机关权力运行流程图的通知》，组织开展细化行政权力运行流程，编制行政职权运行流程图工作。按照《六盘水市市级行政机关职权目录（2012版）》，对有行政职权的48家单位报送的5572项行政职权运行流程图进行收集、整理和校对，通过六盘水市政府门户网站和中心网站公开。

（刘 皓）

【统一收费】 对行政事业性收费严格实行“四个统一”，即统一票据，统一标准，统一银行账户，统一缴款方式。按照公示的收费项目、标准和依据计算并确定收费金额；由申请人直接缴入政务大厅的金融中心；按照“窗口开票、银行收款、财政统管、政府统筹”的方式缴款，窗口工作人员一律不收取现金，做到收缴分离，票款分离。截至12月10日，共收费6362万余元。

（刘　皓）

【监督管理】　利用行政审批电子监察系统和视频监控监察系统，对各类事项的实时办理情况和窗口工作人员的行为举止进行监控。对发现的各类问题进行及时处理、现场解决。结合领导视察、上级检查、相关单位考察等重大活动，有针对性地开展重点巡查，确保大厅保持良好状态。以大厅运行情况和进驻人员评优评先情况、遵章守纪情况和考勤情况为重点逐月定期进行通报。对违反大厅相关制度的进驻人员，向派驻单位的领导通报情况，使各进驻单位及时掌握所派驻人员的工作情况，与中心共同管理进驻人员。印发情况通报9期。通过投诉中心、投诉电话，做好群众来信来访工作。通过凉都六盘水网站、市政府政务中心门户网站、公开栏、新闻媒体等载体，扩大政务服务公开范围和公开力度。市政府政务中心与市政府督查室、市监察局、市政府法制办组成督查组，通过听取汇报、查看资料、比对数据等方式，对进驻市政府政务服务大厅的42个市级部门办件受理情况进行全面督查，对督查中发现的问题，逐一提出整改意见，纠正少数单位存在的厅外受理、送达行为。针对督查中存在的问题，市政府组织召开存在问题单位整改工作会，对厅外受理、送达行为的整改情况专门进行调度和督促。

（刘　皓）

【信息化系统建设】　安装调试信息化系统及391台自动化设施设备；接入市工商局、电信六盘水分公司等13个部门和企业的业务专网，保证以上部门和企业在大厅内能办理相关行政审批事项和收费业务；每天定时对大厅各信息化系统运行情况进行巡查，对发现的一般故障及时进行排除，对复杂的短期内无法排除的故障，及时联系供货商到政务大厅进行处理。共排除设施设备故障90多起。市政府政务中心先后向网络开发商提出50余条中心门户网站修改意见，对中心门户网站功能模块进行进一步的调整和完善，完成对中心门户网站的全新改版工作。通过中心门户网站、触摸屏、排队机、LED电子显示屏，及时做好中心动态新闻、图片新闻、办事指南、光荣榜、领导视察、群众办事、审批动态、廉政公益广告、大厅建设成果等内容的发布和更新；更新网站内容736条。

（刘　皓）

【加强政务服务体系建设】　制定工作人员行为规范、工作人员文明服务用语、工作人员着装规范、工作人员轮换办法、综合窗口管理制度、工作人员考勤管理办法、工作通报制度、出入管理规定、卫生管理制度、进驻人员年度及月考核细则等18项规章制度；完善去向留言制、首问责任制、巡查制度等12项规章制度。推行各项便民利民措施。按照“两集中、两到位”的要求，倒推办件程序，合理减少办事环节。设置咨询导办台，提供咨询服务；推出电话预约、延时服务，延伸服务时间和空间；按照“特事特办、急事急办”的原则办理重大投资项目和涉及民生的项目。成立评先评优工作领导小组，建立考评机制，以完成日常工作任务情况、遵守规章制度情况以及出勤情况为评比重点，进行量化评分；评选出每月的流动红旗窗口、优秀工作人员和办件明星。召开业务工作会、工作协调会等会议27次，协调解决大厅统一收费、部门进驻、精简审批事项、专用网络接入等30余项问题。组织大型业务培训4次，受训人员400余人次，就大厅工作制度、政务服务礼仪、市级行政审批暨电子监察系统的操作规范等进行了培训，与各进驻部门工作人员面对面交流、指导。接待到市政府政务大厅对接工作的55家进驻部门领导共925人次；要求各进驻部门向大厅窗口充分授权，增强窗口办事能力，简化办事程序，提高办事效率。做好进驻部门综合窗口轮值工作，下发《市人民政府政务服务中心关于2012年度综合窗口轮值时间安排的通知》。要求分厅参照大厅的管理制度建立、完善分厅的管理制度并组织实施，每周向大厅报送一次办件情况统计表。到市公安局交警支队、市就业局、市社会保险事业局、市房地产产权监理处4个政务服务分厅检查指导工作，针对分厅存在的问题提出整改意见，要求分厅限期整改。多次组织各县（特区、区）政府政务中心召开工作会，并到各县（特区、区）现场指导工作。

（刘 皓）

公共资源交易

【概况】 六盘水市公共资源交易中心（以下简称“交易中心”）于2012年3月开始筹建，6月15日正式揭牌运行，6月27至28日成功召开全省推进公共资源交易中心建设现场会，被省领导赞为创造了“六盘水速度”，10月17日通过省检查组验收，并在全省公共资源交易中心建设考核评比中获一等奖。

交易中心是属于市人民政府管理的正县级全额拨款事业单位，采取“一委一办一中心”的运行管理模式，有效实现“服务、管理、监督”三分离。中心作为“阳光透明、公平有序”的交易平台，已取得了明显的经济效益和社会效益。截至2012年12月31日，交易中心共受理375个项目进场交易，完成交易项目276个，成交金额338259.34万元，节约和增值资金14991.92万元，为市级财政创造非税收入977.3万元；率先在全省举办小型汽车吉祥号牌拍卖交易活动，至2012年12月30日，共创造财政收入470.64万元，所得款项全部用于公益事业和道路救援。

（李 恒）

【六盘水市公共资源交易中心获批复】 2012年4月20日，省机构编制委员会办公室以《关于成立六盘水市公共资源交易中心的批复》同意六盘水市公共资源交易中心成立。

（李 恒）

【省纪委书记宋璇涛视察】 2012年5月7至8日，省委常委、省纪委书记宋璇涛率省纪委副书记陈再天、省监察厅副厅长申楚等一行七人赴六盘水市调研，并实地查看了在建的市公共资源交易中心。市委书记王晓光，市长何刚，市委常委、市纪委书记向昀陪同视察。

（李 恒）

【中心揭牌】 6月15日，市公共资源交易中心揭牌仪式隆重举行。省监察厅副厅长申楚，市委副书记、市长何刚共同为六盘水市公共资源交易中心揭牌，市人大常委会副主任阳松林、市政协副主席赵泽义等领导出席了揭牌仪式，出席仪式的还有市委、市政府各部门、水城县、钟山区、钟山经济开发区、水城经济开发区，省属、市属有关企、事业单位，以及部分投标单位，代理机构的有关负责同志。揭牌仪式由市人大常委会副主任阳松林主持。

（李 恒）

【全省公共资源交易中心建设工作推进会在六盘水市召开】 6月27日至28日，为加快公共资源交易中心建设，全省公共资源交易中心建设工作推进会在六盘水市召开。省委常委、省纪委书记宋璇涛，副省长黄康生，中纪委监察部执法监察室副主任王大同及市领导王晓光、何刚、黄金、唐方信、何冀、周斯弼、徐立平、向昀等出席会议。会议由省纪委副书记、省监察厅厅长廖建宇主持。

（李 恒）

【汽车号牌首次拍卖】 8月31，六盘水市汽车号牌首次拍卖，成交总金额高达246.25 万余元。其中，贵BM8888和贵BM9999两块车牌分别以30万和36万成交，拍卖所得收入将全部用于六盘水市公益事业。

（李 恒）

【省监察厅验收】 2012年10月16至17日，省监察厅副厅长申楚一行6人对六盘水市公共资源交易中心建设情况进行检查验收。市委常委、常务副市长周斯弼就六盘水市公共资源交易中心建设运行情况作了汇报，市委常委、市纪委书记向昀主持汇报会。

（李 恒）

【省委副书记陈敏尔到中心视察】 12月11日，省委副书记陈敏尔在六盘水市委书记王晓光、市长何刚等市领导的陪同下，到市公共资源交易中心视察工作。

（李 恒）

政务接待

【概况】 中共六盘水市委六盘水市人民政府接待处是经六盘水市机构编制委员会批准成立的正县级全额拨款事业单位，主要职能是接待省委、省人大、省政府、省政协到六盘水检查指导工作的领导；接待以省委、省政府名义到六盘水指导检查工作的人员；接待必须以市委、市政府名义接待的其他客人；承办上级部门交办的其他事项。

2012年，市委、市政府接待处共接待中央、省有关检查组、调研组，以及外地客商考察团计80批次、2457人，其中，省部级领导37人，接待总量为4455人次。

（朱志梅）

机关事务

【概况】 六盘水市机关事务管理局为财政全额预算拨款的正县级事业单位，隶属于市人民政府办公室。主要服务及管辖范围为市委市政府办公楼和大院、市人大政协办公楼和大院、地级干部住宅楼（包括24户和10户）、十二层综合办公楼、信息综合办公楼、金钟综合办公楼、党群综合办公楼、统战综合办公楼、市直机关三号办公楼、常委楼、会议中心、两个地下停车场。直接为40多个市直单位提供服务。

（陈建华）

【公共机构节能工作】 2012年，认真贯彻实施《节约能源法》《公共机构节能条例》，在全市范围内开展公共机构节能工作检查；及时传达国务院、省、市公共机构节能工作的相关会议、文件精神，介绍全国公共机构节能工作的开展情况及六盘水市现状，对六盘水市公共机构节能工作的开展进行探讨，并对各县、特区、区公共机构节能工作的开展提出指导意见；组织全市公共机构开展以节能降耗宣传活动。先后悬挂了横幅标语和大幅宣传画，印发节能宣传单2000余份、宣传册3000余本；对市直各单位、各县、特区、区进行节能专项检查2次；按时上报统计数据，单位上报率达98%。

（陈建华）

【安全保卫】 2012年，市机关事务管理局修订了《市委市政府大院管理规定》，强化了对市委市政府大院人员和车辆的进出管理，私车严禁进入大院；深入开展安全隐患排查和整改，完善了消防安全监控设施设备，更换消防灭火器具；协助有关部门做好了上访人员、群体性事件的秩序维护工作。一年来，处置各类上访事件和群体性事件400余次2000余人次；与管辖范围内各单位签订了《消防安全责任书》《综合治理责任书》《禁毒责任书》等，实行社会化综合管理。

（陈建华）

【公产维护管理】 按照市政府要求，将所有门面的产权和手续移交市民生公司。2012年，完成信息大楼电梯安装验收及相关办公室改造、市委市政府大楼墙面刷新、地级干部周转房部分房间改造装修和暖气设施安装、市人大大院值班室及十二层大楼锅炉房屋面防水处理、相关会场装修及设施设备更新、市委市政府大院地面维修改造工程、市委常委楼采暖工程。

（陈建华）

【水电暖保障】 2012年，完成日常维修维护工作1300余人次，对辖区各办公楼各办公楼的水、电进行维修维护，对下水管道进行疏通，对暖气管道和暖气片进行维修保养，对电锅炉进行安检、保养和维修，给电锅炉更换树脂14瓶，对草坪灯和景观灯进行维修更换；深入开展电气设备和线路的安全巡查，及时、有效预防和排除各类安全隐患。

（陈建华）

【会议保障服务】 一年来，完成了“两会”等重要会议、活动的会务保障和服务工作，提供会议服务422场次，服务人员1000余人次，参会人员60000余人次。

（陈建华）

【党风廉政和反腐败】 2012年，进一步完善了相关制度，坚持采购人不管物、不发物，管物者不购物、不领用物，用物者不购物、不管物的原则，做到购、管、发、用的互不交叉，相互制约，购发物资数量相吻合；严格执行政府采购制度，凡在六盘水市政府采购范围内的物资、办公设备、耗材、服务项目、基建及维修项目，必须按市政府采购的规定和本局的规章制度办理，并严格实行公示；认真落实党风廉政建设责任制，班子成员严格履行“一岗双责”，全体党员干部签订了勤政廉政责任书，没有违反《廉政准则》规定的行为。2012年，局一把手为党员上党课3次，开展警示和示范教育6次；进一步开展岗位腐败风险防控管理工作，在2011年的基础上，通过自己查、群众提、相互帮，经过进一步的梳理和反复修改、补充和完善，增加考核、节能两方面的风险工作，梳理汇总出工作流程2条、风险环节5个，风险点11个，新制定防控措施10条，完善防控制度1个。

（陈建华）

【“三个建设年”和“四帮四促”工作】 2012年，设置了首问首办服务窗口，配置了专职工作人员，方便了外来办事人员；所有干部都对自己的工作职责进行了细化、梳理，对如何转变作风、提高效率进行了公开承诺，通过局网站向全社会公开，接受广大机关干部和群众的监督；认真开展学习教育活动，重点抓了机关工作纪律、换届纪律和“四要十不准”规定的贯彻落实，对存在的问题进行认真整改。局作风建设民主评议工作结合本局的实际，采取单位自评、单位互评和群众评议等三种方式，认真查找在转变职能、提高办事效率、干事创业和简政放权等方面存在的主要问题并征求意见建议，并及时制定了整改措施；积极开展“四帮四促”和“中层干部到一线，机关作风大转变”活动。班子成员深入扶贫点，实行“一对一”帮扶，中层干部进村入户，调查民情，了解民意。

（陈建华）

政协六盘水市委员会

【市政协七届一次会议举行】 中国人民政治协商会议第七届六盘水市委员会第一次会议，于2月11日至16日在钟山区举行。

会议充分发扬民主，紧紧围绕推动六盘水市经济社会又快又好、更快更好发展积极建言献策；选举产生了政协第七届六盘水市委员会主席、副主席、秘书长和常务委员，完成了会议的各项议程。

会议审议并同意唐方信代表六届市政协常务委员会所作的工作报告和张俊昌代表六届市政协常务委员会所作的提案工作情况的报告，列席了市七届人大一次会议，听取并协商讨论了市长何刚所作的《政府工作报告》和其他有关报告，对2011年“一府两院”工作取得的成绩给予了高度评价，对2012年“一府两院”工作部署表示赞同，并提出了很多好的意见和建议。

市党政军领导出席了此次会议的开幕式和闭幕式。市委、市政协领导分别参加了全体会议、主席会议和各组讨论，听取委员们的意见和建议，与参会人员面对面进行交流。

会议期间共收到提案216件。其中，各民主党派、市工商联提案74件，人民团体提案1件，市政协各专门委员会提案2件，委员提案139件。经审查，立案213件。其中，经济建设方面的139件，占立案总数的65.26%；科教文卫体方面的51件，占立案总数的23.94%；政法统战、劳动保障、社会管理及其他方面的23件，占立案总数的10.8%。不予立案的提案3件。

（温红涛）

【第七届市政协常务委员会召开4次会议】 2012年，政协第七届六盘水市委员会常务委员会会议一共举行了4次。

七届一次常委会议于2月16日市政协七届一次会议期间举行。新当选的第七届市政协主席唐方信主持会议，新当选的第七届市政协副主席王兴建、田满华、张俊昌、聂志权、邓刚、赵泽义、滕树红、吴文祥，秘书长江胜东和第七届市政协常务委员出席会议。会议审议通过了七届市政协专门委员会设置的决定；任命了七届市政协各专门委员会主任、副主任。

七届二次常委会议于4月17日至19日举行。会议分别由市政协副主席王兴建、田满华主持。市政协主席唐方信，副主席张俊昌、聂志权、邓刚、赵泽义、滕树红、吴文祥，秘书长江胜东及常务委员共60人出席了会议。市委常委、市人民政府副市长刘友宾、市政协副巡视员石明全应邀参加了会议。部分驻市省政协委员，各县、特区、区政协主席或副主席，部分企业联络组负责人，市政协副秘书长、专职纪检员、机关党委书记、各专门委员会副主任、老干处处长、研究室主任、支边办主任，市政协机关正、副县级干部及各科、室负责人列席了会议。市委办、市政府办、市发改委、市科技局、市经信委、市民政局、市农委、市扶贫局、市烟草局的负责同志列席了有关议程的会议。会议听取并讨论了市人民政府关于推进工业化进程情况、关于全市农业“九大产业”及农业产业化建设工程实施情况、关于全市城乡救助工作情况的通报；审议并通过了《政协六盘水市委员会常务委员会工作规则》

（修订案）、《政协六盘水市委员会关于委员履行职责管理暂行规定》（修订案）、《政协六盘水市委员会专门委员会通则》（修订案）、《政协六盘水市委员会委员守则》（草案）、《政协六盘水市委员会关于政协委员履行职责的考核办法》（草案）、《政协六盘水市委员会关于评选表彰优秀政协委员的暂行办法》（草案）；学习传达了中共贵州省第十一次党代会、省政协十届二十八次常委会议精神；通过了有关人事任免事项。

七届三次常委会议于7月25日至26日在六枝特区举行。会议分别由市政协副主席王兴建、张俊昌主持。市政协主席唐方信，副主席田满华、聂志权、邓刚、赵泽义、滕树红和常务委员共44人出席了会议。市委常委、副市长刘友宾，市人大常委会副主任、六枝特区党委书记高玉林，市政协副巡视员石玥全应邀参加了会议。市政协副秘书长及其他有关人员列席了会议，市委办、市政府办、市委统战部、市发改委、市旅游局负责人、驻六枝特区省政协委员、各县（特区、区）政协主席或副主席，六枝工矿集团相关负责人列席了有关议程的会议。

会议听取并讨论了市人民政府关于2012年上半年经济运行情况、旅游发展工作情况的通报；审议并通过了《中国人民政治协商会议六盘水市委员会提案工作条例》（修订草案）；传达了贵州省政协十届二十九次常委会议精神；通过了有关人事事项。常委们还实地视察了牂牁江景区。

七届四次常委会议于10月24日至25日举行。会议分别由市政协主席唐方信、副主席聂志权主持。副主席王兴建、邓刚、赵泽义、滕树红、吴文祥，秘书长江胜东及常务委员共57人出席了会议。市委常委、市委秘书长、市人民政府常务副市长周斯弼、市人民政府副市长杨朝辉应邀参加了会议。市政协副秘书长及其他有关人员列席了会议，市委办、市政府办、市发改委、市住房和城乡建设局、市工商局的负责同志以及驻市省政协委员，各县、特区、区政协主席或副主席，各企业联络组负责人列席了有关议程的会议。

会议听取并讨论了市人民政府关于贯彻落实国发2号文件精神情况、保障性住房建设情况、扶持微型企业发展工作情况的通报，就相关工作提出意见建议。会议通过了有关人事事项。

（温红涛）

【学习培训提升素质基础】 坚持把抓好委员的学习培训放在突出位置，针对换届后新委员多的实际情况，分市中心城区、六枝、盘县3个片区举办委员培训班，邀请省社会主义学院专家和市政府领导授课，就统战政协理论、提案工作、调查研究、反映社情民意和抢抓“国发2号文件”机遇等方面，对市县两级政协委员进行培训，力求提高委员素质，为委员履行政协职能创造条件。

（温红涛）

【认真搞好调研】 围绕省委提出的“加速发展、加快转型、推动跨越”和市委、市政府的中心工作，市政协认真组织开展项目建设用地难、融资难、拆迁难，“反毒品、反盗抢、反暴力”社会治安“三反”专项行动，加强科技创新、促进经济社会发展，古村镇抢救保护和开发利用，旅游业发展和“四在农家”建设等课题的调研，形成调研报告6篇，提出的意见建议得到了政府和有关部门的办理和落实。

（温红涛）

【组织视察强化监督】 组织委员对六盘水市集中式饮用水源地污染治理、政法系统“十大基础项目”建设、农村义务教育阶段学生营养改善计划实施、六六高速、六镇高速和杭瑞高速境内段建设、保障性住房建设、通村油路工程实施等工作情况进行视察，及时向市政府提出视察报告。组织驻市省政协委员对六盘水市建设系统2012年度实施的部分项目进展情况进行视察，配合省政协就贯彻落实全省科技大会精神、新型农村合作医疗管理等工作情况进行视察，提出50余条意见建议，推动了相关工作的开展。

（温红涛）

【推进提案办理】 召开提案交办会，落实236件提案办理责任。采取组织专题视察、到承办单位走访座谈、协调组织会商办理、召开提案工作座谈会等措施，加大提案督办力度。采取座谈会和实地查看等方式，对承办单位提案办理回复及落实情况，特别是主席会议重点督办提案的回复及落实情况进行跟踪监督，促进了提案办理和落实，推动了相关问题的解决。

截至2012年10月31日，立案交办的236件提案全部办理完毕，提案者对提案办理和回复情况表示满意或基本满意。所提问题已经解决或基本解决的63件，占26.69%；所提问题正在解决或列入规划逐步解决的147件，占62.29%；所提问题因受条件限制或其他原因需待以后解决的22件，占9.32%；所提问题留作参考的4件，占1.70%。

（温红涛）

【发挥文史资料功能】 制定了《六盘水市建国后史料征编工作方案》和《〈六盘水多党合作事业〉征编工作方案》，出版《六盘水文史资料选粹》一书。

（温红涛）

【关注民生办实事】 市政协领导班子成员和各专委会负责同志经常深入党建扶贫点、“四帮四促”和“四在农家”联系点，察民情、集民意、帮民需、解民忧，实实在在为基层群众办实事、好事，促进了民生问题的改善。为水城县陡箐乡捐赠50台玉米脱粒机和100亩核桃树苗；协调资金1169.9万元，为水城县米箩乡、陡箐乡修通村油路（水泥路），建集贸市场、果蔬基地和文化广场等。

（温红涛）

【智力支边】 市智力支边办全年引进资金140余万元，资助贫困生591名，为40多所学校捐赠图书2.4万册，捐赠童装和文化体育用品，实施“爱心一蛋”工程，保证近万名学生吃到营养早餐。同时，大力做好引智工作。组织对40多名“一乡人”支教团大学生进行岗前培训；联合民盟市委、市教育局开展英语和数学教师培训活动，邀请新东方教育集团和上海莘越科技公司优秀培训团队对六盘水市380多名中学英语教师和200多名数学教师进行培训。（温红涛）

【深入开展“互助共建”活动】 市政协协调资金10万元，为德西社区改善办公条件；捐赠图书5000册和其他相关设施，帮助社区建立图书室；组织市政协委员中的医学专家，在德西社区开展义诊活动；邀请六盘水市书法家为德西社区640余户居民义务书写春联；倡导和支助成立幼儿书画班，免费培养书画人才。在第七届全国少年儿童美术作品大赛中，德西社区幼儿书画班的3件作品获金奖，1件作品获银奖。

（温红涛）

【丰富民主监督形式】 根据《政协民主评议工作暂行办法》，组织对市工商局开展为期一个月的民主评议。评议工作坚持听、看、问、访、察、测相结合，分为组织准备、收集意见、组织评议、整改落实、总结报送五个阶段进行。在肯定工作成绩的同时，查找六盘水市工商工作存在的问题，提出了整改意见，促进了六盘水市发展环境的优化，同时也拓宽了六盘水市政协的民主监督渠道，提升了政协形象和社会影响。

（温红涛）

【承办全省九市州政协工作联系会】 8月7日至8日，贵州省九市州政协工作联系会第二十一次会议在六盘水市召开。会议紧紧围绕政协工作如何以贯彻落实国发2号文件精神为契机，大力推进“三化同步”建设的主题，进行了热烈的交流和探讨。会议期间，参会人员参观了首钢水城钢铁（集团）有限责任公司、红桥新区、水城经济开发区和水城县百车河现代农业生态园。会议创造性地采取“一对一”的接待形式，由分管主席、专委会主任或副主任、专委会办公室主任以及相关领导负责对口接待一个市州参会人员，全程陪同，做好服务。

（温红涛）

【省政协主席王正福到六盘水市调研】 5月11日，省政协主席王正福到六盘水市考察、指导工作，省政协秘书长李月成陪同考察。市委书记王晓光，市政协主席唐方信、副主席王兴建，秘书长江胜东等陪同考察。王正福一行实地参观了正在建设中的领翔国际五金商贸城、恒远新型建材有限公司、水矿鑫晟煤化工基地以及西南天地煤机成套装备制造项目的建设进展情况。并与六盘水市主要领导及相关部门负责同志进行座谈。在听取六盘水市工作情况汇报后，王正福主席对六盘水市经济社会建设取得的成绩给予了充分肯定，并要求六盘水市政协要在党委的领导下，认真贯彻落实《中共贵州省委关于进一步加强人民政协政治协商制度建设的意见》，推动政协各项工作取得更大的成绩。

（温红涛）

【推进“三化”建设　打造“五型”机关】 换届后的六盘水市政协把推进机关规范化、制度化、程序化建设作为重要工作之一，努力打造学习型、落实型、服务型、廉洁型、和谐型机关，推动了各项工作的顺利开展。依托“三化建设”，打造“五型机关”：一是立足制度，丰富学习形式，构建学习型机关；树立团队观念，激发团队活力，提高工作效率，努力建设服务型机关；以细节决定成败的管理理念，从小处着手，构建落实型机关；以制度促落实，建设廉洁型机关；加强沟通交流，构建诚信友爱，打造和谐型机关。

（温红涛）

【健全机构　重视干部队伍建设】 努力为干部职工创造成长进步条件。一年来，有4名同志升为正县级，3名正科级干部得到了提拔、1名副县级干部得到了交流，4个正副县级干部得到了轮岗，2名同志升为副科级。增设了委员联络处、干部培训中心、文书科、财务科4个工作机构，机关科室设置、干部队伍配置进一步得到优化。

（温红涛）

【组织主题拓展活动】 4月20日至21日，市政协机关特邀贵阳市起点户外拓展公司专业教练，组织了一次以放松身心、舒缓压力、凝聚团队、打造市政协团队精神为重点的“强素质、严作风、建新功”主题拓展活动。市政协主席唐方信，副主席张俊昌、聂志权、邓刚、滕树红，副巡视员石明全，秘书长江胜东以及机关各委室领导和干部职工80余人参加了活动。此次主题拓展活动实行半军事化管理，统一吃住，打破了等级、性别、年龄界限，挑战自我，共建和谐。

（温红涛）

【六盘水市中秋茶话会】 9月26日，市政协办公室、市委统战部联合举办六盘水市各族各界人士迎中秋茶话会。市委常委、市委组织部部长、市委统战部部长李朝卉主持茶话会，市政协主席唐方信致辞。市人大常委会主任黄金、副主任陶兴锐，市委常委、市人民政府常务副市长周斯弼出席活动。茶话会上，各界人士代表还进行了精彩纷呈的文艺表演。

（温红涛）

纪检　监察

【中共六届市纪委二次全会召开】 2012年2月2日，六届市纪委二次全会在市中心城区召开。会议学习贯彻十七届中央纪委七次全会、十届省纪委七次全会和市第六次党代会精神，回顾总结全市2011年党风廉政建设和反腐败工作，研究部署2012年的任务。全会审议通过了市委常委、市纪委书记向昀代表市纪委常委会所作的《保障政令畅通，服务科学发展，努力开创党风廉政建设和反腐败工作新局面》的工作报告。市委书记王晓光出席会议并讲话。

（洪海波）

【保障政令畅通】 围绕贯彻落实国发2号文件、重大项目和重要工作开展检查，对水城县职中建设、盘县垃圾无害化处理工程等18个进展缓慢的项目进行调查，对明湖湿地公园、明湖宾馆、机场供水工程进行重点督办，对1013个重点项目、集中开工项目进行摸底核查。加强对环境保护、规范和节约用地、水利发展改革等政策措施落实情况的监督检查，开展经济运行情况、电煤供应情况、安全生产督查。深入开展工程建设领域专项治理，清理挂靠借用资质问题，排查企业714家。开展水黄公路交通安全秩序专项整治，调查盘县戒毒所“4·22”集体脱逃事故。全年共开展监督检查106次，发现问题1961个，纠正问题1232个（12月份项目检查发现的729个问题正在整改），26名干部受到问责。严肃生产安全事故责任追究，给予党政纪处分53人次。40名领导干部因人口计生工作履职不到位受到处分。

（洪海波）

【优化发展环境】 通过党委政府主抓、纪检监察主推、部门协同配合，采取政银合作和政企合作的模式，在不到3个月的时间内，高标准建成财政投入少、整合项目多、软硬件设施先进、功能齐全的市公共资源交易中心，圆满召开全省现场推进会，10月份通过省级验收，获省纪委监察厅500万元奖励。将工程建设、政府采购、土地和矿业权出让等7大类73小项交易项目纳入中心进行交易，做到应进必进，完成交易项目276个，成交金额33.83亿元，节约和增值资金1.5亿元，开展5次特殊号牌拍卖，实现收益516.8万元。

政务服务大厅、行政审批暨电子监察系统正式投入使用，实现了省、市、县三级联网监察，扭转了建设进度在全省靠后的局面，大厅规模、软硬件建设位于全省前列。市级清理保留行政审批和服务事项103项，比上年共减少380项，全部纳入行政审批暨电子监察系统管理。制定《行政审批电子监察办法》《行政审批过错责任追究办法》等一系列制度。办结业务36528件，提前办结35815件，发放警示红、黄牌263件，行政效率大幅提升。

全力抓好“阳光晒权”，组织63家单位“一把手”向社会公开《提高效能优化环境服务承诺》。对10家窗口单位的领导班子开展“向人民报告、请人民监督、让人民满意”评议活动，21位市有关领导现场指导，477名社会各界代表面对面评议，217万余名网民参与网络互动，回复意见和投诉182条，解决率达100%，群众满意率、基本满意率达95%，“脑梗阻”问题有了明显转变。对77名科室负责人开展“科长群众评”活动，1300

余名社会各界代表对参评科长进行评议，以奖惩促效能，“中梗阻”问题得到进一步治理。民主评议469个乡镇基层站所，邀请主管部门、乡镇领导、群众等1233人参与，调查走访3576名服务对象，召开座谈会293次，发放调查问卷57912份，督促整改意见建议669条，建立健全制度99个。充分发挥软环境监测点作用，协调解决企业生产经营困难32个。对32家单位进行满意度测评，督促整改问题20个，“肠梗阻”问题得到进一步疏通。

（洪海波）

【惩防体系建设】 全面落实党风廉政建设责任制，深入推进惩防体系建设，把“三道防线”建设融入保持党的纯洁性教育活动中，对五年惩防体系建设进行了全面检查和总结。省委副书记、代省长陈敏尔12月份带队考核时，充分肯定全市惩防体系建设。组织对岗位腐败风险防控管理工作开展自查，抽查6家重点部门，督促指导科学查找风险点，制定防控措施。

加强反腐倡廉宣传教育，组织全市3000多干部观看电影《忠诚与背叛》，开展向陈超英等先进典型学习活动，在环保、建设等系统开展岗位廉政风险教育。对钟山区“两违”建筑背后的腐败窝案进行剖析，在《六盘水日报》、凉都六盘水网站公开曝光。将经信系统11人违纪违法案件、钟山区荷城办事处杉树林社区支书严重破坏发展环境案件在全市进行通报。开展“倡廉洁、树清风”优秀廉政公益广告集中展播活动。推进廉政文化“八个一”工程，创建29个廉政文化“六进六增”示范点，建成廉政文化街，开展反腐倡廉曲艺比赛活动，选送《点儿好》等3个节目参加全省反腐倡廉曲艺大赛决赛并获优秀奖。开展“廉政党课下基层”活动，为全市1000余名党员干部授课。

（洪海波）

【查办违纪违法案件】 全市受理信访举报1231件次，初步核实违纪线索269件，同比上升19%；立案190件299人，同比上升21%，增幅名列全省第一；结案161件，党政纪处分255人，移送司法机关追究刑事责任37人；通过办案收缴违纪资金881万余元。其中市纪委监察局受理信访举报539件次，初步核实违纪线索21件；立案20件37人，同比上升33%；涉及县级干部8件8人；移送司法机关追究刑事责任19人；通过办案收缴违纪资金643万余元。注重发挥查办案件的治本功能，发出监察建议3份，督促发案单位建章立制。修订完善《办案安全守则》等8个制度，建成办案工作点，县（特区、区）纪委建成了谈话室，实现办案工作整体推进、安全事故和违纪违法办案零发生的目标。强化案件审理工作创新，加强和完善安全事故责任追究“双审核”制度，实现了连续6年“零申诉”，得到中纪委、省纪委的充分肯定，被省纪委列为示范点引导全省审理工作。

（洪海波）

【监管涉农资金】 构建“阳光+科技+制度”涉农资金监管模式，建立覆盖全市的涉农资金电子监管网站，组织培训市、县两级92个部门、98个乡镇、372名工作人员。将全市2471个涉农项目共152.6亿元涉农资金全部录入涉农资金电子监管系统，统一备案、公示和监管。在“凉都·六盘水”网站开辟涉农公示网，与涉农资金监管系统相链接。开展了3次全市涉农资金大检查，纠正问题74个，建立完善制度18个。查处涉农案件14件，涉及金额97.58万元，党政纪处分17人，移送司法机关10人。对六枝特区救济粮采购和发放中存在的问题、岩脚镇民兴村在发放救助粮中向救助对象收费的问题进行查处，5名干部受到问责，其中1人被免职。

（洪海波）

【民生监督】 加强对保障性住房和教育基础设施建设项目的监督检查。强化食品药品安全监管工作，查处食品药品案件500件。集中招标采购药品2.9亿元，让利患者305万元。开展医药购销和医疗服务中不正之风专项检查，查处非法行医、黑诊所、违规操作115家。责令沃尔玛、苏宁电器等大型零售企业整改违规收费行为。整治电信行业违规收费问题20个。清理减少银行金融机构收费项目1207项。

（洪海波）

【作风建设】　加大作风整顿力度，坚决纠正不良风气。组织“政风行风热线”30期，31家单位的42位领导在电台直播间解答群众关心的热点难点问题99个。受理行政效能投诉81件，已办结79件。加大对机关工作作风和纪律执行情况的检查力度，切实解决干部队伍中存在的“庸懒散慢拖”问题。市县两级共对1305个单位开展明察暗访353次，182人因违反工作纪律受到处理。

（洪海波）

【专项治理】　深入开展违规调整容积率、土地及矿权出让制度执行情况的“三项清理”工作，纠正问题141个，已清收资金2.4亿元，其中2012年清收资金3618万元，督促建立制度24项。

全面开展“四项清理规范”工作，全市963项检查考核活动清理减少到424项，减少率达55.97%，制定《关于严格控制和规范检查考核活动的办法》；清理取消庆典1个，金额120万元；清查88项评比达标表彰活动；清理审核行政事业性收费908项。

建立“悬奖”举报制度，全面清理纠正违规投资入股煤矿问题，全市48262人进行申报，中央电视台《新闻频道》进行了专题报道。

对违规购置的26辆公务用车进行封存，约谈31名责任人。对各级各部门车辆编制重新核定，进一步规范公务用车管理。

深化教育乱收费、公路“三乱”等专项治理，实行“小金库”治理工作的常态化监管。

（洪海波）

【廉洁从政】　全面落实廉政准则，扎实抓好干部廉洁自律，制发了《关于2012年元旦、春节期间加强廉洁自律工作的通知》，要求领导干部严格执行厉行节约，制止奢侈浪费。审核领导干部廉洁自律情况596人次，开展任前廉政谈话260人次。领导干部主动上交礼金39.83万元。向全市968名科级以上领导干部发送廉政短信。对国庆期间公车私用以及领导干部驾驶公车进行处理。开展经济责任审计项目10个，查出违规资金1080万元，管理不规范资金34989万元。以“五化”建设为目标，深入推进党务、政务、村务、厂务公开工作，加强农村党风廉政建设。

（洪海波）

【维护和谐稳定】　坚持领导定期接访制度，全市纪检监察系统接访、走访、回访156件，办结153件，满意率、基本满意率达89%，高于《省“三访”活动通报》11.6个百分点。其中领导接访78件，实行包案办理，全部办结。加强与职能部门的协调沟通，相互配合，优势互补，形成合力，促使疑难信访事项的解决。对“三访”活动开展情况定期实地督查，督促落实信访工作责任制，32名干部因履职不到位受到责任追究。建立完善信访工作制度460个，积极探索“三访”活动长效机制，推动“三访”制度化、常态化。

（洪海波）

【派驻机构统一管理】　市、县两级24个纪检监察派出机构全部挂牌运行，实行“五统一”工作运行机制，参加“三重一大”会议672次，组织检查481次，提出整改意见584条；受理信访举报121件，初核95件，立案11件，处分36人，挽回直接经济损失108万元，清退违规资金87.5万元。实行市纪委监察局班子成员分工负责统管工作重点督导；建立市、县直纪工委监察分局管理暂行办法等制度80余个；联合中国纪检监察学院开展完善纪检监察派驻机构统管体制机制课题调研。全省完善县级纪检监察派驻机构统管工作座谈会在六盘水市圆满召开。

（洪海波）

【能力提升建设工程】　以“保持纯洁性，争创新业绩，迎接十八大”为主题，坚持开门学习、开门评议、开门整改，认真开展保持党的纯洁性教育活动。结合实际，提出“对党忠诚、业务精通、秉公执纪、勤政清廉、作风优良”的保持纪检监察干部纯洁性具体标准。开展“十六个一”活动，查找领导班子及干部职工存在问题260余个，征求意见建议31条，联系实际制定措施加以整改。强化政治理论和业务学习教育，对300余名纪检监察干部进行培训，采取领导班子联系县区督导重点工作、实行委局各室季度工作“汇报+评议”，统筹推进各项工作。

（洪海波）

民主党派与工商联

中国民主同盟六盘水市委员会

【概况】 中国民主同盟是主要由从事文化教育以及科学技术工作的高、中级知识分子组成的，具有政治联盟特点的，接受中国共产党领导、同中国共产党通力合作，进步性与广泛性相统一、致力于中国特色社会主义事业的参政党。

中国民主同盟六盘水市委员会的前身为民盟六盘水市支部（直属民盟贵州省委），成立于1985年6月，时有盟员7人，是六盘水市最早成立的民主党派组织。1989年9月，经民盟中央批准，民盟六盘水市第一次盟员大会召开，选举产生民盟六盘水市第一届委员会，时有盟员67人。1993年2月、1996年12月、2001年8月、2006年8月、2011年8月，分别召开第二次盟员大会，第三、四、五、六次代表大会，选举产生民盟六盘水市第二、三、四、五、六届委员会。

民盟市委现辖8个直属基层组织，分别是民盟六枝特区总支部委员会、水城县总支部委员会、钟山区支部委员会、市级机关支部委员会、六盘水市一中支部委员会、六盘水师范学院支部委员会、六盘水市三中支部委员会和水钢小组，另有单独联系盟员4人。截至2012年12月底，全市共有盟员344人，主要分布在教育、文化、科技、经济等界别，其中，重点界别282人、占总数的82.0%（教育界239人、占总数的69.5%，文化界3人、占0.9%，科技界40人、占11.6%），非重点界别62人、占18.0%（人大、政府、政协、司法、党派机关44人、占12.8%，社会团体2人、占0.6%，公有制经济6人、占1.7%，新的社会阶层人士10人、占2.9%）。344名盟员中，具有高级职称的有127人、占36.9 %，中级职称有157人、占45.6 %；中上层人士共有307 人，占89.2%。344名盟员中，具有行政副地级职务人员2人，县级职务4人、副县级职务11人，科级职务11人、副科级职务20人，男盟员156人，女盟员188人，平均年龄48.6岁。

六盘水市盟员中现有省政协委员2人，市人大代表2人（常委1人）、政协委员19人（常委3人），县（特区、区）人大代表2人（常委1人）、政协委员23人（常委7人），市级特约人员8人。在2012年的市、县（特区、区）人大、政协会议上，盟员中的人大代表、政协委员提出多件议（提）案，得到市、县（特区、区）人大、政协的充分肯定，受到各级党委、政府的高度重视。

民盟六盘水市委机关现有国家公务员5人，事业人员1人，行政工勤人员1人，内设机构为办公室。

（颜亨凭）

【组织建设】 2012年，严格按程序酝酿、考察、选举产生12名盟员为六盘水市出席贵州省第十三次代表大会代表，1名盟员被民盟贵州省委提名为第十三次代表大会代表，推荐一人为出席民盟全国十一大代表候选人。民盟市委还在会前召开了代表动员会，就出席会议提出具体要求，13名盟员以饱满的精神参加5月14至16日在贵阳召开的民盟贵州省第十三次代表大会。大会选举产生新一届民盟贵州省委员会，主委范三川当选新一届民盟省委常委，副主委吴永祥当选新一届民盟省委委员。

2012年，民盟市委不断加强培训力度，全年共推荐5名盟员参加省社会主义学院第十一、十二期“全省民主党派基层骨干培训班”的学习，组织10名盟员参加市社会主义学院“党外知识分子培训班”学习，推荐7名盟员参加民盟省委与中央社院首次联合举办的“民盟贵州省后备干部培训班”学习。机关专职干部还多次参加中共市委组织的“中共十八大”和“国发2号”文件精神等专题学习和培训。

全年共召开主委会11次，市委会6次，中心组集中学习4次，召开领导班子民主生活会（谈心会）1次。3月起，范三川主委参加国家行政学院第九期西部地区领导干部培训班学习及赴中国华能集团科技环保部挂职期间，委托专职副主委李用凯代行主委职责，民盟市委各项工作均正常开展。副主委吴永祥在2008~2010年公务员年度考核中，连续三年考核为优秀等次，受中共市委表彰，记三等功1次并奖励奖金10000元。

（颜亨凭）

【机关建设】 2012年，民盟市委积极参与中共市委、市政府“三个建设年”“四帮四促”“五城连创”等活动。机关按“三个建设年”活动有关要求做好自查自纠，接受市“三建办”等部门的督查，切实转变了工作作风。

7月19日，新任民盟省委主委、贵州科学院院长何力到民盟市委机关看望机关干部并与盟员座谈；9月6日，中共市委书记王晓光走访民盟市委机关并与领导班子成员座谈。民盟市委机关干部还参加民盟遵义市委成立60周年、民盟贵阳市委成立30周年纪念活动，参加市政协组织的秘书长联席会议，增加了机关干部感性认识、拓宽了视野。在2012年年度民盟省委对市州委员会的考核中，民盟市委荣获“一等奖”和“社会服务优秀奖”。在2012年市直机关目标考核中获得“二等奖”的好成绩。

（颜亨凭）

【思想建设】 民盟市委还继续深入开展树立和践行社会主义核心价值体系为内容的“三学两比”活动，注重以“学”带“比”，将活动与政治理论学习、平时学习结合起来。

针对2012年“九一八”纪念日前后，全国各地举行了反对日本政府侵犯钓鱼岛主权引发的爱国抗议活动，民盟市委积极引导，要求全市盟员及家属理性爱国，合理表达，拒绝非理性行为、绝不参与并坚决制止假借爱国之名搞打砸抢烧之类的违法犯罪行为，坚持从我做起，维护社会安定和谐。

（颜亨凭）

【宣传工作】 依托市政协网站、民盟省委网站、《六盘水政协》杂志、《六盘水日报》等媒体平台，向外报送各类活动消息30余篇次，基本做到重大活动及时报道，完成《民盟六盘水市委工作情况通报》四期，对宣传六盘水民盟起到了良好的效果。

民盟市委坚持给每个直属基层组织订发《中央盟讯》《贵州盟讯》，鼓励各直属基层组织订阅《人民政协报》《贵州政协报》《群言》等报刊杂志。对基层组织统一思想认识、提高政治理论水平、沟通信息交流、推进盟务活动起到了重要的作用。

（颜亨凭）

【智力支边与社会服务工作】 智力支边，社会服务是民主党派参政议政的重要载体之一，是民主党派参与全面建设小康社会的重要窗口，是民主党派展示自身形象、体现自身价值的重要平台。2012年，民盟市委外引内联，密切与民盟省委的沟通联系，引进外部资源，围绕“同心工程”和“烛光行动”开展了大量活动。

“烛光行动”。配合“烛光行动”的开展，民盟市委积极向外争取，分两批向六盘水市部分初中阶段学校捐赠徐方瞿《几何王》教学软件300套，价值近20万元；7月，民盟市委多方牵针引线，在民盟省委的支持帮助下，引进著名的新东方教育集团教学资源，与市教育局联手在六盘水市正式启动中学英语教师培训活动，帮助六盘水市中学英语教师传授先进的英语教学理念，还分别在六盘水师院和市三中组织2场精彩的校园学业励志演讲，受到广大师生的热烈欢迎；11月，民盟市委邀请徐方瞿再次亲临六盘水，分别在六枝特区一中和六盘水市民族中学举办软件应用培训班，六枝和市中心城区近400名初中教师从中受益。

扶贫济困活动。围绕“四帮四促”对口联系点，民盟市委相继开展了一些帮扶活动。1月，范三川到对口联系点水城县顺场乡开展了慰问；“六一”前夕，范三川带队向水城县顺场小学捐赠了由市智力支边办提供的价值11800元的图书八百册，用于建立学校图书室，民盟市委还向该校288名贫困学生捐赠了价值13848元的书包、新华字典、文具盒等学习用品和价值5000余元的衣物。

爱心捐赠活动。年初，为积极响应中共市委市政府倡议，民盟市委以实际行动支持六盘水市成立“见义勇为基金”，组织全市盟员个人向见义勇为基金捐款12130元。

其他活动。9月，六枝盟员白晶受邀参加六枝特区煤炭局组织的“六枝特区煤炭调运管理培训班”授课，为六枝特区境内煤炭执法及涉煤企业120多名学员讲解《中华人民共和国行政许可法》；“12·4”法治宣传日，民盟市委领导亲自带领盟市委社会服务委员、盟员中的律师、机关干部职工在单位（百联电器）门前举办法治宣传和法律咨询活动。此次活动共发放相关法律知识资料300余份，接受法律咨询20余人次。

在2012年年度民盟省委对市州委员会的考核中，民盟市委荣获“社会服务优秀奖”。

（颜亨凭）

【民盟提出党派提案19件】 参政议政是民主党派的重要职能。党派提案是民主党派参政议政最重要的形式之一，民盟市委把党派提案工作摆在重要高度，注重平时调研、积累素材，广泛集聚集体智慧，充分发挥广大盟员及参政议政人员的作用，从各基层组织、参政议政人员及广大盟员提供的素材中提炼提案。在2012年市政协七届一次全会上提交了党派提案19件，分别是《规范我市乡镇客运站建设和营运管理的建议》《对我市中等职业教育的建议》《关于解决我市农村留守儿童教育问题的建议》《凤凰新区乘公交车难问题亟待解决》《加强我市中小学医务室建设的建议》《进一步加强我市中小学图书馆（室）建设与管理的建议》《关于加快汪水路改造工程进度的建议》《进一步加强蔬菜质量安全检测的建议》《加强我市餐厨废弃物管理的建议》《关于加强基层人民法庭建设的建议》《关于加强我市村庄规划的建议》《关于加快牂牁江景区绿化建设的的建议》《对违法建筑加大执法力度的建议》《关于解决市中心城区垃圾处理有关问题的建议》《关于尽快将牂牁江风景区申报为国家级风景名胜区的建议》《关于加快我市特色农业发展的建议》《关于加快城乡教育资源布局调整的建议》《加强教育督导制度建设，促进我市基础教育健康发展》《关于规范我市建设征地搬迁补偿补助标准和政策的建议》。党派提案保持民盟的“教育”特色，涉及社会、经济、文化、旅游、交通、城市管理等多个方面。

其中，《关于加快汪水路改造工程进度的建议》被列为主席督办提案，市住房和城乡建设局召开提案办理征求意见会，就汪水路改造工程进度遇到的实际困难，及准备采取的解决办法作了详细说明；《关于加强基层人民法庭建设的建议》提案办理得到中共市委督查室的督办。

在政协六盘水市委员会2012年度先进提案单位和提案工作评选表彰活动中，民盟市委被表彰为“先进提案单位”，本党派提案《关于加强基层人民法庭建设的建议》被表彰为“优秀提案”。

此外，盟员中的市政协委员向大会提交了委员个人提案26件。

（颜亨凭）

【对口联系工作】 对口联系是民主党派知情出力的重要途径，民盟六盘水市委把民主党派与政府职能部门开展对口联系工作，作为履行参政议政、民主监督职能的重要途径之一，认真抓紧抓好，并积极主动与所联系的单位进行对口联系。事前，充分阅读研究有关单位的书面通报材料，采取实地调查、会议、参观、座谈等方式进行对口协商，交换意见，针对存在的问题提出意见和建议，并就亟待解决的困难，及时向中共市委和市政府反映。

2012年，与民盟市委对口联系的政府部门有市教育局、市科技局、市文化局（文体局）、市卫生局、市住建局（住房和城乡建设局）、市人力资源和社会保障局（人资社保局）等6个。民盟市委加强与对口联系单位的沟通，充分发挥对口联系工作“传感器”的作用，丰富对口联系形式，多次应邀参加了6个政府部门的有关会议和对口联系活动，对部门工作有了一定了解，从中获得了一些有价值的基础材料和提案线索。为更好的参政议政、知情出力打好基础，并就相应工作提出意见建议。

（颜亨凭）

【调研工作】 5月，民盟市委根据“工业化、城镇化及农业现代化”三化并举战略有关要求，有针对性地开展“贵州农业现代化发展之路”课题调研。由分管调研工作的专职副主委李用凯带队组成调研组深入六枝、盘县、水城三县（特区）实地查看部分农村种养殖企业、农产品加工企业生产经营状况，与企业主、种养殖户交流座谈，听取市县两级农业、水利、扶贫等部门的情况介绍，全面摸底农业生产基本情况和现代农业发展现状，提出要在大力推进工业化、城镇化的同时，努力探索一条适合贵州现代农业发展之路。分别完成《探索我市现代农业发展之路》《贵州农业现代化发展研究》两个课题调研报告，并报送中共市委统战部、民盟贵州省委，为党委政府和有关部门决策提供参考。6月，民盟市委配合民盟省委调研组开展《西部城乡学前教育现状、问题及对策》课题调研，在市教育局的大力协助下，实地走访调研市中心城区和乡镇部分幼儿园，圆满完成调研任务。部分直属基层组织也根据各自情况开展了一些课题调研，如钟山支部联合钟山区政协学习文史委、九三学社钟山支社完成了《全区养老服务发展现状专题调研报告》，市三中支部独立完成《关于我市今年防汛抗旱工作的调研报告》等。

（颜亨凭）

中国民主建国会六盘水市委员会

【概况】 2012年全年民建市委中级职称3人，平均年龄33.9岁。2012年共批准新会员入会7人，其中研究生2人大学本科4人，中专1人。至2012年底，民建六盘水市委共有会员223人，通过与各级统战部门协商，民建六盘水市委会员在各级人大担任人大代表的会员有4人，各级政协委员40人，在政府、政协担任县（处）级以上领导职务11人。特约监督员、行风监督员11人。

（余万发）

【参政议政】 2012年，民建参加中共六盘水市委、市人民政府、市政协召开的民主协商会、情况通报会、意见征集会、调研会、论证会、约谈会、座谈会等各种会议18次，与市审计局、市文化广播体育局、市商务粮食局、市发改委、市住建局、市财政局、市农业局、市物价局等单位开展对口联系会议一次以上；在七届政协一次会议上，民建六盘水市委提交提案19个；民建市委多次组织人员到各县区就六盘水市的旅游业发展、微型企业成长、“四在农家”创建、保障性住房建设等情况进行调研，完成《六盘水市微型企业情况调研》《关于促进我市产业园区又快又好发展的几点建议》《关于我市保障性住房建设情况调研》《关于进一步推动我市“四在农家”工作的建议》等报告。

（余万发）

【智力支边和社会服务】 在服务社会方面，一是对“四帮四促”联系点比德乡布拱村30户贫困居民进行慰问和帮扶；为水城县比德乡中心小学捐献价值一万余元图书。二是协调39000元资金为“四在农家”联系点水城县金盆乡营发村村民修建水窖；为营发村30户贫困农民送去大米、棉衣棉被等生活物资；协调水利部门资金426万多元，解决金盆乡7个村的安全饮水问题。三是引导会员企业投身公益事业，扶助贫困群众：会员企业七彩投资有限公司出资6万多元为市特殊学校捐赠的食品和音响；会员企业六盘水市腾庆房地产开发公司为农村贫困群众和市特殊学校的学生捐赠大米1500公斤；会员企业六盘水市黔润食品有限公司为农村贫困居民和敬老院捐赠了8000多元的猪肉，并为平抑肉价提供了1522696公斤平价猪肉；会员企业六盘水华飞房地产有限公司捐赠70万元在全市举办了十场“让生命充满爱”大型公益讲座，资助了由市关心下一代工作委员会等单位主办、翰园文化创意公司承办“大手拉小手·欢快笑声跟我走”公益活动……据不完全统计，2012年，民建会员企业投入公益事业、扶贫济困、支持新农村建设的资金已超过100万元。

在会内，民建六盘水市委一如既往地开展“三个服务”，即关爱困难会员的爱心帮扶行动、为后备干部搭平台的携手共进行动、为企业会员提供法律、信息咨询、协调关系的真情服务。2012年春节期间，分别对30余名会员进行了慰问。会员张明珠（已去世）重病期间，市委会组织全体会员共捐款2万余元对他进行帮助，为他送去组织的温暖。

（余万发）

中国民主促进会六盘水市委员会

【班子建设】 2012年，民进六盘水市委以班子建设为核心，坚持民主集中制原则，努力提高班子成员的“四个能力”。一是抓好班子成员的教育。民进六盘水市委换届以来，对班子成员加强了学习培训，班子成员始终把作风建设摆在突出位置，从自身做起，把作风建设的要求落到实处。引导班子成员牢固树立正确的世界观、人生观、价值观和权力观、地位观、利益观，自觉弘扬新风正气，抵制歪风邪气。二是狠抓班子的民主作风和团结协作能力。充分利用主委会、全委会、班子成员民主生活会等，认真组织班子成员对照胡锦涛总书记倡导的勤奋好学、学以致用，心系群众、服务人民，真抓实干、务求实效，艰苦奋斗、勤俭节约，顾全大局、令行禁止，发扬民主、团结共事，秉公用权、廉洁从政，生活正派、情趣健康等八个方面的良好风气，进行自查自纠，使班子成员的工作作风得到转变、服务意识得到增强、民主决策形成制度，团结协作能力得到不断提高。

（李家勇）

【参政议政】 以参政议政能力建设为核心，以打造高素质的参政党为目标，从队伍建设、制度建设、机制建设入手，努力发挥自身优势，围绕建设“五个六盘水”积极建言献策。

充分用好两会平台，积极撰写政协提案，履行参政议政职能。在年初召开的六盘水市政协七届一次会议上，向大会提交了17件党派提案。《加快我市旅游业发展的建议》《关于加快市中心区旅游设施建设步伐的建议》《保护开发利用杜鹃花林，推动我市旅游业发展的建议》《盘县“坡上草原”景区的保护及管理工作亟待加强》等提案，及时针对六盘水旅游业发展中存在的问题和不足提出了一系列建议。围绕十七届六中全会中央提出的文化大发展大繁荣的战略决策，提出了《关于推动我市文化大发展大繁荣的建议》《关于拍摄一批反映六盘水历史和文化的影视剧的建议》。针对民生问题，提出了《关于将明硐水库纳入市中心区供水水源的建议》《关于解决我市火车站片区交通不畅的建议》《关于及时调整1、2、3路公交运行线路的建议、《关于缓解花渔洞片区交通堵塞的建议》等提案。围绕城市的管理和建设，提出了《关于尽快建成市中心区官厅路的建议》《关于搬迁市中心区人民路沿线建材机电市场的建议》，为更好的搞好“双创双建”工作，提升城市品位和形象建言献策。还针对六盘水市经济、教育、科技等各项事业发展过程中的问题提出了许多的建议。

积极参加各种协商会、座谈会、情况通报会，了解市情民情，为履行职能奠定基础。上半年，参加了中共市委、市政府、市政协、市纪委、市委统战部以及有关部门的各类协商会、座谈会、情况通报会10多次，通过各种渠道了解市情民情，并针对经济和社会发展、社会稳定、党风廉政建设以及群众普遍关心的重点，难点，热点问题及一些社情民意等问题发表了许多意见和建议。民进市委班子成员还应中共市委、市政府的邀请就全市的大事、要事进行政治协商，建言献策。

（李家勇）

【推进“同心工程”】 要求各基层组织牢固树立“同心”理念，坚持把 “同心工程”与树立社会主义核心价值体系活动、“三学两比”活动、“四帮四促”活动结合起来，充分发挥自身优势，从建言献策、服务社会、关注民生、积极参与等方面推动“同心工程”的全面开展。

发挥优势、整合资源，推动“同心工程”走向深入。5月11日由钟山区委统战部牵头，民进钟山总支、民进六盘水医疗卫生专委会、钟山区人民医院到钟山区汪家寨镇新塘村开展送医送药“同心工程”活动，为村民们进行了一般常见病诊治，慢性病日常调护、日常卫生健康和“新农合” 知识宣讲。此次活动不仅给村民送去2000多元的药品，发放宣传资料800份、接受咨询质量532人次。

5月27日，民进六盘水市委会所属市直支部、科技专委会、医疗专委会、文艺专委会到水城县蟠龙乡，联合开展了“科技、文化、医疗”三下乡活动。科技专委会协调组织的农业技术专家为前来赶场的农民讲解了各种农作物的种植技术、病虫害防治，并发放各种农业实用技术资料3000多份；医疗专委会组织的医疗专家组为蟠龙乡200多名老人免费义诊，向群众免费发放1500元常用药，医疗专家们还针对每位老人的具体情况，提出有针对性的建议。文艺专委会组织文艺界的会员为前来赶场的乡亲们表演了的舞蹈、歌曲、小品、乐器演奏等群众喜闻乐见的文艺节目。

5月31日，“六一”国际儿童节来临之际，民进水城总支在勺米乡滥坝学校开展“同心”助教“三下乡”活动。勺米学校700余名师生及当地200余名干部群众观看文艺演出。活动中，民进水城总支会员、水城县四小教师苏萍为滥坝学校四年级班上了一节数学示范课；民进水城总支及震坤音响公司总经理、感恩中国网站六盘水负责人、民进水城总支会员张震坤为勺米乡万福学校捐共赠了价值为3000余元的30个书包、30个文具盒、30本新华字典、100本软皮本和40件衣服。民进会员何开莉组织的“五月花开少年合唱团”与民进会员费仁英的“恒艺舞蹈学校”到市福利院为孤儿进行慰问演出，为福利院中的孤儿捐赠书包30个。民进会员张震坤作为“感恩中国”六盘水站站长，积极在全国各地募集捐资助学善款及物资，扶危济困善款及物资价值达380万元，将水城县7名贫病交加的留守老人送进医院治好了疾病，全市32所边远农村小学，数千名学生受益 。

（李家勇）

九三学社六盘水市委员会

【概况】 九三学社是以科学技术界高、中级知识分子为主的具有政治联盟特点的政党，是接受中国共产党领导、同中国共产党能力合作的亲密友党，是进步性与广泛性相统一、致力于中国特色社会主义事业的参政党。1988年6月16日，九三学社六盘水市第一次全体社员大会在水城召开，选举产生了第一届社市委领导班子，九三学社六盘水市委员会正式成立。

九三学社六盘水市委共建有10个基层组织，分别为六枝支社、钟山支社、水城支社、市直支社、市医支社、农业支社、职院支社、师院支社、水矿支社、水钢小组。截至2012年底，共有社员255名，均龄52.7岁，高级职称127人，占48.1%；他们绝大多数是所在单位的业务技术骨干和学科带头人，主要界别（科学技术、高等教育、医药卫生）人数194人，占86.2%，保持了社组织结构的特点和优势。2012年，共发展新社员14名（六枝支社8名，师院支社1名，农业支社5名），其中博士生1名，高级职称6名，中级职称8名。截至12月底，广大社员2012年共在各级各类刊物上发表论文、调研报告50余篇，20余人次被评为各级“先进工作者”、行业“先进个人”“科技骨干”“岗位能手”等荣誉称号。2012年被九三学社贵州省委授予“社务工作先进集体”称号，1名社员被社中央评为学习践行社会主义核心价值体系全国先进个人，4名社员被社省委授予“优秀社员”称号，2名社员被社省委授予“荣誉社务工作者”称号。

（王　锐）

【思想建设】 2012年，社市委始终把思想建设作为首要任务来抓，不断加强思想建设。一是坚持中心组学习制度，及时传达重要会议、文件精神。社市委始终以中心组学习为龙头，带动全体社员认真学习贯彻落实社中央、社省委有关决议、工作部署，重点加强对中共十八大、省十一次党代会、市六次党代会，九三学社十大、九三学社贵州省七大、全国及省、市经济工作会、“两会”精神等认真学习和讨论；举办新社员及骨干社员培训班，开展社史传统教育。通过学习，广大社员进一步强化责任感、使命感和参政党意识。二是积极做好思想调研工作。为了解广大九三社员对当前社会中一些热点问题的看法，进一步搞好思想建设工作，按照社省委的安排，社市委针对百姓生活的热点问题，在全市社员中，开展社员思想态势调研工作，并对各基层组织反映的情况认真整理、分析，形成思想调研分析报告2篇上报社省委。

（王　锐）

【社会服务工作】 社市委始终把社会服务工作作为参政议政工作的延伸和载体，结合优势和特点，本着“量力而行，尽力而为”的原则，积极开展社会服务。

开展“四帮四促”活动。1月15日，社市委与市政策研究室、市水利局与市质监局等单位联合，到水城县新街乡开展“四帮四促”活动，对部分困难群众及老进行走访慰问，对20余户困难户及老党员送去棉衣、棉被、米、油等慰问品，并向新街小学赠送150余（件、套）衣物。

开展社科宣传普及活动。按照中共六盘水市委宣传部的部署，9月17日，九三学社六盘水市委参加了六盘水市首届社会科学宣传普及周活动启动仪式，并在市中心城区钟山大街开展科普宣传活动。本次科普宣传活动是中共市委宣传部开展的“全市首届社会科学宣传普及周活动”的重要组成部分。社市委积极响应中共市委安排部署，结合自身特色和优势，精心制作两块共计3米长展板，准备大量科普资料，并组织社员中医疗卫生方面的专家开展义诊及医疗卫生咨询活动。活动期间共接待群众 100余人次，发放宣传资料500余份。九三学社专家们现场对市民们咨询的问题进行逐一解答。

举办神经系统临床医学专题讲座。10月21日，社市委邀请省内著名神经系统专家、九三学社省委委员、省管专家杨华教授一行在六盘水市人民医院举办临床医学专题讲座。神经系统专家们进行了“颈动脉狭窄的超声筛查价值 ”“颈动脉狭窄的急诊处理”“缺血性脑血管疾病的血管内治疗”、“颅内动脉瘤介入治疗的并发症及处理”“高血压脑出血的手术治疗 ”“颅脑损伤合并脑血管病—CCF处理”六个方面的讲座。六盘水市人民医院、六枝人民医、盘县人民医院、水城中医院、水钢医院、水矿总医院、安居医院、六盘水职院以及周边地区威宁县医院神经内外科、急诊科、B超室等医护人员100余人参加了讲座。

开展国际科学与和平周活动。11月16日，社市委积极组织社员的专家，冒着细雨在市中心城区钟山大街开展第24届“国际科学与和平周”宣传活动。本次“国际科学与和平周”活动紧紧围绕“科技与文化融合，科技与文化同行”主题，结合宣传中共十八大精神，社市委精心制作了3米长的宣传展板，旨在向市民宣传“科技与文化融合，科技与文化同行”等方面的知识，引导市民健康的生活方式，促进科科技与文化发展。同时，社市委充分发挥九三学社的科技人才优势，开展义诊、法律和农业科技等咨询活动，发放科技书籍和宣传资料500余份。本次活动得到了市环保局、市司法局、市农委、市科协、市医院等相关单位的大力支持。

开展送科技下乡活动。11月9日下午，社市委联合六盘水市农委到水城县陡箐乡土发村，开展送科技下乡活动——举办农业实用科技培训班并赠送农业、养殖书籍。社员中生产种植相关方面的专家进行技术讲课，对常见病虫害草的识别和防治、马铃薯种植技术、蔬菜种植实用技术、农业气象知识等专题进行讲解。课堂上，授课人员生动形象的话语深入浅出的带领广大农民朋友进行学习，农民朋友与专家积极互动，课堂异常的活跃，现场还接受农民朋友的咨询，为农民朋友解决生产中遇到的各类疑难问题。参训人员100余人，发放培训书籍500余册。此次活动得到了市农委、陡箐乡人民政府等相关单位大力支持。

社员支援云南省抗灾救灾工作。云南省昭通市彝良县与贵州省毕节地区威宁彝族回族苗族自治县交界发生5.7级地震，市医支社社员积极参加医院组织的抢险救援队，发扬九三精神，吃苦在先，不计个人得失，彰显了九三人的作风。

各基层组织也结合自身实际，积极开展社会服务活动。7月22日早上8时30分左右，钟区大湾镇发生强降雨，持续至中午12时左右。因降雨量过大，且持续时间较长，三岔河河床水位急速上升并漫过河堤，局部出现山洪和泥石流，11个社区不同程度受灾。灾情发生后，在区农业局领导的带领下，九三学社钟山支社社员立即奔赴第一线，参加抢险工作，对农作物受灾面积进行逐一核实，积极采取补救措施，调进蔬菜种子，发给农户补种，尽量把灾害损失降到最低限度，安抚老百姓的情绪。7月27日九三学社水城支社组织部分社员及六盘水市中医院针灸科、内科及外科医护人员到果布戛乡为当地老百姓义诊，在当地政府的大力支持下，共为当地老百姓行针灸、刮痧治疗100多人次，解决了部分老百姓困扰多年的颈、肩、腰腿疼痛的痛苦，为老百姓看病、测血压及健康咨询300多人，免费发放药品1000多元。7月19日九三学社农业支社和市科协科普部在水城县营盘乡联合举办了农业实用技术培训班。在开班仪式上九三市委副主委卢瑶做了重要讲话。社员杨淑华、周全海、张润琼等分别讲授了蔬菜栽培及病虫害防治技术、农业气象知识、农业乡村旅游知识等内容。培训人次50多人，发放资料100多份。11月9日下午，九三学社职院支社一行9人来到位于明湖湿地公园对面的六盘水市儿童福利院、敬老院看望慰问孤残儿童及老人。职院支社的社员们在支社主委的带领下，给孩子和老人们带去了大米、食用油、牛奶、书籍等各类物品，送去社员的祝福和爱心。

（王　锐）

【履行参政党职能】 民主党派的主要职能为参政议政、民主监督。2012年，社市委围绕全市经济社会发展中的重大问题以及人民群众普遍关心的热点、难点问题开展调查研究，认真分析，提出意见和建议。

认真准备人大、政协会议。2012年，按照政协委员协商推举条件和工作程序相关要求，社市委加强与各级党委统战部、社员所在单位党组织的联系，全力做好各级政协委员和后备干部的推荐工作，一些年轻有为，有代表性的社员进入了各级人大、政协。共推举10名九三学社界别市级政协委员。截至2012年12月，社员中共有市级政协委员25人（15名由其他界别协商推举产生），其中，副主席1人，常委3人。市人大代表3人，其中常委3人。县区政协委员21人，其中，副主席2人，常委8人。其他各类特约人员8人。

精心准备政协全会提案。社市委积极深入基层、深入实际开展调研和专题调研，关注社会热点和难点问题，围绕党委政府的中心工作，以及社会热点难点问题进行认真选题，并开展专题调研。在社内广泛征集提案草案，在此基础上形成各类提案建议，积极向中共市委、市人民政府建言献策。在2012年市政协全会上社市委共提交党派提案10件（名单附后）。其中《关于切实加快推六盘水循环经济试点区工作的建议》《关于加强中心城区学前教育工作的建议》被列为主席会议及重点督办提案。这些提案，是经社市委在认真开展调查研究和广泛听取广大社员意见的基础上所形成。同时，社市委高度重视提案答复办理情况，主要领导多次与提案承办单位座谈、协商、交换意见，及时向相关部门和市政协提案委反馈答复意见，力求使提案所提问题得到较好解决。11月23日，社市委主要领导前往市教育局参加《关于加强市中心城区学前教育工作的建议》提案专题督办会，市人民政府副市长马雷应邀参加了会议。听取了市教育局关于该提案办理答复和落实情况的汇报后，就提案的办理落实充分交换意见，以促进提案取得实效。

深入开展专题调研工作。2012年初，对全年的课题调研工作提早安排部署，成立了调研组。与市科协到钟山区汪家寨镇调研“生猪产业”发展情，完成《六盘水市中心城区生猪产业发展现状及建议》调研报告，上报市人民政府，推动了相关工作的有效开展；对民主党派参政议政、党外代表人士队伍建设情况进行调研，完成

《党外代表人士队伍建设情况》调研报告；与市政协提案委到水城县盐井乡调研“四在农家”及危房改造情况等。各基层组织也积极开展调研活动，其中钟山支社在钟山区开展“养老服务”情况调研，提出了《钟山区养老服务发展现状及建议》。六枝支社开展对牂牁江旅游发展调研活动，提出了《六枝特区旅游事业发展现状及建议》的调研报告。

积极参加各类通报会、座谈会、协商会，认真履行民主监督职能。2012年，社市委积极参加《政府工作报告》征求意见座谈会、全市党风廉政建设和反腐败工作通报会、省委统战部党外干部队伍建设情况座谈会等各类会议10余次。参加中共市委统战部召开的基层统战工作交流会，并在会上作《围绕中心参政 服务大局履职》的发言。在中共六盘水市委召开的征求各民主党派、工商联、无党派人士对《中共六盘水市委〈关于认真学习贯彻党的十八大精神，为与全省全国同步全面建成小康社会而奋斗的决定〉》（以下简称《决定》）征求意见座谈会上，社市委认真准备，召开主委会专题讨论修改意见，结合中共十八大精神中全面建成小康社会相关论述，提出具有前瞻性和纲领性的意见建议，多条意见和建议被吸纳到《决定》中。各基层组织也积极参加各级党委、政府、统战部等单位召开的通报会、座谈会等各类会议，并提出了不少有益的意见和建议。同时，社员中的各类特约人员、行风监督员也积极参加各部门开展的行风监督和民主评议工作。

根据《中共盘水市办公室、六盘水市委政府办公室关于进一步完善市人民政府有关部门与市级民主党派和工商联对口联系制度的通知》精神，社市委与市经信委、市农业局、市民政局、市环保局、市规划局、市城管局开展对口联系工作。2012年，社市委分别与市经信委、市农委、市民政局、市环保局、市城管局开展对口联系工作。由于市规划局工作忙等原因，未开展对口联系工作。

（王　锐）

【政协七届一次会议上提出的提案目录】 关于加快推进文化基础设施建设的建议；关于切实加快推进六盘水循环经济试点区工作的建议；（重点提案）关于切实加强地方煤炭工业发展的建议；关于切实加强城市规划工作的建议；关于切实加强城市建设与管理的建议；关于切实加快发展全市农产品加工业的建议；关于切实加强全市水资源建设与管理的建议；关于加强城乡社区建设的建议；关于加强中心城区学前教育工作的建议；（主席会议督办提案）关于加强全市基层民政工作的建议。

（王　锐）

六盘水市工商业联合会

【概况】 2012年，市工商联在市委市政府的正确领导和省工商联、市委统战部的关心指导下，坚持以邓小平理论和“三个代表”重要思想为指导，深入贯彻落实科学发展观，按照中发〔2010〕16号和黔党发〔2011〕9号文件精神，紧紧围绕市第六次党代会确定的建设五个六盘水的重大战略部署，牢牢把握工商联统战性、经济性、民间性的基本特征，充分发挥优势，全面履行职能，积极为六盘水市经济发展和社会进步贡献力量。

创新发展，努力构筑“七大平台”。积极与政府职能部门、政法、金融、院校、宣传、纪检监察、统战群团等部门搭建沟通合作平台，让社会各界更多地了解非公有制经济，从而更好地支持和促进非公有制经济发展。着力为六盘水市非公有制经济做强做大构筑快速通道。

与市委政法委建立干部联系非公有制企业机制。联合纪检监察部门、政法部门、统战系统、政府有关职能部门到福建、广东、湖北、湖南、云南等地招商，展示六盘水市良好的投资软环境。与市职业技术学院签订了战略合作协议，为解决非公有制企业技术人才需求、扩宽大专院校学生就业渠道搭建平台。与市地税局举办“地税商会心连心，助推民企大发展”宣传活动，进一步加强双向沟通。

文化引领，民企“涅槃”。推动文化大发展、大繁荣，是中共十七届六中全会精神。工商联理应有所作为。要引导非公经济人士坚定走中国特色社会主义道路，弘扬社会主义核心价值观。号召企业文明经商，开展文明窗口创建活动。一年来，筹建文化产业促进会，组建了市工商联民声合唱团，并以此为抓手，帮助非公有制企业做好文化建设；推动企业参加文化活动；引导企业进入文化产业；做好商会文化建设。

认真履职，促进“两个健康”。加强思想政治工作，充分发挥工商联在非公经济人士思想政治生活中的引导作用。引导非公经济人士爱国、敬业、诚信、守法、贡献，做合格的中国特色社会主义事业建设者。参加政治协商，发挥民生监督作用，积极参政议政，充分发挥工商联在非公经济人士参与国家政治生活和社会事务中的重要作用，在全市“两会”期间提交团体提案9个。

积极推动经贸交流与协作，组团参加世界华商论坛；赴台商务考察；宁夏银川善博会。带领煤炭商会到广西百色、柳州与当地工商联、用煤大户座谈，开辟煤炭市场。帮助云南省昭通市工商联成功举办了黔滇川桂渝毗邻地区工商联（商会）工作协作会第四次会议。促成协作资金300多亿元，到位资金23亿元。加强行业协会商会建设，服务非公有制企业发展，组建了市总商会红桥五金机电建材商会、园林绿化商会，福建商会、浙江商会成功进行了换届，筹备重庆六盘水商会，广州六盘水商会，文化产业促进会、市总商会青年商会，他们在六盘水市招商引资、工业园区建设上做出了积极贡献。

参与协调劳动关系，促进社会和谐稳定。充分发挥工商联在构建和谐劳动关系中的积极作用，与市劳动和社会保障局、市教育局、市总工会联合开展企业招聘周活动。为大中专毕业生、复退军人、返乡农民工、零就业家庭提供优先就业渠道。 配合市就业局开展2012年高校毕业生就业见习工作，积极提供见习岗位。

加强自身建设，加强队伍建设，组织58位企业家参加省联举办的优秀会员企业家成长计划培训班；启动培育企业上市工程。加强组织建设，一年来，共发展会员560名（全会共有会员9068名，其中企业会员1465名、个人会员7603名）；建立基层组织4个，市工商联拥有直属商会17个。进一步加强机关建设，在获得省级文明单位的基础上，进一步制定了创建全国文明单位实施方案；举行了总商会大厦动工仪式，力争两年内建成；开展了党员示范岗和红旗科室评比活动。按期召开会议，根据工商联章程和市联的会议制度，按期召开了四次主席会议，三次常委会，一次全市工商联系统主席工作会议，一次工商联系统宣传工作会议。

2012年六盘水市非公经济纳税达94.85亿元。占六盘水市地方财税收入70%以上，全市非公有制经济代表积极投身光彩事业，投入资金逾两千万元。省工商联系统考核评选一等奖、全市双拥先进集体、关心下一代工作先进集体、优秀提案单位等殊荣。

（孙尊恒）

【六盘水市招商引资环境调研】 与市人大财经委、研究室、市政府政策研究室联合组成调研组，历时两个多星期，对六盘水市招商引资企业、热点难点企业进行调研。以市直和四个县（特区、区）为单位，分别单独召开政府职能部门和企业家座谈会，并到现场实地察看。形成了10000多字的《全市招商引资情况调研报告》一份。

（孙尊恒）

【与地税系统开展税企共建】 与市地税局联合开展“地税商会心相连，助推民企大发展”税收宣传活动。旨在构建和谐的征纳关系。市地税局针对非公经济纳税人提出的各项合理意见和建议，从规范税收执法，优化纳税服务，加强信息管税，大力培植税源等方面下功夫，进一步拓宽服务范围，提高服务标准，增强服务效率，用足用好税收政策和不折不扣落实好税收优惠政策等措施，努力为全市非公有制纳税人创造公平公正有序的良性税收环境。全市地税系统263名干部职工共组建结对帮促工作组82个，与487户企业结成“税企一家亲”帮促对子。

（孙尊恒）

【捐赠警务巡逻车】 8月3日下午三点，六盘水市工商联向市综治委捐赠警务巡逻电动车仪式在人民广场隆重举行。此次活动是为落实市委、市政府关于加强社会管理综合治理，深入推进平安凉都建设的总体要求，由市政法委、市工商联（总商会）针对中心城区新建的60个岗亭缺少巡逻车的状况联合发起的。倡议得到了广大民营企业家的积极响应，贵州中铝恒泰合、贵能投资、双元铝业等25家企业共同捐资近300万元，购置64辆警务电动车，捐赠给市综治委配发所有治安岗亭使用，有效增大了岗亭对街面的巡查范围，进一步提升了市民的安全感。

（孙尊恒）

【举办“喜庆十大八，感恩凉都情”大型文艺晚会】 11月28日晚，为推动非公有制企业文化建设，六盘水市工商联与蓝鸥连锁联合举办“喜庆十大八，感恩凉都情”大型文艺晚会，为市民呈现了一台精彩的演出。此次文艺演出展示了商会昂扬向上的精神面貌，也是商会精神文明建设和文化生活的真实体现。

（孙尊恒）

【开展 “千企帮村”活动】 六盘水市1110家企业参与“千企帮村”活动，涉及629个村居，涉及人口110余万人，占计划动员任务的110%，已覆盖全市53.85%的村居；累计开展帮扶项目607个，计划投入资金17.86亿元，现已启动实施项目581个，资金投入12.97亿元（其中，计划实施产业带动项目139个，计划投入资金11.53亿元，已启动实施项目139个，资金投入8.49亿元；计划实施公益建设项目303个，计划投入资金5.65亿元，已启动实施项目279个，投入资金3.99亿元；计划实施捐资助学项目85个，计划投入资金0.28亿元，已启动实施项目85个，投入资金0.23亿元；计划实施扶贫济困项目80个，计划投入资金0.38亿元，已启动实施项目78个，投入资金0.26亿元）；同时还完成新修、改扩建学校26所，吸纳农村剩余劳动力就业近5万人人。通过各种项目实施，使被帮扶村的村容村貌、基础设施建设、群众收入等大大改观，收到了较好的社会效果和经济效果。

（孙尊恒）

【以商招商】 3月16日至18日，市委常委、市委政法委书记、市公安局局长徐立平，市人大常委会副主任、市工商联主席陶兴锐率市直政法机关、市工商联联合招商考察团赴广东、云南开展招商活动，并与广州中生能源投资管理有限公司、广东圆邦投资有限公司签订了总引资金额为22.8亿元的框架协议。

（孙尊恒）

【承办黔滇川桂渝毗邻地区工商联（商会）工作协作会】 由贵州省六盘水市工商联（总商会）发起的黔滇川桂渝毗邻地区工商联（商会）工作协作会第四次会议于2012年10月23日在云南省昭通市举行，本次会议的主题为“新机遇 新发展”。云南省委统战部副部长、省工商联党组书记、省工商联第一副主席张功祥，昭通市委副书记李勇，市政协主席熊启怀，市委常委、常务副市长何刚，市人大常委会副主任皮永宏出席会议，昭通市政协副主席、市工商联主席李志平主持会议。来自黔滇川桂渝毗邻地区10州市工商联（商会）负责人和企业家160余人参加了会议。

（孙尊恒）

群众团体

六盘水市总工会

【概况】 2012年，六盘水市总工会以开展“面对面、心贴心、实打实服务职工在基层”活动为主线，以开展“工业强市·工人当先——工会组织在行动”系列活动为抓手，积极开展经济技术创新建功立业竞赛活动，大力实施职工素质提升工程，深入推进“两个普遍”工作，着力构建和谐劳动关系，团结、动员和组织广大职工为建设“实力魅力活力文明幸福六盘水”做出了积极贡献。

（吕龙尧）

【建功立业劳动竞赛活动】 深入开展建功立业劳动竞赛活动，在竭力冲出“经济洼地”上有新业绩。立足工业强省、工业强市大局，深入开展建功立业劳动竞赛活动，不断结合实际拓展竞赛的内容和形式。

在企业主要开展了技术创新、技术协作、“五小”攻关、节能减排、增产节约、增收节支、提合理化建议等活动。四个国有大企业还组织开展具有自身特色的劳动竞赛和经济技术创新活动；在较成熟的8个工业园区主要开展了比技术创新、比科学管理、比又好又快、比安全生产、比团队和谐、创精品工程的“五比一创”活动及“携手保增长、和谐促发展”为主题的劳动竞赛，参赛企业300余家，职工近10万人。在行政事业单位开展了符合自身特点的职业道德、职业素质、爱岗敬业等建功立业活动。

2012年以来，开展劳动竞赛的企业达2000余家，其中，开展小改小革1000余项，创经济效益5000余万元，开展技术攻关项目180余项，创经济效益2000余万元，提合理化建议8000余条，创经济效益1.5亿元。

各级工会积极评选推荐劳动竞赛和建功立业中涌现出的全国“工人先锋号”1个、全国“五一”劳动奖章1名、省“五一”劳动奖状1个、省“五一”劳动奖章6名、省“工人先锋号”4个。六盘水市总工会还首次评选表彰10个市“五一”劳动奖状和40名“五一”劳动奖章。

市总积极组织先进模范人物参加全总、省总组织的疗休养活动，还单独组织了40名劳模到息烽疗养院进行为期一周的疗养。

（吕龙尧）

【职工素质提升工程】 深入实施职工素质提升工程，在着力构筑“精神高地”上有新举措。

积极开展以职工书屋为核心的职工文化服务阵地建设。推动各级工人文化宫、俱乐部、体育场馆等文化设施纳入当地政府文化工程统一规划建设，建成全国职工书屋示范点2家，省职工书屋示范点11家，市职工书屋示范点40家。

大力宣传劳动者的先进事迹。分别与六盘水日报社和六盘水电视台联合举办“‘五一’劳动者之歌”和“彰显工会作为、展示职工风采”等专栏，对广大职工和工会干部在实施工业强市战略中积极参与经济社会建设进行了深入宣传，引导广大职工树立劳动推动发展、劳动创造未来的理念。

大力开展技术比武岗位练兵活动。全年在

2000余家企业举行各种比武竞赛200余场，参赛工种30余个，覆盖职工近20余万人。

深入实施女职工素质提升和建功立业工程。认真做好省“五一”巾帼标兵岗的推荐评选工作，先后有3个集体荣获“贵州省五一巾帼标兵岗”称号、4名女职工荣获“贵州省五一巾帼标兵”称号、1个集体荣获“贵州省工人先锋号”称号。

（吕龙尧）

【推进“两个普遍”】 深入推进“两个普遍”，在“组织起来、切实维权”上有新进展。

以工业园区、经济开发区为重点区域，以非公企业特别是大量新增企业为重点对象，继续强力推进集中建会行动；推动劳务派遣企业建会与用人单位组织劳务派遣工入会双措并举，不断扩大工会组织的覆盖面；加大区域性、行业性工会建设力度，健全完善工会组织网络，大力推动“二次覆盖”；继续开展工资集体协商、集中要约行动，推进区域性、行业性工资集体协商，巩固提高建制率；扎实抓好工资集体协商指导员培训工作。市总2012年在广西举办工资集体协商指导员培训班1期，培训工资集体协商指导员50余人。全市各级工会共培训工资集体协商指导员200余人；建立健全奖惩机制，结合“面心实”活动进行督导检查，全力抓好“两个普遍”及实名制台账工作。

2012年，全市共建立基层工会组织3377个，涵盖单位10662个，会员312903人，其中，企业工会组织1835个，涵盖企业3240个，会员185203人；共建立企业工会台账2607个，实名制会员170372名；建立工资集体协商台账2519个，工资集体协商率为97%；建立机关、事业、社会团体和两新组织工会台账1421个，实名制会员111342名。

（吕龙尧）

【职工维权帮扶】 深入推进职工维权帮扶工作，在创新社会管理中有新成效。

大力加强困难职工帮扶中心“四位一体”建设。积极创建三星级困难职工帮扶中心，建成2家“全国工会职工法律援助等维权服务示范单位”；充分整合社会、企业等各方面资源，建立健全相关机制，积极推进送温暖工程制度化、常态化、社会化。2012年，全市建立困难职工档案20820份。

积极开展纪念工会系统“两节”送温暖活动20周年暨帮扶中心建设10周年系列活动。筹集发放“两节”送温暖资金717.76万元，发放助学资金212.35万元资助困难职工子女上学3229人次，利用中央财政专项资金264万元集中帮扶困难职工4200余人次，与市劳动局、市公安局等部门联合为4600余名农民工追付工资3270余万元。

大力推进就业创业工作。与政府就业部门和用人单位人资部门密切配合，加强在职职工素质提升培训、下岗失业人员转岗培训、农民工技能培训、自主创业培训，与相关部门举办就业招聘会8场，向2862名求职人员提供免费就业服务，为31名职工提供劳动维权和法律援助服务，多形式培训职工9587人，安置就业5248人，超额完成了省总下达的就业培训任务。

积极开展“安康杯”竞赛活动。加大对安全生产和劳动保护的宣传教育力度，积极配合有关单位做好安全督察和检查工作，参与事故的调查和处理，切实维护职工的生命健康权益。2012年以来，参加“安康杯”活动的单位2600余个，班组7700余个，职工18余万人，提安全生产合理化建议2000余条。

深入推进厂务公开民主管理。全市国有、集体及其控股企业、学校、医院等企事业单位全部实行了厂（校、院）务公开，非公企业厂务公开建制率达87.5%。

积极开展女职工“关爱行动”。筹集慰问资金147.2万元，利用“三八”“六一”等节日慰问留守儿童、计生困难户子女、单亲困难女职工及其子女和农民工子女5059名；对9777名女职工进行了妇科普查和两癌筛选，查出乳腺癌患者4名，宫颈癌患者13名。

（吕龙尧）

【完善服务职能】 深入加强自身建设，在服务基层服务职工上有新水平。

扎实推进“建家”工作。2012年以来，推荐省级模范职工之家9家、省模范职工小家21家；评选市先进职工之家13家、市模范职工小家32家。广泛开展会员评家工作，积极协调同级党委，按照“团结、务实、勤奋、廉洁”的要求，选好配强各级工会领导班子。做好工会经费收缴工作。2012年，市总财务会计规范化达标工作通过了省总的考核验收，并获得了省总“市级工会财务会计竞赛特等奖”，同时荣获全总“市级财务先进单位”。加强工会经费的审查、审计监督工作。对上级拨付、政府补贴、“金秋助学”、中央财政专项等资金进行了审查审计，最大限度地发挥专项资金的使用效能。

（吕龙尧）

【开展“面心实”活动】 深入开展“面对面、心贴心、实打实服务职工在基层”活动，进一步转化工会干部工作作风。

开展“面对面、心贴心、实打实服务职工在基层”活动是全总十五届六次执委会议确定的2012年工会工作主线。2012年初以来，全市各级工会按照省总的总体要求，把开展“面对面、心贴心、实打实服务职工在基层”活动与开展保持党的纯洁性教育活动结合起来，建立健全联系帮扶机制，深入企业、厂矿以及“四帮四促”、互助共建、党建扶贫联系点，扎扎实实地为职工群众办实事、做好事、解难事；积极开展“下企业、进园区、访职工、服务基层十二送”活动，全市广大工会干部下企业、进园区，对生产经营困难、困难职工多、劳动关系矛盾突出和工会工作薄弱的企业开展走访调研活动。年初以来，全市共成立服务职工工作组52个，参加服务职工活动工会干部8760人（含聘用工会干部），占工会干部总数的71%；走访慰问企业2360个，服务慰问职工22368人；召开座谈会430余场次，参加座谈会职工15600余人；发放调查问卷12000余份，发放宣传资料12100余份；发放慰问资金1350.31元，资助慰问职工22265人；征集意见建议8200余条，处理意见建议2230条；帮助企业建成全国职工书屋示范点2家、省职工书屋示范点11家、市职工书屋示范点40家，帮助企业组建工会1835个。

（吕龙尧）

【职工教育培训】 市总工会结合“服务基层十二送”中活动，切实抓好职工教育培训工作，推动工会工作创新发展。2012年上半年组织基层工会参加全总工会主席培训班及省总县区工会干部培训班各1期，并于5月26号针对广大工会干部在社会转型期中存在的一系列疑问，举办一期培训班，从社会转型期对工会工作的挑战、工会工作如何重新定位、如何确定新时期工会工作重点、开展工资集体协商的技巧等方面进行培训，对参训学员起到了拓展思路、提升素质的作用。在此次培训中，市总工会邀请上海工会管理职业学院教授王华生博士给来自全市各行业的49名工会干部授课，参训学员普遍反映受益匪浅。

（吕龙尧）

【市总工会六届六次全委（扩大）会议】 2月21日，市总工会召开六届六次全委（扩大）会议。会议议程：传达“工业强市·工人当先—工会组织在行动”系列活动表彰通报；传达全总十五届六次执委会、省总十二届八次全委（扩大）会议精神；市总工会党组书记、副主席赵桂兰作题为《围绕中心服务大局团结动员全市广大职工为建设实力魅力活力文明幸福六盘水作出新贡献》的工作报告；市总工会党组成员、经审会主任王军作市总经审会2011年经费审查工作报告；通报2011年工会绩效目标考核情况；审议通过关于工作报告的决议（草案）。

（吕龙尧）

【“五一”表彰大会暨全市职工歌咏大赛】 为热烈庆祝“五一”国际劳动节123周年暨省总工会成立60周年，4月份，市总工会联合市委宣传部等单位举办了“五一”表彰大会暨全市职工歌咏大赛，省总党组书记、副主席姚亚非出席大会并做重要讲话。在此次活动中，表彰奖励了一年来为全市经济社会发展做出突出贡献的先进集体和先进个人，组织了近800名职工代表参加了歌咏大赛，直播现场有观众近5000余人。

（吕龙尧）

【省总领导到六盘水开展“面心实”活动】 6月

25日至27日，省总工会党组书记、副主席姚亚非率领省总机关服务职工工作组一行8人到六盘水开展“面心实”活动。

（吕龙尧）

【陈光明到盘县调研】 为深入扎实开展保持党的纯洁性教育活动，7月16日至18日，市人大常委会副主任、市总工会主席陈光明带领人大、工会有关人员到“四在农家”联系点——盘县刘官镇瞿家村调研，并到盘江二级单位和盘县非公企业、街道社区调研工会工作。

（吕龙尧）

【赴大河边煤矿开展三线建设精神教育活动】 7月19日，市总工会党组书记赵桂兰和党组成员周焕品、王军、付立林一行13人赴“三线建设”国有企业水城矿业集团大河边煤矿，请1966年到贵州省建设煤矿的老党员讲解三线建设精神，就如何保持党的纯洁性，接受革命传统教育。

（吕龙尧）

共青团六盘水市委员会

【概况】 中国共产主义青年团是中国共产党领导的先进青年群众组织，是广大青年在实践中学习共产主义的学校，是党的助手和后备军，是党联系青年的桥梁和纽带，是国家政权的重要社会支柱之一，共青团六盘水市委由中共六盘水市委领导，接受共青团贵州省委指导。团市委机关内设7个职能部（室），下辖3个中心，现有编制24人。

2012年，在市委和团省委的坚强领导下，全市共青团组织高举发展、团结、奋斗三面旗帜，认真学习贯彻十八大、省第十一次党代会、市第六次党代会精神，坚持围绕中心，服务大局、服务青年，推动共青团事业在激情奋战中勇往直前。

（唐均衡）

【切实履行基本职能】 深入开展社会主义核心价值体系学习教育活动，加强青少年思想道德建设，用社会主义核心价值体系引领思潮、凝聚共识。2012年5月4日，举办了建团90周年暨“五四”运动93周年纪念活动，对全市优秀共青团员40名、优秀团干50名和“五四”红旗团委25家进行了表彰。举办了追寻火红岁月大型文艺演出，3000余名青年观看演出；在“六一”国际儿童节期间，联合举办了庆“六一”暨全市优秀少先队辅导员、优秀少先队员表彰大会，表彰优秀少先队辅导员40名、优秀少先队员57名；开展了“弘扬学雷锋精神——志愿者在行动”“雷锋精神永放光芒”“弘扬雷锋精神·构建和谐校园”等主题实践活动；以“红领巾心向党”为主题，开展了“祖国好·家乡美——在党旗下成长”诗文创作大赛、“学党史、颂党恩、跟党走”“春晖感恩”“十八岁成人仪式”“我与祖国共奋进”、少先队建队63周年纪念日等系列活；开办了青少年“我与你同行”电台栏目50余期，开展了“轻松备考 12355与你同行”阳光系列行动，开通了高考减压热线；建立了六盘水市青少年网格化心理咨询平台，在217所中小学设立心理咨询站。

（唐均衡）

【百万青年创业行动】 以六盘水市青年“优才创业加盟活动”为载体，搭建创业导师、银行、创业项目、创业青年面对面交流的对接平台；开展青年创业就业培训，提升青年致富能力。组织青年参加团省委开展的汽车维修、电工、电焊工等全免费培训；选树青年创业就业先进典型，评选了2012年度优秀农村青年致富带头人12 名；配合市就业局开展全省创业之星评选活动；承办了“工行杯”六盘水市金点子创业项目电视大赛；建立了六盘水市首个创业项目库，入选了200个项目；全市共发放农村青年就业创业小额贷款538笔，资金共计1625万元，带动1907人就业创业。全年完成招商引资4600多万元。

（唐均衡）

【志愿青年建功行动】 深入开展了文明交通、双创双建、西部计划、“三支一扶”志愿者工作。与市委宣传部、市文明办召开了“传承雷锋精神参与志愿服务”启动仪式；组织了400余人次文明交通志愿者活动；积极号召志愿者服务高考，开展美术、音乐、围棋、播音主持等8个项目，培训学员500余人；举办了六盘水市“西南家居杯”少儿歌手大赛。

（唐均衡）

【千支突击队立功献青春行动】 全市共建立起以安全生产保障型和工业生产攻关型为主的“青年突击队”223支，所建突击队绝大多数人员都在35岁以下，参与项目建设50余个，参与建设项目投入资金40亿元。

（唐均衡）

【实施“山区希望工程”行动】 启动了“六盘水山区希望工程基金—幸福校园”计划；争取北京心海科技导航公司（中国心理网）的支持，募集价值260余万元心理咨询软件，为农村留守儿童建立心理辅导数据库；争取团省委9万资金，用于六枝特区梭戛乡、陇脚乡中心学校的食堂建设；募集了六盘水市5位企业家捐资圆梦助学金50万元，积极争取省青基会、习酒公司的援助113.8万元，共募集助学金163.8万元，资助贫困大学生330名。

（唐均衡）

【深化“春晖行动”】 召开春晖座谈会88次，全年礼聘春晖使者331名，整合资金150余万元，收集建议226条；加大政策对接争取力度，全年获得春晖家园项目6个，获得春晖基金支持30万元；深入挂帮联系点开展“四在农家”建设，及时了解实际困难，为“四在农家”建设争取20吨水泥，全面完成建设任务；对口帮扶为民解忧，团市委积极争取资金6万元改善六枝特区梭戛乡顺利村的教育设施。

（唐均衡）

【强化自身建设】 以团的组织建设为抓手，全面激发团的工作活力。建立了六盘水市业余团校，为社会青年加入团组织开展活动提供有形载体；加强团的基层组织建设，开展非公团建和乡镇实体化“大团委”建设工作，全市共新建非公团组织70余个，完成乡镇直属团组织建设1962个。坚持党建带团建，不断深化团干部思想建设、作风建设。以保纯性教育为契机，以科学发展观为引领，结合共青团的实际工作，加强团干部的学习培训，倡导共青团勤于学习、善于思考、甘于奉献、勇于实践的工作作风，以优良的作风促进团的各项工作有效开展。强化QQ、微博等新媒体引导青年，夯实基层团组织工作基础。组织全市所有乡镇团委负责人开通微博，充分运用新媒体宣传报道党的方针政策、团的各项工作和活动。实现对团的非层级化建设工作的开展。

（唐均衡）

六盘水市妇女联合会

【慰问活动】 2012年1月20日，市妇联主席刘睿、副主席戴燕带领办公室人员走访慰问水城县退休老干部林榕鸿、陈丹、王景茹等，给她们送上慰问金和新春祝福，认真听取老同志对妇联工作的意见和建议。5月25日，市妇联副主席丁成珍、戴燕带领市妇联全体职工到六枝特区梭戛乡沙子小学开展“六一”儿童节慰问活动，为孩子们带去节日的祝贺，为沙子小学的225名学生每人购买1个书包，共计价值5000余元。12月25日，市妇联与六盘水友好妇科医院到市福利院，为老人和孩子送去价值1.6万余元的慰问品和节日祝福。12月27日，市妇联党员到六枝特区梭戛乡沙子村进行走访慰问，为10名老党员送去慰问金，为“四在农家” 26户建房户每户送去1000元的建房补贴，对正在建设中的沙子村活动室捐助12000元。

（章　英）

【“春风行动”招聘会】 2月23日，六盘水市人力资源社保局牵头与市妇联、市总工会在市人力资源市场联合举办了六盘水市工业园区用工暨“春风行动”大型招聘会。共有45家企业进场招聘，提供工种240种、岗位1665个，涉及机器制造、饮食服务、商业服务、物流、医疗等行业，大部分岗位男女皆可，其中有80个工种、550个岗位专门招收女性。当天入场求职者2000余人次，其中妇女600余人次，发放《劳动合同》《妇女权益保障法》《就业促进法》等宣传资料1000余份，接受职业介绍、职业指导和法律咨询1600人次，其中女性500余人次，522名求职者与企业达成意向性就业协议（其中女性170名），现场签约232人（其中女性77人）。

（章　英）

【家庭才艺大赛与文艺展演】 2012年3月3日，市妇联举办“家园和谐风”庆“三八”家庭才艺展示大赛，各县（特区、区）和市直各单位推荐12个家庭参加比赛。参赛家庭通过自我介绍和歌舞、绘画、曲艺、器乐等表演，展示各自的才艺、诠释和谐真谛。孔德瑞家庭的红歌联唱获得一等奖。

3月8日，市委宣传部、市妇联、市文体局共同主办了庆“三八”文艺展演，以“文明生活、和谐家庭、幸福六盘水”为主题，分为爱心、拼搏、和谐三个篇章，有歌舞、小提琴演奏、朗诵、家庭才艺、情景表演等，精彩的演出不时博得观众的阵阵掌声，全市各行各业的700余名妇女观看了表演。在展演过程中，为“三八红旗手”“三八红旗集体”“五好文明家庭”代表颁奖。市委常委、市委宣传部部长杨宏远出席展演并讲话，市委常委、副市长蔡晓峰，市人大常委会副主任刘静，市政协副主席田满华出席文艺展演并为受表彰的先进集体和先进个人颁奖。

（章　英）

【“送岗位　送法律　送健康”活动】 市妇联于3月16日联合市公安局、市司法局、市人资社保局、市计生局、市卫生局、市济元律师事务所、市家政协会等单位，赴钟山区老鹰山镇开展“送岗位·送法律·送健康”到基层活动。市妇联主席刘睿、副主席丁成珍、戴燕以及参与此次活动的单位相关人员共有60余人（其中30余名巾帼志愿者）参加。活动参与群众1000余人，到现场求职、咨询的600余人次，其中90%是妇女，现场提供岗位80余个，有60余人达成就业意向；现场接待法律咨询200余人次，解答有关婚姻、土地承包、纠纷调解等法律问题100余项；发放《妇女权益保障法》《婚姻法》《贵州省法律援助条例》《禁毒法》等宣传资料7000余份，悬挂“预防和制止家庭暴力保护妇女儿童的合法权益”等横幅10余条；免费义诊400余人次，发放价值5300余元的常用药品和价值2000余元的计生宣传用品、计生药具以及防艾滋病、妇科健康、保健等宣传资料3500余份，为妇女发放妇女卫生用盆400余个、毛巾400余条、环保袋300余个。

（章　英）

【执委扩大会议和妇联工作会议】 3月21日，市妇联召开六届四次执委扩大会议，市妇联六届执委和市直各妇委会主任共90余人参加会议。市妇联主席刘睿作题为《团结凝聚凉都各族各界妇女　再创妇女工作新业绩　为实现经济社会快速发展而努力奋斗》的工作报告。副市长谢朝碧出席会议并讲话，对全市妇女和妇联组织提出4项要求。会议增补了市妇联六届执委、常委。当日，市妇联召开全市县（特区、区）妇联主席工作会议，对2011年全市各县（特区、区）妇联特色工作、妇女小贷工作进行总结，对2012年特色工作和妇女小贷工作进行安排部署，市妇联与各县（特区、区）妇联签订计生三结合责任状并对全市新命名的4个巾帼示范村进行授牌表彰。

（章　英）

【妇女儿童发展规划调度会】 9月6日，市政府召开全市妇女儿童发展规划工作调度会议。副市长、市妇儿工委主任谢朝碧出席会议并讲话。各县（特区、区）妇儿工委主任、妇儿工委办公室主任和市妇儿工委成员单位分管领导、联络员等50余人参加了会议。市委副秘书长王志禹通报六盘水市妇儿工委2012年1月至7月工作开展情况；各县（特区、区）妇儿工委及市人资社保局、市卫生局、市民政局作交流发言。

（章　英）

【“祖国好　家乡美”活动】 2012年3月23日，

市委宣传部、市文明办、市教育局、团市委、市妇联、市关工委共同在市实验小学举行六盘水市中小学“祖国好·家乡美”主题实践活动启动仪式，团市委书记杨坚宣读《关于印发〔全市中小学生“祖国好·家乡美”主题实践活动实施方案〕的通知》，市委宣传部副部长、市文明办主任林书华讲话。活动重点围绕“颂歌献给党”歌唱大赛、“中华经典优秀童谣”朗诵大赛、“在党旗下成长”诗文大赛、“名诗名言”书法大赛、“多彩家乡”摄影绘画大赛开展。启动仪式结束后，与会人员观看市实验小学学生文艺演出。

（章　英）

【综治宣传月活动】　5月19日，市妇联在市人民广场开展主题为“加强社会管理综合治理，共建和谐平安六盘水”的社会管理综合治理宣传月活动。采取咨询、发放资料、悬挂宣传标语等形式进行，开展《居民安全防范知识》《建设平安凉都　保障积极发展》《禁毒法》《妇女权益保障法》、12338妇女维权热线、平安家庭、无毒家庭创建标准等法律法规及相关知识的宣传咨询服务活动。接待咨询群众100余人次，发放宣传画、宣传册和相关法律法规宣传资料共计2000余份（册）。

（章　英）

【开展家庭教育亲子论坛】　8月17日，市妇联、市教育局在市第三中学举办一场家庭教育亲子论坛活动。邀请贵州省国家职业心理咨询师杨涛教授、市三中副校长朱家彦作为现场专家，特邀优秀学生冯立冰、杨浩波及其家庭作为特邀家庭，市直学校15名教师作为教师团参加活动。市人大原副主任、市关工委副主任葛文甫，市委宣传部副部长、文明办主任林书华，市教育局副局长彭大章，市妇联副主席丁成珍、戴燕出席本次活动，100余个家庭参加了活动。2位专家分别对家庭教育中存在的问题以及对策作宣讲，参加活动的家长和孩子就各自存在的问题与专家进行互动，专家对提出的问题一一作解答，参加活动的家庭与专家、特邀家庭进行广泛交流。

（章　英）

【“中秋”活动】　2012年10月10日，市文明办、市妇联在水城县勺米小学开展了“我们的节日‘中秋’——情系留守儿童活动”。市委宣传部、市妇联、市人文科技职校、水城县妇联及乡有关负责人、巾帼志愿者、留守儿童等60余人参加活动。六盘水市人文科技职校为水城县勺米小学捐赠了2台电脑，为留守儿童建立“亲情聊天室”，并现场连通留守儿童的父母，让孩子们通过视频与父母进行亲情对话。19名巾帼志愿者与19名留守儿童进行一对一的结对帮扶。进行互动游戏、中秋诗文朗诵、讲述中秋来历及传统故事等环节。中午，市文明办、市妇联拿出月饼和精心准备的饺子馅、饺子皮、油、葱、鸡蛋等包饺子的食材，手把手教孩子们包饺子，并与孩子们亲切交流，了解孩子们的家庭、学习状况，鼓励孩子们努力学习，立志成才，以优异成绩回报社会。市文明办、市妇联向孩子们赠送书包、文具等学习用品，并与孩子们合影留念。

（章　英）

六盘水市文学艺术界联合会

【迎春联欢会】　2012年1月6日，市文联在市迎宾馆大厅举行六盘水市文艺界迎春联欢会，有关单位的100余人参加。9个文艺家协会的14个节目依次演出。

（敖　波）

【送春联与送文化进军营活动】　2012年1月14至20日，市委宣传部、市文联组织市书协、美协20多名书画家到化乐乡 、勺米乡、发耳乡及区府路社区举行新春送春联活动，为群众现场义务书写春联4000余幅。4月20日，市书协、美协与市国教办组织书画家进行送文化进军营活动。

（敖　波）

【市曲协活动】　2012年1月24至27日，市曲协组织50余名会员和文艺骨干协助水城县法那村举办“百车河畔首届‘“四在农家”’乡村旅游文化艺术节。协助主持活动开幕式，并在闭幕式上举办1台文艺晚会，受到参与群众的称赞。

2月25日，市曲协朱耀斌为成都铁路局贵阳客运段重庆车队创作群口快板《川黔快车创先争优赞》，受到成都铁路局领导和职工的好评。2月26日，市曲协召开“六盘水曲协五年发展规划”论证会，市曲协班子成员及市区会员15人参加。

3月21日晚，在六盘水市青少年宫举行的“贵州省地税系统信息化建设工作会议大型文艺晚会”上，市曲协朱耀斌和张皓表演的相声《地税之歌》，受到贵州省地方税务局领导和观众的好评。

4月25至28日，市曲协朱耀斌受贵州省曲协委派和应遵义市曲协邀请，到遵义市湄潭县为当地曲艺爱好者传授曲艺创作表演知识，到余庆县参加“迎五一、弘扬雷锋精神、建设大美余庆”大型文艺晚会演出。

5月10至28日，市曲协为钟山区第十五小学、第十六小学创作辅导儿童相声《习惯》和儿童快板《凉都城区美景赞》《构建校园新天地》等。5月31日，市曲协在钟山区第二小学设立“六盘水市曲艺家协会艺术辅导站”，大力推动曲艺进校园。同日，市曲协协助市交警支队开展交通安全进校园活动，为学生传授文明交通知识。

6月5日，市曲协与市交警支队联合举办文明交通宣传进企业活动。6月9日，市曲协主席朱耀斌应重庆市曲艺家协会和重庆曲艺团的邀请，代表贵州省曲协赴重庆参加“谐剧表演艺术家凌宗魁从艺55周年暨作品研讨会活动”。6月13日，市曲协创作排练相声《乌蒙山之子》、快板书《周处除三害》、相声《梦醒时分》等节目报送参加第三届中国职工艺术节。6月19日，市曲协组织创作的相声《点儿好》等作品，报送参加“南开杯”第二届全国（天津）相声新作品大赛。6月20至24日，市曲协组织骨干会员深入钟山公安派出所采访，为钟山公安分局创作参加贵州省公安厅和全省反腐倡廉曲艺比赛作品，创作出评书《天职》和群口快板《钟山人民警察赞》。6月26日，市曲协组织曲艺节目参加水城县禁毒文艺演出。

（敖　波）

【参加中国书协会议】 3月1日，中国书协产业发展工作委员会2012年工作会议在京召开。会议主要议题为举办展览、设立基金会、中小学书法教育、公共场所书法作品质量规范、提高公众审美水平、对外文化交往等。六盘水书法家吴勇参加会议。

（敖　波）

【参加书画活动】 3月1日，贵州省文联、贵州省书协、贵州省美协主办，贵阳市文联承办的“2012贵州省青年书法美术作品展”在贵阳美术馆开展，六盘水市书协副主席吴勇的作品获优秀奖、六盘水市书协副主席易晓亮的作品入展。3月5日，吴勇收到第三届“林散之奖”书法双年展的入展证书和作品集。7月18日，《当代贵州》六盘水记者站揭牌仪式在时代假日酒店进行，市文联组织书画家蒋若滨、徐永俊、张立业等到现场进行书画创作。10月19日，由河南省文联主办，河南省书协、郑州市文联承办的中国当代章草十六家书法作品展在河南博物院隆重开幕，参加展览的16位作者从全国儿经选拔而出，六盘水市吴勇为贵州唯一入选的书法家。

（敖　波）

【市委书记参加书画活动】 4月10日，中国书法家协会理事、省书法家协会主席包俊宜与市委书记王晓光、市委组织部部长李朝卉到凤池园观看由市文联主办的“春满凉都”书画展。4月11日，包俊宜应邀到六盘水市进行书法作品讲评指导，市委书记王晓光，市委常委、市委宣传部长杨宏远出席讲评会，市委书记王晓光对六盘水市的文艺工作作了指示。

（敖　波）

【贵州省第五届行草书法大赛】 7月10日，由贵州省书协、六盘水市政府主办，中共六盘水市委宣传部、六盘水市文联承办的贵州省第五届行草书法大赛在贵阳评选结束。收到作品500余件，评出一等奖2名，二等奖4名，三等奖11名，六盘水市何发健、陈侃获二等奖，李玉华获三等奖。大赛作品于“2012中国凉都消夏文化节”期间在六盘水展出。8月19日，贵州省第五届行草书法展在六盘水市体育馆开幕，中国书协副主席王家新，省书协主席、贵阳市文联主席包俊宜，市委宣传部长杨宏远，市文联主席徐永俊等领导出席开幕式，参展作品200余幅，六盘水市有20余人的作品入展。

（敖　波）

【盘县文艺活动】 2012年8月18日，盘县诗词楹联学会成立暨《云霞诗词》创刊十一周年，原六盘水市文联主席、《凉都雅韵》顾问金永福，六盘水市诗词楹联学会副会长汪龙舞，副会长兼秘书长屈贵州，盘县县委宣传部、县文联领导和50多位诗友欢聚，回顾盘县诗词楹联工作的风雨历程。盘县《云霞诗词十年集萃》一书，10月上旬由中国文联出版社出版发行，该书收录省内外诗人佳作500余首。

盘县淤泥乡是盘县重点打造的民族文化风情特色乡（镇）之一，贵州省书法家协会主席包俊业等5位书法家为淤泥彝乡风情街书写楹联，省著名诗人黄润篷为风情街撰联："改革开放八大山中喜绽春花万朵，科教兴农淤泥河畔欣迎瑞气千祥"。9月1至2日，盘县33名书画家、诗人组团到盘县淤泥乡采风，共为群众题写店铺名称182幅，创作诗联120首。

9月8至9日，川滇黔渝桂百家媒体聚焦盘县采访活动开机仪式暨盘县首届旅游文化艺术节开幕式在盘县红果东湖公园举行，盘县文联组织展出书法作品68件、绘画作品41件、摄影作品112件。

由贵州省摄影家协会和盘县县委宣传部主办的贵州"煤电之都·文运盘县"摄影大赛，共收到来自全国各地参赛作品1364幅，评选出收藏作品20幅，入围作品60幅。

10月20至21日，由贵州省书法家协会主席包俊宜、贵州省国画院院长张润生等一行15人组成的省艺术家采风创作组赴盘县采风，创作20余件作品。

盘县有关部门将陆家寨布依族"八音坐唱"列为非物质文化遗产，"八音坐唱"演奏乐器分为木叶、月琴、二胡、铜锣、皮鼓、铜钹、竹笛、唢呐等8件，由8位布依族传人在喜庆佳节时演奏。

（敖　波）

【六盘水文艺人加入国家和省协会】 2012年7月，魏维经考核批准，加入中国戏剧家协会，成为六盘水市首位中国戏剧家协会会员；魏维从上世纪70年代开始创作戏剧，共有30余个剧本，曾9次获得省和国家级戏剧创作奖，主要作品有：小品《门卫》《断桥情》，小戏《抢木匠》，大戏《双荐贤》《闯山门》；2007年出版30余万字的剧作集《双荐贤》。10月26日贵州省书法家协会第六次会员代表大会在贵阳举行，全省书法家代表168人参加会议；大会选出新一届理事会，六盘水市吴勇当选主席团成员，陈侃当选常务理事，徐永俊、陈维象、张黎犁当选理事。

（敖　波）

【曲艺舞蹈节目获奖】 2012年10月15日，在第三届中国职工艺术节曲艺小品展演颁奖晚会上，市曲协朱耀斌与朱鸿宝表演的相声《乌蒙山之子》荣获节目铜奖和演员最佳表演奖及单位优秀组织奖。此次展演由全国总工会、中央文明办、中国文联、中央电视台、中国曲艺家协会主办，中国石油长庆油田公司承办。全国31个省市报送参赛曲艺小品节目331个，92个节目进入复赛，36个节目（221人）进入决赛。由市舞蹈家协会推荐、丰铭体育舞蹈学校编排的舞蹈《韭菜花开》在2012多彩贵州舞蹈大赛中荣获铜奖。

（敖　波）

【市文联"四在农家"建设点调研】 11月29日，市文联党组书记、主席徐永俊到盘县石桥镇西冲村调研"四在农家"建设，先后到妥乐古银杏和西冲2个自然村，全面了解情况，听取石桥镇党委书记顾勇对"四在农家"建设情况介绍。徐永俊要求石桥镇把文化建设纳入"四在农家"建设，打造地方特色文化。

（敖　波）

六盘水市科学技术协会

【召开市科协第七次代表大会】 市科协第七次代表大会于2012年8月6日至7日在钟山召开，190

名代表和特邀代表参加了大会。市委书记王晓光，市人大常委会主任黄金，市长何刚，市政协主席唐方信等领导出席大会开幕式。省科协党组书记、副主席任湘生到会祝贺，市委书记王晓光作重要讲话。

大会听取并审议通过了市科协六届委员会工作报告，选举产生了市科协七届委员会及新一届领导机构。大会期间，市委、市政府表彰了10个科协工作先进单位和30名科协、科技先进工作者。举办了题为“科学发展、成就辉煌”市科协“六大”以来工作成就展。这次大会是一次团结鼓劲、和谐民主、集思广益、催人奋进的大会，对于贯彻落实全国科技创新大会、省第十一次党代和市第六次党代会精神，团结动员全市广大科技工作者为实施主战略、实现“两加一推”主基调、全面建设“五个六盘水”贡献力量，推动科协工作进入新的发展阶段，具有十分重要的意义。

（邢文涛）

【全民科学素质行动计划纲要工作】 完善领导机制。在市及各县区换届后，市及各县区及时对全民科学素质工作的领导小组进行充实和调整，进一步巩固《科学素质纲要》工作的领导机构和工作机构。完善工作机制。6月13日，市人民政府召开第7次常务会议，研究同意《六盘水市全民科学素质行动计划纲要实施方案（2011~2015年）》，并由市政府办印发了本方案。《实施方案》不仅明确了六盘水市开展全民科学素质工作的指导思想和工作目标，更明确了各级政府、各成员单位的工作任务和工作措施，增强了各县区和成员单位对开展全民科学素质工作的责任感和使命感。完善投入机制。市及各县区政府按照《科学技术普及法》和《科学素质纲要》的有关规定，加大财政保障力度，将科普经费列入同级财政预算，为《科学素质纲要》工作的整体推进提供了基本的财力保障。

（邢文涛）

【百万公众网络学习工程】 根据省全民科学素质工作领导小组和省科协开展“百万公众网络学习工程”活动的要求，成立六盘水市“百万公众网络学习工程”活动领导小组，制定下发《六盘市 2012年“百万公众网络学习工程”活动工作方案》，把进一步开展“百万公众网络学习工程”活动纳入市县科协、市全民科学素质工作领导小组各成员单位及各市级学（协）会的重要工作，精心组织，全面推进。把强化免费阅读示范站点管理和建立学习示范站点工作作为推进学习活动全面开展的重要抓手。多次召开免费阅读站点工作座谈会，交流经验，共同探讨如何更好发挥示范站点的引导和宣传作用的方式方法；并通过对示范点管理人员的培训，提高对开展“百万公众网络学习工程”重要性的认识，了解了有关上网学习的方法，提高上“贵州数字图书馆”学习的兴趣。通过科技活动周、全国科普日、各种纪念日等科普宣传活动介绍“贵州数字图书馆”，进一步引导广大公众对贵州数字馆的关注和兴趣，使“百万公众网络学习工程”成为六盘水市实施全民科学素质行动的有效载体，促进学习型社会建设，不断提高六盘水市公众的科学文化素质。

（邢文涛）

【科普项目申报】 积极做好科普惠农项目培育及推荐工作。年初，市科协与市财政局共同组织开展了“2010-2011年度六盘水市先进农村专业技术协会、先进科普示范基地和先进科普带头人”的评选活动。共评选出先进农村科普示范基地5个、先进农村专业技术协会7家、先进农村科普带头人8名。经推荐，六盘水宏裕生猪养殖繁育基地、六枝特区郎岱镇万亩商品蔬菜基地、钟山区大桥蔬菜协会的施辉俊、水城县发耳养鸡协会的邱继能被评为“2012年科普惠农兴村”先进单位和先进个人，共获以奖带补资金50万元；大力开展各种形式的农村劳动力素质培训。实施科技致富“二传手”培训工程项目2个，培训科技致富“二传手”132人。积极开展各种形式的送科技下乡服务活动，努力提高广大农民群众的科学素质和生产技能。

（邢文涛）

【社区科普益民计划】 市县科协深入社区宣传

实施社区科普益民计划的重要意义，指导社区将科普工作纳入社区精神文明建设的主要内容，以开展创建科普示范社区活动为切入点，积极指导和支持社区不断加强和完善科普组织建设和设施建设，因地制宜开展形式多样的科普宣传和教育活动，为提高社区居民的科学素质，推进社区居民科学素质行动实施，促进社区精神文明建设和构建和谐社区。经推荐申报，钟山区荷城办花园路社区被中国科协、财政部评为2012年社区科普益民先进单位；钟山区人民西路社区和德西社区通过省市区科协的支持，各修建了10米延长的科普宣传栏；六枝特区文化路社区和钟山区的花园路社区 、人民西路社区、德西社区在市科协的指导支持下建立了社区科普学校，为社区开展规范化和经常性的科技培训、科普讲座和科普教育提供了固定的阵地。

（邢文涛）

【开展重点科普宣传活动】 9月15日，六盘水市2012年全国科普日“食品安全与公众健康”主题宣传活动在六枝特区举办。来自市和特区全民科学素质工作领导小组各成员单位、市级有关学会及平镇寨部分社区的400余名科技工作者、科普志愿者及社区文艺爱好参加了宣传活动。各单位结合自身实际，围绕活动主题，通过发放科普宣传资料、科技咨询服务、义诊义疗、科普宣传、法律法规宣传、科普大篷车车载展品演示等形式，向广大公众展示了一场科学、文明、健康的科普盛宴，为促进《科学素质纲要》的实施起到了积极的推动作用。本次活动共展出展板50余块，发放各种宣传资料8万份、农药120包，义诊400余人次，接受各种科技咨询2000人次。有近万名群众参与了活动。

5月，会同市科技局、市教育局等单位组织相关单位在人民广场开展了“2012年市食品安全宣传周活动暨科普宣传周活动启动仪式”宣传活动，以此拉开六盘水市科技活动周序幕。

3月，在钟山区开展科技下乡活动，邀请植保专家为大湾金秋梨协会现场咨询服务。

5月下旬、9月下旬，分别参加了两次市委宣传部组织的“三下乡”宣传活动，共发放科普宣传资料10000余份（册）。

7月，会同市农委举办“全市植物检疫及农业行政执法培训”1次，来自各县（特区、区）植保站及有关乡镇的农技人员共100余人参加培训。

（邢文涛）

【青少年科技教育】 组织参加了第二十七届贵州省青少年科技创新大赛。选送的79件参赛作品，有50件获奖，获奖率为64%。其中竞赛类作品获奖率38%，展示类作品获奖率84%；举办了第十届六盘水市青少年科技创新大赛。本次大赛共收到参赛作品340件，经评审委专家评审，共评出科幻画一等奖12件、二等奖21件、三等奖3件，科技实践活动一等奖3个、二等奖11个、三等奖11个，竞赛类作品一等奖3个、二等奖11个、三等奖16个。12月21日，市科协、市教育局、市三中联合在市三中举办优秀作品展，近2000名中学生怀着极大的兴趣观看了作品展示；积极开展青少年科技教育、科学调查体验及科技竞赛等活动。分别在水城县二小和钟山区实验小学举办“科学饮食、健康生活”青少年科学调查体验活动启动仪式。分别在六枝特区实验一小、大湾镇中心校开展“科普大蓬车”进校园活动。开展了六盘水市第六届“七巧科技”系列科普竞赛活动。六枝科协、盘县科协共举办了三期青少年科技教育辅导员培训，培训教师700余人。

（邢文涛）

【搭建服务平台　服务经济社会】 一是组织开展了“六盘水市统筹城乡发展学术研讨”活动。活动开展以来得到了有关部门的大力支持和广大科技工作者的积极参与，共收到论文89篇，经组织专家评审，共评选出优秀论文29篇，其中，一等奖3篇、二等奖11篇、三等奖15篇。12月13日，召开专题研讨交流会，与会专家围绕如何推进六盘水市城乡统筹发展积极建言献策，提出了许多好的意见和建议。二是市级各学（协）会充分发挥学术交流主渠道作用，组织引导广大科技工作者围绕六盘水市经济社会发展的热点难点，开展学术交流和课题研究。全年共举办各种学术会议100余次，交流学术论文500余篇。三是根据省科协的安排，与水钢科协共同承办了“全省企业科协技术创新方法在企业中的应用”培训工作，来自驻市各大企业、市直有关企业的100余名科技工作者参加了培训。

（邢文涛）

【科技思想库建设】 联合市委组织部、市人资社保局、市经信委、市科技局等单位联合下发了《关于开展全市企业单位对专家及技术需求信息采集的通知》，通过各种渠道采集有关企业对专家及技术的需求信息。按时完成了30家重点企业人才及技术需求的信息征集及上报工作。深入各工业园区进行调研，积极宣传院士专家援黔行动计划，向企业领导介绍建立院士专家服务站的途径。通过调研，基本了解和掌握了各园区入驻企业的基本情况以及对专家和技术的需求情况。

（邢文涛）

六盘水市社会科学界联合会

【概况】 2012年，市社科联在岗职工8人，其中1人驻村参与“四在农家”创建工作。在人手少、经费紧的情况下，市社科联积极开展社科研究和社科普及等各项工作，切实发挥了社会科学资政育人和传承文明的作用。

（方　毅）

【编辑出版《中国凉都》】 2012年编辑出版《中国凉都》共6期，向各单位及社会组织发放交流约20000余本。其间对刊物封面、版式、内容进行全面升级，增设“旅发视野”栏目，并大力配合做好旅发大会的宣传。

（方　毅）

【推动学术创作】 一是推出《凉都古镇》（约30万字）科普型图书。该书涵盖了六盘水市古镇的历史、文化、人物、景观、美食等，全面展示了古镇的风貌，为打造凉都古镇旅游品牌、提高知名度及招商引资、旅游推介等提供了翔实的资料。二是编辑出版《乌蒙香》（20万字）。《乌蒙香》详细记述了六盘水市各县、区、特区民族的族源、地理分布、传统文化、民族风俗及民间文学等，将六盘水市各民族的风采收揽成册，彰显于文。

（方　毅）

【“社科理论下基层”活动】 根据省委宣传部文件要求，市社科联于6月至7月在市直机关及四个县区开展“社科理论下基层”系列活动。在市直机关举办“增比进位，后发赶超”主题报告会。省发改委经济研究所所长、副研究员毕业作了题为“抓住历史机遇期增比进位　促进地方经济社会跨越发展”的讲座。召开“打造‘五个六盘水’”主题座谈会。开展“‘走、转、改’—社科理论专家深入工业园区调研”活动。在市中心城区开展科普知识宣传活动。在六枝特区毛口乡等8个乡镇（街道）开展科普讲座共8场，均取得了良好的宣传效果。

（方　毅）

【六盘水市首届社会科学宣传普及周】 按照省委宣传部和省社科联的安排，市社科联于9月中旬组织开展“六盘水市首届社会科学宣传普及周”活动。举行六盘水市首届社会科学宣传普及周活动启动仪式暨大型科普宣传活动；有效利用科普宣传周期间在六枝开展“全国科普日”宣传活动；在盘县开展科普活动。宣传周期间，市社科联及其他相关学会、部门共计80余家参加了活动。

（方　毅）

【组织参加省第十一次党代会精神知识竞赛活动】 按照省委宣传部、省社科联要求，市社科联在全市举行学习贯彻省第十一次党代会精神知识竞赛活动，共收到答题卡12000余份。活动结束后，市社会科学界联合会荣获省社科联颁发的活动组织奖。

（方　毅）

【开展六盘水人文社科基地建设工作】 以六盘水科普基地建设为中心，扎实开展人文社科调研和普及工作。科普基地工作得到全国、省、市领导的好评，2012年荣获“全国先进科普基地”荣誉称号，有两名同志分别荣获“科普专家”和“先进工作者”荣誉称号。

（方　毅）

【三个社科学会获“全国先进学会”称号】 加强指导，积极组织学会参加于2012年5月21日至5月23日在湖南省湘西土家族苗族自治州吉首市召开的全国大中城市社科联第二十三次工作会议。推荐六盘水市国际国内公共关系学会、六盘水市开发研究促进会、二野军大六盘水校史研究会参加“全国先进学会（协会、研究会）”的评选，以上3个学会（协会、研究会）均获得了“全国先进学会”光荣称号。

（方　毅）

六盘水市残疾人联合会

【概况】 2012年，完成白内障复明手术600例，贫困精神病患者住院治疗45例，聋儿语训及家长培训38例，智残儿童训练42例，假肢装配36例，贫困听力障碍残疾人验配助听器37例。安排406名残疾人就业，指导城镇残疾人职业技能培训5期（578人），农村残疾人实用技术培训5期（1042人），征收残疾人就业保障金1709万元（其中市级约490万）。完成540名重度残疾人居家托养，发放居家托养补助金36.5万元，走访慰问贫困残疾人家庭500余户，对扶贫点六枝特区郎岱镇的10户贫困残疾儿童送慰问金4000元。指导钟山区、水城县残联完成2次残疾人专职委员培训（131名）。5月20日，“六盘水市、六枝特区‘第二十二次全国助残日’暨‘三忠诚’、‘“四在农家”’文艺汇演”在六枝特区郎岱镇第二中学广场举行；市委常委、副市长魏树旺，市人大常委会副主任、六枝特区党委书记高玉林等领导参加活动，现场为贫困残疾人发放了10800元慰问金。市残疾人综合服务中心累计完成投资590万元。共接受残疾人上访20人次，未出现大规模非法上访和投诉现象。发放第二代“残疾人证”22742个。实施“通向—交通银行残疾青少年助学计划”资助大学生5名，资助资金10000元。统计残疾人危房5000多户。发放轮椅、铝合金拐杖、坐厕器等辅具约700件。加强对残疾人的法治宣传教育，增强残疾人学法、用法、守法的意识。构筑起以城乡低保为主轴、以专项救助为辅助的覆盖残疾人基本生活、住房、医疗的社会保障系统，确保贫困残疾人家庭的基本生活。在城区新建、扩建和改建工程项目中，按照残疾人无障碍设施建设的有关规定，逐步将电梯、盲道、缘石坡道、残疾人专用公厕等纳入建设，从规划设计到竣工验收，都必须有残联参加。1月18日、12月11日，与东风西路社区两委召开党建联席会议，共同研究“互助共建工作”；市残联慰问社区15人（户），发放大米30袋、食用油15桶、棉衣15件；资助东风西路社区办公用费3000元。从残保金中划拨15万用于帮扶点六枝特区郎岱镇花脚村残疾人多功能活动室的建设；协调规划资金25万元，按每户5000元进行“四在农家”建设，为危房户50户（包括残疾人）进行危房改造；协调投入资金15.75万元，为45户残疾人进行家庭无障碍设施建设；联系新华书店、图书馆等单位为该村无偿提供书籍等文化产品（价值超过10000元）。

（熊茂森）

六盘水市红十字会

【概况】 六盘水市红十字会是从事人道主义工作的社会救助组织，1988年8月成立，2004年4月独立分设开展工作。2012年度，市红十字会结合红十字品牌项目、典型事例、重点工作开展正面宣传，努力提升红十字会公开透明的公益形象。2012年度在全省红十字系统业务目标考核中评为一等奖，受贵州省红十字会表彰。

（何天霞）

【救贫济困活动】 积极向上级红十字会争取32万元救灾物资，在2012年春节期间深入全市四个县区、乡镇、社区和街道，以全市贫困户等弱势群体为慰问对象开展“红十字博爱送万家”慰问活动，共发放大米43吨、棉被660床、夹克衫、运动鞋、糖果等物资，受益户2622户，受益人口10488人。

（何天霞）

【少数民族地区大学生成才计划项目】 2012年，协助学校做好贫困大学生的推荐工作，向六盘水市师院20名品学兼优大学生发放6万元助学金。

（何天霞）

【推动无偿献血工作】 2012年，采集造血干细胞血样364份，无偿献血量320余万毫升，采血10400人次，超额完成全年目标。六盘水市10年来连续保持临床用血100%来源于无偿献血，并连续两次评为五年一度的“全国无偿献血先进城市”称号。

（何天霞）

【红十字应急救援综合演习】 5月12日是汶川地震四周年纪念日，也是第四个全国防灾减灾日。5月12日组织实施了主题为“弘扬防灾减灾文化、提高防灾减灾意识”的红十字应急救援综合演练，开展了以无线电通讯、红十字急救和高空疏散救援等3个项目9个科目内容的专业演习。通过志愿者们精彩的现场演示和主持人对救援演习的讲解和实际救援操作，使广大群众亲身体验急救和救援操作规程，同时传授了防灾、减灾、急救、紧急救援等知识。此次共40余名红十字志愿者参加了演习，约5000余名市民现场观看。

（何天霞）

【志愿服务】 2012年，市红十字志愿者工作委员会全年累计发动志愿者500余人次，组织活动21次，提供服务社会时间1000余小时。一是认真抓好红十字志愿者招募工作，全年共计招募红十字志愿者250名，注册志愿者13名。二是积极与李连杰壹基金联系，在春节期间开展了“壹基金西南凝冻地区儿童温暖行动”，向大湾镇腊寨小学、大庆小学等学校发放了价值365元的儿童温暖礼包1100个。三是组织城市徒步公益活动。与六盘水营地户外运动俱乐部于7月7日在人民广场组织开展“爱在路上·凉都首届城市徒步公益活动”，来自全市各行各业的700余名志愿者和户外运动爱好者参加了活动，共收捐款5064.60元，用于救助荷城街道五号点社区陈方雄和大河镇裕民社区8组赵琴。四是组织敬老志愿服务。于7月12日组织红十字志愿者10名到德坞街道白鹤养老中心开展敬老志愿服务，志愿者们为老人理发、按摩、打扫卫生，陪老人聊天。五是在德坞街道白鹤养老中心挂牌建立了红十字志愿者服务基地，更好地组织开展红十字敬老志愿服务活动。

（何天霞）

【盘县志愿献血服务队组建】 在2012年6月14日世界第九个献血者日，盘县志愿献血服务队正式组建。这是自六盘水市首个无偿献血义工队之后的第二个志愿献血队伍。

（何天霞）

【遗体捐献】 盘县红十字会于7月10日，到大山镇大地头村慰问遗体器官捐献者（龚维斗）家属，并代表浙江省萧山区红十字会送去慰问金10000元，盘县红十字会送上慰问金1000元。2012年，盘县大山镇大地头村村民龚维斗在浙江省打工期间遭遇车祸死亡，家属将其肝、肾捐献，成功救助了3名患者。

（何天霞）

【盘县成立白血病互助基金】 盘县红十字会成立白血病互助基金，并向县政府呈报了《盘县成立白血病互助基金的请示》，获得20万元启动资金。

（孙　嵘）

【募捐工作】 2月，市红十字志工委与鸿星尔克六盘水专卖店联合举办“10元爱心助学周”活动，活动结束共为“山梅助学”募集专项资金31244.9元。

（何天霞）

【省红十字会在盘县举行抗旱救灾物资捐赠活动】 8月24日，贵州省红十字会抗旱救灾保民生、保秋收救灾物资捐赠仪式在盘县板桥镇举行。本次活动共向盘县捐赠大米30吨（2000包），食用油1000桶，抽水机50台等价值30万元物资。

（何天霞）

【六盘水市第3例造血干细胞捐献成功】 2012年11月9日，六盘水市第3例造血干细胞捐献者、钟山公安分局刑侦队干警张涛在贵阳贵医附院顺利捐献造血干细胞，成功挽救了浙江一白血病患者的生命。

（何天霞）

人民武装

水城军分区

【思想政治建设】 2012年，注重部队深入学习胡主席“7·23”重要讲话精神，把学习十八大精神作为重大政治任务。开展“增强干部事业心责任感教育”和“弘扬雷锋精神、争做雷锋传人”、党史军史知识网上竞赛等活动。调整提升了8名实绩突出的干部，对新任职人武部主官进行任前谈话和岗前培训。出台《加强干部请假休假管理措施》。加强军事训练中政治工作演练。投入资金30万元，在营区主干道新添置9块大型宣传灯箱，改造图书阅览室。注重新闻报道和典型宣传，共在省级以上主流媒体上稿113篇（条），省军区要讯19条。落实党管武装制度，各级对部队和国防后备力量建设的支持力度不断加大。按计划完成计划生育和干部转业工作。

（李承键）

【军事斗争准备】 修订完善各类战备预案，强化形势战备教育，开展针对性训练演练，军分区党委常委每天与官兵一同参加训练，带头参加早操、体能训练、军事业务学习等课目。抓好《战备工作条例》学习、维稳救灾业务集训成果转化和作战数据库建设。投入资金5万余元进行战备值班室综合整治，提高战备水平。完成首长机关和民兵训练任务。组织首长机关带领钟山区人武部进行抗洪救灾演练。组织机关和4个人武部6支民兵应急骨干分队进行比武竞赛，在省军区比武中取得综合成绩第四、1个单项第一。组队参加省第二届农民运动会民兵“军事三项”竞赛，取得团体总分第4名等6个名次。贯彻落实省国动委第九次全会暨民兵工作会议精神，制定下发《民兵组织调整改革实施方案》。抓好征兵“六项指标”落实，完成兵员征集任务。出动民兵参与“元宵节”灯展、清明节防火、工业园区观摩会和重大活动安保执勤等任务。

（李承键）

【综合管理】 制定《军分区挂钩帮带基层计划》和配套措施，开展“三大两促一提高”活动，结合蹲点调研、指导人武部党委民主生活会，帮助基层解决班子建设、搬迁规划、营院正规化建设与管理等具体问题。组织18名干部参加省军区两个经常性工作能力培训。指导水城县人武部抓营院正规划建设，巩固盘县人武部战备正规化建设试点成果。六枝特区人武部加大专武干部选配力度。开展“学法规、守法规、用法规”和“条令学习月”活动，定期分析安全形势，严密防范重大安全问题，持续开展倾向性问题专项整治。四次开展安全隐患排查，突出查找人员、车辆、枪弹、营院等管理中存在的问题，并限期进行督促整改。规范武器装备实力会审和弹药动用审批，投入资金5万元，升级改造武器库值班室和监控室，安装指纹门禁系统。投入资金30万元，建成军分区网络高清视频监控系统，实现营区重点目标、重要部位的适时监控。抓好信息保密工作，所有保密场所均落实了“三铁一器”。军分区连续17年保持安全无事故，连续13年被省军区表彰为安全稳定工作先进单位。

（李承键）

【后勤保障】 修订完善后勤各种保障预案，调整充实各类物资，梳理总结近年军分区现代后勤建设成果并制作成画册。开展后勤保障研究，完成5名退休职工移交安置。抓好车辆购置、工程建设、空余房地产租赁、军用土地转让等问题的整改落实。加强营区、营房正规化建设，军分区被成都军区表彰为“营区房地产正规化管理达标优秀单位”。加强经费预算管理，出台《进一步加强经费管理的措施》。坚持每季度集中全区财务人员集体办公，组织人武部后勤科长参加省军区集训。协调地方驾校对全区驾驶员进行业务培训和作风纪律教育整顿。因市政基础工程施工使国防光缆维护难度增大，军分区对境内国防光缆干线进行巡查维护，对施工人员进行相关知识教育，确保国防通信畅通。

（李承键）

【参建参治】 贯彻落实国发2号文件精神，按照市委打造现代特色都市、建设“五个六盘水”的目标，组织官兵和民兵预备役人员投入地方“五位一体”建设。成立党建扶贫工作队，深入盘县两河乡两河村开展定点帮扶。以“四在农家”创建活动为载体，抓好4乡、10村、3000户农户帮扶创建工作。六枝特区人武部完成堕却乡400户“四在农家”建设任务；盘县人武部协调资金1800余万元，帮助农村退伍军人解决了住房改造资金困难问题；水城县人武部参与驻地生态文明建设，植树造林200余亩、种植有机茶林3600亩；钟山区人武部出动民兵投入大河镇大箐村安全饮水工程建设。做好涉军信访维稳工作，接待来访群众200余人次。开展拥政爱民活动，开展“不忘革命烈士、关爱烈士亲属”活动，六盘水市实现“全国双拥模范城”两连冠。

（李承键）

【“条令学习月”活动】 每年3月为部队“条令学习月”，通过电视会议形式，召开“条令学习月”暨驾驶员作风纪律教育整顿动员会。组织条令法规学习和辅导，增强官兵条令意识，强化了作风纪律观念。利用早操时间开展队列考核和军容风纪检查，促进了日常作风养成。（李承键）

【民兵应急分队比武】 5月17至18日，水城军分区组织全市民兵应急分队骨干开展比武竞赛，70余名民兵骨干参与轻武器射击、五公里越野、班队列、班盾棍术、军事理论等5个竞赛科目，抗洪抢险和抗旱保苗2个演示科目，3个单项和5个团体竞赛。

（李承键）

【领导活动与变动】 3月9日，省军区司令员李亚洲少将一行到水城军分区视察调研工作，市委书记、军分区党委第一书记王晓光，汇报全市经济社会建设情况和党管武装工作，军分区政委汪寿武代表军分区党委汇报工作。7月3日，军分区召开调整领导班子命令大会，省军区副政委陈钢宣读了中央军委命令，水城军分区司令员沙劲松任贵阳警备区司令员，十三集团军后勤部副部长尹华亮任水城军分区司令员。10月31日，水城军分区召开宣布领导班子调整命令大会，水城军分区政委汪寿武因达到最高服役年龄，批准退休，凯里军分区政治部主任杨光芒提升任水城军分区政委，省军区副政委陈钢宣读了中央军委命令。

（李承键）

【市委议军会议】 5月10日，市委在水城军分区会议室召开2012年度议军会议，研究解决全市国防后备力量建设长远发展和急需地方支持帮助的问题。市委书记、水城军分区党委第一书记王晓光，市委副书记、市长、市国防动员委员会主任何刚，出席会议并讲话；市委副书记何冀传达省委书记栗战书重要批示、成都军区民兵工作会议、省委2011年度议军会议精神，水城军分区司令员沙劲松汇报部队工作情况，市委常委、水城军分区政委汪寿武发言，市人大常委会副主任、六枝特区党委书记、特区人武部党委第一书记高玉林作党管武装工作述职，其他各县、区党委书记、人武部党委第一书记对党管武装作书面述职。市人大常委会主任黄金，市政协主席唐方信，市委常委、盘县县委书记陈少荣，市委常委、市纪委书记向昀参加会议。

（李承键）

人民防空（交通战备）

【概况】 2012年，全市人民防空（交通战备）工作紧紧围绕市委、市政府提出的实施“三大战略”、打造特色都市、全面建设“五个六盘水”的奋斗目标，与时俱进，开拓创新，加强建设，为提高城市整体防护能力，促进全市经济社会发展做出了积极贡献。

法规体系不断完善。结合六盘水市工作实际，向市政府草拟上报了《六盘水市人防防空工程管理办法》《六盘水市人民防空通信警报设施管理规定》等配套法规及规章，以市人民政府令或文件形式颁布执行，为下一步人防执行提供了依据。

行政执法逐步规范。建立健全协作机制。努力协调市直相关部门，出台了《市人民政府办公室关于市中心城区结合民用建筑修建防空地下室联席会议制度》《关于印发〈六盘水市人民检察院与六盘水市人民防空办公室查办和预防职务犯罪联系协调制度〉的通知》等制度，形成了上下统一、横向联运机制，营造了良好的工作平台。认真开展专项执法检查。市人防办认真落实好市人民政府办公室《关于印发市中心城区结合民用建筑修建防空地下室清理工作方案的通知》，开展了为期3个月的专项活动。经研究，初步将15家房开企业24个项目列为重点清查对象，督促业主依法建设或缴纳易地建设费。规范人防“结建”管理程序。按照国家、省人防政策法规，结合实际简化人防“结建”工作的报建程序，提高办事效率。并明确要求对需易地修建防空地下室的，必须严格按规定面积缴纳易地建设费，杜绝随意减免现象发生。

人防建设迈上新台阶。深入企业宣传人防法律法规，强化宣传力度，耐心为企业提供人防服务。邀请省人防办政策法规处、工程质检站领导、专家为服务对象解读人防政策法规、人防工程建设规程规范等知识。在“保持党的纯洁性活动”期间邀请服务对象为人防干部职工上党课，增强事业心，有为有位。健全组织机构，强化市级人防交战系统自身建设，增设了市人防工程质量监督管理站，为企业提供人防工程服务。全年共审批人防工程建设项目49个，其中报建防空地下室项目16个，报建面积50000余平方米，同比增长585%；竣工验收面积5000余平方米；人防工程易地建设费同比增长481.5%。完成人防“十二五”规划、人防专项规划的编制，并报经市人民政府审批，进一步明确了“十二五”期间人防工作目标任务和发展方向。

指挥保障深入推进。严格执行防空警报器定期检查维护管理制度，对市中心城区12台警报器进行了检查、维护与检修，使其始终处于良好状态；在水城军分区加装警报器1台，市人防办新购置手动警报器1台。制定重要经济目标防护预案。完成全市194个重要经济目标的划定审批，其中一级目标15个，二级目标17个，三级目标162个；制定重要经济目标防护方案194个。强化人防专业队建设。根据市府办发〔2012〕131号文件精神，在17家相关市直部门组建7支专业队伍650人。市人防办与水城公路管理局共56人对S307清水K263—K264处举行了道路抢险抢通演练；并组织人防志愿者队伍参与云南昭通抗震救灾，获2012年全省人民防空（交通战备）工作创新奖。制定防空袭预案。制定了盘县、六枝特区2 个省级人防重点城市的防空袭预案，并指导钟山区、水城县做好防空袭预案相关数据的收集工作。抓好人防门户网站建设。六盘水市人民防空（交通战备）门户网站于10月重新规范投入使用。

信息化建设加速发展。充实人防信息队伍。经市编委批准，人防指挥信息保障中心增加编制4人，增设人防质量监督管理站编制4人。以项目为抓手推进人防信息化建设。2012年7月14日第九次市长办公会议研究，同意开展六盘水市人防机动指挥所、六盘水市地面应急指挥中心项目前期工作。11月人防机动指挥所完成招投标，现正有序推进；六盘水市地面应急指挥中心项目进入初步设计阶段，各项工作有条不紊的开展。

交通战备基础夯实。按照《国防交通信息管理系统》要求，收集国防交通信息资料，完成电子数据库的建设和上报工作。主要统计了民用运力8吨以上货车，完成了六盘水市2012年度民用运力统计工作；完成了320道路六盘水段的勘察和资料收集工作；检查了杨梅检查战备林管护情况，收集有关文本、音像和图片资料，加强国防林管护工作；建立了六盘水市交通建设贯彻国防要求军地联席会议制度，提高了交通战备、地方相关部门、军队三方的沟通协调能力。

机关“准军事化”建设不断加强。按照“保持党的纯洁性”活动要求，结合人防机关“准军事化”建设达标要求，认真抓好“保持党的纯洁性”工作。健全财经管理制度。积极开展招商引资工作。招商项目2个，实际到位资金7000万元。完善战备值班制度，对内部科室实行年度绩效目标管理，层层抓落实。

宣传力度进一步加大。在通过报刊、杂志等形式，全面宣传人防法律法规等相关知识的同时，创新宣传方式，以手机短信方式向市民发送人防信息知识，扩大宣传覆盖面，提高了人防影响力和人防知识普及率。

党建扶贫、联乡驻村工作扎实有效。办领导班子高度重视党建扶贫及驻村联乡工作，共协调资金106万元为小屯村安装自来水，解决了人畜用水困难；办领导多次深入小屯村调研，看望慰问部分贫困户、老党员、二女户和放弃二孩生育户，贵州省新闻联播作专门报道；扎实开展党建扶贫为小屯村党支部改善办公条件，购买办公桌椅，指导其发挥基层党组织作用；共同出谋划策，积极做好新农村试点规划，并邀请专家将小屯村九组创建为示范村组。将小屯村作为全省100个新农村一事一议财政补贴项目上报，申请财政奖补资金120.75万元。

（董均筠）

【“三忠诚”集中教育活动动员大会】 3月20日，六盘水市人民防空办公室组织全体党员干部召开“三忠诚”集中教育活动动员大会，部署六盘水市人防办“三忠诚”集中教育活动。

（董均筠）

【副市长周宏文到市人防办调研】 4月26日，市人民政府副市长周宏文、省防办科研所所长张绍川到市人防办调研。周宏文、张绍川听取了市人防办工作情况的汇报，对下一步人防工作如何融入全市经济社会发展大局提出了工作打算。

（董均筠）

【县区人防办主任会议】 5月15日，市人防办组织召开县区人防办主任会议，盘县人防办主任黄兴泮、六枝特区人防办主任帅培参会并作工作汇报。两县区人防办主任就2011年人防工作开展情况进行了汇报，并提出了2012年工作打算及目标。

（董均筠）

【省办指挥信息保障中心检查工作】 5月21日，省办指挥信息保障中心主任潘志坚等一行3人，到六盘水市人防办指挥信息保障中心检查指导工作，对市人防办的工作给予了充分肯定。

（董均筠）

【执法资格考试】 5月25日，市人防办杨国彦主任带领2012年新进工作人员到省人防办参加全省人防法规培训并参加了执法资格考试。

（董均筠）

【全市人民防空（交通战备）工作会议召开】 6月13日上午9点，六盘水市全市人民防空（交通战备）工作会议在统计局会议室召开，共邀请全市38家市直单位、县政府、相关企业、媒体参加。市政府副市长周宏文出席会议。

（董均筠）

【省人民防空（交通备战）办到六盘水调研】 6月28日，省人民防空（交通备战）办党组书记、主任江建民，在省办落区处解彬处长，综合处副处长叶胜峰的陪同下到六盘水市调研指导工作。

（董均筠）

【副市长刘友宾到市人防办视察】 6月30日，副市长刘友宾到市人民防空（交通战备）办公室视察，查看了市人防办公楼和钟山人防工事，询问了钟山人防工程的使用情况。

（董均筠）

【道路抢险抢通演练】 7月26日，六盘水市人民防空（交通战备）办公室与水城公路管理局共56人对S307清水K263—K264处举行了道路抢险抢通演练。此次演练动用车辆18辆，轧路机1台，装载机2台及其他演练物资，演练科目有：铺筑泥路路面水毁磨耗层、修补堵塞泥路边沟，平整路肩、抢修塌方路面。

（董均筠）

【建立市级结合民用建筑修建防空地下室审批联席会议制度】 8月15日，六盘水市人民政府办公室下发了《关于建立市结合民用建筑修建防空地下室审批联席会议制度的通知》，建立六盘水市结合民用建筑修建防空地下室审批联席会议制度。通知明确，市政府副秘书长吴世平为召集人，市人防办、市发展改革委、市规划局、市住建局、市统计局、市产权监理处等为成员单位。

（董均筠）

【市人民防空地面应急指挥中心项目立项】 8月21日，在六盘水市委、市人民政府的关心支持下，市发改委通过了六盘水市人民防空地面应急指挥中心项目立项。六盘水市人民防空地面应急指挥中心建成后，对于健全防空基础设施、完善城市功能、提高城市应急能力具有重要意义。

（董均筠）

【人防法规宣传教育活动】 9月15日，市人民防空（交通战备）办公室于上午9时至11时在市政府门前街道设点，开展人民防空防灾，人防法规的宣传活动。邀请参加本次宣传活动的单位有市发改委、市教育局、市住建局、市交通局、市统计局、市规划局、市国防教育办公室、文化南路社区，社区参与人民防空宣传活动在全市范围内尚属首例。

9月18日为一年一度的人防音响警报试鸣日，为增强广大市民的国防观念和人防意识，在《中华人民共和国人民防空法》颁布十六周年之际，六盘水市人民防空（交通战备）办公室高度重视于9月上旬开始人防教育宣传活动。

（董均筠）

【参加全省应急通信综合保障演练活动】 10月24日，贵州省人防办组织全省应急通信综合保障演练活动，市人防办选派指挥信息保障中心人员前往省办报到参加演练活动。

（董均筠）

【获得年度目标考核一等奖】 12月24日，省人防办副主任陈果带领考核组到六盘水市人防办进行2012年度目标考核。省人防办检查考核组对人防办年度工作充分肯定，综合评定为一等奖。

（董均筠）

武警六盘水市支队

【班子建设】 中国人民武装警察部队六盘水市支队，组建于1982年8月，1983年1月正式成立，为正团级单位，主要担负守护、守卫和看守勤务；机关驻六盘水市钟山区南环路83号。2012年，班子成员撰写心得体会100余篇，在《人民武警报》《贵州日报》等报刊上发表文章13篇，体会文章《在不断更新观念中推动部队科学发展》在总队交流。开展“讲政治、顾大局、守纪律”专题教育活动，坚定官兵政治信念。支队党委常委每月分两批带机关干部深入基层蹲点，人均蹲点63天以上，年内争取1000余万元经费，绝大部分投入基层建设。修订完善《党委常委会议事决策细则》《首长办公会议事细则》等制度。开展“读书思廉”活动，强化“十个意识”（政治、奉献、标准、诚信、求实、自律、宗旨、责任、创新、团队意识），制发“官兵连心卡”，使敏感问题“脱敏”，让热点问题“降温”。严格按照组织程序调整提拔41名干部，确定5名学员苗子，选送39名技术学兵，预选36名骨干，选晋49名士官，办理12名战士立功，评选10名“十佳优秀士官”、115名优秀士兵。

（刘洪良）

【思想与文化建设】 开展“赞颂科学发展成就，忠实履行职责使命”教育活动，落实每月“四堂课”要求，坚持“四个结合”（集中教育与随机教育、正面灌输与反面警示、领导授课与“官兵讲坛”、课堂引导与课后实践相结合）、“三选三促”（定题备课选教案、统一授课选教法、官兵评课选教员、网上查课促落实、推门听课促提高、活动配合促深化），抓实串讲、讨论、补课，确保听得懂、消化好、无死角。开展“指导员之家”“深知兵、真爱兵”等活动。新训期间抓好“两个反复”（入伍初期和巩固提高阶段思想反复），新兵第二适应期抓好“两个关怀”（情感关怀和生活关怀），老兵士官搞好“两个结合”（教育与管理相结合，言教与身教相结合）。6次发函协调地方政府帮助处理家庭涉法问题和重大变故，为6名干部解决子女入学入托、家属工作调动等问题。投入92.5万元，为基层统一制作队魂队训和“双争”标牌，添购电子琴、架子鼓等10套文化器材和97台电脑、49台电视、13台多媒体教学一体机，为4个中队新建俱乐部、新装宣传橱窗、灯箱和全彩LED显示屏，2个中队制作文化长廊和文化墙，6个中队新建水磨石篮球场，所属中队更换有机玻璃篮板，探索“三进班”（网络、电视、图书）建设。设立20万元“学习成才基金”，组织1期学员苗子文化补习，购买3万余元图书。

（刘洪良）

【履行职责】 注重抓“源头”，打牢新兵“四个基础”（思想政治、作风纪律、军事技能、身体心理基础）；着眼“三清”（目标情况清、任务职责清、处置方法清）、“三能”（能及时发现、准确判断、稳妥处置），抓好执勤带新工作。以“两官”为重点，8次组织机关干部、中队主官、司务长理论和军事考核。强化首长机关训练，参加“卫士-12”演习，5次组织首长机关带实兵拉动演练，2次组织网上抽组演练。开展冬训练兵，体能竞赛活动；着眼“六个提升”（提升思想觉悟、提升训练水平、提升安全意识、提升作风纪律、提升工作标准、提升团队精神），狠抓勤训轮换。两个集训做法被总队转发。表彰20名执勤能手、21名训练能手、13名技术能手。投入37.5万元对4个单位11个哨位进行改造，增设摄像头和语音提示系统，提高执勤安全系数。出动兵力4024人次，完成“春运”“两节”“两会”执勤，“凉都消夏文化节”“彝族火把节”等重大活动现场安保和武装巡逻、武装押解、武装查缉等临时勤务67起。六枝中队参加洒志乡泥石流抢险救援，被总部总队信息网主页转载。六盘水支队直属三中队班长文雷，于2012年12月28日荣立二等功。

（刘洪良）

【纪律与安全】 开展“条令学习月”“迎盛会、严纪律、树形象、保安全”作风纪律教育整顿等活动，将安全工作渗透到各个方面。每日实施一次安全守纪检查、每周组织一次安全守纪讲评、每月进行一次法纪教育、每季度组织一次安全形势分析。投入30余万元安装六枝、盘县、水城中队巡视道内侧钢网墙和刀刺网，排查治理一中队厨房吊顶内横梁断裂等12个方面（91处）隐患。

（刘洪良）

【后勤保障】 进行6次后勤战备演练，采购580人1日份09系列单兵食品，落实机关150人2日份、机动中队50人2日份和基层中队26人1日份储备要求。协调市、县（特区、区）财政投入1268万元建设经费。为基层配备电灶、电蒸柜、消毒碗柜，新建4个蔬菜大棚、1个玻璃温室和12间猪圈。

（刘洪良）

六盘水市消防支队

【概况】 2012年，支队共投入消防装备建设资金1314万元，购置了3辆城市主站消防车、2辆登高平台消防车、1辆抢险救援消防车、1辆A类泡沫消防车，全市消防执勤车辆达58辆，超额完成2012年车辆购置任务。

2012年，公安消防部队共发现火灾32起，死亡0人，受伤0人，直接财产损失737648元；共接警217起，出动224次（含增援），出动消防车323辆次，消防官兵1880人次，抢救被困人员198人，疏散人员1899人，抢救财产价值4756.45万元。出色完成了“两节两会”“中共十八大”、“凉都消夏文化节”等重点时期的消防安保任务。

积极开展消防宣传，全市共编印3.5万份《消防安全知识读本》、7万份《消防知识二十条》画册和手册、1万份《消防法》免费发放各县区、乡镇、社区、派出所和村委会。全市先后开放消防馆（站）162次，接待观摩人员8万余人次，举行咨询和宣传活动24次，发放消防宣传资料8万册（份），受教育人员达16万余人。3月26日，开展中小学生“安全教育日”活动，让每一名学生真正“热爱消防、了解消防、关注消防”。

召开了重点单位“实名制、标识化”管理现场会，对全市620家重点单位进行统一标识化的实名制管理，在各地以乡（镇、街道办）为基本单元，分层次划分为98个大网格、2174个中网格、11715个小网格，将辖区所有单位、场所纳入监管视线。

召开消防安全联席会议15次；开展责任目标检查、督办、考核15次，市政府分别于半年、年终对各县（区）落实目标责任进行考核；促请市政府制定《六盘水市十二五消防编制规划》，修编了中心城区消防规划，招聘消防文员25人。

持续推进火灾隐患排查整治工作，先后开展了“三节两会”安保、构筑社会安全“防火墙”工程建设、“黔安三号”“五大活动”“清剿火患”战役及“雷霆”行动1-3号等系列专项整治行动。

建立涉及29个领域、36名专家的应急救援专家库，在全国重点镇盘县响水镇依托响水电厂建成一支15人的专职消防队；省级重点镇盘县柏果镇依托盘北电厂建成专职消防队；六枝特区郎岱镇建成了地企共建专职消防队。

1月6日，支队调集三辆消防车，12人参与梅花山路段铲冰除雪疏通道路行动，新华网、人民网等13家中央省级媒体集中对该行动进行报道，在社会上引起了强烈的反响。

3月6日，市教育局、综治办、住建局、工商局、公安局、消防支队、团市委等市直部门组成综合治理联合检查组，利用为期10天时间完成对全市各县（区、特区、开发区）大中小学校及校园周边的消防安全综合治理工作。

7月13日，支队圆满完成“7·13”六枝山体滑坡抢险救援任务，贵州省公安厅副厅长赵翔批示，高度评价六盘水消防支队在灾情发生后能够第一时间反应、第一时间到达事发现场、组织施救措施有效得力。

7月18日，六盘水支队跨区域地震应急救援轻型搜救队按照省消防总队调度命令要求，30名轻型搜救队员携带相关器材装备行车4个小时100余公里，安全到达毕节市赫章县韭菜坪（阿西里西山），开展跨区域地震救援工作。

选送的美术作品《红水桶》（张振，六枝特区中队中队长）荣获公安部廉政文化建设成果展评美术类三等奖；《浩气长存》荣获全省消防部队“保持纯洁性、践行三句话、热血铸警魂、喜迎十八大”文艺调演表演类一等奖。

2012年，支队被省厅命名为“全省执法示范单位”，被贵州省政府评为消防安全目标管理先进单位。六盘水支队党委获得省公安厅2011年度先进支队级党委班子表彰。钟山区公安消防大队荣获公安部“中共十八大消防安全保卫战成绩突出公安消防大队”称号；两名干部荣获“成绩突出个人”称号。

（丁　珊）

法治工作

社会管理综合治理

【概况】 2012年，六盘水市社会管理综合治理工作以提升群众安全感和满意度为目标，多措并举，深入推进社会管理综合治理工作，有力地促进了全市社会政治稳定和治安大局持续稳定，为推动全市经济社会又好又快、更好更快发展作出了积极贡献。

（杨兴海）

【抓好决策部署】 加大研究部署力度。市委、市政府多次召开市委常委会和市政府常务会，研究部署政法、综治工作，解决重大问题。将社会管理综合治理工作经费人均标准从0.5元提高到0.6元，为进一步做好工作提供了人员和经费保障。5月份，召开全市加强和创新社会管理工作大会，市委书记王晓光、市长何刚对加强和创新社会管理提出了明确要求。市与各县区签订了综治目标责任书。下发了《六盘水市2012年社会管理综合治理工作要点》。按照上级要求，成立了社会管理实有人口、特殊人群、社会治安、“两新组织”、护路护线、校园安全、预防青少年违法犯罪和法律政策八个专项组，明确了各专项组的工作职责和任务。10月份，召开了市综治委全体会议，对当前和今后一个时期的工作进行了再安排再部署，对确保十八大的胜利召开作了强调部署。

加大督查指导力度。市委常委、政法委书记、市公安局局长徐立平多次深入一线调研督导，帮助基层解决工作中的困难和问题。市人大组织了社会管理工作的专项督查，市政协分别于7月和9月对社会治安“三反”专项行动和“十大政法基础项目”建设情况进行了调研监督。市委政法委、市综治办在经常性督查的基础上，于10月底至11月初对各县区社会管理综合治理和“十八大”安保工作进行了督导。

实行考评奖惩制度。把加强和创新社会管理、群众安全感和满意度测评纳入各级领导班子、领导干部目标考核的重要内容，考核结果作为干部任用和奖惩的重要依据，以市委、市政府名义制定下发了《六盘水市群众安全感升降奖惩办法（试行）》，严格按照相关规定对履职情况实行重奖和重罚。在全市加强和创新社会管理工作大会上，市委、市政府拨款260万元，对2011年群众安全感升点进位、平安建设、“两打三治”和社会管理创新先进典型进行了表彰。12月初，市委政法委、市综治办、市维稳办和市涉法涉诉领导小组办公室联合对各县区2012年度社会管理、维护稳定、防处邪教、涉法涉诉信访工作进行了年度考核。

（杨兴海）

【专项行动】 在全市开展社会治安“三反”（反毒品、反盗抢、反暴力）专项行动。制定下发了《六盘水市社会治安“三反”专项行动工作方案》，召开了动员部署大会，与社会治安重点地区排查整治有机结合，对校园周边、容易发生治安问题的“城中村”、城乡结合部、以及公共复杂场所、流动人口聚集地等高发案重点地区，容易为犯罪分子藏身落脚的中小旅店、出租房屋等重点部位，容易滋生“黄赌毒”等丑恶现象的歌舞娱乐、洗浴按摩等重点场所，容易滋生黑恶势力的批发市场、建设工程、征地拆迁、矿山开发等重点领域，容易造成现实危害的刑事解教、吸毒人员等重点人群，集中时间，集中力量，开展深入细致的大排查，摸清问题底数，及时进行打击整治和跟踪管控。截至11月，全市共排查出治安重点地区12个，已整治好12个。有力维护了社会和谐稳定。

大力开展“集中整治企业周边治安秩序”专项行动，优化企业发展环境。在对全市企业及周边治安进行为期20天调研的基础上，7月13日，组织召开了全市集中整治企业周边治安秩序专项行动动员部署会。随后在全市开展了为期3个月的集中整治行动，着力解决企业和投资者反映强烈的突出问题。全市在非公经济组织和重点建设项目周边建立警务室37个，派驻民警和协勤65人，严厉打击各类涉企违法犯罪行为。2012年以来，共化解涉企矛盾纠纷38起，查破各类涉企刑事、治安案件526起，查处各类违法犯罪人员126人，涉企刑事、治安案件同比下降15%。

（杨兴海）

【治安防控体系建设】 切实减少生事发案。全市继续加大工作力度，强力构建完善以街面巡控、社区防控为主体的人力防空网和以视频监控报警为主体的技术防空网，不断加强治安防控体系建设。

人防方面：市县每年投入经费5000多万元，从2011年至2012年先后两次招聘了2200余名辅警人员进行街面巡防、基层警务、救助服务工作。钟山区投资近2000万元，在市中心城区主要路段和交叉路口治安复杂区域新增治安岗亭50个和2个出城武装检查站，每个岗亭配备9人共450人，实行24小时执勤和巡防。同时，对社区实行网格化管理模式，沿街实行铺面联防和小区整合巡逻队伍，充分发挥了社区管理力量，发挥了很好的作用，取得了很好的社会效果。

水城县在村（居）组建摩托车治安巡逻队，按照“有事集中行动、无事分散巡逻”的方式开展治安巡逻。同时，增聘105名协勤，增加6台巡逻车，增设11个治安岗亭（双水8个，老鹰山3个），加大城区治安防控力度。盘县推行10户联防管控机制，与企业配合设立警务室，着力开展群防群治工作。钟山区对社区实行网格化管理模式，沿街实行铺面联防和小区整合巡逻队伍，充分发挥社区管理力量，取得了很好的社会效果。截至11月，全市共建农村专职联防队221支，共有联防队员近4000人，城市专职联防队25支，联防队员485人。

技防方面：总投资超过十亿元的“天网工程”11月29日全面启动建设，第一期投资3.7亿，将建设10376个探头，1046个电子报警点，32个监控中心，覆盖全市主要乡镇、街道、交通要道、治安卡口、重要目标，以及公共聚集场所、治安复杂场所和部分企事业单位，预计明年8月建成并投入使用。钟山区按照“谁受益、谁投资”的原则，在中心城区利用沿街铺面、单位等安装的视频监控设备的延伸，对街面进行实时监控，与“天网”形成相互呼应的“地网”。自4月份启动以来，单位、场所、门面、旅馆、企业共安装监控探头8589个，可覆盖中心城区80%以上的街面。另外，推广“技防入户”工程建设，市中心城区近5万个家庭已安装家庭防盗电子报警设备。

（杨兴海）

【社会管理创新】 开展“八大课题”调研工作。针对加强和改进城乡社区建设，户籍制度改革，流动人口管理、房屋租赁、“三失”人员、留守儿童、空巢老人服务管理，互联网服务管理以及“两新组织”的党、工、团、妇建设等工作，初步草拟出《六盘水房屋租赁管理办法》《六盘水征地管理制度》《六盘水“两新”组织建设意见》《加强和改进失业人员服务管理工作实施意见》《关于加强城乡社区建设工作的意见》等，供市委、市政府决策。

完善重点人群服务管理体系。在城市积极推行“以证管人、以房管人、以业管人”的模式，在农村依托计生工作平台，加强对流动人口的服务管理。同时，积极推行居住证制度，健全流动人口流入地与流出地双向服务管理协作机制，实现流动人口管理由静态向动态的转变。建立刑释解教人员信息库，实现刑释解教人员出监所评估、衔接管理、安置帮教等工作“无缝对接”。市综治办与市司法局、市公安局、市财政局联合转发省《关于落实刑释解教人员安置帮教衔接工作有关问题的通知》和《关于进一步做好刑释解教人员出（监）所必接工作的通知》，推进刑释解教人员安置帮教一体化，有效预防和减少刑释解教人员重新违法犯罪。加强对社会闲散青少年、流浪乞讨未成年人、服刑在教人员未成年子女、有严重不良行为和违法犯罪行为青少年的教育帮助。六枝对个性学生进行一对一帮扶，开展“爱心妈妈，关爱留守儿童”工程，有效预防和减少违法犯罪。大力推进“阳光工程”建设。11月底，全市已建成安置规模100人以上阳光企业7个，安置规模50人以上100人以下阳光企业3个，安置规模50人以下的阳光企业6个。已集中安置2916人，分散安置4769人。

加强对“两新组织”服务管理。为服务保障非公企业发展机制，开展了全市政法机关以“铁心支持、铁腕保障、铁规服务”的“三铁”措施保障非公经济发展活动。制定下发了《市政法机关领导干部“一对一”挂钩联系非公企业制度》，明确首批32名政法领导干部联系32户非公企业。在随后的调研和专项行动基础上，市公安局出台了《六盘水市非公经济组织内部治安保卫工作暂行办法》，从制度层面解决影响非公经济组织建设、生产、经营、管理方面面临的治安问题，有力维护了企业周边治安秩序，进一步坚定了广大非公经济人士在六盘水市投资、经商的信心和决心，赢得了辖区企业对综治工作的鼎力支持。8月4日，部分非公企业家在经济下行、企业资金在较为困难的情况下，挤出290多万元经费，为市中心城区64个治安岗点购置了64台警务电动车，进一步提升了市中心城区的见警率和出警速度。市委政法委、市见义勇为基金会发起“见义勇为基金”募捐活动时，非公企业家们纷纷慷慨解囊，主动为见义勇为基金捐款，全市共募集基金1300余万元，在全省市级基金总量排名第一。“三铁”做法引起了中央、省和市各级媒体的高度关注。另外，钟山区在全区41个50~100人的两新组织建立了综治联络员，24个100人以上的两新组织建立了综治工作站，加强对“两新组织”的服务管理。全市非公经济组织已建党组织377个，工会1550个，共青团组织501个，妇女组织11个。

继续强力推进基层基础建设。市委、市政府将事关政法综治工作长远发展的“十大政法基础项目”纳入当前全市重大项目建设的大盘子，加大政策、资金支持力度。六盘水监狱、六盘水第二强制戒毒所、“天网工程”、凉都军警训练基地、钟山区戒毒康复基地、盘县戒毒康复中心扩建，“四所”（看守所、戒毒所、刑拘所、女子看守所）建设、水城社区矫正基地、“六枝”两释人员帮教基地等基础建设正加快推进。4月19日，市委常委、市委政法委书记、市公安局局长徐立平组织召开了调度会，听取情况汇报，对项目推进进行安排部署。7月中旬，市政协视察组对十大政法基础项目开展情况进行视察。十大政法基础项目建设总体进展顺利。同时，切实加强乡镇街道综治办、公安派出所、人民法庭、司法所等基层政法综治组织建设；整合乡镇（街道）政法综治力量，建设乡镇（街道）政法综治中心，逐步形成综治、治保、调解、社区警务、外来人口管理、安置帮教、社区矫正等多位一体的工作格局。

截至11月底，全市共立刑事案件15679起，同比下降2.1%。破7653起，同比上升2.7%。其中，立命案124起，破104起，同比上升6.12%。立“两抢一盗”案件10318起，破4475起，同比上升2.29%；立“八类案件”2058起，破1428起，同比上升17.43%。破获各类毒品案件632起，缴获毒品海洛因28.36千克，冰毒30.07千克，麻黄碱468.8千克，抓获毒品犯罪嫌疑人722人。打掉犯罪团伙7个，抓获团伙犯罪嫌疑人271人。

（杨兴海）

【强化宣传发动】 全市始终把宣传发动作为社会管理综合治理工作的重要环节来抓，充分利用各类新闻媒体及《99平安》电视栏目等宣传平台，采取多种形式，着重宣传六盘水市党和政府大力抓好社会管理综合治理工作的坚强决心以及取得的重要战果和典型经验，做到广播上有声音，电视上有画面，报纸上有文字，街道、车站等有标语。广泛动员发动群众参与平安建设工作。

（杨兴海）

【矛盾纠纷调处】 大力开展矛盾纠纷排查调处工作，全面推行重大决策、重大事项、重大工程项目社会稳定风险评估全覆盖工作，落实社会稳定风险评估机制。同时，把定期排查与集中排查和专项排查结合起来，及时了解、发现、掌握矛盾纠纷和苗头隐患。六枝、盘县、水城、钟山分别通过整合乡镇综治中心资源、开展日常工作中走访社情民意活动、利用“一站式”办公优势、开展“矛盾纠纷全面化解年”活动等方式，健全联调网络，完善矛盾纠纷调处机制，合理解决群众诉求，切实化解各类矛盾纠纷，确保全市经济社会稳定发展。截至2012年11月底，全市共排查矛盾纠纷5584起，成功调处5557起，成功率99.52%。

（杨兴海）

【政法委书记徐立平到郎岱调研“四在农家”创建工作】 4月6日，市委常委、市委政法委书记、市公安局局长徐立平在六枝特区郎岱镇坝子村和归宗村调研“四在农家”创建工作时要求，认识再提高、力度再加大、思路再清晰、工作再细致、进度再加快五个方面抓好落实。

六枝特区郎岱镇坝子村、归宗村分别是市委政法委、市公安局“四在农家”创建活动挂帮联系点。

（杨兴海）

【召开涉法涉诉信访积案化解工作表彰暨推进会】 4月17日，市委政法委组织召开了全市涉法涉诉信访积案化解工作表彰暨工作推进会。会议对在全市积案化解工作中成绩突出的六盘水市中级人民法院等4个涉法涉诉信访积案化解工作先进集体、蒙建华等22名先进个人进行了表彰奖励，部分先进集体、先进个人代表在会上作了经验交流发言。各县（特区、区）党委政法委分管副书记、执法监督科（股）负责人，市公安局、市检察院、市中级人民法院、市司法局分管领导及有关庭（处、室）负责人，积案化解先进集体和先进个人代表共30余人参加会议。

（杨兴海）

【市委书记王晓光调研政法基层单位】 6月6日，市委书记王晓光先后深入市强制戒毒所、钟山区凤凰街道大营社区便民服务站等地，就如何做好新时期群众工作进行调研。他强调，全市各级各部门要充分认识新时期做好群众工作的重要性，自觉把贯彻群众路线、做好群众工作，作为开展一切工作的出发点和落脚点，动之以情、谋之以利、行之以法、立之以信、廉于律己，在“三化同步、推动跨越”的新征程中，以实际行动争取人民群众的拥护、信任、支持和参与，共同推动六盘水经济社会又快又好、更快更好发展。市委常委、市委政法委书记、市公安局局长徐立平参加调研。

（杨兴海）

【47名见义勇为先进受表彰】 8月21日下午，市委、市政府隆重召开全市见义勇为表彰大会，对47名见义勇为先进个人进行表彰。市委书记王晓光、省见义勇为基金会理事长林连华出席会议并作重要讲话，省综治办综合处长甄在溢到会指导。会议由市委常委、市委政法委书记、市公安局局长徐立平主持。

这次表彰会是在六盘水市成立见义勇为基金会后第一次召开的表彰大会，在这次表彰中大幅提高奖金额，共颁发奖金46万余元。3名见义勇为公民中，奖励陈涛10万元、奖励尹石州、赵星各2万元。44名见义勇为先进个人中，牺牲的3人各奖励5万元、受伤的8名同志各奖励1万元、其他的33名见义勇为人员根据事迹程度不同，分别奖励0.6万元至0.3万元不等。

会上，还为组织捐赠见义勇为基金100万元以上的盘江投资控股（集团）公司、市安监局、盘江精煤股份有限公司、水城矿业（集团）有限责任公司颁发了“特别贡献单位”牌和证书；对组织捐赠50万元以上的市委政法委、市能源局、首钢水城钢铁（集团）有限责任公司颁发“突出贡献单位”牌和证书；对捐赠10万元以上六盘水市个私协组织等30个单位，颁发“积极贡献单位”奖牌和证书。

六盘水市已表彰见义勇为先进集体和个人419人次，颁发奖金174万余元，涌现出全国见义勇为先进个人2名，全国见义勇为好司机5名，全国见义勇为先进工作者2名，2009年、2010年连续两年荣获全国见义勇为评选活动优秀城市。2011年11月市见义勇为基金会成立以来，共筹集基金1400万元。

（杨兴海）

公　安

【概况】 2012年，全市公安机关紧紧围绕党和政府的工作大局，以中共十八大安保工作为第一任务，以全力提升群众安全感满意度为第一目标，紧紧盯住工作运行过程中的重点难点和关键环节，团结拼搏，超常工作，各项公安工作取得了显著成绩。

（张锡文）

【维稳工作】 2012年，全市公安机关始终牢记“情报信息就是公安工作生命线”这一重要理念，紧紧围绕中共十八大、省第十一次党代会、“黄岩岛事件”“涉日保钓”和“薄熙来、王立军案件”等系列重大活动和敏感案事件，深入开展情报信息搜集研判，严密落实重点人稳控措施，大力加强网上阵地管控。将滚动排查出来的1800余名肇事肇祸精神病人、有极端行为重点人员和信访重点人员全部录入“重点人员动态管控系统”进行有效管控，实现了全市涉稳重点人员在控率99.9%，受到省公安厅全省通报表彰。全年全市未发生一起政治事件、未发生一起涉警舆情事件，未发生一起重大群体性事件和赴省进京非访事件，以六盘水市的安全稳定确保了十八大等重大活动的绝对安全。

（张锡文）

【社会治安】 2012年，全市公安机关以“少发案、少生事”为首要工作，坚持“打防结合、以防为先”的原则，以尽力避免人民群众遭遇不法侵害为主攻方向，不断推动治安防范严密化和社会化。针对社会治安突出问题，共招录1670余名辅警，协助公安民警坚持对城区路面、城郊道口、重要部位全天候、全方位巡控盯防，大力加强“地网工程”建设和守楼护院、守村护寨等群防群治建设，不断强化居民区治安防范。一年来，共抓获违法犯罪嫌疑人3750余人，调解各类治安纠纷3200余起，救助群众5300余人次，为全市经济社会跨越发展创造了安全、稳定、祥和的社会环境，深受各界好评。

（张锡文）

【打击刑事犯罪】 2012年，各级公安机关坚持“严打”方针不动摇，先后组织开展了“冬季攻势”“雷霆行动”“三反斗争”“校园、企业周边治安整治”等系列专项打击整治工作，成功破获了水城县“2011·12·25”双尸案、六枝特区“2011·12·25”抢劫杀人抛尸案，钟山区“2012·3·22”特大冒充警察抢劫案、钟山区“2012·5·30”学生被杀案、盘县“12·13”特大杀人案等一批群众关注、社会反响强烈的重大案件。一年来，全市共破获刑事案件6901起（百名民警破案数全省第1）；成功摧毁黑恶犯罪团伙7个；破获各类经济犯罪案件132起，抓获犯罪嫌疑人82人，为国家、集体和个人挽回损失1058万余元。

（张锡文）

【毒情形势】 2012年，全市公安机关按照“巩固、完善、发展、创新”工作思路，以推广社区戒毒、社区康复“阳光工程”建设为引领，紧紧抓住遏制毒品来源、遏制毒品危害、遏制新吸毒人员滋生三个重点，坚持打击、整治、预防、管理、创建多管齐下，综合治理，实现了毒情形势的好转。2012年共投入建设资金5001.4万余元，建成安置基地和企业17个，不同形式安置吸毒人员4951人（其中社区戒毒康复人员2899人，占戒毒康复总数的84.87%）；破获毒品案件632起，缴获毒品海洛因28.36千克、冰毒30.07千克、氯胺酮0.89千克、麻黄碱468.76千克，抓获毒品犯罪嫌疑人722人，超额完成省公安厅下达的年度任务指标数。

（张锡文）

【社会管理创新】 全市公安机关始终坚持以人为本、服务为先的基本原则，以改革创新为突破，深入推进社会管理创新，突出抓好“重口管理、服务企业、优化行政、服务群众”四块工作。强力推进“阳光工程”建设，在全国范围内首次将吸毒人员、刑释解教、社区矫正等特殊群体统一纳入惠及范畴，2012年共投入建设资金5001.4万余元，建成安置基地和企业17个，不同形式安置吸毒人员4951人；全心服务经济建设发展，先后选派760名民警为657家重要企业、重大项目担任治安顾问；认真贯彻落实“三铁”（铁心支持、铁腕保障、铁规服务）理念，2012年11月23日，出台了《六盘水市非公有制经济组织内部治安保卫工作暂行办法》，填补了国内空白，受到了非公有制经济组织的欢迎。

（张锡文）

【基层基础建设】 2012年，全市公安机关始终坚持以固本强基为保障，着力推进“基层所队、城乡警务、科技强警、侦察技术、基础设施”等基层基础建设。一是加强派出所规范化建设，共创建一级派出所11个、二级所23个、三级所55个，三级以上等级达标创建率达到83.17%。二是加强警务室建设，共建立城乡警务室831个，配备民警244人，辅警985人；共建立警民联调室337个1368人，通过警务室、联调室，共调解治安纠纷6500余起。三是狠抓科技强警，相继建成并投入使用了警用地理信息、无线集群通信、“动中通”和市级综合应用平台系统，“天网工程”已于11月28日开工建设。四是大力推进刑事、技侦、网安、警犬技术建设，建成了市公安局理化重点实验室，四个县级刑事技术室全部达到公安部二级以上（盘县、钟山达一级，水城、六枝达二级）。

（张锡文）

【执法规范化建设】 全市公安机关以执法规范化建设为主线，以解决执法突出问题为切入和突破，强力实施“执法过错追究”“信访过错处理”规定，加强案件质量审核、把关，制定出台信息质量、执法办案、现场勘查及检验鉴定三个质量终身负责制，强化执法培训，深入开展执法示范单位和执法示范标兵选树培养工作，大力推进执法场所功能区改造，公安法治建设取得了新的进步。2012年，全市公安机关共有15家单位和15名民警被省厅评为全省执法示范单位和执法标兵，市公安局出入境管理支队被公安部命名为全国执法示范单位。

（张锡文）

【中共十八大安保】 中共十八大是2012年党和国家政治生活中的头等大事，做好十八大安保工作，确保不发生来自六盘水的干扰，是全市公安机关的第一要务。一年来，全市公安机关紧紧围绕十八大安保这一工作主线，在市委、市政府和省公安厅的领导下，举全警之力、集全警之智，顽强拼搏、连续奋战，以超常的决心、超常的毅力、超常的措施扎实开展各项安保工作，有力打击了敌对势力的破坏活动，成功处置了多起聚集上访事件，妥善化解了一大批社会隐患苗头，全面实现了“六个坚决防止”的安保工作目标。

（张锡文）

【“严优相济”治警】 2012年，全市公安机关继续秉承政治建警方针，以“保持党的纯洁性”活动为载体，切实贯彻“严优相济”的治警策略—组织开展了“四帮四促”“三访三评”和“无违纪所队”创建等队伍建设活动，持续开展了“服务群众调研大走访、问题大排查、作风大转变”和“重小案、做小事、讲小节”等“三大”“三小”活动，部署开展清理整顿民警违规经商行为等工作，制定出台“严禁民警经商办企业”规定，全天候24小时接受群众的投诉举报和监督，切实加大对民警的教育、监督和管理。一年来，全市公安民警违法违纪案件数和人数同比分别下降15.38%和6.66%。

坚持从优待警，激活队伍潜能，在选人用人上坚持“三看（看德才、看实绩、看口碑）、三公（公开、公平、公正）、三倾斜（向基层一线倾斜，向贡献突出民警倾斜，向专业技术人才倾斜）”的指导思想，在基层一线实战部门选拔了8名副县级干部，市局对95个正副科级领导岗位进行公开选拔和竞争上岗，极大调动了民警工作积极性、主动性和创造力。2012年，全市公安机关共有59个集体，436名民警立功受奖。

（张锡文）

【开展“三访三评促和谐 挂帮基层保稳定 和谐稳定促发展”深化“大走访”活动】 2012年1月，全市公安机关开展“三访三评促和谐、挂帮基层保稳定、和谐稳定促发展”深化“大走访”活动，走访群众13000余人次、基层民警812人，召开各类座谈会122次，收集到意见或建议417条，排查、化解矛盾纠纷579起，帮助群众解决实际困难448件，为群众办理证件照31万余个，帮助群众办理实事802件，化解信访案件37件。在走访中通过走访对象提供破案线索而破案519起。

（张锡文）

【建成国家三级DNA实验室】 2月20日，六盘水市建成国家三级DNA实验室。

（张锡文）

【破获公安部督办特大毒品案】 3月29日，市公安局禁毒支队、盘县公安局经过为期一年半的工作侦查，破获公安部督办特大毒品案，抓获嫌疑人11人，缴获毒品海洛因4441.69克（含包装物）、毒资60万元、作案车辆4辆。

（张锡文）

【出入境管理进驻市人民政府政务服务大厅】 4月23日，经市人民政府批准，六盘水市公安局出入境管理支队整体进驻市人民政府政务服务大厅，设立六盘水市公安局出入境管理支队办事厅，开展出入境各项业务受理、审批、制证工作。

（张锡文）

【全国人大领导到六盘水开展禁毒工作调研】 5月17日，全国人大常委会委员、全国人大内司委副主任委员姜兴长、陈斯喜，全国人大内务司法委员会司法室副主任王进，全国人大内务司法委员会司法室副主任耿森，全国人大内务司法委员会司法室干部冯坤等一行到六盘水市钟山区松坪社区、“阳光工程”就业安置基地阳光达成服饰有限公司开展禁毒工作调研。

（张锡文）

【集中销毁收缴非法枪支管制刀具】 6月12日，市公安局在水城钢铁集团公司炼钢厂召开集中销毁收缴非法枪支管制刀具现场会，共销毁收缴各类非法枪支299支，管制刀具1286把。

（张锡文）

【制定《六盘水市公安局关爱民警实施细则》】 7月，市公安局制定了《六盘水市公安局关爱民警实施细则》，对民警休假、健康、进步等方面享受的待遇做了详细规定，实行喜事庆贺和悲事慰问制度，进一步加强从优待警工作，激发民警工作热情。

（张锡文）

【获全省公安系统羽毛球比赛四项冠军】 7月，在全省公安系统“前卫杯”羽毛球比赛中，六盘水市公安局代表队荣获混合团体、男子单打、女子单打、女子双打四项冠军。

（张锡文）

【完成“7·13”山体滑坡抢险救援任务】 7月13日，六盘水市公安消防支队圆满完成“7·13”六枝特区洒志乡山体滑坡抢险救援任务。

（张锡文）

【招聘工勤人员】 8月，经市公安局、市人资社保局同意，通过笔试等程序，在全市公开招聘18名工勤人员到市局指挥中心警务指挥科接警员岗位工作。

（张锡文）

【民营企业向公安机关捐赠警务装备】 8月4日，民营企业向公安机关捐赠警务装备仪式在市人民广场隆重举行，六盘水市部分优秀民营企业家充分发扬致富思源、富而思进、爱国奉献的优良传统，向公安机关捐赠价值290余万元的64辆电动警务巡逻车，积极参与平安凉都建设。

（张锡文）

【公开选拔25名正科级领导干部】 9月，为进一步拓宽选人用人渠道，增强市局机关和基层之间的干部交流，在市委组织部、市人社局的大力支持下，市局党委面向全市公安机关公开选拔25名正科级领导干部，通过笔试、面试、体检、考察层层选拔，录用24名正科级领导干部，并于2012年11月22日到位履职。

（张锡文）

【增设直属五大队】 11月9日，市公安局交警支队增设直属五大队（女子交警大队）。

（张锡文）

【制定《六盘水市非公有制经济组织内部治安保卫工作暂行办法》】 11月23日，市公安局出台了《六盘水市非公有制经济组织内部治安保卫工作暂行办法》，填补了政府对非公经济安保工作的规范空白。

（张锡文）

【车辆管理所中心分所成立】 11月23日，市公安局交警支队车辆管理所中心分所在红桥新区成立。

（张锡文）

【“天网工程”项目实施】 11月29日，六盘水市公安局与北京中电兴发科技有限公司举行签约暨开工仪式，标志着六盘水市“天网工程”项目的实施工作正式开始。

（张锡文）

【全市机动车保有量突破20万辆】 12月，全市机动车保有量突破20万辆，驾驶人突破30万人。

（张锡文）

【公安网络实现智能化管理】 12月，市公安局对六盘水市公安网络进行了全面升级，将市局与县级公安机关之间互联的网络升级至千兆，为全市102个派出所安装了智能交换机，实现全市公安网络的智能化管理。

（张锡文）

【社会治安“冬春严打”行动】 12月28日，为确保“两节两会”期间全市稳定和谐，为做好2013年各项维护社会稳定工作打好基础，按照市综治委的统一部署，全市公安机关召开视频会议，对为期3个月的社会治安“冬春严打”行动进行动员部署。

（张锡文）

检　察

【概况】 2012年，六盘水市检察机关以邓小平理论和“三个代表”重要思想、科学发展观为指导，紧紧围绕党和国家“十二五”时期经济社会发展目标任务，以服务和保障“加速发展，加快转型，推动跨越”为中心，以深入推进“社会矛盾化解、社会管理创新、公正廉洁执法”三项重点工作为着力点，依法履行法律监督职责，各项工作取得新进展。全年共立案查办国家工作人员职务犯罪案件79件106人，为国家和集体挽回直接经济损失730余万元；依法审查批准和决定逮捕犯罪嫌疑人2010件3008人，代表国家提起公诉2385件3485人。依法开展刑事、民事、行政诉讼法律监督，全力维护司法公正。职务犯罪预防、法律政策研究、检察技术等各项业务稳步推进，为六盘水经济社会又好又快更好更快发展创造和谐稳定的法治环境。

（严国八）

【打击严重刑事犯罪】 全市检察机关按照市委市政府关于“稳定是第一责任”的要求，认真贯彻宽严相济刑事政策，充分发挥打击、监督、教育、预防和保护等职能作用，不断深化“打黑除恶”专项行动，突出打击严重暴力犯罪、多发性侵财犯罪以及毒品犯罪。全年，共批准逮捕爆炸、绑架、故意杀人、故意伤害、强奸等严重暴力犯罪案件404件、611人，起诉514件、694人；批准逮捕“两抢一盗”犯罪案件726件、1149人，起诉749件、1175人；起诉黑社会性质、恶势力团伙犯罪案件17件、127人；批准逮捕毒品犯罪案件540件、633人，起诉480件、558人。

（严国八）

【查办职务犯罪大案要案】 全市检察机关立案侦查贪污贿赂犯罪案件69件、88人，其中要案2人，大案63件、81人，大要案率为91.3%；立案侦查渎职侵权犯罪案件10件、18人，其中重特大案件4件，积极介入各类责任事故调查32起。针对群众反映强烈、党委政府关注的涉及民生、危害农民利益等问题，严肃查处工程建设领域犯罪案件13件、15人，涉农职务犯罪案件18件、33人，商业贿赂犯罪案件28件、30人。由市院组织查办的涉及拍卖、经信领域贿赂犯罪专项行动，共查办市中级人民法院法官2人，市经信系统国家机关工作人员8件、8人。钟山区院查办涉及“两违建筑拆除”问题行政执法人员10件、10人，盘县院查办国有企业领域案件9件、9人，六枝特区院查办教育领域案件4件、4人，水城县院查办涉农案件22人。这些案件的查处，在相关行业和领域引起较大反响，取得良好的法律、社会和政治效果。

（严国八）

【强化诉讼监督　维护公平正义】 立案监督方面，对公安机关应当立案而未立案的依法监督立案26件，对公安机关不应当立案而立案的3件3人予以监督纠正。侦查监督方面，对不符合法定逮捕、起诉条件的，决定不批准逮捕712人、不起诉23人；决定追加逮捕37人，追加起诉5人；对侦查活动中的违法情况提出检察建议15件、35人。审判监督方面，依法对法院的刑事判决和裁定提出抗诉13件；全面推行量刑建议制度，共提出量刑建议1866件、2574人，占起诉案件总数的85.5%，法院采纳率为87.9%。民事行政检察监督方面，立案审查各类民事行政申诉案件25件，对认为确有错误的民事行政判决和裁定提请提出抗诉38件；向人民法院发出再审检察建议5件，提出纠正违法检察建议2件；办理支持和督促起诉、执行监督、调解监督案件136件。刑罚执行监督方面，认真开展减刑、假释、保外就医及监外执行人员社区矫正工作专项检查，依法监督纠正监外执行罪犯脱管漏管105人；审查法院裁定减刑、假释、暂予监外执行16人。控告申诉检察方面，共受理各类来信来访522件，其中，检察长接待130件、190人；立案复查刑事申诉案9件。

（严国八）

【推进三项重点工作】 围绕“两加一推”主基调和“三化同步”主战略，制定实施了《六盘水市检察机关学习贯彻国务院2号文件精神服务“五个六盘水”建设的实施意见》，进一步调整、完善和落实服务大局的措施。扎实开展涉检信访排查化解工作，省检察院、市委政法委挂牌督办的案件全部终结。全面推行检调对接制度，依法促成刑事民事和解20件。注重保障诉讼参与人合法权益，对7名刑事被害人进行救助，救助资金22.5万元。继续深入开展“百万案件大评查”活动，评查案件35件。职务犯罪预防工作思路和方式进一步转变，主动介入六六高速、凉都体育中心、卡河水利工程、首黔公司项目等工程项目开展预防职务犯罪工作。结合地区职务犯罪发案特点开展预防调查23次，向地方党委、人大、政府及有关部门提出廉政风险防控、预防职务犯罪年度综合报告28份，提出预防建议49件，开展预防宣传和警示教育近200场，为有关单位提供行贿犯罪档案查询800余次。

（严国八）

【工作机制创新】 进一步完善行政执法与刑事执法相衔接工作机制，行政执法机关共向司法机关移送案件线索40件。市院从烟草专卖执法部门梳理、排查了33件涉烟违法犯罪线索，并对其中32件违法金额较大的案件启动立案监督程序，追究相关人员刑事责任。盘县院在接到盘县国土局移送的涉嫌非法采矿罪案件线索后，提前介入引导侦查，依法批准逮捕17名犯罪嫌疑人。市检察院与市法院会签了《关于进一步加强对民事行政诉讼实行法律监督的若干规定（试行）》，对案件信息互通、联席会议协商、调解案件监督、检察建议反馈、检察长列席审判委员会等作出具体明确的规定，建立了与法院的良性互动关系。建立和完善办案风险评估预警机制，对重大复杂案件、涉众型案件、可能激化矛盾的敏感案件，全面分析案件处理可能对社会稳定带来的影响，在依法作出是否立案、是否逮捕、是否起诉、是否抗诉等决定时随案开展风险评估，实行分级预警；对可能引发突发性事件的，预先制订周密的应急预案，确保正确应对、有效处置。

（严国八）

【检察管理工作】 按照“全部、全面、全程”的要求推进讯问职务犯罪嫌疑人同步录音录像制度的执行。对职务犯罪案件第一审判决实行市县两级检察院同步审查。全面推进未成年检察工作机制改革，市院、钟山区院、盘县院已成立未成年人检察机构。案件管理机制改革扎实推进，各院均成立案件集中管理机构，案件统一归口、动态监督、全程监管的管理模式正在形成。认真开展检务督察、办案安全监督等活动，深化廉政风险防控体系建设。自觉接受人大以及社会各界的监督，邀请人大代表、政协委员、人民监督员、特约检察员、专家咨询委员列席重要会议、参与重大活动、讨论典型案件，以外部监督、司法民主促进规范执法。

（严国八）

【基层基础工作】 为应对修订后《刑事诉讼法》对检察工作的挑战，缓解人少案多的困难，积极争取两级党委、政府的支持，增设未成年人刑事案件检察处，反渎职侵权局“重大责任事故调查科”等职能机构。市院从基层遴选9名同志到市院工作，增加50名检察辅岗人员，基层院也相应增加了检察辅岗人员，以保障修订后刑诉法赋予检察机关的职责任务圆满完成。在国土、规划、住建、财政等部门的支持下，启动实施市检察院新一轮“两房”建设工作。全市检察机关共投入400余万元改造办案区，工作条件得到极大改善。坚持实行市院领导挂点、业务部门对口指导等措施，推进全市基层院建设的协调发展。6月，市人大常委会专门听取了全市基层检察院建设工作情况报告，对基层检察院建设工作给予了充分肯定和有力的监督支持。

（严国八）

【队伍建设工作】 扎实推进政法干警核心价值观教育、“三忠诚”教育、保持党的纯洁性教育等主题教育实践活动，引导广大检察人员牢固树立“忠诚、为民、公正、廉洁”的核心价值观。在创先争优活动中市，检察院反渎局被高检院授予“全国优秀反渎局”称号，钟山区院王伟琴被评为“全国优秀青年检察官”，盘县院被评为“全省优秀基层检察院”。全市检察机关18个集体、40名个人分别受到高检院和省、市表彰奖励。加强换届后领导班子建设，两级领导班子和领导干部队伍的结构进一步优化、素质能力不断提升。加强干警教育培训，与西南政法大学采取检校协作的方式举办修订后《刑事诉讼法》培训班三期，培训检察人员300余人。六盘水市检察机关代表队参加贵州省检察机关《刑事诉讼法》修正案知识竞赛，荣获第一名。

（严国八）

法　院

【概况】 六盘水市两级人民法院有编制578人，实有人数489人。其中，市中院有编制135人，实有人数113人；六枝法院、盘县法院、水城县法院、钟山区法院编制及实有人数分别为100/90、141/105、93/89、109/92。现有法官305人，从事审判业务的一线法官214人，分别占在职人数的62.37%、43.76%。干警年龄结构为：35岁以下142人，占27.36%；36~40岁76人，占14.64%；41~45岁93人，占17.92%；46~50岁119人，占22.93%；50岁以上89人，占17.15%。干警性别结构为：女干警153人，占31.29%，女法官95人，占19.43%，一线女法官69人，占14.11%。干警文化结构为：法学研究生23人，占4.4%；大学文化384人，占73.98%；大专41人，占7.89%；中专11人，占

2.12%；持专业证书49人，占9.44%，其他11人，占2.12%。自2002年至2012年，全市法院辞职、调离或提前退休的干警185人。

2012年，全市法院全年共受理各类案件15867件，审结15504件，同比增长9.77%和9.24%；结案率为97.71%，同比下降0.48个百分点。

（孙　岩）

【审判执行工作】 刑事审判工作：共受理一、二审刑事案件2841件，审结2815件，同比分别上升25.21%和25.5%，结案率为99.08%，同比上升0.23个百分点。突出打击重点，依法严惩严重暴力犯罪、黑恶势力犯罪、多发性侵财犯罪以及毒品犯罪1466件。

民商事审判工作：全年受理一、二审民商事案件10237件，审结9970件，同比分别上升6.47%和5.18%。其中，调解一、二审民商事案件4179件，撤诉2278件，调撤率为64.97%，同比上升0.13个百分点。

行政审判工作：全年受理一、二审行政案件215件，审结214件，同比分别上升22.16%和22.99%，结案率为99.53%，同比上升0.67个百分点。

执行工作：继续开展“创建无执行积案先进法院”工作，全年共受理执行案件2253件，执结2158件，执结率为95.78%，分别下降9.59和8.34个百分点。其中市法院受理33件，执结27件，同比下降45.90%和48.08%，执结率为81.82%，同比下降3.43个百分点，执行到位额25031.07万元，同比上升6.8%；执行和解案件424件，执行和解率为22.09%。

涉诉信访工作：全年共接待群众来信来访3551人次，其中市法院接待来信来访485人次。认真清理排查梳理可能影响社会稳定的案件187件，办理各级领导机关交办涉诉信访案件40件，息诉26件；加大司法救助力度，依法为当事人缓、减、免交诉讼费案件281件106.29万元，提供司法救助129.67万元，其中市法院减、缓、免案件诉讼费18.89万元，提供司法救助77.27万元；积极开展法律援助工作，为当事人指定辩护人、代理人149人次，充分保障当事人诉权。

（孙　岩）

【队伍建设】 思想政治建设：深入开展政法干警核心价值观、保持党的纯洁性、“三忠诚”等主题教育实践活动及基层组织建设年活动。市法院为]四在农家”联系点”水城县纸厂乡筹集帮扶资金32万余元，并积极协调制定改建“新发村—前进村”道路的方案，争取改建资金400万元，向纸厂乡小学赠送价值5000元的文体活动器材；与纸厂乡一起将保持党的纯洁性及惠民政策编写成《政策山歌》在乡村传唱，取得较好效果。为麒麟社区解决互助共建经费1万元，设立社区法官联系点，为社区群众提供法律咨询；走访困难党员和群众15户，建立帮扶对子14户。

司法能力建设：积极推进大规模教育培训工作，组织干警590人次到国家法官学院、华东政法大学研究生教育学院、省法院法官培训中心等进行培训，选派8名法官赴广东省珠海市法院挂职学习；扎实开展庭审和裁判文书评查活动，共评查庭审74个、裁判文书477份，1份裁判文书被最高法院编入全国法院优秀法律文书；组织开展司法业务技能大赛、防暴处突演练等活动。一年来，全市法院共有16个集体、62名干警受到最高法院和省、市表彰，其中市法院民一庭获“全国法院先进集体”、市法院获“全省优秀法院”，1名法官被评为全国法院办案标兵。

党风廉政建设：深入开展示范教育、警示教育和岗位廉政教育，组织19名廉政监督员和部分法官到石阡县法院参观学习。在办公楼长廊悬挂廉政标语，在纸杯上印制廉政警句，在干警电脑上设置廉政屏保，在节假日发送廉政短信，强化干警廉洁自律意识。针对执法中容易发生问题的薄弱环节，市法院制定了《对外委托、评估、拍卖等工作管理规定》《审务督察工作实施办法》等规定。采取明察暗访的方式，对市法院机关、基层法院及人民法庭开展审务督察和司法巡查工作，严肃查处违法违纪案件，全市法院共有6人被诫勉谈话，2人被处分。

（孙　岩）

【司法公信建设】 全市法院按照“公信立院”方针，通过开展“法院开放日”活动、邀请人大代表和政协委员旁听庭审、强化裁判文书说理、加强法院网站建设等形式，积极推进司法公开。创新便民利民措施，依法为当事人缓、减、免交诉讼费106.29万元，提供司法救助179.67万元，指定辩护人、代理人149人次。市法院、六枝法院、盘县法院在立案大厅安装刷卡缴费终端系统，方便当事人交纳诉讼费用；建成触摸屏查询系统和信息显示系统，方便当事人及来访群众查询案件信息；设立“便民导诉台”，安排具有丰富审判经验的工作人员专门从事信访接待工作，加强立案阶段的法律释明和诉讼风险告知，使当事人及时了解诉讼流程和诉讼风险，感受司法人文关怀。

（孙　岩）

【精神文化建设】 全市两级法院结合当地文化特色、法院工作实际和本院优良传统，总结提炼法院精神和院训。利用内部刊物、优秀调研成果评选、理论研讨会等平台，加强审判理论交流；强化法官文化中心、院史室、图书室等文化基础设施建设，营造崇尚学习、积极进取的文化氛围；钟山区法院创作《钟山法院之歌》在全院传唱，市法院组队参加全省法院“天平杯”篮球比赛获第三名、参加全省法院歌咏比赛获二等奖，水城法院组队参加全省“多彩贵州”舞蹈大赛获水城站第二名。六枝法院、钟山法院分别获得全国、全省法院文化建设示范单位，六枝法院在全省法院文化建设推进会上作经验交流发言。

（孙　岩）

【制度创新】 创新审判管理制度：市法院成立审判管理办公室，制定下发了《案件质量管理若干规定》《案件评查和卷宗流转若干规定》等7项审判管理制度，对发回重审和改判的案件、涉诉信访案件、人大代表和政协委员关注的案件、上级领导交办和督办案件进行专项评查266件。各基层法院均成立审判管理机构，制定审判管理制度，进一步规范了审判管理工作。

创新新闻宣传制度：市法院出台了《关于加强宣传工作的若干意见》，将宣传工作纳入绩效考核；与六盘水日报社合作创办《法院专刊》，共刊登简讯192条；与市县电视台合作，共报道新闻96条；积极送法进机关、进乡村、进社区、进学校、进企业，采取举办法治讲座、公开开庭等形式，实现“审理一案，教育一片”的效果；盘县法院与盘县电视台合作创办《盘州法苑》电视专栏34期。明确网络评论员、联络员，加强对重大敏感案件舆情监测及应对引导工作，努力实现新闻宣传效果与法律效果、社会效果的有机统一。

（孙　岩）

【基层基础建设】 审判监督指导：全年共受理再审案件79件，结案70件，结案率88.61%；其中市法院受理再审案件57件，结案48件，结案率为84.21%。进一步规范二审案件审批程序，共审结二审案件1287件，改判189件，改判率为14.68%；发回重审238件，发回重审率为18.49%。加大对下指导力度，将市法院各庭室对基层法院的业务指导纳入目标考核，开展业务指导40余次，有效提高了基层法院执法办案水平。

基层基础建设：着力加强“两庭”建设和信息化建设。结合实际，科学编制法院审判综合大楼和人民法庭建设规划，所申报的审判法庭及18个新建人民法庭项目全部获得批准；有序推进市法院、基层法院、48个人民法庭的三级联网和视频会议系统以及人民法庭监控系统建设，实现远程提讯，共配合最高人民法院实现远程提讯5次、9人。

（孙　岩）

司法行政

【概况】 2012年，全市司法行政工作紧紧围绕“社会矛盾化解、社会管理创新、公正廉洁执法”三项重点工作，推进社会管理，促进社会和谐；紧紧围绕市委市政府工作重心，切实维护社会稳定，保障民生；紧紧围绕全市“两加一推”主基调以及“三化”主战略的实施，忠实履行职责，服务经济发展。通过全市司法行政干警团结拼搏、攻坚克难，有力地维护了全市社会稳定，为全市经济社会实现后发赶超、又好又快发展提供了优质高效的法治宣传、法律服务、法律保障。

2012年的普法工作一是继续认真开展“法律十进”活动；二是以“五举措”不断丰富法治宣传教育载体；三是积极开展法治创建工作。

2012年，全市共收戒强制隔离戒毒人员290人，转社区戒毒22人，截至年底在册574人。

2012年，全市各级人民调解委员会共调处矛盾纠纷6180件，调解成功6096件，调解成功率为98.6%，其中，婚姻家庭纠纷902件，邻里纠纷1234件，房屋宅基地纠纷473件，劳动争议纠纷168件，山林土地纠纷937件，征地拆迁纠纷600件，医疗纠纷24件，合同纠纷258件，损害赔偿纠纷463件，生产经营纠纷110件，村务管理纠纷28件，环境保护纠纷2件，道路交通事故纠纷71件，计划生育纠纷11件，物业纠纷3件，其他纠纷896件。防止民间纠纷激化172起，防止群体性事件发生78起。

2012年，刑释解教人员全市共衔接2819人，其中农村籍人员人数2276人，重点帮教对象人数519人，帮教2150人，安置2367人。

2012年，全市律师共办理刑事案件359件、民事案件609件、行政案件7件、非诉讼案件23件、担任法律顾问103家，办理法律援助案件174件；全市公证员共办理国内民事公证677件、国内经济公证215件、涉外公证210件，涉港、澳、台公证23件。

2012年，全市共办理法律援助案件1007件，其中刑事案件436件，民事案件562 件，行政案件9件，解答法律咨询3048人次。市法律援助中心接受、审查、指派法律援助案件183件，其中刑事案件151件，民事案件32件，接待来电来访661人次。

2012年，全市有社区矫正人员1201人。其中，缓刑735人（其中被宣告禁止令12人）、假释308人、暂予监外执行103人、管制2人、剥夺政治权利53人；男性1061人、女性140人；城镇337人、农村864人；18岁以下的38人、18岁至45岁的885人、46岁至60岁的219人、61岁以上59人。

（戴建旗）

【贯彻落实全省司法行政工作会议精神】 1月9日，市司法局召开全局干部职工大会，传达学习全省司法行政工作会议精神。会上结合六盘水市司法行政工作实际，提出普法依法治理要有新亮点、劳教（强戒）工作要有新突破、法律服务拓展要有新市场、法律援助工作要有新进展、人民调解工作要有新作为、帮教安置、社区矫正要有新方法、“三个工程”项目建设要有新进展、队伍建设要有新举措等“八个新”贯彻实施意见。

（戴建旗）

【“四在农家”工作】 2月13日，市司法局副局长彭康、政治部主任周仕银一行6人到六枝特区新窑乡，就开展“四在农家”活动进行了研讨，共谋发展思路。

（戴建旗）

【“法律援助　为民服务　创先争优年”活动动员大会】 3月13日，市司法局召开了“法律援助　为民服务　创先争优年”活动动员大会。会上首次为市直36名法律援助联络员颁发聘书；对参会人员进行了法律援助相关知识的培训，进一步明确法律援助工作站和联络员的职责。

（戴建旗）

【省司法厅社区矫正工作处到六盘水市调研】 3月13至14日，贵州省司法厅社区矫正工作处处长王开翔一行到盘县就社区矫正工作开展了调研。王开翔实地察看了盘县乐民司法所、红果司法所社区矫正工作开展情况，并与盘县政法委、公安、检察、法院、司法行政等部门的相关负责同志进行了座谈。

（戴建旗）

【法律援助下乡活动】 3月8日起，全市各级法律援助机构按照“策划组织开展一些有声势、有影响的宣传活动”的要求，依托“三八”国际劳动妇女节102周年开展维权周活动，重点开展了以预防和制止家庭暴力为重点，把《法律援助条例》《贵州省法律援助条例》和相关法律知识及法律援助服务送到乡下、社区、家庭和妇女群众中的活动。

3月16日，市法律援助中心参与了与市妇联、市公安局、市卫生局、市人口计生委、市医院等市直有关部门到钟山区老鹰山镇开展“送岗位、送法律、送健康”服务。

（戴建旗）

【基层组织建设年暨“三忠诚”教育活动动员大会】 3月12日，六盘水市司法局机关组织召开了党的基层组织建设年暨“三忠诚”教育活动动员大会。市司法局机关各支部、六盘水监狱筹建办临时党支部、戒毒劳教所党总支、市律协党总支党员代表共60余人参加了此次动员大会。

（戴建旗）

【编印《六盘水市法律援助案例选编》】 2012年，六盘水市法律援助中心经过认真准备，反复讨论修改，广泛收集，精心编写出版了《六盘水市法律援助案例选编》一书。本书收集了30篇案例，分别由全市各级法律援助机构提供，共分三个部分：民事诉讼法律援助、非诉讼法律援助、行政诉讼法律援助。全书通过一个个案例，反映了广大弱势群体在法律援助工作者的帮助下其合法权益得到维护，也展示广大法律援助工作者扶弱济困、热心公益、举善于民的崇高思想品德。

（戴建旗）

【向王朝军爱心捐赠活动】 4月17日，在市司法局党委的积极倡议下，六盘水市司法行政系统各单位同步开展了“向王朝军爱心捐赠”活动。广大司法行政干部职工纷纷慷慨解囊。

王朝军自从事司法行政工作以来，一直以“强素质、树形象、创一流”为目标，十多年来，他扎根基层，走村串户开展法治宣传教育、人民调解、法律援助、矛盾纠纷排查，尽职尽责为民办好事，办实事，排忧解难，在群众中留下很好的口碑，并多次被评选为省、市级优秀人民调解员。王朝军用自己的实际行动谱写了一名新时期司法行政干部的无私奉献、忘我工作的新篇章，充分展示了新时期司法行政干部忠诚、公正、务实、清廉的良好形象，市司法局党委号召全市各级司法行政部门广大党员干部要把学习王朝军的先进事迹与当前正在开展的“三忠诚”“政法干警核心价值观”“基层组织建设年”“四帮四促”等集中教育活动有机结合起来，打造一支“政治坚定、业务精通、作风优良、执法公正”的司法行政队伍。

（戴建旗）

【政法委书记徐立平专题听取项目建设工作报告】 4月19日，市委政法委组织召开市直项目建设调度会集中听取市直政法项目建设工作情况报告。市委常委、政法委书记徐立平对市司法局全力推进四个项目建设所做的前期工作表示肯定，对该局三个项目在推进过程中存在的问题进行了全面客观的分析。

（戴建旗）

【普法宣传】 4月26日，市司法局与六盘水市金鸟律师事务所律师组成宣传队向过往行人发放了《知识产权法》《中华人民共和国商标法》《中华人民共和国劳动合同法》《人民调解法》《贵州省法律援助条例》《妇女儿童权益保护法》等法律法规。

（戴建旗）

【抓融资落实　促项目进度】 4月26日，市司法局与市民生公司、市商业银行召开协调会，共同商讨涉及项目市级配套及征地拆迁费用的银行融资贷款事宜。为满足融资贷款条件，达到及时融资要求，会议通过了新建六盘水强制隔离戒毒所项目、市司法局业务用房项目规划红线内预留用地在项目启动建成后，配置给市民生公司作为项目融资贷款的抵押和还款源，同时市民生公司以其现有国有资产抵押担保，向市商业银行融资贷款5000万元作为市司法局两个项目的市级配套资金和征地拆迁费用，其中新建六盘水强制隔离戒毒所项目4700万元，市司法局业务用房项目300万元。会后，市民生公司与市商业银行协调配合，市司法局业务用房项目征地拆迁费用第一批资金300万元已于2012年5月8日融资运作到位，及时解决了市司法局业务用房项目征地拆迁费用的问题，确保了项目顺利启动和按时进场开工。

（戴建旗）

【调整法律援助办案补贴标准】 按照《司法部〈关于在全国开展“法律援助为民服务创先争优年”活动的意见〉》：“要积极推动政府建立与财政收入和办案量增幅相适应的法律援助经费保障机制，进一步提高办案补贴标准，提高经费保障水平”的要求，六盘水市司法局与市财政局协商，根据省财政厅、省司法厅《关于下发〈贵州省法律援助经费管理暂行办法〉的通知》的规定，将六盘水市法律援助办案补贴标准调整为：一、刑事案件、执行案件的办案补贴每件为700元；在本省内跨区域的每件补贴最高1200元。二、民事、行政案件的办案补贴每件为900元；在本省内跨区域的每件补贴最高1500元。三、法律援助公证事项，每件补贴300元；为受援人代写法律文书的每件补贴100元。四、其他有关规定仍按《关于印发〈六盘水市法律援助经费管理暂行办法〉的通知》执行。

（戴建旗）

【政务服务大厅窗口工作】 自3月起，市政府政务服务中心将法律援助工作纳入市政府政务服务大厅工作。市司法局政务服务窗口为了给广大人民群众提供高效、便捷、为民、亲民的法律援助服务，承诺做到“八个一”：一是一句“您好”贴近百姓；二是一个微笑传递友善；三是一杯热水温暖人心；四是一片真诚履行职责；五是一天内办结体现效率；六是一站式服务为便民；七是一句“您慢走”有始有终；八是一个电话回访显真情。至5月28日止，窗口共受理了6件援助案件。“八个一”，提高了办事效率，赢得了老百姓的信任和好评。

（戴建旗）

【局长何勇率队调研】 6月6日、7日，市司法局党委书记、局长何勇率领副局长韩建波、局政治部主任周仕银等一行10人组成的调研工作组，深入到市司法局“四在农家”帮扶及党建扶贫点、六枝特区岩脚司法所、六盘水戒毒劳教所进行了为期两天的工作调研。

（戴建旗）

【新建六盘水强制隔离戒毒所项目初步设计通过评审】 6月13日，六盘水强制隔离戒毒所项目初步设计评审会在贵阳召开。在听取了设计单位关于初步设计情况的汇报后，专家对初步设计进行了详细的评审。评审会最后认为：该初步设计科学合理，合乎强戒所的建设标准要求，概算客观，会议原则予以通过。项目的立项批复于6月15日下达，为申报2013年中央投资创造了条件。

（戴建旗）

【律师协会总支委员会开展庆七一活动】 中共六盘水市律师协会总支委员贵州崇实律师事务所六盘水分所党支部根据“不断促进六盘水市法治文明建设，努力推进律师面向基层、面向群众的法律服务工作”的要求，与钟山区黄土坡办事处麒麟社区和麒麟社区幸福养老院分别建立法律服务结对帮扶站。6月29日，在喜迎“七一”建党91周年纪念日之际，法律服务帮扶站和党员律师法律服务帮扶岗签约、挂牌仪式分别在麒麟社区和麒麟社区幸福养老院进行。此后，贵州崇实律师事务所六盘水分所全体党员律师将竭诚为广大社区居民和生活在幸福养老院的老人免费提供法律咨询、法律援助等一系列社会公益法律服务。

7月1日，中共六盘水市律师协会总支委员组织直属三个党支部全体党员律师和市直律师事务所主任到市司法局“四在农家”工作点—六枝新窑乡，开展“庆七一、促和谐” 基层组织建设暨三忠诚教育主题实践活动。市直律师事务所之一的贵州新黔景律师事务所与新窑村签订法律结对帮扶协议；市律师协会资助新窑村党支部建立党员活动室，捐赠了联想电脑一台（价值3250元）、打印机一台（价值500元），党建学习书籍300余册。为新窑村33名党员每人购买了一套学习用具（价值300元）。

（戴建旗）

【政法干警核心价值观教育活动】 8月14日，省委政法委政治部主任李明利率政法干警核心价值观教育活动督查组一行5人，到六盘水市司法局检查指导工作。

（戴建旗）

【举行新执业律师宣誓仪式】 8月17日，六盘水市司法局举行了六盘水市首次新执业律师宣誓仪式，10位新执业律师参加了宣誓仪式。新执业律师宣誓仪式，在六盘水市尚属首次。

（戴建旗）

【督查刑释解教人员安置帮教工作】 9月3日至7日，六盘水市司法局对全市司法行政机关开展刑释解教人员安置帮教工作情况进行了督导检查。督导检查组一行相继对全市四个县（区、特区）及火铺镇、新窑乡、蟠龙乡、黄土坡办事处等乡（镇、街道）的刑释解教人员安置帮教工作进行了督导检查，认真了解各县（区、特区）、乡（镇、街道）刑释解教人员安置帮教工作情况，查看相关资料，对司法行政专网使用等工作情况进行现场检查和指导。

（戴建旗）

【2012年六盘水市国家司法考试圆满结束】 9月22日至23日国家司法考试在六盘水市如期开考，六盘水市设一个考点在六盘水市民族中学，考点设23个考场，共有684名考生通过报名审核参加考试。通过对报名人员情况进行综合分析，报名人员呈如下特点：从年龄结构看，25岁以下141人占总人数的20.60%；25至35岁432人占总人数的63.2%；35至45岁91人占总人数的13.3%；35至55岁19人占总人数的2.8%。从学历情况看，法律专科86人占总人数的12.6%；本科在读19人占总人数的2.8%；本科毕业570人占总人数的83.3%；二学士学位4人占总人数的0.6%；硕士研究生5人占总人数的0.7%。从从业状况看，法院系统64人占总人数的9.4%；检察院系统57人占总人数的8.3%；司法行政系统17人占总人数的2.5%；公安系统30人占总人数的4.4%；律师业21人占总人数的3.1%；公证行业4人占总人数的0.6%；其他法律职业33人占总人数的4.8%；其他国家机关72人占总人数的10.5%；企事业单位130人占总人数的19%；无业176人占总人数的25.7%；其他80人占总人数的11.7%。从党派看，中共党员298人占总人数的43.6%；民建1人占总人数的0.1%；无党派362人占总人数的52.9%；其他23人占总人数的3.4%。

（戴建旗）

【省司法厅到六枝回访法律援助受援人】 10月11日，省司法厅司法鉴定处处长张玲、赵丹一行根据省厅工作安排，对受援人章盖军、刘代萍、李秋莲等进行上门回访。此次回访中，张玲处长十分关心和重视法律援助工作，深入了解回访对象当前的生活状况，并通过回访受援人了解六枝特区法律援助工作开展情况和在开展法律援助过程中存在的不足和需要解决的问题。

（戴建旗）

【学习十八大精神宣讲会】 12月10日，市司法局邀请市委党校常务副校长马秀峰作“中共十八大精神解读”专题宣讲报告。

报告会上，马秀峰采用理论与实际相结合、历史与现实相结合、国情省情与市情相结合的方法，高度概括凝练了十八大报告的内容，并从四个方面进行了深层解读。

（戴建旗）

【年度干部职工学法用法考试】 7月26日，全市举行了干部职工学法用法统一考试。市直各部门、省属有关单位、市属企事业单位以及各县、特区、区各级各部门干部职工6万余人参加了考试。

（戴建旗）

【第八届“华瑞鼎兴杯”农民学法用法知识竞赛决赛】 11月16日，第八届“华瑞鼎兴杯”农民学法用法知识竞赛决赛在水城县蟠龙乡法那村举办。省司法厅厅长吴跃，六盘水市人民政府市长何刚，市政协主席唐方信，市委副书记何冀，市委常委、市委政法委书记、市公安局局长徐立平，市委宣传部部长杨宏远，市人大常委会副主任杨龙政，市政协副主席邓刚，市中级人民法院院长潘铁军，市委政法委常务副书记黄勤励、省司法厅监狱劳教工作处处长王永生，市司法局局长何勇，水城县代县长王尔彬，贵州华瑞鼎兴能源有限公司总经理孙向明等省、市、县区、企业领导同志亲临竞赛现场，与600余名当地群众一起观看了比赛。

此次决赛，全市4个县区通过初赛各选出2支代表队参赛。经过各轮激烈的答题比赛，最终钟山区第一代表队荣获团体第一名，水城县二队、盘县二队荣获团体第二名，六枝特区一队、水城县一队、盘县一队荣获团体第三名，同时评选出了梅世情、王雪琳、张志华、凡兴海、刘德江、陈光兴、钟倩、杨智雄、赵才洪、秦廷红等农民学法用法“十大状元”。

（戴建旗）

【“12·4”法治宣传日活动】 12月4日，全市开展了“12·4”全国法治宣传日系列宣传教育活动。此次活动的主题是“弘扬宪法精神，服务科学发展”。活动以上街宣传、市领导发表电视讲话、机关单位悬挂主题横幅、送法进校园等为主要方式，广泛深入地开展法治宣传教育。

据不完全统计，12月4日，全市范围内参加此次主题宣传活动的单位近300家，市区近120家，发放各类宣传资料100万余份（册）。

（戴建旗）

仲　裁

【概况】 2012年，六盘水仲裁委共受理建设工程施工合同、商品房买卖合同、个人合伙合同、买卖合同纠纷等各类仲裁案件188件，涉案标的金额6789.26万元；裁决、调解（含撤回仲裁申请）173件，结案率为92%；经人民法院审查，撤销一件。

（王亚斌）

经济管理与监督

宏观经济与固定资产投资管理

【概况】 2012年，全市完成规模以上工业增加值364.42亿元，同比增长21.6%，增速高于全省平均数0.3个百分点，增速排名全省第4位，较2011年进3位；原煤、钢、电、水泥分别完成7156万吨、501.48万吨、375.5亿千瓦时、523.24万吨，同比分别增长27.3%、25%、4%、12.1%；工业用电量完成112.83亿千瓦时，同比增长12.75%，增速全省排名第2位；全市完成电煤供应1828.66万吨，库存172.68万吨，超额完成目标任务。销售电量86.85亿千瓦时，同比增长9.37%，超额完成全年任务；成品油销售37.66万吨，同比增长26.97%；铁路发送货物2128.8万吨；全年新增规模以上企业114户，总数达到347户；全市规模以上工业投资项目1194个，完成投资360.59亿元，同比增长40%。

（市经信委）

【信息化】 全市三大运营商（移动、电信、联通）、广电网络公司、水城宏通公司共完成信息基础设施建设投资4.5亿元；新增157个自然村寨通电话和宽带，为目标任务的196.25%；完成58个行政村有线广播电视联网延伸覆盖任务，为目标任务的145%；安装24789套农村直播地面接收设备，为目标任务的100%。电信业务总量17.9亿元，较上年同期增长17.11%；电信主营业务收入14.21亿元，较上年同期增长15.94%；移动电话用户为2031204户，固定电话用户为280040户，互联网用户为146645户。

（市经信委）

【资源综合利用】 全市22户重点用能企业28项指标与上年同期相比，6项上升，20项下降，2项不可比，稳定降低率为76.92%。节能的18家企业共节标煤288479吨，超耗的4家企业共超耗标煤28851吨，节超相抵共节标煤259628吨；散装水泥和新型水泥生产线得到快速发展，全市水泥产量513.83万吨，同比增长6.38%，其中散装水泥218.47万吨，比上年同期增加86.96万吨，增速为66%，散装率为42.52%，5家干法水泥企业和1家水泥粉磨站完成水泥产量462.66万吨，占全市水泥产量的90%。组织初审申报煤矸石发电厂、粉煤灰利用、煤层气和余热发电认定企业20个，通过认定18个；11家自备电厂发电19.39亿度，同比增长26.74%。

（市经信委）

【淘汰落后产能】 淘汰落后产能125.25万吨（万标张、万千瓦），涉及焦炭行业5家、水泥行业3家、铁合金行业3家、电力行业2家、制革行业1家，对各县（特区、区）申报2013年淘汰落后产能计划的22家企业进行实地查看后上报省淘汰办。

（市经信委）

【民营经济】 全市有民营经济单位88689户（含个体工商户），其中民营企业9080户，完成增加值338.93亿元，同比增长36.68%，占全市国民生产总值的45.89%，较上年增长5.59个百分点；上交税金69.46亿元，同比增长31.28%，占全市财政总收入的44.43%，较上年增长3.3个百分点；完成民间投资331.04亿元，同比增长233.74%；实现从业人员41.95万人，同比增长3.66%。

（市经信委）

【工业在建重点项目】 盘县电厂“上大压小”、盘北煤矸石电厂一期、盘县松河煤矿（240万吨/年）及选煤厂、六枝新华煤矿（120万吨/年）、豪龙水泥厂、响水电站扩机工程（2×6.5万千瓦）、万家口子电站（18万千瓦）、盘县大唐四格风电场一二期工程（9.5万千瓦）、黔桂天能二期（130万吨煤焦化）、盘县宏盛120万吨煤焦化、贵州首黔资源开发有限公司新工艺、新材料循环经济工业示范基地等在建重点项目顺利推进。

（市经信委）

【工业园区】 全市有10个工业园区编制完成发展规划，其中，红桥、董地、木岗、岩脚、中箐、水月、两河、盘北8个工业园通过省、市评审。董地工业园区获得贵州省“百亿级”示范园区称号，红桥、董地工业园区获得“省级新型工业化产业示范基地（省级工业园区）”称号。工业园区完成基础设施建设投资60.8亿元，同比增长34.2%，为计划的101.3%；建成标准厂房120.4万平方米。11个工业园区累计在建基础设施项目99个（当年新开工建设项目64个），计划投资150亿元；共入驻企业269家，已投产149家，吸纳就业6万余人。2012年，实现工业总产值515亿元，同比增长27.8%。完成产业项目投资120.6亿元，同比增长37.5%，为计划的109.6%；11个工业园区在建产业项目165个（当年新开工建设产业项目54个），计划总投资860亿元。

（市经信委）

【项目申报】 2012年，申报国家中小企业发展项目、贵州省中小企业发展项目及贵州省地方特色产业项目共55个；有32个项目获得各类扶持资金2101万元（补助资金1931万元，贴息170万元），其中固定资产投资项目24个，万户小老板工程3个，担保小贷补助项目4个。共成立融资性担保机构22家，注册资本金共13.5亿元；成立小额贷款公司18家，注册资本金4.9亿元。向省经信委申报238户“万户小老板”项目，有173个“小老板”获批扶持资金91万元。

（市经信委）

物价管理

【价格上涨】 2012年，受粮食、油脂、水产品、蔬菜等价格上涨的影响，居民消费价格总水平与上年同期相比，1月份上涨4.9%、2月份上涨3.9%、3月份上涨3.7%、4月份上涨3.2%、5月份上涨3.1%、6月份上涨3%、7月份上涨3%、8月份上涨2.8%、9月份上涨2.8%、10月份上涨2.7%、11月份上涨2.7%、12月份上涨2.7%。

（苏德义）

【价格监测与社保连动】 加强与人民群众生活密切相关的粮、油、肉、蛋、蔬菜等副食品的价格监测，随时掌握人民群众生活必需品价格以及农业生产资料价格的变化动态，及时分析研究可能引起市场价格异常的苗头性问题，不断提高价格监测的预见性、科学性和有效性，积极防范价格异常波动。按《全国主要商品和服务价格监测报告制度》《全国粮食价格监测报告制度》要求，对国家监测的商品和服务价格（品种和规格152个）变化情况定期上报；完成省监测的27个品种价格的采集和上报工作。全年上报各类报表142份，上报各类监测文字分析材料18份。同时，认真做好全市季度价格运行情况分析、《六盘水主要物价》编印和政务信息报送工作。按照《贵州省最低生活保障和失业保险标准与物价上涨挂钩联动机制的实施意见》，六盘水市启动最低生活保障和失业保险标准与物价上涨挂钩联动机制。1月，全市城市低保月保障标准由320元（市中心城区）和300元（其余地区）提高到市中心城区360元、其余地区340元，平均增幅达13.12%。

（苏德义）

【价格管理】 1月16日，核定水城汽车运输公司六枝汽车站新增班线客运票价。1月29日，通知各县（特区、区）执行“碧源牌”绿色食品盐全市统一零售价1.4元/袋（350克/袋·铝膜装）。及时转发省物价局关于贵州省2012年春、秋两学期中、小学课本零售价格的有关文件，督促各县（特区、区）执行。3月26日，调整市中心城区非居民生活用水和特种用水价格：非居民生活用水调整为3.4元/立方米，对旅游星级宾馆（饭店）用水价格在规定基础上下浮10%的政策不再执行；特种用水价格调整为12元/立方米。4月24日，市中心城区执行非居民生活用水和特种用水超定额加价制度，即超定额50%以下（含50%）的部分按基准水价的150%计收水费；超定额50%~100%（含100%）的部分按基准水价的200%计收水费；超定额100%以上的部分，按基准水价的300%计收水费；用水定额按2011年11月11日起实施的《贵州省行业用水定额（DB52/个725-2011）》规定执行。5月30日，全市每50公斤中、晚籼稻（三等）最低收购价格提为125元，比2011年提高18元。6月1日，水钢管道煤气出厂价格从0.4元/立方米调整为0.6元/立方米。市燃气公司管道煤气销售价格：居民生活用气由0.9元/立方米调整为1.1元/立方米，非营利性用气由1.15元/立方米调整为1.35元/立方米，经营性用气由1.25元/立方米调整为1.45元/立方米，享受城市低保政策用户的生活用气仍执行0.6元/立方米的价格。当日，市中心城区居民生活用水实行阶梯式水价，第一级水价为2.3元/立方米，水量基数为15立方米/月·户；第二级水价为3.45元/立方米，水量基数为15立方米以上至24立方米/月·户部分；第三级水价为4.6元/立方米，水量基数为24立方米/月·户以上部分；低收入群体免收3立方米水费；单位的集体户（企事业单位集体宿舍、出租屋等），第一级水量基数为5立方米/月·人，第二级水量基数为5-8立方米/月·人部分，第三级水量基数为8立方米/月·人以上部分；对盘县、六枝特区的水价进行相应调整。12月，居民生活用电按《贵州省物价局关于我省居民生活用电试行阶梯电价的通知》执行，第一档电量划分标准为每户月用电量210千瓦时（含以内），每千瓦时按0.4556元收取；第二档电量划分标准为每户月用电量210-380千瓦时的部分，每千瓦时按0.5056元收取；第三档电量划分标准为每户月用电量380千瓦时以上的部分，每千瓦时按0.7556元收取。12月20日，制定“六盘水市交通运输集团有限公司麒麟苑住宅小区1-4#楼经济适用房”销售价格（854元/平方米，不含水、电、煤气安装费用）。

（苏德义）

【收费管理】 1月12日，执行省统一新增医疗服务项目价格41项，规范和降低医疗服务项目价格13项。同日，核定六盘水市同方职业技能培训学校和六盘水市煤炭协会煤矿安全技术培训中心培训收费标准。2月10日，公布取消“贵州新增耕地指标流转专项资金、大型医用设备医疗单位评审检测费、卫生审查费、卫生评价费、木材经营加工许可证工本费等5项收费”。3月2日，调整市直公办幼儿园保育教育费标准。3月22日，核定市安全技术培训中心培训收费标准。4月2日，调整钟山区实验幼儿园收费标准。7月17日，按省规定核定执业兽医资格考试收费标准。7月30日，公布《2011年六盘水市行政事业性收费项目目录》（2011年12月31日仍执行的行政事业单位收费项目270项）。8月7日，核定麒麟（文化）公园和贵州水城矿业（集团）有限责任公司安全技术培训中心及六枝特区殡仪馆收费标准。10月31日，规范六盘水市动物园门票价格。11月8日，核定首钢水城钢铁（集团）有限责任公司总医院新建非普通病房床位最高收费标准。11月29日，核定六盘水康载保安培训中心收费标准。审验2011年度“收费许可证”和“经营性服务收费许可证”1066个（应年审数1098个），年审率为97.1%。2011年全市行政事业性收费总额为75173.29万元（不包含医疗服务收费），行政事业性收费占财政收入的6%，与2010年度持平。清理行政事业性收费单位169个、收费项目908项，2011年收费总额55140.99万元，全额上缴财政，全部使用财政票据，实行“收支两条线”管理；清理行政事业性单位及附设社会团体收取经营性服务收费单位13个，收费项目60项，2011年度收费2923.56万元。

（苏德义）

【监督检查】 1~12月，全市查处各类价格违法案件14件，实施经济制裁42.635万元（没收违法所得11.6万元，罚款31.035万元）。8月29日至10月20日，检查旅游景点、商场、超市、宾馆、饭店、粮油经营户、交通客运等58个。3月12至28日和9月12至28日，对全市范围内的春、秋两季入学中、小学和职业中学的收费情况进行检查，对个别学校收取择校费还收取学费、票据填写不规范、不完整等问题，及时告诫，要求整改到位。出台《六盘水市清理整顿大型零售企业向供应商违规收费工作实施方案》，从4月开始，对大型零售企业及其下属门店进行检查。6月1日，对市中心区百盛有限公司和佳惠百货有限公司进行检查。监制商品房销售明码标价样本，加强市场商品明码标价监督检查。3月24日上午9时，市长专线转告：群众举报，市中心城区公交车擅自提高票价，由1元/人提高到2元/人；出动行政执法人员12人，车辆2台，检查公交车80余辆，没收自制涨价线路牌49块，撕毁张贴在车辆上的擅自提高票价通知单60余份，提醒告诫违法收费车辆驾驶人员80余人，责令擅自提高票价的54台公交车辆当场改正；当日下午4时左右，擅自提高票价的违法行为得到控制。春运期间，出动283人次，检查车辆52台次，检查经营企业和运输户500余户。

（苏德义）

【其他工作】 2012年，市级物价部门行政（参照公务员法管理）编制数18名，工勤人员编制3名，实有人员27人；增设成本调查监审科（正科级），对外挂六盘水市成本调查监审局牌子，定正副科长（局长）职数1名。5月30日，市政府第1号令公布《六盘水市价格调节基金征收使用管理规定（试行）》，6月1日起施行。价格调节基金是经营者按营业额的千分之一缴纳的基金，主要使用范围是扶持生活必需品的生产、储备、流通市场建设和价格上涨时平抑市场价格；由经营者在向所属税务部门申报缴纳税款时一并申报缴纳。7~12月，全市共征收价格调节基金7471.72万元。全年受理群众电话咨询40余条，受理各种价格举报案件26件，实施经济制裁3.136万元（罚款0.36万元，退还用户2.749万元，没收违法所得，0.027万元），办结率为100%。完成价格鉴证业务1632件，鉴证值5812万元。其中，刑事案件价格鉴定1562件，鉴定值3391万元；民事案件价格鉴定39件，鉴定值178万元；行政案件30件，鉴定值1170万元；价格咨询服务60余件，管理性价格事务120余起；涉纪财物价格鉴定1件，鉴定值1073万元。

（苏德义）

工商行政管理

【概况】 2012年，市工商局积极完善服务制度，着力强化依法行政工作，为全市的各类市场主体营造了良好的发展环境。当年，六盘水市个体私营企业协会荣获贵州省六盘水市见义勇为基金会关于为见义勇为基金的捐赠授牌和证书颁发；市工商局先后获得了省工商局政务信息考核2011年度三等奖，2009~2011年度全市党委系统信息工作先进单位二等奖，2011年度全市平安建设先进集体，2011年度全市“两打三治”先进集体，2011年度全市禁毒工作先进集体，2012年度实施知识产权战略考核一等奖，2012年市直机关职工迎国庆广播体操比赛三等奖，2012年“川威杯”高原马拉松邀请赛优秀组织奖，2009~2011年全省创建文明城市工作先进城市（城区、县城）、创建文明村镇工作先进村镇、精神文明建设工作先进单位等荣誉。

（周　技）

【企业注册登记】 截至2012年底，全市登记注册各类市场主体81972户，注册资金5376073万元。其中，内资企业2831户，注册资金3011214万元；私营企业9166户，注册资金1986945万元，从业人员98827人；农民专业合作社774户，注册资金106562万元，从业人员5878人；个体工商户69201户，注册资金271352万元，从业人员139013人。市场主体密度达到每万人263户。

2012年，全市新设立各类企业3101户，资金396493万元。私营企业新增2532户，注册资金564789万元，从业人员27210人。个体工商户新增12464户，注册资金78989万元，从业人员36500

人。农民专业合作社新增314户，注册资金55123万元，从业人员2181人。

（周　技）

【优化投资环境】　2012年，全市工商系统着力打造服务型工商队伍，采取多种形式优化投资环境，完善服务制度，为各级各类企业营造良好的发展环境。

继续落实优惠政策措施，支持开发区、工业园区建设。在出台《关于进一步促进全市经济快速发展的若干措施》的基础上，制定《关于支持服务开发区、工业园区建设的意见》，全市各级工商机关按照"提前介入、及时注册、重点指导、全程服务"的原则，积极为招商引资项目做好服务。

全面贯彻国发2号文件，认真落实建设"五个六盘水"的战略目标，不断拓展新的发展领域，创造更多就业机会。各级工商部门采取多项措施开展"市场主体发展倍增"工程，引导个体私营企业拓展发展空间，向第二、第三产业方向延伸，大力发展科技型、外向型企业。

以支持国企改革为重点，大力推进企业兼并重组改制。帮助企业解决实际困难，2012年为贵州水城矿业（集团）有限公司印刷厂等28家办理了重组改制登记。

进一步促进个体私营等非公有制经济快速发展。制定《关于进一步促进全市经济快速发展的若干措施》，进一步放宽市场准入，鼓励和支持非公有制资本进入基础实施、垄断行业、公用事业以及法律法规未禁止的其他行业和领域。支持农村养殖大户、农村能人、返乡民工领办、创办农民专业合作社，全力推进农民专业合作社发展。

与此同时，市工商局通过完善值班长制度、设立绿色通道、实行预约上门年检咨询服务、开展行政指导等方式，派员进驻市政府政务中心，将市场主体准入行政许可事项纳入市政府政务中心工商窗口办理，使办事企业及群众避免了"两头跑"，方便了办事企业及群众。

（周　技）

【依法行政】　2012年以来，市工商局认真组织开展"六五"普法教育，夯实依法行政基础；树立依法运用权力和制约权力的观念，提高依法决策、依法管理水平，推进法治工商建设；统一了全市工商系统行政许可、行政处罚等具体行政行为的执法标准，树立了工商部门公平公正执法的形象。

2012年，全市工商系统共办理行政执法案件16948件，比上年同期增长81.7%。其中，行政处罚案件8352件，比上年同期增长103.2%；罚没款330.21万元，比上年同期增长73.7%。行政指导案件8596件，比上年同期增长64.8%。

（周　技）

【食品安全监管】　逐步在全市范围内建立起"制度健全、权责清晰、程序规范、反应迅速、立体监管"的体制机制，形成食品安全监管"组织领导有力、督促检查到位、工作流程规范、基础工作扎实、职能运行有效"的"一级抓一级、层层抓落实"工作格局。强化食品流通许可制度规范。2012年，全市累计发放食品流通许可证8286户，比上年同期增加了137.61%。

突出监管重点，认真组织开展一系列专项整治行动，有效保证了食品市场少出事或不出事。全系统共出动执法人员9590人次，检查食品经营者18143户次，检查各类市场 1695个次，查处食品案件484件，案值121.03万元，罚没金额81.44万元，查获假冒伪劣食品10745.32公斤。

创新检测方式，探索实施"两分一集"（分散抽样、集中检测、分散处理）食品检测方式。逐步实现检测人员专业化，检测方式科学化，检测工作集约化的目标。2012年，共开展快速检测6678组次，不合格24组次（个），合格率99.64%。开展定向监测，强化对加工食品、农畜等产品的质量监管，共进行食品质量监测抽样1012批次，不合格33批次，监测合格率96.34%。

进一步推进食品经营者诚信自律体系建设力度。全市已建立食品流通行业协会6个，分会31个，会员4348人，建立"十户联巡联管"小组220个。统一全市临界食品的划分标准，全市已有121户食品经营者设立了"临界食品"专区（柜）。

（周　技）

【商标管理工作】 商标申报注册工作取得新突破。按照《六盘水市商标事业"十二五"发展规划》，积极引导企业和市场主体申请商标注册。全面推行"一分局（大队）二标""一县一牌"工作。全年应完成引导88件商标申请注册，已引导新申请注册商标270件，提前超额完成省政府下达给六盘水市新申请商标注册100件的知识产权目标任务。2012年，六盘水市有效注册商标达到1083件。

品牌创建工作上升到政府行为。市政府颁布《六盘水市知名商标认定和保护办法》，知名商标认定工作由部门行为上升为政府行为，提升了知名商标认定的规格和权威性。这在全省九个市、州尚属首创。继续做好贵州省著名商标和六盘水市知名商标推荐、申报及认定工作。2012年，推荐"西山"等12件商标申报省著名商标认定。认定"迴龙溪"等18件商标为市知名商标。

地理标志商标、中国驰名商标申报取得新进展。"郎岱酱"地理标志商标成功注册结束了六盘水市无地理标志商标的历史。"盘县妥乐古银杏"的汉字及图形申请地理标志证明商标，完成了2012年工商渠道申请一件地理标志的目标任务。主动上门引导首钢水钢（集团）、盘江煤电（集团）等大企业申请商标注册和申报驰名商标。邀请中国工商报企业策划中心现场向大企业申报驰名商标工作进行辅导。2012年，将盘江投资控股（集团）公司的"盘江"商标、水城水泥股份有限公司的"乌蒙山"商标、六枝大畅面业有限公司的"岩脚"商标和六盘水市金桥食品有限公司的"毛大"商标等4件商标列为申报驰名商标的重点，两件商标有望在2013年上半年获得认定。六盘水市驰名商标申报实现了零的突破。

（周　技）

【营造公平健康的市场环境】 坚持有假必打、四季严打，深化打假维权工作。全系统以损害"三农"利益的问题为打击重点，以食品、酒品、农资、家电、建材和名优商品为重点品种，严厉查处假冒侵权行为。全市共立案查处侵犯知识产权和制售假冒伪劣商品案件146件，案值869.75万元，罚没金额104.23万元。

打击传销，启动"无传销城市"创建活动，营造公平竞争市场环境。建立了三级打击传销责任制。2012年，全市共捣毁传销窝点3个，清查、教育、驱散传销涉案人员91人，查办网络传销案1件，案值70万元。全市共建立无传销社区（村）1066个。建立健全"打、控、防、管、教"八项工作机制，率先在全省启动创建"无传销城市"活动，推动打击传销工作向纵深发展。

坚持反复抓、抓反复，深化治理商业贿赂工作。全系统继续围绕"六大领域、九大行业"开展了治理商业贿赂工作。全市共立案查处商业贿赂案件26件，案值1587.33万元。

建立市场监管长效机制，实现对各类市场的日常监管与专项整治。加强对广告市场的日常监管，共查处各类广告违法案件41件，罚没金额20.83万元；深入开展红盾护农，规范农资市场秩序；加大合同市场检查力度，共检查各类合同1541份，金额48479.65万元，查处案件30件，罚没款4.41万元；创新网络监管模式，查办了全市第一个网络违法案件；开展文明集市创建工作，大力开展"五城联创""整脏治乱"专项行动和"满意在贵州"主题活动。六盘水市西南家居市场被评为全国"诚信市场"。

（周　技）

【消费者权益保护】 2012年，全市共设立"两站"1183个，实现"一会两站"设立全覆盖。

全面落实"12315""五进"工作，共建立维权服务站点33个，全市已基本建成精品分会、站点55个；扎实开展服务领域消费维权各类专项整治。对"家电下乡"、电线电缆、机动车制动液、成品油、钢材、汽车等进行专项整治，共出动检查人员1552人次，检查市场主体1692户次。共查处违法案件23件，案值4.89万元，罚没款6.47万元；强化流通领域商品质量监督抽查，共监测商品总组数133组，查处销售不合格商品案件24件，案值17.75万元；强化维权，做好消费者权益保护日常工作。认真组织开展"消费与安全"年主题活动。全年共受理申诉534件，为消费者挽回经济损失160万元；受理消费者投诉679件，解决679件，解决率为100%。通过处理投诉，为消费者挽回经济损失180万元。

（周 技）

【打造“数字工商”】 通过不断完善信息化建设机制，到2012年底，六盘水市已初步形成以“建立信用平台”为载体，以“完善数据质量管理”为依托，以“实施痕迹化管理”为新途径，以“加强市场主体信用分类监管”为目标，以“促进诚信社会建设”为目的的工作格局。2012年，全市工商系统数据完整率达到95%以上，数据准确率达到98%以上，在国家工商总局对市工商局数据质量检查中，取得了满分的好成绩。

（周 技）

【队伍建设】 2012年，六盘水市是全省纯洁性教育5家试点单位之一，六盘水市工商局因此成为全省工商系统唯一一家试点单位。市局党组高度重视，精心谋划，紧紧围绕“增强政治坚定性，保持党的纯洁性”这个主题，及早提出以“三转三严”为抓手，以“五提升、五保持”为目标，扎实组织开展学习教育活动。市局机关6个支部、53名在职党员，钟山经济开发区分局4个支部、33名在职党员参加了3个月的教育活动。

在教育活动期间，市工商局主动邀请市人大、市政协对工商工作进行视察和评议，丰富了活动内涵，推动了工商工作的有力开展。这一做法得到了省、市委纯教办的多次肯定，3次在大会上作经验交流，中央驻黔省级主流媒体还对市工商局纯洁性教育工作进行了采访报道。

与此同时，全市工商系统还以争创人民“三满意”为载体，着力提高队伍素质和机关作风转变。

深入推进“三满意”活动的创建。进一步完善“三满意”创建考核验收工作。全市共有22个工商分局被命名为县级“人民满意工商分局”，17个为市级“人民满意工商分局”，6个被命名为省级“人民满意工商分局”。

通过积极开展“五讲”领导班子建设、开展“四项教育”活动等一系列主题活动，进一步实现转变观念，严管队伍，建设高效廉洁的政务环境；实现转变作风，严守承诺，积极营造良好的投资环境；实现转变职能，严格执法，维护公平竞争的市场环境。

（周 技）

【党风廉政和反腐败工作】 2012年，市工商局着力围绕扶持发展微型企业各个环节存在的风险点进行查找，对查找出的22个风险点纳入滚动管理；通过开展治理“滥处滥罚”专项工作，开展纠风工作，开展廉政文化进机关示范点申报等工作，采取“教育保廉、环境熏廉、活动促廉、家庭助廉”方式，强化了反腐倡廉宣传教育。2012年以来，市工商局积极参加全市组织开展的“科长群众评”等一系列评议活动，其中“向人民报告、请人民监督、让人民满意”评议工作取得了第一名的好成绩，进一步展现了工商系统的良好形象，取得了良好的社会反响。

自年初以来，特别是中共十八大召开期间，市工商局加强信访维稳工作，加大矛盾纠纷排查力度，确保了系统不出问题，干部不出问题。全年实现了零上访和无违法违纪案件的目标。

（周 技）

国有资产管理

【概况】 市国有资产监督管理委员会于2010年3月成立，为市政府综合职能部门，下设办公室、组织与人事教育科、国有资产监督管理科、监事会工作与财务监督科，行政编制12名、工勤人员编制2名。2012年，国有资产监督管理科更名业绩考核和分配科，增设产权管理与规划发展科、党委办公室、信息中心，增加事业编制5名。2012年，市政府授权市国资委履行出资人职责的监管企业有市水务有限责任公司、市燃气总公司、市开发投资有限公司、市江源电力有限公司、市交通运输集团有限公司、市商业银行（已于2012年10月与安顺市商业银行、遵义市商业银行组建成贵州银行）、重啤集团六盘水啤酒有限公司、市食品总厂、贵州乌蒙山发展有限公司9户及下属企业共计45户，在册职工1957人，退休职工1148人；资产总额188.88亿元，比上年增长37.34%；

负债154.04亿元，比上年增长38.86%；所有者权益34.84亿元，比上年增长31.02%；营业收入11.54亿元，比上年增长39.75%；利润总额4.16亿元，比上年增长36.02%；净利润3.2亿元，比上年增长36.37%；净资产收益率9.19%，比上年增长4.08%。

（李振华）

【国企改革与发展】 指导市开投公司入股湖南黑金时代股份公司，组建六盘水市清洁能源公司、六盘水市热力公司。协调解决第二轮水务体制改革遗留问题，实现中心城区水务统一管理，涉水资源统一规划、调度。指导重啤（集团）六盘水啤酒有限公司产权（股权）转让，市交运集团公司投资设立的六盘水凉交运输有限公司调整股权比例，市明湖花园酒店有限责任公司100%股权无偿划转市开发投资有限公司持有。做好市直机关与所属企业脱钩的准备工作及国有企业退休教师待遇问题的相关工作。

（李振华）

【公司建设】 市开发投资公司成功发债券16亿元，市水务有限责任公司融资1.5亿元。市江源电力有限公司融资3.8亿元，承建的双桥水库工程大坝成功截流，累计完成投资25000万元。市燃气总公司城市中心区集中供热项目实现示范供热，组建盘县燃气公司。市交运集团开工建设南客运站，临时站点投入使用。市水务公司开工建设政法基地供水、月照乡“一户一表”改造、月照机场供水管道工程、红桥新区管网供水、花岩洞取水工程等项目。市开发投资有限公司实施明湖城市综合体建设、第八届旅发大会主会场、火车站站前广场改造等项目建设。

（李振华）

【基础工作】 制定重大事项管理、企业用工管理等一系列制度。开展全市企业国有资产年检登记工作，办理市属国有企业登记年检75户。对监管企业财务运行动态进行监测和分析，实行全面预算管理，强化内控，推行全面风险管理，聘请中介机构对监管企业进行年度财务审计。完成2011年监管企业负责人经营业绩考核兑现，与5户监管企业签订2012年经营业绩考核责任状，与2户监管企业签订目标考核责任状，对企业工资总量进行宏观调控与审批。市属授权监管企业共上缴2011年度国有资本收益 2703.96万元，全部用于支持监管企业技术改造、项目建设、资本金投入和企业改革改制。

（李振华）

国土资源管理

【建设用地服务保障】 2012年，全市各级国土资源部门围绕“加速发展、加快转型、推动跨越”主基调，提前介入、关口前移，及时调度和掌握2012年累计四次开工的920个项目和十大工程、十二件民生实事项目的用地情况，主动服务于重点项目和事关国计民生的项目，确保了各建设项目顺利落地。

2012年，全市经批准建设用地29宗，批准面积1727.3016公顷，为年初计划数的367.5%。其中，经国务院批准用地面积为756.9361公顷（使用国家计划指标）；经省人民政府审查批准用地面积为970.3655公顷（使用省分解下达指标）。上报国务院待批建设项目用地有2宗，申报用地面积共计397.6036公顷。组织完成了月照机场、六六高速、六镇高速、杭瑞高速、凤凰城市综合体、旅发大会主会场、六大湿地公园、六大广场等一批重点建设项目的征地工作，确保了项目的顺利进行，推动了城市的发展。加大建设用地供应力度，截至2012年12月，2010年批准用地项目37个，面积：1043.3680公顷，供地面积：844.8149公顷，供地率：80.97%；2011年，批准用地项目53个，面积：3868.8448公顷，供地面积：3134.3466公顷，供地率81.02%；2012年，批准用地项目29个，面积：1727.3016公顷，供地面积：901.6430公顷，供地率52.16%。近三年供地率均超过省国土资源厅规定的要求。

（杨普胜）

【土地利用方式创新】 2012年，全市争取省级资金13465万元，实施土地开发复垦整理项目9个，完成土地整治任务6.09万亩，完成新开展土地开发整理复垦项目24个，规模面积3616.1962公顷。

完成土地开发复垦整理项目验收67个（其中，土地开发整理复垦项目17个、坡改梯项目50个），规模面积3461.3077公顷，新增耕地面积767.5768公顷。

编制了《六枝特区五千亩以上坝区耕地专项调查及建设方案》，由六枝特区具体组织实施。

大湾镇“兴地惠民”大规模土地整治项目经省人民政府批准报国家立项。

在水城县滥坝镇、六枝特区岩脚镇老卜底村开展耕作层剥离利用中低产田土改造试点前期工作，项目面积1000亩。

积极推进城乡建设用地增减挂钩试点，2012年省下达城乡建设用地增减挂钩周转指标共1900亩。其中，使用2011年度周转指标实施的项目4个（六枝特区100亩、盘县300亩、水城县300亩、钟山区200亩）共900亩；2012年周转指标1000亩，确定3个县区为试点项目单位（盘县300亩、水城县300亩、钟山区400亩），编制完成了项目实施规划并经省厅批复同意。

（杨普胜）

【收购储备和融资贷款】 2012年，市人民政府出台了《关于进一步加强市中心城区土地管理的通知》，实行市中心城区土地统一规划、统一收储、统一开发、统一出让、统一收益的“五统一”管理。完成市中心城区土地收储2035.66亩。

国土部门创新工作方式，全面启动市中心城区征地拆迁安置房建设，为解决历史遗留问题和市中心城区征地拆迁户的安居乐业长远生计奠定良好的基础，规划建设面积33.4万平方米。完成大营安置点的征地、进行场地平整、钻探；水西立交安置点采用BT模式建设，完成初步设计；完成凤凰安置点、德坞安置点的征地工作，进入房建工程招投标工作。

启动土地收储贷款工作，为城市基础设施建设筹措资金，市级意向性融资贷款规模近20亿元，实际到位资金5.88亿元。凤凰山片区8.13平方公里土地一级开发整理工作取得阶段性进展，其他城市综合体开发取得了良好的开端。

2012年，全市通过招拍挂等方式出让土地218宗，面积8368.23亩，获地价款316308.733万元；其中工业用地28宗，面积3971.55亩，获地价款38996.95万元，其他用地190宗，面积4396.68亩，获地价款277311.78万元。市本级出让86宗，面积505.33亩，成交价款27662.0752万元，其中工业用地2宗，面积118.05亩，获地价款1695万元，其他商住用地84宗，面积387.28亩，获地价款25967.0752万元。

（杨普胜）

【地籍管理】 2012年，六盘水市委托省国土资源厅信息中心开发了新的网络版登记快速发证系统软件，有利于提高工作效率，加快办证进度。

2012年，市级共完成国有土地使用权登记发证5669宗，登记面积近200万平方米；完成土地抵押登记92宗，面积399.6万平方米，抵押金额405317.06万元，转让登记4254宗，面积37.9万平方米。其中，为国有企业抵押登记20宗，面积331.2万平方米，抵押金额307105万元，为私营企业抵押登记32宗，面积3.2万平方米，抵押金额3977万元。土地登记发证工作2012年4月9日在市政府政务服务大厅统一受理后，均按要求按时办结，无一超期。

2012年，全市实际供应土地4346.7686公顷，其中，商服用地172.0086公顷、工矿仓储用地425.7484公顷、住宅用地156.7658公顷，其他用地3592.2464公顷。

市中心城区基准地价更新通过省国土资源厅和省物价管理部门组织的验收，近期市人民政府将公布实施。

农村集体土地确权登记发证工作进度顺利。全市农村集体土地所有权确权登记发证1033宗，发证率100%，全市集体建设用地使用权确权登记发证506宗，发证率63.33%；农村宅基地使用权确权登记发证128184宗，发证率41%。

（杨普胜）

【矿产资源保障和管理】 2012年，编制完成

《六盘水地区铅锌铁锰整体勘查方案》，市人民政府与省地矿局签署了《开展六盘水优势特色矿产勘查开发合作协议》，会同省地矿局一一三地质大队启动了六盘水市北部铁及“三稀”矿产的整装勘查、六盘水市南部铜、钛及“三稀”矿产的整装勘查、六盘水市区域内大理石、辉绿岩、水泥用灰岩等建材资源的整装勘查、六盘水市区域内地热资源的勘查、六盘水市区域内危机矿山周边和深部煤矿资源勘查等的前期工作。

市人民政府与省有色金属和核工业地质勘查局达成了意向合作协议，积极推进铅锌、铁、锰等优势矿产资源整装勘查。

加强采矿权采矿许可证年检，年检率达到87%，全面完成了2011年探矿权的年检工作。

开展国土资源节约与综合利用专项项目的申报和组织实施工作，申报矿产资源保护项目10个，推进绿色矿山建设和矿产综合利用示范基地建设。

组织编制市县级发证矿业权设置方案，市级方案基本完成。

加强矿产规划修编，市、县级矿产资源规划分别报经省、市人民政府审批通过。

严格执行矿业权价款处置和矿产资源补偿费征收制度，共征收矿产资源补偿费25103.48439万元，督促采矿权人交纳采矿权价款14656.74万元。

积极推进矿产资源节约与综合利用工作，组织“三率”专项调查工作。组织上报公益性、基础性地质勘查项目和地勘基金项目5个。

（杨普胜）

【测绘地理信息管理】 2012年，在全市17家测绘单位开展了地图市场和测绘成果保密专项检查，对8家单位进行了抽查，促进了涉密测绘成果管理的规范化和科学化。

开展测绘资质年度注册工作，规范测绘单位测绘行为。

组织境内17家测绘资质单位参加信用体系软件培训，完善测绘资质单位信息，开展信用评价工作。

对水钢赛德建设有限公司等3家测绘资质单位进行了质量认定抽查。

加强测绘地理信息项目建设，完成了六盘水市中心城区193平方公里1：2000航测3D产品生产项目。

完成了数字六盘水地理空间框架建设项目设计评审工作，市人民政府与省国土资源厅签订了共建共享协议，完成政府采购并进入实施阶段。

（杨普胜）

【地质灾害防治】 各级国土资源部门编制并报当地人民政府批准实施了《2012地质灾害防治方案》和《应急预案》。

2012年，全市共发生地质灾害29 起，由于监测到位，防范措施有力，未造成人员伤亡。成功预报地质灾害1起，避免31户95人的伤亡，开展地质灾害应急调查21起，全市共搬迁自然因素造成的受胁农户411户，人为工程活动诱发的930户（使用保证金约5000余万元）。

加大矿山环境恢复治理保证金的收缴及使用监管力度，截至2012年12月，共累计缴存矿山环境恢复治理保证金约17亿元，使用保证金约4.6亿元，搬迁受胁户数约6000户。

争取省级以上地质灾害治理资金1732万元，对六枝特区南极山危岩体，六盘水市第五中学、第十四中学危岩带等项目进行地质灾害防治治理。

（杨普胜）

【国土资源执法监察】 认真开展矿产卫片执法工作，2012年度矿产卫片执法检查共下发矿产图斑17个，下发土地卫片B+W图斑816个，面积26985亩（耕地14017.65亩），其中疑似违法图斑702个，面积22168.5亩（耕地12809.4亩）。经合并处理后共涉及土地宗数323宗（合法用地173宗，违法用地150宗）。150宗违法用地中立案查处89宗，非立案处理61宗。经认真组织整改，卫片执法检查工作顺利通过验收。

2012年，全市各级国土资源部门组织开展执法监察巡查10075次，投入人力38406人次，出动车辆10232台次，投入经费302.9363万元，共发现土地违法行为为369件（涉及土地面积309.66公顷，其中耕地8.87公顷），现场制止309件，制止率

83.7%；立案60件，立案率100%。共立案查处各类矿产类违法案件81件。

中共六盘水市委办公室、六盘水市人民政府办公室印发出台了《六盘水市中心城区建设用地清理工作方案》，由国土资源部门组织力量对市中心城区空置土地进行了清理，共清理土地134宗，面积20212.8415亩，并分别提出处置意见上报市人民政府依法进行处置。

2012年，接办信访件73件，办结61件，办结率84%。收到信访复查申请9件，办结9件，其中维持8件，撤销1件。组织开展了对征地拆迁、涉矿矛盾纠纷、地质灾害群体矛盾纠纷的排查，涉及国土资源领域的信访突出问题共39件，煤矿信访问题及预防群体性事件共22件，市、县各级国土资源局与当地各部门共同化解，都得到妥善处理，维护了社会的稳定。

（杨普胜）

【引进石灰岩综合开发利用项目】 2012年，市国土资源局与市委政法委联合引进鸿海建材有限公司在六盘水市落户建立石灰岩综合开发利用项目，计划投资12亿，实际到位资金2亿元，已进入实质性阶段。该项目的引进，对于开发六盘水市丰富的石灰岩资源，促进城镇化建设将起到积极的作用。

（杨普胜）

统计调查

【城乡居民收入稳步增长】 2012年六盘水市城镇居民人均可支配收入18764元，增长14.6%，其中，工资性收入10881元，增长17.4%；经营性收入2764元，增长6.9%；转移性收入5295元，增长13.1%；财产性收入201元，下降52.9%。

农村居民人均纯收入5182元，增长16.8%，其中，工资性收入2690元，增长21.6%；家庭经营纯收入2101元，增长15.5%；转移性纯收入325元，增长6.6%；财产性纯收入66元，下降34%。

（李发举）

【城镇居民消费价格平稳】 2012年市中心城区居民消费价格总指数102.7%，其中，非食品价格101.8%，服务项目价格101.1%，工业品价格102.3%。八大类消费品及服务价格总指数分别为：食品类104.4%，烟酒类101.0%，衣着类103.7%，家庭设备用品及维修服务类99.9%，医疗保健和个人用品类101.5%，交通和通信类101.0%，娱乐教育文化用品及服务类100.9%，居住类102.8%。

（李发举）

【城乡一体化住户调查改革】 10月16日，市政府成立六盘水市城乡住户调查一体化改革工作领导小组，组长周斯弼，副组长陈泉、徐仪秋、罗资湘，领导小组下设办公室在国家统计局六盘水调查队，办公室主任徐仪秋，副主任李发举、陈银芳，负责具体日常工作。8至12月，在33个乡（镇、办）44个村（社区）48个调查小区开展城乡一体化住户调查改革。摸底调查阶段，绘制调查小区图48张，清理楼房4108栋，调查登记6072户。抽取480户调查样本，其中，国家样本210户，分布在钟山区110户，六枝特区100户；地方样本270户，分布在六枝特区10户，钟山区10户，盘县130户，水城县120户。抽中调查户从2012年12月1日起正式记账。

（李发举）

【居民消费价格基础数据质量建设】 加强队伍建设，提高采价员素质。充实采价人员力量，新增专职采价员3名；加强对采价人员管理和培训；要求采价员根据采价网点绘制各采价日采价路线图。

加强与调查网点的沟通交流。12月，对居民消费价格采价点进行换点，增加5个调查网点，全市居民消费价格采价点105个。换点期间，走访全部调查网点，收集基本信息，建立六盘水居民消费价格调查群，加强与网点沟通交流。

提高采价员对消费品价格变化趋势把握能力。队业务人员参与采价。对采价中发现的问题，第一时间给采价员答复、答疑，不断提高采价员对消费品价格变化趋势的把握能力。

开展“一帮一”采价，为独立采价奠定基础。采取老采价员与新进采价员一起现场实地采价，让新采价员熟悉网点，熟悉采价规格品，掌握询价技巧等，为新采价员独立采价奠定基础。

（李发举）

【专题调研提升统计服务水平】 密切关注经济、社会、民生热点问题，开展了六盘水市农产品流通方式及存在问题，六盘水物业管理情况，市中心城区牛肉价格上涨对回民生活负担影响，六盘水中小微企业生产经营情况和存在的困难、问题，两次油价上调给营运车辆和市民生活的影响等系列专题调查，形成《抓好农产品流通体系建设 提升农产品城市应急供给保障能力》《六盘水市中心城区肉价格创历史新高 回民生活负担加重》《六盘水市中心企业负担现状调研分析》《六盘水市物业管理行业调查报告》等专题调研报告。结合各项统计调查数据，认真开展分析研究，撰写统计调查信息、分析。全年共撰写信息、分析72篇，其中，16篇（条）被贵州调查总队采用，2篇（条）被国家统计局内网采用，4篇（条）被市委办、市政府办或有关媒体采用。调研报告《抓好农产品流通体系建设 提升农产品城市应急供给保障能力》得到市委主要领导批示，并荣获国家统计局城市司评选2012年度市、县级优秀调查分析报告一等奖。

（李发举）

【创新推进统计调查工作】 一是根据农村居民收入统计职能部门调整，深入六枝、水城的部分乡镇农村住户调查点、调查户和部分猪羊牛马交易市场进行调研，制定了《六盘水市农民家庭收入调查数据检查审核评估办法（试行）》。

二是加强“直接调查，直接上报”力度，深入27家服务业企业和8家采购经理样本企业现场指导联网直报。

三是在盘县、六枝分片召开规模以下工业抽样调查企业业务培训会，改变规下工业抽样调查企业报表布置、收集、审核的工作方式，现场检查审核企业报表，确保统计调查源头数据质量。

四是在布置统计调查业务报表时，向被调查对象发放《统计调查关系告知书》，使统计法治工作和业务工作有机结合起来。

五是加强统计基层基础建设，对城镇居民住户、固定资产投资价格、工业品价格、服务业企业、采购经理企业等专业的调查员和辅助调查员进行业务培训，提高调查人员和辅助调查员的业务水平和操作技能。

六是推进统计“四大工程”建设。从7月起对CPI调查网点首次采用手持数据采集器进行数据采集；继续做好服务业企业和采购经理调查实行联网直报。

（李发举）

【统计执法专项检查】 8月，在贵州调查总队统计执法专项检查组督导下，按照统计执法程序，对首钢水城钢铁（集团）有限公司、六盘水市黄土坡粮食储备库、六盘水市兴隆超市等11家企业开展统计基础工作和执法情况专项检查。

（李发举）

审　计

【概况】 2012年，六盘水市审计局人员编制53人，在编49人。设有办公室、政策法规科、财政审计科、行政事业审计一科、行政事业审计二科、农业与资源环保审计科、固定资产投资审计一科、固定资产投资审计二科、金融与外资审计科、经济责任审计一科、经济责任审计二科、企业审计科、社会保障审计科、审计政策咨询中心等14个职能科（室）、中心。

2012年，六盘水市审计机关完成审计项目132个，查出违规资金10787万元，管理不规范资金537470万元，其中应上缴财政6381万元，应减少财政拨款或补贴1162万元，应归还原渠道资金13147万元，应调账处理金额39607万元，已上缴财政6221万元，已减少财政拨款或补贴722万元，已归还原渠道资金5568万元，已调账处理金额36846万元，核减固定资产投资4322万元；移交司法、纪检监察机关有关部门案件4件，涉及10人，移送处理金额219万元。提出审计建议283条，被采纳184条，向党委、政府和省审计厅提交综合报告、审计信息等315篇，被批示采用164篇次。

2012年，市审计局水城社保资金审计组被审计署授予“社保资金审计公务员先进集体嘉奖”。六盘水市审计局获全省审计系统目标考核一等奖。市审计局党组织被省委党建工作领导小组命名为“五好基层党组织”，市审计局党支部被市委授予“创先争优先进基层党组织”，市审计局被市委评为廉政文化进机关先进单位。市审计局组织开展的市疾控中心主任任期经济责任审计、水城县社保资金审计被省审计厅评为优秀审计项目。

（曾忠虎）

【财政审计】 全年完成预、决算审计31个，揭示了预算编报不真实不完整8812万元、未按规定征收缴纳收入14322万元、违规改变项目计划和资金用途6395万元、资金滞留闲置35134万元、虚列支出29413万元、违规出借财政资金7405万元等问题。六盘水市审计局对2011年全市新建扩建项目税收征管情况审计收缴财政资金1701万元，为进一步理顺市县共享税收分成机制提出了建设性意见。受市人民政府委托，向市十一届人大常委会作了审计工作报告，市人大常委会审议后给予了充分肯定。

（曾忠虎）

【专项资金审计（调查）】 六盘水市审计机关完成专项资金审计项目26个，审计专项资金总额651898万元，主要查出乱收费乱摊派乱罚款3037万元、资金闲置滞留435万元等问题。抽调市县审计精干力量，按时保质完成2011年社会保障资金审计、黔南州三都县水利资金管理使用情况交叉审计、盘县农村中小学校舍安全工程跟踪审计及盘县中小学布局调整审计调查。

（曾忠虎）

【行政事业审计】 六盘水市审计机关完成行政事业单位审计25个，揭示了未按规定征收缴纳收入3693万元，违规改变项目计划和资金用途521万元，乱收费乱摊派乱罚款869万元，资金滞留闲置478万元等问题。

（曾忠虎）

【固定资产投资审计】 六盘水市审计机关完成固定资产投资审计项目41个，审计项目投资额56579万元，核减工程款4322万元，其中，市医院综合住院楼工程竣工决算审计核减2422万元；2012年，市县两级审计机关采用委托审计的方式开展固定资产投资审计，市审计局委托中介机构对市五所学校后勤食堂BOT项目、教学楼及市凉都体育中心等7个项目进行审计，水城县审计局委托中介结构对乡镇卫生院竣工结算等10个项目进行审计，较大程度上缓解了投资审计力量与审计工作量大的矛盾，推动了全市固定资产投资审计工作。

（曾忠虎）

【经济责任审计】 六盘水市审计机关共完成对31名领导干部经济责任审计，查出违规金额1278万元，管理不规范金额50484万元。六盘水市审计局首次开展一个单位、多名领导干部的任期经济责任审计，按照“同时审计、分类评价”的原则，对市商业银行9名高层领导人员任期经济责任进行审计，揭示了漏缴企业所得税195万元、应收未收抵债资产处置价款510万元、少计提一般准备895万元、贷款分类未及时调整840万元等问题，为市商业银行改制提供了决策依据。

（曾忠虎）

质量技术监督

【产品质量监管工作】 组织召开2012年质量兴市工作联系会议。组织召开了2次质量兴市工作联席会议，就六盘水市产品质量、工程质量、环境质量和服务质量进行了深入交流，有效地推动了六盘水市质量工作的整体推进；代市政府起草了《六盘水市贯彻落实〈质量发展纲要（2011~2020年）〉深入推进质量兴市工作实施方案》（以下简称《方案》）印发各有关单位，《方案》对六盘水市的质量工作的发展进行了顶层设计，对今后五年质量工作进行了总体部署，是六盘水市质量事业发展上具有里程碑意义的一个新起点。

积极推进名牌战略工作。2012年度，六盘水市共有5家企业5个产品向省名牌产品推进办公室递交了申报材料，2家企业3个产品获得了贵州省名牌产品的荣誉称号，名牌产品数量较2011年提高50%；代市政府起草了《六盘水市人民关于加强品牌建设的实施方案（征求意见稿）》印发各单位征求意见，文件提出从农业、资源深加工业、特色轻工业、战略性新兴产业、现代服务业和文化旅游业6个行业全面加强品牌建设，提出以加快推进知名品牌创建示范区建设，全面推进区域竞争力的思路。该《方案》的颁布实施，将积极促进六盘水市经济结构的调整和经济发展方式的转变，实现经济社会的又好又快发展。

开展巡查、年审、证后监管及抽样工作。六盘水市有获证企业52家，共生产获证产品58个。应参加年审的企业39家，实际参加年审39家，参审企业初审均已通过。未参加企业19家，已督促3家企业办理生产许可证注销手续，其他16家企业处于停产状态中。全年共巡查生产许可证获证企业52家，总体质量管理情况基本稳定。全年国家监督抽查、定期监督检查和省级监督抽查共抽取505个批次工业产品的样品，抽检产品全面覆盖六盘水市煤化工、水泥、建材等支柱产业产品以及木材加工、家具、电线电缆等其它行业产品。样品检验结果合格批次466个，不合格批次37个，合格率为92.3%，合格率较上年上升4.9个百分点。已全部完成上半年25个批次不合格产品的后处理工作，对于下半年抽检中的12个不合格批次产品后处理工作也已全面开展。同时，严格实施市场准入制度。新获得工业产品生产许可证6家、换证5家。

开展电煤驻厂监管工作。对辖区内4个电厂分别派出2名工作人员驻厂监管，全市质监系统共派驻厂监管人员达944人次，抽取电煤样品400个批次，确保迎峰度夏电煤质量、计量不发生纠纷，保障电力的供给。

开展产品安全风险信息管理。排查企业86家，查处案件18起，查处企业18家，查处货值7.2万元。通过排查，将建筑用砖、水泥、人造板列入重点风险监控目标，并采取措施，集中整治，从源头上加强了质量安全的控制。对于建筑用砖产品，全年安排抽检4次，将抽检范围从生产企业扩展到建筑工地，邀请昆明理工大学专家进行调研，追踪检测抽检不合格企业；对于水泥产品，通过加大执法检查力度和巡查频次实施不间断的监管来降低风险隐患；对于人造板产品，约谈了2家质量管理不规范的企业负责人，将其监管级别定位C类，列入重点监控对象。

（廖　伟）

【食品安全监管工作】 严格实施食品质量安全市场准入。全年共对22家新老企业进行了申证和换证的现场和资料审查工作（其中新办证企业8家，换证14家）。

加强监督抽检和风险监测工作力度。共对全市食品企业（小作坊）生产的酱油、醋、辣椒制品、饮用水、茶叶、固体饮料等食品进行监督抽查，已经抽取410个批次样品，其中390个样品合格，合格率95.12%，并针对所有不合格样品生产单位进行了处理。未检出含金黄色葡萄球菌等致病性微生物产品、黄曲霉等生物毒素超标产品、含“瘦肉精”肉制品，检验未发现非法添加罗丹明、碱性橙、三聚氰胺、工业明胶等非食用物质问题。

深入开展各类专项整治工作。一是开展白酒品牌创建活动和白酒产品专项整治。六盘水市拥有白酒生产获证企业3家，均已按照要求完成白酒生产设备技改。二是开展使用工业明胶非法生产加工食品彻查严打行动。对辖区内20余家食品生产企业进行检查，未发现在食品生产过程中使用工业明胶的情况。另抽取4个批次样品送省检，结论为合格。三是开展私屠滥宰专项整治工作。六盘水市共有肉制品生产企业2家，经查，未发现违法违规私屠滥宰、使用非食品原料、滥用食品添加剂以及使用“瘦肉精”猪肉加工食品等违法行为。四是开展“地沟油”专项整治。根据群众举报，抽派执法人员多次开展蹲点调查开展蹲点调查，未发现非法加工“地沟油”窝点。

加强对食品生产企业质检员的培训。邀请省局培训中心在六盘水市举办一期食品企业检验人员培训班，以提高六盘水市食品生产企业质量检测水平，来自全市及毕节市50家白酒、调味品、面条、糕点、饮用水、茶叶等食品生产企业的质检员参加了为期4天的培训和考核。

强化对食品生产加工违法行为的查处力度。全市共出动执法人员1130人次，出动执法车辆460台次，巡查企业100家次，巡查小作坊320家次。查处食品生产销售违法案件36件。

强化食品生产加工小作坊的监管。按照《食品生产加工小作坊质量安全控制基本要求》，认真落实对食品小作坊规范化、制度化和常态化管理制度，对纳入监管的225家小作坊100%签订承诺书，100%建立必需的质量安全管理制度。

开展活动促进公众对食品安全知识的认知。先后开展“质检邀您看企业·食品安全大家行”9次，食品生产企业交互检查活动4次。通过活动，不断增强社会与质监部门，企业与企业质监的了解，进一步提高了企业主体责任意识和管理水平。

（廖　伟）

【特种设备安全监察工作】 加强信息网络建设。在近几年特种设备普查工作的基础上，市、县两级特种设备安全监察动态监管体系已初步建成，及时录入和更新相关信息。已录入六盘水市在用特种设备5534台，包括锅炉581台，起重机1669台，压力容器1646台，电梯1408台，大型游乐设施25台，厂（场）车辆205辆。

进一步落实三方责任。全系统与重点监控单位签订特种设备安全管理承诺书34份；市局与各县区局（分局）签订特种设备安全监察目标责任状6份，与检验机构签订目标责任状1份。

加强特种设备行政许可工作。全年办理特种设备告知申请411份，安装改造维修各类特种设备1120多台、特种设备注册登记使用证386份、气瓶注册5948余只；培训考核发（换）特种设备作业人员操作证1850人次；顺利完成气瓶两站治理验收工作。

建立完善应急救援体系。建立和完善全市质监系统应急救援体系；督促企业制定特种设备应急救援预案，开展事故应急救援演练6次。

加强特种设备安全宣传。利用“3.15”消费者权益保护日、“五一”“安全月”等重大节假日活动开展特种设备“三进”活动，制作宣传展板6块，发放宣传资料近10000份；将《特种设备安全监察条例》《节约能源法》作为特种设备作业人员培训必学的法规；对电梯使用单位和维保单位1950余人次宣传新的检验规程。

加大特种设备打非治违力度。检查企业315家，对违法行为提出警告11次，责令改正、限期整改、停止违法行为为143起；计划排查易发生安全事故隐患企业126家，已查140家，排查覆盖率111%；排查一般事故隐患43项，整改43项，整改率100%；发现重大安全隐患1起，排除1起；打击非法违法、治理纠正违规违章行为182起。

（廖　伟）

【标准化工作】 清理全市具有自主知识产权的各类标准。全市具有自主知识产权的国家、省级、企业标准共135个企业的180个标准，其中国家标准1个，行业标准1个，地方标准1个。包括81个建材标准、71个食品标准，17个化工产品标准，5个机械制造标准、3个眼镜标准，3个家具标准 。

加强标准化发展战略规划的研究制定工作。代市政府起草了《六盘水市人民政府关于加强标准化工作的意见》下发各相关部门；代市政府起草了《六盘水市人民政府关于加强农业标准化工作的实施意见》草案，拟上报政府审核。

大力推进节能减排和生态环境保护标准化工作。六盘水市有4个省级地方标准和1个省级地方标准体系获得立项。其中恒远的《混凝土复合（EPS）自保温砖和砌块》和《混凝土复合自保温配砖》地方标准已通过专家审查并已正式发布；新蓝天《车用焦炉气》地方标准已通过专家评审，已将评审资料上报省质监局，待发布；环保冶金《重矿渣集料》地方标准还在编制中。另外由六盘水市质量技术监督局组织的煤及煤化工标准体系已立项，召开了全省煤及煤化工标准体系研讨会。

加强工业标准工作。组织引导首钢水城钢铁集团公司创建4A级标准化良好行为企业活动，预计2013年2月完成评审；与昆明理工大学达成意向，拟制定《煤矸石页岩砖》标准和《重矿渣轻集料》标准；做好条码续展工作，全年共续展10

家企业，注销2家；做好组织机构代码工作，全年新办证1847家、换证1402家、年检2426家、迁出22家、废止86家、扫描电子档案3400家。

加强农业标准化工作。加强农业标准化示范区建设。六盘水市“马铃薯高产栽培标准化示范区”“六盘水优质烤烟综合标准体系示范区”和“六盘水市钟山区生猪养殖标准化示范区”先后列入了国家级和省级标准标准化示范区项目。在农业标准化示范区建设中，将科技成果转化为现实的生产力，从而取得经济、社会和生态的最佳效益，达到高产、优质高效的目的，进一步加快六盘水市现代农业和社会主义新农村建设步伐，走出一条符合六盘水市本地特色的农业标准化新路子。标准化工作得到上级部门肯定。农业标准化工作在六盘水市的开展取得了巨大成绩，得到了省局和市领导的充分肯定，在2012年省局召开的“贵州省农业标准化示范区建设现场会”六盘水市作为全省九个地州市唯一政府代表在会议上作了题为《加强农业标准化工作推动农业产业化发展》的交流发言。加强农业标准化试点申报工作。根据市委市政府关于推进全市“九大”产业发展的政策精神，组织开展农业标准化试点申报工作：将六枝特区陇脚布依族乡月亮河优质水稻种植和中药材种植、盘县油茶种植、钟山区葡萄标准化种植和水城县猴场乡红心猕猴桃种植作等5个项目作为省级农业标准化示范区申报项目并已获得立项。

（廖　伟）

【计量工作】 深化民生计量工作，继续推进诚信计量，建设和谐城乡行动。三年来，与眼镜店、医院、加油站等单位签订计量承诺书308份。

加强对重点用能企业的监督管理工作。与各单位签订《节能目标责任书》共计29份，并对辖区内21家纳入贵州省万家企业节能低碳行动的重点用能单位开展了能源计量监督检查，并建立能源计量档案。

组织帮扶复评换证和计量认证。六盘水市2家食品检验机构其中1家按照新要求已通过复评换证工作，另1家正在申报过程中；市特检所能效测试项目经过现场的评审及资料的审查已取得计量认证证书。

加强六盘水市煤炭、建材行业获证实验室的监督管理工作。通过召开动员大会、获证机构自查、邀请专家到现场进行评审等方式，对辖区内13家建材建工检验实验室和4家煤质检验实验室进行了专项整治，规范了六盘水市建材建工和煤质化验实验室，全面提升了获证实验室的检验检测能力和水平。

加强强制性认证产品的监管工作。辖区内获得强制性产品认证的企业共计4家14 个证书，总体情况良好，但存在质量管理体系文件没有得到完全实施等问题，已要求企业整改，保障产品质量安全。

（廖　伟）

【行政执法工作】 2012年，明确了全市重点区域、重点行业、重点企业，深入开展各类专项整治工作专项整治行动。全系统共办理各类行政案件242件，全年无行政复议、行政诉讼、行政赔偿案件。

（廖　伟）

【地理标志产品普查及申报工作】 完成2家地理标志产品的申报工作，即盘县火腿、六枝岩脚面地理标志申报，水城猕猴桃正在审查中。规范行政处罚案件办理程序，建立和完善行政执法制度，下发了《六盘水市质监系统行政复议接待登记制度》；组织系统内行政执法人员、技术机构管理人员进行法律学习，提高法律意识、风险意识、责任意识。

（廖　伟）

【组织人事培训工作】 根据省质监局统一安排部署，积极组织开展机构改革，经过省局批准现已成立了2个分局开展质监工作；完成机构改革编制本换本工作；开展公务员交流、挂职、调动、提拔等工作，提拔科级干部12人，系统内干部调动14人；招录稽查队人员18人，计划招录公务员6名；审核初级职称3名，中级职称4名，高级职称1名，均通过审核；组织系统内培训和委外学习1000余人次。（廖　伟）

【财务工作】 完成系统2013年财务预算；完成非税收入改革工作实现全市质监系统非税收入直接解邀到省财政专户；完成对新成立机构固定资产的划拨及固定资产采购等工作。完成技术机构能力建设“十二五”规划及建设方案的编写及上报工作；协助省局完成2011年及2012年技术机构能力建设设备的采购工作；完成2项质量技术监督技术改造技术装备项目的申报工作，其中1项获得国家总局申批，得到总局20万元资金支持；开展食品远程监控系统试点的建设工作；协调市县两级质检机构开展相关项目的申报工作；完成国家煤炭清洁转化产品质量检验中心市级、省级项目投资的申请和划拨工作。

（廖 伟）

【法规宣传工作】 2012年度，共采编各类政务信息210期，并及时上报省局及市委、市政府，为领导决策提供了依据；加大与新闻单位的沟通力度，省级媒体报道42篇次，市级媒体报道400余篇次；组织开展各类宣传活动，发放涉及产品质量法、食品安全法、特种设备安全监管条例等质监法规宣传资料10000余份，提供现场咨询300余人次，受理群众投诉2起。

（廖 伟）

【技术机构能力建设】 对所辖检测所和特检所2个技术机构，不断加强硬件基础建设，购置精密仪器设备，为高效、科学、快捷、准确的判断检验数据提供了强有力的技术支撑和可靠的技术保证，全年共计检定计量器具4479台（件），检验或委检建材、食品等1038个样，检验特种设备5000余台、压力管道6487米；加大能力建设，强化检验检测能力。检测所完成了国家质检总局2011食品安全检测能力提升项目467万元的设备招标工作，自筹经费36万元用于改善建材室检测环境，更新食品、计量等项目的检验检测设备，进一步提高检验检测能力，完成气体标准流量计新项目的建标工作和14项计量标准复查的上报。特检所投资46万余元所新建的能效测试项目已试运行，并通过省级计量认证。

（廖 伟）

【基础设施建设】 国家煤炭清洁转化产品质量监督检验中心工程。该项目是由六盘水市政府申请，经国家质量监督检验检疫总局批准的省、市级重点建设项目，选址在钟山经济开发区红桥新区红桥路与石桥三路交叉处。工程预算总投资2137万元（不含225万元的土地费用）。由于工程手续办理复杂，而开发区建设工程国家允许简化程序，根据市政府要求，经研究并报省局同意，委托六盘水市钟山开发区管委会代建。2012年完善了土地、环评、规划、发改、消防、人防、气象、水电等手续，土建工程和室内装修已完成；室内给排水工程已完成，待红桥开发区供水即可接入；电气安装工程正在招标中；通风除尘工程煤检所正进行方案设计和施工准备；电梯工程已安装完毕，进入调试阶段；污水处理工程已完成；平基土石方工程已完成98%；室外道路工程已完成90；挡墙、围墙、停车场工程已完成95%；消防水池、污水处理池、化粪池工程已完成；室外给排水工程已完成95%；绿化工程正进行基础设施施工。

六盘水市质量技术监督检验检测中心工程。一期工程总建筑面积5599平方米，总投资1350万元（含土地款200万元），由泸州市永泰建筑工程有限公司中标后开始施工建设。2012年底，第三层主体已完成，预计2013年“春节”前主体能够封顶，2013年下半年投入使用。

（廖 伟）

【推进效能建设 提高履职能力】 召开党风行风建设座谈会，印发了《六盘水市质量技术监督局受理举报投诉程序》等规范性文件，进一步加强了投诉受理和行政许可等工作；与执法相关单位的纪检部门建立廉政监督网，全市质监系统共走访企业53家。

扎实推进“保纯教育”“三忠诚”“基层组织建设年”“联乡驻村”、和“创先争优”等活动。制定了“保纯教育”“三忠诚”“基层组织建设年”具体方案，召开动员会并部署相关工作。树立先进集体1个，先进个人16人。开展“联乡驻村”活动。派驻干部到六枝特区郎岱镇群峰村驻村，了解村情民意，为其解决了5000元活动经费，协调20吨水泥建设篮球场；积极协调水城县发改部门，为水城县红岩乡解决当地移民搬迁需修筑河堤400米以保护移民生命财产的工程资金问题，同时协调30吨水泥修建乡政府大院路面基础。开展“创先争优”活动。全系统推荐13名党员先锋岗建设标兵；政务大厅质监窗口获得流动红旗窗口荣誉称号，3名工作人员分别获得优秀工作人员和办件明星荣誉称号，成为市政务中心业务量最多的窗口。

（廖　伟）

贵州省煤检院

【概况】 2012年主要业务工作：定期抽查完成1593批次；电煤比对完成3300批次；委托检验完成678批次；迎峰度夏电煤检验完成1900批次；完成省局交办的其他工作，协助省局在安顺电厂召开全柱状采样器在火电厂的推广运用现场会，作为专业主导实验室完成了省局安排的对全省30家煤炭实验室进行监督检查工作。

（煤检院）

【国检中心建设情况】 技术能力方面：根据《国检中心筹建任务书》要求，已参加了“国家煤炭科学研究总院煤炭分析实验室”等组织的CNAS能力验证工作。认真组织开展岗位技术大练兵活动，努力营造浓厚的学知识、学技术、钻技能的氛围。2012年第一批购置计划为91台设备，金额：121883万元，但实际到位设备金额的28.72%，影响了项目开展。

团队建设方面：积极引进相关人才，成功招考1名相关专业硕士研究生、4名本科生，内培了2名研究生。1名博士研究生的招聘工作正在进行意向性面谈。已确定副所长吴杰为学术带头人。

科研能力方面：成立了新项目小组，负责新项目的开展。已立项目科研项目：国家质检总局立项课题《提高电厂用煤热能降低发电能耗的应用研究　对入厂煤与入炉煤热值差原因分析及解决方案初探》；省局立项课题《火力电厂用全柱状采样品研发及应用》；六盘水市科技局立项课题《煤及煤矸石　矸石划分方法》。已在国家级期刊发表论文10余篇。积极参与制定国家标准、行业标准、地方标准等。

运行能力方面：积极准备，预计明年上半年通过CNAS认证。积极培育品牌，在各种媒体上宣传中心工作，LOGO设计已完成。

影响力和权威性方面：煤检院是国家煤炭质量检验标准委员会和煤炭加工利用委员会成员单位，现有一名国家煤炭标准化技术委员会检测分会委员。科研成果已在全省电厂进行推广应用，实际解决了电力企业长期存在的能耗过高的问题，在全省用煤企业中发挥了专业技术能力，得到了广大企业的赞誉。煤检院的科研成果将在省局的指导下进行现场发布。

地方政府支持方面：国检中心建设得到了六盘水市政府的大力支持。“国检中心实验室综合大楼”投入资金1425万元。得到省科技项目经费20万元，市科技项目经费10万元支持。

（煤检院）

安全生产监管

【概况】 2012年，全市共发生各类生产安全事故134起、死亡124人，为省控制指标171人的72.5%，为省奋斗目标164人的75.6%，同比少死亡62人，下降33.3%，安全生产形势总体平稳向好，继续保持双降态势。在事故总起数、死亡总人数、全市煤矿百万吨死亡率、地方煤矿百万吨死亡率、亿元GDP死亡率、道路交通万车死亡率、工商贸十万从业人员死亡率、较大事故起数、煤矿事故起数、煤矿事故死亡人数等十个方面实现建市以来十个“最好”水平，尤其是煤矿百万吨死亡率为0.71首次降到1以下。其他各行业领域安全生产指标均控制在省下达指标内，危险化学品和烟花爆竹及水上交通等行业领域仍继续保持零事故的良好态势。

深入推进企业安全质量标准化建设。截至12月底，全市省三级达标矿井67处，省二级达标矿井86处；非煤矿山省三级达标386处，省二级达标4处，均超过年初省下达的目标任务。（陈　威）

【落实安全生产责任制】 各级、各部门认真落实安全生产责任制，层层分解控制指标。市政府于1月19日安全生产专题会上分别与各县（特区、区）政府及27家安委会成员单位签订了安全生产责任状，将安全生产责任进行分解落实。通过配齐配强县、乡分管领导，切实加强对煤矿安全生产工作的领导，严格落实政府及部门的监管责任，构建安全生产“一岗双责”制度，形成了“横向到边、纵向到底”的安全生产责任制。

（陈　威）

【隐患排查治理】 牢固树立“隐患可治、事故可防”的理念，采取企业自查自纠，监管部门督查检查的方式，切实做到安全隐患排查治理“五落实”（措施、责任、资金、时限、预案落实）。截至12月份共排查治理煤矿、金属与非金属矿山等工矿企业4508家，排查一般隐患147405项，已整改 146268项，整改率为 99.2 %，排查重大隐患2项，已整改2项，整改率为100%；排查治理交通运输等重点行业（领域）隐患企业10999家，排查一般隐患 15082项，已整改15032项，整改率99.6 %。隐患排查治理工作突显成效，有效遏制了各类安全事故的发生。

（陈　威）

【“打非治违”专项行动】 召开全市“打非治违”专项行动电视电话会暨动员部署会，制定印发《六盘水市集中开展安全生产领域打非治违实施方案》，成立全市“打非治违”专项行动领导小组，下设14个专项督查组，各县、特区、区和相关行业领域也分别成立了相应的组织机构，扎实深入开展“打非治违”专项行动。深入开展“打非治违”专项行动“回头看”活动，巩固“打非治违”工作成果。制定下发了《六盘水市深入开展安全生产“打非治违”专项行动“回头看”活动实施方案》。自专项行动开展以来，组织检查组3674个，组织检查人员70699人次，检查企业11973家（次），排查治理安全隐患和非法违法行为64364起。责令停产、停业和停止建设企业25家，共计实施罚款4113.2万元。

（陈　威）

【安全生产宣传教育活动】 深入开展全国第11个“安全生产月”活动。印发《六盘水市2012年“安全生产月”活动方案》，组织开展“安全生产月”首日活动、“安全生产事故警示教育周”、安全生产宣传咨询日等系列活动。强化基层安全监管人员培训，组织安监站站长安全专题培训班一期，培训73人次。加强县乡政府领导干部的业务提升。4月，举办各县、特区、区新一届乡镇领导、分管安全领导安全生产培训班一期，培训99人。全面提升企业安全管理人员综合素质。开展高危行业生产经营单位主要负责人和安全管理人员安全资格培训、考核，举办电工、电气焊工等特种作业人员培训班共计36期，培训各类人员5602人。

（陈　威）

【安全基础和保障能力建设】 加强安全生产监管机构和执法队伍建设。市安全生产执法监察支队、市安全生产应急指挥中心、市安全生产培训中心人员逐步到位，有35人通过公开招考和选调的方式到岗。建立健全指挥系统和信息平台建设。建立完善了应急救援专家库，包含有16个生产经营领域55名专家。加强了全市急救援预案建立、修订、备案等工作，推进全市安全生产监管综合信息化平台建设。加强信息报送和应急值守工作。全年上报安全生产简报40期，事故快报108期，出版安全凉都12期，受理事故信息报告和举报120起。

（陈　威）

【专项整治】 煤矿：强化全市煤矿监管，全年市局机关监管煤矿个数达336矿次，超全年指标完成任务。加强瓦斯治理，制定了全市《煤矿瓦斯综合治理工作体系建设实施方案》，积极推进瓦斯抽采计量装置的安装及瓦斯综合利用等工作，完成瓦斯抽采利用4.12亿立方米，超全年指标完成任务。加强水害防治，大力推广物探技术，全市110个30万吨/年及以上煤矿企业均配备了物探设备，水害防治能力进一步提升。认真抓好机电运输、顶板管理等基础工作。建立专家“会诊”制度，定期对瓦斯灾害严重的矿井进行“会诊”。

积极实施“厂市共建”战略，建立“大矿帮扶小矿”制度，依托国有煤矿人才、技术和管理优势，帮助地方煤矿提升安全生产水平。深入开展事故警示教育，举办煤矿安全生产巡回专题讲座。构建完善了煤矿安全A、B、C、D分级监管制度，对安全条件好的A类矿井实施常态监管，安全条件较好的B类矿井加强监管，安全条件一般的C类矿井重点监管，安全条件较差的D类矿井挂牌监管，重点整治。

道路交通：严厉打击非法违法生产经营行为。深化和拓展“五整顿”“三加强”各项工作措施，切实落实运输企业安全责任制。加大危险路段治理力度，对国、省、县乡道路进行了安全隐患排查，共排查危险路段、事故多发路段为56处，列入2012年治理计划53处。在水黄公路修建两个避险车道和对水黄公路路面进行糙化处理。加强道路运输车辆动态监管，全市1268客运车辆已全部安装GPS，危化车辆均已全部安装GPS，并实行联网联控。

其他行业领域：非煤矿山、危险化学品等其他行业领域严格按照国家、省及行业要求扎实开展安全生产各项工作，均完成了省下达的各项工作目标和任务。

（陈　威）

【响水煤矿事故】　2012年11月24日10时55分，贵州省六盘水市盘南煤炭开发有限公司响水煤矿（该矿始建于2003年，设计能力400万吨/年，河西采区设计能力100万吨/年，该矿为煤与瓦斯突出矿井。）河西采区1135掘进工作面发生一起重大煤与瓦斯突出事故，事故共造成23人死亡，5人受伤。另，该事故死亡赔偿创历史新高，平均每人103.6万元。

（陈　威）

财政　税务

财　政

【概况】 2012年，全市财政总收入完成1563498万元，比上年增长21.71%。公共财政预算收入完成1034949万元，为年初任务的121.76%，比上年增长46.11%；公共财政预算支出1880834万元，为调整预算的99.04%，比上年增长28.2%。市本级财政预算执行情况：公共财政预算收入完成216328万元，比上年增长18.27%，较上年增加33418万元；公共财政预算支出337283万元，为调整预算的99.74%，比上年增长11.55%。收支平衡情况：公共财政预算收入216328万元，加上级补助122965万元，上年结余1723万元，财政部代理发行地方政府债券2200万元，收入总计343216万元；减公共财政支出337283万元，上解上级支出5052万元；年终结余881万元（结转下年支出412万元，净结余469万元）。

市财政局党支部被评为市直机关抓党建工作先进单位；在市直机关开展党建知识竞赛活动中，市财政局党支部获组织奖；市财政局人教科科长赵仁庆被市委评为优秀共产党员。

（周荣文）

【非税收入】 全市完成非税收入64.04亿元，其中，财政部门组织的纳入公共财政预算收入的非税收入45.19亿元，为年初任务的122.15%，政府性基金16.98亿元；市级完成非税收入12亿元，其中财政部门组织的纳入公共财政预算收入的非税收入9.49亿元，为年初任务的111.65%，政府性基金2.11亿元。

（周荣文）

【几项支出】 市级财政从彩票公益金中安排县（特区、区）社会福利事业发展资金235万元，用于资助农村社区规范化、居家养老服务站、养老服务中心等项目建设。投入微型企业资金7840万元（省级投入5488万元，市级配套784万元，县级安排1568万元）。全市应参加农村合作医疗的农民227.14万人，实际参合2215531人，参合率97.54%，比上年增加16054人；共筹集资金65408万元（中央补助35721万元、省级补助13958万元、市级补助2216万元、县级配套2436万元、个人筹资11077万元）。4月，市财政局下达各县（特区、区）农村公路养护补助资金1373.05万元，养护里程1425.456公里（运煤公路898.75公里，县乡油路526.71公里）。全市首批农机购置补贴到位资金1670万元（中央补贴资金1200万元、省级补贴资金320万元、市级补贴资金150万元），补贴农机具种类包括12大类、49个小类、200个品目，涉及耕整地机械、种植施肥机械、田间管理机械、收获机械等。1~4月，全市各级财政投入解决民生的资金共31.37亿元，占公共财政预算支出的67.70%。

（周荣文）

【市政府作出首例政府采购行政复议决定】 2012年1月31日，市政府以行复决字〔2012〕01号文件，下发市政府行政复议决定书，对行政复议申请人中国人寿财产保险股份有限公司六盘水市中心支公司和中国人寿保险股份有限公司六盘水分公司（联合体）提出的行政复议申请，即申请人认为市财政局2011年11月4日作出的《六盘水市政府采购供应商投诉处理决定书》，取消其“三险合一”招标的中标供应商资格的行政行为严重侵犯其合法权益，请求市政府撤销市财政局的决定，并确认申请人的成交供应商资格。市政府经过充分的调查和了解，在收集相关证据和依据的基础上，认为市财政局的决定认定事实清楚、证据确实充分、适用法律依据正确、程序合法、内容适当、符合公平公正原则，决定维持市财政局《六盘水市政府采购供应商投诉处理决定书》的决定。

（周荣文）

【钟山区小微企业金融服务中心成立】 2012年3月31日，钟山区农村信用社小微企业金融服务中心在钟山区信合大厦举行隆重的揭牌仪式，六盘水市首家专门为小微企业发展提供金融服务的金融机构成立。

（周荣文）

【一事一议财政奖补项目】 2012年3月21至25日，市农村综合改革领导小组对盘县、水城县2011年度村级公益事业建设一事一议财政奖补项目进行验收。盘县完成一事一议财政奖补项目59个，建成通寨公路141公里，占计划的103.5%，人行步道2公里，占计划的100%，完成投资3548.3万元（财政奖补资金2945.79万元，投劳折资602.51万元）；水城县完成一事一议财政奖补项目83个，建成通寨公路70.63公里，占计划的100%，人行步道104.52公里，占计划的100%，完成投资2999万元（财政奖补资金2513.5万元，投劳折资485.5万元）。2012年，省批复六盘水市村级公益事业建设一事一议财政奖补项目228个（通寨公路项目187个、339606米，人行步道项目34个、117610米，照明设施项目4个、购置太阳能路灯122盏，小型水利、文体设施和环境类项目各1个，建设桥涵1座、文体活动场1个、垃圾池1个）。项目涉及84个乡（镇、办）、175个行政村、50962户，受益人口198376人。项目总投资10088万元（中央补助3730万元，省级安排1865万元，县级配套2255万元，整合资金2238万元）。

（周荣文）

【其他工作】 2012年2月25日，国家财政部、税务总局、发改委、能源局到六盘水市就煤炭生产、资源税费有关情况和清费立税、推进煤炭资源税费改革进行调研。4月12日，市财政局组织专家对《盘县淤泥乡岩博村年产1.6万羽绿壳蛋鸡年产320万枚绿壳蛋养殖基地扩建项目》《水城县年产450吨中华寿桃种植基地扩建项目》的实施方案进行评审后批准实施。全市有地方国有及国有控股企业192户（市级70户、钟山15户、盘县57户、水城29户、六枝21户）。5月，市级共募集见义勇为基金1320万元（除市级财政200万元外，其余为企业、单位和个人捐赠）。5月29日，市财政局组织专题投融资培训会议，110人参加。6月5日至8月20日，全市开展清理规范行政事业性收费工作。

（周荣文）

【盘县校安工程】 2009年8月，盘县全面启动校安工程，规划成果经省校安办评审批复，包括单体项目1461个，建筑面积100.6万平方米，批复资金58939万元（中央资金31962万元、省级资金18130万元、市级资金3538万元、县级配套资金5309万元）。截至2012年6月，已完工交付使用项目1127个，建筑面积829975平方米，其中，加固项目923个，建筑面积695191平方米，重建项目204个，建筑面积134784平方米。在建项目301个，建筑面积142157平方米，其中，加固项目58个，建筑面积20048平方米，重建项目243个，建筑面积122109平方米。未开工项目33个，建筑面积33946平方米，其中，加固项目4个，建筑面积2608平方米，重建项目29个，建筑面积31338平方米。累计完成投资46932.1万元。市财政局于2011年拨付第一批市级配套资金1500万元，于2012年6月拨付剩余资金2038万元。

（周荣文）

国 税

【概况】 2012年，六盘水市国税系统凝心聚力，开拓奋进，各项工作齐头并进，取得了良好的社会效益和经济效益。当年，市国税局获得“全国文明单位”称号，钟山、六枝和水城县国税局获“全省文明单位”称号，开发区国税局和水城县国税局玉舍分局获得“全省精神文明先进单位”称号，全市23个单位和个人获“全省国税系统巾帼文明岗”“全省国税系统青年文明号”“全市青年文明号”和“全市三八红旗集体”等荣誉。

（吴孟吉）

【完成国税收入53.46亿元】 2012年，受国际国内经济下行和六盘水市经济战略调整的压力，特别是主要税源煤炭价格大幅下滑的因素，给全市税收收入带来较大影响。全市国税系统以“信心不减、措施不减、力度不减、质量不减”的工作态度和精神，在工作安排上做到“四个积极作为”，在缩小收入差距上做到“四个主动应对”，在税源管理上做到“四个税源相补”，最大限度实现收入差距的缩小，共完成收入53.46亿元。同时，全面落实西部大开发、结构性减税等各项税收优惠政策，共为各类企业依法办理减免退税8929万元。

（吴孟吉）

【依法行政】 2012年，全市国税系统认真贯彻落实《税收违法违纪行为处分规定》，将规定送到每一个市县领导和相关部门领导手中，汇报工作必谈违反组织收入法治原则的风险；广泛在报纸、电视和各种会议上宣传有税尽收、无税禁收的法治原则；在组织收入工作上做到“四个严防死守”，通过深入调研，认真分析，及时用翔实的税源数据和税源变化情况向市县领导汇报，得到了各级地方领导的理解与支持，使全市国税系统依法治税环境得到较大的改善。同时，进一步规范税收执法，严格操作程序和执行执法责任制，大力压缩执法过错。到当年年底，过错率从2011年的364条下降到58条，全市执法过错降低到历史最低水平，名列全省前茅，全市共有21个单位（部门）实现税收执法零过错的目标。

（吴孟吉）

【征管服务】 按国家税务总局深化征管改革的要求，以整合资源、风险防控为重点，推进市、县征管一体化。2012年，市国税局集中6类15项业务到市局，市局下放和县局前移14项审批审核权到办税服务厅，重新整合、简并、梳理7大类62个工作流程；统一税收风险分析；完善整合以煤炭行业为主，涵盖电力、水泥、钢材等主要行业的“税源风险管理系统”应用软件，同时整合市局税政、法规、收核、大企业以及票证等部门的分析职能，成立了“税收税源风险分析中心”，将征管、大企和票证中心，稽查局选案科与“税源风险分析中心”合署办公，初步形成了“风险指令发布—风险应对实施—应对结果回馈”的风险管理工作格局。经过努力，全市征管质量几项主要指标位居全省前列。全力做好纳税服务，减轻纳税人办税负担。解决办税程序繁琐、报送报表数据多等问题，将办税厅打造为集办税、咨询、维权和监督于一体的纳税服务实体，对纳税人涉税业务做到“一厅进、一厅出”，使纳税服务的功能不断得到改善和加强，受理的诉求事项比往年大为减少。

（吴孟吉）

【人才强税战略工程】 在全市国税系统开展先进领导班子创建活动，选拔任用了3名副科级分局长、6名正科级干部，选拔确定了10名正科级后备干部；修改完善系统领导班子和领导干部考核评价工作办法，更加注重平时考核和考核结果的运用；搭建全员“大学习、大练兵、大比武”的网络平台，市局开发了“网上学习培训系统”，成立全市国税系统“网上税校”，将学习培训与考核评估纳入计算机管理，使学习成果的检验与鼓励干部学习成才的激励机制建立有了翔实的依据，初步探索了一条工作学习一体化的途径；加强党建工作，认真开展“三忠诚教育”“四帮四促”活动。机关党委和下属7个支部全都获得“五好基层党组织”荣誉，市局机关被市直工委命名为“抓基层党建工作先进单位”。

（吴孟吉）

【党风廉政】 党风廉政建设责任制考核和结果分析应用逐步强化；内控机制建设工作稳步推进，对“两权”运行重点岗位和关键环节的监督不断加强；建立了税检预防职务犯罪联席会议制度；以保持党员干部纯洁性教育活动为主要内容开展廉洁从税教育，大力实施国税廉政文化精品工程。2012年，市国税局被省纪委命名为首批省级廉政文化示范点，4个县区局被市纪委命名为第二批市级廉政文化示范点，与市地税局联建的“廉政文化一条街”受到好评。

（吴孟吉）

【建强县区局】 以建强县区局为重点，从班子建设、核心业务建设到基础设施建设统筹安排并制定具体的“一县一策”方案，实实在在为基层解决实际困难。对困难的县区局真帮真扶，使县区局中财保障能力明显提高。在经费支持上尽最大力量给予资金帮扶，2012年，市国税局共挤出资金351万元，帮扶省、市局重点帮促县局和其他局，其中，经费帮扶139万元、设备帮扶62万元、培训投入149万元。

（吴孟吉）

地　税

【概况】 2012年，全市地税系统共组织两项收入67.9亿元，为年度计划的108.47%，同比增收18.02亿元，增长36.13%；完成市政府口径年度任务57.96亿元，占市政府年计划105%。组织企业自查1717户，入库地方各税（费）14324.71万元，滞纳金376.62万元，罚款350.11万元，合计查补入库15051.44万元。为享受原下岗再就业税收优惠政策的个体工商户减免地方各税107.42万元，新审批享受优惠政策的个体工商户减免地方各税11.63万元（6户），落实6户残疾人从事个体经营减免地方各税5.73万元。贯彻企业所得税汇算清缴税前扣除政策，汇算期间对企业的财务人员培训和辅导1109人次，全市纳入汇算清缴地方企业共1109户，比上年增加180户。

（吴兴化　黄　娇）

【税收管理】 税源管理实行分级分类，管理人员实行能级管理。完成税源专业化管理平台和第三方信息获取和技术平台建设，完成管理机构和职能的重置。成立市、县两级风险监控评估分局、县级纳税服务分局。税源专业化管理的深入推进，逐步实现税收征管在税源管理、纳税服务、风险监控评估和税务稽查四位一体的征管模式。全市协税护税部门增加到32个，传递相关涉税信息资料500余份，涉税金额约100亿元；对全市801户重点税源实施监控评查，辅导94户企事业单位自行申报和查补税款4612万元；对117户重点税源监控企业开展纳税评估，评查核实地方各税22503万元；12月3日，全市第一张网络发票开具，进行发票管理从实体发票向虚拟发票（电子发票）过渡的尝试；在市中心城区运用房地产估价系统对1458套存量房进行评估，评估计税总价格比申报计税总价格高出15808.3万元，相应增加税款829.62万元；加强财税库银横向联网及网上申报推广力度，全市符合网络申报条件的企业8131户，成功上线申报7200户，网络申报率88.55%，上线比例为全省第一；投入资金200余万元，在全市建成标准化办税服务厅（室）27个；为纳税人提供短信服务58000余次；建成12366远程座席；开通纳税服务QQ群（2464783710）和电子邮箱（lpsnsfwc@163.com）；对全市80户重点税源单位实施市局领导挂名服务，并向挂钩企业赠送服务承诺联系牌80个。

（吴兴化　黄　娇）

【宣传与队伍建设】 编印《扶持民营经济发展税收宣传手册》1万册，分7类行业编印《地方税收纳税指南》2万册，印制《二手房评估交易税收宣传手册》25000份，订购发放《贵州地税服务经济发展的探索与实践》300本，发放税收宣传画、税收宣传手册200余份；开展的“优服务、促遵从、推三化、树形象”系列税收宣传月活动，被省局评为全省地税系统税收宣传月活动优秀项目特等奖，被国家税务总局通报表彰为全国税务系统税收宣传月活动优秀项目（连续第4年获此殊荣）。开展“中层干部到一线，机关作风大转变”活动，组织市局机关33名科级干部挂分局长，为基层解决困难和问题20余项；在市委党校举办2期（每期12天）“科级干部”培训班，96名科级干部参加培训；钟山区地税局被表彰为全省地税系统“优秀领导班子”、全市6名人被表彰为全省地税系统“优秀税务干部”。由市纪委牵头，与市国税局承建广场“廉政文化一条街”，共悬挂标牌36块，警言书画72幅，组织40名科级干部进行述职述廉和民主测评，市局被省纪委授予“廉政文化进机关”示范单位称号，水城县地税局被市纪委授予全市“廉政文化进机关”。

（吴兴化　黄　娇）

【党建扶贫】 发展党员2名，审批预备党员转正6名，完善115名党员的系统信息管理，市局机关党委被市直机关工委授予“市直机关党建工作示范点”称号，2人代表市直机关工委参加全市“践行‘三忠诚’、奋力后发赶超”庆“七一”演讲比赛获二等奖和三等奖，市局机关党委被市委表彰为“十佳基层党组织”，市地税局被市委、市政府表彰为全市平安建设先进单位，2人分别被市委、市政府表彰为“平安建设先进个人”和“两打三治先进个人”。支持及慰问怡景社区党员群众资金12000元；安排6人开展各类帮扶活动，为盘县四格乡坡上村投入帮扶资金50万元，硬化道路390米，修建垃圾池31个，购置人工清运车3辆，支持13户农户养殖黑羽绿壳蛋鸡（投入启动资金20万元），采购太阳能路灯和变压器等。

（吴兴化　黄　娇）

金融　保险

六盘水银监分局

【概况】　2012年，全市银行业机构资产总额763.56亿元，较年初增加113.99亿元；不良贷款余额17.45亿元，较年初减少1.89亿元，不良率3.38%，较年初减少1.22个百分点。各项存款余额671.65亿元，比年初增加99.41亿元，增长17.37%。各项贷款余额516.46亿元，比年初增加95.84亿元，增长22.79%，其中，小企业贷款105.75亿元，比年初增加17.92亿元，增长20.4%。

六盘水银监分局办理各类许可事项（中资）143件，办理机构设立、变更和终止62件，审查董事和高管任职资格81件；现场检查项目39个，发出现场检查意见书23份。

审慎做好非现场监管，加强对银行机构各类风险的监测、分析和处置。完成各法人机构年度监管评级；完成城商行年度、各季度监管报告，机构概览报告，早期风险预警报告；完成农村法人机构年度监管报告、法人机构半年监管报告和各季度风险分析汇总报告。组织各机构完成2012年版非现场监管系统升级转换，对报表进行本地化设置，落实新年度非现场监管报表制度；现场辅导盘县万和、钟山凉都2家新设村镇银行建立制度、培训人员，及时上线上报非现场监管报表；完成各月、季度2600余张非现场监管报表的催报、审核、上报。加强对机构运行的监测分析，及时提示和处置风险。针对个别农信联社不良贷款大量暴露、各项监管指标迅速恶化的重大风险，2次参加工作组进行专项现场督查，下发监管意见书，要求该联社采取坚决有力措施清收压降，加快推进风险管理机制建设，严格控制费用薪酬增长。对个别盲目扩张信贷、平衡难度大的联社建立存贷比5日报制度，加大流动性监管力度。

按照贵州银监局要求暂停农信联社、村镇银行票据业务，严管票据业务风险；及时收集分析大型银行分支机构上报非现场监管资料，密切关注机构营运和资产质量变化。

（肖　平）

中国人民银行六盘水中心支行

【概况】　中国人民银行六盘水市中心支行是中国人民银行的派出机构，与国家外汇管理局六盘水市中心支局为“两块牌子、一套人马”，下辖六枝、盘县支行。主要履行职责为：认真贯彻执行国家有关法律、法规、方针、政策及上级行的有关规定；在辖区内贯彻执行货币信贷政策，监督管理金融市场，根据有关规定参与辖区系统性金融风险的防范化解，维护地区金融稳定；维护辖区支付结算系统的正常运行，指导、部署金融业反洗钱工作，负责反洗钱的资金监测、承担辖区内货币发行及人民币流通管理、外汇管理、经理国库、统计研究、征信管理等职责。

2012年，人行六盘水市中心支行认真贯彻落实稳健的货币政策，为辖区经济平稳较快发展提供有力的金融支持。

引导信贷投放合理适度增长。制定下发了《六盘水市2012年信贷指导意见》，明确信贷支持重点和信贷增长目标。截至2012年12月末，全市人民币存款余额676.21亿元，同比增长17.19%，其中，金融机构个人储蓄存款余额321亿元，增长21.33%。金融机构贷款余额508亿元，增长21.92%。

加强货币政策工具运用和管理。制定《中国人民银行六盘水市中心支行支农再贷款借款人绩效管理评估暂行办法》，进一步提高支农再贷款的管理水平和使用效率，有效地促进了全市涉农贷款较快增长。截至2012年11月末，全市涉农贷款余额267.6亿元，占各项贷款53.09%。

优化信贷结构，有效支持三农、中小企业等社会薄弱环节的融资。通过农民专业担保合作社、“三位一体”信贷支农模式和“两权”抵押贷款等方式，进一步缓解农户贷款抵押担保难问题。“两权”抵押贷款工作取得进展，贷款实现零突破。2012年，在水城县滥坝镇开展农村土地经营权和宅基地使用权抵押贷款试点工作，已正式进入贷款发放。12月末，发放贷款37笔，金额409万元。继续推进再就业小额担保贷款和妇女创业贷款。12月末，全市小额担保贷款余额3.5亿元，其中，妇女创业贷款3.3亿元。

切实维护辖区金融稳定，营造良好的金融运行环境加强对地方法人金融机构的风险监测，切实管好风险源头。成立了“金融风险防范化解工作领导小组”。组织全辖区法人金融机构主要负责人和风险部经理召开“全市金融风险防控座谈会”，加强对风险隐患的全面排查，提高风险预判的前瞻性。建立金融机构重大事项报告制度，及时掌握各单位发生的重大事项。制定《中国人民银行六盘水市中心支行综合执法检查方案》，对农行六盘水分行开展综合执法检查，有效地规范了农行对执行人总行各项政策的执行能力。

扎实推进金融基础性建设，全面提升金融服务和管理水平。督促有效推动辖区农村支付环境建设由乡镇向行政村延伸。2012年，辖区银行卡助农取款村村通工程已在468个行政村布设助农取款点，达全辖1047个行政村的44.6%。大力推进财税库银横向联网工作，积极协调各金融机构配合税务部门开展三方协议签订，提高全辖区税款资金入库效率。

（姜　鸿）

中国工商银行股份有限公司六盘水分行

【概况】 2012年，工行六盘水分行各项存款余额为156亿元；各项贷款余额为129亿元；完成拨备前利润4.09亿元，拨备后利润3.59亿元，实现净利润2.70亿元；实现中间业务收入1.61亿元。截至2012年12月末，主要经营指标占全省的比率超过10%，持续保持同行业第一。

（夏明杨）

【制定工作思路】 党委定思路，干部盯管理，员工盯业务，全行盯市场，“一定三盯”。紧扣提速转型脉搏，紧盯经营管理目标，各项业务快速发展。2012年，六盘水分行党委紧紧围绕上级行下达的目标任务，以超标准、超要求来鞭策自己，规划自己，紧扣提速转型的发展主题，严格按照年初制定的经营管理战略目标开展各项工作。干部盯管理：干部考核、干部能上能下制度是对干部盯管理、盯得住管理、盯得出效果的能力的检验。通过2012年5月份全行管理干部的大竞聘，很多年轻干部脱颖而出；很多资历深厚、曾为六盘水分行事业做出很多贡献的老同志主动选择退出管理岗位。干部眼睛紧盯管理而不是位置、紧盯发展而不是虚荣。员工盯业务：以开展新产品体验、业务评比、服务评优等活动为抓手，促进全行员工的换位思考聚焦业务发展，塑造全行健康向上、目标一致的团队形象。2012年前11个月，继续成功捍卫了四大行存贷款同业增量和存量双第一地位。

党委绘蓝图，公司、个金、客户营销中心齐推动，部门、支行、网点三个层面共发力，五项机制确保全行经营管理目标的顺利实现。完善的绩效考核机制，个金专业绩效考核机制经过近六年来的不断实践和修正，考核撬动作用日趋显现，进一步在支行、网点中形成无法复制的核心竞争力。作战型的网点管理机制。扁平化改革之后，二级分行培训到网点，督导、通报、分析、点评到网点。高效型的客户经理管理机制。研究制定客户经理管理办法，实行“双向管理、双线考核”，采取买单制、承包制，制定目标、下达任务、检查过程、反馈信息、汇报结果，进行“数目字管理”；实现事后薪酬向事前导向转变，变绩效分配为绩效管理。制定准入标准，定期进行考核，严格准入和退出。务实型的网点费用配备机制。对全辖23个网点按照类别给予基础费用，再根据业绩情况进行营销费用考核算账，进行全辖资源调整倾斜，保营销成果，保网点战斗热情。权责明确的对公客户分层管理机制。实行对公客户清单（名册）动态管理，按照上年度的日均余额划分为钻石客户、黄金客户、潜力客户三种等级，分别由公司部、营销中心、网点分管和考核。

党委发动，促进全行勤思进取的思想作风和扎实务实的工作作风的形成。以“三个改变”为基础，推动全行思想观念的转变。改变固有的学习观念，变被动学习为主动学习。以制定机关部室周学习制度为契机，推动常态化学习习惯的形成，以讲带学，以考强学，以用促学、学用结合。改变固有的服务观念，形成“大服务”理念。建立以客户为中心、机关服务基层、联动服务的理念。改变固有的“小团体”，打破“部门墙”，形成全新团队观念。

（夏明杨）

【提高服务质量】 以“五型机关创建”“接棒系列活动”“管理干部和党员坐堂”“志在一线·扎根基层一月行”“大堂服务专项治理”四项活动为推手，促进全行扎实务实工作作风的形成。通过开展“五型机关创建”活动，全面加强了作风、劳动纪律、仪容仪表、服务调度、办公大楼、车辆、食堂等方面管理，全行形成了积极向上、团结合作的良好作风和面貌。继续扎实推进二级分行管理干部和党员到基层网点坐堂活动，2012年前三季度，机关36名副科级以上干部到营业网点坐堂332人次，机关党员到基层网点坐堂31人次，合计坐堂363人次，共计提出问题204条，问题落实率为81%。党委带头启动“志在一线·扎根基层一月行”活动并形成常态，1~10月，全行36名副科级以上干部已有26名深入县支行合计276个工作日，推动干部摆正心态，深入一线，形成扎实务实的工作作风。开展“大堂服务专项治理”活动，机关干部员工到一线网点担任大堂经理，着重做好客户引导分流，促进客户自我服务形成习惯，为未来人员大量内退和退休带来的压力寻找解决的办法。

（夏明杨）

【党建工作】 以“四好班子”创建、民主生活会、创先争优、党务公开等活动为落脚点，抓好党建工作，为引领全行发展奠定思想和舆论基础。深入开展“四好”班子创建活动。主动履职，不缺位，不越位，不错位，做到有安排必有落实；主动承责，责任上、荣誉让，做到有努力必有成效；主动合作，各层面实现业务、管理携手并进，做到有合作必有效率；主动沟通，加强交流，深入实际，做到有执行必有质量。开好党员领导干部民主生活会。行党委始终坚持从群众中来，到群众中去的原则，熟悉基层，熟悉员工，自觉接受员工监督；珍惜每次民主生活会难得的机会，按程序认真组织开展好各层级党员领导干部民主生活会，开展班子成员之间的批评与自我批评，认真开展交心谈心活动，扎实推进整改落实。深入开展创先争优活动。以向劳模学习、向“感动工行”员工学习、向业务能手学习为契机，广泛发动，用劳模精神激励员工、用“感动工行”员工事迹鼓舞员工、用业务能手奋斗经历影响员工。深入开展把“党员培养成骨干、把骨干培养成党员”活动。2012年以来，通过5月份的管理干部大竞聘，全行共有75人走上了管理岗位，其中党员人数为64人，占全部干部的比例为85%，强有力地践行了把党员培养成骨干的预定思路和目标。深入推进党务公开工作。以党务公开引领行务公开，以行务公开助推党务公开。2012年以来，行通过党务公开工作对党委制订的工作计划、制度办法、考核机制、干部竞聘等方面的决定决议通过多种渠道和载体进行公开，确保党员的知情权，内部事务阳光运作。及时贯彻落实十八大精神，在思想上、政治上保持与上级行党委和党中央高度一致。开展学习贯彻专项活动，党委中心组学，部门学，干部员工集中学，后备干部学；通过楼顶LED大显示屏、大楼内展板、内部电子刊物《领航》等渠道加强宣传贯彻。

（夏明杨）

【党风廉政工作】 以“两个责任制”为统领，以案防分析“四法”为指导，明确“三不放过”原则，大力加强党风廉政建设，构建先进的案防工作机制。以“两个责任制”为统领，坚决贯彻“一岗双责”，全力加强党风廉政建设，守土有责；改变工作作风务虚、疲沓拖拉、得过且过的不利局面，守土尽责；管好自己的业务，管好自己的干部，管好自己的亲人，确保全年不发生案件和差错事故，守土有效。大力改进案防分析会流程，明确了案防分析会的“三个分段”“九个环节”，提升案防分析会效果；提出了案防分析“四法”，明确了“三不放过”原则，推动案防分析会流程规范、会议务实、针对性强、解决问题，以连续7年保持“双无”目标实现为契机，总结经验，探索建立案防长效机制的方法。

（夏明杨）

【机关制度及文化建设】 以和谐家园建设为依托，办实事，重民生，增强员工归属感和认同感。着力提升员工职业能力和综合素质，延展员工职业生涯；创新干部选拔任用机制、拓宽晋升通道、搭建公平公正的内部竞争机制；开展中年员工技能振兴，开设培训班；认真筹划每年春晚、文化周等活动，丰富员工精神文化生活，关注员工身心健康；搞好“职工之家”建设，办好食堂，建好书屋；开展网点“穿衣戴帽”工程；持续开展“双优”“三优”评选，形成比、学、赶、帮、超的良好氛围；举行系列竞赛活动，增强了干部员工的紧迫感和责任感。

（夏明杨）

中国农业银行股份有限公司六盘水分行

【概况】 截至2012年末，中国农业银行六盘水分行下辖4个支行（六枝特区支行、盘县支行、水城县支行、钟山支行）和一个营业中心，共27个营业网点，除凤凰支行、川心支行和桥边分理处，其余24个网点各项存款余额均在1亿元以上，全行员工495人。

（韩永生）

【主体业务有效发展】 截至2012年末，全行各项存款余额77.8亿元，全市四大行第二，较年初增加4.3亿元，完成保底任务。其中，储蓄存款余额46亿元，较年初增加5.3亿元，完成年初既定计划。实现中间业务收入7598万元，完成省分行下达保底任务计划的105%，保险代理和国际业务受到省分行表彰。各项贷款余额74亿元，较年初增加11.7亿元，年增长率18.8%，余额和增量全省排名均为第三，四大行第二。实现拨备前利润2.75亿元。

（韩永生）

【零售业务稳健发展】 零售业务作为全行战略基点，发展速度和质量稳步提升，在2012年下半年全省零售业务考评中名列前茅。个人信贷和金融业务实现突破性发展，个人贷款余额10亿元，较年初增加3.2亿元，同业增量第一；全年个人资产全省农行按季考核排名保持第一。个人资金日均净增目标完成率达133%，全省农行第三。10个网点开工装修，综合服务水平有效提升。信用卡、电子银行收入快速增长，增幅分别达到151%和153%。

（韩永生）

【三农业务取得突破】 继盘县之后，上年又成功营销六枝特区“新农保”业务，代理市场份额超50%，全市第一；全年建设金穗“惠农通”服务点371个，超额完成任务计划，农村网络优势进一步巩固；紧抓煤炭技改扩能和整合、招商引资、产业园区建设机遇，成功营销一批优质企业和项目。

（韩永生）

【基础管理水平提升】 顺利完成“三大集中”和视频监控中心建设，“三化三铁”“三化三达标”创建稳步推进，“三基本”学习培训扎实开展。信贷管理及风险管理水平较往年大幅提升，2012年，风险管理水平评价全省农行第二，较2011年提升8位。内控管理、安全保卫、案件防控、信息技术保障等工作有效增强，全年未发生案件和重大责任事故，连续5年实现安全经营。

（韩永生）

【机关建设】 一是深入开展创先争优、基层组织建设和学习总行领导题词活动，认真开展岗位和薪酬改革落地，贯彻落实“三位一体”考评机制和“赛马＋计价”激励约束机制，激发干事创业活力。二是加强执行力建设，牢固树立快反应、强执行、高效率的工作作风，按照有布置、有落实、有反馈、有结果、有问责的要求，不断提高工作效率和工作水平。进一步促进督办工作制度化、规范化，按月对督办工作完成情况进行通报，真正把市分行党委安排布置的各项工作落到实处。三是加快企业文化深植工作，按照“外树于形，内化于心”的思路，把企业文化融入经营管理，加快推广和深植工作。在各个楼层、会议室及部分办公室张贴悬挂了企业文化宣传展板；通过网络学院学习企业文化活动，90%以上员工完成了课程学习并通过考试；开展“双先”学习征文等活动，积极挖掘身边的先进集体和个人，帮助员工更好地学习企业文化规范的使命、愿景、核心价值观，传播先进文化，弘扬模范精神，调动和激发广大员工爱行如家、干事创业的积极性。四是加强党风廉政建设，坚持“惩防并举、标本兼治、综合治理、注重预防”的方针，以防范领导干部道德风险和一线员工操作风险为重点，加强领导，落实责任，强化领导班子及领导干部作风建设，推动党风廉政建设和反腐败工作开展，为全行各项业务健康有序发展提供了有力保障。党委碰头会和党委中心组学习相结合，认真学习“十八大”会议精神，并多次组织学习反腐倡廉材料，有效增强干部反腐倡廉意识。认真开展“加强廉政文化建设推进廉政风险防控”教育实践活动，将“恪尽职守、忠诚奉献、廉洁诚信、依法经营”廉政文化理念渗透到岗位职责。开展以廉政案例和违规违纪典型案例的宣讲活动，观看廉政教育电影，用“典型人、典型事”和具体案例进行剖析，增强了干部员工拒腐防变意识，达到了反腐倡廉的教育目的。

（韩永生）

中国农业发展银行六盘水分行

【概况】 2012年，农发行六盘水市分行推进各项工作开展。截至12月31日，各项贷款余额264691万元，较年初增加19803万元，增幅8.09%。各项存款余额83243万元，较年初减少6738万元。存贷比为31.44%，是全市唯一的贷差行。

（邱　洁）

【履行粮油信贷资金供应管理】 认真履行政策性粮油信贷基本职责，积极支持各级粮油储备体系建设。全年累计发放各级储备粮油贷款6965万元。同时，支持资信好、风险防控措施到位的粮食经营企业发展。全年发放粮食流动资金贷款1200万元，对支持六盘水市永恒粮贸公司树立自我品牌，提高产品竞争力，增加市场占有率起到积极推动作用。

（邱　洁）

【中长期项目贷款投放】 根据已审批贷款项目实施进度，全年累计发放中长期项目贷款56800万元，其中，水城河景观综合治理一期工程项目15200万元，六盘水大河经连山至董地公路改扩建工程项目12500万元，盘县卡河水库项目23000万元，盘县渔洞坝水利建设项目2600万元，红果环城东线一期建设项目3500万元。

（邱　洁）

【涉农项目的调查储备】 以促进城乡发展一体化为出发点，以服务地方经济建设为切入点，着力抓好项目储备，累计完成项目调查评估金额16.3亿元，已进入审查或审批环节的项目3个、金额9.3亿元。同时，为加速业务发展，该行结合六盘水实际，积极探索解决农业产业化、农业科技项目推广融资瓶颈的方法，并以农业科技贷款上报猕猴桃项目贷款3亿元。

（邱　洁）

中国建设银行股份有限公司六盘水市分行

【概况】 2012年，中国建设银行股份有限公司六盘水市分行抓住六盘水加快发展的历史机遇，以服务六盘水地方经济发展和公众生活为着力点，按照省分行党委提出的“一手抓管理，一手抓发展”“五个抓好，五个突出”的总体思路，提出了全年的工作思路和目标，并明确转变发展方式：管理纬度从经营产品为主向经营客户为主转变；客户服务从传统的存、贷、汇为主向融资融智并举、全方位金融解决方案转变；营销模式从单点、分散营销为主向统分结合、整合联动方式转变；服务渠道从物理网点为主向物理与电子银行渠道并重、多渠道功能互补转变；业务发展由规模驱动、资本消耗为主向价值创造、资本约束为主转变。截至2012年12月31日，全口径存款余额801732.06万元，各项贷款余额470488.40万元，实现税前利润19106.26万元。

大力支持地方经济建设。2012年，建行六盘水市分行全年发放市级政府主导的公益性项目贷款51462万元，其中，月照机场20000万元（已审批40000万元），民生公司4000万元，贵州盘江矿山机械有限公司（园区项目）6000万元，六六、毕都高速公路项目贷款5962万元、地方民营煤炭企业贷款15500万元。

资产质量大幅提升。2012年，建行六盘水市分行不良贷款余额313.36万元，较年初减少14114.73万元，完成不良贷款控制额计划的4370%。不良贷款率仅0.07%，较年初下降3.25个百分点，完成不良贷款率控制计划的3971%。不良贷款处置额14279.16万元，完成计划的1760%；不良资产现金回收额2270.62万元，完成计划的316%；不良资产超值现金回收1552万元，完成计划的289%。不良额和不良率均大幅超额完成计划指标，实现不良双降。

利润和效益大幅提升。2012年，建行六盘水市分行税前利润19106.26万元，完成计划的106.13%。实现经济增加值10614.03万元，完成计划的124.17%。经济资本回报率31.82%，成本收入比34.61%。

再创全年平安。2012年，建行六盘水市分行以创建“平安建行”为抓手，全面落实安全综合治理。进一步加强重点部位、重点区域、重点时段和重点人员的安全管理。建立和完善安全管理责任制，确保各种安防设备保持正常状态。加强营业场所防火灾、防抢窃应急预案演练，有效提升营业场所、金库、办公楼等部位的安防能力，进一步提高全行员工突发事件应急处置能力。制定《六盘水市分行“讲党性、重修养、守廉洁、作表率”主题教育实践活动具体措施计划表》，组织开展“讲党性 重修养 守廉洁 作表率”主题教育实践活动。认真组织学习中央对党政领导干部和国有企业领导人员廉洁自律各项要求，不断提高和加强各级领导人员的廉洁从业意识和自律意识。认真贯彻落实领导人员任前廉政谈话制度，对17名提拔及交流的中层干部进行任前廉政谈话。组织各级领导人员观看“珍惜岗位 远离犯罪”警示教育片，确保廉洁从业教育的效果。

（王洪毅）

中国银行股份有限公司六盘水分行

【概况】 截至2012年12月末，中国银行六盘水分行各货币折人民币资产总额375823.49万元，较年初新增46099.40万元，上升13.98%；各负债总额371007.41万元，较年初增加44482.13万元，上升13.62%。全年累计发放公司贷款142400万元（含收回再贷），公司贷款余额218200万元，较年初新增60366万元（不含票据贴现）；发放信托贷款28400万元；办理银行承兑汇票贴现86370万元；开立银行承兑汇票9亿元，累计为六盘水市进出口企业开立信用证18728万美元。

（林 锐）

【支持大型国有企业】 2012年银行为国投盘江发电有限公司发放银团贷款4.7亿元，期限20年，有力支持了国有企业的建设与发展。2012年银行为首钢水城钢铁（集团）有限责任公司10亿元授信总量，发放20000万元流动资金，有效缓解了水钢集团资金周转困难，同时银行为其提供国际结算业务为六盘水市从国外进口铁矿石等原材料提款的授信基础。2012年为六枝工矿（集团）有限责任公司新增9000万元流动资金，为六枝工矿并入盘江集团后的技术改造及提高竞争力提供了保障。同时对于水电项目银行也全力支持，按工程进度为国有企业贵州西源发电有限公司的北盘江善泥坡水电站发放固定资产贷款5000万元，共计投放贷款1亿元，支持了六盘水市基础设施建设和能源基础建设。

（林 锐）

【支持基础设施建设】 2012年银行成功为六盘水市国土资源储备交易中心投放土地储备贷款1.74亿元，用于凤凰山苹果园地块的收储与开发。同时为支持盘县土地储备的发展，银行率先为盘县土地储备发放信托贷款2亿元，用于县级区域土地储备，加快县级区域的城市化建设。

（林 锐）

【支持煤炭企业】 2012年，在六盘水市煤矿行业低迷时期，银行仍然始终支持煤炭企业的发展，为贵州水城矿业股份有限公司支持20000万元流动资金。同时为水矿集团下属子公司贵州玉马能源开发有限公司审批4.37亿元项目贷款。为响应市政府对煤炭企业支持的精神，银行通过各种渠道继续支持煤炭企业的发展，为煤炭企业、洗煤厂等提供票据贴现服务，缓解中小企业资金压力，并积极通过信托形式为湘能公司提供8000万元信托资金，扶持其下属煤矿的发展。

（林 锐）

【支持政府招商引资项目】 六盘水西南家居装饰博览城有限公司是六盘水2010年重点招商引资项目之一，市场建筑面积15万平方米，运用市场强大辐射功能和汇聚效应，优化六盘水家居装饰市场的商流、物流、信息流，成为六盘水家居装饰现代化物流中心。成功为六盘水西南家居装饰博览城有限公司发放6000万元项目贷款，用于家居城项目建设。

（林 锐）

【民生工程建设】 2012年，在分行领导的努力下，经与省分行和信托公司沟通后，为六盘水市民生工程六盘水水务公司提供信托贷款3000万元，为六盘水市供水管网建设提供了支持，保障了民生工程建设的顺利开展。

（林 锐）

【科技能力增强】 分行加大了自助服务设备的投入，拓宽服务渠道，增强服务功能，为客户提供便捷、高效的金融服务。截至12月末，累计发卡53674张，投放离行式ATM机6台， POS签约商户124家，安装POS机124台，电子银行签约客户9498户。

（林 锐）

交通银行六盘水支行

【支持地方经济发展】 交通银行入驻六盘水后，始终坚持以服务地方经济发展为己任，通过支持重点项目、支持循环经济建设、支持小企业做大做强，积极发展消费信贷，实现了贷款规模的迅速增长。

针对当前信贷规模趋紧的局面，六盘水交行通过与交银租赁、交银信托、交银国信等子公司的合作，以直租、回租、资产池等多种新型金融业务形式先后为多家企业解决资金需求，有力地推动了六盘水市煤炭行业兼并整合工作。开业20个月以来，已累计投入各类资金近30亿元，成为服务地方经济发展的重要力量。

根据《交通银行支持贵州经济发展措施》精

神，六盘水交行将继续加大对重点行业、资源深加工领域的信贷投放，积极支持水利枢纽、装备制造业、房地产、文化旅游、新农村建设和保障性住房建设。

（黄　婷）

【开创转型发展新局面】 六盘水交行积极推进业务创新，充分发挥交行“国际化、综合化”优势和“财富管理银行”特色，紧盯市场，创新融资渠道，不断壮大客户群。2012年7月27日，首笔土地储备贷款获华西授信审批中心审核通过；2012年9月初，银行首笔并购信托发行业务成功落地；2012年9月18日，实现首笔融资租赁业务；2012年12月28日，在不占用省分行信贷规模前提下，向六盘水市重点企业投放资金8.4亿元，多渠道解决了客户的资金需求。

（黄　婷）

【经营质效良好】 2012年末，六盘水交行人民币各项存款余额121530万元（含同业存款7406万元），较年初净增101433万元，增幅508%，以全口径统计，占全市新增存款的10.3%。各项贷款余额137154万元，较年初净增62481万元，增幅84%，以全口径统计，占比2.7%。实现经营利润5683万元，完成国际结算量7916万美元，缴税通业务量2083.79万元。

（黄　婷）

【交通银行六盘水盘县支行对外营业】 2012年12月19日，六盘水盘县支行正式对外营业。是日，盘县支行开设了2个现金业务窗口，优质的服务吸引了大批市民前来咨询和体验业务。

（黄　婷）

【电子银行建设】 六盘水交行第一个离行式自助银行（五交化公司门面）于2012年12月正式运行。其他单机网点共计5个，分别为：六盘水市钟山广场路2号皇宫国际商务会所入口处；六盘水市钟山西路70号壹号公馆水疗中心入口处；六盘水市钟山中路53号沃尔玛二楼出口处；六盘水市钟山西路26号市人民医院住院部一楼大厅；六盘水市人民东路欣欣花园乐满家超市入口处。

（黄　婷）

【服务质量提升】 在全行形成“后台为前台服务、全行为客户服务”的理念。一是制定服务质量提升管理计划，制定《交通银行六盘水支行高柜柜员服务标准与规范》等管理办法，为服务提升工作提供制度保证。二是成立服务提升领导小组，并明确责任到人，为服务提升工作提供组织保证。三是加强员工素质培训，开展业务技能大练兵活动，努力构建一支业务技能强、综合素质优、团队协作力好、营销技能突出的客户经理队伍。在日常工作中，积极做好硬环境建设，改善电子银行服务，规范窗口设置，创新服务举措。切实做到以客户为重心，对待客户做到来有迎声、问有答声、去有送声，以优质服务提升客户满意度。

（黄　婷）

贵州银行六盘水分行

【概况】 截至2012年12月末，全行资产总额达到130.55亿元，较年初增加24.63亿元，增幅23.26%。各项存款余额115.98亿元，较年初增加19.25亿元，增幅19.9%，基本完成目标任务。贷款余额为69.44亿元，比年初增加16.49亿元，增幅31.15%，完成计划任务64亿元的108.5%。利息收入51859万元，较上年同期增加10164万元，完成全年计划数54000万元的95.53%。金融企业往来收入5810万元，完成全年计划数6500万元的89.38%。投资收益8317万元，较上年同期增加1802万元，增长率27.66%。完成年度财务预算110.89%。中间业务收入812万元，完成全年计划数800万元的101.5%。提取准备金1886万元，完成全年计划数2400万元的78.58%。实现税前利润34392万元，较上年同期增加8983万元，完成全年计划数31000万元的110.94%，不良贷款拨备覆盖率193.62%，不良贷款率1.18%，资本充足率12.85%，各项核心指标基本实现目标任务。

（姚　黎）

【支持地方经济】 截至12月末，全行贷款余额为69.44亿元，比年初增加16.42亿元，其中，公司类贷款余额56.28亿元，较年初增加19.93亿元；个人类贷款余额11.56亿元，较年初增加4.5亿元；贴现贷款余额1.6亿元，较年初减少7.97亿元。大力支持工业园区建设。针对六盘水市工业园区建设资金大、项目多的特点，银行深入调查、筛选项目、落实抵押，投放了住房开发贷款，贷款余额8.59亿元，较年初增加4.97亿元，向市内各县、区政府土地储备中心投放土地储备贷款3.75亿元，大力支持了工业园区建设；继续扶持支柱产业。面对六盘水市煤炭行业遇到的产业制约，发放了煤炭产业贷款4.69亿元，帮助解决流动资金困难，支持有潜力的煤炭企业实行技改，促进煤炭产业向低碳、集约、多元化循环发展。银行还成立了煤炭产业营销小组，组织专业人员对煤炭产业进行调研、分析，以更好的扶持和帮助优质企业成长；继续支持民生工程。为积极参与和支持“五城联创”工作，继续加大在市政设施及民生工程方面的支持力度，发放市政公共设施管理行业贷款，贷款余额11.82亿元，较年初增加4.88亿元；发放电网改造资金3.31亿元，较年初增加1.76亿元。

（姚 黎）

【完善服务功能】 不断完善金融服务软硬件设施，通过代发工资、安装POS、ATM机具等自主设备方便客户。截至12月31日，全行发卡总量为187684张，较年初增加39081张，完成目标任务的127%。卡均存款0.67万元，比目标卡均存款0.6万元，增加0.07万元，超额完成全年发卡任务。储蓄存款余额为295204万元，较年初增加65029万元，增幅为28.26%。全行个人贷款余额为115627万元，比初增加44982万元。银行卡中间业务收入212万元，较年初增长61万元。其中，银行卡中间业务收入中POS收单收入为139万元， ATM收单收入73万元。分行新增POS商户216户，新增装机229台，完成全年目标新增80户商户任务的270%，商户总户数达586户，总装机636台， 超额完成全年任务。新安装自助机具3台，其中取款机20台，存取款一体机9台，实现分行网点ATM机全覆盖。另外银行积极开展小微贷款业务，建立了小微贷款中心。为加强客户服务，成立“96001”客服中心，全年共接收客户咨询和投诉等3291次，有效地提升了服务的质量。

（姚 黎）

【确保资产质量 压降不良贷款】 2012年以来为切实压降不良贷款，提高资产质量，银行采取了以下措施：对全行不良贷款进行了一户一策的清理，对各分支行定目标、定时间、并按旬、月进度全行进行通报。对贷款五级分类偏离度进行整改和风险控制。通过采取现场检查、收集完善资料、追加担保、提前收回贷款、落实整改要求等风险控制措施。加强全行信贷资产贷后检查管理，改变重贷轻管现状。加大对分支行贷后检查力度，重点对季度新增贷款、大额贷款、煤矿新建、技改项目贷款、担保公司担保贷款作了专项检查和风险排查，累计处罚金额22万元，有三家机构暂停发放贷款。加大对不良贷款强制清收的处置力度。加大了诉讼审判、执行、调解履行阶段不良贷款的处置进度。截至12月末，贷款余额694444万元，比年初增加164949万元，按五级分类口径划分不良贷款余额8162万元，与年初数比较无变化，不良贷款余额在任务数10000万元内，不良贷款率1.18%，比年初下降0.37%，不良率在任务数1.5%内，利息回收率96.43%，利息回收率超过95%任务数，四五级分类偏离度0.96%，偏离金额6676万元，在任务数1%内。

（姚 黎）

【电子网络工作】 在贵州银行过渡期间及贵州银行成立后，科技部作好各系统的运行维护，配合贵州银行筹备组完成了贵州银行挂牌后新增网点使用系统的论证工作和办公用房综合布线施工单位的选择工作。完成了小微贷款管理系统的信息系统上线和行内接口开发工作，保证小微贷款业务的顺利开展。认真按时完成新大楼的综合布线、机房装修、电子监控、网络设备、不间断电源、精密空调的设计工作和招标工作，机房装修、综合布线和监控布线基本结束，设备到位正在安装调试中；按时开展二代支付系统的建设，按照人总行的工作进度安排进行各项测试工作。完成与公积金中心与银行帐务分离，实现三方对账的技术准备工作。完成行内系统银联前置2.1规范的升级改造。同时科技部门按照要求健全和完善科技安全管理制度，加强制度执行力，加大科技安全检查力度，增强全员信息科技风险意识和安全意识。认真作好应急演练，提高应急处置能力。作好各系统的数据备份工作，确保紧急情况下系统的应急处理及系统恢复。全年无系统运用事故和信息安全事故发生，确保了应用系统安全稳定运行，为业务发展提供了科技保障。

（姚　黎）

【内控管理】 拓宽监督范围。结合银监部门的规定、要求开展专项检查，加强了对对账、轮岗休假、柜员卡、停用印章、监控、授权人员的检查。加强了对存在问题的整改，采取“循环回头看”的方式，每季度都对上一季度存在的问题进行跟踪、查看落实整改情况，并且对整改不到位的加大了处罚力度。全年共开展11次检查，其中按计划开展8次，分别是每季度开展的常规检查和现金、重空突击检查，另外还包括按照银监局要求开展的整治不规范经营的自查和违反职业操守排查两项、物价局要求的收费自查。历时220余天，检查内容覆盖内控评价、票据业务、信贷专项检查、反洗钱、大额资金汇划风险排查、柜面业务操作风险、现金重空突击检查、安保和消防安全检查等。共查出问题288条，向分支行提出整改要求22条，扣绩效分值50分，共对62名责任人进行处罚，其中包括16名分支行行长，处罚金额59440元，对6名员工提出通报批评。检查基本覆盖所有的业务，特别是四季度通过内控评价培训会议以后，各支行对内控工作的认识得到进一步提高，内控工作总体水平了很大的进步。

（姚　黎）

【安全责任制】 强化目标考核制度。深入贯彻“谁主管、谁负责”的原则，落实“一票否决制”，做到了层层有人抓，事事有人管。组织开展防暴、防抢、防火等联合应急演练，提高了各分支行处置突发事件的能力。强化安全评估达标工作。完善远程监控升级改造工作，保证全行监控设备达到国家银行监管部门的要求，同时还为公安机关侦破案件提供录像资料，远程监控中心成功阻止破坏ATM取款机、在ATM取款机粘贴违法信息及入室盗窃等案件，加强安保人员管理。加强保安押运公司驻行中队的监管力度，要求每周进行专业业务学习，包括政治思想、枪支使用、站位及近期案件通报等内容。

（姚　黎）

【提升素质】 为适应贵州银行发展的要求，从以下几个方面加强人才队伍的培养：继续加大在岗人员的培训力度，开展了“信贷项目评审培训”“新员工基础培训”“支行负责人能力提升培训”等业务培训，并严把考试关，将业务培训成绩与员工的上岗资格、工资收入相挂钩，提高了在岗人员学习的紧迫性和积极性。做好人员招聘工作。按照贵州银行筹备组要求，面向六盘水市金融机构招聘了一批工作经验丰富、工作能力强、专业素质高的从业人员，并委托中介机构招募了一批小微贷款营销人员，全年共招聘金融机构各类专业人员25人，引入资源型客户经理4人，微小信贷客户经理20人，有效缓解了人力资源紧张的压力。

（姚　黎）

【机关建设】 全行七个党支部全部荣获市直机关工委颁发的“五好”基层党组织称号。全年共发展党员5名，培养积极分子4名。深入开展“三忠诚”教育活动、“四帮四促”“驻乡联村”等活动，为基层解决困难资金50余万元。继续推进党风廉政教育，制定下发了2012年全行党风廉政和纪检监察工作安排，并对党风廉政责任进行评比表彰；延伸监督触角，参与了全行基建、采购、人员招聘、监考等工作的审查和监督；积极配合银监、纪委等监管部门的协查工作，开展了纠正国家机关工作人员和国企负责人投资入股煤矿的全员调查和填报工作，按照行党委提出的安全稳定要求，印发了在改制过渡期间，加强员工的思想教育，防范风险，确保不出案件和重大事故的要求，并对各支行和部室进行了不定期的调研了解，发现有倾向行为或不良苗头及时纠正解决。群团工作得力，组织了一次表彰大会，改变过去表彰大会严肃、生硬的做法，采取走红地毯的方式对全行的先进支行、优秀员工、三八红旗手等先进团体和个人进行了隆重的表彰，受表彰者提升了荣誉感。抓好示范网点申报工作，继上年盘县支行荣获全国千佳文明示范网点后，2012年又将营业部成功申报为全国千佳示范网点，行工会总结经验、积极推广，为全辖网点提供了学习模板，有效促进了文明服务工作。

（姚　黎）

六盘水市农村信用合作联社

【概况】 2012年末，六盘水辖内现有4家农村信用合作联社，共有114个营业机构网点，其中，4个营业部（县级联社直属机构），110个信用社，其中城区35个，城乡79个，14个便民服务点。全市农村信用社共有员工1440人。其中研究生14人，占员工总数的1%，本科学历765人，占员工总数的53.1%；大专学历414人，占员工总数的28.8%；中专学历以下247人，占员工总数的17.2%。年末，全市农村信用社各项存款余额1659131万元，较年初增加215008万元。存款的存量市场份额为24.54%，居全市银行业金融机构第一，存款增量位列全市银行业金融机构第三。各项贷款余额1286738万元，较年初增加220077万元，贷款的增量居全市银行业金融机构第二，存量市场份额居全市银行业金融机构第二。实现中间业务收入1977万元。2012年，全市农村信用社累计发放信合卡157045张。实现各项收入132226万元，比上年同期增加27224万元；实现净利润21850万元，同比增加10408万元，增幅90.96%，盈利水平不断提升。

（屈　怡）

【支持地方经济发展】 在新增贷款的投向上坚持面向“三农”，面向小企业，面向社区，确保全年涉农贷款、中小企业贷款增幅均高于全部贷款的增幅。2012年，全市农村信用社涉农贷款余额为1098852万元，比年初上升172826万元，高于同期增量38503万元；2012年，全市农村信用社小微企业贷款余额为849052万元，比年初增加123401万元，增幅为17.01%，高于同期增量61980万元。

（屈　怡）

【开展信用乡（镇）　诚信农民建设工作】 省农信社六盘水办事处积极开展信用乡（镇）及诚信农民建设工作。2012年，全市农村信用社累计创建信用乡（镇）22个，较年初增加14个，完成省联社任务数的350%。

（屈　怡）

【加大网点改造力度】 2012年，全市农村信用社改造网点28个，投入资金9166万元，进一步提高全市农村信用社网点形象。

（屈　怡）

市政府金融工作办公室

【概况】 根据《六盘水市机构编制委员会关于成立六盘水市政府金融工作办公室的通知》，六盘水市政府金融工作办公室于2011年12月成立，2012年6月正式组建，为财政全额预算管理的正县级事业单位，由六盘水市人民政府办公室代管。

市政府金融办主要职能职责：贯彻执行国家、省、市有关金融工作的法律、法规、方针政策，研究拟订本市金融及金融产业发展总体规划；组织开展政府与金融机构的合作，加强对融资平台、融资项目单位的管理，协调金融机构促进银政合作、银企合作，引导、鼓励和支持各类金融机构改革创新、拓展业务，加大对地方经济社会发展的支持；管理政府债务；负责小额贷款公司的监督管理；按照《省人民政府办公厅关于切实做好全省小额贷款公司和融资性担保机构管理职能划转有关工作的通知》要求，将小额贷款公司和融资性担保机构审批和日常管理职能划由经济和信息化委员会转到政府金融办。2012年10月，市经信委将全市小额贷款公司、融资性担保公司监管职能移交市政府金融办；承办市人民政府交办的其他事项。

（李艾秋）

【全市金融工作会议】 2012年11月13日，全市金融工作会议召开，市长何刚、常务副市长周斯弼在会上作了重要讲话。会上，出台了《市人民政府关于加大金融支持力度促进煤炭产业更好更快发展的意见》。会后，市政府金融办会同市委市政府督查室就会议的主要精神和任务进行了责任落实、分解督办，各单位进行落实。

（李艾秋）

【优化融资模式】 坚持多种融资手段并举，努力突破传统融资方式，有效提升直接融资比重。2012年，市金融办先后邀请省政府金融办、国信证券公司、省证监局及华创证券公司等对六盘水市部分企业和部门进行了融资知识讲座，进一步普及和提高了企业和部门对融资方式和资本市场运作的认识。市金融办积极搜集整理相关资本市场基础知识，编制了《融资知识手册》供相关企业和部门参阅。同时，积极促成市人民政府与平安证券、华创证券等签署战略框架合作协议，为下一步六盘水市深入拓展资本市场奠定基础。经多方协调，市开发投资公司成功发行了16亿元的企业债和5亿元的信托产品融资，市民生公司成功发行了2亿元的信托产品融资。此外，市金融办还与市发改委共同推进外国政府贷款项目的申报工作，取得了良好效果。

（李艾秋）

【实施“引银入市”工程】 积极主动与兴业银行、招商银行等联系，全力推进其在六盘水市设立分支机构。积极参与贵州银行的组建和水城农商行的筹建工作，贵州银行已经挂牌，水城农商行组建报批文件已经上报省人民政府。积极与盘江投资控股集团沟通协调，同时代市政府起草制定了《六盘水市支持贵州盘江投资控股（集团）有限公司股权投资类企业发展暂行办法》。根据《市人民政府办公室关于实行存贷挂钩引导金融机构增加信贷投放有关事宜的通知》，拟定了《六盘水市财政性资金存放与金融机构信贷投放挂钩考核细则（暂行）》，旨在通过调整市级财政存款，引导和鼓励银行业扩大信贷额度，支持地方经济社会发展。积极协调保险行业，鼓励保险业不断拓展业务领域，推进六盘水市保险业发展，预计全年保费收入可达10.2亿元。

（李艾秋）

【做好“处非”工作】 六盘水市于2012年10月份调整了全市打击和处置非法集资工作领导小组，领导小组办公室调整到市政府金融办。市金融办适时召开领导小组工作推进会，分析和部署各阶段打击和处置非法集资工作，将预防和处置非法集资工作经常化、制度化、规范化，形成各司其职、齐抓共管的工作局面。

召集市打击和处置非法集资工作领导小组各成员单位对《市、自治州打击和处置非法集资工作综合治理考核评比办法（征求意见稿）》《市、自治州打击和处置非法集资工作综合治理考核评比细则（征求意见稿）》进行专题研究，并及时将修改意见反馈给省打击和处置非法集资工作领导小组办公室；组织市打击和处置非法集资工作领导小组各成员单位开展打击和处置非法集资工作社会管理综合治理考评工作，并完成了六盘水市2012年打击和处置非法集资工作总结和2012年打击和处置非法集资工作的自评报告。

（李艾秋）

【监管职能划转】 2012年10月，与市经济和信息化委完成了全市小额贷款公司和融资性担保机构日常管理和行政审批职能划转移交工作，正式履行对全市小额贷款公司和融资性担保机构的行政审批和日常监管职能。

完成全市小额贷款公司和融资性担保公司的相关资料、信息采集工作，建立各公司档案；做好管理和服务。在省政府金融办对全省小额贷款公司和融资性担保机构管理办法和相关审批指引程序尚未确定的情况下，积极与省政府金融办沟通协调，市金融办在逐步完善了相关筹建、设立、变更、终止和监管等制度及工作机制、确保日常管理和行政审批工作正常开展的同时，积极鼓励、引导各公司提高为“三农”和中小微企业服务的能力，加大创新力度，扩大机构和业务的覆盖面，努力做大做强。已到市金融办申请筹建小额贷款公司5户，申请设立融资性担保公司7户，申请小额贷款公司变更3户，申请融资性担保公司变更4户。完成了对辖区内融资性担保公司自2011年3月31日至2012年3月31日期间发生的资金变动情况和担保业务情况的风险排查工作，完成了全市小额贷款公司运行情况的调研和汇总。

（李艾秋）

【规范融资平台公司建设】 金融办公室认真对六盘水市政府性融资平台公司进行了调查研究，结合国家有关政策，形成了《关于进一步规范市属融资平台公司建设和管理的报告》，为做大做强市属国有公司，进一步提升其融资能力提出了有效的建议，已经市人民政府第16次市长办公会议研究通过。在实际工作中，市金融办与各融资平台公司建立了紧密的信息沟通机制，热情服务，主动跟进，及时帮助协调各平台公司在融资工作中出现的各类问题。此外，为做强做大市级融资担保机构，市金融办主动牵头，以市广源担保公司为基础，拟定了股权募集方案，正在会同企业多方寻找合作伙伴，以增强中小企业的融资担保能力。

（李艾秋）

【金融业与重大项目对接】 市金融办认真落实项目带动战略和投资拉动战略，积极参与，主动作为，加快六盘水市金融业与重大项目的对接。参与了凉都体育中心、凤凰山城市综合体、内环快线、六六高速、六盘水市城际轨道等重大项目的融资协调，有效突破政府重点项目融资难瓶颈；及时跟踪调度月照机场公司、明湖花园酒店、市土储中心、老城棚户区改造项目、六盘水职院、市广播电视大学及双桥水库建设等一批事关民生及城市发展后劲的重点建设项目融资进度；为保障贷款资金的规范使用和安全运行，代市人民政府起草了《六盘水市使用国家开发银行贷款资金管理办法》。（李艾秋）

中国人民财产保险股份有限公司六盘水分公司

【概况】 2012年以来，六盘水分公司创新发展方式，完善经营管理模式，强化关键环节的过程管控，提升中心城市核心竞争力和主导市场能力，全面实现规模与效益的双轮驱动和可持续发展。系统广大员工迎难而上，直面竞争，积极应对市场环境变化带来的不利影响，公司全年实现保费收入22787万元。

（孙　政）

【以车险为主　积极发展其他财险】 面对车险市场内、外部环境变化的新形势和发展车险业务的历史机遇，切实加强市场份额管理，强化发展责任，采取有力措施，努力遏制公司车险市场份额下滑的趋势，牢牢巩固和保持公司市场主导地位；在非车险方面，继续跟进《六盘水农业保险方案》的情况和农网建设工作，为政府提供更多的保险支持，持续做好服务“三农”的工作；加强与质监局、电梯行业协会的联络，大力发展电梯责任保险，承保全市一千多部电梯，以此带动突破其他特种设备责任险；持续跟进煤矿、砂石厂的保险项目，在上年所取得成绩的基础上，2012年有了一定的突破。做好市场调查和学习兄弟公司先进经验，制定符合六盘水医疗责任险保险方案。

（孙　政）

【销售管理转型】 在前期销售队伍人力资源改革的前提下，进一步加强销售人才队伍建设，完善销售人力资源管理体系。进一步加强对公司兼业代理机构及营销人员的管理，完善中介机构档案，加强团队建设，提高团队销售技能，扩展渠道。配合省公司完善销售管理系统数据，组织代理资格证考试，扩大营销人员队伍。借助交叉销售的契机，积极联合人保寿险，打造产寿险现互动平台。做好出单中心建设，结合公司实际，充分调动出单人员的主动性和协作，强化业务单证管理，杜绝支公司违规出单，提高公司承保数据质量，有效增强公司业务风险管控水平。建立标准化、规范化、人性化的服务流程，共享的出单服务，提高客户投保的便利性，提升客户承保服务体验，发挥公司网点品牌优势，有效提升客户满意度。建立长期培训机制，加强对出单人员的业务技能、销售技巧、销售行为的培训，提高出单人员的综合素质。建立绩效考核和服务测评制度，确保总体服务质量。

（孙　政）

【改革强化理赔管控能力】　规范理赔费用管理，严格垂直管理的费用成本考核，关注间接理赔费用的使用进度，执行好年度理赔费用预算。要重点推进理赔事业部改革，加强人员准入管理、定级管理、绩效考核与薪酬管理，夯实队伍基础。要继续抓实抓好理赔省集中，不断完善理赔省集中运行机制，在加强管控的同时切实提高对基层公司的服务水平。要严格成本管理控制，持续增强公司盈利能力。持续抓好未决赔案清理，逐渐减少未决赔案存量，提高赔案估损的准确性。要认真做好防灾防损工作，对工程险、企财险重点客户进行现场检查，及时通报汛期气象信息。认真做好客户服务工作，统一思想，高度重视；明确责任，强化执行；加大投入，落实保障；重点考核，严格奖惩；精心组织，系统推进。

（孙　政）

【合规经营　防范风险】　深入开展合规建设，对各种违法违纪违规行为始终保持高压态势，在业务发展的同时，严格要求基层公司决不做违规的任何业务，坚持规范经营与快速发展并进的原则。把握合规主线，推动公司合规水平有效提升。明确分级负责、分口把关的原则，严格落实责任分解，严格执行责任制和承诺制，严格贯彻执行案件责任追究制度；继续强化全员合规经营意识。2012年，通过合规培训、合规测试等形式，进一步筑牢全员内控合规思想防线，夯实依法合规经营的思想基础；强化“三道防线”建设。加大内部效能监察和专项审计力度，认真开展好经理责任、内控评价审计、效益审计等重点工作，提高内部监察审计实效；加大中介合规管理力度。认真贯彻保监会关于完善中介业务管理规定，切实将公司内控合规体系建设延伸到中介代理机构，严密防范中介业务违规风险。

（孙　政）

中国平安人寿保险股份有限公司六盘水中心支公司

【概况】　2002年11月，中国平安人寿保险股份有限公司六盘水中心支公司经中国保险监督管理委员会贵州监管局的批准成立。

2005年7月，盘县营销服务部、2011年6月六枝支公司也相继正式挂牌成立。在经营方面，公司注重引进科学的先进的管理机制，拓宽销售渠道，提高客户服务，努力提高综合竞争力，建立长期竞争优势。

2012年完成个险总保费收入4493万，累计同比增长19.6%，其中个险新单保费收入1134万，累计同比下降11.2%，公司业务员386人。寿险市场的占比逐渐增高，平安人寿六盘水中支在当地市场的占有率为27.15%，较2011年下降5个百分点。

（胡　晨）

中国平安财产保险股份有限公司六盘水中心支公司

【概况】　2012年平安产险贵州分公司六盘水中心支公司整体保费达成7413万，其中，水城汇通水电开发有限责任公司财产一切险，保费33万元。协助分公司完成六盘水市江源电力有限公司建筑工程一切险及第三者责任险，保费为149.08万元。六枝煤意险共保项目团体意外险，保费14.4万元。水城县政策性森林火灾保险共保项目森林火灾保险，保费45万元。

2012年的重大保险赔案有：合力创新公司案

件，30万元；湘能物流公司案件，52万元；林木火灾保险案件，约40万元。

（黄诚勇）

【理赔服务创新】 2012年，平安产险贵州分公司推出了一些创新的理赔服务。

“车险简单快赔”，对于事故车辆在平安快赔合作厂维修的纯车损案件，平安在收齐有效理赔单证影像件及客户确认车辆维修方案后，立即进行赔付（客户大小不限，理赔金额不限，出险次数不限）。

“车险IPAD查勘”，查勘员现场拍照采集资料并即时上传后台，后台审核通过后短信告知客户价格，从而提高理赔时效。IPAD查勘提高了定损速度，从而支持部分简单快赔客户更快得到赔款。

“财产险一证快赔”，结案赔款金额万元以下（含万元）的财产险案件，在客户提交索赔资料齐全有效、保险双方就赔款金额达成一致的情况下，客户只需填写一张理赔单证，在一张制式的“快赔表”上填写简单的客户信息后一个工作日即可完成赔付。免去客户收集资料、填写繁琐信息、上门提交资料等一系列手续，是谓“一张单证，快速赔付”，简称“一证快赔”。该项服务除无牌照工程机械保险、农业险、共保跟赔案件外，覆盖所有客户、财产险所有险种和所有承保标的。

“人伤案件安心理赔”，为客户及伤者提供“7×24小时”电话医疗专家在线辅导服务，让客户感受到无处不在的关怀服务。并主动为客户提供多途径调解服务，帮助客户最短时间内达成有效的赔偿协议，避免不必要的损失和事故处理纠纷烦扰。

“上门代收索赔资料”，定损金额在万元以下的纯车损、非代理索赔案件，客户出险后，由平安查勘员告知客户应准备的理赔资料，并赠送“理赔资料专用快递袋”。客户只需要拨打信封上的“快递受理电话”，快递公司将上门代收资料送至平安产险，真正实现“足不出户，赔款到家”。

（黄诚勇）

中国人寿保险股份有限公司六盘水分公司

【概况】 中国人寿保险股份有限公司六盘水分公司是中国人寿集团公司下辖的中国人寿保险股份有限公司的分支机构，下设六枝支公司、盘县支公司、水城支公司及钟山支公司，在职员工88人、保险代理人464人。

2012年中国人寿收归中央、国务院直接管理，六盘水分公司紧紧围绕总、省公司“坚持抓转型发展”的工作方针，实现了平稳健康发展。2012年六盘水分公司完成总保费19194.69元，较上年同期同比增长9.27%。长险首年期交832.86万元；团险短期险保费保费收入1913.08万元，较上年同期同比增长6.9%；银邮渠道长险首年保费收入7325.95 万元（趸交 6511.11万元，长险首年期交814.84万元）。2012年共支付各类赔款2757件，共支付赔款金额970万余元，给付满期保险金及养老金等合计3000余万元。

公司服务三农。从2007年参与钟山区新农合补偿服务工作至今，共为81.3396万人提供了服务，为参加新农合保险的农民累计补偿28.33万人次、补偿支付医疗费用8934.89万元；2012年同时又承保了钟山区新农合参合人员的大病医疗保险，共支付赔款2340件，支付赔款金额405万。

中国人寿财产保险股份有限公司六盘水市中心支公司

【概况】 中国人寿财产保险股份有限公司六盘水市中心支公司隶属中国人寿财产保险股份有限公司贵州省分公司的地区中心支公司，于2008年5月15日正式开业；下辖盘县支公司、六枝特区支公司分别于2011年10月、2012年5月挂牌开业。

至2012年底，六盘水市中心支公司设有总经理室、办公室、财务会计部、业务处理/客户服务中心、渠道业务部、互动业务部六个部门。共有员工44人。管理序列员工10人，技术序列员工17人，销售序列员工17人。

2012年，六盘水市中心支公司签单296496件，实现保费收入3954.14万元，位列市场第四位，市场份额6.45%；已决赔案3220件，已决赔款1732.24万元，综合赔付率60.28%；实现承保利润295.10万元。

2012 年，六盘水市中心支公司荣获贵州省工商管理局授予的2012年度省级“守合同、重信用单位”称号。

（马雪丽）

中国太平洋人寿保险股份有限公司六盘水中心支公司

【概况】 中国太平洋人寿保险股份有限公司六盘水中心支公司成立于2000年10月，主要经营各类人寿保险业务，产品覆盖了人寿保险、年金保险、健康保险、意外伤害保险等多个领域。公司作为太平洋人寿保险公司贵州分公司旗下的一家骨干企业，依托集团优势，努力倡导和发扬“诚信天下，稳健一生”的企业核心价值观，致力于通过持续的服务和销售模式的创新，来满足客户多方面的需求。近年来，在分公司的领导下，在市委市政府和社会各界的支持和关怀下，公司在稳健中发展，经营规模也在不断地扩大。在六盘水市设有中支本部、盘县和六枝两家支公司，每年提供近百个就业岗位，吸纳和接收失业劳动人口，为劳动保障局减轻了部分就业压力。

（马　庆）

【业务发展情况】 截至2012年12月31日，实现保费收入15974.4万元，同比增长3.4%，其中营销新保收入1613.4万元，增长18.1%；直销新保收入462万元，增长20.6%；银保新收入2435万元，增长-35.1%；续期保费收入11464万元，增长15.22%。

截至2012年12月31日，共承保新保件6122件（不含代理出单业务），保全业务共处理17262件，理赔案件数364件，赔付金额504.24万元。

（马　庆）

中国太平洋财产保险股份有限公司六盘水中心支公司

【概况】 太平洋财产保险六盘水中心支公司成立于1997年10月14日，下辖六枝、盘县两家支公司。2012年实现保费收入11302.66万元。公司内设有八个部门，下辖两家支公司，客户服务部、财务部、理赔部、销售管理部、综合管理部，业务一部、业务二部、业务三部、业务四部和六枝、盘县支公司。公司通过13年的发展，公司员工队伍不断壮大，服务意识不断增强，服务能力不断提高，经营规模不断扩大，各项承保、理赔及内控制度不断完善。并建成拥有自主产权的办公楼。公司拥有各类业务用车20辆，其中15辆用于专门的查勘理赔服务。公司相继中标参与承保了六盘水市政府机动车辆保险、钟山区政府及盘县政府、六枝特区政府机动车辆的承保，水城钢铁集团公司、水城矿业集团公司、六盘水市交通运输集团有限公司（原贵州省水城汽车运输公司）、盘江煤电集团、六枝工矿集团等大中型企业机车险、财产险、意健险、工程险、责任险等险种。

（太保财险）

【2012年业务经营情况】 2012年共计完成保费收入8122.71万元，同比增长20.21%，完成全年计划数的94.4%。其中，车险4978.25万元，占比61.29%，交强险2019.6万元，占比24.86%，责任险282.65万元，占比3.48%，意外险429.58万元，占比5.29%，企财险365.16万元，占比4.5%，其他险种47.46万元，占比0.58%。2012年非车险业务已完成1125万元，较上年有较大幅度的增长。

截至到11月30日，已完成已决案件数5901件。财务已决赔款3047.52万元，其中，企财险赔款59.56万元，责任险赔款62.37万元，机车险赔款1946.12万元，交强险赔款828.45万元，意外险赔款151.02万元。简单综合赔付率37.52%。未决案件1545件，未决估损金额1839.9万元。

平均综合费用率为24.66%，营业费用为1244.28万元，其中，上交上级管理费162.44万元。手续费支出（含佣金支出）759.18万元。（10月31日数据）综合成本率83.2%，承保利润达到969.89万元，净利润达到707.92万元。

（太保财险）

【2012年主要工作】　年初省公司下达8605万元经营目标和省公司8月份下达中期经营调整指标。在承保上，灵活把握核保政策，降低承保风险。按照监管机关及省行协的相关规定和要求，努力把好核保关。根据保险市场的发展变化，围绕核保规定，在保证合规的前提下，灵活运用核保规定，对不同业务区别对待，对有效益而受规定限制的业务主动与上级主管部门沟通，寻找解决办法，尽量不因核保规定的限制而失去有效益的、批量的业务。同时严格规范核保政策，对常规业务严格按规定执行，对效益不好的业务主动实施控制，增加承保条件。把握以效益为中心的工作目标，确保承保利润的最大化。

在理赔上，为了更加保证理赔服务的公正合理，保护客户和公司双方的利益，从查勘、定损、报价、核损、核赔各个环节控制理赔出口关，即要保护公司利益不受损害，也要保证客户利益不受损伤，让客户高兴而来、满意而去。2012年在理赔上，首先从培训抓起，除了省公司举行的一系列培训外，针对理赔新手多、业务技能还不熟练的情况下，有针对性地举行了几次理赔业务培训。从查勘、定损、报价、核损、核赔等各个环节加强了管理。特别是在理赔定损环节上，总经理室加强了管理和控制，要求在定损上必须保证公平合理，同时要坚决杜绝“吃、拿、卡、要”的现象出现，挤干理赔水分，最大限度地降低赔付成本。

（太保财险）

【加强机构管控　确保业务合规发展】　继续加强对盘县、六枝支公司的管控，市公司各部室加强了对两分支机构的业务指导和监督，保证在业务经营管理上严格按照保险监管部门和上级公司的规定，合规经营。两支公司业务较上年同期有了较大幅度的增长，2012年，盘县支公司已完成保费收入2850万元，六枝支公司完成保费收入694万元。业务增幅达到了40%以上，同时在理赔管理上也下足了功夫，月结案率达到了95%以上。

（太保财险）

【加强财务预算管理　控制经营成本】　公司在2012年财务预算和资金管理工作中，贯彻落实省公司各项资金管理规定，积极协助省公司开展在全省范围内实行统一集中支付赔款、网上费用报销、手续费支出、佣金支出等，严格执行收支两条线管理制度，严格执行有关财务法律、法规，认真做好财务管理工作，按时、准确报送各类报表，实事求是，真实反映公司经营状况。

（太保财险）

【反洗钱和诚信建设】　在上级公司和当地人民银行的指导下，公司进一步加强了反洗钱和诚信建设工作机制的建设，继续强调违规展业、违规承保的“高压线”坚决不能碰的主导思想，强调必须依法合规经营。

（太保财险）

农业 气象

农 业

【概况】 2012年，全市农业系统认真贯彻落实国发2号文件和中央、省委农村工作会议精神，围绕“加速发展、加快转型、推动跨越”主基调和“工业化、城镇化、农业现代化”三化同步的发展战略，落实强农惠农政策，切实加强农业生产，着力推进农业产业结构调整，发展九大特色农业产业，广泛开展农民技术培训，强化农业科技支撑和科技服务，农业各项工作有序推进，农民收入得到提高，农业产值大幅增加，农业农村经济快速发展。

全年实现农林牧渔业总产值69.25亿元，比上年增长22.6%。实现农林牧渔业增加值43.27亿元，增速8.8%。全年粮食总产量75.3万吨，比2011年增长33.4%。全年肉类总产量17万吨，比2011年增长16.6%。禽蛋产量11722吨，同比增长27.34%。水产品产量1571吨，同比增长5.3%。全市农业机械总动力156万千瓦，完成机耕面积46万亩，为年计划的100%。农民收入得到较大提高，全年农民人均纯收入5182元，比上年增长16.8%。

建立产学研合作机制。与贵州科学院—喀斯特资源环境与发展研究中心签订了猕猴桃产学研合作协议，建设猕猴桃产学研基地200亩，在科技示范、品种选育、经济效益和种植技术等方面为产业发展提供强有力的科技支撑。

利用“3S”技术对全市农业特色产业进行布局和管理。“3S”技术实现了为广大人民群众、投资商和地方政府提供快速、科学、直观的三维可视化的农业基础数据，为农业的可持续发展提供查询和决策信息服务。

组织县区申报2012年“三百工程项目”。通过申报，六枝特区洒志乡平桥村、盘县民主镇的谭家寨村、水城县蟠龙乡蟠龙村、水城县杨梅乡五星村和水城县南开乡发仲村等5个村为2012年“三百工程”项目的实施村。

成立六盘水市农业投资开发有限公司，开展了农业产业化贷款、城乡中心企业贷款、特色优势农业开发投资等业务，有效解决农业企业发展贷款难、融资难的问题。已落地中小企业贷款项目6个，落实贷款2050万元。

推进新农村建设。对原省级试点村奖励项目进行验收。2012年，着力把大田村、木城村、官寨村、法那村打造为集休闲、观光、娱乐为一体的乡村旅游示范点。已落实项目建设投资3279.8万元，其中省级200万元，共计涉及4个项目，整合其他项目资金 3079.8万元。以村庄整治为重点，突出抓好“四在农家”建设，市农委2012年“四在农家”建设任务473户，开工率100%，竣工率100%。

大力发展休闲农业。2012年底，全市共有休闲农业经营主体27个，其中，农家乐12个，休闲农庄8个，休闲农业园区5个，民俗村2个，资产总额112022万元，经营面积达17236.1亩。从业人员1071人，其中农民就业人数934人，带动农户2433户。营业收入7328万元，其中，农副产品销售收入518万元，利润总额1252.6万元，上缴税金218.5万元。

组织休闲农业创意精品推介活动。精心组织了7家休闲农业经营主体和个人的10余件作品参加全国休闲农业创意精品大赛西南赛区和全国总决赛活动。创意歌曲《百车河畔风光美》、水城县农民画《缝嫁妆》、凉都五谷画《连年有余》三件作品分别获得西南赛区银奖和优秀奖。农民画《今朝山寨有客来》、创意歌曲《百车河畔风光美》分别获得全国总决赛产品创意金奖和文化创意优秀奖。市农委获得全国休闲农业创意精品西南赛区组织工作一等奖。

组织各区县申报休闲农业项目。六枝特区戈厂生态观光园获评2012年省级休闲农业与乡村旅游示范点，获得项目补助资金25万元，水城天生湖奇锦生态园、玉舍乡海坪村获得休闲农业项目补助资金40万元。推荐水城百车河现代农业科技生态园申报2012年全国休闲农业示范点。

创新规划编制。抢抓贯彻落实国发2号文件的机遇，抓住国家对全市创建喀斯特山区特色农业示范区的特殊战略定位，与中国农科院合作编制完成了《喀斯特山区特色农业示范区总体规划》，完成了《马铃薯产业发展规划》《猕猴桃产业发展规划》《茶叶产业发展规划》《蔬菜产业发展规划》和《畜牧产业发展规划》，为六盘水特色农业发展绘就宏伟蓝图。

组织推荐企业业主参加创业之星评选。推荐16位企业业主参加贵州省第五届创业之星评选，经省评审领导小组推荐，水城县鸿源农业开发有限责任公司董事长夏虎翼、水城县广丰农业开发有限公司总经理罗程洪、贵州鸿森茶业发展有限公司经理叶芳、六盘水市神驰生物科技有限公司董事长赵应堂获评全国第十届创业之星。

实施阳光工程，提高从业人员素质。2012年完成阳光工程示范性技能培训及农业专项技术培训11253人，其中，示范性技能培训6017人，为任务数的100.3 %；农业专项技术培训5076人，为任务数的102%；创业培训160人，为任务数的100%。共计开展培训167期，其中女性学员5874人，占52.6%。

强化质量监管，确保农产品质量安全。加强节日期间农产品质量安全抽样监管，组成专项检查组，对市中心城区批发市场、农贸市场、大型超市销售的果蔬台账进行检查和抽样检测，全年共抽检样品1582个，合格率达98.3%。完成省检测中心对六盘水市抽样检测工作，全年抽样送样4次。加强“三品一标”市场监管，基地监管及认证认定，“盘县核桃”“盘县火腿”获得国家农业部地理标志认定。

（市农委）

【产业结构调整】 着力推进九大产业发展，打造“四张名片”，围绕“品种调优、产业调特、规模调大”的原则和“稳粮、增菜、兴牧、抓果”的思路，调整农业产业结构，喜获新突破，全市粮经比达到63：37的良好局面。全年完成种植马铃薯210.1万亩，为计划任务200万亩的105.75%；种植核桃21万亩，为计划任务21万亩的100%；种植油茶10.09万亩，为计划任务10万亩的100.9%；种植茶叶12.64万亩，为计划任务12.5万亩的101.12%；种植蔬菜63.15万亩，为计划任务61万亩103.52%；种植猕猴桃7.48万亩，为计划任务7.32万亩的102.19%；种植中药材7.17万亩，为计划任务3万亩的239.07%；种植烤烟13.15万亩，为计划任务13万亩的101.13%。收购烟叶30万担，产量、产值、均价创历史新高。畜牧业实现肉类产量17万吨，同比增长56.1%；全年新建规模养殖场21个。实现牛存栏50.08万头，为任务数43.17万头的116.02%；生猪存栏149.89万头，为任务数142.80万头的104.97%；羊存栏38.99万只，为任务数38.00万头的102.58%；存栏禽742.10万羽，为任务数736.00万羽的100.83%。出栏牛9.26万头，为任务数8.92万头的103.87%；出栏猪138.26万头，为任务数131.05万头的105.50%；出栏羊23.13万只，为任务数21.96万只的105.34%；出栏禽813.39万羽，为任务数797.20万羽的102.03%。

（市农委）

【招商引资】 2012年市农委招商引资任务为3亿元，工业项目1.8亿元，要求实际到位资金1.05亿元。完成申报洽谈项目4个，签约项目4个，签约项目总投资7.9亿元；实际到位资金3.3亿元，超额完成全年招商引资任务。成功举办六盘水市农业产业重点项目推介暨投资洽谈会，与省内外企业签订合作项目26个，投资金额44.9亿元，其中，已有18个签约项目落地开工建设，已投入资金约8亿元。市农委成功签约9个项目，签约项目总投资达19亿元，引资额18.8亿元。农业固定资产投资大幅增长。1至11月，完成农业固定资产投资28.8亿元，同比增长782.31%。

（市农委）

【产业园区建设】 年初，市委、市政府提出在全市建设六枝郎岱农业产业园区等5个园区的工作思路和目标，通过一年的建设，六枝郎岱农业产业园区、水城猕猴桃产业园区和钟山都市型现代农业生态园区等园区已初具规模。省委提出建设100个现代农业高效示范园区的部署后，六盘水市申报了18个省级现代高效农业示范区，其中2个综合园区（六枝现代农业综合产业园区、盘县设施农业产业园区），4类16个专业园区（水城猕猴桃产业园区等8个特色产业类，六枝工矿区优质蔬菜产业园区等3个"菜篮子"工程类，贵州娘娘山高原湿地生态农业示范园区等4个生态、生产、生活功能拓展类，1个特色农产品加工类即水城特色农产品加工园区）。

（市农委）

【强农惠农补贴力度加大】 落实市级财政农业专项资金1.16亿元，比2011年增加了4600万，主要用于各产业发展所需的基地建设、苗圃建设等方面。2012年完成农作物良种补贴项目资金2100.1万元，涉及水稻、玉米、小麦、油菜等四大作物。2012年共争取各级农机具购机补贴资金3397.5万元，其中，中央资金2170万元，省级资金320.5万元，市级购机补贴资金150万元，县级配套资金757万元。各级资金向农户直接购机补贴共3400.755万元。其中，中央资金2163.019万元，地方各级资金1237.736万元。

（市农委）

【组织实施粮油重大项目】 2012年全市实施省级粮食增产工程80万亩，完成81.23万亩，其中水稻15.37万亩，玉米65.86万亩。项目安排在全市4个县（特区、区）的48个乡镇实施。完成粮油高产创建8个，其中，玉米高产创建4个，水稻、马铃薯、小麦、油菜高产创建各1个。完成省级重点农技推广项目3个，其中，水稻超级稻示范项目、优质油菜高产栽培技术示范项目和特色杂粮（苦荞）示范项目各1个。

（市农委）

【调研与规划】 完成《创建喀斯特山区特色农业示范区的专题调研报告》《六盘水返乡农民工就业创业情况调研报告》《以县为单位建设全面小康社会调研情况》、拟写省发改委《资源深加工基地研究》《毕水兴能源富集区发展研究》和《特色轻工业基地研究》课题调研有关资料、《六盘水市农业园区建设进展情况的调研报告》《六盘水市助农增收情况报告》《六盘水市增加农民财产性收入的调查报告》《六盘水市2012年阳光工程培训需求的调研报告》等，及时上报省农委、市委政策研究室等单位。积极联系并参与中国社会科学院农村发展研究所对六盘水市的《六盘水市农村人口向城镇转移的相关配套政策研究》展开全面工作，已取得阶段性成果。完成了《喀斯特山区特色农业示范区总体规划》，并以此为统领完成了《马铃薯产业发展规划》《猕猴桃产业发展规划》《茶叶产业发展规划》《蔬菜产业发展规划》和《畜牧产业发展规划》。联系云南大学和贵州科学院专家对六盘水市的《农业特色主导产业发展规划》《农业科技园区规划》和《陡坡玉米地退耕规划》进行相关工作研究，为各级领导提供决策参考。

（市农委）

【发展龙头企业】 评审认定第八批农业产业化经营市级重点龙头企业，六枝特区岩脚大畅面业有限公司等17家企业新增为六盘水市级农业产业化经营重点龙头企业；组织各县（特区、区）农业产业化经营主管部门开展第一至五批农业产业化经营省级重点龙头企业运行监测，推荐水城县鸿源农业开发有限责任公司等21家企业申报第六批农业产业化经营省级龙头企业；组织开展第九批农业产业化经营市级重点龙头企业申报认定工作。

（市农委）

【推广农业科技】 全市推广杂交水稻29.53万亩，推广率达到94.22%；推广优质稻25.3万亩，推广率达到80.73%；推广杂交玉米100.62万亩，推广率达到97.16%；推广玉米种子包衣76.27万亩，推广率达到73.65%；推广脱毒马铃薯169.84万亩，推广率达到80.29%；推广杂交油菜10.24万亩，推广率达到70.04%。全市玉米育苗移栽40.44万亩，推广率达到40.02%；水稻旱育稀植28.81万亩，推广率达到91.93%；旱地分带轮作多熟制116.16万亩；玉米地膜覆盖栽培37.62万亩，推广率达到36.33%；油菜育苗移栽8.71万亩（其中，油菜免耕栽培3.69万亩），推广率达到59.58%。完成牛的改良配种57586头，羊的改良配种53715只。推广杂交猪144.01万头（其中，三元杂交猪85.73万头），推广良种禽536.06万羽，推广意蜂3027群。完成人工种草5.25万亩，秸秆科技处理16.50万吨，冬闲田土种草5.13万亩，工业饲料推广12.75万吨。

（市农委）

【疫病防控】 2012年，全市主要农作物种植面积467.82万亩，全市农作物病虫草鼠发生面积341.48万亩次，防治面积269.66万亩次，防治面积占发生面积的78.96%，经防治挽回粮食6352.83万公，实际损失3144.75万公斤。全年共计预防注射牲畜W疫苗360.22万头（只）份，其中，注射牛73.42万头份，注射猪229.33万头份，注射羊57.47万只份，应免密度全部达100%。免疫禽类高致病性禽流感881.15万（只、羽）份，免疫高致病性猪蓝耳病疫苗203.94万头，应免密度全部达100%。全年共计注射猪瘟疫苗214.22万头份，免疫密度达99%；接种鸡新城疫疫苗684.82万羽；注射狂犬疫苗12.14万只，注射猪瘟、肺疫、丹毒疫苗46.72万头份；注射牛出败苗4.63头份；接种鸭瘟苗19.23万羽份；注射Ⅱ号炭疽芽孢疫苗12.45万头份。

（市农委）

【农业执法】 全市累计出动农业执法人员2287人次，检查农资市场878场次，检查经营户3483户次，检查农资企业130个次，发放宣传资料2.1万份，没收违法经营的农作物种子659公斤，查获不合格肥料180750公斤，没收过期饲料1025公斤，没收假劣兽药29.696公斤，没收质量不合格农药120公斤。查获违法经营产品货值约48万元。共办理简易程序案件3件，按照一般程序立案查处案件42件，已结案38件，收缴罚款12.5801万元，没收违法所得1.8764万元。

（市农委）

【沼气工程建设】 完成2011年度巩固退耕地还林成果农村能源项目建设计划户用沼气253户。2011年中央及省下达六盘水市400~500立方米中温发酵大中型沼气池项目2处，主体工程已完成。2011年省级资金项目100~300立方米常温大中型沼气池6处，省级投资68万元。2011年中央投资沼气服务网点建设任务80个（其中六枝17个，盘县30个，水城县10个，钟山区3个），中央投资360万元，省级投资40万元，项目已完工。2011年农村清洁工程计划任务3个（盘县淤泥乡中心村、西冲镇小河村四组，六枝特区平寨镇塔山村），项目已完工。

2012年度中央投资农村沼气项目投资计划下达六盘水建设任务为：户用沼气7500户、大中型沼气工程项目1处、农村沼气乡村服务网点20个。省级下达六盘水市小型沼气工程18处，农村清洁工程3处。

（市农委）

农村经济扶贫开发

【概况】 2012年，全市完成减少贫困人口14.08万人，为省下达计划任务7.73万人的182%，占市下达计划任务12.8万人的110%；实现了12个扶贫开发重点乡镇的“减贫摘帽”目标和 54个村的“整村推进”任务。

（扶贫局）

【实施产业化项目】 2012年，争取到省级以上财政扶贫资金28658.41万，为2011年度8306万元的345%，有力地推进了产业化扶贫项目的发展，促进了贫困地区农业产业结构的调整和农民的增收。

核桃产业化扶贫项目。投入财政扶贫资金5706.76万元，完成21万亩的核桃种植，建成采穗圃100亩，核桃育苗示范基地1500多亩。项目共覆盖了一类乡3个、二类乡15个、三类乡9个、非重点乡15个；一类村63个、二类村62个、三类村8个、非重点村83个，项目扶持农户53785户，其中贫困户32581户。

草地生态畜牧业产业化扶贫项目。投入财政扶贫资金2900万元。购基础母羊26982只；购种公羊1459只；种草19800亩；建圈46350平方米；项目覆盖了二类乡4个、三类乡2个、非重点乡5个；一类村12个、二类村13个、三类村2个、非重点村11个。

精品水果产业化扶贫项目。投入财政扶贫资金400万元，分别在水城县都格乡、钟山区月照乡完成猕猴桃种植1300亩，占计划的100%。

特种养殖产业化扶贫项目。投入财政扶贫资金300万元，在水城县盐井乡齐心村建设完成大鲵（1060尾）特色养殖场一个；在六枝特区新华乡新平村建设完成竹鼠（1600只）特色养殖场一个。

乡镇特色产业化扶贫项目。投入财政扶贫资金1273万元。分别在六枝特区平寨镇杨丰村建成种草养羊示范小区一个；在六枝特区陇脚乡花德村投建核桃育苗基地一个；在钟山区大湾镇、大河镇分别完成核桃种植4350亩、优质梨种植600亩、葡萄种植100亩。

脱毒马铃薯项目。投入财政扶贫资金130万元。分别在钟山区大湾镇、大河镇完成脱毒马铃薯推广4762亩；在水城县杨梅乡完成脱毒种薯一级原种扩繁，并通过省办测产验收。

中药材产业项目。投入财政扶贫资金500万元。分别在六枝特区种植6000亩桔梗；在盘县种植291亩半夏和建设1369亩板蓝根育苗移栽示范基地一个。

蔬菜产业项目。投入财政扶贫资金600万元。分别在盘县完成蔬菜种植 770亩；在水城县完成蔬菜种植7000亩。

茶叶产业项目。投入财政扶贫资金1182万元，完成15250亩特色茶的种植。其中，六枝特区完成3000亩特色富硒茶种植；水城县完成12250亩的茶叶种植，下年3月底前可完成。

油茶项目。投入财政扶贫资金550万元，在盘县完成种植3888亩；在水城县完成种植4666亩。

（扶贫局）

【开展培训工作】 “雨露计划”实施情况。投入财政扶贫资金329.25万元，完成“雨露计划”培训11872人，其中，圆梦行动完成450人；助学工程完成400人；“三位一体”培训完成2582人；农业产业化技能培训完成8440人；完成核桃辅导员培训58人；贫困地区干部培训情况。投入财政扶贫资金98万元，共举办各类贫困地区干部培训班22期，完成培训1088人。

（扶贫局）

【推动集团帮扶项目实施】 六枝特区陇脚乡集团帮扶项目。2010年启动实施，主要实施养猪5260头、养鸭30万羽、种植优质米6000亩和种植蔬菜2000亩四个项目，分三个年度完成。4个项目已经完工，进入资料收集整理、报账阶段。

六枝特区梭戛乡集团帮扶项目。2011年启动实施，主要实施脱毒马铃薯种植6000亩、生姜种植2000亩、蔬菜种植2000亩和绿壳蛋鸡养殖35万羽两个项目，已完成绿壳蛋鸡16.2986万羽、脱毒马铃薯5000亩、生姜1500亩、蔬菜1400亩的种。项目将于2013年验收。

水城县玉舍乡集团帮扶项目。2010年启动，主要实施核桃种植11100亩、基础母羊养殖3200只、蛋鸡养殖16000羽和蔬菜种植2000亩4个项目，已全部竣工。

水城县杨梅乡集团帮扶项目。2011年启动，主要实施马铃薯种植12640亩，核桃种植12000亩和养羊3000头、蛋鸡养殖14万羽四个项目，分三个年度完成。马铃薯种植、养羊、蛋鸡养殖已竣工，核桃种植完成8700亩。

（扶贫局）

【大连对口帮扶项目】 2012年，大连市对口帮扶项目资金800万元，项目申报工作已完成，待资金到位后组织实施。 （扶贫局）

【金融扶贫工作】 水城县作为首个金融扶贫县，已与国开行签约产业信贷资金2.5亿元，其他3个县区可在2013年全部纳入。

已完成10566.2万元小额到户贴息贷款发放工作，占年计划9600万元的110.06%。

成立了六盘水市扶贫开发投资有限公司（国有独资公司），通过“公司+农民专业合作社+农户”的模式，公司已向村镇银行贷款3000万元，拟投入扶贫产业链发展，促进农民增收。

（扶贫局）

【招商引资】 9月，在2012年度农业产业重点项目推介暨投资洽谈会上，与13家企业共14个项目签约资金24.83亿元，占签约项目资金总量的47.39%。2012年招商引资实际到位资金1.5556亿元。

（扶贫局）

【培育扶贫龙头企业】 2012年省批复扶贫龙头企业11家，为扶贫龙头企业贴息资金337万元。六盘水市共有51家扶贫龙头企业，其中，国家级2家，省级21家，市级28家。

（扶贫局）

【规划编制】 2012年，完成了钟山区大湾镇乌蒙山片区区域发展和扶贫攻坚实施规划文本的编制工作；委托中国南方喀斯特研究院专家任晓冬博士为六盘水市四县（特区、区）编制滇桂黔石漠化片区实施规划。各县（特区、区）实施规划文本已完成，送县区党委政府审查批复实施，并按程序逐级上报省、市备案。

（扶贫局）

【省办与市签订战略扶持框架协议】 2012年11月3日，贵州省扶贫开发办公室与六盘水市人民政府签订精品水果（猕猴桃）产业化扶贫攻坚战略扶持框架协议，确定在“十二五”期间在全市发展红心猕猴桃种植30万亩，建立猕猴桃产业链，项目涉及36个乡镇、401个村，农村贫困人口12.064万人。到2016年，约9万亩进入盛果期、10万亩进入初果期，预期产量14~21万吨，产值42亿元，贫困人口人均增收4480元。

该协议系省扶贫办唯一与全省九个地州市签订的战略合作协议。因这一工作的开展，省扶贫办对六盘水市提出了“整市推进”的扶贫攻坚战略理念，对4个县（特区、区）在项目资金予以重点扶持，确保全市扶贫攻坚目标及各项工作目标的实现。

（扶贫局）

【六盘水市扶贫开发有限公司成立】 2012年11月份，市扶贫开发局经市政府批准（市府复字〔2012〕115号），注册成立了六盘水市扶贫开发投资有限公司（国有独资公司），注册资金1000万元，主要在扶贫产业开发、融资、技术服务等方面开展工作。

截至年底，通过“公司＋农民专业合作社＋农户”的模式，已融资3000万元。扶贫项目资金采取“企业化管理、市场化运作”的新模式，建立投融资平台，吸纳社会资金、银行资金参与扶贫开发。

现正促成六盘水青龙春茶业有限公司与贵州泰博生物科技有限公司的合作，将贵州泰博生物科技有限公司的二氧化碳超磷介萃取咖啡因技术运用到茶叶的生产、加工中，有效促进六盘水市茶叶上档次、上品牌。

（扶贫局）

林 业

【概况】 2012年，完成营造林36.33万亩（人工造林22.61万亩，封山育林7.02万亩，森林抚育6.7万亩），占任务的101.4%；完成义务植树440万株，为任务的110%；完成四旁植树170万株，为计划的121%；完成部门和社会造林24.87万亩，全市森林覆盖率41.2%。林业部门完成的36.33万亩营造林按工程类分为：天保工程完成2.2万亩（人工造林1.5万亩，封山育林0.7万亩，均占任务的100%）；珠防工程人工造林完成1.5万亩，占任务的100%；省、地、县植被恢复费造林5.79万亩，占任务的108%；巩固退耕还林成果完成3.07万亩，占任务的100%；城郊绿化0.06万亩，占任务的100%；造林补贴完成8.5万亩（中央造林补贴8万亩，省级造林补贴0.5万亩），占任务的100%；预算内基建完成0.1万亩，占任务的100%；科技推广项目完成0.06万亩，占任务的100%；石漠化综合治理完成8.35万亩（人工造林2.03万亩，封山育林6.32万亩），占任务的100%；森林抚育完成6.7万亩，占任务的100%。

（廖均良）

【林政资源管理】 林木采伐完成9.1906万立方米，比上年增加3.8558万立方米；清理整顿木材经营加工单位，对木材经营（加工）企业法人371户进行年审，新办证265户；审核办理占用征收林地许可11起，1.6296公顷；行政许可统一进驻市服务大厅，受理76件，办结76件。

（廖均良）

【森林公安队伍建设】 市、县森林公安机构更名为森林公安局，六枝、水城下设的中队更名为派出所。全市森林公安专项编制98人，在职在编民警89人。举办1期森林公安业务暨警务技能培训班，培训72名森林公安民警。全市森林公安民警人均拥有计算机1台，“金盾网”接入率100%，建立市级森林公安视频会议室。先后开展“雷霆行动”“森林火灾案件侦破会战”“打击野生动物及其制品网络犯罪和非法贸易专项行动”等，加大各类涉林案件的查处力度，受理各类森林案件302起，查处268起，其中，立森林刑事案件63起，破48起，受理林业行政案件239起，查处220起，林业行政罚款51.644万元。

（廖均良）

【森林防火】 筹集资金 1600万元修建200公里林区防火通道。全市共发生森林火灾37起，过火面积4821亩，受害森林815亩，森林火灾受害率0.14‰，低于省规定的1‰的控制指标。与上年同期相比，火灾起数、过火面积、森林火灾受害率明显下降。

（廖均良）

【病虫害防治与野生动物保护】 开展2012年林业有害生物越冬代调查，全市发生森林病虫害面积为22.37万亩，经过人工及时防治，成灾率为0；有效防治面积20.8万亩，无公害防治率为100%；对重点林区、林业有害生物发生重灾区实行重点监测，测报准确率为93%。产地检疫苗木4650亩，产地检疫率100%。聘请护林人员9人，对保护区进行有效管理，无乱砍滥伐、私挖乱采、乱捕滥猎现象；自筹资金30万元对保护区站房进行扩建和维修。

（廖均良）

【集体林权制度改革】 根据省林业厅印发的4种林权流转合同，指导各县（特区、区）规范林权流转，共流转8880亩，流转金额381万元。指导有条件的地方建立专业合作组织130余家。启动森林保险试点工作，保险公司与水城县林农代表签订森林火灾保险合同，涉及29个乡（镇）、2个国有林场的2221户林农，投保面积93.9万亩，投保金额208.5万元。下放森林采伐管理权限。加大森林生态效益补偿力度，全市林木生态效益补偿面积扩大到459万亩（重点公益林300万亩，地方公益林159万亩），中央森林生态效益补偿金3019万元，省、地、县642万元。进行森林旅游、林下种植、养殖，提高林地产出。

（廖均良）

【其他工作】 招商引资签约7个，实际到位资金1.03亿元，占目标任务的147%。编制完成“十二五”油茶产业发展规划，完成10.09万亩，占任务的100.9%。聘请50名护林员对中心城区环城林带8.7万亩林木实行有效管理，对中心城区可视山头退耕造林1万亩，火烧迹地造林650亩。重要公路沿线两侧25度以上的坡耕地退耕还林14.1万亩，占任务的100%。

（廖均良）

气　象

【概况】 2012年，六盘水市年平均气温与常年相比东部地区偏低、西部地区正常到偏高，年总降水量正常到略偏少，年总日照时数偏少。年内出现了春旱、低温雨雪冰冻、暴雨、大雾、大风、冰雹等气象灾害。全年无大范围严重的气候灾害事件发生，总体为正常年景。

市气象部门全年完成山洪地质灾害防治气象保障工程建设任务和六盘水市新一代天气雷达项目建设前期工程的气象现代化建设，建立和完善公共气象服务、气象应急响应的运行和发布机制，开展为凉都·六盘水消夏文化节提供服务等的专题气象服务，建成梅花山交通气象服务系统，打造明星预报员节目，《马铃薯生产与贵州西部气候生态适应性研究及种植技术推广》等气象科研课题取得好成绩。

（卢文诗）

【气象现代化建设】 增设六枝特区、钟山区山洪地质灾害单雨量自动气象站26个，辖区内区域自动气象站达226个，增加山洪地质灾害非工程性措施项目自动气象站8个，国家级自动气象站和区域自动气象站可疑数据处理反馈率和实时资料异地存储备份率达到100%；落实六盘水市新一代天气雷达项目建设前期工作经费50万元和基础设施建设经费500万元，完成雷达站土地征用、塔楼土建招投标及供电线路建设，启动平场、堡坎等基建工程。

（卢文诗）

【交通气象服务】 建成梅花山交通气象服务系统，与市交通局签订合作协议，建立和完善交通气象服务运行机制，编制《贵州省S102省道梅花山段交通气象灾害监测预警服务系统建设方案》，按照方案完成液晶显示屏和交通自动气象站的安装和调试并试运行。

（卢文诗）

【打造明星预报员】 以“明星预报员”“明星气象专家”为载体，在六盘水市电视台的《天气预报》栏目上，推出“专家谈天气”专题节目，在六盘水市广播电视台新闻综合广播调频FM 102.1及交通广播台联办气象信息节目，定时进行直播连线，由气象专家、天气预报员直接向公众介绍天气实况和天气预报情况。

（卢文诗）

【气象科研开发】 承担省科技厅、省气象局、市科技局的“六盘水市马铃薯生产的气候区划及其主要病虫害发生的气象预测预警系统开发”“贵州红心猕猴桃精细化气候区划及主要病虫害气象预测预警系统研究”“贵州中西部春旱预测方法研究及预警系统开发”“水城县优质红心猕猴桃种植的生态气候适应性研究”“六盘水市烤烟种植气候精细化区划及气象防控技术研究”5项科研课题。研发的“马铃薯生产与贵州西部气候生态适应性研究及种植技术推广”荣获六盘水市第十三次科技进步一等奖。气象防灾减灾列入乌蒙山区石漠化治理建设规划，完成临近预报系统（SWAN）市县级版本地化应用。

（卢文诗）

【防雷减灾】 按照贵州省防雷中心集约化管理模式将各县（特区、区）的防雷减灾技术服务工作纳入市局防雷减灾中心统一管理。同市安监局联合，选取盘江集团火铺矿矸石山、老屋基选煤厂矸石山、水矿集团汪家寨煤矿矸石山、野马寨电厂灰渣坝、盘南电厂灰渣坝5个灾害隐患点作为推进全市尾矿库、矸石山气象灾害应急预警平台建设工作的试，该项目已纳入六盘水市安全技术改造项目。

（卢文诗）

【人工影响天气】 全市共投入作业高炮43门，车载火箭发射系统6套，落地火箭发射系统4套，从业人员200余人。共实施防雹增雨作业179次，使用炮弹3671发，火箭弹52枚，其中针对干旱实施的人工增雨作业35次。

（卢文诗）

【农经网工作】 建成盘县保田乡乡村防灾减灾综合信息服务站和六枝特区郎岱镇阿乐村村级农民多功能信息服务站，全市1031个行政村均实现气象信息员全覆盖。（卢文诗）

【行政执法】 将气象探测环境保护工作纳入市城市规划建设审批前置条件，与安监局建立了施放气球安全联合管理机制。三个气象行政许可事项纳入六盘水市人民政府政务服务大厅，年内完成66个项目防雷设计审核、41个项目防雷装置竣工验收和55次空飘气球施放行政许可工作，同时发放35个防雷装置安全使用许可证。

（卢文诗）

【获得荣誉】 获得省气象局2012年度贵州省气象系统综合考核优秀单位（全省第二名），获得六盘水市2012年度市直机关目标考核一等奖。

（卢文诗）

水 利

【概况】 2012年，全市水利项目完成工程总投资238600.54万元。其中，双桥水库、白河沟水库、鱼洞坝水库、旧院水库和卡河水库共完成投资76258万元；万家口子电站、鳝泥坡电站、毛家河电站、黄家寨电站、下屯电站、金狮子电站、天生桥电站、星桥电站、岔河电站、乌都河水电站等重点水电站共完成投资134506.14万元；病险水库除险加固、农村饮水安全、中小河流治理、小型农田水利重点县建设、水土流失治理及山洪地质灾害防治非工程措施建设等民生水利项目共完成投资27836.4万元。

（田应惠）

【重点水源工程建设】 被列入“三位一体”的中型水库中，旧院水库、懒龙河水库、鱼洞坝水库、卡河水库、朱昌河水库、观音岩水库、双桥水库中型水库前期工作全部完成并已开工建设。

重点水源工程建设主要是在建的双桥水库、白河沟水库、鱼洞坝水库、旧院水库和卡河等中型水库。

双桥水库：完成了导流洞394米掘进和衬砌工作，进口闸门门槽安装；左右坝肩开挖完成；溢洪道开挖；取水隧洞出口边坡开挖支护；料场坝体填筑料开采场覆盖层清理基本完成，正在进行钻孔爆破；大坝区施工营地修建完成并已进驻；导流兼泄洪放空洞混凝土全断面浇筑完成；水南公路8.6公里改线工程完成。管线工程天生桥隧洞进场道路基本修建完成；完成天生桥1#隧洞进口段掘进113，完成天生桥1#隧洞出口段掘进140，完成天生桥2#隧洞出口段掘进106米，2#隧洞进口段掘进17米（包括7米明拱），完成管线开挖2.7公里。累计完成投资25000万元。

白河沟水利工程：大坝主体工程、泵站工程土建部分、土地征用已基本完成，移民安置点场地平整基本结束，现正进行泄洪洞出口、输水隧洞衬砌、前后段管道及泵站安装等工程施工；现累计到位资金45928万元，累计完成投资47217万元。

鱼洞坝水利工程：大坝枢纽、工业基地输水管道、提水泵站，下游灌溉等工程主体均全部完工，水库具备下闸蓄水条件，工程进入扫尾计完工验收资料准备阶段。现累计完成投资47008万元，占总投资的99.56%。

卡河水利工程：完成工程用地征地1200，完成监理招标，大坝招标，修建施工住房1200平方米，土方11万立方米，石方5.2万立方米，混凝土浇筑95.6立方米，完成上坝公路和临时公路1800米，修建施工用水水池一个（200立方米），导流洞灌通131米，累计完成投资13676.3万元，占总投资的40.31%。

旧院水库：大坝土石方开挖全部完成，主坝填筑完成，副坝填筑3.1万立方米，钢筋制安250吨。混凝土1.1万立方米。趾板已进行封闭式处理并开始锚杆钻孔工作，喷锚支护完成11000立方米，溢洪槽开挖完成三分之二。右输水管道及供水工程土石方开挖8800立方米，混凝土100立方米，临时输电线路完成。管道采购400万元。

（田应惠）

【重点水电项目建设】 2012年，在建水电站11座，装机462.5兆瓦，总投资543455万元，累计完成投资249984.96万元，全年完成投资160121.96万元。

万家口子电站：大坝混凝土浇筑累计完成213810米。发电厂房工程、发电厂房混凝土浇筑

1306.0米高程。永久公路工程、左岸2#交通洞和右岸3#交通洞已全线贯通，下游永久桥完成通车，洞内路基修整工作已经全面完工。累计完成投资96288万元。

毛家河电站：已完成大坝工程基础开挖，正在进行基坑抽水及清淤施工；引水隧洞工程完成开挖进尺4398.28米。厂房工程完成基坑开挖，正在进行机坑抽水及清淤施工，边坡、副厂房、马道正进行混凝土浇筑。机电安装工程正在进行厂房安装间及3台机组电气一次、二次管路及接地扁钢、消防联动埋管、尾水排气管等预埋。工程总投资121803万元，已完成79229.62万元。

善泥坡电站：大坝工程、坝体基坑已开挖至780米，消力池已开挖至790米，通过对坝基岩心钻探并组织技术专家咨询，坝基及消力池优化工作正在进行中。引水隧洞实现全线贯通，现已全面进入衬砌阶段。工程总投资16.9亿元，累计完成54290.34万元。

金狮子一级电站：完成场地平整和总长4.7公里的进场公路；机电设备完成订货（2400万元）；混凝土拌和楼即将建成投入使用；导流洞贯通，准备实施截流；厂房、坝肩开始基础开挖，完成土石方24万立方米。工程总投资22681万元，完成投资7890万元，为计划的158%。

岔河电站：引水隧洞全线贯通，衬砌完成近500米，厂房基础基本开挖完毕，正在进行大坝基础开挖，机电设备已完成订货。工程总投资15743万元，已完成投资1570万元。

（田应惠）

【政府“十大民生”水利项目】 农村饮水安全工程：2012年全市解决农村18.7883万人，4万名师生饮水不安全问题，其中，六枝特区解决4.0769万人，0.494万名师生饮水不安全问题，盘县解决6.7399万人，1.8281万名师生饮水不安全问题，水城解决6.4522万人农村饮水不安全问题，钟山解决1.5193万人，1.6813万名师生饮水不安全问题。

病险水库治理：2012年实施病险水库治理5座，分别为盘县的团结水库、大洼塘水库、捞诸水库，水城县的水沟坪水库和小河沟水库。工程计划总投资17085万元，共完成投资976万元。

水土流失治理：一是实施2012年六盘水市中央预算内水土保持资金项目完成治理水土流失面积23.68平方公里，分别为盘县水土保持世行贷款项目米勒小流域治理；六枝特区坡耕地整治试点工程项目大用；水城县坡耕地整治试点工程项目金盆点。二是启动实施2012年度（2013年）六枝特区及盘县坡耕地整治试点工程项目，已经开始实施。

中小河流治理：实施中小河流治理共6条，共完成投资4357万元。

（田应惠）

【其他民生水利工程】 实施六枝、盘县、水城县、钟山区小型农田水利重点县、工程县、建设县项目建设，共完成工程投资5656.96万元。

（田应惠）

【水利综合行政执法】 2012年，加大了对河道保护、取水许可、水土保持等方面的水事违法案件的查处力度，共查处了水事违法案件19件，调解水事纠纷1起。当年全市共征收水利行政事业性规费1973万元。行政受理许可方面，对全局35项行政许可审批事项进行清理，不符合相关规定的一律取消，能下放到县区坚决下放，做到力争减少30%的行政许可事项，从原来的35项行政审批事项调整为21项。

（田应惠）

【防汛工作】 2012年先后对全市小（1）型及其以上水库进行了普查（含在建工程），对小（2）型水库及其电站（含火电站）工程进行了抽查（含在建工程），共普查中型水库11座，小（1）型水库15座，抽查小（2）型水库9座，以上含水电站10座。二是认真落实防汛行政责任人，及时调整防汛指挥部成员单位及其工作职责。三是认真落实24小时值班制度。从4月1日起防汛值班工作顺利开展，值班期间领导亲自带岗，做到防汛值班不出任何差错。

（田应惠）

【水利普查】 自开展水利普查工作以来，全市共投入水利普查经费1115万元。2012年，全面完成普查对象清查登记工作，并对清查成果进行排查、复核、修订和补报，完成对象清查收尾工作。采取集中培训、现场培训、以会代训、电话交流等多种方式，完成了对各县（特区、区）的1179名普查员、141名普查指导员进行了培训。确定全市清查对象6829个，其中，水利工程清查对象1062个，经济社会用水清查对象1344个，河湖开发治理清查对象1664个，水利行业能力单位239个，灌区696处，地下取水专项1824眼。通过省级经济用水专项事中质量检查和水城县通过省级事中质量抽查等工作。

（田应惠）

水利移民

【概况】 2012年，完成中型水库移民搬迁 792户、3195人（双桥水库15户、74人，旧院水库120户、547人，白河沟水库272户、965人，鱼洞坝水库385户、1609人）。完善光照水电站六枝库区移民安置基础设施建设，组织对复建项目进行验收，开展淹没土地复核变动指标的分解工作，兑付集体资金2029.7万元，实施毛口集镇地质坍塌滑坡治理工程，完成《光照水电站六枝库区移民安置规划遗留问题修编报告》及《光照水电站六枝库区库岸失稳报告》修编工作。完成黔中水利枢纽一期工程建设征地移民搬迁安置工作和库区专复建项目建设工作。督促指导双桥水库施工区移民实物指标分解、兑现工作；组织对复建项目交通复建、移民集中安置点规划、通信、供电等专项设施设计报告的审查，完成1570米线下县级截流验收工作，完成管线区建设征地移民安置工作；编印移民政策问答宣传小册子3000份。完成旧院水库1430米线下移民搬迁安置和库底清理围堰截流验收工作，参与妥善处理旧院水库移民上访案件，认真办理移民信访诉求。对懒龙河、观音岩、朱昌河、出水洞水库、万家口子水电站建设征地移民安置规划大纲和报告进行市级审查。完成泥猪河水电站、白河沟、鱼洞坝水库的移民专项验收工作，完成毛家河水电站阶段性截流验收。完成水城县善泥坡水电站高家渡大桥及引道（246县道）建设项目交工验收。指导白河沟、鱼洞坝、卡河水库及地方小型水库移民搬迁安置工作。在新建的大中型水利水电工程项目中，积极探索推行长期补偿移民安置方式，使移民长远生计有保障。

（张林　彭艳）

【移民后期扶持工作】 审核上报新建大中型水库农村移民后期扶持人口1231人，全市后期扶持人口增加到12420人。兑现大中型水库8003名移民后期扶持直补资金671.36万元。编制并报请市政府批复《六盘水市大中型水库库区和移民安置区基础设施建设和经济社会发展“十二五”规划（2011~2015年）》，规划项目516个，计划总投资36490.54万元，涉及全市3个县（特区、区）、42个乡（镇）、122个村、近5万移民及影响人口；审查上报《六盘水市水库移民示范新村建设“整村推进”规划（2012~2016年）》，涉及3个县（区），共规划项目90个，计划总投资6176.63万元。组织申报移民后期扶持项目43个，总投资2177.13万元，争取到位中央、省级移民后扶专项资金项目28个，总投资1549.26万元，为上一年投入的171.8%。全年共整合部门资金3.4亿元，促进库区和移民安置区发展。完成700人的移民培训任务，洒志乡平桥和果布戛乡下以龙移民示范新村通过省级验收；申报新实施5个移民示范新村，争取到当年移民示范新村项目资金180万元。积极创新移民后扶项目管理模式，简化项目审批程序，对投资不大、技术简单的后扶项目，委托县（特区、区）移民局实施管理。按时完成移民后期扶持监测评估，大中型水利水电工程移民统计，移民后期信息系统建设管理等工作。

（张林　彭艳）

【移民资金管理】 根据各个库区年度工作任务下达黔中水利枢纽、善泥坡电站、双桥水库、光照库区、白河沟水库、鱼洞坝水库、旧院水库资金年度计划，下拨移民资金23567.6万元。组织财务检查并对检查情况下发通报。对光照电站库区内部审计问题进行整改，接受市财政局的财务检查，并对问题进行整改。制定规范的“移民资金拨付流程图”“预付移民资金拨款单”“预付移民工程资金拨款单”。对盘县移民系统分管财务的领导、财务人员、乡（镇）移民站干部进行系统培训。

（张林 彭艳）

【移民工作】 认真受理和办理移民信访事项，承办上级机关及信访工作机构转送、交办的信访事项，并按要求及时回复、报告办理结果，当年信访办结率达100%。制定《关于开展移民群众走访活动的实施方案》，移民大走访排查隐患矛盾共 175 个，对移民人口100人以上的75个村、组开展大走访，走访群众800余人，编制信访信息139条，并将各库区排查出来的矛盾隐患，按属地管理原则，明确到县（特区、区）移民局予以逐步办理。印发《六盘水市水利水电工程移民群体突发事件应急处置预案》，与市委党校联合对全市水库移民工作社会管理进行了调研，并有针对性提出十条对策措施，在市政府经济与政策研究刊物上予以发表。建立起领导联系县（特区、区）、职工包库区、全体移民干部参加的“三位一体”信访维稳工作机制。开展新建水利水电项目的社会维稳风险评估工作。

（张林 彭艳）

【上级工作指导】 3月29至30日，水利部移民开发局后扶处处长刘青、工程师宋向阳，在省移民局后扶处副处长徐元刚陪同下，到六枝特区调研库区新增移民后扶政策审核上报工作。4月16-18日，省移民局董继刚副巡视员率省移民局有关处室人员到六枝特区开展库区移民走访活动。5月17日，省移民局业务二处汤越强一行，到鱼洞坝水库移民安置点开展移民大走访活动。6月20日，省移民局在贵阳召开会议，对《懒龙河水库移民安置规划报告》进行审查。6月20至21日，省移民局业务四处处长周双林带队，财务审计处副处长赖宝生、稽查处副调研员李吉峰及省移民局相关人员组成的省级检查验收组，对六盘水市2008~2012年省级移民示范新村建设进行省级验收。6月30日，省水利水电工程移民局在贵阳召开会议审查朱昌河水库移民安置规划报告。7月1日，省移民局在贵阳召开会议，审查出水洞水库建设征地移民安置规划报告。当日，省文物局会同省移民局在贵阳就善泥坡水电站高家渡铁索桥、小渡口铁索桥和高家渡摩崖石刻群文物保护进行研究处理。

（张林 彭艳）

工业 地勘

煤炭工业

【煤炭行业产量】 原煤产量完成情况。全年原煤累计完成7156万吨，完成年计划的100.08%，同比增长27.71%。其中，地方原煤完成4362.58万吨，完成年计划的111.87%，同比增长49.05%（六枝301.25万吨，完成年计划的100.42%，同比增长57.62%；盘县2461.1万，完成年计划的107%，同比增长37.42%；水城县1300.23万吨，完成年计划的130.02%，同比增长72.63%；钟山区300万吨，完成年计划的100%，同比增长56.43%）。

国有大矿完成2793.42万吨，完成年计划的85.96%，同比增长4.37%（盘江投资控股集团1567.26万吨，完成年计划的89.56%，同比增长9.76%；水城矿业集团839.35万，完成年计划的72.99%，同比下降11.95%；六枝工矿集团386.81万，完成年计划的110.52%，同比增长31.02%）。

洗精煤产量完成情况。全年完成2642.27万吨，完成年计划的132.12%，同比增长73.8%。其中，地方完成2096.73万，完成年计划的158.84%，同比增长112.96%（六枝42.34万吨，完成年计划的105.85%，同比增长1522.22%；盘县1092.6万，完成年计划的109.26%，同比增长44.8%；水城县783.08万吨，完成年计划的631.51%，同比增长107.05%；钟山区178.71万吨，完成年计划的148.93%，同比增长48.49%）。

国有集团公司完成545.54万吨，完成年计划的80.23%，同比增长1.84%（盘江投资控股集团418.38万吨，完成年计划的83.68%，同比增长1.87%；水城矿业集团127.16万，完成年计划的79.48%，同比增长1.74%）。

焦炭产量完成情况。全年完成504.96万吨，完成年计划的114.77%，同比增长18.78%。其中，国有完成138.88万吨，完成年计划的99.2%。地方完成366.08万，完成年计划的122.03%，同比增长25.15%（盘县262.3万，完成年计划的114.04%，同比增长13.92%；水城县71.06万吨，完成年计划的236.87%，同比增长200.21%；钟山区32.72万吨，完成年计划的81.8%，同比下降15.23%）。

（梁卫华）

【地方煤矿生产安全状况】 2012年，地方煤矿生产原煤4362.58万吨，发生事故11起，死亡13人，百万吨死亡率为0.298，创建市以来的最好水平。

（梁卫华）

【电煤 民用煤 燃气煤供应】 2012至2013年度，市、县、特区、区配套供应民用煤补助资金拟安排13478.571万元（比2011年度多1033.471万元）,供应户数530467户（比2011年度多53036户），至2012年底全市民用煤补助兑现工作仍在进行之中；供应市内电煤1526.64万吨，其中地方煤矿供市内电煤818.41万吨，国有大矿供电煤708.23万吨；供水钢燃气等用煤276万吨（地方煤炭供应220.6万吨，国有大矿供应55.4万吨）。

（梁卫华）

【煤矿建设项目】 2012年，全市新颁发50个矿井的煤炭生产许可证，产能1125万吨/年；批复正在进行联合试运转矿井30个，产能576万吨/年；已经上报省联席会审批试运转10个，产能285万吨/年，省能源局直接受理1个，产能45万吨/年；省属国有煤矿进入联合试运转2个，产能480万吨/年。全年新增产能2511万吨/年。

（梁卫华）

【行业培训】 全年组织煤矿管理人员培（复）训各9期1408人次；法人代表培（复）训各3期，186人次。合计培（复）训管理人员1594人，完成年计划的266%；煤矿特种作业人员培（复）训3132人，完成年计划的104%；从业人员培（复）训25266人，完成年计划的105%；专项培训：8月至9月邀请“三一重工”工程技术人员对六盘水市2012年底实现综采综掘的地方煤矿综采工作人员进行《综采综掘培训知识》培训244人次；11月至12月组织地方煤矿矿长和安全副矿长开展防治煤与瓦斯突出培训4期，共247人次。

（梁卫华）

【兼并重组】 根据贵州省人民政府办公厅《转发省能源局关于加快推进煤矿企业兼并重组工作指导意见的通知》、市人民政府办公室《关于印发六盘水市加快推进煤矿企业兼并重组工作实施意见的通知》和2012年煤炭工作会议及市委中心组学习读书会精神，截至年底全市共组建煤炭企业集团公司39家，设计规模13659万吨/年，所属煤矿354个，其中，市内煤矿277个，设计规模9805万吨/年。在充分听取企业集团公司意见的基础上召开了推进会，分别与重点推进的集团公司座谈征求意见，按照组建煤炭企业集团公司不少于30个的要求，完成了《六盘水市煤炭企业集团组建工作计划》，明确到2015年，打造1个5000万吨级、1个3000万吨级特大型煤炭企业集团，做强6个1000万吨级大型煤炭企业集团，培育12个500万吨级煤炭企业集团，组建完善10个以上200万吨级企业集团的工作目标。

在充分调查研究煤矿现状、资源赋存条件的基础上，初步提出了全市新一轮的煤矿整合方案，将现有306个煤矿整合为193个，将现有煤矿规模从11358万吨/年提升至14216万吨/年，规划新建煤矿34个，产能2565万吨/年。到2015年，煤矿总设计规模达到16781万吨/年，并按照市委、市政府的要求，完成了煤炭产业“十二五”发展规划的修编工作。

（梁卫华）

【解决历史遗留问题】 六盘水市煤炭生产历史悠久，国有大矿开采及工程建设等因素引发了一系列问题，市能源局在积极协调的基础上，大胆创新工作思路，采取措施，着力加大工作力度，促使大部分问题得到解决或基本解决。

一是双桥水库涉及的三个煤矿处置问题。多年来，对双桥水库涉及煤矿的处置一直没有合理的方案，一方面三个煤矿的补偿未计入投资预算，另一方面2011年水利部门委托中介公司进行的评估三个煤矿净值为3.91亿元，财政无力支付。2012年，市能源局牵头开展处置的前期工作，编制了《双桥水库涉及煤矿的处置工作方案》，充分考虑财政困难，提出了进行资源整合的优选处置方案，并与有关集团公司和煤矿达成初步协议，纳入新一轮煤矿整合方案，充分体现了市委书记王晓光“水库建设要支持，但企业合法权益应给予保护”的重要批示精神。

二是盘县与国有大矿矿权重叠的31个煤矿问题得到基本解决。盘县31个与国有大矿矿权重叠的煤矿，因矿权重叠问题、生产矿井被停产、建设矿井被停建，引发很多问题。通过多方协调，省联席会召开专题会议，进行研究解决。9月底，市能源局牵头，市直有关部门参与开展了矿权重叠矿井的恢复生产建设验收工作，至年底恢复了20个煤矿的生产建设工作，其余矿井已纳入新一轮的整合中加以解决。

三是明确了云贵交界纠纷煤矿的处置办法，云贵交界煤矿纠纷历时已久，并升至国家层面，在多方的共同努力下，已形成初步处置意见，将云贵交界盘县境内12个煤矿整合为5个煤矿，纳入本轮整合方案予以解决。

四是基本解决了松河复采单元问题。2011年“3.12”事故后，盘县复采单元的14个煤矿一直处于停产停建，经过协调，已获得省政府及有关部门同意，将之与松河矿进行整合，现方案审查已基本完毕，进入恢复生产建设验收工作阶段。

另外，一些因矿界问题、纠纷问题、资金问题停产停建的煤矿，已在逐步恢复生产建设。

（梁卫华）

【提升煤矿采掘机械化水平】 2011年，全市完成原煤产量5603.44万吨，2012年任务安排7150万吨，同比需增长27.6%。市能源局深感压力很大，为了确保目标任务的完成，从年初开始，除推进煤矿建设外，把采掘机械化作为增加煤炭产量的重要抓手全力推进，加大宣传力度，逐矿分析研究，对符合条件的煤矿从方案设计、技术措施等方面给予积极的指导帮助。截至年底，实现综采92，其中地方煤矿实现52套；综掘157套，其中地方煤矿59套，特别是地方煤矿综采，2012年净增45套，为全年煤炭生产任务的完成做出了积极的贡献。

（梁卫华）

【加大行业日常监管力度】 3月，地方煤矿安全生产日常监管职责划转安监部门，但能源局在把工作重点向生产建设倾斜的同时，从行业管理的角度从未放松对地方煤矿的安全监管工作，一直把生产建设的督促指导同安全检查相结合，对煤矿存在的隐患均督促其整改，并积极配合安监、煤监部门的安全生产联合执法工作，在各种会议及重要节日期间均分组到煤矿开展安全检查，实现了全市地方煤矿安全生产形势的稳定好转。2012年全年地方煤矿生产原煤4362.58万吨，发生事故11起，死亡13人，百万吨死亡率为0.298，创建市以来的最好水平。

加大对煤炭生产许可证的日常监管工作力度，积极帮助协调建设矿井的颁证验收工作。全年六盘水市通过第1次到第10次省联席会议颁证矿井达50个。对煤炭生产许可证即将到期的煤矿督促其开展延期换证工作，必须年检的煤炭生产许可证全部进行年检，全年完成56个煤炭生产许可证年检的审查上报工作。

加大对煤焦经营资格证的日常监管。通过加强督促检查，积极帮助指导办理企业经营资格证，逐步规范煤焦企业的经营行为。截至2012年底，全市持有煤焦经营资格证的企业共209家，其中，生产企业43家，经营企业165家，零售企业1家。

（梁卫华）

【治理整顿洗选和焦化行业】 2012年是全市洗选行业治理整顿工作的第三阶段，按照“关闭一批、完善一批、提升一批、整合一批、新建一批、储备一批”的工作思路，着力推进洗煤厂整合、技改建设进度，督促建设完工的洗煤厂完善手续，继续开展淘汰落后产能工作，全年建成洗煤企业21家，合计建成洗煤企业72家，完善证照办理5家，合计43家证照齐全合法生产，淘汰落后产能关闭洗煤厂21家，合计关闭120家。

全市现有焦化厂22家，其中生产17家，产能为673万吨/年，在建5家，产能1290万吨，规划建设3家，产能470万吨/年，其中1家为水城县兴利、盛宇、盛炜3家焦化厂整合扩建，基本淘汰不符合国家产业政策的焦化企业。通过治理整顿，洗选焦化企业产能落后、布局不合理、污染严重、脏乱差的状况逐步得到有效解决。

（梁卫华）

【培育规模以上煤炭企业】 2012年通过强力推进煤矿、洗选、焦化企业建设，积极协调证照办理，有81家煤炭企业新入规模以上企业（其中煤矿54家，洗选21家，焦化4家，公司2家），煤炭企业的入规率大幅上升，为全市工业产值、工业增加值、煤炭产品产量任务的完成做出了积极的贡献。

截至2012年底，全市规模以上工业企业共计342家（500至2000万元规模企业134家，2000万元以上规模企业208家），其中，煤炭企业263家，占全市规模以上工业企业的76.9%，对全市经济起到了支撑性的作用。2000万元以上的208家中，煤炭企业为175家，占全市的84.1%，随着煤炭企业的不断建成验收，占全市规模以上工业的比例还将进一步增大。

（梁卫华）

【国有煤矿帮扶地方煤矿】 按市府办发〔2011〕93号文件要求和部署，积极跟踪调度协调大矿帮扶小矿工作，帮扶单位对58对地方煤矿（其中，六枝10对，盘县18对，水城17对，钟山13对）开展了帮扶工作，截至年底共帮扶684矿次（帮扶六枝特区97矿次；盘县331矿次；水城县86矿次；钟山区170矿次），对帮扶企业在采、掘、机、运、通、瓦斯防治、防治水等方面条问题和隐患提出了2818条，并逐条提出了整改意见和措施，帮扶企业认真按照建议制定了相应方案进行整改和落实，及时消除隐患，有效促进了地方煤矿的管理水平进一步提升。

（梁卫华）

【新能源利用】　积极参与配合六盘水市清洁能源公司对瓦斯提纯、发电及低浓度瓦斯综合利用等项目的合同协议签定相关工作，该公司已与92对地方煤矿签订了瓦斯利用协议，正在做 项目可行性研究，同时各项工作有序推进。

配合各县、特区、区政府及相关部门做好风电项目的协调服务和风电项目建设进度调度工作。至2012年底，四格风电厂一期已完成16台风机并网发电。二期于6月1日开工建设，首台机组已完成安装，3台机组正在安装中。华能赫章公司在盘县的老黑山、平关及黄白箐风电场上年10月已完成可研编制并获得环保、国土、电力等批复，正在进行道路施工等工作。

对生物质能源利用项目进展情况进行跟踪调度，了解项目落实过程中存在的问题。六枝特区的生物质发电厂于2012年底已获核准文件，可研报告已编制完毕，报省发改委处于预审中。

对太阳能资源开发利用方面，根据市办发〔2012〕31号文件要求，由市能源局落实2013年内完成六盘水市太阳能发电项目调查的可研报告编制工作，已初拟了《全市太阳能发电可研报告编制的实施方案》和《六盘水市太阳能发电发展思路》，待进一步修改完善后上报审定。

配合外地客商到六盘水对“四个一体化”涉及煤炭项目进行考察调研并提供相关资料。

（梁卫华）

盘江精煤股份有限公司

【概况】　贵州盘江精煤股份有限公司是1999年经贵州省人民政府批准，由盘江煤电集团公司作为主发起人，联合中煤进出口公司、贵阳特钢公司、防城港务局等七家单位共同发起设立的股份制企业。盘江股份于2001年5月在上海证券交易所正式挂牌交易。

2012年，公司在全省“两加一推”主基调和实施“工业强省、城镇化带动”战略中，全面部署和落实公司董事会决策，围绕公司董事会确定的工作目标认真抓好以安全生产、经营管理、市场营销、项目建设、科技进步、民生改善为重点的各项工作，各项工作取得了较好成绩。原煤产量：计划1220万吨，实际完成1221万吨比上年增加53万吨，增长4.54%。商品煤产量：计划976万吨，实际完成914万吨。其中，精煤计划450万吨，实际完成399万吨；混煤计划526万吨，实际完成515万吨。掘进总进尺：计划92500米，实际完成90637米。其中，开拓进尺计划18450米，实际完成19762米。发电量：计划4.6亿度，实际完成4.8亿度。销售收入：计划76.28亿元，实际完成71.7亿元。利润总额：计划20亿元，实际完成17.5亿元。职工人均薪酬收入：计划7万元，实际达到6.9万元。安全生产：原煤百万吨死亡率为0.24。税费：全年上缴各种税费17.1亿元。

（王　龙）

【2011年度荣誉】　2012年1月13日，盘江投资控股（集团）有限公司荣获“2011贵州企业100强”“中国煤炭企业煤炭产量50强”“中国煤炭企业100强”“全省抗旱救灾和森林防火工作集体记一等功”“企业信用评价AAA级信用企业”等殊荣，盘江投资控股（集团）有限公司党委书记、董事长张仕和荣获“2011年度贵州省优秀企业家”荣誉称号。

（王　龙）

【与盘县人民政府签订《地企共建 共促发展框架协议》】 2012年2月8日，盘县县委、县政府在红果召开盘县支持贵州盘江投资控股（集团）有限公司加快发展、做大做强座谈会。会上，贵州盘江投资控股（集团）有限公司党委书记、董事长张仕和与盘县县委副书记、县长邓志宏共同签订《地企共建、共促发展框架协议》。

（王 龙）

【国家安监总局领导检查工作】 2月17日，国务院安委会副主任、国家安全生产监督管理总局党组书记、局长骆琳，国家安全生产监督管理总局党组成员、总工程师黄毅到盘江精煤股份有限公司，对盘江矿区的安全生产管理工作进行检查指导。贵州省副省长孙国强，贵州煤监局党组书记、局长李尚宽，副局长陈富庆，六盘水市委副书记、市长何刚，副市长尹志华，盘县县长邓志宏陪同检查。

（王 龙）

【贵州茶产业营销创意大会】 3月18日，贵州盘江投资控股（集团）有限公司在贵州饭店国际会议中心举行贵州茶产业营销创意大会，并与黔南州、都匀市、湄潭县签署战略合作协议。贵州盘江投资控股（集团）有限公司党委书记、董事长张仕和及外部董事、在家领导，黔南州州委常委、副州长吴胜华，黔南州副州长、都匀市市长胡晓剑，湄潭县县长杨游明分别带领黔南州、都匀市、湄潭县政府有关领导和企业家代表叶茂中营销策划团队参加会议。

（王 龙）

【北京大学中国民营企业研究所特聘研究员汪中求到盘江开设精细化管理讲座】 4月12日，北京汪中求细节管理咨询公司首席咨询师、北京大学中国民营企业研究所特聘研究员汪中求，在盘江精煤股份有限公司工会多媒体培训中心开设精细化管理讲座，盘江投资控股（集团）有限公司各单位、部门的100多名管理人员聆听了讲座。

（王 龙）

【两社区获全国煤炭系统先进】 4月下旬，中国煤炭职工思想政治工作研究会第九次会员大会在成都召开，会议对第二批全国煤炭系统和谐社区建设先进单位进行了表彰，盘江股份公司土城矿东欣社区、物业分公司迎旭社区获得此项殊荣。

（王 龙）

【公司先进个人和集体获省 市表彰】 “五一”国际劳动节前夕，贵州省总工会、六盘水市总工会分别召开表彰大会，对2011年度的五一劳动奖章获得者、五一劳动奖状获得单位、工人先锋号队组进行隆重表彰。盘江股份公司总经理孙朝芦荣获“贵州省五一劳动奖章”，副总经理易国晶、土城矿采三区采煤队机电队长刘金能、火铺矿采二区掘二队队长吴福学、机电分公司矿修车间工人于福江荣获“六盘水市五一劳动奖章”，土城矿获得“六盘水市五一劳动奖状”，月亮田矿南三采区210综掘队被评为“六盘水市工人先锋号”。

（王 龙）

【贵州盘江龙盟年产12万吨新型环保材料及系列产品项目举行奠基仪式】 5月10日，贵州盘江龙盟年产12万吨新型环保材料及系列产品项目奠基仪式在贵州平塘县通州镇隆重举行。贵州省副省长黄康生，省政府副秘书长吴跃，省国资委党委委员、机关党委书记吴嘉陵，贵州盘江投资控股集团公司党委书记、董事长张仕和，黔南州州委书记黄家培、州长向红琼，平塘县委书记严肃以及省商务厅、省经信委、省科技厅、黔南州、平塘县等相关领导及相关单位出席奠基仪式。

（王 龙）

【与六盘水日报传媒集团签订战略合作协议】 6月13日，盘江股份公司党委委员、纪委书记肖时华和六盘水日报传媒集团党委书记、总编辑袁国中，分别在《贵州盘江精煤股份有限公司 六盘水日报传媒集团战略合作协议》上签字，标志着报企合作迈入新的里程。

（王 龙）

【省委书记栗战书　省长赵克志　省委副书记陈敏尔观摩中煤盘江重工二联车间试生产】　6月17，省委书记栗战，省委副书记、省长赵克，省委副书记陈敏尔等及各市州党政主要领导、各经济主管部门、金融机构等部门主要领导组成的项目建设现场观摩，到贵阳小河经济开发区观摩了中煤盘江重工二联车间试生产。

（王　龙）

【与四川大学举行校企全面合作洽谈会及签约】　6月18日上午，盘江投资控股（集团）有限公司与四川大学在成都举行校企全面合作洽谈会及签约仪式。四川大学校长谢和平，常务副校长李虹和李光宪，盘江投资控股（集团）有限公司党委书记、董事长张仕和，副总经理王立军出席洽谈会及签约仪式。

（王　龙）

【《盘江矿区总体规划》原则性通过】　由中国国际工程咨询公司能源产业发展处项目经理赵晓燕主持的盘江矿区总体规划评估会议于6月19日在贵阳召开，经专家组的8名专家认真评审，原则性通过了中煤科工集团南京煤矿设计研究院编制提交的《盘江矿区总体规划》。

（王　龙）

【贵州大学与贵州盘江精煤股份有限公司签订产学研合作框架协议】　6月21日，在贵州大学办公楼二楼会议室，盘江股份公司党委副书记、总经理孙朝芦，同贵州大学分管科技工作的副校长宋宝安，共同签订了《贵州大学　贵州盘江精煤股份有限公司产学研合作框架协议》《贵州盘江精煤股份有限公司委托贵州大学进行EMBA硕士学位教育协议》。

（王　龙）

【六盘水市委书记王晓光到盘江股份公司调研】　7月2日，六盘水市委书记王晓光率市委、市政府有关领导、市直职能部门负责人，到盘江股份公司走访调研，在公司多媒体会议室召开了六盘水市煤炭产业发展会议，与公司领导共商加强地企合作，进一步落实国发2号文件精神和省第十一次党代会精神，做实项目建设，加快煤炭产业发展，促进地企共同发展。

（王　龙）

【盘江集团与六盘水市签订战略合作框架协议】　7月23日，盘江投资控股（集团）有限公司党委书记、董事长张仕和与六盘水市市长何刚签订了战略合作框架协议。根据协议，盘江集团公司将在“十二五”期间投资1120亿元对六盘水煤炭及煤化工、电力、装备制造、物流、建材、资源综合利用、农业产业化以及城镇化等方面项目进行开发和建设。

（王　龙）

【向盘县马场乡捐赠价值15万元帮扶物资】　7月31日，2012年贵州省赴盘县党建扶贫工作队在盘县马场乡举行扶贫捐赠物资仪式。在捐赠仪式上，盘江股份公司向马场乡捐赠价值15万元的电视机、电脑、打印机、党建牌板。

（王　龙）

【六盘水市委书记王晓光到火铺矿井下进行安全生产检查】　9月1日，六盘水市委书记王晓光率领市委、市政府的相关领导，进行安全生产检查。当天下午，王晓光一行在盘江股份公司党委副书记、总经理孙朝芦，副总经理易国晶及火铺矿党政负责人的陪同下，到火铺矿采三区的23123综采面检查。

（王　龙）

【盘江国际投资贸易有限公司创立】　9月8日，盘江国际投资贸易有限公司创立大会暨第一次股东会会议第一届董事局第一次会议在贵阳隆重召开。

（王　龙）

【盘江集团被授予全国煤炭经济研究先进单位称号】　9月15日，纪念中国煤炭经济研究会成立30周年暨2012年全国煤炭经济研究先进单位和优秀个人表彰会在昆明召开。盘江集团被授予全国煤炭经济研究先进单位称号，盘江股份公司副总经理易国晶被评为全国煤炭经济研究优秀个人。

（王　龙）

【参加2012中国国际煤炭发展高层论坛暨展览会】 10月10日，由国家能源局、国家煤矿安全监察局、中国煤炭工业协会共同主办的2012中国国际煤炭发展高层论坛暨展览会在北京全国农业展览馆开幕。盘江集团作为贵州省唯一一家参展企业。

（王　龙）

【对口帮扶盘县柏果镇】 根据省委、省政府《关于做好100个示范小城镇建设工作的通知》，确定盘江投资控股集团公司对口帮扶被列为省级示范小城镇之一的盘县柏果镇。10月11日，集团公司纪委书记肖时华率领盘江股份公司有关部门负责人以及月亮田矿、土城矿党政领导来到柏果镇，与镇领导共同商量、探讨帮扶工作事宜。

（王　龙）

【盘江运通物流股份有限公司创立】 10月12日，盘江运通物流股份有限公司创立大会暨第一次股东大会在广西壮族自治区北海市隆重召开。

（王　龙）

【全省煤矿井下安全紧急避险系统建设工作现场会在盘江股份公司召开】 10月15日、16日，全省煤矿井下安全紧急避险系统建设工作现场会在盘江股份公司召开。副省长孙国强出席会议并作重要讲话。盘江股份公司及金佳矿在会上作经验介绍。省政府副秘书长吴勇主持会议，省安监局、科技厅、经信委、能源局等省直有关部门负责人，9个地（州），18个产煤县、市、区分管领导、安监局负责人，部分国有煤矿企业、7家矿井示范单位，部分煤矿安全紧急避险系统生产单位负责人参加了会议。

（王　龙）

【盘江集团公司位列中国煤炭企业100强和煤炭产量50强】 11月9日，中国煤炭工业协会分别向社会发布了2012中国煤炭企业100强和2012中国煤炭企业煤炭产量50强名单，盘江集团公司位列100强第41位，煤炭产量50强第36位。

（王　龙）

【贵州盘江集团财务有限公司创立】 11月9日，贵州盘江集团财务有限公司创立暨首次股东会议在贵阳召开，标志着盘江集团转型以来旗下第一家金融企业的正式诞生。

（王　龙）

【盘县赠送盘江股份公司古银杏树】 11月18日，盘县赠送盘江股份公司古银杏树仪式在公司新办公楼前举行。

（王　龙）

【贵州省首个利用水泥窑处理城市生活垃圾项目举行点火仪式】 11月23日，贵州省第一个利用水泥窑处理城市生活垃圾项目在贵定海螺盘江水泥公司举行点火仪式。

（王　龙）

【响水煤矿河西采区1135运输巷发生煤与瓦斯突出事故】 11月24日上午10点55分，贵州盘南煤炭开发有限责任公司响水煤矿河西采区1135运输巷发生煤与瓦斯突出事故。河西采区1135运输巷当班共有作业人员28人，经过救护队员下井全力搜寻，救出5人送总医院救治，发现死亡18人，另有5人下落不明。

（王　龙）

【盘江集团召开安全生产紧急工作会】 11月26日，盘江集团公司党委书记、董事长张仕和在盘江股份公司工会多媒体会议室主持召开盘江集团安全生产紧急工作会，认真贯彻落实孙国强副省长11月25日上午在响水煤矿召开的全省干部职工安全生产联席会议讲话精神，要求全集团特别是煤矿安全责任主体的各子公司、生产矿井干部职工，切实吸取响水煤矿“11·24”煤与瓦斯突出事故教训，认真贯彻执行党的安全生产方针，遵循公司“安全第一、质量第二、产量第三”工作方针，强化企业的安全生产主体责任，真正科学、规范、严格、认真地抓好安全生产管理，尽快扭转当前安全生产被动局面。

（王 龙）

【盘江集团两件商标获得贵州省著名商标资格】12月7日，省工商局在《贵州日报》公示了获得贵州省著名商标资格的285件商标，盘江集团两件商标“盘江”“panjiang”获得贵州省著名商标资格。

（王 龙）

水城矿业（集团）有限公司

【概况】 2012年，水矿集团生产原煤1106万吨，销售收入108.93亿元，利润6.74亿元，上缴税金7.92亿元，在岗职工人均收入43276元。通过增资扩股成功引入8家战略投资者，股权融资21.24亿元；贵州水矿控股集团有限责任公司和贵州水城矿业股份有限公司挂牌成立，实现水矿主营业务与非主营业务的分离，将以水矿股份公司作为主体进行上市申报，搭建更大的持续融资平台。

（李 珂）

【主业发展】 煤矿项目建设。全年公司新老矿区建设共完成投资178190.28万元，同比增长86.5%；完成进尺47928米，同比增长46.28%。大湾西井、米箩矿首采工作面建成投产，新增生产能力150万吨/年；米箩矿、文家坝一矿、戴家田矿较好地完成进尺计划；织金矿区的7对矿井取得省发改委“路条”，正在进行地质补勘等相关准备工作；格目底选煤厂试生产；汪家寨洗煤厂技改主厂房主体工程完工；二塘选煤厂技改工程11月开工；文家坝洗煤厂、肥田洗煤厂开展前期准备工作。生产经营管理。开展“决战100天”活动，把产量计划分旬下达到各矿，同时出台一系列提高产量、控制成本的措施，每月对各单位生产经营情况进行通报，营造增比进位氛围。安全工作。按照“规章制度落实年”的要求，强化安全规章制度的检查、督促、落实，加强安全检查和隐患排查治理，加大考核奖惩力度，提高安全工资标准，把瓦斯治理效果、重大安全隐患预防、工伤事故目标控制及反“三违”工作纳入安全工资考核，继续推行“三违”处罚、安全“连坐”、安全督查、安全应知应会教育培训等，并加大建设单位安全监管力度，安全基础得到进一步夯实；对生产矿井副总师以上领导实行安全质量标准化责任区域负责制，有3对矿井达到安全质量标准化省一级标准；2012年公司共发生工伤事故435人次，同比减少181人次，下降29.4%。

（李 珂）

【相关产业发展】 公司按照“1+5”产业规划布局，始终坚持抓好其他产业发展。针对煤化工的生产运行和成本消耗等情况，公司确定化工厂气化炉改造、余热蒸汽回收利用等18项技改项目，电厂、水泥厂保持正常生产。督促加快西南煤机制造基地建设进度，全年共完成投资5亿元，成品库已建成，厂房主体工程基本完工。在抓好瓦斯发电的同时，加强与电力企业的合作，拟与南方电网合作在木果建设4×66万千瓦坑口电厂，其中，一期2×66万的初可研报告已通过评审；与国投合作建设2×30万千瓦劣质煤发电厂，已列入“十二五”建设规划。在巩固原有客户的基础上，积极拓展对外物流发展空间，在省内其他地、市和省外部分地区建立钢材销售点，全年物流产值达到32.19亿元。在做好公司内部工程的同时，积极拓展外部市场，先后中标15项外部市场工程，为后续发展奠定坚实基础。在抓好现有产业发展的同时，紧跟时代脉搏，按照中共十八大“五位一体”总体布局要求，寻找新的商机，与上海大学、同济大学、复旦大学合作成立贵州申城高科环境发展股份有限公司，并取得世界500强企业ABB集团的技术授权，将大力发展节能增效产品和服务，寻求新的经济增长点。

（李 珂）

【队伍建设】 2012年，共招聘大学毕业生528人，与246名2013届毕业生签订就业协议；兑现2011年度工程技术人员奖励基金302.13万元；开展公司第九届科技骨干选拔命名表彰工作，命名表彰科技骨干115名。全年安置职工未就业子女及技校毕业生147人，安置矿井主体专业技术人员未就业配偶33人；在企业资金较紧张的情况下，筹集资金61.4万元，走访慰问劳动模范和困难职工；继续开展“金秋助学”活动，资助929名在读学生，资助金额40.23万元；开展绿化美化矿区活动，组织植树50934棵，进一步改善了矿区环境。制定实施《水矿集团公司党员领导干部廉洁从业30个不准》《水矿集团公司党风廉政建设责任制实施办法》，提高各级人员廉洁从业意识，在5个重点工程建设项目实施廉政工作方案，签订对外经营活动廉政协议书31份，营造了干事创业氛围。

（李　珂）

【节能减排】　矸石砖厂生产标砖2826万块，同比增加1306.5万块，利用矸石7.07万吨；瓦斯发电6394.44万千瓦时，利用瓦斯5068.08万立方米。全年环保投入4520.8万元，开展工业噪音污染治理、矿井水在线监测、锅炉脱硫除尘系统改造、空气能新技术利用等。进一步加强环保设施运行管理，做到环保与节能联动，较好地完成节能环保任务，企业形象得到进一步提升。

（李　珂）

【领导活动】　3月1日，全国人大代表，集团公司董事长、党委书记魏永柱赴北京参加十一届全国人大第五次会议。3月30日，总经理倪德飞出席水矿集团、德国伯曼集团和中德输送工程技术有限公司三方战略合作协议签约仪式。4月10日，省国资委主任、党委书记韩先平一行到水矿调研指导工作。4月11日，中煤科工天地科技与水矿集团煤矿装备技术交流会在公司会议中心召开。5月11日，省政协主席王正福一行，到西南天地煤机装备制造有限公司和老鹰山煤化工基地调研指导工作。5月26日，国家煤矿安全监察局监察处处长潘伟尔、省煤监局副调研员崔玉贵、省能源局副处长冯元庆等一行16人组成的国家煤矿安全生产领域“打非治违”专家组到中岭公司对煤矿安全生产领域“打非治违”专项行动进行调研。6月5日，省委、省政府加快推进织金矿区建设座谈会在贵阳举行，省委常委、毕节市委书记秦如培出席座谈会，副省长孙国强主持会议。11月4日，水矿中共十八大代表吕丽赴京参会。12月27日，副省长蒙启良一行到水矿明景小区视察。

（李　珂）

【工作成果与获奖】　1月7日，集团公司被授予“贵州省企业文化建设十大知名品牌”称号。2月初，省委、省政府表彰2009~2011年度全省文明城市、文明村镇及文明单位，水矿集团那罗寨煤矿、技工学校获省“文明单位”称号。在团省委、省劳动和社会保障厅、省国资委联合举办的第七届贵州省青年职业技能大赛中，集团公司团委获大赛团体优胜奖；机制分公司王龙、燕如义，技工学校甘孝江、封志刚4人获“岗位能手”称号。3月，救护大队被评为国家特级质量标准化矿山救护大队（继2010之后，第二次获此殊荣）。4月27日，水矿集团公司被授予“贵州省五一劳动奖状”。4月28日，那罗寨煤矿采煤二工区团支部被授予全国煤炭行业“五四”团支部荣誉称号，集团公司团委书记宋毓被授予“全国煤炭行业优秀共青团干部”称号。水矿宏通公司与贵阳思普信息有限公司，合作开发水矿办公自动化管理系统（简称OA系统），该系统实现公文从拟文到发文全自动流转，公文拟稿、审阅、修改、签发都在网上进行，并可实现短信提醒。6月，集团公司工会被中国煤炭工业协会评为“2011年煤炭企业管理现代化创新成果（行业组）”三等奖。6月27日，《水城矿工报》电子版发行，水矿获省国资委系统企业一等奖。10月1日，由中煤科工集团重庆研究院设计安装的KJ251A人员管理系统在格目底东井煤矿正式启用。10月16日，水矿控股集团总医院顺利通过新农合乳腺癌、宫颈癌、终末期肾病3种重大疾病定点医疗机构评审，为全省唯一一家顺利通过该3种重大疾病认定的医院。机制分公司获得由中国质量认证中心颁发的GB/T 19001-2008/ISO 9001:2008标准质量管理体系认证证书、GB/T 28001—2001职业健康安全管理体系认证证书、GB/T 24001-2004、ISO 14001:2004环境管理体系认证证书。10月24日，省企业报新闻工作者协会召开全省企业报好新闻评选会，评选2011年度好新闻，《水城矿工报》记者有4篇作品获奖。12月5日，二塘选煤厂洗煤车间获“全国煤炭行业青年文明号”称号。2012年12月20日，水矿总医院顺利通过省卫生厅“三级甲等医院”评审。

（李 珂）

六枝工矿（集团）有限公司

【概况】 2012年，六枝工矿（集团）公司全力以赴抓好安全生产经营等工作，实现了“保八争十创十二”的阶段性生产目标，为实现“保十争十二创十五”的工作新目标打下了坚实基础。

2012年，煤炭产量计划311万吨，预计完成265万吨，完成计划的85%，同比增加47万吨；2012商品煤销量计划279万吨，预计完成239万吨，完成计划的86%，同比增加26万吨；2012年，掘进进尺计划29180米，预计完成22906米，完成计划的79%，同比减少3755米。其中开拓进尺计划4090米，预计完成3923米，完成计划的96%，同比减少43米；2012年，发电量计划3000万千瓦时，预计完成2659万千瓦时，完成计划的89%，同比减少382万千瓦时；2012年，销售收入计划200000万元，预计完成155823万元，完成计划的78%，同比减少33336万元；2012年，利润计划16000万元，预计完成5000万元，完成计划的31%，同比增利4563万元；2012年，货款回收142622万元，货款回收率98%；2012年，上缴税费23000万元，同比增加7704万元，增长50%；职工人均收入41625元，同比增长27%；安全上发生5起事故，死亡5人；2012年，项目投资计划116438万元，预计完成110276万元，完成计划的95%。工程进尺计划19660米，预计完成18818米，完成计划的96%；国有资产保值增值率106.82%。

（杨见君）

【华润煤业控股公司到新华煤矿调研】 1月4日，华润煤业控股公司总经理李社堂一行在集团公司党委书记、总经理施文刚，党委副书记李英俊的陪同下到新华煤矿调研。

（杨见君）

【竹林公司 化处公司发生顶板事故】 1月4日〇时50分，竹林公司广厦项目部负责施工的11173机巷发生一起顶板事故，造成1人死亡。

1月8日21时30分，化处公司四采区1475采面发生一起顶板事故，造成1人死亡。

1月10日，集团公司在牂牁江假日酒店18楼会议室召开安全生产紧急会议。总工程师高世俊分析通报1月以来两起事故，对下一阶段安全生产工作进行安排部署。

（杨见君）

【比德公司发生运输事故】 1月16日11时20分，比德公司采面机巷发生一起运输事故，造成1人死亡。

（杨见君）

【省总工会到集团公司慰问】 1月17日，贵州省总工会党组书记、副主席姚亚非一行到集团公司看望慰问困难职工，集团公司党委书记、总经理施文刚，党委副书记、纪委书记、工会主席李英俊陪同。

（杨见君）

【省经信委到集团公司调研】 2月2日下午，贵州省经信委党组副书记、副主任李保芳一行到集团公司，就电煤生产保供和工业企业复产等工作进行调研。

（杨见君）

【马临公司发生顶板事故】 2月14日13时，马临公司四号井2083采面机巷发生一起顶板事故，造成1人死亡。

（杨见君）

【劳模座谈会】 3月9日，集团公司召开劳模座谈会。施文刚、何宗辉出席会议并讲话，李英俊主持会议。17名2009至2011年度省、市、集团公司级以上劳模参加座谈。

（杨见君）

【黑塘矿区新华煤矿项目获国家发改委核准批复】 3月21日，六枝黑塘矿区新华煤矿项目获国家发改委核准批复，项目建设正式通过核准。

（杨见君）

【签署聚鑫煤矿整体产权收购（转让）协议】 5月2日，集团公司与六枝聚鑫煤业有限公司签署聚鑫煤矿整体产权收购（转让）协议。

（孙　嵘）

【第二届董事会第一次会议】 5月3日，集团公司第二届董事会第一次会议在贵阳召开。盘江集团董事长张仕和，集团公司董事施文刚、何宗辉、龙海岑、肖祥云、周东、王岗、李英俊等出席会议。会议通过了《关于调整六枝工矿（集团）有限责任公司董事会成员及董事长、副董事长的决定》，审议通过《关于聘任六枝工矿（集团）有限责任公司总经理、副总经理、总工程师、总会计师的议案》，决定聘任何宗辉为总经理，周东、迟恩波、高世俊为副总经理，皮礼明为总工程师，付建为总会计师。公司监事会主席尹新全，监事严远宾、胡泽球、吴祖琴（职工监事），总工程师皮礼明及公司机关部室负责人列席会议。（杨见君）

【省总工会慰问宏狮公司　物资供应分公司困难职工家庭】 6月25日，贵州省总工会党组书记、副主席姚亚非到六枝开展“面对面、心贴心、实打实服务职工在基层”活动。走访慰问了宏狮公司、物资供应分公司困难职工家庭，工会主席李英俊陪同。

（杨见君）

【“手指口述”安全确认法现场会】 7月11日，集团公司在玉舍煤业召开推行“手指口述”安全确认法现场会。

（杨见君）

【马临公司2084综采工作面试生产】 7月13日，马临公司2084综采工作面完成安装投入试生产，成为六枝工矿集团第四个上综采设备的矿井。

（杨见君）

【第九套广播体操比赛】 8月4日，集团公司在六枝特区灯光球场举办第九套广播体操比赛。各单位的19支代表队816名运动员参加比赛。化处公司代表队获一等奖，比德公司、集团公司机关、装备公司代表队获二等奖，救护大队、玉舍公司、宏狮公司、地宗公司、运销公司获三等奖。

（杨见君）

【金秋助学活动】 8月，集团公司筹集资金23.68万元，开展金秋助学帮扶活动，377名困难职工子女得到帮扶。

（杨见君）

【第二届董事会召开第三次临时会议】 9月21日，集团公司第二届董事会第三次临时会议在牂牁江假日酒店18楼会议室召开。会议审议通过了《关于为贵州六矿瑞安水泥有限公司向银行贷款提供担保的议案》《关于撤销六枝工矿（集团）有限责任公司印刷包装分公司的议案》等五个议案。

（杨见君）

【比德煤业入选全国百家“中国最美矿山”】 11月，比德煤业公司入选全国百家“中国最美矿山”。此次评选活动由国家能源局煤炭司和《中国能源报》联合举办，有近300家煤炭企业参与。

（杨见君）

【集团公司重奖比德公司】 12月31日，集团公司党委副书记、纪委书记、工会主席李英俊，副总经理迟恩波到比德公司召开表彰会，为比德公司送去嘉奖令和奖金100万元。比德公司在2012年产量突破120万吨，实现了达产目标。

（杨见君）

煤炭安全监察

【概况】 2012年，水城煤监分局辖区煤矿共发生各类生产安全事故24起、死亡51人。与上年相比，事故减少28起、同比下降54%，少死亡43人、同比下降46%，创水城煤监分局建局（办事处）以来最好水平。

（徐 杨）

【主要工作】 2012年计划监察矿井181矿次，实际监察矿井300矿次，查处各类事故隐患3301条，应完成整改隐患2492条，实际完成2388条，整改率为96%。1~4月份，开展煤矿瓦斯防治专项检查；4~5月份，开展煤矿建设项目安全专项监察工作；6~8月份，开展“三位一体”执法工作；11~12月份，开展煤矿重大瓦斯隐患排查治理和煤矿职业危害防治专项监察工作。共完成安全设施设计审查23矿次，完成安全设施竣工验收45矿次，完成安全生产许可证现场审查51矿次。建立和完善煤矿事故查处机制，加大事故查处力度；在规定期限内结案23起（结案率100%），累计处理事故责任人119人次，其中移送司法机关3人。组织检查组127个，组织检查人员381人次，对违规违章行为责令改正、限期整改，停止违法行为107起、责令停产、停业、停止建设16家、暂扣或吊销有关许可证、职业资格4个。

（徐 杨）

【安监会议与领导督察】 2012年11月7日，贵州煤矿安全监察局在水城监察分局召开2012年度贵州煤矿安全监察执法监督工作会议。贵州煤监局党组书记、局长李尚宽出席会议并讲话，局党组成员、副局长陈晓辉主持会议。11月9日，国家煤监局安全监察司刘向东司长一行3人督察六盘水市煤矿安全生产情况，贵州煤监局党组成员、总工程师马炼等陪同。

（徐 杨）

冶金工业

首钢水城钢铁（集团）有限责任公司

【概况】 首钢水城钢铁（集团）有限责任公司始建于1966年，是以钢铁业为主，采矿、煤焦化、水泥制造、机加工、建筑、物流、进出口等配套经营的大型国有控股企业。钢铁主业具备500万吨钢产能，有抗震钢筋、高速线材、棒材等13个长材产品30多个品种。

2012年，水钢坚持“严格管理、科学管理、精细管理”，不等不靠、两眼向内、深挖内潜，展开了一场以炼钢厂为排头尖兵的“学萍钢扭亏增效”生存保卫战。全年完成降本增效目标近20亿元，扭亏、控亏成效显著，并在市场环境极其恶劣的情况下钢产量突破500万吨，有力地推进了企业持续发展。

（张永东 王立新 田 甜）

【生产状况】 2012年，水钢产铁504.74万吨，同比增长24.04%；钢501.48万吨，同比增长25.03%；钢材486.94万吨，同比增长25.41%；焦炭137.19万吨，同比增长22.35%；水泥60.6万吨，同比降低4.69%；自发电7.74亿千瓦时，同比增长70.72%。主要技术经济指标，钢铁料消耗1057千克/吨，同比降低7千克/吨；入炉焦比349千克/吨，同比降低17千克/吨；喷煤比161千克/吨，同比增加10千克/吨；钢材综合成材率97.81%，同比上升0.25%；吨钢综合能耗616千克标煤/吨。年主营业务收入181.95亿元，上缴税金2.98亿元。

全年完成固定资产投资92167万元。其中，循环经济项目完成投资46571万元：结构调整项目完成投资14964万元；其他生产性项目完成投资30059万元；技术进步项目完成投资571万元。推进3号4号焦炉干熄焦工程、60兆瓦富余煤气发电机组、2×15000Nm3/h吸附制氧机组、酚氰污水治理、炼钢余热发电机组、动力厂6号锅炉改造、钟山区城镇廉租房等项目建设。

（张永东 王立新 田 甜）

【新产品开发】 成功开发HRB600高强度级别钢筋、HRB500E高强抗震钢筋和HRBF400E细晶粒抗震钢筋；直接进行了优质高碳75、80钢的批量开发，并获得成功。同时，将品种钢的开发工作转向降本增效的实际需要。优化82B盘条工艺，达到了降低成本而钢材性能未下降的目的，节约吨钢制造成本约120元；开展了锚杆钢成分优化的降本工作，实现了左、右旋锚杆钢吨钢分别降低制造成本约50元、80元。（张永东 王立新 田 甜）

【发展低碳经济】 按照《贵州省万家企业节能低碳行动实施方案》的要求，发展低碳经济，促进节能减排，推动绿色增长。吨钢耗新水2.4立方米/吨，同比降低0.4立方米/吨，达同行业先进水平；转炉煤气回收81.64立方米/吨，同比提高13.59立方米/吨；发电量达72541.02万千瓦时，同比增加32137.13万千瓦时，增长79.5%；综合发电自给率为33.12%。加强能源定额管理，不断优化运行，加大节能降耗攻关，强化二次能源的回收利用和新建项目的迅速达产达效，提升资源利用率。6月，高炉富余煤气利用发电工程和干熄焦发电工程建成投产、并网发电，发电自给率由年初的23%提高到47%。9月，动力厂6号75吨/时煤气煤粉混烧锅炉改纯气锅炉改造项目开工；12月，钢轧区域余热发电技术改造项目建成投产。坚持推广能源合同管理模式，促进节能降耗工作开展，全年引资1.017525亿元。

（张永东　王立新　田甜）

【治理主要污染源】 全年实现污染物综合排放合格率96.6%，同比提升2.34%；外排工业废水达标率99.80%，同比提升1.01%；外排废气达标率93.3%，同比提升0.28%；工业水重复利用率98.12%，同比提升0.08%；冶炼渣综合利用率76.5%，同比提升1.19%。

（张永东　王立新　田甜）

【十五项合理化建议获省金点子奖】 2月7日，公司报送的15项合理化建议荣获贵州省职工“我为企业献一策”金点子奖。

（张永东　王立新　田甜）

【博宏水泥公司获省资源综合利用产品认定】 2月22日，由省经信委、财政厅、国税局、地税局组成的贵州省资源综合利用认定委员会审定，水钢博宏水泥公司获省资源综合利用产品认定，并颁发了《资源综合利用认定证书》，有效期两年，从2012年1月1日起生效。

（张永东　王立新　田甜）

【五项成果获省级企业管理现代化创新成果】 2月23日，贵州省第十三届省级企业管理现代化创新成果评审揭晓，水钢5项成果上榜。炼钢厂《以提高劳动生产率为目标的岗位资源优化管理》获一等奖，财务部、水电厂、物资供应公司、轧钢厂的《基于过程控制的资金预算管理》《以提升主要经济技术指标为目的的精细化管理》《保障生产运行需求的物资采购供应管理》《以市场模拟为手段的生产线整合管理》获二等奖。

（张永东　王立新　田甜）

【三名职工技能比赛获奖】 4月9日，水钢炼钢厂职工冯庆涛、焦焓参加贵州省第八届有色冶金产业职工职业技能竞赛转炉炼钢工比武中，分获第一名、第三名，冯庆涛荣获贵州省技术能手荣誉称号。

（张永东　王立新　田甜）

【一个班组获省五一巾帼标兵岗】 4月12日，轧钢厂运行车间运行一班获“贵州省五一巾帼标兵岗”奖牌。

（张永东　王立新　田甜）

【观音山矿橡胶厂ISO 9001：2008质量管理体系通过认证审核】 4月16日，观音山矿橡胶厂ISO 9001：2008质量管理体系再次通过中国质量认证中心的认证审核。

（张永东　王立新　田甜）

【三名职工被省剪纸艺术研究会吸纳为理事】 4月25日，公司退休职工、剪纸艺术爱好者周颂羔、吴长敏、游昌华三人被贵州省民间艺术家协会剪纸艺术研究会吸纳为理事。

（张永东　王立新　田甜）

【240吨富余煤气锅炉点火一次性成功】 4月27日，16时16分，水钢240吨富余煤气锅炉点火一次性成功，富余煤气发电项目取得阶段性胜利。

（张永东　王立新　田甜）

【两名女工分获全国、省五一表彰】 5月4日，煤焦化公司二净化车间刘欣及技术中心钢轧技术室王丽鹃两名女职工分别荣获全国五一劳动奖章、贵州省五一劳动奖章。

（张永东 王立新 田 甜）

【《首钢日报》专题采访水钢】 5月4日，《首钢日报》记者受总公司领导指派，就水钢扭亏攻坚成效初现，4月份实现盈利1576万元，成为首钢下辖子公司2012年首家盈利单位进行专题采访。水钢副董事长、党委书记张槐祥和总经理张新建向记者介绍了有关情况。

（张永东 王立新 田 甜）

【第31次QC成果发表会召开】 5月4日，公司第31次QC成果发表会召开，本次评审共创经济效益约1245.8万元。

（张永东 王立新 田 甜）

【轧钢厂纪委入选全省第一批“廉政文化示范点”】 5月15日，轧钢厂纪委被贵州省纪委、省监察厅命名为全省第一批“廉政文化示范点”,是水钢唯一入选单位。

（张永东 王立新 田 甜）

【轧钢厂职工省级一类技能大赛获奖】 5月16日，轧钢厂职工何异彬获省级一类技能大赛电工类第二名，并将作为维修电工选手代表贵州省出征全国第四届职工职业技能大赛。

（张永东 王立新 田 甜）

【炼钢厂两项发明获国家专利】 5月18日，炼钢厂二行车车间发明用于重锤式高度限制器的配重装置和双继电器串联控制起升机构制动器两项技术专利获国家专利局审批。

（张永东 王立新 田 甜）

【富余煤气发电机组并网发电】 6月1日20时18分，水钢富余煤气发电机组顺利并网发电，标志这一节能环保项目顺利竣工投产，为水钢走可持续发展之路迈上坚实的一步。

（张永东 王立新 田 甜）

【首台18兆瓦干熄焦发电机组成功并网发电】 6月6日凌晨1点12分，水钢首台18兆瓦干熄焦发电机组成功并网发电，所带负荷达14000千瓦，继60兆瓦富余煤气发电机组并网发电后，水钢又一循环经济建设项目顺利投产。

（张永东 王立新 田 甜）

【被评为“全国安康杯竞赛优胜企业”】 6月7日，公司被评为“全国安康杯竞赛优胜企业”，这是水钢从2007年以来连续5年被中华全国总工会、国家安全监督管理总局授予“全国安康杯竞赛优胜企业”。

（张永东 王立新 田 甜）

【副省长孙国强到水钢指导工作】 6月14日，贵州省副省长孙国强一行到水钢指导工作，解决水钢在发展循环经济过程中遇到的困难和实际问题。

（张永东 王立新 田 甜）

【获市环保目标责任书（2008~2012年）届中考核一等奖】 6月20日，公司被评为“六盘水市环保目标责任书（2008~2012年）届中考核一等奖单位”。

（张永东 王立新 田 甜）

【60兆瓦富余煤气利用发电技术改造项目投产】 6月26日，公司“十二五”时期循环经济，低碳节能环保、能源综合利用的重要项目—60兆瓦富余煤气利用发电技术改造项目竣工投产，使水钢的用电自给率可达50%，年可节约成本近2亿元，标志着水钢循环经济、节能减排工作跃上新台阶。

（张永东 王立新 田 甜）

【水钢参演节目获首钢一等奖】 6月26日，在首钢总公司庆祝中国共产党成立91周年暨创先争优表彰大会上，水钢组织参演的节目配乐诗朗诵《逆风飞扬》荣获一等奖。

（张永东 王立新 田 甜）

【“水钢牌”水泥进入毕威高速重点工程】 6月28日，博宏水泥公司与贵州公路运输设备物资贸易中心达成共识，6月底“水钢牌”水泥成功进入毕威高速重点工程。

（张永东　王立新　田甜）

【汽运公司完成改制重组】 6月29日，汽车运输分公司改制重组签约仪式顺利完成，7月1日正式运作。这是水钢内部第四家完成改制工作的辅业单位。汽运公司改制后的新公司名称为贵州水钢物流有限责任公司。

（张永东　王立新　田甜）

【一个班组获“全国工人先锋号”】 7月10日，炼钢厂一炼钢车间2号转炉被中华全国总工会授予“全国工人先锋号”荣誉称号。

（张永东　王立新　田甜）

【获全国职工教育培训优秀示范点】 7月24日，职教中心荣获中华全国总工会授予的“全国职工教育培训优秀示范点”。

（张永东　王立新　田甜）

【3号焦炉装煤除尘挂牌督办项目通过省验收】 8月9日，3号焦炉装煤除尘挂牌督办项目通过省环保专项验收。

（张永东　王立新　田甜）

【博宏冶金炉料公司党支部获“全国创先争优先进基层党组织”】 8月15日，中共中央组织部授予博宏冶金炉料公司党支部“全国创先争优先进基层党组织”称号。

（张永东　王立新　田甜）

【“金秋助学”活动】 公司第一批“金秋助学”资金40.12万元，于8月21日正式发放，699名困难职工子女获资助。

公司资助生活困难职工子女上学发放的第二批助学金为17.5万元，由55名优秀大学生于8月24日在工会领取。

（张永东　王立新　田甜）

【技校通过国家级重点技工学校评估】 9月21日，公司技校通过了国家级重点技工学校评估。

（张永东　王立新　田甜）

【全国首家钢材专卖店诞生】 9月21日，全国首家钢材专卖店诞生在黔南州都匀市，水钢钢材销售推出专卖店首批授牌5家。

（张永东　王立新　田甜）

【在中国职工艺术节曲艺小品展演大赛获奖】 10月15日，公司选送的相声《乌蒙山之子》荣获第三届中国职工艺术节曲艺小品展演大赛节目铜奖，表演者朱耀斌、朱鸿宝双双荣获最佳表演奖；水钢被授予“优秀组织奖”。

（张永东　王立新　田甜）

【一名职工获省道德模范荣誉】 10月16日，第三届贵州省道德模范评选揭晓，水钢动力厂职工林子茂获得“见义勇为”道德模范荣誉；水钢技校学生胡磊、水钢博宏小河铸业公司职工程碧获道德模范提名奖。

（张永东　王立新　田甜）

【获国家各类补助资金5100万元】 10月18日公司申请获得“富余煤气利用发电技术改造”“钢轧区域余热发电技术改造”等项目国家各类补助资金5100万元。

（张永东　王立新　田甜）

【赛德公司承建市中心区集中供热工程开工】 10月20日，赛德公司承建的六盘水市中心城区集中供热工程在凤凰新区开工。六盘水市委书记王晓光宣布工程建设开工。该工程的承建标志着赛德公司在市场开拓中又迈出一步。

（张永东　王立新　田甜）

【职工何异彬获两项殊荣】 10月29日，轧钢厂职工何异彬荣膺第二届“贵州省金牌工人（首席员工）”称号，同时获得贵州省“五一劳动奖章”。

（张永东　王立新　田甜）

【水钢获省百强称号及创新成果奖】 11月6日，公司在2012贵州企业100强发布暨第十三届企业管理创新成果表彰中获贵州百强称号及创新成果奖。

（张永东　王立新　田　甜）

【王青海任首钢水城钢铁（集团）有限责任公司董事长】 11月13日，首钢党委下发《关于首钢水城钢铁（集团）有限责任公司董事会成员变动的通知》，决定王青海同志为首钢水城钢铁（集团）有限责任公司董事长人选。

（张永东　王立新　田　甜）

【一项成果获全国创新成果奖】 11月15日，公司职工技术创新成果《包芯线中金属钙含量测定方法的研究与应用》项目获第三届全国职工优秀技术创新成果奖。

（张永东　王立新　田　甜）

贵州首黔资源开发有限公司

【概况】 贵州首黔资源开发有限公司是由贵州首钢产业投资有限公司（为首钢股份全资子公司，占股51%）、贵州盘江精煤股份有限公司（占股25%）、贵州黔桂发电有限责任公司（占股15%）、首钢水城钢铁（集团）有限责任公司（占股9%）四方共同出资组建的企业。公司总部设在贵州省六盘水市盘北经济开发区。2012年公司项目建设在原规划基础上，根据仔细调研的结果和钢铁市场的变化做了调整。将项目调整为以贵州省的资源优势作为支撑，以煤及煤化工、发电为主导产业，钢铁为延伸配套产业的循环经济产业协调发展试点项目。项目拟建设规模为年开采煤炭1077万吨，配套建设30万千瓦时煤矸石、煤泥发电和7万千瓦时瓦斯发电；年产400万吨级（全焦）焦炭，配套建设年产20万吨焦炉煤气制LNG、30万吨焦油深加工、10万吨苯加氢；年产300万吨钢铁（100万吨优质高强度棒材、50万吨优质拉丝材和高强度优质高速线材、100万吨中厚板、50万吨中小型矿用型材）及钢材深加工；利用钢铁工序余热余压进行（TRT、干熄焦等）发电；配套建设铁路专用线、冶金辅料矿山、供水、供电等公辅设施。首黔项目按照总体规划分步实施原则，一期先建设200万吨焦化配套化产项目，实现煤、焦、化、电等能源转换。首黔公司下设综合办公室、党群工作部、人力资源部、计财部、规划发展部、投资管理部、供应销售部、工程管理部、资源开发管理部、武装保卫部10个部（室）和杨山煤矿1个生产单位。员工总数114人，其中，大专以上学历101人；高中级职称45人；中共党员68人。

2012年，首黔公司确立了“项目快速推进年和制度建设年”的工作定位，全力抓好项目手续报批，推进煤炭资源配置落实，抓好现场施工，强化内部基础管理，保证目标完成。

公司项目场平工程建设在各施工单位努力下有序推进。200万吨焦化煤焦料场场平工程全面完工。1月6日，200万焦化场平及地基处理工程一次性通过工程竣工验收；1月10日，小团老包平场工程通过竣工验收；5月15日，200万吨焦化场平边坡支护及绿化工程完工并通过竣工验收；7月25日，煤焦料场1#老包挖方施工完工并通过竣工验收；11月1日煤焦料场3#老包挖方施工完工并通过竣工验收。全年煤焦料场完成填料挖运3786712m^3；爆破石方1808360m^3；表土清除139640m^3；清基65175m^3；盲沟砌筑8117m^3；强夯26016点，满夯225000m^2，碾压609750m^2。云盘头边坡支护完成锚杆钻孔4788m，锚杆安装注浆1032根，钢筋挂网喷浆9232m^2，抗剪锚杆安装注浆223根，坡面溶洞封闭处理9610m。

配置给首黔项目的纳木煤矿采矿权已经国土资源部批示同意以协议方式有偿转让给首黔公司；杨山煤矿9万吨扩能为30万吨改技工作有序推进。

（刘忠湘）

电力工业

贵州电网公司六盘水供电局

【概况】 贵州电网公司六盘水供电局（以下简称六盘水供电局），是国家大二型企业，始建于

1966年11月。六盘水供电局注册资金11300万元。有500千伏变电站1座，220千伏变电站9座，110千伏变电站35座，35千伏变电站38座，主变容量为727.035万千伏安。35千伏及以输电线路3774.778千米。六盘水电网已形成以500千伏六盘水变电站为中心，220千伏输电线路为主网架辐射各县的供电格局。

六盘水供电局负责六盘水电网的统一规划、统一建设、统一管理；按照管理权限对所辖电网以及并网的电厂实施统一调度，负责电网的安全、可靠、稳定运行；经营管理六盘水电网和六盘水市行政区域内六枝特区、盘县、水城县、钟山区的电力供应。供电面积9926平方公里，供电人口326万，截至到2012年底，供电客户71.1万户；六盘水供电局及其所管的4家县级供电企业共有用工2619人，其中，劳动合同制用工2330人，劳务派遣制用工289人。

2012年，全局完成售电量83.87亿千瓦时，同比增长9.37%；综合线损率2.15%；平均电价596.11元/千千瓦时；电费回收率99.98%；主营业务收入42.7亿元；资产总额44.36亿元；上缴税金9544.75万元；完成固定资产投资9.91亿元；城市供电可靠率99.92%；综合电压合格率99.35%；变电站综合自动化率100%；220千伏及以上变电站光纤通信环网率100%；220 千伏及以上继电保护保护正确动作率100%；220千伏及以下变电站无人值守率100%；未发生贵州电网公司考核的安全生产目标考核事故。

2012年，六盘水供电局各项工作成绩突出，先后荣获中国电力报社“2011~2012年度中国电力新闻网新闻宣传先进集体”称号；荣获中共贵州省国资委委员“2010~2012年创先争优先进基层党组织”称号；荣获贵州省经信委“2012年度电网计量专业技术监督第一名”称号；荣获贵州省经信委、总工会、科学技术协会、质量协会“2012年度质量管理小组活动优秀企业”称号；荣获贵州电网公司“2012年配电线路带电作业管理先进单位”“党建思想政治工作研究先进集体”“创先争优先进基层党组织”“2012年信息化工作先进单位”“2012年电费回收先进单位”等荣誉称号。

（李时金）

【创先工作】 2012年，六盘水供电局明确“一二三五”的创先工作总体思路，推进战略和一体化管理落地实施。开展指标任务和制度流程两个创先支持体系建设，启动了创先评价体系建设，将创先指标与关键业绩指标、重点任务有机结合，形成了协同统一、推进有序、闭环管控的创先工作体系，2012年业绩考核名列贵州电网公司第二。抓指标创优和管理提升。将创先与管理提升融为一体，在15个专项领域开展自我诊断，制定提升措施185项，在部分指标和专业领域取得突破，城市客户平均停电时间7.9小时，同比减少3.1小时，全口径第三方客户满意度达73%，排名全省首位；在营销稽查领域，建立了内部管理体系及质量评价机制，实现了营销稽查领域规范化管理。开展县供电局创先工作，建立了县局创先指标体系，实施10个示范供电所和10个示范台区建设，促进了县局规范化管理水平提升。

（李时金）

【安全管理】 2012年，六盘水供电局作为地区局通过贵州电网公司审核，水城、六枝供电局达2钻水平。“一册两书”推广。修订识别岗位工作手册、业务指导书等，应用覆盖率100%。安全风险管控。开展安全生产令、安全生产十大禁令等宣贯培训。梳理电网三级以上电力安全事件的风险56项，落实控制措施；建立风险动态管控会商机制，共发布风险预警253项，实现风险闭环管控。开展中低压配网装置性违章专项排查活动及重要用户安全检查和评估工作，建立了涵盖信息的传递、发布、抢修、抢险等的重要用户内外部联动机制，保证了重要用户的安全用电。全年未发生外包工程人身事故、农电人身事故，完成了中共十八大等重大活动及节假日的保电工作。

（李时金）

【电网建设服务地方经济】 2012年，六盘水供电局积极推进国发2号文件精神的落实，建立了产业园区电网专项规划工作机制，完成11个产业园区电网专项规划和评审，启动了六盘水示范小城镇配电网专项规划。完成28个35千伏及以上项目的可研评审及核准工作，项目总投资10.89亿元。

项目建设管理。实施基建“7+6”和项目部管理，基建安全风险管理体系建设达“一钻”水平。完成电网建设投资8.25亿元，项目投产率100%，完成803台重过载变压器专项整治，建成投运35千伏及以上变电站（含扩建）8座，新建35千伏及以上输电线路380公里，新增变电容量95万千伏安，220千伏N-1通过率为100%，110千伏N-1通过率为92.55%，城市中压配网可转供电率为53.5%。电网科技进步与技术创新。加快南网防冰综合技术应用示范基地建设，完成南网A级重点科技项目的入库前期工作。开展了水城变、杉树林变、凤凰变间的广域保护应用研究。投运了110千伏数字化变电站8座，35千伏及以上紧凑型变电站9座。科技项目取得1项发明专利，2项实用新型专利。

（李时金）

【增供扩销效果显著】 2012年，六盘水供电局建立“保增长”工作机制和保障措施，先后出台了增供扩销、挖潜增效工作方案。与政府建立协调调度机制，市政府出台电价补贴政策。建立了全局规划建设、生产运维和市场营销联动工作机制，建立重大项目库，对重点项目全程开展跟踪服务，畅通用电报装绿色通道，促新增负荷早投产、早用电。强化内部管控，加大零点检修、带电作业力度，加快事故抢修。全年增供扩销电量达1.86亿千瓦时。

（李时金）

【客户服务】 2012年，六盘水供电局完善客户满意度定期评价和持续改进工作机制。优化业扩报装流程，业扩报装工作时限比服务承诺时限缩短41%。在全省率先推出“售电通”服务，实现了中心城区缴费网点全覆盖。完成了城网营配信息数据核查工作。开展节能服务，完成51家客户的节能诊断，节约电量4873万千瓦时。

（李时金）

【挖潜增效双轮驱动】 2012年，六盘水供电局开展“挖潜增效”营销专项行动，增收电费1920.79万元，综合线损率2.15%，同比下降0.61%，全额吸纳小水电16.46亿千瓦时，同比增加48.5%。控制成本费用，会议费、办公费等弹性费用同比下降10%。完成库存闲置物资清零工作，实现闲置物资利用率92%。

（李时金）

【经营管理】 2012年，六盘水供电局着力清理和整改营销、财务及关联交易欠规范问题，规避了经营风险。持续推进制度体系建设，网省公司制度鉴别率100%，全局有效运行制度393个。法律风险防范，合同法律审核和规章制度法律把关率100%。全面推广了“六大企业级一体化应用系统”建设，认真开展“数据质量管理年活动”，四大主营业务系统数据合格率达到99%。

（李时金）

【人才队伍建设】 2012年，六盘水供电局规划了2012至2015年队伍建设目标，制定实施方案和工作计划，完善了中层后备干部的选拔、培养、评价、职业发展一体化管理体系。开展干部竞争性选拔，公开竞聘率达70%。开展了青年人才职业生涯发展规划应用实践，选派4名优秀青年到网省公司挂职学习。选拔公司技能专家1名、助理技术技能专家4名。开展技术培训，全员培训率100%，高技术技能人才成才率80%，技能人才岗位持证率64.2%，人才培养贡献度1.78%。制定了《加强县局领导班子和队伍建设实施方案》，开展了县局领导班子正、副职后备人才选拔培养工作，选拔7人开展双向挂职锻炼，选派了10名优秀青年到供电所任职锻炼。保持员工队伍的稳定，完成四家县供电局农电用工理顺工作。

（李时金）

【党建工作】 2012年，六盘水供电局积极组织十八大精神学习和宣传贯彻，开展“中心工作我承诺，创先争优做表率”、党员“三带三争当”等主题实践活动。继续推进为民服务创先争优活动，着力打造“三快”和“三心”服务。完成了机关和变电所党支部书记公推直选工作。扎实开展了“强化廉洁从业意识，保持党的纯洁性”纪律教育月活动，增强了拒腐防变的能力。企业文化建设。做好南网文化理念宣传贯彻，融入管理、切入业务、植入行为。建成“心灵港湾”员工辅导室，深入推进“员工心理和谐工程”。推广应用具有六供特色的班组文化建设，《班组“力”文化模式建设》获南方电网公司2011年度党建思想政治工作优秀研究成果三等奖。

（李时金）

【220千伏双龙变电站启动投运】 1月3日，六盘水供电局220千伏双龙变电站启动投运。该变电站位于贵州省六盘水盘县淤泥乡三合村，工程总投资12516万元，建设规模为主变压器3×18万千伏安，220千伏线路8回，110千伏线路14回及盘普双回π接双龙变线路。现建成主变2×18万千伏安，220千伏线路4回，110千伏线路5回。

（李时金）

【落实贵州电网公司冰冻灾害“黄色预警”部署】 1月4日，贵州电网公司启动低温冰冻灾害影响电网输变电设备安全运行黄色预警。六盘水供电局贯彻落实公司冰冻灾害部署。在观冰融冰、通道清理和抢修物资两个方面进行落实。

2012年首次直流融冰成功。1月4日，六盘水供电局成功对110千伏水树梅线进行了直流融冰作业。110千伏水树梅线担负着贵昆线和内昆线电气化铁路的供电任务，全长37.6公里，途经水城、梅花山等地，海拔最高处2500米，属于贵州覆冰最重的地域。1月4日，经观测和技术分析，覆冰最重部分，厚度已达7.5毫米。为确保该线路的正常稳定供电，局决定用220千伏水城变电站的直流融冰装置对线路进行融冰。在对110千伏水树梅线进行短接后，18：15分，220千伏水城变电站的直流融冰装置开始升流，约10分钟后，当电流达到500安时，线路上的覆冰开始成条、成块掉落，至19：05分从观冰点传来消息，导线上的覆冰已经全部脱落。至此，六盘水供电局2012年首次直流融冰成功。

2012年六盘水市重要电力用户确定。1月6日，为了确保对重要电力用户的正常供电，提高应对电力突发事件的应急能力，有效防止次生灾害的发生，维护社会公共安全，六盘水供电局梳理了供电范围内重要用户名单共346户，经六盘水市人民政府经济和信息化委员会批准后，报电力监管机构备案。

（李时金）

【500千伏六盘水变二期工程启动投运】 1月15日，六盘水供电局500千伏六盘水变电站2号主变启动投运。二期工程投运容量为75万千伏安2号主变及三侧所属设备和两台60兆法的并联电容器。

（李时金）

【董地和红桥产业园区专项配电网规划通过评审】 2月10日，由六盘水市规划局、六盘水市产业园区指挥部及六盘水供电局相关职能部门人员组成专家组，对《董地产业园区配电网规划（初稿）》《红桥产业园区配电网规划（初稿）》进行评审，通过专家组审核，以上两个产业园区的配电网规划评审通过。

（李时金）

【首届技术技能专家评审】 2月7日，六盘水供电局开展首届局级技术、技能专家评审工作，评定出局二级高级技术主管3名，助理高级作业师1名。技术专家、高电压技术二级技术专家：吴喜玉；计算机技术二级技术专家：王晓；电力规划与设计二级技术专家：廖昌志；技能专家、变电运行技能专家：郝丽萍。

（李时金）

【2012年工作会议暨十五届二次职工代表大会】 2月14至15日，六盘水供电局召开2012年工作会议暨十五届二次职工代表大会。会议审议并一致通过了2011年工作报告、十五届二次职代会工作报告以及2011年财务工作报告；签订2012年目标责任书；先进代表六枝供电局、市场部分别在会上做了发言；会议表彰了局2011年度生产（工作）先进集体和个人，2011年度工会工作先进集体和个人，局第十一届“十佳职工”。

（李时金）

【签订工资集体协商协议】 2月15日，《六盘水供电局工资集体协商协议（草案）》，经企业方代表与职工方代表多次讨论达成一致意见，提交十五届二次职工代表大会审议通过。局长徐铭代表企业，纪委书记、工会主席何俊华代表职工，在六盘水供电局十五届二次职工代表大会上签订了《工资集体协商协议》。

（李时金）

【推行电费充值卡服务】 3月开始，六盘水供电局向社会推行“电费充值卡”服务，发行的电费充值卡面值有50元、100元两种，全部采用标准PVC卡，卡上印制卡号、金额、充值卡密码与充值方法说明，充值卡密码采用覆膜保护，并采用单次全额充值。

（李时金）

【副市长尹志华到六盘水供电局调研】 3月7日，六盘水市副市长尹志华到六盘水供电局调研增供扩销工作。六盘水供电局局长徐铭对电力供应情况进行汇报。尹志华对六盘水地区的电煤供应、新增负荷、存量负荷等进行了解后，对供电部门电力优质服务工作给予了肯定，并对工业园区和项目建设提出具体要求。

（李时金）

【三项工程获省公司达标投产工程称号】 3月8日，六盘水供电局220千伏练池塘变电站工程、110千伏梭嘎输变电工程和110千伏郎岱输变电工程荣获贵州电网公司达标投产工程称号。

（李时金）

【贵州电网公司与六盘水市政府建立互动机制】 3月13日，贵州电网公司总经理杨晋柏、副总经理邱跃丰率队到六盘水市，与六盘水市市委书记王晓光及相关职能部门就落实国发2号文精神进行会谈。双方就董地工业园区拟建热电联产项目、六盘水电网规划、电力供应、城市建设中电缆入地等问题进行会谈磋商，最终达成建立互动机制共识。双方建立会商机制，每半年召开一次会议。贵州电网公司对六盘水在地方电网建设、产业园区热电联产、煤矿双回路供电等项目建设中给予全力支持和帮助。六盘水市各级政府和部门要加大对贵州电网公司在六盘水辖区内的所有建设项目的服务力度，确保项目有序推进和顺利完成。有关电网建设项目在申报、审批等过程中，政府相关部门要特事特办，简化审批程序，尽快办理有关手续。在六盘水市城市建设规划中，政府相关部门要加强与六盘水供电局的沟通和衔接，避免造成重复投资和浪费。为推进贵州电网公司与六盘水市政府的合作，建立贵州电网公司与六盘水市政府合作领导小组，领导小组下设两个办公室，负责日常工作。贵州电网公司办公室设在六盘水供电局。

（李时金）

【第一座风电场启动发电】 5月15日，六盘水市第一座风电场—盘县四格风电场一期工程启动1台机组发电。工程总装风机60台，单台容量2500千瓦，总容量15万千瓦，分三期建设。第一期投资5.2亿元，装风机19台和1个110千伏升压站，装机容量47500千瓦。

（李时金）

【启动防汛黄色预警】 7月12日，六盘水供电局启动电网防汛黄色预警，并按照预警机制安排落实应急物资、发电车、防洪防汛抢修队伍等事项。

（李时金）

【安乐线簸箕田支线受灾抢险】 市境7月中旬连续大暴雨，7月13日，六枝郎岱供电辖区爆发山洪，10千伏安乐线簸箕田支线19号杆至32号杆、35号杆至44号杆全部被， 共计30基电杆、10台配变、10余户人家的低压线路及户表被淹没，影响366户正常用电，部分灾民已撤离灾区。由于降雨一直持续，截至到7月18日，洪水仍未消退，现簸箕田整个田坝已被淹没，形成一个长约3公里，最宽处约1公里，深度达20多米的大湖。7月15日至17日，局长徐铭多次安排灾情巡视、抢险救灾、线路迁改工作。7月18日，局长徐铭第三次紧急部署受灾抢险工作，要求永久性方案、临时供电方案、发电机供电三管齐下，保障灾民临时夜间照明供电，积极参与村民抢险自救，尽力为灾民提供生产、生活救助。其间，六盘水供电局已投入抢险车辆达40车次，人员达279人次，投入发电机8台，抢险工作全面铺开。

（李时金）

【建设营销四中心】 9月20日，为贯彻落实南方电网公司中长期发展战略，建设一体化、规范化的营销组织机构，提高营销管理水平和服务水平，六盘水供电局开展营销四中心（客户服务中心、营销稽查中心、计量中心和节约用电服务中心）建设工作。

（李时金）

【开展重要客户安全用电检查】 截至9月20日，六盘水供电局对供电辖区内346户重要客户开展了“十八大”安全用电检查。

（李时金）

【向海平检查指导“十八大”保供电工作】 10月17日，贵州电监办专员向海平一行在贵州电网公司副总经理钟连宏陪同下，到六盘水供电局检查指导“十八大”保供电工作。

（李时金）

【首座110千伏数字化河湾变启动投运】 11月2日，六盘水供电局首座110千伏数字化河湾变电站启动投运。该变电站一、二次设备全部实现数字化，数字化网络取代了常规控制电缆，变电站的结构由过去的“两层两网”转变为“三层两网”。该变电站主变容量4万千伏安，110千伏线路1回，35千伏线路8回，10千伏线路20回。

（李时金）

【理顺农电用工管理主体工作完成】 到12月26日，六盘水供电局理顺农电用工管理主体工作完成。本次理顺工作共涉及县供电局员工1775人，其中劳动合同制职工976人，其他用工799人。通过考试考评，四家县局参加组聘考试人员合格1287人，合格率为99.69%。

（李时金）

贵州黔桂发电有限责任公司

【概况】 贵州黔桂发电有限责任公司是广西投资集团有限公司和贵州产业投资（集团）有限责任公司共同投资组建的国有企业，由广西投资集团有限公司控股。黔桂公司2012年全年完成合并营业收入51.6亿元，利润总额2.15亿元，年末资产总额88.3亿元；营业收入首次突破50亿元。

黔桂公司盘县发电分公司。公司负责发电产业生产经营及建设管理工作。2012年实施“上大压小”改建工程，建设2台660兆瓦机组替代原有5台200兆瓦机组，同步建设脱硫脱硝系统。项目于2012年8月16日获得国家发改委正式核准。预计首台660兆瓦机组2013年8月建成投产，第二台660兆瓦机组2014年上半年建成投产。

贵州黔桂天能焦化有限责任公司。公司由贵州黔桂发电有限责任公司控股，贵州新能实业发展公司、盘县宏财投资有限责任公司共同出资组建的国有煤焦化综合型企业。为扩大规模，充分发挥区位优势、资源优势及循环经济优势，天能公司依托现有70万吨/年煤焦化产业基础，扩建130万吨/年煤焦化及煤气净化装置，配套建设300万吨/年选煤厂和干熄焦及余热发电系统。选煤厂于2012年11月投入试生产，预计1号焦炉2013年7月建成投产，2号焦炉2013年10月建成投产。

贵州黔桂三合水泥有限责任公司。公司位于贵州省六盘水市盘县两河乡，是贵州黔桂发电有限责任公司围绕发展循环经济，秉承清洁能源及废弃物综合利用发展理念，在盘县建设循环经济产业基地的项目之一，规模年产水泥140万吨。2011年7月开工建设盘县粉煤灰及脱硫石膏综合利用新型墙材项目，建设规模3亿块标砖及30万方加气混凝土砌块，2012年8月底建成投入试生产。

（田　宇）

【年度主要工作】 盘县煤—电—焦—化—水泥建材循环经济产业基地项目：原址改建两台660兆瓦国产燃煤机组。建设年产200万吨焦炭，配套300万吨选煤、12万吨LNG、5万吨粗苯加氢精制装置；建设60万吨煤焦油精深加工和7万吨己二酸、11万吨尼龙66盐、11万吨尼龙66切片项目。水泥建材及新型墙材项目已建成年产600万吨水泥、200万立方商砼、2亿块蒸压砖及15万立方米加气砌块生产线。盘南煤电铝一体化循环经济产业基地项目：规划建设年产60万吨铝加工及铝液生产线，配套建设5×350兆瓦热电联产动力车间、年产32万吨预焙阳极、12万吨LNG、5万吨液氨生产线，并综合利用粉煤灰及脱硫石膏，建设年产10000万平方米脱硫石膏板材、180万立方米加气砌块、3亿块标砖生产线和120万吨水泥粉磨站。2012年，公司实现营业收入51.6亿元。

（田　宇）

【党建工作】　贵州省委召开庆祝中国共产党成立91周年暨全省创先争优表彰大会，黔桂公司党委获“全省创先争优先进基层党组织”“第五批省级‘五好’基层党组织”荣誉称号。7月2日　在省国资委创先争优活动表彰大会上，黔桂公司党委选树的基层党组织建设示范点天能公司党委获“创先争优先进基层党组织”荣誉称号、发电分公司原党委书记蒋珂获“优秀党组织书记”荣誉称号、发电分公司副总工程师兼运行部主任毛泽仁和三合公司运行党支部书记蒋宗仁获“创先争优优秀共产党员”荣誉称号。

（田　宇）

【与盘县政府签订战略合作协议】　贵州黔桂发电有限责任公司总经理詹玉华与盘县人民政府县长邓志宏在柏果金雷宾馆签订中长期战略合作框架协议。按照所签协议，“十二五”期间，黔桂公司将在盘县投资132.08亿元，根据国家产业政策，合理利用资源及已建成的发电、煤焦化及水泥产业优势，加快建设盘县区域循环经济产业基地，同时，积极参与盘县新城建设项目。

（田　宇）

【脱硫石膏新型墙材项目试生产】　黔桂公司三合粉煤灰及脱硫石膏新型墙材项目正式投入试生产。该项目从2011年8月19日开工，2012年7月11日砖线设备带料试生产，7月26日加气混凝土砌块浇注出模，建设总工期11月余。项目投产后，预计每年可消耗发电粉煤灰、炉渣、脱硫石膏约74万吨。

（田　宇）

【公司荣获“十佳银行信贷诚信企业”】　8月12日，在贵阳国际会议展览中心召开的“贵州信合2012亚太金融高峰论坛、贵州首届金融博览会暨投资理财节”（简称“金博会”）上，黔桂公司获中国农业银行杯“十佳银行信贷诚信企业”称号。

（田　宇）

【“上大压小”改建工程正式核准】　8月16日，国家发改委以发改能源〔2012〕2486号文件对黔桂公司“贵州盘县电厂‘上大压小’改建工程（2×60万千瓦级机组）项目”予以正式核准。

（田　宇）

【公司被列为贵州省循环经济示范企业】　9月13日，贵州省发改委行文《关于贵州黔桂发电有限责任公司循环经济示范企业实施方案的批复》，同意将黔桂公司列为省级循环经济示范企业。

（田　宇）

【公司荣获“2012贵州省企业100强”】　11月6日，贵州省经济和信息化委员会、贵州省企业联合会、贵州省企业家协会在贵阳联合召开“2012贵州省企业100强”新闻发布会，公布了贵州省2012年百强企业名，贵州黔桂发电有限责任公司位列第26位。

（田　宇）

【《盘南煤电铝一体化产业基地项目合作框架协议》签署】　12月14日，广西投资集团公司副总裁廖日裕与盘县人民政府县长邓志宏在广西南宁正式签署了《盘南煤电铝一体化产业基地项目合作框架协议》，本次合作拟建的煤电铝一体化产业基地项目总投资约200亿元，项目分两期建设。其中，一期项目投资约90亿元，二期项目投资约110亿元。一期项目预计2015年建成，建成后可实现年销售收入50亿元。

（田　宇）

贵州金元发电运营有限公司盘南分公司

【概况】 2012年，公司紧紧围绕中电投集团“三步走”战略目标，紧扣年初职代会确定的“煤为保障，电为核心，以煤定电，以电促效”的宗旨，以管控一体化为契机，优化公司组织结构，加强执行力建设；以安全生产标准化为抓手，不断夯实安全基础；做优“发电运行、检修维护、燃料管理”三大核心业务，进一步提升企业的核心竞争力；继续完善ERP信息管理应用平台，全面实施预算管理，深化EVA价值创造理念；着力解决员工关心的热点、难点问题，创建幸福家园，稳定员工队伍；加强党建工作和企业文化建设，以党建促文化，以文化推党建，充分发挥党组织的政治核心作用、党支部战斗堡垒作用和党员先锋模范作用，各项生产工作任务稳步推进，各项生产经营指标逐步向好。全年完成发电量128.08亿千瓦时，上网电量120.29亿千瓦时，年发电量依然保持贵州省第一，连续四年蝉联金元集团火电厂榜首；进煤量638万吨；全年未发生责任性安全事故，实现3个百日安全生产周期，累计实现安全长周期运行2461天；技术监督工作连续两年获贵州省火电第三名；文明生产管理水平明显著提高；荣获中国电力投资集团公司“先进集体”和“文明单位”、中电投贵州金元集团“党风廉政建设优秀单位称”和贵州省电力工会“先进工会”等荣誉称号。为粤黔两省和地方经济又快又好、更快更好的发展做出积极贡献。

（刘　军）

【安全基础更加坚固】 有序开展以安全生产标准化、职业安全健康标准化和企业安全文化为主体的“三个安全建设”，安全基础进一步筑牢。申报了“国家级安全文化示范企业”，荣获了职业健康标准化“二级企业”的荣誉称号。员工安全意识进一步增强，作业环境进一步改善，企业安全监督和保障体系日趋完善，安全生产形势总体平稳。

（刘　军）

【指标管理】 持续推进“运行四化”建设，创新培训方式，强化运行管理，提高运行人员操控技能和风险预控能力。通过开展指标竞赛、指标上墙、党员示范机组等活动，有效提升了指标对标管理。全年燃油单耗、供电标煤耗等指标明显改善，运行人员的指标对标意识进一步增强。

（刘　军）

【燃煤管理】 面对复杂多变的电煤形势，公司积极应对、深入调研，依托政府，加大与盘县地方、盘江煤电集团和黔西南州等地供煤企业的协调力度，保证各进煤渠道通畅，发扬“三千精神”多进煤、进好煤，全年进煤638万吨。

（刘　军）

【节能减排】 积极开展节能减排，圆满完成盘南电厂四台机组的脱硫增容改造，辅机变频、煤气掺烧等重要技改工作稳步推进，稳步推进3号机组脱硝改造。全年节能折算标煤21906吨，超过年度节能折算标煤18000吨/年的目标值。

（刘　军）

【地企和谐】 加大与地方各级政府和相关职能部门的沟通协调力度，主动履行社会责任，积极开展映山红助学、爱心捐款、计划生育关怀基金等爱心活动，携手响水政府和响水煤矿，举办了“地企携手谋发展，共建共享共繁荣”主题迎春晚会，祥和共荣的地企关系更加牢固和融洽。

（刘　军）

大唐贵州野马寨发电有限公司

【年内重大事件】 2012年3月2日，野马寨发电公司1号机组在全省火电企业中率先实施脱硫烟气旁路封堵。在总结了实施经验的基础上，于8月1日，实施全部机组（共3台200兆瓦）的脱硫烟气旁路封堵，并通过省、市环保部门验收，真正实现100%全烟气脱硫，为在贵州省火电企业中逐步推行脱硫烟气旁路封堵工作起到了积极的示范作用。

2012年10月16日，野马寨发电公司向市中心城区集中供热技改工程可行性研究报告通过专家评审。六盘水市发改委、经信委、环保局、燃气公司、贵州电力设计院、华北电力设计院、大唐贵州发电有限公司和野马寨发电公司等有关单位的领导及专家出席了评审会，会议由六盘水市发改委纪检组长杨建成主持。

（陈德贵）

2012年大唐贵州野马寨发电有限公司生产经营情况

表三

发电量	33.08 亿千瓦时
供电量	29.32 亿千瓦时
综合厂用电率（含脱硫）	11.36%
供电煤耗	358.01 克 / 千瓦时
购电煤量	232.82 万吨
消耗电煤量	232.89 万吨
燃油单耗	6.57 吨 / 千瓦时
非计划停运次数	0 次
实现连续安全生产 1771 天	

（陈德贵）

发耳发电有限公司

【概况】 贵州发耳发电厂位于贵州省六盘水市水城县境内，属于典型坑口电厂，总装机容量为4×600兆瓦亚临界燃煤机组。是贵州省“西电东送”重点项目。发耳公司项目法人成立于2005年8月24日，2008年更名为大唐贵州发耳发电有限公司，公司注册地址为水城县发耳乡，法定代表人为肖启标，经营范围为电力项目建设、电力生产、销售（国家有专项规定除外）。公司注册资本为96000万元，其中，大唐贵州公司出资4.896亿元，占51%，金元集团出资4.0278亿元，占41.96%，兖矿能化公司出资0.6762亿元，占7.04%。根据国家发改委批复的发耳公司工程总投资为静态投资898031万元，单位投资3741.79元/千瓦，动态投资为986070万元，单位投资4108.62元/千瓦。项目投资回收期（税前）12.34年。计算盈亏平衡点的机组利用小时为5500小时。发耳公司1、2、3 、4号机组分别于2008年6月、11月，2009年11月和2010年6月投入商业运行。2010年7月发耳公司全部获得国家发改委的核准批复。发耳公司在贵州省节能发电调度排序中，属于南网直调电厂，在发电序列中属第一排序区间，年发电利用小时有稳定保证。

领导班子8名，其中2名为金元公司派驻。公司下设总经部、党群部、人力资源部等18个二级部门，现有在册员工763人（其中劳务派遣工335人），中层管理人员53人，平均年龄34岁。其中，硕士学历4人、本科学历125人、专科学历275。公司党委下设10个党支部，共有党员166名、预备党员10人。公司工会下设发电分工会等10个分工会，入会率为100%。公司团委下设热机团支部等9个团支部。

（叶　敏）

【荣获“电力安全生产标准化达标企业”称号】 2012年，公司完成发电量123.6亿千瓦时，同比增加9.8亿千瓦时；生产经营及各项经济指标明显好转，“两个稳定”工作稳中趋；生产管理工作迈上新台；电煤保障成效显；环保管理完美转身。2012年，国家电监委授予发耳公司“电力安全生产标准化达标企业”殊荣，标志着公司成为贵州省第一家获此殊荣的电力企业。

（叶　敏）

【成为贵州省首家完成烟气脱硝改造投运的火电企业】 2012年脱硝装置建成投运，全面实现清洁、绿色发电。公司努力降低能源消耗，逐步实施辅机系统的变频改造，单位产品能耗逐年降低。发耳公司率先在贵州实施的首台机组脱硝改造工程顺利通过168小时试运行，试运期间，烟气氮氧化物排放达到67mg/Nm^3、氨逃逸率小于2.3ppm、脱硝效率达87%，各项技术指标均优于国家标准。成为贵州地区唯一一家按环保部门计划要求全部完成烟气脱硝改造并正常投运的火电企业。脱硫电价2012年扣减为173.14万元，排污费2472.7172万元，同比降低了12.2828元。

（叶　敏）

【2012年实现首次盈利】 发耳公司体制理顺以来，公司立足实际基础，狠抓管理提升，深入开展内部管理机制改善，积极改善外部经营环境，不断提高发耳公司机组安全、稳定、经济运行水平，取得了较大的进步，各项工作均发生了质的飞，并且于2012年实现了公司以来的首次盈利，超额完成了"出零米"的目标。完成发电量123.6亿千瓦时，同比增加9.8亿千瓦时；生产经营及各项经济指标明显好，"两个稳定"工作稳中趋；生产管理工作迈上新台；电煤保障成效显；环保管理持续良好。

（叶　敏）

建材工业

贵州乌蒙山发展有限公司

【概况】 "三五"期间，国家将贵州省的六盘水矿区列为"三线"建设重点，经国家计委批准，水城水泥厂建厂工作组于1966年4月组成。1968年7月，国家建委下达基军（68）70号文件，对水城水泥厂的建设工期及施工力量重新作了安排，要求水城水泥厂力争1970年底建成投产。

第一条生产工艺线于1970年12月26日建成投产。到1972年12月，水城水泥厂按照原设计要求全部建成投产。至此，全厂总建筑面积为76，459平方米，国家总投资为6646万元，水泥年产能力为50万吨。

水城水泥厂从1970年底第一条生产线建成投产，1979年以来，年年完成国家下达的生产任务。1983年生产水泥50万吨，首次达到了设计能力。

从建厂到2005年5月，水城水泥厂累计生产水泥1500万吨，为国家上缴利税5亿多元，是建厂投资的5倍多。

2005年5月，贵州乌蒙山发展有限公司、贵州水城水泥股份有限公司将日产2000吨熟料干法生产线与香港新模式投资有限公司合资组建了水城瑞安水泥有限公司。

从2005年6月1日合资以来到2010年12月31日止，合资公司共生产水泥596.12万吨，销售593.07万吨，上缴税金27706.6万元，实现利润27304.55万元，特别是2009年，合资公司达到历史最好水平，共生产水泥101.5万吨，销售100.9万吨，上缴税金6056万元，实现利润10373.8万元。合资前建新线的2亿元银行贷款已于2009年5月全部还清，公司已无任何负债。

（杜　江）

【2012年年度生产情况及重要事项】 全年营业收入：35455317.30元（含投资收益）；全年利润总额：30894810.06元（含投资收益）；全年纳税总额：2381844.14元。2012年7月，公司兑现发放职工住房增量补贴，职工多年心愿得以实现。2012年8月，公司原董事长、总经理刘小平因年龄原因离职，王永刚就任公司董事长、总经理。

（杜　江）

食品工业

六盘水市食品总厂

【概况】 六盘水市食品总厂始建于1966年，其前身为水城糕点厂，1978年由汪家寨搬迁到水城西站；1994年由于火车站广场的扩建搬迁到现在的明湖路39号；属国有企业，隶属于六盘水市国有资产监督管理委员会，主要经营小食品、土豆片等，注册资金718万元；有财务部、行政部、供储部、市场部、质管部、生产技术部等6个管理部门，生产车间1个，经营单位1个（贵阳销售办事处）。

截至2012年12月31日，企业共有各类人员124人，企业资产总额1761万元，所有者权益总额1067万元，无银行贷款，生产及办公用房3300平方米，占地面积17亩，进口豆片生产线一条，年生产能力为1500吨。

2012年，累计生产鲜切土豆片303039件，实现主营业务收入1217万元，实现利润总额1.8万元，上缴税金合计130万元。

（张光华）

【主要产品品牌及产品市场状况】 主要产品是与昆明天使食品总厂联营生产的特色风味食品“天使”牌土豆片，产品销售贵阳、重庆、成都、长沙、南昌、石家庄、太原、银川、沈阳、长春、哈尔滨、乌鲁木齐、北京、上海、广州等地，企业曾先后获全国食品行业质量效益型先进企业、贵州省食品工业优秀企业、贵州省农业产业化经营重点龙头企业、六盘水市国有工业“十强企业”等称号，并已通过IS O9001-2000国际质量体系认证和HACCP国际食品安全保证体系认证，企业自创品牌“喀斯特”商标土豆片正在筹划推广上市。

（张光华）

六盘水啤酒有限责任公司

【概况】 2012年外部市场竞争加剧，市场投入巨大，销售成本高，本公司无法跟进，辖区内的主要城市板块的现饮、非现饮终端、包括夜场、夜市等市场份额逐步减少。内部由于生产设备落后且严重老化，生产效率低、生产时间长、成本较高，原燃材料价格、劳动力成本持续上涨，公司内部职工普遍反应收入低，职工多年盼望已久的企业改制，职工身份置换因种种原因未付诸实施，导致工作不安心，队伍不稳定，劳动力紧张。因收入低，车间一线、搬运装卸工流动大，刚培训熟练的操作工几天又走了，对机台操作、工艺管控造成很大困难。针对这些问题和困难，公司经营班子统一思想，积极应对，力保市场，控制成本费用，控制亏损。

（周　毅）

地　勘

贵州省有色金属和核工业地质勘查局二总队

【概况】 2012年，贵州省有色金属和核工业地质勘查局二总队有综合办、人事科、财务科、总工办和生产经营科五个机关部门和测绘院、盛和公司、工勘公司、化验检测中心、物管中心、职工医院六个经营实体部门。具有固体矿产勘查乙级资质；水文地质、工程地质、环境地质调查丙级资质；岩矿鉴定与岩矿测试丙级资质；测绘丙级资质；地质灾害评估丙级资质；贵州省民用建筑工程室内环境检测甲级资质等六个方面资质。

全队有职工767人，其中，在职人员240人；离休人员4人；退休人员523人。在职职工中下岗人员68人；内退人员48人；实际在岗职工124人。

主要产业有：地质矿产勘查、岩土工程勘察与施工、工程地质测绘、岩矿化验与工程检测；辅助产业有：物业管理和医疗服务。其中，地质矿产勘查和岩土工程勘察与施工是二总队骨干产业，工程地质测绘、岩矿化验与工程检测是二总队扶持产业，物业管理和医疗服务是依存二总队的产业。

2012年，省局下达计划产值3500万元，收入3000万元，收入2866.85万元，完成率100%。

二总队物管中心党支部被省委党建工作领导小组命名为“五好基层党组织”。

（党委办公室）

【地质项目完成情况】 一是贵州道真浣溪向斜北部铝土矿勘查项目（中央资金项目），钻探2279.8米，项目完成时间安排为2010年6月至2012年12月；二是贵州道真隆兴铝土矿普查项目（省基金项目），钻探3990.89米，项目完成时间安排为2012年12月底提交阶段性报告；三是威宁铜厂河铜矿详查，钻探4611.41米，项目完成时间安排为2011年3月至2012年12月；四是六盘水市钟山区仰天窝、大岩洞铅锌矿详查，仰天窝铅锌矿详查报告通过评审，地表物化探工作完成。2012年，大岩洞铅锌矿详查项目工作启动，完成部分物探工作。

（党委办公室）

【项目申报储备】 2012年4月，申报了贵州省观音山铁矿矿山接替整装勘查项目，经省内专家评审推荐，报国土资源厅老矿山危机办公室组织专家评审通过，但至今未见经费和任务书文件批复。

8月，申报了贵州省赫章县垭都—莽硐铅锌矿整装勘查项目，已立项，后经局领导内部协调，与局地勘院申请的黔西北地区威水背斜铅锌矿整装勘查项目互换，承担了黔西北地区威水背斜铅锌矿整装勘查实施方案，现等待省国土厅组织专家评审。

编制六盘水市铅锌铁锰整体勘查方案，报国土资源厅评审立项，经地方政府和贵州省有色地勘局和江西铜业股份有限公司协商，决定成立合资公司，并开展工作，正在准备成立合资公司的相关准备工作。预计2013年正式启动该项目工作。

已选出“威宁县玉龙一石门铅锌铜多金属矿整装勘查”“水城县金盆乡—纳雍县猪场镇铅锌矿整装勘查”“六盘水市蟠龙乡—猴场乡铅锌铁多金属矿远景调查”三个项目报省地勘基金立项，为单位项目储备作准备

（党委办公室）

贵州省煤田地质局159队

【概况】 2012年经营收入2057万元，共完成煤炭勘探任务17000米，完成煤田钻孔35个，其中甲级孔3个，乙级孔10个，丙级孔5个，甲乙级率73%，未完正在施工钻孔17个。水文钻机完成钻孔13个。

全年编制完成并送审的勘查设计报告4个，分别为《盘县平关大坪煤矿勘查报告》《水城玉舍煤矿勘查设计报告》《响水镇马鞍山勘查设计方案》《水城河坝煤矿勘查地质技术管理》；已汇交的地质报告4个，分别为《柏果富贵庄煤矿勘查报告》《滑石柿花树煤矿勘查报告》《柏果镇鑫源煤矿水文地质调查报告》《新民下屯水库压覆报告》；正在施工的项目4个，鸡场坪捷达煤矿勘查、威宁铁厂煤矿勘查、威宁马踏煤矿勘查、水城玉舍煤矿勘查。

（159队）

贵州省地矿局113地质大队

【概况】 2012年贵州省地矿局113地质大队有职工937人，其中在职职工397人，占职工总数的42.3%。在职职工中各类专业技术人员161人，其中高级职称14人，中级职称64人，初级以下职称83人。2012年全队创收6810.28万，较2011年同期增长了56.08%,增长速度位列全局第二，是局下达年计划的130.72%。全年实现利润575.45万元，是局下年计划的104.82%，较2011年同期增长了20%。全队经济实现了快速发展，荣获局绩效目标考核二等奖和目标创新奖。全年投资1946.24万元，为局下达队投资指标的111.2%。全年安置待岗职工8人，培训职工252人次。在岗职工工资收入在2011年基础上增长了45%。兑现了退休职工绩效工资，调整后的绩效工资已从2012年9月起随退休工资全额发放。

测试中心完成产值122万元，利润10.05万元。工勘施工全年共签订合同37个，合同金额1197万元，实际完成对外收入1050万元，预计全年实现利润105万元。印刷厂完成总产值155万元，实现利润10万元。安置职工14人。

2012年，大队地勘公司再次获得省总“工人先锋号”的荣誉；地勘公司的“调整风压分段掘进”钻进技术项目获得省总工会“我为企业献一策”金点子奖；一名同志获得局劳动模范荣誉称号；2012年1月，公司获得贵州省“精神文明建设先进单位”称号。

（高　荣）

【地质勘查主业】 积极拓展项目来源，克服专业技术人员匮乏、时间紧、任务重等各种困难，通过精心组织和科学部署，取得显著成绩，产值和利润占全队收入和利润的近80%，充分发挥了主

力军作用。全年开展地质勘查重点项目36个，其中基础性公益性项目（包括地下水勘查项目）17个，基金项目6个，整装勘查项目1个，与科研院校合作项目1个、自有资金合作项目2个、引资合作项目4个、自有矿权自主勘查项目1个、社会勘查项目4个。

（高 荣）

【整装勘查工作】 2012年全队整装勘查项目取得重大突破。毕节可乐向斜煤炭整装勘查项目是全省首批安排的12个整装勘查项目之一，通过精心组织、科学部署和强化管理，克服了人员少、时间紧、任务重、施工协调组织难等各种困难，仅半年时间，完成钻探进尺近4万米，完成货币工作量4000余万元，创造了113队记录。通过招标或委托方式获得了盘县保田煤炭、晴隆锑矿、普安罐子窑—水城花嘎铅锌矿、威宁—水城铁多金属矿整装勘查项目，第二批全省整装勘查项目仅30个，大队就获得了4个，勘查总经费近1.2亿元。2012年底四个项目已陆续启动。

（高 荣）

【公益性项目】 完成了贵州罐子窑—茅口地区铅锌铜矿远景调查项目、贵州兔街子—辅处地区铅锌铜矿远景调查项目年度计划工作；完成《水城县重点地区重大地质灾害隐患详细调查》《六盘水市钟山区重点地区重大地质灾害隐患详细调查》项目，报告已提交省国土资源厅及地质环境处；完成了贵州省六盘水市、赫章县、威宁县地下水源枯季测流任务。

（高 荣）

【地下水勘查工作】 2012年全队主要承担威宁县、六盘水市钟山区地下水勘查工作，全年施工水井16口，钻探进尺2460米，产值392万元，提前完成了局下达的任务，找水打井取得突破性进展。

（高 荣）

【地质勘查基金项目】 完成了贵州省岑巩县注溪钒矿详查地质报告，并荣获地质找矿突破一等奖；完成了晴隆鸡场大坝煤炭普查项目，提交矿区内333+334资源量15110万吨，并荣获地质科技成果三等奖；完成了赫章法冲煤矿普查项目，提交保有资源量4694万吨。组织实施盘县羊场新田勘查区煤炭普查、平塘克度勘查区煤炭普查、钟山区扁担湾勘查区煤炭普查、威宁炉山铜多金属矿详查等项目年度工作任务。

（高 荣）

【与地州市合作项目】 2012年5月29日，省地矿局与六盘水市政府签订了为期10年的合作开展六盘水市优势特色矿产勘查开发协议。大队负责筹备成立公司、筛选项目等相关工作，2012年底该项工作进展顺利。与毕节市合作于2012年3月开始矿产资源规划编制工作，已完成规划编制。

（高 荣）

【社会地质勘查项目】 全年共签订社会地质勘查项目合同76个，合同金额1113.80万元。其中较大的社会勘查项目有威宁县舍居乐铜矿区铜铁矿详查、赫章县雉街乡福宇铅锌矿详查、水城县鹏政铅锌矿详查等项目。

（高 荣）

【矿业开发】 矿业开发取得新进展。威宁县恒波石膏矿矿山建设顺利推进，完成主巷道施工190米，已揭穿主矿体，矿体厚度11米；同时对石膏矿延伸产业链进行了考察论证，标志着大队从勘查主导型向探采一体化的转变。威宁炉山铜矿矿权名称变更及采矿证办理开展了前期工作，省国土厅已批复探矿权可再延续两年，正在协调矿权名称变更事宜。

（高 荣）

建设 环保

城乡建设

【概况】 2012年，城建部门固定资产投资完成230.23亿元，为计划的119.2%。中心城市、县城、乡镇、新农村建设一同推进，城乡一体化发展呈现良好的发展态势。完成6个城市广场、6个湿地公园环湖步道、凤凰山城市综合体、凉都体育公园等重大项目的建设任务；提前完成农村危房改造、保障性安居工程、小城镇建设及村庄整治等改善城乡人居环境的民生工程；行业管理及建筑节能等科技创新取得新成效。

（谢寿和）

【湿地公园环湖步道建设】 包括窑上水库、明湖湿地、德坞水库、明洞水库、凤池园、天生湖6个湿地公园环湖道路改造工程，全长约18公里，宽约2.5米，工程于2012年3月1日集中开工，除明硐水库环湖步道纳入明硐城市综合体建设外，其余工程已于2012年内全部竣工交付使用，完成投资约4090万元。

（谢寿和）

【城市广场建设】 双水和谐广场规划面积3.05万平方米，2012年 4月1日开工建设，年底完成总工程量的95%。德坞少数民族图腾广场规划面积2.16万平方米，2012年6月18日进场施工，年底完成总工程量的95%。三线建设纪念广场规划面积2.68万平方米，纳入老城改造规划并同步建设，完成投资3000万元。钟山凤凰文化广场规划面积2.1万平方米，纳入凤凰山城市综合体整体实施建设，完成投资287万元。红桥时代广场规划面积6.52万平方米，已建成投入使用。夜郎文化广场现调整为恒远时代广场，已进行方案审查。

（谢寿和）

【凤凰山城市综合体建设】 工程包括凉都大剧院、会议中心、档案馆、地方志馆、博物馆、城市规划展览馆、综合写字楼及连廊，以及五条城市干道（凤凰大道、碧云路、麒麟路、荷泉路、凤凰南路），项目占地面积1133亩，建筑总面积32万平方米，估算总投资15亿元，2012年6月3日开工建设，完成投资4.65亿元，为投资计划的142.64%。

（谢寿和）

【凉都体育公园建设】 项目总投资约11亿元，2012年5月开工建设，预计2013年7月完工。体育场、体育馆、连接平台、室外景观工程、游泳馆、市民健身中心、市民体质监测中心及外围公路等均进入全面施工，完成投资约3.5亿元，部分工程管桁架拼装完成。

（谢寿和）

【市政工程】 凉都大道与明湖路交叉口改造工程。于7月17日开工建设，工程概算投资330万元，新建排水沟350米，恢复破损管道66米，改造受损路面2188平方米；于年底竣工并投入使用。

中心城区集中供热工程。于10月20日开工建设，一期工程建设规模为集中供热面积1200万平方米，项目总投资79789万元，于年底向试点小区时代蝴蝶湾供热，正在实施凤凰大道至川心小区管道铺设。

市中心城区内环快线建设。于12月28日开工建设，项目建设规模为46.5公里（含机场快线），估算总投资60亿元，其中新建段24.6公里、在建段6.71公里、改造段15.21公里，工程正紧张推进。

新建城市公厕。在4个县（特区、区）、3个开发区的市中心城区、风景区、车站、广场、城市出入口、交通干线等处建设137座高标准城市公厕，项目总投资约8000万元，于12月30日开工。

市中心城区主干道路口人行天桥工程。凉都大道与龙井路交叉口人行天桥工程于12月18日开工建设，项目投资1099万元，桩基已施工完毕，正制作上部钢结构桥梁。

（谢寿和）

【农村建设】 2012年全市实施农村危房改造33090户（六枝特区6889户，盘县13140户，水城县12134户，钟山区927户），100%竣工，入住率91.4%。新农村村庄整治，市级20个示范村完成投资5437.3万元（含村民投工投劳），房屋立面整治改造873户，连户道路硬化15.758公里，美化环境19245平方米。省级3个示范村投入150万元，完成房屋立面整治改造673户，连户道路硬化5.6公里，美化环境5908平方米。全市风景名胜区规划建设共完成投资2.34亿元，其中，六枝特区完成1.19亿元、盘县完成3800万元、水城县完成7700万元。

（谢寿和）

【安居工程与房地产开发】 新建廉租房300套，1.5万平方米，完成投资627.4万元，为计划的105.27%。开工建设300套经济适用房，2.1万平方米，完成全部投资2307万元，已竣工验收并分配入住。开工建设教师周转宿舍3598套，12.593万平方米，完成投资12667.73万元，为计划投资的152.52%。煤矿棚户区改造任务10342套（六枝矿区3645套、盘江矿区3700套、水城矿区2997套），完成投资63996万元。林区棚户区改造任务32套，已全部进入主体施工，完成投资77万元。垦区棚户区改造任务12套，已进入主体施工，完成投资30万元。城市棚户区改造建筑面积67.1万平方米，完成投资11.47亿元。房地产开发完成投资64.49亿元（统计入库56.38亿元），为计划的161.23%；全年完成商品房销售120万平方米，统计入库122万平方米；商品房销售金额约41亿元，同比增长24%；全市商品房均价3423元/平方米。

（谢寿和）

六盘水市开发投资有限公司

【概况】 六盘水市开发投资有限公司是市政府直接授权的国有独资企业，代表市政府对授权范围内的国有资产行使管理权，享有法人财产权，独立承担民事责任。公司现内设9个部室、下辖5个全资子公司。公司注册资金7.4849亿元，资产115亿，负债36亿元。公司现有在职职工42人，其中高级工程师3人、高级会计师1人、高级经济师3人；工程师5人、经济师3人、会计师3人。

公司成立以来，围绕“项目开发、项目管理建设、项目投融资、项目代建和资产管理”经营范围，秉承以“城市基础设施建设为基础、土地经营为支撑、多元化经营为辅助”的经营理念，以“建设城市、经营城市、服务城市”为主旨，以“宜居六盘水、生态六盘水、旅游六盘水”为目标，成功发行全市首支企业债券16亿元；投资15亿元，完成了凉都开投大厦工程、凉都大道改造段、市委业务楼、市传染病院、市三中凤凰校区等项目建设；投资4.5亿元，完成贵州省首个国家级湿地公园—明湖湿地公园建设；建设中的火车站棚户区改造、松坪菜场棚户区改造、步云楼安置房、碧水新苑安置房、明湖安置房是六盘水市规模最大的重点民生项目；正在开发建设的明湖城市综合体、市师范学院二期、市书画院、市图书馆、师院体育馆、贵州省第八届旅游产业发展大会主会场等项目，预计总投资超过300亿元。

作为全市的投资主体、融资载体和建设实体，公司形成了城市基础设施建设、土地治理开发、城市经营管理和国有资产经营管理四大业务板块。同时，在市政府的支持下，公司不断拓宽业务范围，通过参股贵州银行、贵州水城矿业（集团）有限公司、湖南黑金时代股份有限公司等优质公司逐步提升多元化经营能力，为着力打造“融资的平台、经营的载体、建设的先导、财政的支柱”，组建六盘水市开发投资集团公司奠定基础。

（市开投公司）

【融资情况】 公司实际完成融资31亿元，达成意向融资40亿元，外国银行贷款3000万欧元。成功发行企业债券16亿元，截至12月6日，16亿元募集资金全部到位。

（市开投公司）

【投资情况】 成功与湖南黑金时代股份有限公司达成合作协议，投入资金3.07亿元入股湖南黑金时代。

（市开投公司）

【项目建设情况】 已完工项目：完成水城河治理一期景观改造园林绿化、飘带桥和游客服务中心工程。总投资9878 万元。 完成明湖花园酒店装修工程。总投资9480万元。完成水城河一期工程排污截流干管工程。总投资175万元。完成水城河综合治理二期（师院段）排污截流干管工程。总投资164万元。完成六盘水师院东、西大门桥梁工程。总投资1149万元。

新建项目：汪水路改扩建工程总投资3844万元，完成投资3160万元。水城河综合治理二期（师院段）景观改造工程总投资3465 万元，完成1000万元。

安置房建设项目：滨河苑安置工程总投资5297 万元，完成1244 万元；碧水馨苑安置工程总投资21400 万元，完成116.47 万元；六盘水市师范学院安置区3 至6 号住宅楼（市明湖湿地公园拆迁安置楼）工程总投资1367 万元，完成1205 万元。明湖湿地公园7~12 号拆迁安置楼工程总投资3078万元，完成1399 万元。

改扩建项目：康乐北路延伸段改造工程总投资16462万元，完成投资7000万元。火车站站前广场扩建工程总投资2473万元，完成投资690万元。

代建项目：市电大综合楼项目总投资1330万元，完成投资596万元；市政府服务大厅室内装修工程总投资1500万元，完成1374万元；市三中凤凰小区一期工程总投资28830万元，完成17300万元。

项目前期工作顺利开展。明湖城市综合体城市修建性详规顺利完成，明湖接待中心、市书画院、市图书馆、师院二期、火车站棚户区改造、松坪菜场棚户区改造等项目的立项、预核准、环评、红线图、选址意见、规划许可、用地预审、可研批复、项目核准等前期工作稳步推进。钟山区二十小学、明湖新苑安置房、龙贵地水库至明湖水库生态保护区利用开发、市三中黄土坡小区、步云楼安置房等工程规划基本确定。水城河综合治理二期方案论证取得初步成效。旅发大会主会场、市书画院、市图书馆开工建设。明湖城市综合体一级土地整理征地拆迁和房屋征收工作完成投资 13894万元。支付上述项目前期工作经费902万元。

（市开投公司）

城市规划

【概况】 2012年，六盘水市城乡规划局恢复为正县级政府工作部门，主要承担城乡规划、设计、管理等工作；定行政编制17名，工勤人员编制3名（含聘用2名）；领导职数定局长1名、副局长3名，总工程师1名（副县级），正副科长（主任）7名，经费由市财政全额预算管理。实有23人，其中，局长1名、副局长2名、总工程师1名、调研员1名、副调研员1名（受聘任住建部规划督察员）、科长4名、副科长3名、副主任科员1名、科员5名、工勤人员4名。下辖六盘水市规划监察支队（副县级全额拨款参公事业单位），定编制10人，实有7人；六盘水市规划设计室（科级差额拨款事业单位），定事业编制18人，实有14人。

（吴　迪）

【规划管理】 全年核发《建设项目规划选址意见书》53件，为26个项目提出规划选址意见；核发“建设用地规划许可证”136件，用地面积9.2平方公里，核发“建设工程规划许可证”128件，建筑面积638.6万平方米。召开城规委会4次，审议重大项目32项；召开专家评审（咨询）会12次，评审项目70项。对在建的13个项目进行跟踪管理，对10个项目进行复验，对单位及个人下达整改通知书34份，对91个建设项目进行验收；拆除各类违法建设579户，建筑面积7.6万平方米。完成出具规划设计条件240项，完成规划审图任务244项，审图面积约1573.9万平方米。

（吴　迪）

【设计　总规修编与项目库】　完成凤凰山城市综合体综合写字楼、会议中心、图书馆、档案馆、地方志馆、博物馆、城市规划展览馆、餐饮服务中心、凉都大剧院等35万平方米的规划方案征集和建筑单体施工图设计；完成凤凰山片区路网优化调整及凤凰山城市综合体4条干道（凤凰大道、碧云路、麒麟路、荷泉路）的施工图设计。开展六盘水市第四轮总体规划修编；完成《国家和区域新发展格局下六盘水市的区域关系和定位研究》《六盘水市城市环境资源承载力（水、生态、土地等）研究》《六盘水城市产业发展与城市就业发展的相关性研究》《六盘水市中心城区空间拓展研究》4个总规修编课题研究。对中心城区棚户区、旧城区、城中村和插花闲置地进行梳理，编制出30个棚户区建设单元项目清单，其中12个居民棚改区、13个城中村和5个职工住宅区，通过编制概念规划，建立目标明确、指标完整的项目库。

（吴　迪）

【具体规划】　完成《盘县中心城区总体规划（2012~2030）》纲要，分为县域（4056平方公里）、城市规划区（851.1平方公里）、中心城区（330.6平方公里）。完成《水城经济开发区中部核心区控规》，规划区范围由杭瑞高速、六六高速、贵昆铁路、自然山脉等围合的区域，东临规划二号路，东南临贵昆铁路及六六高速，西南临规划三号路，西北临杭瑞高速，部分范围超出杭瑞高速，至规划四号路和八号路。规划区位于水城经济开发区的中部核心区，总用地面积约16.19平方公里。完成《红果经济开发区（两河新区）控规》，规划区范围包括盘县两河乡的行政辖区范围及红果镇的沙坡、旧铺、花家庄3个行政村和刘官镇的大山丫村的行政辖区范围，总面积126.36平方公里。完成《六枝特区中心城区控规》，规划范围为东及六盘水市戒毒所，西至六枝矿、南极山，南抵党校，北至贵昆铁路，总用地1397.7公顷，其中建设用地1078.84公顷。完成《六枝特区中心城区近期建设规划》，规划范围包括平寨镇、大用镇、木岗镇的全部或部分行政区域范围，总面积248.7平方公里。完成《六枝特区中心城区城东片区控规》：规划范围为六枝特区中心城区主城东部片区，总面积621.47公顷。完成《市中心城区城市风貌规划》，对《城市总体规划》进行深化和细化，从各种角度挖掘城市发展的潜质，提升城市环境质量，塑造鲜明的城市形象，构建长远发展的设计框架。完成《市中心城区教育规划》，按市中心城区规划范围进行教育发展计划，市中心城区总面积为293平方公里，适宜建设用地约为120平方公里；至2020年，规划中心城区城市建设用地为76平方公里。完成《六盘水市中心城区环境卫生工程专项规划》修编，规划的地域范围为市中心城区的规划范围，环卫作业服务范围分为钟山片区、石龙片区、柏杨坡片区、德坞片区、水月片区、双水片区和老鹰山片区7个环卫作业片区。完成40个乡（镇）、116个行政村的小城镇规划和村庄整治规划编制。完成《六盘水市综合体布局规划》，确定全市综合体项目23个，建立城市综合体项目库；通过3轮申报，凤凰山、红桥、体育中心、帝都、荷城、时代、人民路、明硐、盘县湿地等9个城市综合体列入全省100个城市综合体项目库，其中凤凰山、红桥、体育中心3个城市综合体列入省级22个先期、先行、先试的试点项目。下发《关于加强全市经济开发区、工业园区规划管理的通知》，指导并督促编制了钟山、水城、红果、盘北、木岗、水月、保田、大湾等开发区或工业园区的规划。

（吴　迪）

六盘水市规划设计研究院

【概况】 六盘水市规划设计研究院前身为1978年市建委组建的规划设计室，1984年组建六盘水市建筑设计院，为县级事业单位，1988年由市规划局规划设计室、市城建局市政设计室与建筑设计院合并，组建新的“六盘水市规划设计研究院”，为县级事业单位，自收自支。六盘水市规划设计研究院现有在职职工105人，退休职工21人，在职专业技术人员95人，其他技术工人和工勤人员10人，有教授级高级工程师3人，高级工程师26人，工程师36人，国家级的各类专业注册工程师20人次。内部机构设有总工室、生产经营室、院办公室三个管理部门和四个土建综合设计室、建筑规划室、市政设计室、地测队、监理部等八个业务部门。按照行业管理的要求，研究院全面推行贡献挂钩的内部技术经济承包责任制，建立健全院内部项目管理制度和技术标准，实行项目负责人对产品进度、质量、投资全面负责，取得了良好的社会效应和经济效益。

市规划设计研究院是经贵州省建设厅核准，国家建设部备案的具有多项资质的综合性设计院。现拥有建筑工程设计（含装饰工程设计）乙级、市政公用工程设计乙级、城市规划设计乙级、岩土工程勘察乙级、工程监理乙级以及工程咨询丙级登资质。

2012年，设计院先后共组织完成六盘水市粮油储备中心、红桥新区新建路网设计、市公安局业务技术用房、盘江矿区棚户区改造工程、盘县公安局特巡警及政法培训基地建设项目、市中心全部中小学新建工程项目等勘察、设计、监理200余项，全年共完成勘察、设计、监理经营收入3611万元。

积极组织开展创优评优工作，荣获省二级评优设计二等奖2个，三等奖1个；勘察二等级2个。荣获省一级评优，设计三等奖1个，勘察三等奖1个。

（高　凤）

城市管理

【概况】 2012年5月，六盘水市城市管理局恢复为市政府的职能部门，牵头组织实施市中心城区园林绿化提升改造项目、中心城区车行道升级铺新改造项目等5个旅发大会核心项目建设和“整脏治乱”工作。市城管局联合市住建局、工商局、卫生局等部门开展市中心城区“整脏治乱”行动，每日出动联合执法队伍60人次，累计清理流动摊贩20000余个。

（马　斌　包宇程）

【园林绿化】 2012年5月28日，市政府决定实施市中心城区种植大树，由市城管局牵头实施。市中心城区园林绿化改造工程全长64公里，总投资约4.79亿元，采用BT模式实施。截至4月初，共计种植大树银杏4691棵、香樟6970棵、法国梧桐1100株、大叶女贞400株、桂花2049株，樱花、紫薇、石楠等二乔木1300余株，地被植物72700平方米，球形植物1800余株；安装花坛石14495平方米。

（马　斌　包宇程）

【车行道改造】 市中心城区车行道升级铺新改造工程涵盖3条主干道（钟山大道、凉都大道、人民路）和11条次干道（明湖路、水西路、龙井路、川心路、麒麟路、荷泉路、花园路、钢城路、凤凰大道、碧云路、青峰路），约120公里，260万平方米，采用设计—施工—BT一体化模式实施。根据路面破损情况不同，实施工艺以SPRR技术为主、现场热再生技术为辅，项目总投资约2.9亿元。红桥新区辖区内（凉都大道东延伸段、红桥大道）车行道铺新改造工程投资600万元，由红桥城管处组织实施。项目预计2013年7月底全部完成。

（马　斌　包宇程）

【亮化美化工程】 市中心城区美化亮化工程采用融资担保贷款模式实施，中标估算总投资7.98

亿元，其中，4条主干道和11条次干道房屋外立面改造预计投资3.08亿（不含人民路东段）；4条主干道、11条次干道、重要山头、河道亮化和广场与公园（人民广场、麒麟公园、钟山公园、白鹤公园、儿童公园、动物园、天波楼）亮化及升级改造预计投资3.8亿元；环卫系统项目总投资1.1亿元，于2013年1月30日完成招投标工作，广州广日电气设备有限公司为中标单位联合体牵头方。其中，房屋立面改造采取“以点带面、全面铺开”的思路进行，于3月18日开始实施，整体工程2013年7月底前完工。

（马 斌 包宇程）

【人行道和路灯改造】 钟山大道（梅花山至九洞桥）人行道板改造工程总投资8500万元，路灯改造（含约1400颗灯杆更换改造和高架桥、人行天桥亮化）总投资5400万元，分别于1月14日和1月22日完成招投标工作，中标单位为中项建控股（集团）有限公司，3月24日进场施工，核心路段（市人大至凤池园）2013年6月20日前完成，其余路段于7月20日前完成。明湖路人行道板改造由市城管局牵头组织实施，道路两侧的梧桐树由钟山区政府督促相关项目部门或项目组进行补种。钟山区（除钟山大道外）人行道和路灯改造工程总投资约1.7亿元。凉都大道已安装道牙石38000米，铺装人行道40000余平方米。人民路已于3月19日启动实施。钟山大道（水城县段）、凉都大道（水城县段）、人民路（水城县段）人行道改造工程总投资约1亿元。截至3月20日，原有人行道板已全部拆除，约150余吨的铺装材料已进场，即将全线开工。红桥新区辖区内人行道板改造总投资约1.85亿元，红桥大道人行道升级铺装全长14.5公，人行道宽6.5米，截至4月2日完成总投资的40%。

（马 斌 包宇程）

【停（洗）车场建设】 5个停（洗）车场建设总投资3000万元，其中，钟山区范围内投资2400万的3个点（两水线、梅花山、大垭口）已投入使用。水城县范围内的水黄路（一字河）和威烟路（背阴坡）入城口洗车场累计投资470余万元。市城管局负责督促水城县和钟山区停（洗）车场建设，并牵头拟定管理办法报市政府印发执行。4月底完成市中心城区入城口停（洗）车场建设并投入使用。

（马 斌 包宇程）

燃气供应

【概况】 2012年，实现总收入10335万元，发展煤气用户9856户，完成煤气管网安装22.97公里，销售煤气4983万立方米，上缴税费792万元。

（聂应权）

【筹建盘县燃气公司】 2012年4月22日，盘县政府县长办公会议研究决定将盘县中心城区管道燃气经营权授予六盘水市燃气总公司。经总公司经理办公会议研究决定组建盘县燃气公司，属市燃气总公司全资子公司，注册资本金1000万元，一期拟投资1.4亿元，主要承担盘县中心城区的燃气管网设计与施工、用户发展、燃气储配、输送、燃气器具销售及维修等工作。

（聂应权）

【市中心城区集中供热项目】 市燃气总公司作为项目业主，负责市中心城区集中供热项目的开发建设。市中心城区集中供热工程，是市委、市政府2012年的“十大重点工程”和“十二件民生实事”之一。该工程（一期）为新建工程，采用大唐野马寨发电公司现有机组（3×20万千瓦）进行供热改造后为热源，实现城市供热，总供热面积为1200万平方米，主要工程内容为：隔压换热站1座、中继泵站1座、小区换热站80座、供热主干管网105公里，以及生产调度中心等，项目总投资7.9亿元。工程建成运营后，将改变全市分散式供热现状，缓解烟尘污染难题，建设碧水、蓝天、净土的生产、生活环境。

（聂应权）

【参股六盘水清洁能源有限公司】 为加强煤层气（煤矿瓦斯）资源综合开发利用，促进循环经济发展和节能减排工作，贵州盘江煤层气开发利用有限公司与市政府达成合作共识，共同组建六盘水清洁能源有限公司，专门从事六盘水市境内的煤层气综合开发利用。该公司注册资本金3000万元，市燃气总公司出资人民币900万元入股六盘水清洁能源有限公司，占30%股份。

（聂应权）

【公司建设】 公司委托南京利物浦管理咨询公司对如何提升公司组织绩效进行研究，根据公司的具体情况，针对性的进行流程梳理、工作分析与设计、定岗定编与人力资源规划设计、薪酬设计、绩效管理设计等工作。2012年度公司采取向社会公开招考、直接引进、校园招聘3种途径共招聘录用28人（应届毕业生14人，公开招考10人，直接引进专业人员4人）。人才队伍建设是公司发展的基石，近年来，公司积极树立感情留人、薪酬留人、福利留人、环境留人、发展留人新观念，为公司后续发展奠定人才基础。

（聂应权）

【资金管理】 2012年，公司投资项目较大，根据公司的资金需求量做好资金筹措工作。在做好资金有效管理的同时，积极同各家金融机构联系融资事宜，共向金融机构贷款7400万元。向法开署进行热力项目贷款4000万欧元的手续正在办理中，积极争取中央财政补贴集中供热项目，通过多渠道缓解公司项目建设资金问题。

（聂应权）

供排水务

【概况】 六盘水市水务有限责任公司为市属国有独资企业，由原六盘水市给排水有限公司、六盘水市玉源供水有限公司、水城县双水供水有限责任公司、钟山供水有限责任公司合并组建而成；内设行政办公室、人事教育科、财务科、生产技术科、武装部、工会等，公司党委设纪委、党委办公室；公司另有供水总公司、安装公司、污水处理厂、水厂、玉舍水库管理所、双水供水公司、钟山供水公司等下属单位，在册职工423人。公司主要负责市中心城区的供排水工作，拥有资产总额5.65亿元，水库2个，供水水厂4个，日供水能力15.5万立方米，供水管网覆盖东至双水，西至德坞，南至铁路编组，北至水矿总医院、建安处，DN75以上供水主管网总长725.1公里；有污水处理厂3个，日处理生活污水能力7.5万立方米，污水处理后达国家一级排放标准。

（王　芳）

【生产运行状况】 2012年，市水务公司完成供水3050万立方米，售水2497万立方米，营业收入11685.24万元，上缴税金864.56万元，实现利润2000.62万元，污水处理1785万立方米，化学需氧量削减量2919吨，主要污染物指标去除率90%以上。代收污水处理费1350万元。2012年上半年，由于受持续干旱的影响，水库蓄水减少迅速，市中心城区供水形势严峻，市水务公司报请市政府启动应急供水方案，积极寻找应急水源补充供水，抽取水库死库容，科学安排供水调度，确保了市中心城区没有发生大范围、长时间停水的现象，保障了广大用户的生产、生活用水。2012年11月9日，市政府专题会议纪要明确，由市水务公司作为项目业主负责市中心城区应急供水工程（花岩洞取水工程）筹建、运行管理。市水务公司精选工程技术人员、加强征地协调工作，推进花岩洞取水工程建设。市污水处理厂许多设备陈旧老化，市水务公司投入资金进行合理改造，使市污水处理厂生产出绿化、卫生用的中水，每年节约自来水10余万立方米。2012年上半年，市城管部门的绿化、卫生用水全部改用中水，既回用了中水，也实现了经济效益。

（王　芳）

六盘水市双桥供水工程管理处

【概况】 根据《六盘水市机构编制委员会关于调整市水利局所属事业单位机构编制等事项的通知》，“六盘水市地方电力局”更名为“六盘水市双桥供水工程管理处”。2011年6月29日，市编办以《六盘水市机构编制委员会关于重新确定六盘水市双桥供水工程管理处机构编制等事项的通知》文件重新对市双桥管理处机构编制进行核定。

市双桥供水工程管理处年度主要任务：双桥水库的工程建设、资金筹集、质量、安全管理。

（龚清娣）

【双桥水库工程简况】 六盘水市双桥水库供水工程是省、市重点工程，是贵州省在建的第二大水利工程，跨越水城县和钟山区。大坝位于水城县保华乡境内的乌江水系三岔河左岸一级支流的阿勒河下游，距离保华乡政府约2千米，距六盘水市中心城区约35千米，水厂位于钟山区月照乡大坝村的青冈坡。工程坝址以上集水面积502.2 平方千米，多年平均径流量2.58亿立方米，多年平均流量8.19立方米每秒。

整个双桥水库供水工程包括水库枢纽工程、泵站及输水管线工程、附属电站工程、水厂工程等部分。工程静态总投资10.7937亿元（未包含电站、水厂及煤矿处置费用）,其中征地移民投资5.0584亿元。双桥水库正常蓄水位1614.5米，总库容9140万立方米。大坝为混凝土面板堆石坝，最大坝高65.5米，输水管线总长为11.5千米，其中，输水管线长5.425千米，采用1.2米管径的球墨铸铁管双管供水，隧洞长5.118千米，净空断面尺寸为4米×3.5米，提水采用二级泵站，设计总扬程357.1米，设计引用流量3.68立方米每秒，其中，一级泵站装机6×2200千，一级泵站装机6×2300千瓦。水库附属电站装机4500千瓦，水厂日供水30万立方米（生活供水20万立方米、工业供水10万立方米），主要向六盘水市中心城区“一城七片”供水，“一城”即中心城区，“七片”即将中心城区分为钟山、石龙、柏杨坡、德坞、水（钢）月（照）、双水和老鹰山七大片区。

2012年9月29日，双桥水库大坝成功截流；2012年12月20日，双桥水库工程坝基通过验收。

（龚清娣）

住房公积金管理

【概况】 六盘水市住房公积金管理中心是市政府直属正县级参公单位，中心运作模式为由住房公积金管理委员会决策、住房公积金管理中心运作、银行专户存储、财政监督。

2012年，全市归集住房公积金10.53亿元，完成年计划117%。2012年发放住房公积金贷款5.08亿元，完成年计划126.93%。2012年实现增值收益4046.30万，完成年计划101.20%。

2012年，向建设部、财政部、人总行申报全国住房公积金贷款支持保障性住房建设试点城市成功。批准利用住房公积金贷款7.93亿元，批准试点项目和贷款规模分别为：荷谐园3.82亿元、水矿棚户区改造项目2.60亿元、钟山区2011年公共租赁住房项目1.51亿元。

落实缴存登记制度，推进催建催缴行政执法。全市登记缴存单位1163个、职工17.54万人，依据缴存登记开展催建催缴工，督促欠缴单位17，补缴住房公积金1234.15万元。

发放住房公积金贷款，改善住房需求。2012年，采取调整审批权限、减少审批环节、继续执行公积金质押、所购房抵押、存量房抵押等多种贷款担保方式，允许集资合作建房、拆迁安置房、农村小宅基地建房使用公积金贷款，推动本市住房公积金贷款业务发展。

加强住房公积金资金管理。相继出台实施了《加强住房公积金资金管理暂行办法》《资金调度审批暂行规定》。

完成联乡驻村、“四在农家”工作任务，为水城县都格乡黄泥村解决通村公路资金10万元，为顺场乡洗脚沟村解决村活动室经费3万元。

（龚景鸿）

环境保护

【建设项目审批】 2012年，六盘水市环保局共审批建设项目79个，验收建设项目85个。其中审批编制报告书项目45个，编制报告表项目31个，编制登记表项目3个；对审批权在环保部或省环保厅的建设项目，及时出具相关文件，共出具初审意见64个，执行标准62个。

（李湘宏）

【主要污染物减排】 2012年，六盘水市环保局编制了《六盘水市2012年主要污染物总量减排计划》报市政府印发实，对全年减排工作责任进行了分解。同时审核并批复了各县区2012年主要污染物总量减排计划，完成了六盘水市2012年区域总量、重点行业总量和新建项目总量的预算工作。已纳入六盘水市2012年全省减排计划重点推进的12个项目中，六盘水丰茂农业科技有限公司污染治理、发耳电厂2#机组脱硝设施建设等9个项目已建成投运；盘南电厂3#机组脱硝设施已基本建成；钟山区大湾镇污水处理厂项目已于11月30日开工；盘县柏果镇污水处理厂1个项目未开工。

（李湘宏）

【全省重点流域环境保护河长制工作现场会】 省人民政府于9月18日在六盘水市召开全省重点流域环境保护河长制工作现场会。六盘水市河长制目标完成情况获得第2名。市委书记王晓光出席会议，市委副书记、市长何刚陪同考察并作经验交流发言。

（李湘宏）

【集中式饮用水源环境保护工作】 2012年，六盘水市制定了《六盘水市集中式饮用水水源地水污染防治规定》，督促水城县完成2011年省环保厅支持80万元资金在玉舍水库红发村入口处开展人工湿地项目；争取了60万元资金对六枝堕却水库进行环境治理。

（李湘宏）

【环境质量监测】 2012年，全市饮用水源地水质监测达标率100%，跨界断面，国控断面水质监测达标率100%，完成重点源监测和减排项目分析及数据汇总工作。完成玉舍水库、玉龙水厂两个空气自动监测站的建设工作。空气质量优良天数为365天，优良率为100%，功能区噪声，区域噪声和交通噪声监测均达到《声环境质量标准》。

（李湘宏）

【“六五”世界环境日宣传活动】 2012年“六五”世界环境宣传日期间，全市环保系统组织相关单位开展“六五”世界环境宣传日宣传活动，向市民发放宣传手册7000份、挂图2000幅、环保袋2000个，展出展板20块。市人民政府副市长刘友宾发表了题为《践行绿色消费 建设生态文明》的电视讲话，《六盘水日报》刊登了“六五”世界环境宣传日的报纸专版。

（李湘宏）

【绿色学校与绿色小区创建工作】 2012年，市环保局与市教育局联合组织县、特区、区环保局、教育局开展2012年绿色学校创建活动。通过评审，命名市级绿色学校29所。组织向省环保厅申报省级绿色学校，获省环保厅命名省级绿色学校21所。组织省级绿色学校、绿色社区创建活动中表现突出的优秀组织单位和先进个人的推荐申报工作，7个优秀组织单位、7个先进社区、7个先进社区个人获得了省环保厅的表彰。

（李湘宏）

【创建国家环保模范城市】 2012年，向省环保厅上报了《六盘水市创建国家环境保护模范城市相关指标自评报告》；赴贵阳市、遵义市考察学习创模工作；拟定了《六盘水市创建国家环境保护模范城市实施方案》和《六盘水市创建国家环境保护模范城市责任分解表》；正在收集创模规划编制资料，准备创模规划编制前期工作。

（李湘宏）

【建设全国循环经济示范城市】 2012年，报请市编委批准成立了市循环经济示范城市建设服务中心。制定《六盘水市建设全国循环经济示范城市指导意见》，配合市政府组织召开了2012年全市循环经济示范城市建设推进大会，筛选了六盘水市第一批循环经济示范项目并授牌。

（李湘宏）

【农村环境保护与生态村创建工作】 2012年，组织各县、特区、区环保局开展2012年农村环境综合整治项目的申报，选定13个项目进行申报，获得中央农村环保专项资金140万元，省级农村环保专项资金90万元。开展省级生态村创建，3个村获得省级生态村命名，实现了六盘水市在全省生态村创建工作中零的突破。

（李湘宏）

【重金属污染综合防治】 2012年，接受国家环保部西南督查中心对六盘水市2011年度重金属污染减排的考核，钟山区（重点区域）铅减排为32.62%，是全省2011年唯一一个实现减排的单位，受到环保部和省环保厅的好评。督促2011年4个治理项目加快进度，完成治理任务，4个项目已全部实施完毕，项目完成情况排在全省前列。

（李湘宏）

【减排监测体系建设】 2012年，继续加强减排监测体系建设，做好数据有效性审核工作。全年污染源自动监控设备基本运行正常，全年在线率达90%以上，有效性审核合格率平均为81.09%。

（李湘宏）

【环境监察】 2012年，环境监察系统在工作中不断创新，率先在全省建立长效机制，率先在全省范围内使用新的补充完善后的执法文书等方面的工作得到了省环保厅的高度肯定，在全省环境监察考核中多次获得优秀等次，2010年、2011年连续两年获得全省第一名的好成绩，在全省环境监察系统中工作成绩名列前茅。

（李湘宏）

【排污费征收】 2012年，全市共征收解缴排污费10690.50万元，其中市环保局2572.51万元。共对55家环境违法企业进行了环境保护行政处罚，共处罚款295.8万元。对48个项目安排市级环保专项资金1783万元。组织大唐贵州发耳发电有限公司等13家企业13个项目申报省级环保专项资金16079万元，获得2011年申报的省级环保专项资金项目3个共450万元。

（李湘宏）

【环保专项资金】 2012年共对48个项目安排环保专项资金1783万元。第一批市级环保专项资金项目对首钢水钢钢铁（集团）有限责任公司等11家企业17个项目安排市级环保专项资金796万元。

（李湘宏）

【“两高一小”企业专项整治工作】 2012年，分三个阶段对六盘水市20家“两高一小”企业（其中六枝特区7家，盘县5家，水城县4家，钟山区2家，红桥新区2家。）进行了排查整治，坚决依法关闭不符合环保法律法规及国家产业政策要求的污染企业，报请经信部门列为淘汰落后产能的企业有14家，对6家“两高一小”企业进行了关停取缔。

（李湘宏）

【信访】 2012年中共十八大期间，六盘水市未发生一件环境突发事件。全年共接待环境投诉案件499件（来访投诉32件，来信投诉52件，网上投诉38件，来电投诉377件），其中，市环保局共接待环境投诉案件96件（来访投诉9件，来信投诉3件，网上投诉38件，来电投诉46件），县区环保局共接各类环境投诉案件403件，处理率100%，凡是有联系方式的均已回复。

（李湘宏）

【应急工作】 做好环境应急工作，制定应急硬件、物资配备计划并按计划抓好落实；加强软环境建设，修订完善六盘水市环境突发事件应急预案。2012年，成功处置了2起突发环境应急事件，与市消防支队初步达成了建立联动机制的协议。

（李湘宏）

【污染限期治理项目】 根据《大气污染防治法》《贵州省环境保护条例》有关规定，下达了六盘水市2012年第一批环境污染限期治理项目6个

（水泥行业4个，火电行业2个）。截至2012年12月底，要求完成的4个项目均已建成，2个水泥企业已经完成治理任务，投入试运行。

（李湘宏）

【污染源自动监控】 2012年，市环境监察支队做好污染源自动监控系统日常维护和调数工作，安排专人及时检查污染源自动监控系统的运行情况，出现问题及时解决。全年污染源自动监控设备基本运行正常，有效性审核第一季度合格率为63.64%，二季度为70.01%，三季度为94.7%。各季度合格率不断上升，第四季度审核上报合格率为100%。

（李湘宏）

【机动车环保检测及检验合格标志核发】 2012年，根据市长办公会议要求，会同市维稳办向市财政局申请编制经费35万元，经过招投标，与河海大学签订了机动车环保定期检测社会风险评估合同，已正式开始进行社会风险评估工作。

（李湘宏）

【辐射安全管理】 2012年，全市出动了执法监管人员490余人次，现场检查（排查）单位220家次，对全市核技术利用单位进行了全面排查，对存在使用放射源未办理"辐射安全许可证"、未按规定交有关部门收贮废旧放射源等重大问题的8家单位下达了执法通知书限期整改（其中市环保局下达了5家）。开展"辐射安全许可证"的审批颁发工作，规范医疗机构对射线装置的管理使用。

（李湘宏）

【环境统计工作】 2012年1月10日，组织召开了2011年环境统计工作会议，对2011年环统工作作了安排布置并提出具体要求。对各县区2011年环统数据库进行多次审核、修改、汇总的基础上，经省环保厅审核通过，形成2011年数据库终稿。

（李湘宏）

交通　运输

交通运输管护

【基础设施建设】 2012年，全市交通基础设施建设共完成固定投资84.38亿元，比上年增长61.9%，为年初目标的107.9%，新建公路里程110.4公里，年底全市通车里程达11994.5公里。

高速公路建设。水（城）盘（县）高速公路完成投资20.2亿元，路基工程完成95%，隧道工程完成94%，桥梁完成85%；六（枝）镇（宁）高速公路完成投资6.95亿元，路基工程完成90%，全线控制性工程完成95%；杭瑞高速公路毕节至都格段完成投资20亿元，境内9个标段均已进场施工；六（盘水）六（枝）高速公路完成投资5.29亿元（已全面开工），施工单位驻地建设完成；机场高速公路完成投资1.5亿元（于9月30日启动征地拆迁工作，已实质性开工）。2012年一、二级公路建设完成投资15.07亿元，其中，响水至瓦窑田、红果二级环线分别于9月和12月建成。

农村公路建设。提出县贷、市贴、省补措施解决建设资金问题；2012年，通村油路原计划84个项目，后来新增通村公路任务计划项目113个、1000公里，开工189条、1682.8公里，全年通村油路累计完成投资4.82亿元；通村公路完成21个项目。

运煤公路建设。2012年运煤公路共完成投资1.72亿元，前三批运煤公路37个项目已完工32个，第四批运煤公路7个项目已开工4个，市交通运输局会同市发改委、市财政局下达第五批运煤公路计划26个项目。

汽车场站建设。2012年共建成农村客运站5个，市中心城区实施前期工作的客、货运枢纽站5个；石桥物流中心已完成初步设计、城市规划等手续，可行性研究报告完成批复工作，做资金申请报告；水城货运站完成城市规划等手续，可行性研究报告完成批复工作，委托交通部科学研究院进行初步设计，做资金申请报告；水城东客运站完成城市规划等手续，可行性研究报告完成批复工作，做初步设计、资金申请报告；水城南客运站前期工作已完成，启动施工建设工作；德坞西客运站完成城市规划、可行性研究报告、初步设计等工作，前期工作基本结束，预计2013年2月动工建设；红桥南和德坞西2个客运站争取到国家交通部补助资金2500万元。

码头渡口建设。2012年，共建成乡（镇）渡口9道，总投资93.114万元，已交付当地乡政府管理使用；计划开工建设的新发旅游码头、毛口旅游码头、中寨旅游码头、岩脚旅游码头，已完成工程可行性研究评审，进行设计工作。

农村公路养护。2012年农村公路养护投入资金3094.07万元，油路大修工程完成30公里，危桥改造完成4座，水毁恢复126处，确保县油路（水泥路）中等路率PQI达53%，乡油路中等路率PQI达53%，县、乡、村无铺装路面好路率60%，完成省公路局下达指标。

（杨贵祥）

【行业管理】 2012年，全市交通运输行业发展迅速。公路运输完成客运量12130万人、旅客周转量319855万人公里，分别比上年增长16.3%和35.02%；完成货运量6958万吨、货物周转量625563万吨公里，分别比上年增长24.65%和35.07%；收取市中心城区出租车经营权有偿使用费1095.6万元，代征税金299.1万元。水路运输完成客运量29.04万人，旅客周转量65.19万人公里，货运量39.49万吨，货物周转量204.54万吨公里，完成规费征收任务3000元。

执法监管。2012年，查处各类非法营运车辆1327辆，有效遏制非法营运车辆蔓延趋势；检查公交车辆800余辆，处罚违反规定公交车辆16辆，未按规定进站停靠公交车辆46辆，查扣车容车貌不达标上路载客、出租汽车31辆；收到举报投诉公交、出租车辆1448起，查实处罚1301起；收到擅自从事道路旅客运输投诉30起，查实处罚25起。

城乡客运发展。妥善解决因线路交叉引起的客运矛盾，认真贯彻交通运输部积极推进城乡道路客运一体化发展意见，努力提高行政村客车通达率。

货运与物流发展。一是严格按照《道路危险货物运输管理规定》和《道路运输管理工作规范》进行道路危险货物运输许可和管理，妥善解决数十项长期困扰货运与物流管理方面的问题。二是根据市场需求、产业布局、商品流向、资源环境、交通条件、区域规划等因素，培育有形货运市场，促进全市物流业发展。三是根据成都军区、省交通战备办关于战时国防交通应急汽车运输相关工作要求，完善国防交通应急汽车运输第八中队组织机构及下属区队的整组工作，成立交通战备办公室。

路政执法工作，确保公路设施完好。全市地方公路共投入治超稽查人员27307人次，检测超限运输车辆101851台次，共收取公路赔（补）偿款652万元，农村公路恶性超限运输控制在3.5%以内。开展依法保护路产路权工作，坚持每周安排不少于2次的上路巡查，共出动执法人员2580人次，执法车辆180台次。查处擅自搭接公路案件18起、侵害路产路权案件22起，清理乱堆、乱放点101处，约355立方米，拆除违法广告牌6块，查处违法增设平面交叉道口案件16起。

（杨贵祥）

【平安交通建设】 2012年，坚持“安全第一、预防为主、综合治理”的方针，以推进长效机制建设，加强标准化、规范化管理为重点，继续深化“安全生产年”“安全生产月”、隐患排查治理等一系列活动，全市交通运输行业安全形势稳定趋好。

重车辆技术管理，强安全生产基础。从源头上严把车辆技术关口，通过对全市营运车辆二级维护监管系统进行升级改造，增加车辆身份识别和人脸识别，有效杜绝二级维护作业弄虚作假、买卖出厂合格证等违规行为。从2012年4月1日起，对二级维护竣工车辆实行直接由维修企业电子签章，使车辆技术管理工作进一步便民、高效。加强维修从业人员培，确保维修质量，全年培训汽车维修质检员105人、技术负责人74人，机修工142人。

重驾驶员培训，强安全生产意识。认真贯彻《机动车驾驶员培训管理规定》和《机动车驾驶培训机构资格条件》，开展驾驶培训机构培训场地规范化建设。加大计时学车系统推广使用力度，确保学员培训学时，提高教学质量，全年完成驾驶员从业资格培训考试7289人，初培驾驶员28013人。

重执法行动开展，强安全监管力度。2012年，全市交通运输系统共开展执法行动4287起，查出无证或证照不全从事交通建设、生产经营的3181起，查处不按规定进行安全培训或无证上岗的457起，查处其他非法生产、经营、建设的329起。共排查治理有隐患的企业和单位727家，排查出一般隐患228条，其中排查道路运输企业和单位687家，排查出一般隐患62项（已全部整改，落实整改资金5万元），排查公路养护施工企业和单位27家，排查出一般隐患148项（已全部整改，落实整改资金38万元），排查水路运输企业和单位13家，排查出一般隐患18条，已全部整改。

重质量安全监督，强安全生产措施。将所有在建交通项目纳入工程质量安全监督范畴，采取巡视检查、专项检查和综合检查等方式对在建项目进行质量和安全监管，并认真组织完工后的检测。全年累计对各个项目检查514次，市重点建设项目每月检查1次，通乡油路、运煤公路、油路大修基本每个季度检查1次，每个项目在施工过程中至少检查2次。全年全市交通在建项目未出现重特大施工安全事故和重大质量事故。

重安保工程投入，强安全隐患处置。2012年，全市安保工程完成总投资399万元，处置隐患里程119公里。

（杨贵祥）

【党风廉政建设】 2012年，坚持“标本兼治、综合治理、惩防并举、注重预防”的方针，推进惩治和预防腐败体系建设；狠抓交通运输系统纠正行业不正之风，加大治理公路“三乱”工作力度，巩固六盘水市基本无“三乱”治理成果；发展预备党员6名，转正党员共5名，选送积极分子培训5名。

（杨贵祥）

民　航

月照机场

【概况】 月照机场位于六盘水市钟山区月照乡大坝村与水城县董地乡大窑村交界处，是国家民航局“十一五”规划建设的重点基础设施项目和贵州省“十一五”综合交通发展规划项目之一。2012年2月27日全面动工建设，完成飞行区土石方挖、填总量的93%，累计完成投资近8亿元，占飞行区土石方投资89471.807万元的90%。5月18日，公司总经理卢征东因工出差在北京宾馆内死亡。6月14日，公司总经理钟承智到任。10月11~12日，民航西南地区管理局对地基处理工程进行验收。11月2日，公司新任总经理龙秋芳、副总经理兼总工程师张强开到任。11月16日，民航西南地区管理局、贵州省发改委核定机场工程初步设计及概算，工程总概算为142484.53万元，其中129888.14万元按照国家发改委可研批复的资金渠道解决，本次概算增加的12596.39万元由六盘水市政府安排财政资金解决。11月26日，市发改委批复增设展览厅4842平方米（总投资5920.5万元）。

（黄　强）

铁　路

贵州水红铁路有限责任公司

【概况】 2012年，贵州水红铁路有限责任公司完成货物发送646万吨，同比减少57.8万吨，减幅8.2%；完成直通日均装车278车，同比减少25车，减幅9%；完成货物周转146546.2万吨公里，同比减少2.3万吨公里，减幅2%；发送旅客183万人，同比减少11万人，减幅6%；完成经营收入54201万元，同比增加2035万元，增长4%；实现利润140万元。完成投资7553万元，为计划的112%。其中完成设备大修 2622万元，为计划的 98 %；防洪预抢完成1022万元，为计划的170%；设备更新改造完成3910万元，为计划的113%。

（殷鸿声）

【安全检查与设施建设】 春、暑运及中共“十八大”召开前夕，按照路局、省国资委的安排，组织和配合专业单位对全线行车设备质量进行全面检查；2012年8月至10月，开展施工安全专项检查；围绕“科学发展，安全发展”的主题，开展2012年“安全生产月”活动。在安全月活动期间，对发现的安全隐患和问题全部及时进行了监督整改，确保水红线重点期间安全稳定。会同专业单位及时修订、完善防洪抢险预案，组织防洪演练，做好防洪物资、材料储备；组织、督促专业单位、维管单位对沿线防洪基础设施、设备进行检查并开展重点整治，下达防洪工程12项，投入防洪预抢资金1022万元。公司协助并参加专业维修单位组织的大小抢险16次。督促曲靖工务段对土地丫口隧道洞身病害等11项（处）病害进行了整治，协调路局供电处和施工办审查水红线接触网集中维修方案并督促“三电”维修单位抓好维修工作，完成10公里区段防护栏封闭和投资970万元新建水红线TDCS系统，协调地方政府投资200余万元修建进站公路，公司投资71万元增加设施开办雨格站客运业务。召开“水红铁路护路联防工作十周年暨深化平安铁路建设工作联席会议”“水红铁路2012年‘两省四方’护路联防协作联席会议”等，加强路地护路部门的协作；协调路地执法部门加大行政执法力度，开展“打非治违”专项行动。公司继续投资338万元，扩大防护栅栏封闭区段，实现柏果至花家庄区段31公里封闭；在公司主动汇报和积极工作的基础上，经路局和市政府协商，决定由公司、地方政府共同投资3997万元，在水红线行人密集地段修建人行通道，拟建28处上跨下穿项目，力争年内完成，逐步实现水红线全封闭，以预防和减少路外安全事故的发生。全年水红线共发生路外伤亡事故7件，同比减少3件。

（殷鸿声）

成都铁路局六盘水车务段

【概况】 六盘水车务段截至2012年12月31日管辖里程412.982公里，管辖范围沪昆线六枝至且午，内六线梅花山至昭通南站，水大支线、六盘水站、六盘水南站共35个车，一个乘务车间，下设劳动服务公司。其中，一等站2，二等站1个，三等站6个，四、五等站26个，段机关设8个科室，年末在册职工1374人。2012年被评为全局“安全优质站段”。

2012年12月，六沾复线梅花山至局界开通，原沪昆单线徐屯站至梅花山站间撤销荷马岭、木戛、田坝、邓家村、乐居、罗盘地、树舍、背开柱、扒挪块、且午、徐屯11个老站，并在六沾复线且午站至梅花山站间新建背开柱、扒挪块、且午站，并将原徐屯协管站重新命名为且午协管站。

2012年，作为引领全局唯一全面实施站机一体化管理的车务站段，提出了“1+1<1”的安全管理理念和目标，不断加强和完善站机一体化管理考核工作，充分发挥站机一体化管理优势，实现行车安全和运输效率协同发展。一是安全周期有效延长。截至12月3日，实现站机安全生产583天的安全周期，较未实施站机一体化管理以前最长373天的安全周期延长了210天。二是运输效率明显提升。水大支线日均装车同比变化不大的情况下，机车运用从7台/日逐步减少到4.5台/日，平均钩分同比压缩2.3分钟；水城站日均卸车同比增加30.7%的情况下，日均调车作业时间同比减少30分钟；滥坝站通过机车班制调整，动力合理运用，中时同比压缩0.5小时；同时较好解决了徐屯、田坝等沿线车站装车动力不足的问题。

举办六盘水车务段2012年“安康杯”客运、货运和调车技能竞赛，提高行车、货运和客运人员的业务水平，营造积极向上的学技练功氛围。对获得段技术业务能手的队员组织集训，并参加了路局第二届职业技能竞赛，获得了调车制动员个人第二名，货运检查员个人第四名、第六名的好成绩。

截至12月31日，全段运输收入完成158913.9万元，同比减少15448.26万元、下降8.85%；全年完成旅客发送776.2万人，同比增加59.73万人、增长8.33%，完成货物发送1483.1万吨，同比减少134.13万吨、下降8.29%，全年装车235042车，同比减少19991车、下降7.83%，卸车206306车、同比增加44384车、增长27.41%。

全年实现无责任行车特别重大事故12651天，无责任一般D类事故272天。无责任职工因工死亡事故2112天，无责任职工因工重伤事故813天，无责任职工轻伤事故1751天。

（席　玲）

成都铁路局六盘水工务段

【概况】 六盘水工务段担负沪昆线、内六线、六盘水南环线、水大线、曹六联络线、黄织枢解线、水柏引入线、水柏客联线、宜珙线线桥设备维修保养工作，共管辖正线1052.636千米、站线419.303千米、道岔1543组，桥梁703座/98366米，隧道459座/322170米，涵渠1949座/53653米。拥有固定资产总值为224.76亿元，2012年末在岗职工人数2343人。

（曹　冉）

【抓好设备质量整治】 全年线路工作紧紧围绕“钢轨重型化、区间无缝化、扣件弹条化、轨枕砼枕化、分析科学化、作业机械化、天窗化”的基本思路，认真务实的开展工作，线路养护工作有序开展，设备质量保持稳定。按照“预防为主、预防与整治相结合”的原则，桥路工作以桥路设备检查、整治为重点，强化桥路检养修基础工作，不断提高桥路设备质量。

（曹　冉）

【六沾复线接管顺利开通】　为确保六沾线安全顺利开通，六盘水工务段及时提前介入，在做好工程质量监督的同时，积极参加轨道精调，从线路几何尺寸、钢轨焊接、锁定轨温、线路平纵断面的监测等方面入手，和施工单位一起把控施工质量。同时六盘水工务段加强人员培训、制度建立，充分利用周末开展对沪昆单线所属工班长的轮训工作，全面补充快速铁路的养护和管理知识，确保了12月6日六沾线的顺利接管开通。

（曹　冉）

【抗震救灾】　“9·7”地震期间，六盘水工务段干部职工按照“余震不断，检查不止，抢修不停”的工作思路，开展抗震救灾工作。为确保内六线震后安全，国庆长假期间，全体干部职工放弃休假，全力投身设备检查和整治工作，在安排轨道车巡视同时，加强徒步手工检查，严密监控线路设备的变化，共计出动检查8000余人次，处理设备用工6000余个，确保了救灾物资的安全送达，受到路局通报嘉奖。地震期间，党和国家领导人、省部领导多次到抢险救灾一线视察指导救灾工作。全体干部职工以高度的责任心和政治觉悟，严检查、强处理，保证了各趟专特运输任务的圆满完成。

（曹　冉）

【防洪工作出成绩】　在降雨量比上年同期大幅增加情况下，全年共发生水害74次118处，有效拦停列车客车1列，获得路局防洪先进单位称号。

（曹　冉）

【巩固“三线”建设成果　实现环境提升】　总结沪昆双线、内六线“三线”建设经验，巩固建线成果，对未实施建线的六沾复线、水大支线、黄织支线各工区，全面推行定置管理制度，加强制度保障，按照有益、适用的原则进行建设，使全段干部职工共享铁路改革发展成果。

（曹　冉）

六盘水市铁路护路联防领导小组办公室

【概况】　2012年以来，全市各级铁路护路联防组织始终坚持科学发展观，认真贯彻落实上级文件指示精神，以确保铁路运输安全为目标，以平安铁路创建活动为载体，不断加强铁路沿线治安管理，切实落实铁路护路联防承包责任，有效维护了境内铁路治安秩序，确保了铁路大动脉运输安全。境内涉铁刑事案件、治安案（事）件逐年减少；铁路交通安全事故大幅度下降（年内共发生3起，死亡3人，与上年同比下降5起，少死亡5人，下降率达62.5％）。

（黄碧顺）

【开展专项整治工作】　一是组织市政府与六枝、盘县、水城、钟山四县（特区、区）分别签订了第十七轮承包责任书。二是召开专题会议，安排部署全市铁路沿线路外安全专项整治工作。三是开展涉路安全隐患和不安全因素排查整治。共排查出各类涉路安全隐患52处，已处置37处；路地矛盾纠纷13起，已调处9起；签订路外安全保证书1890余份。四是适时召开路地联防联控工作会议，通报境内铁路治安形势，研究事故多发路段发案原因，及时了解线路管控情况，强化线路巡查和卡控措施。

（黄碧顺）

【开展防止大牲畜上道撞车工作】　一是加大爱路防伤宣传教育工作力度，进一步增强沿线村民爱路护路法治观念和安全防范意识。二是切实落实大牲畜安全监护责任，逐家逐户调查摸底、登记造册、建档立卡，签订安全监护责任书，强化大牲畜监管工作。三是将爱路防伤、大牲畜监管工作纳入村规民约，严格工作考核，实行责任倒查和责任追究，对发生耕牛上道的责任乡、村、组、户予以责任追究和经济制裁。四是由铁路部门安设防护网对线路进行封闭，对村民必经之路投资修筑上跨天桥或下穿涵。五是组织护路队员加大重点区段、重要时段耕牛上道防控力度，有效劝阻人畜上道。

（黄碧顺）

【宣传教育工作】 一是大力开展“综治宣传月”“爱路护路暨安全生产宣传月”等活动。二是联合综治、公安、工商等部门，深入沿线村寨、学校、厂矿、集市，开展铁路安全宣传教育。三是各县区结合境内铁路沿线治安状况，选择治安状况复杂、护路工作难度较大的乡镇进行重点宣传，将集中宣传与经常性宣传相结合，采取悬挂横幅、张贴标语、制作展板、发放资料、“万人签名”等方式，给村民讲解铁路法规和铁路安全常识。该宣传活动全市共出动宣传车辆184台次，人员980余人次，开展集中大型宣传18场次，发放各类宣传资料69000余份，三年级以上学生撰写学习心得40000余篇，制作爱路护路永久性宣传标语80余条，沿线群众受教育面达95%以上。

（黄碧顺）

【铁路春运工作】 一是认真安排部署，及时成立春运工作领导小组，拟发通知，制订方案，采取有力措施，狠抓工作落实。二是各级领导重视，开展检查慰问。“两节”及春运期间，市县区各级领导深入一线检查慰问达380余人次，拨付春运工作经费及慰问金17.6万元。三是全力做好“元宵节”期间防火工作。为防止沿线村民祭祀“亮灯”引发山火危及行车安全，市护路办高度重视，提前部署。春运期间，各县区共组织上线巡查1850余人次，劝阻行人上道1000余人次。由于措施有力、工作到位，有效预防和消除了各类涉路安全隐患，保证了铁路春运安全。

（黄碧顺）

【防洪工作】 制定防洪预案，逐级细化量化防洪工作责任，加大汛期重点防洪路段巡守密度，严格执行雨中、雨后巡查制度，充分发挥护路保安队员在铁路防洪工作中“第七道防线”的作用。汛期，盘县境内威红线K36+026至K36+100米路段，因地质原因和连降暴雨，该区段右侧山体下滑，铁路护坡出现开裂隆起迹象，危及铁路行车安全，导致盘县乐民镇海子村鲁木山村民组共117户村民住房不同程度受损，发生村民阻挠施工事件。路地相关部门高度重视，及时召开专题会、群众会研究解决方案，反复宣传铁路法规，耐心做思想工作，稳定村民情绪，铁路施工得以正常进行。

（黄碧顺）

【中共十八大期间护路安保工作】 一是按照上级文件指示精神，组织召开市铁路护路联防领导小组会议，安排部署好中共十八大期间护路安保工作。二是路地联防联控，齐抓信访维稳工作。全省首家拟发《六盘水市“路地”联防联控，携手齐抓信访维稳工作方案》，成立信访维稳工作领导小组，健全信访维稳工作机制，做好非正常进京上访人员劝堵工作。联合贵阳、昆明等车站派出所和乘警支队，采取售票查、进站查、车上堵等方式，共查获劝堵进京上访人员79人，在市委常委扩大会上得到肯定表扬。三是实行线路包保责任制，护路干部明确分工，责任到人，实行线路包保，蹲守各自包保路段，督促、检查和指导护路安保工作。

（黄碧顺）

【水红铁路人行立交通道建设】 为有效解决沿线群众生产、生活及出行问题，确保沿线群众生命财产及铁路行车安全，11月8日，市委常委、常务副市长周斯弼亲自主持召开水红铁路修建人行立交通道协调会。副市长周斯弼从建设方案、项目设计、征地拆迁、工程投资、项目实施、工程验收等方面进行了部署，提出了要求，并指示，下一步水城县境内水红线封闭建立交，也比照落实。

（黄碧顺）

公 路

公路管理养护

【概况】 2012年水城公路管理局下辖六枝、盘南、盘北、水城4个公路管理段和1个局直属水黄公路养护站（路政大队）。在职职工773人，退休职工739人；管养着六盘水市境内国道、省道等干线公路804公里。

对油路大、中、小修工程，全面推广沥青再生技术。近年来，累计减少砂石开采近20余万立方米，节约成本近5000万元。全年完成道路散装沥青采供888.6吨，争取省局调拨机械51台，价值324.31万元。

全年共办《水城公路报》8期，各类报刊发表文章60余篇，市电视台报道9次。1月28日中央电视台对水城公路管理局抗雪凝保畅通工作进行报道1次。

郑健、薛宝军、江为志、徐兴国荣获迎接“十一五”全国干线公路养护管理先进个人。

（王良甫）

【干线公路养护建设】 大中修养护工程投资1934万元；完成油路大修工程8.5公里、油路中修工程15公里、微表处20公里；安保工程投资3000余万元；公路改造工程（水毁恢复项目，共投资7520万元）：梅花山至梁子上、水城发耳垭口至发耳桥、新寨至鸡场公路改造工程，全长24.033公里；水毁治理投资325万元。

（王良甫）

【路政管理】 采取“工程的、法律的、经济的”三个手段对城镇过境路段排水系统进行整治，清除占道物料5774处50180平方米；查处违法建筑133幢6233平方米，拆除违法建筑393平方米；投入治超执法人员65000余人次，检测车辆416575余车次；建立联合执法机制，成立驻站警务室5个。

（王良甫）

【雪凝、春运保畅】 储备融盐220吨、防滑砂1600立方米、车辆设备159台，应急保障队伍400人，有860人次上路进行防冻防滑工作，撒盐86吨，撒防滑砂360立方米，投入机车225台次，投入资金65余万元，护送旅客近3200余人，专程护送鲜活农产品、煤、燃油及重点物资车辆460台次。

（王良甫）

水城高速公路管理处

【概况】 贵州省水城高速公路管理处（水城高速公路路政执法支队）位于六盘水市钟山区水西北路8号，成立于2010年8月，是因国家成品油税费改革和贵州高管体制改革，由原水城征费稽查处与镇水高等级公路管理处整合成立。现管辖G60沪昆高速K2087—K2150+502（盘县英武至胜境关段），里程63.5公里，下设有1个路政执法大队、1个超限超载检测站。承担六盘水所辖行政区域内高速公路路政管理行政执法、路产保护和路权维护、车辆救援、超限运输治理。承担高速公路营运通行费稽查和涉及联网收费管理的有关工作。承担对所辖高速公路养护、安全生产、路况考核评定的行业管理。承担对所辖高速公路服务区（含加油站）等的行业管理，承担所辖高速公路应急处理、交通战备、交通量观测等行业统计、节能减排等工作。水城处即将管辖的高速公路有S77水盘高速K0-K90+905（俄脚法窝至两河海铺段），里程91公里，下设有两个路政执法大队。在建的高速公路有六镇、六六、毕都等。

2012年，水城高管处辖区路段共发生路政索赔及路面污染案件230起，结案219起，结案率95.22%；实施路政救援457，确保了道路的安全畅通，特别是在8月8日、9月23日1死2伤、2死3伤的重大交通事故中，处所属盘县路政执法大队第一时间派出路政执法人员前往施救，最大程度降低了事故带来的人身财产伤害，切实保障了人民的生命财产安全；拆除违法广告（含违法标志标牌等）12处（块），辖区内私搭乱建及违章建筑5处，共计300余平方米，依法暂扣用于搭建违章建筑的木材5立方米。取缔违法加水点48处，收缴水管10000 余米，水泵20余台，电缆5000余米。查处私开道口8处，恢复中分带活动护栏26处。治理超限运输车辆2.28万台次，恶性超限运输车辆控制在3.5%以内。累计收费稽查出勤3267人次，出动稽查车辆1178台次，查处违法车辆128辆。较好的履行了行政执法职能，为社会大众营造了“畅、洁、绿、美、安”的出行环境。同时，对辖区内高速公路的站房、桥梁、隧道、涵洞、路基、路面、支档结构物、收费站、加油站、服务区等进行定期或不定期的巡视检查，发现问题，及时通知营运单位进行治理。全年，向贵州高速公路开发总公司安顺营运管理中心下达了道路隐患（病害）治理通知共计17份，已治理完成的隐患（病害）为21处，正在处治的隐患为2处，有效遏制了交通事故的发生，确保了广大司乘人员的生命财产安全。

（王兴俊）

六盘水路桥发展总公司

【概况】 六盘水路桥发展总公司注册资本金2168万元，有职工142人（其中本科6人、大专61人、中专20人，专业技术人员21人）。公司作为项目业主的六枝长寨至兴隆公路改建工程于2011年3月开工建设，截至2012年12月31日，完成投资7217.9万元，占总投资的83.56%；六枝郎岱至毛口通乡油路和新华至大草坝公路项目2012年内完工并通过验收。在党建扶贫挂帮点盘县鸡场坪乡坪子村按要求开展工作，为该村购置价值几千元的党建与种植、养殖相关的书籍。水盘高速公路17合同段连接坪子村一组寨前管涵设计过小，雨季排水不畅，需改为较大的涵洞，公司与水盘高速建设指挥部协调，使该问题得到解决。

（吴耀明）

六盘水市交通运输集团公司

【概况】 六盘水市交通运输集团有限公司是由原贵州省水城汽车运输公司改制重组的集团公司，是全市唯一一家具有二级客运资质的大型国有专业运输企业。集团公司拥有客运车辆374辆，客运班线137条，日发班920余班次。按照“以客为主、科学组织、协调配合、安全有序”的原则为旅客提供服务。2012完成旅客运输320万人，实现总产值11300万元，实现收入6828万元。11月16日，红桥开发新区南客运站举行开工奠基仪式，该站系交通运输部对六盘水市客运站场规划的一级客运枢纽站，占地面积87684平方米，总建筑面积37228平方米，其中客运大厅31250平方米，辅助用房688平方米，日发送能力15000人次/日。

（丁　燕）

六盘水市公共交通总公司

【概况】 2012年，市公交总公司有在册职工320人，营运车辆173台（公营车辆98台），营运线路12条，固定资产4006.84万元，客流量4900万人次，承担老年人免费乘车820万人次。落实《关于优先发展城市公共交通的意见》，按“承包经营”向“国有公营”转型的目标，对陆续承包经营到期的公交车逐步收回推行公管公营（2011年底已收回承包车辆98台）。推行公管公管两年多，对外公开招聘录用驾驶员110名，按劳动法的相关要求签订《劳动用工合同》，尽力提高车辆档次、加强文明服务、整治车容车貌、规范营运秩序。投资860.87万元报废更新22台冒黑色尾气的公交车；从规范驾驶员的行为举止入手，注重文明服务与礼仪规范培训，增强驾驶员文明服务意识；通过开展向先进模范司机吴斌学习活动，涌现出拾金不昧等先进事迹；加强高峰时段车辆调度管理，科学合理调配运力，有效缓解市民出行难问题；督促公交车进站规范停靠，整治社会车辆违规靠站停放。公司按五城联创的要求，召开“治理公交脏乱差，树立凉都新形象”动员大会，成立五城联创工作领导小组、制定五城联创工作实施方案；做到人人参与、人人有责。

（王雪勤）

信息产业

邮　政

【概况】　2012年邮政企业完成收入9892万元，较上年增长15.03 %，完成年计划的100.64%。成本费用得到有效控制，收支差额控制在省公司计划之内。全市邮政业务发展形成快速、高效的良好发展趋势；用户满意度达88分；获得了第八届（2012年）全国邮政企业管理现代化创新三等成果。

四大攻坚战全面完成，思乡月实现收入278万元，完成省公司计划的109.2%，全省排名第三；新邮预订完成9000套，完成省公司计划的100%；报刊一次大收订全市共完成流转额2681.28万元，绝对值增加448.57万元，完成省公司计划的100.05%；截至2012年12月31日，中国邮政贺卡实现销售额520.65万元，绝对值增长88.65万元，完成省公司计划的100.13%。

（陈高平）

【“四在农家”民居图例挂历】　截至2013年1月15日，六盘水市邮政局多方协作，成功开发了“新农村建设‘“四在农家”’民居图例”挂历项目，并顺利完成各项后续工作。

（陈高平）

【世界邮政日宣传】　10月9日，借庆祝第四十三届世界邮政日之机，六盘水市邮政局在市区不同繁华地段分别设立三个宣传点，对邮政报刊、集邮、电子商务等业务进行大力宣传。

（陈高平）

【全市邮政“新春联欢会”】　1月20日晚，2012年全市邮政“新春联欢会”在六盘水市电视台新闻联播中喜庆播出。

（陈高平）

电　信

中国电信六盘水分公司

【概况】　2012年，新建移动基站110个，替换和插板升级150个基站，实现所有乡（镇）3G网络覆盖；完成4个村寨宽带建设项目，开展驻地网、接入光缆建设及FTTH宽带接入网络改造项目；开展宽带网络瓶颈梳理及宽带提速工作，宽带网络质量不断优化；钟山区城区开展网格化管理，成立黄土坡、广场、水钢等6个网格；精选3G手机，引入公积金查询、火车站列车晚点信息实时查询、电影票信息查询等本地应用。12月27日，成立贵州省通信行业协会六盘水市代表处。对水城县米箩乡米箩村、铜厂村10名贫困党员进行慰问，对8名优秀党员进行表彰，对盘县西冲镇5名贫困党员进行慰问，对党建扶贫点中、高考成绩优异的21名学子开展助学奖励活动。

（张　翔）

中国移动通信集团贵州有限公司
六盘水分公司

【概况】 2012年，六盘水移动通信分公司运营收入完成年度指标值的100.47%，同比增长9.78%。数据业务收入占比为24.08%，增长率为29.48%，移动客户市场普及率为60.89%。企业增长速度有所放缓，但仍保持了健康、持续、稳定的发展势头。

（封美术）

【战略转型】 在经济发展“提速转型”的大环境下，社会各界对移动信息化的需求日益迫切。六盘水移动抓住这一战略机遇，实施了GSM、TD、TD-LET和WLAN的四网协同，加大建设投资力度，相继启动了多个建设投资项目，全年共计投入建设资金23365万元，有力促进了全业务和移动互联网的长足发展。

（封美术）

【基础网络建设】 相继启动了“六12新建基站配套传输一期、二期工程”“六12城域传送网线路工程”“六12城域传送网设备扩容工程”“六12有线接入网工程”“六12新建管道工程”等项目，针对市内和县城区实施集团专线和小区宽带建设，提升城区及乡镇区域网络的话音质量和数据业务流量运营能力。持续推进TD网络建设，在2011年建站规模的基础上，增补了44个TD基站，启动2012年新增TD六期工程，两阶段共建TD基站180余个，TD网络逐步完善。积极推进村通工程建设，新建61个村通基站，新增村通载频153块，新建光缆线路297.23公里，逐步打造城乡一体的精品网络质量。适时开展TD-LTE（第四代移动通信技术）的准备及试点工作。学习和总结2G、3G网络建设过程中的经验教训，为TD-LTE的商用做好准备；重视终端问题和产业推动，打好TD-LTE商用的产业链。

（封美术）

【优化网络质量】 开展了干扰小区处理、直放站整治、天馈整治、高校网络提升、“深耕活动”“工兵行动”“三高整治”“六高一弱”等多项专项整治活动。网络指标均超过省公司下达挑战值，在同行业中保持领先优势。积极开展重大节庆及市内重要活动等的网络与信息安全保障工作，例如：在年初凝冻初期，六盘水移动公司组织了对高山基站、节点基站的预送发电机行动，并对上述基站的供电线路进行除冰，共计投入抢修车辆746车次，发电693站次，共计发电时长6042.16小时，共计恢复基站1058站次，恢复光缆53段次，全面保证了雪凝期间的移动通信网络畅通和安全。

（封美术）

【无线城市建设】 抓住六盘水市委、市政府召开两会及第六次党代会的契机，结合移动公司无线城市项目，开辟了党政特色的无线城市“两会直通车”“六盘水市第五次党代会”专题报告，实时报道会议内容，获得参会代表的好评。开发用水信息查询和用电信息查询模块，方便客户在无线城市平台上进行日常用水用电信息查询。同时，自主开发的新项目“随手拍”上线试用，用户可随手拍摄凉都风情、文化等图片上传到无线城市平台，加大了客户之间的交流性，拓宽了凉都风土人情的传播途径。建设完毕六盘水市无线城市路况视频查询系统，共建成道路交通视频点14个，覆盖六盘水市三县一区。

（封美术）

【企业信息化】 与六盘水市政府电子政务办公室签署了《移动办公通信服务协议》，为首钢水城钢铁集团量身打造的“水钢OA”项目上线应用，运用信息化手段帮助该集团公司实现“解放桌面”的既定目标，同时，通过复制、整合，该移动办公模式成功移植到水城矿业集团，大力推进了企业的信息化发展步伐。

（封美术）

【校园信息化】 与六盘水市职业技术学院联合建设的“职院一卡通”项目建设完毕并投入使

用，系统的建设将银行卡金融功能与非接触式电子钱包、电子化管理相整合，全面实现了校园信息化管理。

（封美术）

【煤炭行业信息化】 配合煤炭、安监等主管部门，积极走访、调研，为六盘水市煤炭系统量身打造了具有六盘水市特色的“煤矿信息化”项目，主要包含移动办公、数据传输、短彩信平台等子栏目，已进入项目试用阶段。

（封美术）

【农村信息化】 为响应中央综治委关于深入开展农村平安建设的若干意见，结合盘县的农村安防现状，实施了农村技防项目“十户联防”，截至2012年底，该平台已录入用户五百余户。

（封美术）

【环保发展】 结合省公司及当地政府节能减排的号召和相关要求，启动绿色行动项目，分别完成了机房热管换热机组工程、蓄电池在线除硫工程和智能抄表工程等，同时，对公司部分新装或重装修的营业厅实施LED节能灯改造，节约电费比例达到50%以上。

（封美术）

【服务质量】 一方面，针对广大客户开展办套餐送礼品、缴费送礼品、“你消费我送礼”以及“交话费送手机”等营销活动，满足客户的各种消费需求；加强VIP客户关怀，举办3期全球通VIP大讲堂活动，开展集团客户的亲情维系和定期走访，有效提升了中高端客户的满意度。另一方面，不断提升营业厅服务能力和水平，拓宽客户办理渠道。2012年新增自有渠道15个，比上年同期增加13个，新建2个手机卖场，将营业厅由单纯的服务型网点改造成为集业务办理、业务体验、手机终端销售为一体的销售型营业厅，提升其服务客户的能力。积极发展优质的社会代办渠道23个，与工商部门联合声明非实体渠道销售的欺诈性，公布实体渠道网点，引导客户通过正常渠道办理业务。大力推广自助业务办理方式，全年新安装自助缴费机403台，增幅126.4%，在广大客户中加强电话营业厅、网上营业厅办理方式的宣传和推广，为客户办理业务提供了极大的便利。此外，为充分保障客户的消费权益，六盘水移动公司还进一步加大了实名制入网的办理和稽核力度，与公安等部门联合开展了垃圾短信的治理和防范宣传。

（封美术）

【改革创新】 推进“建立与公司转型升级相适应的体制、机制、管理和人才”为主要内容的改革创新。

人力资源提升。为了做好公司人才队伍建设，培育企业核心竞争力。公司启动了人力资源提升三年规划，计划用三年时间对现有人力资源进行整合和提升，实施人才梯队建设与后备人才培养，2012年完成核心职位的胜任力模型构建工作，拟用剩余的两年时间重点开展人力资源提升和培育，将胜任力模型应用于招聘任用、培训发展、考核评估、绩效薪酬、职业发展设计和后备与继任六个方面，让员工以胜任力模型中的素质能力为参照，不断提升能力，缩小差距，以期达到人力资源全面提升的目的。

集中采购。建章立制。年初制订下发了《采购管理办法》《招投标管理办法》《供应商管理办法》《仓库管理办法》《评标谈判实施细则》，对采购、仓储相关制度、规范、流程、职责界面等进行了明确，为采购集中工作的启动和实施落实了制度流程保障。落实招标代理机构，经过竞争性谈判，选择了两家公司作为分公司招标代理（贵州中通招标咨询有限公司和中招国际招标有限公司）。加强人员素质培训，组织开展采购商务谈判、标准化库房打造培训，组织采购相关人员参加全国招标师统一考试。组建分公司评标专家库（共有68个，其中19人已通过省通信管理局评标专家考核认证），对评标实施有偿有问责管理。实施规范采购，全年共计完成集中采购项目113个，采购金额1.28亿元。

（封美术）

【反腐倡廉】 制订《反腐倡廉集中教育活动工

作方案》和相应的实施计划表，有计划、有步骤地开展反腐倡廉集中教育活动。结合企业生产经营实际，参照SOX法案管理模式，制订并下发《预防腐败控制矩阵》，找准监督的关键环节，堵住滋生腐败的漏洞。组织学习《中国移动集团企业领导人员案件剖析报告》，学习《关于对配偶子女均已移居国（境）外的国家工作人员加强管理的暂行规定》《关于领导干部报告个人有关事项的规定》《中国移动员工收受礼品登记上交管理办法》等制度和规定，组织公司相关人员到六盘水党风廉政教育中心观看警示教育视频和警示教育图片，邀请市检察院预防职务犯罪处领导做预防腐败的专题讲座。力争通过预防教育活动，提高党员和广大员工的思想觉悟。

（封美术）

【信息保畅】 2012年1月，六盘水移动公司启动防凝冻应急通信保障预案，组织人员开展通信保障工作，全面保障了凝冻期间的通信网络安全和畅通。6月，六盘水移动公司建设的营业厅设备报障平台在全市443个营业厅及社会渠道全面投入使用。可对全市移动营业厅（含社会代办营业厅）设备进行24小时监控，大幅降低营业厅设备故障率。

（封美术）

【荣誉称号】 2012年2月，六盘水移动公司工会被市总工会授予“六盘水市2011年度省驻市产业工会”工作考核一等奖。是月，中国移动贵州公司水城分公司被省工商行政管理局授予贵州省“守合同、重信用”单位称号。

（封美术）

【投资六盘水市新农合系统网络建设】 2012年4月30日，六盘水市新农合系统全部上线使用，全市近64万家庭222万人参加新农合。5月17，六盘水市召开新型农村合作医疗工作座谈会。副市长谢朝碧、各市县新农合主要负责人、移动公司相关人员等参会。在六盘水市新农合项目中，移动公司共计投资2832万元用于系统网络建设，共计开通263条新农合专线，为各参合点配备电脑169台、配置农村信息机739台。（封美术）

【信息化帮扶】 2012年9月27日，六盘水移动公司与钟山区第二小学签订“关爱农民工子女微笑小屋”亲情电话合作项目，为学校免费安装爱心座机并提供部分话费，为全校95%以上的农民工家庭提供校讯通业务。11月7日至8日，省移动公司副总经理刘国锋一行赴六枝县郎岱镇调研，实地查看该镇的建设发展情况，落实省移动公司对该镇的信息化帮扶计划。

（封美术）

中国联通六盘水市分公司

【概况】 中国联合网络通信有限公司六盘水市分公司主要经营移动通信、固定通信、数据通信、宽带互联网接入和各类增值电信业务，下辖3个县级分公司、1个运营中心、4个经营部，从业300余人；拥有覆盖全市、结构合理、技术先进、功能强大的现代通信网络。2012年，公司净增移动用户10万户、净增宽带用户近2万户、业务收入增长40%、KPI考核进入全省前三名，获得集团公司授予中国联通2010-2011年度“青年文明号”称号，市直机关颁发2012年度“红旗科室”、2012年度“五好基层党组织”，省分公司授予2012年度“四好领导班子”称号、“先进企业”称号。2012年一季度全省业务竞赛综合排名奖第一名，三季度“质量杯”全省劳动竞赛电子渠道奖励第一名、专项奖第二名、2G业务单项奖第一名。

（王德魁）

【经营活动】 优化服务基础管理、提高客户感知、不断完善服务内容，落实3G专属服务，拥有贵州联通首家VIP客户俱乐部，为VIP客户打造层次高雅的高端服务平台；设立六盘水联通桥牌俱乐部；投资建立六盘水火车站贵宾候车服务室，为VIP客户提供专属候车服务，接待近千人；大力改善营业渠道服务质量，用户投诉率明显下降。制定2013~2015年战略发展规划。开展创先争优、基层组织建设年和“送温暖”等活动，不断增强企业的凝聚力和号召力。

（王德魁）

商业　贸易

商务与粮食

【概况】　2012年，全市社会消费品零售总额实现182.82亿元，同比增长16%，总额和增幅均排名全省第四。累计销售家电下乡产品97492台，销售额2.32亿元，兑付补贴资金2650.26万元。全年外贸进出口总额为10.77亿美元（含委托代理出口、供货出口），同比增长30.7%；总额排名全省第二。全年实际利用外资9023.24万美元，同比增长47.1%。完成粮食购销任务110.76万吨，12月底全市范围内库存粮油20万余吨（含商品粮），省级生猪活体储备3000头（150吨）、市级生猪活体储备600头。

（吴　强）

【内贸流通】　编制《六盘水市物流节点城市发展规划》《六盘水市中心城区商业网点规划》《六盘水市农村市场体系建设规划》《六盘水市再生资源回收利用规划》《六盘水市“十二五”成品油分销体系发展规划》《六盘水市商贸流通业“十二五”发展规划》《六盘水市“城市矿产”可行性研究报告》；编制重大建设项目41个，重点建设项目180多个，总投资200亿元。市粮油储备中心项目完成投资1610万元，占全年计划的53.67%；3000吨猪肉低温储备库项目完成投资1600万元，占全年计划的106.67%；3000吨蔬菜高温保鲜库项目完成投资631万元，占年计划的42.07%。落实1家中央储备肉活体储备养殖场和1家中央储备冻肉储存冷库。成功申报县（特区、区）级日用品配送中心建设项目3个、乡（镇）商贸中心建设项目3个；建设和改造“万村千乡”农家店80个，农家店信息化建设项目500个。组织验收2011年度500个“万村千乡农家店”。建成“放心粮油”店30个；完成农户科学储粮任务5000户，总投资172.3万元，群众满意率100%。全国商务综合执法试点城市获得批准，全国再生资源试点城市商务部专家评审通过。粮油质量检测中心建设项目纳入全国粮油检测体系。争取国家、省级商务粮食发展资金6681万元，同比增长8.2%。对市中心城区8家非星级酒店进行改造升级。对市中心城区21家非星级酒店、饭店进行标准化检查，有12家符合2013年旅发大会接待标准。培训家政服务人员605人，上岗就业480人，就业率79.34%；培训餐饮从业人员75人。两次组织开展以“促销费、倡低碳、惠民生”为主题的消费促进月活动，有40多家商贸流通企业参与。培育新增纳入限额以上统计的企业及个体工商户共97户，比年初增加75.78%。

（吴　强）

【市场监管】　市场监测企业72家（新增酒类流通样本企业3户，安装信息泵1家）；市场监测工作在全省商务系统绩效考核中综合排名第二；对各县（特区、区）商务主管部门及生活必需品监测系统、重要生产资料监测系统、重点流通企业监测系统、酒类流通管理监测系统等71家样本企业信息员进行了培训；组织22家商贸流通企业参加省商务厅组织的商贸流通业统计培训，完成33家典型企业的第一次试报工作。联合多部门出动执法人员1820人次，接到举报信息14条，查处生猪私屠滥宰窝点17个，查处违规违法案件31件，移送司法机关3件，处罚违法涉案人员31人，查处非法屠宰肉品5600公斤，罚没12000元；酒类流通管理出动执法人员12人，检查专卖店、超市、饭店、散装酒经营店共40家，进行现场勘查笔录20户，下发责令整改通知20户，行政处罚先行通知3户；与物价、公安、国税、地税、工商部门组成市清理整顿工作协调小组，制定并按计划实施《六盘水市清理整顿大型零售企业向供应商违规收费工作实施方案》；审核上报新建加油站60座，建成验收4座，加油站年检合格113座，确定在中心城区建15座加气站；新增典当企业2家，参加省商务厅年审的12家企业均为A级；对4家拍卖企业开展年度核查，拍卖成交额7500万元。建立市粮油市场"保供稳价"工作通联会议制度，元旦、春节期间，组织市食品公司和市蔬菜公司在市中心区设立6个供应点销售平价蔬菜153.23万公斤，平价鲜猪肉32.43万公斤。

（吴 强）

【开放平台建设】 汇报、协调六枝、盘南、大河3个省级开发区新建申报工作；推荐钟山经济开发区、水城经济开发区为贵州省千亿级开发区；做好钟山经济开发区申报国家级经济开发区工作。制定《六盘水"无水港"建设实施方案》，协调贵阳海关、贵州出入境检验检疫局设立办事机构；下放县（特区、区）30项商务粮食经济管理权限。举办六盘水2012川滇黔10市州特色商品博览会（参展企业70多家，参展商品1000多种）；组织企业参加中国贵州第二届国际酒类博览会，境内酒类贸易合同签约5.135亿元，进出口酒类贸易合同签约100万美元；组团参加2012中国·凯里银饰刺绣博览会、第十六届中国（厦门）国际投资贸易洽谈会，第十三届中国（成都）西部国际贸易博览会，第十七届中国澳门国际贸易投资展览会。做好各类企业申报外贸经营权的资格审定、统计录入工作，为18家企业办理进出口经营权，进出口企业发展到100家；申报中小企业国际市场开拓资金及配套资金，到位资金186.36万元，办理进出口贴息150.5万元；组织20家企业、35人参加加拿大国际食品展、美国科技食品展、中东迪拜秋交会、泰国国际健康食品展、法国食品展、泰国国际食品配料与添加剂展、第二届亚欧博览会等8个国内外重要展会，意向成交金额490万美元；组织18家企业、28人参加"贵州省跨境人民币业务知识培训班""出口企业风险防范培训提供班""国际贸易实务提高班"学习。

（吴 强）

【粮食流通】 开展粮油供需平衡调查，随时掌握粮油批发及零售价格，加强粮油市场的监测预警；完成500吨市级小包装成品粮的轮换补库任务，会同市财政局制定《市级小包装成品粮代储管理办法》，落实11481吨市级储备稻谷的轮换；对全市粮油应急加工体系进行调查，全市有9家地方应急粮油加工企业，日加工稻谷能力440吨，其他粮食制品加工能力163吨，有地方应急粮油供应企业10家，粮油日供应能力1921吨，花渔洞粮库大米应急加工生产线整体安装调试完毕。实施"放心粮油工程"。全市粮食部门完成订单种植计划68000亩，农民订单种植增收302.2万元。大力扶持和培育龙头企业，六枝岩脚大畅面业有限公司申报技改项目资金200万元，组织钟山区永恒粮油贸易有限公司、水城天瑞食品有限公司参加全省第四批"放心粮油"评审。组织水城天瑞食品有限公司、六枝雾峰纯天然食品厂参加"全省粮油龙头企业和贵阳市放心粮油配送中心'厂店对接'洽谈会"，与贵阳市军粮供应站放心粮油配送中心等放心粮油企业初步达成合作意向协议；组织六盘水金桥食品公司、六枝雾峰纯天然食品厂、水城三高苦荞麦食品公司参加西安杂粮展会，为六枝雾峰纯天然食品厂争取到15万元粮食流通专项资金支持。对全市8家企业粮食收购、储存、出库、销售环节的粮食质量安全进行检查；配合财政、民政、工商、物价、质监等部门对政策性粮食供应进行监督管理，组织供应各类"救灾救济"粮20919吨。在全市范围内组织开展面条专项整治工作，共出动各类执法人员60人次，检查面条生产加工经营单位34家，查处存在流通环节问题的企业1家。在全市范围内开展粮食库存检查，共查粮食45369吨（小麦3032吨，稻谷39610

吨，玉米2727吨），调查非国有粮食经营企业及转化用粮企业22家，调查统计商品粮库存21631吨。组织全市8家符合粮食质量检验能力的企业开展粮食质量检验能力认定年审；开展粮食流通专项监督检查、夏秋粮收购专项监督检查工作。

（吴　强）

中央储备粮六盘水直属库

【概况】 中国储备粮管理总公司（简称中储粮总公司）六盘水直属库是国家计委、国家粮食储备局批准新建的第三批中央直属粮库建设项目。1998年由国家投资兴建，1999年12月竣工，2000年3月投入使用。2000年9月被中国五部门正式上划为中国储备粮管理总公司直属库，资产总额4049万元，库区占地96亩。中储粮的企业宗旨是“两个确保”（确保中央储备粮数量真实、质量良好、确保国家急需时调的动、用得上）“三个维护”（维护国家粮食安全、维护市场稳定、维护农民利益）“三个严格”（严格管理、严格制度、严格责任）主要职责是：按照中储粮总公司、贵州分公司下达的计划和指令，负责中央储备粮的收购、储存、运输、销售、加工；负责中央储备粮安全保管以及国有资产的保值增值。现储备中央储备粮6.3万吨粮库现有综合、财务、仓储、购销四个科室。2012年全面完成国家政策性粮食跨省移库1.8万吨稻谷接收工作。

（潘　华）

【加强业务管理】 2012年，按照总公司、分公司关于开展管理提升活动的统一安排部署，认真开展管理提升活动，活动严格按照全面启动、自我诊断；专项提升、协同推进；持续改进、总结评价三个阶段稳步推进。2012年7月，组织中层干部到中国储备粮管理总公司贵州分公司标杆库中储粮贵阳直属库、中储粮遵义库学习对标查短板找差距，全面提升企业管理水平。认真梳理、剖析，查找出在管理中存在的问题和不适应本库发展的短板，共梳理出27条主要问题，制定了整改措施和时限，形成了中储粮六盘水直属库开展管理提升年活动问题诊断报告，有力推进了企业管理水平的提升。

认真开展仓储“回头看”和节能减排工作。认真开展安全生产“打非治违”专项行，加强仓储工作管理，强化安全生产，积极推进仓储管理智能化建设。按照“四单”制度要求，严格执行领导带班和安全员巡检制度，按照作业单流程认真审核签字，强化过程监控，作业后及时进行总结，保证“四单”作业的时效性和规范性。加强仓储基础工作检查，每月定期开展粮情分析例会和“红旗仓”评比活动，切实做到仓储工作有检查、有记录、有整改、有考核。积极推进智能化建设。已实现66%的远程监控，30%的智能通风项目建设正在实施过程中，力争向科技储粮要效益。认真抓好春秋粮食库存普查工作，针对各级检查中发现的问题，制定了整改措施，狠抓落实。中央储备粮宜存率达100%、质量合格率达100%、免熏蒸率达61%，夯实了“两个确保”。

（潘　华）

【轮换经营工作】 紧紧围绕“以购销促轮换、以购销带轮换、以购销保轮换”的工作方针，严格按照中国储备粮管理总公司贵州分公司下达的年度轮换计划，认真开展中央储备粮轮换经营工作。加强购销网络建设，在粮食主产区和主销区建立购销网点和粮食经纪人队伍，掌控“一手粮源”；通过建立购销网点直接从粮食主产区组织成品粮到当地进行销售，扩大经营贸易量，争取市场话语权，努力打造“放心粮油工程”，增强企业的发展后劲。近年来按时完成分公司下达的轮换任务，实现了“两个确保”，累计向六盘水粮食市场销售粮食6万多吨，为地方粮食市场稳定做出了应有的贡献。

（潘　华）

【庆建党91周年】 组织开展庆祝建党91周年“互助共建”单位联谊会。组织党员干部参加市直机关“践行三忠诚、奋力后发赶超”、庆“七一”党建知识竞赛等活动。组织全体员工到六盘水市广场参加六盘水市直机关庆祝建党91周年体育活动健步走项目比赛。（潘　华）

【基层组织建设年活动】 成立党的基层组织建设年活动领导小组。通过召开座谈会、利用公开栏、内网等多种方式，大力宣传活动的重大意义，宣传先进典型和先进经验；开展“我为中储粮添光彩”、共产党员示范岗（仓）主题活动；开展“四比四带头”为主题的教育实践活动。即比学习，带头提高素质；比工作，带头争创一流业绩；比贡献，带头践行服务宗旨；比作风，带头做好廉洁表率的“四比四带头”活动，把党员干部锻炼成想干事、能干事，善于打硬仗的队伍；认真开展保持党的纯洁性教育活动。在活动中认真开展“保持党的纯洁性标准”大讨论，党员向党组织、党组织向党员“双向承诺”活动，制定了共产党员保持纯洁性的标准，有力提升了企业的党建工作水平。

（潘　华）

【纪检廉政工作】 认真传达贯彻中储粮总公司和分公司纪检监察工作会议精神。按照会议精神，制定了具体的工作措施。按照会议提出的“三强化、一创新” 的工作格局，在工作中把握好“两个重点”，搞好“三项监督”，认真落实好总经理张展在会议上提出的五点工作要求，切实做好纪检监察工作；加强党性党风教育，保持队伍的纯洁；加强纪检监察队伍自身建设，发挥纪检监察的职能作用；认真分析查找薄弱环节和管理漏洞，拾遗补缺，举一反三，消除隐患，切实做到不回避矛盾、不掩盖问题，积极营造风清气正的工作氛围；进一步完善库务公开、效能监察、“三重一大”民主决策制度，坚持民主集中制，健全“三重一大”议事规则，按照总公司和分公司要求，进一步增强责任意识，不断扩大公开内容，加大公开的力度，不断完善和细化库务公开工作制度，不断提高库务公开民主管理工水平，促进企业和谐健康发展。

（潘　华）

供　销

【概况】 六盘水市供销合作社联合社（简称市供销社）是政府领导下为农服务的合作经济组织。2012年，市供销社大力推进一个工程（新网工程），着力进行两个改造（直属企业、基层社），切实打造三个网络（农产品市场购销网络、农资现代经营服务网络、烟花爆竹经营服务网络），努力完成四项任务（发展规划、项目申报、维护稳定、农资供应）。在改革创新中增活力，在服务“三农”中谋发展，不断拓宽经营领域，提高服务水平，壮大合作经济组织，参与农业产业化经营，使经济效益得到上升、自身活力不断增强、社会形象稳步提高。

2012年，全市供销社系统有社属企业29个（其中，市属企业11个，县属企业18个），基层社41个（其中，六枝特区10个，盘县17个，水城县10个，钟山区4个），村级综合服务站（点）937个，覆盖全市90.45%的行政村。已建成市场16个，（其中，农贸市场14个，农产品综合批发市场1个，木材交易市场1个），有门面288个、摊位1563个。

2012年，全系统在册职工1889人，离退休职工1603人。

（张钦翠　王　俭）

【全年目标任务完成情况】 2012年，全市供销系统完成利润总额835万元，同比增长97.9%；资产总额45769万元，同比增长25.5%；实现所有者权益8929万元，同比增长26.6%；税费总额811万元，同比增长10.94%。

2012年，商品购进总额66365万元，同比增长48.32%；商品销售总额65039万元，同比增长23.80%；商品交易（批发）市场交易额39464万元，同比增长21.33%；总营业额104503万元，同比增长22.71%。

2012年，全市供销社系统累计购进化肥113176吨，同比增长20.07%；销售化肥123112吨，同比增长12.53%；农资经营库存化肥17618

吨；实际完成化肥淡季储备5.25万吨，是市人民政府2011年下达化肥淡季储备目标任务3.8万吨的138.18%，得到政府贴息224万元。农资连锁经营得到了进一步的巩固，基层网点设施的改造、村级综合服务站（农家店）建设、专业合作经济组织建设有新突，各项工作得到进一步的夯实。获贵州省供销合作社联合社颁发的“2012年度全省供销社目标考核一等奖”，增比进位有新突破，从2011年的全省排名第9名进到2012年的全省第4名。

（张钦翠　王俭）

【“新网工程”建设】　2012年，按照“新网工程”的发展战略，结合六盘水市供销系统实际，全系统积极从“大市场”上下功夫，切实打造农产品市场购销网络、农资现代经营服务网络、烟花爆竹经营服务网络。建立了起以配送中心为龙头（盘县农资配送中心、水城县土产公司农资配送中心、市农资公司农资配送中心和盘县联销公司日用品配送中心4个区域性配送中心），以基层社为中介，以村级综合服务社（农家店）为基础的新农村现代流通服务网络。2012年，全市供销社系统完成新建村级综合服务站（网点）60个（六枝特区供销社5个、盘县供销社30个、水城县供销社20个、钟山区供销社5个）；新建农村综合服务社（社区服务中心）5个；截至2012年底全市供销社系统已建成农村综合服务社10个，已建设村级综合服务站（农家店）937个（六枝特区供销社70个、盘县供销社610个、水城县供销社151个、钟山区供销社36个、市农资公司70个），覆盖全市90.45%的行政村。

（张钦翠　王俭）

【改造基层社和直属企业】　用改革创新的思路寻求发展之路是基层社探索前进的新举措。一是2012年，全市供销社系统已建成市场16个，其中，农贸市场14个，农产品综合批发市场1个，木材交易市场1个，有门面288个、摊位1563个。主要经营品种有水果、蔬菜、畜禽产品和日用品。农副产品市场交易额21667万元，同比增长33.17%。二是盘县断江农贸市场2011年年底开始动工，于2012年5月建成并正式营业。该市场实际投资支出516万元，预计8年内能收回投资。市场建筑面积2400平方米，内设12间交易商铺、交易摊位300个，年交易额可达5000余万元。三是市果品冷冻厂在2011年完成冷库技改后积极开展水果、蔬菜保鲜冷藏的业务，该厂市场内有门面55个、摊位105个，2012年市场交易额达5500万元。

（张钦翠　王俭）

【农业生产资料供应】　农资储备工作。各级供销社充分发挥稳定平抑市场价格的主渠道作用，确保了全市春耕生产用肥需要。2012年，全市供销社系统农资经营库存化肥17618吨；实际完成化肥淡季储备5.25万吨，是市人民政府2011年下达化肥淡季储备目标任务3.8万吨的138.18%，得到政府贴息224万元。

化肥供应。充分发挥全市供销社系统500多个农资村级综合服务站的作用，为农户提供优质高效、便捷的服务。2012年全市供销社系统累计购进化肥113176吨，同比增长20.07%；销售化肥123112吨，同比增长12.53%。

农资质量保障。杜绝假冒伪劣产品通过供销社的渠道流入市场，开展全市供销系统农资储备、供应专项检查，防止坑农事件发生；配合市农委、工商、公安、质检等部门开展的农资打假活动，有力维护农资市场经营秩序，切实维护了农民利益。

（张钦翠　王俭）

【项目兴社促发展】　2012年，六盘水市供销社争取到中央、省级补助资金280万元，从省农资公司争取到中央发改委资金21万元，共计301万元；争取地、县政府给予供销合作社发展资金452万元。同时，市供销社加大对资金使用的监督检查力度，得到了省社检查组对“新网工程”专项资金管理的肯定。供销社坚持新建与改造并举，不断加大网络建设力度。2012年，新建村级综合服务站60个，新建年交易达5000万元以上的农副产品市场1个，新建示范农民专业合作社4个，新建农村综合服务社（社区服务中心）5个，新建各类专业、行业协会4个，新建农民合作经济组织联合会2个，培育省社级农业产业化龙头企业1个，培训农民社员及农村实用技术人才800人次。

（张钦翠　王　俭）

【固定资产清理】　2012年，供销系统开展固定资产清理工作，目的是比较全面的掌握全市供销社的资产情况。截至2012年12月16日，全市供销系统房屋资产、土地资产汇总为101355.7万元，其中，全市有房屋资产210220.72平方米，初步评估价为66166.1万元。有土地175宗，面积312197.7平方米，初步评估价为35189.6万元，其中，已确权116宗，面积25909.26平方米，已确权面积占有用土地面积的73%。（土地资产的汇总数额是以各单位上报的土地平方面积，市中心区按每亩250万元和200万元，各特区、县、区平均按每亩50万元的标准计算汇总。资产评估数额相对比较保守，只是一个大概数字，由于资产所处的地段不同，也只能采取高低平均的方法进行，得出的数额仅供参考，不能作记账依据。）

（张钦翠　王　俭）

【土地开发盘活资产】　2012年，六盘水市供销系统已开展的资产盘活有：完成盘江供销社岩脚农贸市场改建，将原钢架结构进行改造为年交易额5000万元以上的农副产品市场。启动洒基供销社综合大楼改造，该大楼正在建设中。完成普古供销社淤泥河乡街上的17间旧瓦房改造，于11月24日正式投入使用。再次启动乐民供销社农贸市场的升级改造，市场功能更加完善，可解决社会就业500余个，日客流量8000多人次，年交易额1亿多元，预计年创利近100万元，年创税收200余万元。木岗供销社配合木岗镇廉租房建设改造沿街门面和市场，可增加收益30余万元。平寨镇供销社配合大用镇“四在农家”建设，引资300余万元改造原闲置仓库为经营网点，提升资产使用值，增加营业面积500平方米，预计年增加收入10万余元。六枝郎岱酱业有限公司酱和酒生产车间改扩建工程。盘县农贸大厦建设如期进展；天合楼改造工作也在运作中。市供销社老办公楼、德克士大楼的开发正在前期准备中。

（张钦翠　王　俭）

【招商引资】　2012年，供销社系统凝集力量，攻坚克难，完成招商引资的总投资达13亿元，现已到位资金近3亿元。一是市供销社“印象夜郎”民族文化风情园项目。该项目选址在水城县蟠龙乡法那村与阿嘎乡台沙村接壤的百车河两岸投资建设夜郎影视城、大型实景山水剧场、夜郎民族文化风情园及休闲度假区等。2012年11月初，市供销社派专人就《印象夜郎》项目赴北京与合升兴业（北京）投资基金管理有限公司和北京方舟科盛电磁安全技术有限公司洽谈，并签署了合作意向协议，项目计划投资规模为7.4亿元人民币，占地约2500亩。现该项目已完成前期测绘工作，到位资金累计28.5万元。二是各县区供销社招商引资。六枝供销社基层社平寨改造基层网点和木岗建设市场，招商引资1300万元；盘县供销社在盘县两河乡的帮助下完成招商引资1.5亿元；水城县供销社招商引资合同引资额1.4716亿元，实际到位资金1.204亿元；钟山区供销社招商引资项目2个，总投资2.5亿元，到位资金680万元。

（张钦翠　王　俭）

【维护稳定工作】　2012年，市供销社重点慰问离退休干部3人，困难离休干部遗孀2人、军转干部1人、企业困难党员22人、企业困难职工147人次、党建扶贫点困难群众20户。共计重点慰问195人次，发放慰问金及慰问物资共计近25万元。六枝供销社走访慰问职工175人，企业退休人员26人，遗孀1人，机关离休干部17人，困难党员10人，发放慰问金74100元；为党建挂钩扶贫村二女结扎户、独生子女户、困难户25户送去棉被10床，棉衣10件、大米100斤。盘县总工会慰问供销社1家困难企业和179户困难职工，发放慰问金59300元；红十字会为挂钩扶贫点普田乡的大木桥村、阿朗村的群众送去毛毡15床，大米30袋（每袋15公斤）。水城县供销社机关16名干部职工爱心捐款1900元，慰问本系统困难职工（含退伍军人、残病人）245人次，送发慰问金达101900元；临时大病救助1人，送发救助金2000元；结对帮扶红岩乡窑上村独生子女户、二女结扎户47户，送发价值5612余元的大米、棉被等慰问物资。钟山区供销社慰问2名困难党员、17名困难职工，发放春节慰问金4400元。通过多方面努力，市供销社保证了干部职工队伍的稳定，2012年，无群众集体上访事件发生。

（张钦翠　王俭）

烟草专卖

【概况】　2012年，全市共有烟草从业人员987人；全年实现税金3.04亿元，同比增长18.73%；发生费用率8.34%，同比下降1.33个百分点；国有资产保值、增值率135.26%；资产总额10亿元，增加1.1亿元，资产负债率17.02%。烟叶种植面积13.15万亩，收购烟叶29.75万担，同比增加11万担；收购均价1006元，同比增加215元；收购上、中等烟比例92.07%，其中上等烟比例44.94%；烟农收入首次达到3亿元。全市共处理不适用鲜烟叶1314.8万公斤；处理烤后低次烟叶5640担。发放补贴资金525.9万元。着力推广井窖式移栽、膜下移栽节水保水技术，完成散叶烘烤58炕，烘烤干烟叶680.55担，散叶烘烤技术掌握程度不断提高。完成2011年度烟叶生产基础设施建设项目并通过省级验收；组织实施工程项目11个，覆盖烟地面积1.51万亩，完成机耕路13公里，购置农机械324台（套）、1110千瓦，建设2个育苗工场2.53万平方米，建设完工大型密集烤房780座。

（唐　琴）

【基地建设】　完善提升2012年建设的水城县湖南中烟“芙蓉王”盐井基地单元，全面推进盘县贵州中烟“贵烟”保田及忠义2个基地单元；2013年建设的湖南中烟“芙蓉王”金盆及安徽中烟“黄山”盘县珠东2个基地单元建设规划通过省级评审，其中1个已通过国家局验收评价。全市3个基地单元共建设合作社4个，共有社员5499人、资产1.08亿元，实现经营收入1368.57万元，盈余28.18万元。2012年度，有3个合作社被评为省局优秀示范合作社，其中水城县米箩合作社已上报为国家局行业示范社。

（唐　琴）

【卷烟营销与打假】　全市销售卷烟10.75万箱，同比增加4195箱，增长4.06%，实现人均销量9.6条。构建以“双十五”重点品牌为基础，“贵烟”品牌为支撑，高端低焦品牌为补充的品牌培育体系。销售贵烟3万箱，同比增长30.95%；销售重点骨干品牌22个、5.4万箱，同比增长19.15%，销售低焦油卷烟从上年的6个规格增加到17个规格。科学开展营销管理、品类管理、电子商务、零售终端“四网”建设，卷烟零售户获利能力达14%以上。全年完成省标网络案2起、国标网络案1起。涉案烟叶33.86吨，涉案卷烟374.1万支，涉案金额1164.5万元，查获烟叶储存窝点3个，捣毁卷烟仓库6个，锁定犯罪嫌疑人64人，批捕6人，逮捕2人，刑拘8人。完成5万元以上案件20起，案值241.62万元。共出动专项行动检查2890人次，检查零售户约11.7万户次，查获案件1122起，同比增长17%，涉案金额723.27万元，同比增长103.7%，查获卷烟430.52万支，查获非法经营烟叶150.65吨。

（唐　琴）

【扶贫】　2012年，全市烟草系统投入61.35万元党建扶贫资金。50万元用于六枝特区落别村开展“四在农家”项目时修建道路排水沟、安装太阳能路灯、修建公共厕所及垃圾池、道路绿化；6万元用于水城县盐井乡中坝村捐赠座椅板凳及地面场平工程；2万元用于水城县蟠龙乡修缮通村公路；1.85万元用于向六枝特区落别乡捐赠《中小学生安全自救手册》；1.5万元用于节假日慰问辖区困难群众。

（唐　琴）

盐　业

贵州盐业集团六盘水公司

【概况】　2012年在全国盐行业面临体制改革、各项费用不断增加、兄弟公司面临大面积亏损等种种困难下，公司严格按照上级的安排和部署，早思考、早谋化、早准备、早行动，从思想观念、经营理念、服务、方式方法以及工作态度等转移到以市场谋求生存和发展的中心轨道上来。进一步强化财务管理，增强市场营销工作，做好资本运作的文章。加大对基础薄弱、生存能力差、抗风险水平低的县公司的扶持。2012年六盘水地区300克和650克小袋盐销售7009吨，完成全年任务的5300吨，完成率为132.25%，较上年增加1421吨，同比增加25.34%。但是在完成绿标盐的销售任务上有所欠缺，仅仅完成年计划2000吨的916吨。

（王　勇）

【新业工作有了进展】 随着六盘水地区不断加大对非盐工作的开展力度，六盘水公司及所属三家县公司非盐工作齐头并进均取得了一定的成绩。六枝公司完成非盐产品销售403万元，完成目标任务360万元的111.94%。盘县公司完成非盐销售收入233万元，完成全年任务的97.12%。水城公司完成非盐销售收入216.97万元，完成年计划216万元的100.45%。

公司在红花郎酒、茅台酒、粮油、调味品等商品的销售工作，完成销售1253万元，完成年计划834万元的150.24%。

（王　勇）

【增收节支工作进一步加强】 增收节支工作一直是公司高度重视的一项工作，2012年，公司开展几个方面的工作：一是通过优化销售结构，抓好小袋盐销售来增加收入；二是通过对自身资产的有效营运来提高收入；三是倡导节约、反对浪费，提出了节省一张纸、节约一度电、少用一滴水的节约理念的企业内部管理制度；四是严格控制开支范围和标准；五是充分利用好现代化信息管理手段，整合资源，降低各项公共费用。

（王　勇）

【安全工作】 2012年，公司总体安全形势较好，未发生一起安全事故。取得这样的成绩原因是公司长期都重视安全工作，将职工群众的生命安全、财产利益放在重要位置，重点对“商品、车辆、办公设施管理、重大节日、重大活动、季节性特点”等多方面落实好安全工作责任制，完善好安全管理工作措施。

（王　勇）

石　油

中国石油股份有限公司贵州六盘水石油分公司

【概况】 六盘水石油分公司有职工900余人，其中离、退休及内退人员200余人。下辖钟山、水城、盘县及六枝4个县（特区、区）公司及76座在营加油站，拥有滥坝、盘县2座油库。负责全市汽、柴、煤等成品油87%以上供应，并承担毕节威宁、赫章、纳雍等加油站成品油公路配送任务。

（陈　实）

【业务经营】 先后对机场、工业园区、高速公路等重大项目进行走访，为客户制订详细的供销方案，与多家新客户签订供油协议并实现销售；开展“亮窗口、铸品牌、构和谐”和“我的岗位我尽责”等活动，建立“为民服务”长效机制，细化工作职责，完善加油站各项制度，夯实加油站基础管理；转变观念，创新思路，大力发展非油品业务。

（陈　实）

【公司建设】 石油公司坚持文化引领，强调向执行“要销量、要效益、要结果”，主动找短板、定措施、抓重点，让全体员工对全年目标任务入脑入心，“吃苦耐劳、真抓实干、以人为本、勇创一流”的企业核心价值观基本形成。依托“全员、全面、全程”的绩效考核体系，细化岗位职责，落实岗位标准，员工个体行为与企业目标之间搭建起有效桥梁，不断提高团队执行力和控制力；开展“比学赶帮超”“为民服务创先争优”等活动，年终对在各工作岗位上做出突出成绩的4个先进集体和18个先进个人进行表彰和奖励；开展“走基层、转作风”活动，用真诚的行动为基层和员工服务；履行社会职责，配合消防等政府职能部门参与区域内发生的各种重特大危化品事故的抢险救援工作，与安监、消防等部门联合开展演习，为消防车辆提供长城多效防冻液，以保障冬季消防应急执勤车辆正常运行；面向社会招录164人，省公司招聘安排15人；建立健全大学生培养使用机制，实施加油站班组长直选制，明确加油站站长、班长等必须从五项技能优秀人员中选拔，通过《中国石化报》、中国石化新闻网、《加油站服务指南》、省公司内外网、地方媒体以及《石油动态》期刊等平台，展现六盘水石油公司的先进典型和精神风貌；完善费用预算管理，将费用总额、绝对额控制费用及公务性支出控制在预算范围内；加大库存商品监控力度，建立规范有序的实物资产管理档案，确保企业资产安全完整和保值增值。加强党团组织和工会建设，使之在生产经营中充分发挥作用。

（陈　实）

【安全工作】 层层签订HSE责任书，在分公司本部办公楼、油库、加油站制作“七想七不干”作业警示牌及分解牌80余张，发放学习卡片600余张。对库站一线进行全员职业健康体检，发放劳动防护用品10余次；与地方安监部门联合完成安全管理人员取证培训2期、88人次，保证加油站持证上岗率全面达标，组织各油库、加油站开展预案演练，强化员工安全意识；用专项检查、交叉检查等方式开展库站检查10余次，对4个县（特区、区）公司的24座加油站进行检查、指导，整改问题289条；开展“环境安全百日检查”“应急预案演练周”“安全生产月”等一系列活动；加强对油品质量的监察力度，油库共做各类质量检测 1168次。

（陈　实）

中国石油天然气股份有限公司
六盘水销售分公司

【概况】 中国石油天然气股份有限公司贵州六盘水销售分公司（以下简称“分公司”）成立于2002年6月28日，隶属于中国石油天然气股份有限公司贵州销售分公司，主要经营成品油及非油商品零售业务。截至2012年底，分公司有六部一室，有员工178人，运营加油站25座，公司资产总额1.40亿元。

2012年，油品销量5.85万吨；实现非油销售收入559万元，同比增幅68%，完成任务指标的124%；全年完成IC卡发售6491张，沉淀资金270万元， IC卡销售比22%；累计实现销售收入4.6亿元。全年开发加油站5座，投运加油站9座。全年安全生产责任事故为零。

全年公司检维修项目 16个，总投资87.61万元，未结算项目0个，维修金额 87.61 万元。年初下达安全隐患整改计划金额 87.61 万元，完成安全隐患整改项目 16 个，整改资金87.61万元。

（陈应琴）

【零售管理】 积极探索非油经营思路，创新管理机制，开展油非互动，深入研究便利店设置与布局，将厚源站、广源站便利店移至对消费者更具视觉冲击力的位置，使其非油销售额增长50%以上；深入研究香烟品类结构，主动和烟草公司沟通引进市场紧俏的高档香烟，增设南城站作为香烟整条销售网点，并积极调整营销策略，香烟销售额同比增长102万元，增幅85%；针对煤矿、电厂润滑油需求情况做市场调查，及时调整经营策略，引导加油站变“坐商”为“行商”，发展大单销售，共实现了大单销售198万元。9月底，新生站便利店成为六盘水首座百万元店，11月份南城站非油销售突破百万元，使分公司百万元便利店增加为2座，非油销售实现重大突破。重视IC卡推广工作，部分加油站采取“走出去，请进来”的推卡方式，到加油站周边街道宣传中油IC卡；积极响应省公司预收客户转卡的通知，站经理深入客户单位一对一解决客户转卡相关事宜，圆满完成了发卡任务。

（陈应琴）

【投资建设】 2012年，共完成开发任务5座，完成率125%。投运9座，投运加油站覆盖了六盘水市中心城区、盘县主要乡镇，利用撬装站的形式首次进入六枝市场，优化了六盘水的网络布局。

（陈应琴）

【安全生产】 强化安全管理，推动加油站安全标准化建设。健全组织，完善制度，签订了三级《HSE和质量目标责任书》，将安全管理纳入考核指标；根据贵州公司加油站安全标准化建设要求，分公司将广源、新生、鑫源、耀华、厚源、纸厂6个站作为安全标准化建设站，按照创建标准对6个加油站进行了自查整改，6个站于9月份顺利通过安全标准化验收，有效推动了分公司安全环保工作的开展；坚持每周安全经验学习教育制度，在每周工作例会上，由机关各部门及各加油站轮流作安全经验分享，学习相关安全管理知识，就发生在身边的安全事故进行再学习和再教育，加深对安全管理的认知程度，加强分公司员工的安全从业意识，提升分公司安全管控能力。

（陈应琴）

【企业改革与管理】 优化公路配送路线，降低运费取得实效。5月，六盘水分公司与省公司调运处、运输公司共同对六盘水地区加油站配送路线进行重新优化，分别对各油库到六盘水各加油站运距进行了实地测量。优化后平均运距缩短30多公里，单次配送时间缩短1小时，吨油运费减少27元。全年节约费用百万余元。精细测算用水用电，水电费管理初显成效。年初，分公司预测了机关及各加油站的水电费并制订《用水用电考核暂行管理办法》。加大对用电设备设施及用水情况的监督检查力度，做到人离电断、人走灯灭，杜绝出现长明灯、长流水现象，全年节省费用5万元。与银行沟通，降低银行手续费，将2009年与银行签订的收费协议重新修订，执行最优的银行费率。同时，为方便客户，工行在市区七个加油站安装七台POS机用于大额交易（小额配送客户、打桶客户、大额充卡客户），费用收取率按照分公司批发业务POS机规定。“银企协调”降低了分公司POS机刷卡手续费率，单笔费用从300至400元降到20至50元，全年降低费用8万元左右。为降低税费，分公司财务主管领导到纳雍、威宁、盘县、水城分局协调部分加油站的税款减免事宜，提出申辩理由，提交相关减免依据，通过多次的沟通、洽谈，相关税务机关答复分公司所属海子、纸厂、新合、吉祥、开富、寨乐等6座加油站减免房产税和土地使用税，为分公司每年结余税费10余万元。精细绩效考核，以绩效为导向，调整、完善绩效考核体系，全面落实考核制度。努力做好绩效考核的反馈及改进工作，调整了一些不合理的指标及权重，简化了考核，提高了工作效率，促进绩效考核精细化管理。2012年，分公司人均纯枪量328.65吨，较2011年提高了24.78吨；日均十吨零售量用工8.73人，较2011年减少用工1.36人。

（陈应琴）

【队伍建设】 加快人才建设步伐，加强与中职院校的联系，与六盘水职业技术学院签订了校企合作协议书，实现工学结合、校企合作，与六盘水师范学院建立人才就业合作机制，选拔聘用优秀的毕业生作为公司的后备人才资源。强化加油站管理人员竞聘考核机制。分别组织了两期后备加油站经理竞聘工作，通过公开竞聘、民主测评等方式选拔出17名后备加油站经理。严格执行人才培养计划。按照培训规范化要求，严格执行年初培训计划，培训面涉及加油站经理、计量员、核算员、便利店主管、新员工等各层级岗位，培训达180余人次，提高了员工业务水平。

（陈应琴）

教 育

综 述

【教育发展基本情况】 2012年，全市有幼儿园223所，其中，公办104所，民办119所，幼儿在园（班）人数61550人，学前一年毛入园率为75.28%，学前三年毛入园率为57.85%，幼儿专任教师1874人，2012年底幼儿园园舍建筑面积195316平方米。特殊教育学校3所，特殊教育在校人数418人，专任教师97人，“三残”适龄儿童少年入学率达85%，校舍建筑总面积14272平方米。小学753所，小学教学点182个，小学在校学生287894人，平均班额41人，小学适龄儿童入学率101.90%，小学辍学率为1.34%，小学专任教师13949人，小学校舍建筑面积1332762平方米。初中学校193所，初中在校学生185116人，平均班额59人，初中阶段入学率98.46%，辍学率为2.85%，初中学校专任教师9019人，初中校舍建筑面积1098216平方米。普通高中学校28所，高中在校学生67854人，平均班额68人，高中阶段毛入学率达到52%，普通高中专任教师2855人，普通高中校舍建筑面积693064平方米。高等职业技术学院一所，中等职业技术学校18所（其中民办9所，技工学校4所：水钢技校、省机械职校、水矿技校、盘江技校），职业学校（含高职院）在校生33026人（其中技校6645人），专职教师977人，兼职教师194人，职业学校占地2035.909亩，建筑面积612818平方米，实习实训基地1295.86亩。高等教育院校2所，在校生8903人，全市高等教育毛入学率23.2%。

（孙 嵘）

【教育工作情况】 强义务教育标准化建设。建立健全了流动儿童学籍管理制度和流动儿童基本信息登记制度，实行跟踪管理，保证每个进城务工人员随迁子女都接受义务教育。2012年六盘水市四个县（特区、区）中心城区共接收了进城务工人员随迁子女入学人数为45842人，其中，小学32036人，初中13612人，高中194人。建立留守儿童帮扶机制，构建管护网络。2012年秋季学期全市共有留守儿童在校生42362人，其中小学28967人，初中13395人。

缓解市中心城区“大班额”问题。进一步落实《市中心城区缓解“大班额”三年行动计划》《市中心城区缓解“大班额”建设规划表》《关于控制市中心城区“大班额”现象的考核办法》等一系列措施。2012年市中心城区小学平均班额为64人，比上年下降了4人；初中平均班额为68.5人，比上年下降了5人。制定了《2012年市中心城区小学毕业生升初中免试入学方案》，确保了所有小学适龄儿童全部进入小学一年级学习，10219名小学毕业生顺利升入初中学习。

实施学前教育突破工程。2012年全市新建幼儿园32所，新招生34724人，在园人数达55000人，超额完成了省下达的24871名幼儿的招生任务，学前三年入园率57.85%。新增幼儿教师574人，其中，招考的幼儿园新教师300人，从其他岗位聘任到幼儿园教师岗位的有274人。

普通高中教育快速发展，办学规模不断扩大。2012年普通高中招收高一新生27472人，超省下达的26991人的招生任务，超额完成了481人。

落实中职招生优惠政策，吸引更多的学生入

学。2012年省职教工作会上，给六盘水市下达招生任务18400人（其中向省外输送4200人）。2012年全市共完成18537人的招生，超省下达任务137人。其中向省外输送5270人。全市共有毕业生3516人，就业3257人，就业率93%。开展劳动力转移培训，共举办了51个工种的培训，培训17216人，培训后就业15489人。

民办教育管理日趋规范。市级财政投入100万元设立市级民办教育发展专项资金，2012年争取中央专项资金505万元、省级专项资金115万元对民办学校进行专项补助。市级专项资金拿出63万元以奖代补形式对民办学校专项补助。完成省教育厅下达2012年六盘水市民办学校发展目标，建5所180人规模以上民办幼儿园，已全部开园，现有942名幼儿在园就读。截至2012年底，六盘水市经审批取得办学许可证的民办学校共272所（六枝特区16所，盘县57所，水城16所，钟山区167所，市直16所），其中，十二年一贯制8所，中等职业技术学校8所，初中（含九年一贯制）44所，小学44所，幼儿园129所，培训机构39所，共有民办教师3285人，在校学生61297人。

2012年，六盘水市教育实施“4+2”工程、十二件民生实事之教育实事、“十大工程”之教育工程，各级各类学校实施教育工程（含续建或跨年度工程）共计2327个（所），其中，高中项目突破工程23个、学前教育项目突破工程46个、义务教育阶段学校建设工程1506 个（含十二件民生实事、十大工程）、农村寄宿制学校攻坚工程156个、校园围墙安全工程73所、优美教室工程523所。工程总投资大约449735万元，其中中央补助40974万元、省级补助42753万元、市县配套及学校自筹366008万元。

开展中心城区学科教研活动。2012年，开展了市中心区大型教研活动30余次，参与教师近5000人次；开展中小学各学科教师优质课、教学技能大赛等大型教研活动共21次。全年6人获国家级一等奖、6人获国家级二等奖；8人获省级一等奖、13人获省级二等奖。2012年教科研课题立项评审，共立项市级课题860多个。报送省级立项课题120多个，立项45个。课题评奖，参评课题220多个。评选出市级一等奖39个、二等奖60个、三等奖35个。 （孙　嵘）

【获得全国未成年人思想道德建设工作先进单位】 2012年2月8日，全国未成年人思想道德建设工作视频会在主会场北京召开。六盘水市教育局被表彰为全国未成年人思想道德建设工作先进单位。

（孙　嵘）

【市实验小学入选全国数字校园示范校建设项目学校】 2012年10月，六盘水市实验小学被中央电化教育馆确认为“全国首批百所数字校园示范校建设项目学校”。贵州省只有两所小学入选全国首批百所数字校园示范校建设项目学校。

（孙　嵘）

【市三中被确定为省级校本研修示范学校】 2012年，六盘水市第三中学确定为省级校本研修示范性学校。全省只有4所学校（三所中学，一所小学）是省级校本研修示范性学校。

（孙　嵘）

【督导培训】 10月28日，国家教育督导团办公室副主任程锦慧受邀到六盘水对全市236名督导评估人员进行业务培训。

（孙　嵘）

【督导评估】 制定并印发了《六盘水市督学责任区建设工作的意见》，全市共建立了五个督学责任区。2012年，共督导评估了 161所中小学。（其中六枝 6所、盘县124 所、水城县23所、钟山区 8 所）

（孙　嵘）

【学校安全工作】 2012年，与各县、特区、区签订《2012年度学校及周边治安综合治理工作目标责任书》，与市直各学校签订了《安全管理目标责任书》。召开学校及周边治安综合治理工作联席会议。开展全市2012年春节学校及周边综合治理（2012年第一季度安全生产）大检查。召开全市2012年学校及周边治安综合治理工作会议。印发《六盘水市学校及周边治安综合治理工作领导小组及成员单位职责》。全年开展2次学校开学安全检查，进行了2次专项检查，与市综治办开展

2次集中整治，确保学校安全工作。

（孙 嵘）

【学生资助工作】 2012年，为2237人在园家庭困难幼儿提供中央奖补资金68万元；为中小学提供免费教科书885087人次，总金额4992万元；为家庭经济困难寄宿生66661人次发放补助7997.3万元；为农村义务教育阶段学生213229人次提供营养改善计划资金11787.22万元；为普通高中学生14185人次提供资助资金2127.75万元；为中职学生11772人次提供国家助学金882.89万元，为中职学生9824人次提供免学费资金903.76万元；为高等教育学校贫困学生2223人提供国家助学金626.76万元；为11名学生提供高校国家奖学金8.8万元；为245名学生提供国家励志奖学金122.5万元；为全市家庭经济困难大学生14450人提供生源地信用助学贷款8297.02万元。

（孙 嵘）

【市教育学会政治教学专业委员会成立】 2012年3月23日，六盘水市教育学会政治教学专业委员会成立，市教育局教研室刘明琼当选为中学政治教学专业委员会理事长。

（孙 嵘）

【六盘水市孔子学会 幼教学会 摄影学会成立】 2012年4月13日，六盘水市孔子学会、幼教学会、摄影学会成立，市教育局副局长朱大权、六盘水市人民政府督学余龙江、基教科王林春分别当选为孔子学会、摄影学会、幼教学会的会长。

（孙 嵘）

【全市中小学食堂回收】 根据《省人民政府办公厅转发省教育厅关于加强中小学幼儿园食堂管理工作意见的通知》要求：从2012年春季学期起，全市中小学、幼儿园食堂必须由学校自办自管。今后新建的学生食堂一律不得对外承包；已经对外承包的，在2012年春季学期开学前，必须终止合同，解除承包关系，妥善平稳收回。2012年各学校食堂已经全部回收并通过省的验收。

（孙 嵘）

基础教育

【控辍保学】 2012年11月28日，在全省教育系统“深刻吸取教训，加强控辍保学工作会议”上，省教育厅通报了全省县区义务教育辍学率及排位。各县区小学辍学率及全省排位是：六枝特区0.98%,27名；盘县1.03%,29名；水城县2.83%,71名；钟山区0.22%,16名。各县区初中辍学率及全省排位是：六枝特区2.04%,12名；盘县2.47%,21名；水城县4.02%,53名；钟山区3.05%,47名。辍学率及在全省地区排名是：小学1.31%，第三名；初中2.85%，第一名。

（孙 嵘）

【学业水平考试和会考】 对2012届毕业生共5次会考（正考和补考共几十万条数据）的成绩汇总、成绩册发放等工作；完成2012届16000多名高中毕业生和近千名往届高中毕业生的毕业会考成绩审核、验印及高中毕业证书的办理和发放工作。组织完成2012全市普通高中毕业生毕业会考的报名、人数统计、试卷分发、试卷评定、成绩复查、成绩入册和成绩上报等工作。

（孙 嵘）

【示范性普通高中评估】 六枝特区第一中学通过省级示范性普通高中的二次评估，并被确定为二类省级示范性普通高中。盘县七中正在筹备迎接省评估专家组的评估。

（孙 嵘）

【提供免费教科书】 2012年春季，为471735名中小学生免费提供教科书，免除金额2519万元。其中，小学生303531人，免除金额1092万元，初中生168204人，免除金额1427万元。为特殊教育学校348名学生免费提供教科书，免费金额15660元。2012年秋季，为413352名中小学生免费提供教科书，免费金额2618万元。其中小学生252294人，免除金额970万元，初中生161058人，免除金额1648万元；为特殊教育学校429名特殊教育学校学生免费提供教科书，免费金额19305元；免费发放地方课程教科书406547册，免费金额130万元；免费发放民族团结教材166648册，免费金额99万元。

（孙　嵘）

【语言文字规范化示范校】 2012年，钟山区第一小学、钟山区凤凰中心校，荣获第三批国家级语言文字规范化示范校。钟山区第七小学荣获国家级规范汉字书写教育特色学校。根据《贵州省语言文字规范化示范校评估标准》，钟山区第七小学、钟山区第八小学经评估认定为市级语言文字规范化示范校。

（孙　嵘）

【语言文字工作】 开展“全国第十五届推广普通话宣传周”活动。加强测试员队伍建设及管理。聘用视导员4人，完成市中心城区2012年度普通话测试员考核工作和测试员资格证的申请工作；选送13人参加贵州省第二十三期省测班培训，经培训考试获省级测试员资格8人。全市6759人参加培训测试。

（孙　嵘）

【民族教育工作】 2012年，选派了6名（钟山区1名、盘县1名、水城县2名、六枝特区2名）民族民间文化教育相关学校校长及骨干教师参加了培训。市民族中学参加了全省第六届民族高中校长论坛，在本届论坛中，市民族中学老师聂庆元的论文《彝族酒歌鉴赏有效性探究》获得一等奖，并作为特邀代表在会上作了交流发言。

（孙　嵘）

【首期民办幼儿园园长培训】 10月27至28日，六盘水市首期民办幼儿园园长培训班正式开班。全市40名民办幼儿园园长参加了培训。分别对国家的一系列教育政策法律法规讲解和对幼儿园教育教学管理、幼儿园卫生保健工作、幼儿园家长工作做了专题讲座。

（孙　嵘）

【第二届全国盲人诗歌、散文朗诵比赛贵州选拔赛获奖】 六盘水市特殊教育学校盲生宫威亚、杜迪在“第二届全国盲人诗歌、散文朗诵比赛贵州选拔赛”中取得两个一等奖。

（孙　嵘）

职业教育

【大型中职招生洽谈会议】 3月31日，在六枝召开大型中职招生洽谈会议，邀请省内外30余所中职学校参加，为向省外输送学生打下基础。

（孙　嵘）

【招生工作】 2012年，六盘水市的中职招生任务为18400人，其中向省外输送4200人。2012年全市共完成18537人的招生，其中向省外输送5270人。

（孙　嵘）

【示范性职校建设】 盘县职业技术学校工程是创建国家级示范校建设工程，现技能培训大楼建设面积9998.6平方米，六层框架已于8月初完成，装饰工程已竣工，学生宿舍二栋，建筑面积9990.26平方米，1号宿舍楼工作建设已交付使用，2号宿舍楼1998.6平方米已完工。

（孙　嵘）

【职校建设】 六枝特区职校1号学生宿舍楼、2号学生宿舍楼已完成初步设计和概算批复，现正在进行地勘，学生食堂和文体艺卫综合用房平基和地勘工作已完成，审图工作已经完成，招投标工作已完成，单体已开工建设。完成投资2141.53万元。水城县职校自启动高中阶段教育突破工程以来，通过县财政贷款1000万元，已完成实训大楼5000平方米，2号学生宿舍楼4000平方米的建设。3号综合教学楼及学生食堂综合楼地勘、规划、设计等相关手续已全部完成，已开工建设。钟山区职业技术学校启动了酒店、烹饪实训楼建设，总面积4625平方米，总投资537万元，已完成一楼主体1180平方米，二楼主体750平方米的钢筋，投入250万元。市民族职业学校6000平方米教学楼建设，正在进行规划、地勘、设计等前期工作。

（孙　嵘）

【技能大赛】 3月29日至4月6日，在六盘水举办了五个赛区技能大赛，此次大赛共设12个专业，11所中职学校300余人参加，共50人分别获一、二、三等奖。并组团参加省技能大赛，有20人获一、二、三等奖，取得历年来最好成绩。

（孙 嵘）

【首届中职学前教育专业技能大赛】 10月30日，在市民职校举办首届中职学前教育专业技能大赛，共7所学校参加，大赛分七个项目进行，有42人分别获一、二、三等奖。

（孙 嵘）

教 师

【左向平参加全国教书育人先进事迹报告团】由教育部基础教育司组织的“全国教书育人楷模先进事迹报告”启动仪式，于6月20日在人民大会堂举行。全国育人楷模、贵州六盘水市盘县响水中学老师左相平，参加这次全国巡回演讲。

（孙 嵘）

【雷敏获贵州省五一劳动奖章】 六盘水市第二实验幼儿园雷敏荣获2012年度贵州省五一劳动奖章。

（孙 嵘）

【市人民教育基金优秀教师及优秀教育工作者】2012年市人民政府表彰市人民教育基金40名优秀教师及10名教育工作者。优秀教师：张微、孙静、康靖、李琴、涂翔、杨秀芳、熊达凤、张国会、徐玲、郭发国、王德富、张美娇、周仕芬、吴有翔、胡国龙、桂超、余洪良、罗敏、唐仁华、彭东、叶鹏、蒋兴伦、何家富、王汇、敖艳、唐林金、孔利杰、龚惠、雷荣兵、朱贵辉、彭明军、张艳、郑丽娜、赵音庄、杨系祥、刘成敏、田平、王进、张开成、钱燕萍。优秀教育工作者：许利喆、杨文平、金运仁、陈礼、卢飞、李枝玉、李好、陈帅君、赵庆勇、蒋朝辉。

（孙 嵘）

【先进工作者】 2012年，六盘水市教育局教研室数学教研员黄舫，被“中国教育学会小学数学教学专业委员会”评为“先进工作者”。

（孙 嵘）

【承办贵州省图书馆管理人员培训】 2012年8月6日至9日，承办了贵州省（六盘水市）图书馆（室）管理人员培训班培训。本次培训由省教育技术装备管理中心主办，全市共计280名学员参加了培训。其中50名学员被省教育技术装备管理中心评为优秀学员。

（孙 嵘）

【国培计划】 国培计划2012年全市涉及的培训项目为示范性集中培训、示范性远程培训和中西部项目培训三个大项目。其中，示范性集中培训项目六盘水市组织67名教师参训。示范性远程培训项目组织293名教师参训。中西部培训项目3970名参训。

（孙 嵘）

【第十批农村中小学校长赴省外学校挂职】 根据《贵州省教育对口支援工作领导小组办公室关于选派第十批农村中小学校长赴省外学校挂职锻炼的通知》文件要求，六盘水市组织9名中小学校长到山东省和大连市培训挂职，培训时间二个月。

（孙 嵘）

【“天使成长计划”教育专题讲座】 12月2日，在凉都影院与中国移动公司六盘水分公司共同举办“天使成长计划”教育专题讲座。邀请新加坡知名教育专家黄继志、亚洲成功大会讲师、赏识教育高级研修班特邀老师为六盘水市中小学生及家长做如何教育孩子，培养孩子爱心、感恩之心的专题讲座。六盘水市组织1000名学校教师、家长和中小学学生聆听讲座。

（孙 嵘）

【特岗教师招聘】 2012年，特岗教师招聘，第一阶段网上报名1216人，通过现场资料审查的658人，录取280人，到场签约232人。第二阶段参加笔试人员998人，面试人员251人，录取153人，到场签约141人。补录签约41人，2012年，共计招聘特岗教师414人。完成省教育厅下达的国家计划和县级计划的招聘工作。

（孙　嵘）

【教师资格认定】　2012年，高中教师、中等职业技术学校、中等职业学校实习指导教师资格认定工作结束，全市共申请认定高级中学教师资格、中等职业学校教师资格和中等职业学校实习指导教师资格435人，通过认定405人。

（孙　嵘）

【中小学教师职务评审】　2012年，协助市人力资源和社会保障局完成2012年中小学系列职称评审工作。共有2642人申报。其中，申报中学高级教师职称的有306人，申报中学一级教师职称的有1429人，申报小学高级教师职称的有907人。

（孙　嵘）

教育教学

【举办高考复习备考报告会】　2012年3月17至18日，六盘水市高考复习备考报告会在市四中、市三中举行，报告会外请了北京清华大学师德教育研究院副院长、中国教育研究协会副会长、2011年国家“十二五”规划重点课题“高校招生考试改革与高中课程教学改革研究”总课题负责人陈庆军作综合讲座：高考命题改革的现状、走向与高中教学应对策略。云南师范大学教师、首席心理专家赵建新作“高考心理调整”辅导。

（孙　嵘）

【首届中小学特色办学报告会】　2012年4月24日，在市三中大礼堂举办了六盘水市首届中小学特色办学报告会。全市中小学校长、幼儿园园长和大型民办学校校长共400余人参加会议。会议聘请了贵阳市清镇一中副校长李玲作“让文化引领我们回归教育之道”专题报告，六盘水市15所学校在会上作学校特色办学的经验交流。

（孙　嵘）

【中学理科实验教学与小学科学教研优秀论文】“2012年全国及全省第五届中学理科实验教学与小学科学教研优秀论文”评选活动揭晓。盘县第十中学老师任轲轲撰写的《一定物质的量浓度溶液配制的探究性教学实践》获得全国一等奖；六盘水市第一中学老师赵云婵撰写的《生物教学中培养学生创新思维能力的探讨》、六枝特区第一中学周梦老师撰写的《浅谈如何做好贫困地区中学生物实验》、盘县火铺镇中心小学老师刘保德撰写的《小学科学课探究式教学模式探讨》获得全国二等奖，水城县第七中学老师林祥智撰写的《浅论从化学实验培养学生主动探究意识》获得全国三等奖。同时六盘水市钟山区第二十三小学陈刚等10名教师获省级一等奖2名、二等奖3名、三等奖5名。

（孙　嵘）

【参加各类教学评选　交流活动比赛获奖概况】参加全国优质课评比。全国首届初中信息技术优质课：盘县第三中学老师冯波获一等奖；第五届全国高中信息技术录像优质课：市一中老师李丽霞、市民族中学老师陆岭、市实验一中老师郝娓娜获一等奖，盘县八中老师陈方获二等奖，市十三中老师张华获三等奖；全国第六届小学英语录像优质课：钟山区第十小老师陈才燕、钟山区教研室李丹瑛获一等奖；市实验小学老师夏丽娟、钟山区第二小学老师陶智源、钟山区第十一小学老师李小红、钟山区第十二小学老师杨梅、钟山区实验二小老师周雪获二等奖。

参加贵州省第四届中小学优质课评比。小学语文优质课:市实验小学高红和钟山区实验小学许昌玉获一等，钟山区实验小学王玲和钟山区实验小学刘钰获二等奖，钟山区第二实验小学陶秀芳获三等奖；小学数学优质课：市实验二小黄珍获二等奖，六枝特区新场小学何健获三等奖；小学英语优质课:市实验小学夏丽娟获一等奖，钟山区第十一小学李小红获二等奖；小学品德与生活（社会）优质课：市实验小学高颖获一等奖，盘县柏果朝阳小学万江娜、市第二实验小学邓铃和钟山区实验小学黄泽会获二等奖，钟山区第七小学王珍秀和水城县钟山小学徐静获三等奖；小学信息技术优质课：盘县七中聂韬玮获一等奖，盘县第一小学代盼获二等奖，钟山区实验小学杨陆海获三等奖；初中语文优质课：市第十二中学包晓佳获三等奖；初中化学优质课：市第一实验中学史炳辉获一等奖，市第十四中学赵锦获三等奖；初中信息技术优质课：盘县第三中学冯波获一等奖，市第八中学张兴华获三等奖；初中历史优质课:市六中李青获课二等奖，盘县盘江镇中学张智娟获三等奖；初中音乐优质课:市三中刘兴黔和盘县第八中学刘宁获二等奖；初中地理优质课：盘县第八中学杨德伟和市民族中学张恒获三等奖；高中语文优质课：市第三中学张栩获二等奖；高中数学优质课:市第一实验中学林文忠和市第四中学老师获二等奖；高中英语优质课:盘县第二中学张宝旭获二等奖，市第二实验中学戴维获三等奖；高中化学优质课：市六中何照菜和市第二实验中学沈先丽获三等奖；高中地理优质课：市第十中学陈婷和市三中赵庆菊获三等奖；高中历史优质课：市六中林丽萍老师和市实验一中程薇获三等奖；高中研究性学习优质课：盘县第一中学林昌琴和市第一中学马敏国获三等奖；高中生物优质课：市实验二中王绍永获评二等奖，市四中潘万芹获三等奖；高中信息技术优质课：盘县七中聂韬玮获一等奖，市第十中学张海龙获三等奖；初中生实用技能（现代农业技术组）优质课：市第十中学聂晓勇获一等奖，盘县新民乡中学蔡荣邦和盘县八中董均娥获二等奖，盘县响水中学张云香、张德忠、盘县五小王振华、盘县旧营乡中学敖成臬、盘县大山镇中学陆小红、盘县水塘镇卜绣花、李本圣获三等奖；初中生实用技能（电工技术与简易家电维修组）优质课：盘县三中方研周、朱朝华、李金芬获一等奖，盘县火铺镇中学宋安源、盘县大山镇中学周靖获二等奖，盘县三中吴仁杰、赵德周、何政获三等奖；初中生实用技能（服务行业从业常识组）：盘县八中任燕华、市实验一中吴琦获二等奖，盘县响水中学江鹏、季菲、盘县五小罗臣、盘县旧营乡中学管庆富、盘县水塘镇中学唐仁红获三等奖；初中生实用技能（烹饪技巧与工艺品制作组）优质课：盘县响水中学凡纯、邹金、盘县旧营乡中学侯说、盘县水塘镇中学马桂梅获三等奖。

自制实验教具比赛。盘县乐民中学教师薛勇、俞雷娟指导的段涵、伍帮根、薛光兴同学制作的“基于注射器组装系列的低成本实验演示器”被省教育厅装备中心评为省级二等奖，市十三中学印显容老师制作的“种子呼吸作用实验装置”获得全省三等奖。同时，“基于注射器组装系列的低成本实验演示器”自制教具在浙江杭州举行的第八届“天皇杯”全国优秀自制教具评选中获得全国二等奖，也是贵州省学生组最高奖次。

小学现代远程、教育优秀论文、优质课及优秀课件奖。第五届全省中小学现代远程教育优秀论文、优质课及优秀课件评选揭晓。水城县钟山小学张娟等3名教师获优秀论文一等奖，市教育局教研室刘明琼等5名教师获优秀论文二等奖，盘县响水镇响水中学李友方等9名教师获优秀论文三等奖，六枝特区新窑乡中学尚清江等12名教师获论文优秀奖；六盘水市第三中学周宇佳教师获优质课一等奖，市第十二中学郭潆瑾等4名教师获优质课二等奖，盘县红果镇红磷小学任娅航等8名教师获优质课三等奖，市第三中学陈丽琴等13名教师获优质课优秀奖；水城县滥坝镇以朵学校肖波等4名教师获优秀课件一等奖，钟山区第二小学黄蕊等7名教师获优秀课件二等奖，钟山区教育局鲁琴等9名教师获优秀课件三等奖，钟山区新兴学校韦蔚等10名教师获优秀课件优秀奖。

（孙 嵘）

【参加各类知识竞赛】 2012年全国初中数学竞赛：获国家级一等奖11名、二等奖28名、三等奖42名，共81名；2012年全国高中数学奥林匹克联赛：获国家级一等奖2名、二等奖30名、三等奖77名，共109名；2012年第29届全国中学生（高中）物理竞赛：获国家级一等奖1名、二等奖5名、三等奖12名，共18名；2012年第22届全国初中应用物理知识竞赛：获国家级一等奖10名、二等奖22名、三等奖31名，共63名；2012年全国生物联赛（高中）：获国家级二等奖13名、三等奖30名，共43名；2012年全国地球小博士比赛：国家级一等奖1100名、二等奖1200名；2012年全国化学竞赛（高中）：获省级一等奖2名、二等奖4名、三等奖12名，共18名。

（孙 嵘）

【其他获奖情况】 2012年，“祖国好、家乡美”主题实践活动中，市实验一小、钟山区实验二小荣获贵州省一等奖；市实验一中荣获贵州省二等奖；市十二中荣获贵州省三等奖。

（孙 嵘）

招生考试

【招生考试基本情况】 2012年，完成了150000多人次的国家教育考试的报名、考试、登分、复查、信息录入、建档等工作。其中，硕士生招生考试324人；自学考试4759人；全国计算机等级考试3574人；高等学校全国英语等级考试4293人；普通高中高考适应性考试20382人；普通高考21293人（其中普高20048人，中职单报高职1048人，专升本197人）；普通高考英语听力考试20983名；普通高考英语口试2843人；初中毕业生升学考试43967人；高考体育、艺术类考生术科考试2458人；中职优秀毕业生选拔推荐157人；成人高考3046人。 （孙 嵘）

【普通高考录取情况】 全市高考共有21293人报考，其中，报考普通高校考生20048人；中职单报高职考生1048人；专升本考生197人。贵州省最低投档线第一批本科院校理工类470分、文史类539分，第二批本科院校理工类390分、文史类461分，第三批本科理工类310分、文史类385分，高职（专科）理工类200分、文史类240分。六盘水市理工类三本以上上线7011人（其中一本1447人，二本4018人），专科以上上线10301人；文史类三本以上上线4669人（其中一本411人，二本2082人）,专科以上上线8898人。全市普通高考共录取16620人（数据由省招生考试中心发给六盘水市的录取数合成），第一批本科1567人（理工1233人，文史334人；其中北大2人，清华2人），第二批本科4992人（理工2854人，文史2138人），第三批本科2562人（理工1184人，文史1378人），高职专科7499人（理工3527人，文史3972人）；中职单报高职录取799人（本科5人，专科794人），中期选拔录取49人。第一批本科院校录取率为7.83%（剔除以0分计的考生，下同），其中理工类为11.33%，文史类为3.66%；第二批本科以上录取率为32.79%，其中理工类为37.56%，文史类为27.09%；本科以上（含三本）录取率为45.59%，其中理工类为48.45%，文史类为42.19%；专科以上录取率为83.08%（省录取率为83.05%）；中职单报高职录取率76.24%，中期选拔录取率24.87%。

（孙 嵘）

【成人高考录取情况】 2012年，六盘水市成人高考网上预报名人数为3227人，其中专起本1532人，高起本281人，高起专1414人（录取工作在2012年年底至2013年年初结束）。2011年，全市成人高考报名人数为3046人，共录取2692人，其中专升本1374人，高升本262人，高升专1056人，录取率为88.38%。

（孙 嵘）

【初中升学统考】 全市报名参加初中升学统考的考生共计43967人（其中六枝特区7709人，盘县21108人，水城县6160人，钟山区8990人）。初中五年制专科有10所（省内7所、省外3所）校点在六盘水市招生（招生计划229人），实际调档录取394人。普通高中录取24501人。

（孙 嵘）

六盘水市2012年高考成绩统计表

表四

	最高分		平均分		及格率（%）	
	省	市	省	市	省	市
语 文	141	131	97.32	97.84	78.16	80.11
英 语	147	145	60.64	59.61	18.50	16.68
数学（理）	145	133	59.31	57.82	12.28	11.39
综合（理）	299	291	132.01	129.70	19.78	17.78
数学（文）	136	131	42.27	42.18	5.29	5.73
综合（文）	285	283	187.86	191.44	63.80	67.72

说明：语文、英语、数学按90分为及格，理科综合、文科综合按180分为及格。

（孙 嵘）

学 校

六盘水市第一中学

【概况】 六盘水市第一中学始建于1939年，属贵州省首批重点中学、省现代教育技术实验学校、省计算机教育工程学校、大型国际教育交流项目“英特尔”未来教育项目学校、国家级重点课题“创新写作教学研究与实验”项目学校、贵州大学艺术学院六盘水培训基地、德育报社全国校刊校报联谊会理事单位，是最早面向全市招生的学校。

学校现有本部和双水两个校区，共94个教学班，7000余名学生。本部校区位于市中心区，坐落于凉都大道南侧，毗邻荷城花园，占地65亩，交通便利，布局合理，环境宜人，教学设施完善。双水校区是省市两级重点建设项目，按照省级示范性高中标准建设，占地308亩，位于双水开发区人民路东段北侧，紧邻大型商住小区东方锦绣名门，于2009年9月投入使用。教学、生活、体育运动及办公设施已基本齐备，双水校区将以现代化、园林化、艺术化、示范性、寄宿制为主要特色呈现在人们眼前。

学校以“办人民满意的优质的大众化教育”为办学方向。两个校区各接入20兆光纤，教学、办公分开使用，有效保证了网络速度；学校的普通教室全部安装了先进的多媒体教学设备，另有三个大型多媒体教室，两个教师电子备课室，两个可容纳350人的大型多功能学术报告厅，五个学生计算机教室，各类电脑近600台；学校是“金太阳”新课标资源网的贵宾用户，可以即时为全体师生提供海量的教育教学和自主学习的最新资源；学校投入巨资建设的物理、化学、生物实验室拥有先进、齐备的设施设备，能充分满足中学阶段各类演示实验、学生实验以及学生课外研究性学习的需求；学校还建有专门的画室、音乐室、形体房、舞蹈房，丰富学生的课余生活，为培养艺术、体育特长生拓宽学生升学途径提供了保障；双水校区科技图书楼已于2011年6月竣工，行政办公楼已于2012年2月竣工，校本部综合楼、运动场改造工程已经启动，2012年，将全面启动双水校区二期工程。

2012年，市一中有学科兴趣小组、文学社、培养学习兴趣和发展个人潜能小组等学生社团20多个，所有社团均由老师免费提供辅导或指导。常规开展的活动包含科技艺术节、狮山之夏艺术节、田径运动会、学科设计竞赛、开心第二课堂等，还经常举办篮球运动会、拔河、趣味运动会、足球赛等。经过多年的努力，“爱岗敬业、爱校如家、爱生如子”三爱精神已成为市一中的主流文化。

市一中形成一支师德高尚、业务精良的教师队伍。学校现有一线教师280人，其中，中学高级教师占总数的35%，中学一级教师40%，初级教师25%；教师学历合格率100%，其中硕士研究生14人。近两年引进的人才90%是研究生和免费师范生。与此同时，学校采用“请进来送出去”和教师自主学习等方式，提高教师业务水平和教学能力。2012年度，市一中派出到上海、山东、北京等地学习的教师共52人，并与全国名校—上海格致中学结为帮扶学校。

2012年，市一中充分抓好校本培训这个重要平台，采取“走出去、请进来”的办法，对全体教师进行了教学业务培训、新课标通识培训，多次邀请了市教育局的专家作专题讲座；校长、分管教学副校长和教务处主任等领导和其他老师作有关专题讲座。同时选派部分教师参加省、市、县级各类培训。

进入新课改后，学校组织全体教师集中学习新课标、学习新理念，分学科学习各科的教学理念、教学目标、教学策略等，促使全体教师用全新的理念武装头脑，用全新的理念走进课改新天地。

规范教师业务学习、集体备课、交流研讨，实现“六化”目标即“集体备课经常化、个人备课具体化、课堂教学艺术化、课外作业多元化、单元测试规范化、质量分析制度化”。每学期至少要进行4次全方位的业务检查，以督促教师的教学工作。

2012年度，市一中教师在全国、省、市级的优质课、课题、论文、教师技能大赛、指导学生获奖等方面取得了较好成绩。杨同学进入市一中义务教育阶段时有严重的偏科现象，英语经常不及格。在老师的精心辅导下，2009年中考成绩获钟山区39名，六盘水市144名。高中继续在市一中就读，2012年高考成绩是钟山区应届生第一名、全市应届生第二名。在学校2012年毕业生中，许同学、徐同学、付同学、熊同学、严同学等的成绩都有大幅度提高。

市一中积极响应国家“阳光体育”的号召，从2012年4月开始实行住校生跑早操，力求做到“每天锻炼一小时，健康生活一辈子”。

（张明冲）

六盘水市第二中学

【概况】 六盘水市第二中学占地300余亩，总建筑面积56000 平方米，现有教室80间，实验室共10个，多媒体教室10个，学术报告厅1，教学班级79个，在校学生5600余人，住宿学生4300余人。

2012~2015年，市二中将通过贷款19200万元（市政府已批准）完成第三教学楼、新建食堂、多功能厅、学生公寓、办公楼等办学设施建设。以上设施建成后，学校教室将达到126间，解决7000余名学生教学问题；学生公寓将达到982间，解决6000余名学生的住宿问题；食堂面积将达到7000m^{2}以上，解决5000名余学生的就餐问题。现市发改委已立项批复，2012年9月到位贷款3200万元，工程建设正在全力推进。

2012年，市二中高考报考人数1700人，高考本科以上1064人，其中，一本278人，二本786人，录取率为62%，各科及格率、平均分均超过省市平均水平；高一录取1910名学生，完成市教育局下达的1904人招生计划，使高中教学班增至79个，在校学生5600余人。

按照市委市政府要求，市第二中学移交六枝特区人民政府管理。根据六盘水党办发[2013]36号文件精神，学校成建制整体移交，现有在职及退休人员待遇不变，债权债务一并移交并于2013年3月31日前完成移交工作。

2012年，市二中教师在全国各级各类刊物上发表论文60余篇；教师在参加各级各类比赛中，共有70人次获奖；学生在参加各学科竞赛中，共有100人次获奖。

2012年，市二中先后派出高一年级30余名任课教师参加市教育局组织的新课程培训，派出新进教师50人参加市人资社保局的初任培训，20人次参加新课程远程网络培训，10人次参加教研组长培训；制定市二中2012年专业技术人员继续教育培训计划，并完成230余人次10天80学时的继续教育培训工作；对全校教职工进行政治理论学习培训、工业强省知识培训、法律知识培训，并通过上级部门组织的各种考试测试。

2012年，市二中通过招考录用教师10人，直接引进研究生3人。全校共有在编教职工209人，非在编教师12人，公益性岗位工勤人员14名，校园安保人员5人。2012年有3名教师晋升到中教一级，2名教师晋升到中教高级；学校现共有高级职称教师39名，中级职称教师44人，占专业技术人员的41%以上。

2012年， 市二中在“三八”妇女节，给女职工发了慰问金6500余元，并给她们发了保护用品；“六一”儿童节为教职工家在12周岁以下的儿童发放节日慰问金共计3050元。根据市人口通〔2011〕54号及相关文件精神，市二中共有4户独生子女户、5人次获得了一次性奖励费2500元；62户独生子女户、74人次调整了独生子女保健费共计44700元。

2012年7月，市二中党总支在学校小会议室隆重召开庆祝中国共产党成立91周年暨表彰大会，学校全体党员、入党积极分子、民主党派成员、中层以上干部80余人参加了大会。

2012年11月，市二中党总支启动了三个党支部的换届工作，各党支部严格按照《党章》规定，召开支部大会、确定候选人、开展选举工作等，产生了新一届的支委会成员，夯实了基层组织建设。

2012年，市二中积极组织教职工和学生参加捐款活动，组织为贵州教育发展基金会捐款10990元，组织教职工为“人口福利关怀基金” 捐款10800元。

（韦忠宁）

六盘水市第三中学

【概况】 2012年，市三中以“抓规范、打基础”为主题，出台《全面加强党的建设 整体推进各项工作 实现学校新的蓬勃发展》和《关于强力推进教育国际化事业发展的决定》，克服各种困难，努力改善办学条件，提高办学质量，突出办学特色，彰显办学业绩。

（赵升阳）

【推进规范管理】 进一步规范发展思路。在2006~2010年发展规划实施总结的基础上，学校《2012~2014年学校发展规划》出台，理清了三年发展思路，并对2012年工作目标进行分解。年初正式成立了督导室，聘任校级督学，还特别聘请了市教育局3名教育教学经验丰富的人员作督导顾问。此举在六盘水教育史上首开先河，也是全市第一家中学自己成立的教育督导室；规范学校宣传工作；规范实验课程制度。按《贵州省中小学常用实验手册》要求，完善相关制度，确保实验课程的效果；进一步规范财务管理和BOT项目转BT项目回购工作，把对学校日常工作的不利影响降到最低限度；把握重点，规范安全保卫工作；规范工会建设。组织了全体教职工学习第三套广播体操，举办了第三届教师趣味运动会，组织教职工体检，建立困难职工档案；进一步规范团组织管理。高二年级团总支荣获2012年市级“五四红旗团总支”称号。

（赵升阳）

【队伍能力建设】 全面加强和改进党的建设，党员率先讲实干。坚持党委委员及学校领导与年级、支部的联系制度。深入推进创先争优活动，学校党委被评为“市直教育系统优秀基层党组织”，2009级初中支部和机关党支部荣获市直教育系统2012年“‘五好’基层党组织”，刘新庆荣获市直教育局系统2012年“优秀党务工作者”称号，7名同志荣获市直教育局系统2012年“优秀党员”称号；努力搞好统战工作，团结协商真抓实干；多形式开展教研工作，提高素质实抓实干。出台教研工作系列规范制度，坚持校内外资源相结合，开展教师学习培训工作。高中部通过市级立项课题10余个，初中部12个省、市级课题已投入研究。六盘水市船模航模竞赛有1名同学获奖，第九届青少年科技创新大赛有两个市级一等奖。在市级优质课评选活动中4人获得一等奖。

（赵升阳）

【教育教学创新】 首创增比进位与教学工作相结合。增比进位方案在高三、初三两个毕业年级实施取得良好效果，2012年高、中考均取得优异成绩。高考一本上线242人，二本及以上上线927人。学校被北京交通大学授予生源基地中学。龙甜同学以中考总分613分的成绩荣获钟山区2012年中考状元，钟山区前50名中市三中有14名，占28%；首次在各年级全面实行小组合作学习制度和导师制度。分析研究校本“教研训一体化”建设，开展“基于目标导向的‘同课异构’”教研（备课）活动，放大教师“跟岗（或互助）研修”的成果；在初中部开设国际班和拔尖创新型人才实验班，高中部开设特长班。在六盘水市第十四届中学生运动会上，市三中荣获总分第三名，同时在田径比赛男子甲组4×100米接力赛中以46.6秒的成绩打破了六盘水市尘封了33年的市中学生纪录，也是本届运动会唯一打破市纪录的项目。成功举办学校第二十一届田径运动会；德育工作队伍特别是班主任队伍建设加强。完成了第十八届校学生会换届工作，工作中大量启用学生干部，在活动中培养学生干部。心理健康活动月启动。专题德育主题活动进一步发展。圆满完成《让生命充满爱》大型演讲，特别是8月18日在凤凰校区田径场上演的“一节一会”文艺晚会中，市三中3000多名学生衣着整洁、纪律严明、行为规范、热情高涨、冒雨坚持到了最后，给这次演出留下了舞台之外的精彩；校园文化育人环境优化。暑假组织了以“找到自己，改变世界”为主题的“2012中美大学生暑期社会实践活动”和2012年珍珠夏令营六盘水营活动，让同学们有了一个与以往不同的假期；学校被评为2012年度六盘水市学生资助先进单位。

（赵升阳）

【特色建设成果】 小语种、大外语建设取得突破。市三中外语课程除英语外，还有日语、俄语、法语、西班牙语、德语共6门外语课程，选择学习小语种为必修课程的在校学生有619人。小语种课程在大背景下创立，在大运作中推进，在大前景里拓展，浓郁的外语文化氛围，在第三届外国语言文化艺术节上演绎得淋漓尽致；加速师资队伍国际化进程取得突破。A-level及雅思教师赴英国兰德里诺学院培训归来，组织赴北京参加A-level考前的教学培训，在香港参加A-level信息技术教学及考试培训，远赴长春、北京、西安引进了含信息技术、地理及生物三个学科在内的双语教师；国际合作取得突破。英国四大考试机构之一的英国爱德思（Edexcel）国家职业学历与学术考试机构A-Level考试中心落户于学校。英国爱德思国家职业学历与学术考试机构2012年6月考试季GCE A-Level在学校正式开考，已完成两次"英国高考"；国际交流活动取得突破。英国伯明翰都市学院、英国沃森学院、英国温丁学院、英国剑桥文理学院纷纷来访。同时组织了A-level班级学生赴英国进行强化学习、澳大利亚冬令营、中国凉都中英文化交流体验夏令营等活动。（赵升阳）

【基本建设加快发展】 凤凰校区建设一期工程已基本完成。二期工程得到市委、市政高度重视，2012年5月29日，市人民政府第6次市长办公会议决定同意"市三中采用BT模式建设凤凰校区二期工程项目"。2012年12月31日，市发改委同意凤凰校区二期工程可行性研究报告的内容，总建筑面积84510平方米。建设内容有学术报告中心、一食堂及青年教师公租房、体育馆、国际部、设备设施和各单体二次装修及完善校园辅助设施、校园绿化、校园水电管路等配套设施。总投资估算38070万元（未含BT模式引资财务费用及投资回报费用）；黄土坡校区运动场改造工程在2012年11月底已动工建设。棚户区改造方案即将出台。（赵升阳）

【《2012~2014年学校发展规划》】 2012年，市三中《2012~2014年学校发展规划》出台。规划坚持"抓规范打基础、抓深入上水平、抓提高创一流"的发展步骤，进一步明确了办学指导思想、办学理念和主要目标，对德育等八项工程做了全面规划。（赵升阳）

【澳大利亚游学冬令营】 2012年1月，组织学生赴澳大利亚开展16天游学冬令营。

（赵升阳）

【赴英国强化学习】 2012年1至2月，组织A-level班级学生赴英国进行强化学习，让学生有机会体会世界顶级名校的课堂氛围，了解世界一流大学的历史文化，熟知名校的录取程序和标准。

（赵升阳）

【"感恩母校行"大型经验交流会】 2012年2月3日，学校主办"感恩母校行"大型经验交流会，邀请大连理工大学实践团、哈工大、东北大学、清华大学、中国农大、中国传媒大学、北京交大等18所高校开展了回访交流活动。

（赵升阳）

【英国伯明翰都市学院访问市三中】 2012年3月10至14日，英国伯明翰都市学院国际部执行主管Bob、国际部主任Geoff一行访问市三中。双方就拟开展的合作项目BMET国际预科课程（IFP）项目进行了深入交流，并签署备忘录。

（赵升阳）

【英国沃森学院访问市三中】 2012年4月19日，英国沃森学院国际部部长马丁访问市三中。指导学生如何选择A-level课程，并对学生如何学习A-level课程提出了意见和建议。

（赵升阳）

【成立教育督导室】 2012年5月4日，市三中召开全校教育督导工作会议。正式成立督导室，聘任校级督学3位，还特别聘请了张瑛、蔺代平、柳修阳三名教育教学经验丰富的人员作督导顾问。此举在六盘水教育史上首开先河，也是全市第一家中学自己成立的教育督导室。

（赵升阳）

【英国爱德思国家职业学历与学术考试在市三中开考】 2012年5月9日晚上8:00，英国爱德思国家职业学历与学术考试机构2012年6月考试季GCE A-Level在市三中正式开考，本次考试于6月22日顺利结束。（赵升阳）

【凤凰校区二期工程项目通过】 2012年5月29日，市人民政府第6次市长办公会议决定同意“市三中采用BT模式建设凤凰校区二期工程项目”。

（赵升阳）

【市中学生运动会总分第三】 2012年6月，在六盘水市第十四届中学生运动会上，市三中荣获总分第三名。同时，市三中选手在田径比赛男子甲组4×100米接力赛中以46.6秒的成绩打破了六盘水市尘封了33年的市中学生纪录，也是本届运动会唯一打破市纪录的项目。

（赵升阳）

【第一届中国凉都中英文化交流体验夏令营】 2012年7月，市三中主办了第一届中国凉都中英文化交流体验夏令营，让更多的学生体验了国外的学习方式，增强了语言学习兴趣，增进了文化交流。

（赵升阳）

【高中部开设特长班】 2012年8月，高中部开设音乐、体育、美术特长班。初中部开设国际班和拔尖创新型人才实验班。

（赵升阳）

【高一年级增设德语课】 2012年8月，高一年级增设德语课程。学校外语课程除英语外，还有日语、俄语、法语、西班牙语、德语共6门外语课程，选择学习小语种为必修课程的在校学生有619人。

（赵升阳）

六盘水市第四中学

【概况】 六盘水市第四中学（原水城二中），地处市中心城区，创建于1972年，经40年的发展，在现任校长彭楚中的带领下，秉承“艰苦奋斗，实干兴校”的教学传统，以“注重发展学校内涵，打造精品学校”为办学理念，以“厚德 远志 躬行 成才”为校训，励精治校，厚积薄发，近年来，教育教学成绩年年攀升，成果辉煌，赢得了社会各界的高度关注和认可。学校现有教师212人，具备高级职称的76人，中级职称的64人，初级职称的61人；有全国优秀教师2名，国家级骨干教师2名，获省政府特殊津贴教师1名，省级名师1名，省级优秀教师3名，省级骨干教师4名。在校学生6844人（初中2901人、高中3943人）、教学班79个（初中33个、高中46个）。

（申和平）

【2012年高、中考情况】 2012年高考：学校1356人参加，一本上线人数197人，上线率达14.5%（省上线率约为10%）；二本以上上线人数685人，上线率达50.5%（省上线率约为31%）；一、二本上线率均列全市前茅，二本以上录取679人，录取率达99.1%。2012年中考：同学李丽丽荣获全市第二名，同学谭录阳、同学潘雪婷荣获全市中考第三名。2012年中考，全市前7名，学校占6名；全市前20名，学校占8名；全市600分以上共124人，学校占27人；全市550分以上共1499人，学校占126人，是全市550分以上人数最多的学校。

（申和平）

【办学措施】 狠抓常规教学，重视教学研究，注重教学常规检查，注重“老带新”工作、注重教学交流、严格考风考纪，制定《六盘水市第四中学考试违规处理办法》；教师撰写教育教学论文160余篇，发表在国家、省级各类核心刊物；20余名教师在省、市历届中学各科优质课比赛中荣获第一名。

（申和平）

【活动提高学生素质】 每年都要举行一次大型运动会、一次学生书画摄影及小制作作品展、一·二九演讲比赛、新生入学体操比赛、五四红歌合唱大赛等活动。

（申和平）

【安全教育】 学校专门成立安全处，强化安全管理，制定《六盘水市第四中学安全管理制度》。

（申和平）

【建议与制度】 定期召开教职工代表大会，每周进行政治业务学习，抓好党支部建设，制定《六盘水市第四中学高、中考奖励办法》，《教师目标考核办法》等激励制度。

（申和平）

市第一实验中学

【概况】 2012年学校认真贯彻落实党和国家的教育方针，以科学发展观为统领，以“办人民满意的教育”为主题，紧紧围绕全省教育系统“12345”的工作思路及市、区教育工作会议精神开展工作。在教育主管部门的大力支持下，校党政团结全体教职员工，坚持精神引领，弘扬正气；推行目标管理，激发追求；深化学校改革，实现跨越；彰显校本特色，提升品质，各项工作进展顺利。2012年一本、二本上线人数百分比较2011届各提高5%的目标。根据《六盘水市普通高中教育教学质量评估方案》，为认真贯彻《六盘水市中长期教育改革和发展规划纲要》，结合学校实际，制定了《六盘水市第一实验中学三年发展规划（2012~2014）》及《2012年度工作目标》，提出总投资3.82亿元的学校硬件建设项目规划。BOT后勤项目中8000平方米学生食堂、两栋学生公寓基本完工；引进了卫生、经济、健康的直饮水；投资38.2万元实施自来水增压，解决了BOT项目及村民用水问题，并对校园用电进行扩容；规范办学行为，停办补习班，以支援民办办学形式分流补习学生，扩大高一班级数；建成通用技术教师及心理咨询室；给新教师配备了笔记本电脑。

（周念军）

【教职工队伍建设】 班子建设上，开展“三忠诚”“四有”“三个建设年”等学习活动，切实强化宗旨意识、团队意识和服务意识，廉洁自律。中层干部建设上，一方面深化中层干部队伍改革，优化干部队伍结构，开展中层干部竞聘上岗。另一方面，着力加强中层干部思想作风建设，加大培训与教育力度。教职工建设上，有针对性地开展师德师风教育活动。组织开展了“青年教师技能大赛”、优质课等活动；开展学生评教活动；建立、完善干部跟踪培养制度，年度考核制度，学期初评、学年终评制度，并与市、区两级“名师工程”评比结合起来，推荐了一批教师参加“名师工程”评选。教师继续教育方面，分别到清镇一中、江苏省南通第一中学、四川省泸县二中等三所学校，对教学管理、行政管理、师资队伍建设、教学质量、课程改革、校园文化建设等六个方面进行考察学习。学校先后组织1000余人次参加李阳疯狂英语培训、魏书生教育思想培训、电子白板使用培训、全市新教材培训、长乐二中高效课堂培训等。

（周念军）

【升学考试】 2012高考，中心城区学校600分以上46人，学校占37人。全市文理科前10名，学校各占5名。一本上线402人，实际录取363人；二本上线521人，实际录取535人（不含艺体考生），录取清华大学2人，基本实现了既定目标。中考，钟山区总分前十名中学校有4名。

（周念军）

【教育科研成果】 举行六盘水市中心区全市数学教研活动暨市级课题成果汇报会。召开了专题会议，组织实施2012年23个市级立项教育课题。学校先后获贵州省中小学生作文写作创新研究实验学校、全市校本教研先进学校、全市创先争优先进基层党组织、钟山区第四届中小学生艺术展演优秀组织奖等。林文忠、郝娓娜、黄燕等获优质课比赛奖项。

（周念军）

【学生学科竞赛】 组织学生代表六盘水市参加贵州省红色经典诵读比赛获一等奖；6名同学获全国高中化学竞赛贵州赛区一、三等奖；23名同学获全国高中数学联赛二、三等奖；18名同学获全国生物学联赛贵州赛区二、三等奖；3名同学获全国青少年“光辉的旗帜”读书征文活动一等奖、优秀奖；6名同学获六盘水市第五届中学生生物、物理实验操作技能大赛一、二、三等奖；6名同学获全国初中应用物理竞赛六盘水赛区一、二、三等奖；29名同学获第二届贵州中小学生作文写作创新大赛一、二、三等奖；8名同学获钟山区中小学电脑制作一、二、三等奖；712名同学获全国新课标写作才艺大赛一、二、三等奖。评选表彰了一批“优秀团干部”“优秀共青团员”“三好学生”“星级学生”“优秀学生干部”“优秀学生会干部”等。举办了第二届研究性学习成果展示评比活动，展示2011–2012学年度高一、高二年级研究性学习的优秀成果。

（周念军）

【安全保卫工作】 通过与六盘水学卫公司签订校园安保合同，引进了专业的保安队伍，改建出入学校的小门，并加强师生员工进出校门管理，挂牌上岗，凭证出入，杜绝了闲散人员、促销人员随意进出校园。组织了全校安全隐患排查专项行动，及时排查、整改，减少了安全隐患，本学期无重大安全事故发生。学校保卫科配合钟山区东风派出所针对校园周边开展了专项整治行动，为学生的高、中考营造了一个安定和谐的考试环境。

（周念军）

【加强宣传工作】 通过电视、报刊、互联网等媒介宣传学校，先后在《贵州日报》《贵州教育成果展》《2011六盘水市大黄页》《投资六盘水》《全市教育成果展》《树十一五丰碑 展十二五宏图》《平安和谐凉都》上，刊发宣传文字及图片。同时，向《六盘水日报》《乌蒙新报》选送宣传稿件20余篇，组织采访骨干教师8人次；为加大招生宣传力度，出版学校第一张彩印招生报，印刷了10000份；刊出校刊《新视野》两期、宣传橱窗22期，继续办好校园网、广播站。

（周念军）

【荣获“全国文明单位”】 学校第三次夺得全国精神文明建设桂， 是贵州省唯一一所获此殊荣的中学。市委宣传部、市文明办在校隆重举行“全国文明单位”授牌仪式，市委宣传部副部长、市文明办主任林书华宣读了中央文明委《关于表彰第三批全国文明单位的决定》，向学校颁发了“全国文明单位”奖牌。

（周念军）

【助学奖学资金】 通过工会争取香港慈恩基金会、滋蕙计划、建设银行高中贫困生成长计划、普通高中国家助学金、个人捐款共计164.95万元；学校师生员工捐款、学校减免学费共计24.32万元。共资助1208名学生继续完成学业。

（周念军）

市第二实验中学

【概况】 六盘水市第二实验中学原称六盘水师专附属中学，位于市中心区松坪南路，水城河穿流校区，占地近80亩，建筑面积3万余平方米，绿化面积近40%，学校具备较为齐全的硬件设施。有在校生近3000人，教学班级42个，音、体、美特长班3个；在编教职工163人（加外聘人员共198人）；148名专任教师中有教授1人、中学高级职称（含副教授）46人、中学一级职称11人、市级骨干教师5人、教育名师培养对象4人，教师学历合格率100%。2012年，高考二本以上上线152人（应届生127人），录取的112人中（应届生88人）。学校获得“全国特色办学学校”称号，新课程改革走在六盘水市前列；有 1名英语教师到英国培训，派出教师100余人次到外地参加新课程培训；3个课题获市级立项、2个课题获市级一等奖、1个课题获市级二等奖；教师参加各级优质课竞赛和各学科论文、案例、课件制作比赛，获国家级特等奖1人、一等奖10人，获省、市级一、二、三等奖数10人。学生获得省中学生运动会男篮比赛第六名，市第十四届中学生运动会男篮比赛冠军、乒乓球比赛高中组女子团体第一名，市第四届中小学生艺术展演活动一、二、三等奖，市第九届青少年科技创新大赛一、二等奖，全国“第六届地球小博士科技知识大赛”一、二、三等奖，“中华圣陶杯”“语文报杯”中学生作文比赛特等、一、二、三等奖。小平助学金、国家助学金、“山梅助学计划”、金秋助学、致知助学等项目累计资助1727人次，资助金额共130余万元。

（张 伟）

市民族中学

【概况】 2012年，有43个教学班（高中20个班、初中23个班），学生3000余人（少数民族学生729人，占学生总人数的26.49%）；有正式在职在编教职工126人，其中，专职教师103人（高级教师25人，中级教师31人，初级教师47人，教师学历合格率为100%），行政后勤人员23人（包括聘用的安保人员），有代课教师20多人。高三毕业生184人，一本上线4人，二本上线20余人（加上艺、体考生）；204名初三毕业生参加中考，有2人突破500分。在市第十四届中学生运动会田径比赛上，有22名学生先后获得60人次的名次和奖项，几名学生因成绩优异选拔到省体工队和国家田径队。高中党支部被评为市直教育系统五好党支部，学校被省教育厅、省民委命名为贵州省民族民间文化项目学校。教师参加优质课、录像课获国家级一等奖3人、二等奖1人；获省级一等奖5人，获市级一等奖5人、二等7人、三等奖1人；参加论文、课件等比赛课获国家级一等奖4人、二等奖7人；获省级一等奖2人、二等奖10人、三等奖10余人，教师辅导学生获奖40余人。

（詹　莉）

【学校建设】 完成校园监控系统安装，高中部班级全部完成多媒体教室建设。完成学校住户和门面用水的一户一表及校园内网管改造，每年节约资金近10万元；完成省级专项资金30万元的实验设备招标工作；购买滑板、高脚、押加等民族体育器材，完成学校各类维修约5万元；争取到市发改委学校总体规划前期费用30万元。发放国家助学金71900元，香港慈恩基金、马来西亚《星洲日报》资助学生212人，资助金额约14万元。完成492名学生的医保上报工作，注射伤寒疫苗23人。

（詹　莉）

六盘水市民族职业技术学校

【概况】 六盘水市民族职业技术学校是六盘水市唯一一所民族职业技术学校，肩负着民族文化艺术传承创新的使命；是经省教育厅批准、六盘水市独家具有学前教育专业招生资质的中等职业学校。学校还是经省人民政府批准、国家教育部备案的“国家级重点”中等职业学，是贵州省民族传统体育项目训练基地、贵州省民族文化进校园项目学校、贵州省“雨露计划”培训学校，贵州师范大学成人教育六盘水教学点以及“贵州省国家第64职业技能鉴定所”等。学校开设“学前教育（幼师）、计算机应用、旅游酒店服务与管理”等专业。

（杨远梅）

【设备设施建设】 2012年，投入600多万元用于学校设备设施建设，建成了钢琴室、电钢琴室、形象设计室、形体室、排练室、展演室、美术室、手工制作室、普通话智能测试室、音乐室、模拟客房、模拟餐厅、模拟前台、计算机房、校园网以及多媒体会议厅等实习实训设备。每个教室都安装了一体机电子大屏，为教育教学和学生实训提供了强大保障。

（杨远梅）

【在全国比赛获奖】 2月27日，市民职校学生张同华在第十一届《百花迎春》中国青少年艺术人才展演活动总评中荣获声乐流行成年A组全国金奖及民族舞成年A组全国铜奖。

（杨远梅）

【首届全市中职生酒店服务技能大赛暨贵州省中职学生饭店管理技能大赛六盘水市选拔赛】 4月6日，首届六盘水市中职生酒店服务技能大赛暨贵州省中职学生饭店管理技能大赛六盘水市选拔赛在市民职校开幕。

（杨远梅）

【首届“校园之夏” 幼师技能大赛】 5月29日，市民职校迎来了首届“校园之夏” 幼师技能大赛。

（杨远梅）

【在“多彩贵州”舞蹈大赛选拔赛钟山赛区及水城县赛区成绩突出】 6月18日到22日的2012年“多彩贵州”舞蹈大赛选拔赛六盘水市钟山赛区

及水城县赛区的选拔赛中，市民职校参赛作品在钟山区赛区选拔赛140余个作品及水城县赛区选拔赛90个作品里脱颖而出、分别获奖。其中，《和谐环保钟山》荣获钟山赛区现当代舞蹈类二等奖，《点燃生命》《军嫂》荣获钟山赛区现当代舞蹈类三等奖，《叫鸣》荣获钟山赛区民族民间舞蹈类二等奖；水城县赛区中，《顺风耳》荣获原生态类别三等奖，《妻子》荣获现当代类别三等奖，《和谐凉都》荣获现当代类别优秀奖。

（杨远梅）

【承办全市职业院校首届学前教育专业技能大赛】 10月30日，由市教育局主办，市民职校承办的六盘水市职业院校首届学前教育专业技能大赛在市民职校举行。

（杨远梅）

【六盘水市音乐家协会民族民间音乐保护传承研究室在民职校挂牌】 11月21日下午，“六盘水市音乐家协会民族民间音乐保护传承研究室”挂牌仪式在市民职校阶梯教室举行。

（杨远梅）

六盘水市广播电视大学

【概况】 2012年学校共招收成人开放教育、奥鹏网络教育、中职教育各类新生1300人，到2012年12底为止，学校在校生人数达到3333人。全年共有650名开放教育大专、本科学生顺利毕业；有213名中专学生顺利毕业并全部就业。全年预算外收入预算280万元，实际完成预算外收入335万元，在市政府的协调下，争取到市商行贷款4000万元，投入水城双水新校区建设。学校加快了双水以朵新校区建设工作。2012年已完成学校新校区综合教学楼及其附属设施建设，其他项目正在有序快速推进，2013年8月学校将搬迁新校区。2012年12月22日学校组织召开了首届学术研讨会。2012年6月份，经市教育局考察，选拔了学校招生就业中心主任1名，附属中专副校长1名，进一步加强了学校中层班子队伍建设。

（赵华锋）

六盘水职业技术学院

【概况】 六盘水职业技术学院是经贵州省人民政府批准建立、教育部备案的全日制、公办综合性高等职业技术学院，已故著名社会学家、原全国人大常委会副委员长费孝通亲笔为学院题写了校名。

学院自2002年成立以来，组建了护理系、临床医学系、财经系、商务管理系、工业系、生物工程系、信息工程系和社会科学系8个系。开设了护理、助产、康复技术、会计电算化、图形图像制作、计算机应用技术、煤矿开采技术、煤炭深加工与利用、机电一体化、机械设计与制造、发电厂与电力系统、畜牧兽医、酒店管理、旅游管理、房地产经营与估价等23个高职专业和物业管理、社区医学、烟草、园艺、煤化工、汽车驾驶与维护等38个中职专业。学院设有华中农业大学、西南师范大学、贵州大学、重庆工商大学、贵阳医学院、遵义医学院等高校的研究生、本科生及专科生的函授站点，并与上海同济大学、广东罗定职院等高校联合办学，同时在威宁、钟山、六枝、盘县设置教学点。

学院紧紧围绕六盘水市经济社会发展实际，坚持“校企合作、工学结合”的办学模式，积极探索“校企合作、产学结合”，实践“订单培养、顶岗实习”的办学模式，配合有关部门组织好各种类别、各种形式的农民工就业培训。

（陆炽轩）

【通过人事档案一级标准验收】 2012年2月，六盘水职业技术学院在2011年贵州省高等院校干部人事档案目标管理和集中审核检查工作中顺利通过干部人事档案工作目标管理一级标准检查验收。

（孙 嵘）

【与市工商联（总商会）举行合作签约】 3月28日，由六盘水市工商业联合会（总商会）与六盘水职业技术学院主办的“校企合作座谈会暨校企合作签约仪式”举行。六盘水市大常委会副主任、六盘水市工商业联合会（总商会）主席陶兴锐，市人力资源和社会保障局党组书记、局长李丽，六盘水市40余家企业负责人参加了本次会议。

（陆炽轩）

【领导视察调研】 4月6日，在六盘水市政协副主席、民进六盘水市委主委田满华等人陪同下，贵州省政协副主席、民进贵州省委主委左定超莅临六盘水职业技术学院视察指导工作。

4月27日中午，六盘水市委常委、市人民政府副市长、钟山区区委书记魏树旺到六盘水职业技术学院，了解学院校区后期建设和办学情况。

5月28日，在副市长谢朝碧的陪同下，以贵阳医学院副院长罗俊、李建华为组长的考察调研组一行8人到六盘水职业技术学院进行关于“贵阳医学院六盘水校区（六盘水护理学院）”筹备建设的现场工作实地考察。

6月20日，共青团贵州省委副书记马雷到六盘水职业技术学院指导工作。

6月26日，以省卫生监督局副局长宋黔英为组长的全省校园及周边治安综合治理工作检查组一行莅临六盘水职业技术学院，检查指导学院的校园及周边治安综合治理工作。

7月27日，市委常委、常务副市长周斯弼，市委常委、副市长魏树旺带领市教育、发改、财政、国土、规划、住建及钟山区政府的负责人，到六盘水职业技术学院现场办公，研究解决职院在建设发展中面临的困难和问题。

9月18日，市人民政府副市长马雷率领市人民政府副秘书长赵泽、市教育局局长王时明、市教育局副局长彭大章等一行到六盘水职业技术学院，检查指导校园安全稳定工作。

（陆炽轩）

【贵州省第九十国家职业技能鉴定所通过评估检查】 4月17日，贵州省人力资源和社会保障厅职业技能鉴定指导中心评估检查组姚建一副主任等组成专家组，对六盘水职业技术学院贵州省第九十国家职业技能鉴定所质量管理建设进行检查和评估。专家组一致认定，六盘水职业技术学院职业技能鉴定所通过质量管理工作评估验收。

（陆炽轩）

【庆祝第100个“5·12”国际护士节暨授帽仪式】 5月12日，六盘水职业技术学院庆祝第100个“5·12”国际护士节活动隆重举行。当天还为学院护理系563名学生现场举行授帽仪式。

（陆炽轩）

【与幼儿园签订办学协议】 5月11日，六盘水职业技术学院与六盘水市一幼、二幼、三幼3所幼儿园签订合作办学协议书。

（陆炽轩）

【参加省市技能比赛成绩】 2012年，六盘水职业技术学院各系精心组织学生参加贵州省、六盘水市举办的各类学生职业技能大赛，到5月中旬止，学院在比赛中屡创佳绩—有17人次在省级技能大赛中获奖，组织奖2项；有3人次在市级技能大赛获奖，为学院赢得荣誉。

在省级比赛中，财经系学生蒙维、张敏在高职组会计手工账务技能及会计信息化应用中荣获一等奖，杨雪荣获三等奖，王义素、李伟琪在高职组翻打传票及点钞中获得二等奖，在中职组会计技能比赛中宋璇获得二等奖，邓催玲、肖仕敏获得三等奖，同时财经系也获得了组织奖；信息工程系学生刘惠茹、林煜皓、向东在中职组电子商务比赛中获得三等奖，贺凯在中职组数字影音制作中获得三等奖，郭典、李聪、毛焕然在中职组计算机硬件检测维修中荣获二等奖；工业系的许亚军在计算机辅助设计（工业产品CAD）比赛中获得三等奖；由社会科学系与英语协会选送的护理系同学陈丽仙在高职组英语口语比赛中荣获优秀奖；护理系在护理技术中荣获组织奖。在市级比赛中，郭典、李聪、贺凯在中职组计算机硬件检测维修中荣获一等奖。在本次省级比赛过程中，财经系同时还荣获了组织奖。

6月26日，在贵州省委教育工委、省教育厅、省文明办、团省委共同举行的2012年全省高校围绕“科学发展·成就辉煌”主题开展的第七届“多彩校园·闪亮青春”大学生校园文化活动月颁奖典礼上，六盘水职业技术学院团委陆恒老师获得先进个人奖励，严冠华同学的《诚信做人 甘于奉献 活出精彩》获得“科学发展、成就辉煌”大学生征文比赛一等奖，同学陈选娇的《从历史中的镜子中追寻我们的价值》获得三等奖。

（陆炽轩）

【举行消防应急演练】 6月19日下午，六盘水职业技术学院在学院一号教学楼举行2012年消防应急演练，近2000名师生参与了本次演练。

（陆炽轩）

【开展“三帮”活动】 2012年，六盘水职业技术学院在全院教职员工中广泛开展“三帮”活动。

该活动的主题是：帮扶帮教无先后，学习成才上层楼。主要是学院领导班子成员联系帮扶系、学生的工作。一帮是要帮助系里做好党团建设工作、团队建设；二帮是帮助解决问题，化解矛盾，凝聚人心，促进发展；三帮是帮创新工作思路，推动工作发展，争创工作一流。

（陆炽轩）

【大学生“四下乡”暨“春晖行动——我与家乡共发展”主题社会实践活动】 六盘水职业技术学院2012年暑期大学生文化、科技、卫生、法律“四下乡”暨“春晖行动——我与家乡共发展”主题社会实践活动6月29日在水城县启动。暑假期间，学院多支队伍还先后奔赴各服务地，开展文化、科技、卫生、法律“四下乡”暨春晖行动——我与家乡共发展”主题社会实践活动。

（陆炽轩）

【第一届教职工代表大会第五次会议审议并通过院旗、院歌】 7月12日，六盘水职业技术学院第一届教职工代表大会第五次会议召，全体代表一致通过了院旗、院歌、大会决议。六盘水职业技术学院院旗主基调色为蓝色，正中为费孝通题写的校名，下方配以学院英文名称，左上角为院徽主体部分，表现了学院兼容并蓄的办学思路，表明了学院开放办学的态度，反映了职院人宽广的胸怀、开拓进取的奋斗精神和永不言弃的执著追求；由学院党委书记杨兴祥作词的院歌《凉都职院　我的家园》凝聚人心，催人奋进。全体代表一致认为，院旗、院歌准确反映了学院开放包容、开拓进取、艰苦创业、推动发展的不平凡历程，昭示着学院光辉的未来。

（陆炽轩）

【六盘水市创建“平安高校”暨“开学第一课”在学院举行】 9月5日下午，六盘水市创建“平安高校”暨“开学第一课”系列活动在学院一号楼多功能报告厅举行。市公安局交警支队、六盘水师院的有关同志和六盘水职业技术学院的200多名师生参加了本次活动。

（陆炽轩）

【庆祝第28个教师节】 在第28个教师节来临之际，9月10日，六盘水职业技术学院财经系在二号教学楼财经系教室组织召开了庆祝第28个教师节教师座谈会和文艺演出。9月10日下午，在学院一号教学楼三楼临床医学系教室内，来自临床医学系的任课老师和教育管理服务工作者，团聚在一起，畅所欲言。当天，学院各总支书记和宣传及各部门的代表还参加了市里组织的经济建设发展讲座活动，聆听了来自北京专家的报告会；社会科学系等系和各部门的教师还组织了各种庆祝第28个教师节的联谊。

（陆炽轩）

【举办2012年国家助学贷款诚信教育知识竞赛】 9月26日，六盘水职业技术学院2012年国家助学贷款“国以诚相‘贷’、我须‘信’相还”诚信教育知识竞赛在学院三用堂举行。活动由贵州省教育厅、国家开发银行贵州省分行主办，由学院学生资助管理中心和院团委承办。学院领导，市工行相关负责人及学院党委宣传部、学生处、教务处、纪委监察室、后勤处、保卫科、学生资助管理中心等部门相关负责人和工作人员，各系团支部书记、辅导员、班主任及学生代表500余人参加了活动。

（陆炽轩）

【举行教师民主党派无党派代表人士中秋　国庆茶话会】 9月28日，六盘水职业技术学院领导和38名来自学院民盟、民进、九三的民主党派、无党派和一线教师代表共迎中秋，同庆国庆，畅叙学院未来发展大计，共绘学院未来辉煌蓝图。

（陆炽轩）

六盘水师范学院

【概况】 2012年是六盘水师范学院加快发展、实现后发赶超的关键之年，也是迎接教育部本科教学合格评估工作的启动之年。一年来，六盘水师范学院坚持以科学发展观为指导，紧紧围绕全国、全省教育规划和学院“十二五”规划实施，在加快发展中增比进位，在党的建设中创先争优，在安全稳定中突出实效，全面有序推进学院各项工作。

（袁境泽　张武桥）

【完善基础设施】 为实现升本的目标，从2008年起，开始校园改扩建工，建设工程分两期有序进行。2012年，基本建设工作的思路是完善“一期”，启动“二期”。2012年的重点是完善食堂浴室、行政办公楼、滑坡治理、图书馆边坡、实验1、2号楼、开工建设体育馆、6号学生公寓等共6个工程。截至2012年12月31，食堂浴室、行政办公楼、滑坡治理、图书馆边坡工程已全部完工，交付学院正式投入使用。实验1、2号楼工程正在做工程验收准备。

（袁境泽　张武桥）

【优化学科建设】 学院修订完成了《六盘水师范学院学科专业建设规划》，加快学院从主要培养师范教育人才向培养地方经济社会发展的急需工科人才的学科专业结构的转型。2012年新增体育教育、音乐学、美术学、地理科学等5个本科，至此，学院本科专业总数达到19个，其中有化学工程与工艺、采矿工程、安全工程、矿物加工工程、计算机科学与技术、冶金工程6个工科专业，占本科专业总数的31%。学院省级重点支持学科从无到有，继2011年“采矿工程”获得了贵州省教育厅第二批重点支持学科后，2012年，“动物学”获贵州省教育厅第三批重点支持学科。

学院加快建设新兴、边缘及多学科交叉融合的学科群，努力为六盘水地方经济建设服务。2012年重点建设煤及煤化工、冶金及材料、机械及电力等专业群，并且在以上专业群中申报并新设机械电子工程、地质工程、电气工程及其自动化3个专业。同时，学院开展了第二批质量工程项目建设工作，确定了“汉语言文学”专业为院级第二批特色专业建设点。“采矿工程”获贵州省省级特色专业，实现了六盘水师范学院省级特色专业零的突破。

（袁境泽　张武桥）

【提高教学质量】 六盘水师范学院建有67个校外实习实训基地。2012年新增了六盘水市气象局、钟山区幼儿园等4个实习实训基地。2012年完成了金工实验基地、电气电工工艺实训室、电子电工技术实训室、嵌入式系统开发与应用实训室、工业自动化通信网络实训室、可编程应用实训室的可研及报批工作。

2012年9月，全面启动和实施“教学质量与教学改革工程项目”申报立项、评审工作。对申报的教学名师、教学改革研究项目、教学团队、特色专业建设点等项目逐项进行评审，批准“基于教学与科研相结合的创新人才培养模式研究”等12个课题为六盘水师范学院2012年度教学改革研究立项项目；批准数学系“数学建模创新教学团队”、政法系“思想政治教育专业教学团队”为学院第二批院级优秀教学团队；批准中文系“汉语言文学”为学院第二批院级特色专业建设点。在推荐上报省教育厅的10项质量工程项目中，共有5个项目获得了省级立项；教授彭望书获得了省级教学名师称号，实现了六盘水师范学院省级教学名师零的突破；获得省级重点教改项目1项、培育项目2项。

（袁境泽　张武桥）

【加强就业工作】 为了缓解毕业生就业压力，六盘水师范学院完成了贵州省首家创业实训基地的建设。2012年六盘水师范学院的应届专科毕业生共873人，截至到2012年12月20日毕业生就业率为91%，实现了毕业生就业率突破90%的预定目标。

（袁境泽　张武桥）

【加强科研工作】 2012年，学院共获得各类科研立项54项。其中，国家社科基金1项，省科技厅项目8项（社会发展攻关1项、中药现代化1项、自然科学基金6项）、省社科基金3项，市科技局项目9项（创新团队2项、重点实验室1项、科学合作计划5项，知识产权专项研究项目1项）。教育厅“125”重大专项1项，贵州省省长资金项目1项、贵州省青年英才项目1项、省教育厅工程中心1项，教育厅自然科学重点项目1项，教育厅科技人才创新项目1项，教育厅人文社科项目8项，与市林业局横向合作项目1项，省级重点支持学科1项，校级重点支持学科2项，校级立项15项。2012年10月26日，贵州省科学技术厅、六盘水市科学技术局同六盘水师范学院签署了三方科学技术联合基金的协议，拟在每年投入120万元专款作为六盘水师范学院联合基金项目的研究。同时，11月份注册申请了国家自然科学基金申报受理单位并已获得授予权，标志着六盘水师范学院今后科研项目申报的渠道更广，层次将更高。

（袁境泽　张武桥）

【注重人才强校】 2012年以来，六盘水师范学院加强与贵州籍成功人士的联系，进一步加大聘请外校客座教授力度，共聘请了申安云等7名教授为六盘水师范学院客座教授。2012年上半年，六盘水师范学院引进40名硕士以上高层次人才（含1名博士）六盘水师范学院工作。2012年10月，六盘水师范学院成功从上海工程技术大学等院校柔性引进徐菁利等7名教授和博士到学院相关系担任特聘教授或系副主任。院领导还带队分赴全国十多所高校现场招聘研究生来六盘水师范学院工作。截至2012年12月31日，已经考察90余名，成功签订就业协议85名，其中博士4名。

（袁境泽　张武桥）

【坚持开放办学】 积极参加国际交流活动。2012年，学院党委书记袁仁庆出席了在美国休斯敦举办的“美国国际教育工作者协会第64届年会”，并考察了加拿大相关高校；学院院长郁钟铭带领外事处有关人员赴沙特阿拉伯和埃及参加了“21世纪中国高等教育展”，与国内外著名高等院校、教育机构、教育界人士友好交流，较好地展示了学院办学、管理形象，为国外校际合作奠定了良好的基础。

认真组织完成培训任务。学院经过精心安排，细致工作，顺利完成了省教育厅“美国奥克兰大学—六盘水市中小学英语教师暑期英语培训班”3个班的培训工作。

参加了第五届“中国—东盟教育交流周”相关活动。六盘水师范学院代表队夺得了首届“东盟知识大赛”全省第四名的好成绩，学院张德恩副院长参加了中国—东盟大学校长论坛，与马来西亚国立大学、新加坡思马特管理学院签订了校际合作框架性协议。

学院坚持建立开放的办学机制，与水矿集团建立“贵州省矿山压力与岩层控制重点实验室（工程中心）”等创新平台，开展科研合作和有针对性的人才培养，同时报省教育厅2012年度贵州省特色重点实验室工程中心产学研基地评审，获2012年度省教育厅工程中心立项。

加强与上海工程技术大学与和辽宁师范大学的校际合作，互派干部挂职工作。学院共派往两校挂职4批8人次；上工大派往六盘水师范学院指导、挂职2人次。选拔学生到上工大交流学习工作，学院第一批20名学生于2012年9月14日赴上工大报到入学，学习时间1年。2012年7月和10月，分别与上海工程技术大学召开第二次、第三次联席会议，签署了两校《2012~2013学年实施教育对口帮扶工作计划》。上工大7名博士、教授与学院签订“柔性人才”对口帮扶协议。2012年2月10日，与贵州大学签署教育合作、对口帮扶协议。

（袁境泽　张武桥）

【做好基层组织建设年活动】 2012年是基层组织建设年，为深入扎实开展基层组织建设年暨“三忠诚”集中教育活动，学院组织召开了学习宣传贯彻中共十八大精神、贵州省第十一次党代会精神、市委相关会议精神专题会，组织学习了《国务院关于进一步促进贵州经济社会又好又快发展的若干意见》《教育厅贯彻落实国发2号文件实施方案》等文件精神，各系、各部门开展了一系列活动，作为基层组织建设年活动的成果之一《党旗飘飘—六盘水师范学院基层组织建设年活动纪实》编辑出版。

（袁境泽　张武桥）

【创新校园文化活动】 学院积极开展“三忠诚”集中教育活动、“感党恩、淳民风、促发展、构和谐”活动、“强素质、严作风、建新功”主题先进事迹报告会等活动，举办了“六盘水师范学院第一届‘读书月’活动”“首届学生综合能力培养活动月”活动，“践行忠诚，牢记责任，立志成才”为主题的“学风建设月”系列实践活动等。组织开展了“科学发展、成就辉煌”大学生征文、演讲比赛，第三届贵州省高校“感动校园十大人物”评选、高校校歌演唱大赛、知识产权知识网络竞赛等比赛，积极参加全省“多彩校园·闪亮青春”大学生校园文化活动月。

开展了六盘水师范学院校歌、校徽、校旗征集评选活动，共收到校歌来稿作品25件，校徽来稿作品5件，校旗来稿作品4件。

积极参加省委教育工委组织的活动，在参加2012年全省党建理论研讨和高校统战理论研讨论文评选中，六盘水师范学院荣获一个二等奖、一个三等奖，一个优秀奖。

此外，积极推进学院党建扶贫工作，选派一名副处级干部参加2012年省直机关水城县党建扶贫工作队，帮扶玉舍、杨梅两乡。全院教职工募捐了47370元经费，用于帮助两乡开展党员活动和解决生产生活中的实际困难。

（袁境泽　张武桥）

【强化队伍建设】 学院“以党建带团建、以党建抓学管、以党建促发展”，加强党员队伍建设。2012年对新选拔任用的93名副处级以上干部和89名科级干部进行了任前培训，着力提高他们的履职能力。2012年共有60余名基层党务干部和党务工作者参加了党务干部培训。学院还为158名科级以上干部征订了《当代党员》手机媒体杂志，为党总支书记和党支部书记订购了《怎样当好党支部书记》书籍。同时，为干部争取外出学习、挂职等锻炼机会。2012年共派出10余名干部参加各类学习或挂职锻炼。

中文系教工支部、外语系教工支部获得了全省高校创先争优先进基层党组织称号，外语系教工支部获得了市级“五好”基层党组织称号，张龙、刘恒获得了省级优秀共产党员称号。2012年，学院共获得各级先进集体35项次、先进个人311人次，树立了党员良好形象，为学院赢得了荣誉。

（袁境泽　张武桥）

【加强安全稳定工作】 一年来，学院专题研究保卫工作10余次，并认真开展排查整治工作，多次邀请公安、城管、工商、文化、食品卫生监督等属地职能部门对学院及周边的饮食摊点、网吧、歌厅进行整治，取得了良好的效果。在2012年贵州省高校校园周边环境治理工作中，荣获“先进单位”称号。

（袁境泽　张武桥）

【水城矿业（集团）提前预订六盘水师范学院2012届毕业生】 1月6日，水城矿业（集团）有限责任公司到六盘水师范学院迎接已经签约的37名矿业工程系2012届毕业生，并在学院二楼大会议室召开座谈会。学院副院长彭望书教授出席，有关单位负责人参加了座谈会。

（张武桥）

【学习贯彻“国发2号文件”精神】 1月12日，国务院出台了《关于进一步促进贵州经济社会又好又快发展的若干意见》。在学院尚未开学之际，学院党委、行政于2月10日上午即召开了党委中心组学习会。

3月2日至4日，学院又将学习地点设在市委党校进行封闭式学习。学院党委书记袁仁庆，党委副书记、院长郁钟铭，党委副书记、纪委书记蒋承云，党委委员、副院长田应洲、傅亚频、董明建、彭望书出席，学院副处级以上干部共90人参加学习。

会议期间，学院领导分别领学了《国务院关于进一步促进贵州经济社会又好又快发展的若干意见》等文件精神。

在分组讨论过程中，大家发言踊跃，积极建言献策，对当前学院的办学定位、发展思路、学科建设、师德师风建设等方面进行了深入思考，提出了积极建议。

（张武桥）

【新增5个本科专业】 根据《教育部关于公布2011年度高等学校本科专业设置备案或审批结果的通知》文件精神，六盘水师范学院申报的体育教育、音乐学、美术学、地理科学等5个本科获批。至此，学院本科专业总数达到19个，其中有化学工程与工艺、采矿工程、安全工程、矿物加工工程、计算机科学与技术、冶金工程6个工科专业，占本科专业总数的32%。

（张武桥）

【市委副书记何冀到学院调研】 2012年2月29日下午，六盘水市委副书记何冀率钟山区、市规划局、明湖湿地公园指挥部等有关单位和部门到六盘水师范学院视察指导工作。学院领导袁仁庆、蒋承云、田应洲、傅亚频、董明建、彭望书陪同视察。

（王 琳）

【与贵州大学签署教育合作协议】 2月10日上午，六盘水师范学院与贵州大学在六盘水时代假日酒店签署教育合作、对口帮扶协议。院长郁钟铭与贵州大学校长陈叔平在协议书上签字，市委书记王晓光、市长何刚、市人大主任黄金、贵州大学副校长金超道、农学院院长樊卫国、材料与冶金学院院长李军旗、化工学院院长邱树毅、生命科学学院副院长谭书明等领导、相关部门负责人和六盘水师范学院副院长彭望书出席并见证了两校教育合作签约仪式。

（办公室）

【荣获全省文明单位称号】 2012年2月，根据中共贵州省委、贵州省人民政府下发的《关于表彰2009~2011年全省文明城市（城区、县城）、文明村镇、文明单位（风景区、社区）的决定》文件精神，六盘水师范学院荣获“全省文明单位”称号。

（张武桥）

【郁钟铭院长赴沙特阿拉伯和埃及参加“21世纪中国高等教育展”】 4月16日至4月27日，郁钟铭院长赴沙特阿拉伯、埃及参加了由教育部国际交流与合作司、中国教育国际交流协会组织的“21世纪中国高等教育展”。来自清华大学、北京航空航天大学、北京师范大学、贵州师范大学等省内外28所高等院校近60名代表参加了此次展览。

（向虎跃）

【举办2012届毕业生春季大型招聘会】 5月4日下午14点30分，六盘水师范学院2012春季毕业生大型招聘会在院足球场拉开帷幕。

本次招聘会共邀请了128家用人单位，囊括教育、IT、煤矿、机电、房地产、保险等多个领域行业，共提供招聘岗位2063个，初步达成就业意向的毕业生221名。

（张 瑾 杨 一）

【首届读书月活动启动】 5月18日下午，以“知识改变命运、学习成就未来”为主题的六盘水师范学院首届“读书月”活动启动仪式在足球场正式拉开帷幕。

学院党委副书记、院长郁钟铭宣布六盘水师范学院首届“读书月”活动正式启动后，应邀参加活动的有关领导和作家率先在“将阅读进行到底”的百米长卷上签名，并将自己带来的著作现场签名赠给六盘水师范学院学生。

全院14个系代表队和教职工代表队共1000余人参加了此次启动仪式。

（张武桥）

【多项科研项目立项取得突破】 2012年度国家社科基金西部项目评审立项结果日前揭晓。由六盘水师范学院政法系副教授、科研处产学研服务办公室主任张绪清主持申报的《乌蒙山国家能矿基地深度脱贫开发问题研究》获批立项，项目类别为西部项目，实现了六盘水师范学院国家级课题立项零的突破，对促进六盘水师范学院科研水平的提高具有积极的推动作用。

经贵州省科技厅严格筛选，由六盘水师范学院科研处处长林长松教授主持申报的《高寒地区小城镇生活污水人工湿地技术研究与应用示范》获得2012年贵州省科技厅批准的社会发展科技攻关的第一批项目立项。

六盘水师范学院博士杨友联的《葡萄座腔

菌属真菌多基因分子系统学研究》、副教授周庆萍的《六盘水“小花苗”体质特征及影响因素研究》、博士石开仪的《利用拆分煤炭大分子结构的方法以研究煤炭微生物转化机理》、老师李琳的《粉煤灰基“地聚合物”复合材料的制备与研究》、老师秦趣的《西南山区矿业城市生态基础设施现状评价及优化模式研究—以六盘水为例》、老师马士彬的《基于CA-Markov模型的石漠化演变轨迹预测研究》等6名教师获得2012年贵州省科技厅科学技术基金项目立项。

（科研处）

【副市长周宏文到学院现场办公】 5月22日下午，六盘水市副市长周宏文率市直有关部门负责同志在六盘水师范学院综合楼二楼大会议室主持召开现场办公会，专题研究六盘水师范学院基建工作，为推动学院基础设施建设寻良策、鼓实劲。

（张武桥）

【教学督导组成立】 5月31日下午，六盘水师范学院召开首届教学督导组成立会议及座谈会，学院党委副书记、院长郁钟铭，副院长张德恩出席。

本届督导组组长由六盘水师范学院学报编辑部主任左经会教授担任，副组长由六盘水师范学院生命科学系教授向红担任，成员有学院老同志朱国玉，成人教育部主任崔有昌等5人组成。每届任期两年。

（张武桥）

【学院党委书记袁仁庆率团出席美国国际教育工作者协会第64届年会】 5月26日至6月5日，应美国国际教育工作者协会（NAFSA：Association of International Educators）邀请，由教育部国际交流合作司、中国教育国际交流协会组织的中国高校代表团赴美国和加拿大访问。六盘水师范学院党委书记袁仁庆作为中国高校代表团第二分团团长，率领由贵州师范大学、遵义医学院、兰州城市学院等10余所高校的领导和教师组成的代表团，出席了在休斯敦举办的NAFSA第64届年会。

（向虎跃）

【市安监局局长蔡军受聘为学院客座教授】 6月28日下午，学院在综合楼会议室举行客座教授聘任仪式，聘六盘水市安全生产监督管理局党组书记、局长蔡军为客座教授。

（王　林）

【2012年暑期中小学英语教师培训班开班】 7月9日下午，省教育厅与美国奥克兰大学联合举办的2012年暑期中小学英语教师培训班在六盘水师范学院学术报告厅举行开班典礼。前来参加培训的75名学员参加。

（张武桥）

【中国凉都·六盘水2012年全省蹴球邀请赛在学院举行】 8月11至13日，由贵州省民委、贵州省体育局、贵州省少数民族体育协会主办，六盘水市民委、六盘水市体育局协办，六盘水师范学院承办的中国凉都·六盘水2012全省蹴球邀请赛在六盘水师范学院篮球场隆重举行。

本次邀请赛共有来自贵州民族大学、贵州师范大学及全省9个市（州）的10支代表队参加。

（张武桥）

【与六盘水市气象局签署战略合作协议】 8月28日下午，六盘水师范学院与六盘水市气象局举行战略合作协议签订仪式。

（环境与资源科学系）

【获第二届全国高等学校采矿工程专业学生实践作品大赛二等奖】 由教育部高等学校地矿学科教学指导委员会主办、河北联合大学承办的“第26届全国高校采矿工程专业学术年会”暨“第二届全国高等学校采矿工程专业学生实践作品大赛”颁奖会于2012年8月20~22日在河北省北戴河召开。六盘水师范学院院长郁钟铭教授出席并主持“深化教学改革，强化实践教学环节，全面提升人才培养质量”的研讨会。

在此次大赛中，六盘水师范学院矿业工程系彭斌老师指导、2010级煤矿开采班陈青、秦长远、沈德军、朱启荣等4名学生制作的“高瓦斯矿井首采区巷道布置及监测”模型，获二等奖。

（矿业工程系）

【市委书记王晓光到学院调研】 9月21日，市委书记王晓光在六盘水师范学院调研时强调，六盘水师范学院作为六盘水市唯一一所本科院校，要全力推进合格评估所需各项基础设施建设，全力培养、引进、整合人才，全面完善投入机制，举全市之力完成通过学院本科合格评估。

（党委宣传部）

【20名交换生赴上海工程技术大学报到入学】 9月14日，六盘水师范学院20名优秀学生抵达上海工程技术大学美丽的松江校区办理报到入学手续，开始为期一年的交换学习生活。

首批20名交换生分别来自计算机科学与技术专业和化学工程与工艺专业（2011级），交换学习时间为1年。

（王 薇）

【在消夏文化节高原马拉松邀请赛获佳绩】 9月15日，由六盘水市委市政府主办、六盘水市文体广电局承办的2012中国·凉都消夏文化节“川威杯”高原马拉松邀请赛在市人民广场鸣枪开赛，来自美国、肯尼亚、中国香港及内地21个省、市、自治区的300余名长跑优秀选手和2万余名马拉松运动爱好者参加了比赛。

在男女全程马拉松接力赛中，六盘水师范学院男子组获得第三名；在男女10公里小马拉松赛、男女5公里健身迷你马拉松赛中，六盘水师范学院同学麻云章获男子5公里健身迷你马拉松赛冠军，同学郭斯争获得女子5公里健身迷你马拉松赛第二名；同学黄训杰获男子10公里小马拉松赛冠军，同学杨光获得第七名。同时，六盘水师范学院获得优秀组织奖。

（党委宣传部）

【六盘水市朗诵艺术协会成立】 9月27日晚，六盘水市朗诵艺术协会成立仪式暨喜迎国庆欢度中秋诗歌会在凤池园凤池棋苑举行。

（赵贵兵 杨 莹）

【与贵州大学举行校际合作座谈会】 10月26日，六盘水师范学院与贵州大学校际合作座谈会在六盘水师范学院召开。贵州大学党委书记姚小泉，副校长赵德刚，六盘水师范学院党委书记袁仁庆、院长郁钟铭、副院长田应洲、张德恩等出席。

（黄艳韶）

【先进事迹报告会】 10月11日下午，六盘水师范学院举办“强素质、严作风、建新功”先进事迹报告会。报告会上，招就中心就业指导科副科长张仅，学院“十佳教职工党员”、数学系团总支副书记郭亚丹，学院“十佳大学生党员”王祖丽分别讲述了自己的先进事迹。

（赵贵兵）

【2012年教学工作会议】 11月17至18日，六盘水师范学院2012年教学工作会议隆重召开，并对在教学工作中表现突出的教师进行表彰。

学院院长郁钟铭，党委副书记、纪委书记蒋承云，党委委员、副院长傅亚频、董明建、彭望书、张德恩，市教育局副局长彭大章出席、全院各部门、各系以及学生代表共320人参加会议。

（院广播台）

【与省市科技部门签订科学技术联合基金协议】 10月26日下午，在全市科技创新大会上，院长郁钟铭与贵州省科学技术厅副厅长孟武建签署“贵州省科技厅、六盘水市科学技术局、六盘水师范学院关于共同设立科学技术联合基金协议”。三方将根据贵州科技创新和六盘水师范学院学科建设与人才培养的需求，在2012至2015年期间，共同出资360万元建立联合基金支持科研创新。

（党政办）

【贵州科学院六盘水分院启动建设】 10月26日下午，在全市科技创新大会上，市委书记王晓光和贵州科学院院长何力共同为“贵州科学院六盘水分院”（以下简称“分院”）授牌，六盘水师范学院副院长（“分院”建设领导小组办公室主任）张德恩教授、贵州科学院副院长张洪亮博士接牌，这标志着贵州科学院六盘水分院正式启动建设。

（党政办）

【“动物学”学科获省教育厅重点支持学科立项】 在刚刚揭晓的第三批省级重点支持学科立项名单中，六盘水师范学院“动物学”喜获贵州省教育厅第三批重点支持学科。此次重点学科是继第二批省级重点支持学科“采矿工程”之后获得的又一个重点支持学科。

（张　龙）

【六盘水市图书馆学会2012年学术年会召开】 11月1日上午，六盘水市图书馆学会2012年学术年会开幕式在六盘水师范学院召开。

（杨　莹）

【“乌蒙山区发展研究院”成立大会暨揭牌仪式举行】 12月20日下午，六盘水师范学院“乌蒙山区发展研究院”成立大会暨揭牌仪式举行。院长郁钟铭、副院长彭望书、张德恩，贵州民族大学民族与社会学院院长、硕士生导师石开忠，贵州民族大学民族学与社会学学院教授、省管专家、硕士生导师吴秋林出席。

（赵贵兵）

【7个项目获贵州省高校教学质量与教学改革工程立项】 2012年，在贵州省教育厅组织的2012年高等学校教学质量与教学改革工程评审中，六盘水师范学院共有7个项目获省级立项，分别是：矿业工程系的“采矿工程 ”获2012年贵州省高等院校省级特色专业；数学系教授彭望书获2012年贵州省高等教育省级教学名师；中文系教授肖永凤负责的“面向中学语文教学的高师院校古汉语教改探索”获2012年贵州省高等学校教学内容和课程体系改革重点项目立项；化工系副教授吴汉福负责的“新升格地方本科院校应用型人才培养基础化学实验教学体系构建与实践—以六盘水师范学院化学化工系为例”、数学系宁宝权负责的“基于情景—问题教学模式下的高师数学课堂教学实验及有效性评价体系研究”获2012年贵州省高等学校教学内容和课程体系改革培育项目立项；生物系教授孙爱群指导的“大宗药材龙胆的繁殖方法探究”、化工系博士石开仪指导的“二塘选煤厂细粒煤泥的分选研究”获得 2012年贵州省高等学校大学生创新创业训练计划项目立项。

（教务处）

科技　卫生

科技工作

【科技机构】　2012年，有市级科技行政管理机构1个，编制15人；行政事业公用经费15.7万元；有2000平方米办公大楼1栋（六盘水市地震应急指挥中心），办公车辆2辆，业务科室有电脑、打印机、传真、数码照相机等设施。下属有市科技情报研究所（市生产力促进中心）、市地震台（副县级）、市专利执法支队3个事业单位，编制共22人，实有人员18人。县（特区、区）科学技术与知识产权局与县（特区、区）农业局合并办公，实行两块牌子，两套人马的管理机制。六枝特区科学技术和知识产权局编制21人（行政编制5名，事业编制15名，工勤编制1名），内设科技事业局（正科级），地震台（副科级），办公室、综合室、科技和知识产权股、科技情报室。盘县科学技术和知识产权局编制10人（事业编制9名，工勤编制1名）；内设科技事业局（正科级）、地震台、知识产权股。水城县科学技术和知识产权局编制9人（行政编制4名，事业编制5名）；内设地震台（副科级）、科技管理股、知识产权股、农村与社会发展股、对外经济合作与信息股。钟山区科学技术和知识产权局编制8人（事业编制）；内设科学技术股、知识产权股、科技情报所、防震减灾管理中心。

（刘　丽）

【科技经费】　2012年，应用技术研究与开发科技经费：市级安排1000万元，比上年增长25%，六枝特区安排400万元，比上年增长21.21%，盘县安排3120万元，比上年增长41.8%，水城县安排855万元，比上年增长22.1%，钟山区投入3050万元，比上年增长22%。

（刘　丽）

【科技项目】　2012年，市科技局安排项目43项，申报项目32项，获国家级项目1个（资金150万元），获省级项目30个（资金1679.4万元）。六枝特区申报项目31项，立项17项，获得资金184.5万元。盘县申报市级科技项目30项，立项16项，获得资金264万元；申报省级科技项目10项，立项3项，获得资金30万元。水城县申报市级科技项目23项，立项4项，获得资金28万元；申报省级科技项目2项，立项1项，获得资金15万元。钟山区申报市级科技项目15项，立项2项，获得资金9万元。

（刘　丽）

【专利和地理标志】　2012年，专利申请336件（其中发明专利67件，专利授权187件，著作权登记17件），布依族本土民族音乐作品《毛哥与毛妹》和《保先歌》于2012年2月获得中国音乐著作权协会的“音乐版权注册证书”。六枝特区成功申请到“郎岱酱”“岩脚面”国家级地理标志；盘县的“盘县核桃”得到国家农业部颁发的农产品地理标志证书，“盘县火腿”获得质检总局批准的实施地理标志产品保护的公告，“盘县妥乐古银杏”向国家商标总局申报地理标志（已收到申请受理通知书）；水城县的“水城红心猕猴桃”获得国家地理标志。　（刘　丽）

【科研立项】 市科技局组织申报的“葡萄座腔菌属真菌多基因分子系统学研究”“六盘水‘小花苗’体质特征及影响因素研究”“利用拆分煤炭大分子结构的方法以研究煤炭微生物转化机理”“粉煤灰基‘地聚合物’复合材料的制备与研究”“西南山区矿业城市生态基础设施现状评价及优化模式研究——以六盘水为例”以及“基于CA-Markov模型的石漠化演变轨迹预测研究”等6个申报项目获2012年贵州省科学技术基金立项支持，共获资助20.4万元，比上年增长115%。市科技局征集“十二五”科技项目库项目76个；市生产力促进中心为企业申报项目24个，获得立项15个，争取各级无偿资金487万元。

（刘 丽）

【中药材种植】 六枝特区是贵州省10个中药材种植基地县之一，分别在15个乡（镇）种植太子参、桔梗、金银花、黄柏、半夏、龙胆、厚朴、吉祥草等中药材5万余亩，有5家注册的中药材种植企业，2家加工企业，企业注册资金5000多万元，总投资近2亿元，年产值1亿多元。全市完成中药材种植99880亩（六枝特区54400亩、盘县28000亩、水城县种植12300亩、钟山区5180亩），投入资金10018万元。

（刘 丽）

【煤炭实验室】 2012年，国家煤炭清洁转化产品质量监督检验中心在六盘水市建成实验室8000多平方米，仪器设备200多台（套），价值2000余万元，其中大型仪器设备30余台（套），有美国热电的全谱ICP发射光谱仪、美国安捷伦公司的气相色谱仪、美国IKA公司的量热仪、奥地利安东帕公司的数字式密度测定仪、微波消解仪-萃取工作站、瑞士的智能卡尔.费休水分测定仪、煤尘爆炸性测定仪和煤自燃性测定仪等。

（刘 丽）

【马铃薯项目】 2012年，全市马铃薯科技合作立项8个，获项目专项支持经费330万元。水城县“马铃薯种植示范及产业化开发”项目获科技部立项，项目总投资929.83万元（其中国家科技计划拨款263万元）；完成原种扩繁3.14万亩，商品薯45.941万亩，总产马铃薯101万吨；建办公室1000平方米，原种储藏库730平方米，马铃薯雾培系统1套及大棚6000平方米；年产组培苗100万株，年产原种800~1000万粒。

（刘 丽）

【科技活动】 2月10日，市政府与贵州大学签订“开展教育科技产业合作、促进经济社会发展框架协议书”。4月20日，市政府与贵州科学院签订“十二五”科技合作协议书。10月26日，贵州科学院六盘水分院成立；签署“贵州省科技厅、六盘水市科学技术局、六盘水师范学院关于共同设立科学技术联合基金协议”。2012年，全市有贵州宏狮煤机制造有限公司（产值10890.73万元）和六盘水神驰生物科技有限公司（产值776万元）2家高新技术企业；“六盘水新蓝天焦炉煤气汽车发动机关键技术研究与示范应用”项目获省科技重大项目专项经费500万元；湖南中烟工业有限责任公司无偿支持项目经费400万元，继续开展“六盘水市特色优质烟叶综合开发”项目；选聘首批市级科技特派员30名；市科技局编辑出版《六盘水科技》4期，发表文章65篇，图片30幅；推荐市食品药品监督管理局田艳昆赴日本参加“JICA食品卫生管理”进修培训，市科技情报研究所副所长彭盛烈赴美国参加林木良种繁育和精准化育苗先进技术培训，市科技局农村与社会发展科陆松丽赴台湾考察学习现代农业；市知识产权局获贵州省知识产权局考核二等奖，首钢水城钢铁（集团）有限责任公司承担的“HRB400E抗震钢筋研究与开发成果的产业化生产应用”项目获省科技成果转化奖二等奖，六盘水神驰生物科技有限公司承担的“真空脱羧法焦性没食子酸节能降耗生产工艺”项目获省科技进步奖三等奖。

（刘 丽）

【科普与科技宣传】 全市有科普专职人员46人，兼职人员497人；年度科普经费筹集552.7万元；举办科普讲座119次，参加18550人次，专题科普展览38次，参观22140人次，科普竞赛32次，参加10792人次，举办实用技术培训388次，参加

36074人次。开展科技宣传活动8次，发放宣传资料3700份，展示宣传展板26块。

（刘 丽）

【地震监测】 根据市地震台监测，经省地震局台网中心进行数据整理，2012年度，六盘水市共监测到3级以下地震86次（六枝18次，盘县24次，水城44次）。最大震级为7月19日六枝发生的3.1级地震，震中位置东经26° 07′，北纬105° 12′，震源深度11公里。

（刘 丽）

卫生工作

【新型农村合作医疗】 2012年，全市参合农民221.55万人，参合率达97.54%，参合农民比上年增加了16054人，基本实现农民应保尽保。各级政府对新农合补助标准提高到每人每年240元，农民个人筹资提高到50元/年，人均筹资达到290元，全市共筹集资金64250.40万元。新农合统筹资金支付限额提高到20万。全市参合农民受益人次为189.84万人，受益率达85.7%，基金支出60950.93万元，资金使用率为95.65%，实际住院补偿比70.09%，政策范围内医药费用补偿比为78.6%。继续执行先心病、白血病、终末期肾病、精神病、艾滋病、耐药性肺结核、乳腺癌、宫颈癌等八病补偿政策，肺癌、食道癌、胃癌等12类大病按照80%予以补偿，且不受住院医院级别、新农合用药目录和诊疗项目限制。探索实施商业保险经办新农合审核管理业务。11月，钟山区与中国人寿保险公司六盘水分公司签订钟山区新型农村合作医疗大病补充保险合作协议，利用新农合基金为患重特大疾病的参合农民购买商业保险，对参合对象实行二次补偿，进一步完善新农合医疗保障制度，提高重特大疾病保障水平，实现了群众得实惠、经办业务得拓展、政企共赢的目标。积极推广新农合“一卡通”。全市共发放“一卡通”卡581461万张，统筹地区实现医疗费用即时结算。全年异地（市外）就医参合农民9594人，均即时结算。

（赵 青）

【巩固完善基本药物制度】 全市共101所政府办基层医疗卫生机构、974所开展基本医疗服务的行政村卫生室全部实施国家基本药物制度。基本药物通过贵州省基本药物集中采购平台进行采购，村卫生室采购基本药物由所属乡镇卫生院代采，全市累计采购基本药物金额达10446万元，实行零差率销售后群众受惠1567万元。基本药物补助资金按照省、市、县5：2：3的比例分担，中央及省级补助资金2345万、市级补助资金477万、县级补助资金715万均已到位。基本药物全部纳入新农合报销目录，有效缓解了群众看病贵的问题。

（赵 青）

【推进基层新机制】 深化编制和人事制度改革。全市4个县（特区、区）根据本地实际，分别按照0.8~1.4‰的标准对乡镇卫生院的编制进行了重新核定，全市现乡镇卫生院编制总数为2644人。完成了基层医疗卫生机构全员聘用、竞聘上岗工作，全市基层医疗卫生单位选聘123名院长，其中，新聘任51名，占41%，竞聘上岗的医务工作人员达1949名。完善绩效分配机制。全市4个县（特区、区）均已全面落实绩效工资，并出台绩效考核办法，初步建立激励分配机制。加快清理化解基层医疗卫生机构债务。基层医疗卫生机构债务经当地审计、卫生、财政等部门核实，并进行公示，全市化解债务补助资金556.3万元已下拨。进一步完善补偿渠道，保障乡村医生合理收入。村医收入按基本公共卫生服务、基本医疗服务和定额补偿三个补助渠道进行补偿，全市现补助村医1928人，人均补助均达817元以上，现已落实基本药物补助每月417元和每月定额补助300元，年底考核将兑现1200元。钟山区实行分级补助，全区14个一类村共25人每人每月按500元发放，23个二类村共51人按每人每月400元发放，15个三类村共42人按每人每月300元发放，年均增加地方财政补助资金13.14万元，村医补助实际每月不低于1600元。

（赵 青）

【基础设施建设】 按照“抓两头、带中间”的战略思想，致力于区域内龙头医院和基础、基层医院的建设，有效地改善群众就医环境和就医条件。

积极推进市级卫生项目和重点建设项目。市人民医院二期工程建设项目内科楼修缮装修基本完成。市妇女儿童医院改扩建项目完成投资3524万元，占年度投资的58.8%（年度计划投资6000万元），累计完成投资5944.33万元，占总投资34.1%。盘江集团总医院扩建项目完成投资1179.93万元，占总投资的9.14%。市精神病院建设项目完成投资2982.3万元，占年度投资的186%（年度计划投资1600万元），累计完成投资3842.33万元，占总投资的72.5%。市中心血站建设项目完成投资1660万元，占年度投资的83%（年度计划投资2000万元），累计完成投资1660万元，占总投资的41.8%。市中医院建设项目完成选址规划。

不断推进县、乡两级建设项目。六枝特区人民医院建设项目总投资2600万元，已竣工并投入使用。盘县人民医院建设项目完成投资7437万元，占年度投资的87.5%（年度计划投资8500万元），累计完成投资8637万元，占总投资的85.3%。水城县人民医院建设项目完成投资3110万元，占年度投资的155.5%（年度计划投资2000万元）。钟山区人民医院建设项目完成投资2315万元，占年度投资的192.9%（年度计划投资1200万元）；19所乡镇卫生院规范化建设项目，总投资3250万元，全部完成可研，其中9所进入初步设计，10所初步设计已通过审查并开工。

卫生监督和急救中心基础设施建设项目进展顺利。六枝特区卫生监督所建设项目总投资250万元，完成投资141万元。盘县卫生监督所总投资550万元，完成投资30万元。水城县卫生监督所建设项目总投资380万元，完成前期工作，完成投资40万元。钟山区卫生监督所建设项目总投资250万元，主体已完工，完成投资196万元；六枝特区急救中心建设项目地勘工作已完成，完成投资12万元。盘县急救中心建设项目完成可研报告编制评审、征地，完成投资30万。水城县建设项目基础建设已完成，正在建设二层主体工程建设，完成投资155万元。钟山区急救中心建设项目正在进行基础开挖，完成投资20万元。

（赵　青）

【人才队伍建设】　从引进入手，加大各大媒体宣传，大力引进卫生“三高”人才，市直医疗卫生单位累计引进高层次人才10余人；探索改革卫生人力录聘用机制，开展应届毕业生高校直接招录工作，市二医、市三医录用31人，六枝特区人民医院录用19人。从培养、培训入手，依托各类人才培训项目，加强以全科医生为重点的基层医疗卫生队伍建设。安排50名基层医疗卫生机构在岗人员进行全科医生转岗培训；完成378名村医中专学历教育培训；完成1036个村1151名村医信息化建设培训任务，通过各种方式共培训3563人次；签订16名农村订单定向免费医学生培养任务，其中，临床15名、中医1名。继续实施万名医生支援农村卫生工程项目，派出医师15人，对口支援三家县级人民医院，落实省级补助经费36万元。

（赵　青）

【公立医院改革】　按照群众得实惠，医院促发展的改革思路，逐步推进公立医院的改革工作。落实便民惠民措施，简化挂号、就诊、检查、收费、取药等医疗服务流程，积极推行预约诊疗制，改善就医环境，缩短病人等候时间，方便群众就医；大力推广优质护理，倡导志愿者服务；加大临床路径管理电子病历推行力度，在全市三级甲等综合医院开展不少于12个，三级综合医院开展不少于8个病种的临床路径管理，全市50%二级甲等综合医院开展不少于5个病种的临床路径管理。进一步规范医疗服务行为，明确最高限价，实施按病种付费；以电子病历和医院管理为核心，推进公立医院信息化建设。鼓励社会多形式办医，大力发展民办医院。出台鼓励社会资本举办发展医疗机构的实施细则，细化各项政策，支持非公立医疗机构发展；积极鼓励和引导社会资本参与包括国有企业所办医院在内的部分公立医院改制重组，水城矿业集团公司总医院二塘分院与钟山区政府举办的大湾镇卫生院整合，并引入社会资本参与控股经营，签订协议。开展民营医疗机构考核工作，从2010年起，每年组织专家对民营医疗开展一次量化考核工作。按照《区域卫生规划》和《医疗机构设置规划》，合理设置医营医疗机构，全市共有民营医院69家。

（赵　青）

【重大公共卫生项目】　贫困白内障患者复明项目完成300例，完成任务率100%。住院分娩补助项目完成 21273人，完成任务率100.26 %（任务数21217人）。农村改厕项目完成8000座，完成任务率100 %。农村妇女孕前和孕早期补服叶酸项目完成补服叶酸27531人，完成任务率111.54%（任务数24683人）。

（赵　青）

【基本公共卫生服务项目】　积极开展居民健康档案建档工作。累计建立居民健康档案2068666份，建档率72.48%；累计建立规范化电子健康档案1942064份，建档率68.04%。积极开展健康教育。发放宣传资料715516份，播放音像资料33395次，开展健康主题日咨询活动1631次，更换健康教育宣传栏3661次。0~6岁儿童健康管理446918人次，口腔保健183163人次。孕产妇早孕建卡19721人，开展血型、尿常规、肝肾功能等实验室检查。完成144784名老年人体检工作。五苗报告接种率均达97%以上（卡介苗97.16%，脊灰苗99.51%，百白破98.33%，麻苗99.27%，乙肝苗99.48%，其中乙肝疫苗首针及时接种率82.35%）。规范管理重性精神病患者7310人。高血压、糖尿病规范化管理人数分别达到155177人、54291人，完成率分别达121.8%和150.39%，六枝特区创建国家慢病综合防治示范区通过卫生部专家组验收。积极开展卫生监督协管服务各项工作。2012年10月六盘水市承办了全省卫生监督协管工作推进会，交流和推广盘县卫生监督协管工作经验。全市共聘任了1466名卫生监督协管员和信息员，已举办7期卫生监督协管员培训班，进一步规范了卫生监督协管服务工作，保障了乡镇卫生监督的顺利开展，初步形成了市、县、乡三级一体化卫生监督责任体系，加强了城乡结合部和农村的卫生监督工作。

（赵　青）

【妇幼卫生工作】　全市婴儿活产数28627；孕产妇住院分娩人数27588，住院分娩率96.37%;孕产妇死亡4，死亡率13.97/10；5岁以下儿童死亡214，死亡率7.48‰;婴儿死亡160，死亡率5.59‰。HIV咨询率94.57%，检测率90.27%，检测出阳性孕产妇12例。梅毒检测率80.23%，检测出阳性孕产妇59例，乙肝表面抗原检测率80.63%，乙肝表面抗原阳性孕产妇870人，乙肝表面抗原阳性孕产妇所娩活产数600人，其中注射乙肝免疫球蛋白的儿童数539人，注射率89.83%。

（赵　青）

【提升卫生应急能力】　启动卫生应急示范县（特区、区）创建工作。承办“贵州省2012年突发急性传染病专业培训班”，六盘水市、安顺市、黔西南州等三地共100余人参加培训。与武警六盘水支队联合印发了《六盘水市卫生局武警六盘水支队卫生应急合作机制》，进一步提升了六盘水市卫生应急能力。规范处置突发公共卫生事件9起（输入性恶性疟疾疫情1起、布病疫情1起、流行性腮腺炎疫情1起、风疹疫情1起、麻疹疫情5起），处置手足口病相关信息212起，调度交通事故医疗救援19次，食物中毒事件处置2次，共救治186人。9月7日赶赴云南省昭通市彝良县参加抗震救灾，先后派遣两支医疗队伍前往灾区抢险救援，圆满完成任务，受到了云南省卫生厅和昭通市卫生局的高度评价和当地灾民的赞誉。

（赵　青）

【爱国卫生运动和创卫工作】　认真开展创建国家卫生城市工作，水城县获得省级卫生县城称号。2012年7月，由政府组织相关部门对六枝特区、钟山区创建省级卫生县城进行了市级检查，2012年11月盘县创建省级卫生县城通过省爱卫办暗访，市爱卫办已向省爱卫办申请对盘县创建省级卫生县城进行下一阶段技术评审工作。

（赵　青）

【等级医院创建】　市人民医院创建三级甲等医院获正式授牌，水城矿业集团公司总医院、盘江煤电集团公司总医院、首钢水钢总医院创建三甲医院均通过省级模拟评审；水城县人民医院成功创建二级甲等医院，实现了4个县（区）人民医院均达到二甲医院目标。

（赵 青）

【招商引资】 全年实际到位资金5908万元。引进并建成六盘水春风骨伤科医院，投资总额3000万元，已到位600余万元；引进建设六盘水民大中医院，投资总额3600万元，已到位1326万元；签约建设六盘水蓝天精神病医院，投资总额800万元；引进建设六盘水玛丽亚妇产医院，投资总额8570万元，已到位3980万元；签约建设六盘水舒心中西医结合医院，投资总额12000万元，已到位2万元。

（赵 青）

【卫生监督执法】 规范卫生监督执法行为，推进依法行政。开展医疗服务与血液安全监督工作。共监督检查医疗机构981户次、采供血机构13户次、临床用血医疗机构43户次，罚款156户（金额221900元）。开展打击“两非”专项行动工作。全市各级卫生行政部门、卫生监督机构共监督检查医疗保健机构427户次，罚款7户（金额5.75万），给予吊销《医疗机构执业许可证》1户，取缔1户。依法开展打击非法行医行动。查处无证行医案件86户次，取缔86户，罚款57户次（金额101400元）。开展放射卫生专项监督检查。共监督检查放射工作单位206户次，罚款1户（金额1000元），限期整改46家。开展公共场所卫生监督工作。共监督检查各类公共场所3414余户次，罚款42户（金额33100元），限期整改1029户。开展传染病防控监督检查。共检查医疗机构765户次、疾控机构5户次、消毒产品生产企业3户次。责令限期整改13户。开展公共餐饮具集中消毒单位监管。全市共监督检查公共餐饮具集中消毒单位14余户次。开展学校传染病防控监督检查。共检查各级各类学校680余所次，重点检查了学校（含托幼机构）饮用水卫生、教学环境、生活设施、卫生保健室或医务室配备等情况，并提出整改意见。

（赵 青）

【中医药事业】 制定出台《关于进一步加快六盘水市中医药事业发展实施意见》，加强中医服务体系建设和能力建设，积极推动县级中医院达标建设。实施“中医院质量管理年”工作，配合省中医药管理局完成六盘水市中医医院管理年活动检查评估及中医医院等级评审创建工作。组织水城县中医院开展第二批基本公共卫生服务中医药服务项目试点地区申报工作。组织水城县中医院参加“灸法临床高级研修班”的培训。继续实施“治未病”健康工程，进一步做好民族医药工作和中西医结合工作。加强中医药人才队伍建设。加强中医药文化宣传，实施好中医药知识宣传普及项目和中医医院中医药文化建设项目，扎实开展中医药“进农村、进社区、进家庭”活动。

（赵 青）

六盘水市中心血站

【概况】 2012年，市中心城区（不含六枝、盘县）共采集血液10835人次，采集全血3134000毫升，采集机采血小板15个单位，采血量比上年同期增长3.99%。临床用血100%来自无偿捐献，建立并逐渐完善了Rh（-）稀有血型库，共建有稀有血型献血者档案87份。供应临床红细胞悬液15355个单位，冰冻血浆1008445毫升；手工浓缩血小板1666个单位；机采血小板22个治疗量；冷沉淀146个单位；洗涤红细胞164个单位；全血8000毫升。成分输血比例超过99.8%。六盘水市被评为“2010~2011年度全国无偿献血城市”，成为贵州省唯一连续11年获此称号的城市。

（江 军）

【献血宣传】 市中心血站成立宣传招募科，专职负责无偿献血宣传招募工作。一是加强团体招募力度，上门与市直机关、企事业单位、工厂、学校、部队等单位联系及沟通，赢取重视与支持，全年共开展50余次单位团体献血活动。二是开展“无偿献血知识进校园”活动，通过到六盘水市师范学院给大学生上课，讲解无偿献血法律法规及无偿献血知识，取得了良好的效果。三是将日常的采供血工作与各个中西方传统节日有机结合起来，突出宣传招募主题，合理安排街头献血的上班时间，如中西方传统的七夕、情人节、圣诞节等，通过制作创意宣传牌和横幅，赠送献血者节日气氛浓郁的纪念品，起到了良好的无偿献血宣传招募效果。四是充分发挥无偿献血志愿者的作用，志愿者不仅参与献血的全过程，对于献血者的招募和保留、献血活动的组织、新的献血志愿者的招募都发挥了不可替代的作用。

（江 军）

【血液质量管理和血站建设】 根据《血站管理办法》《血站质量管理规范》和《血站实验室质量管理规范》要求，持续改进质量管理体系，执业人员资质基本符合有关规定，建立血源管理档案和计算机网络管理体系；有突发事件血液应急预案；血液管理规范，采供血正常有序，医疗机构临床用血科学、合理，严把血液质量检测关，确保临床医疗用血安全有效，全年未发生任何血液质量问题。加强内部管理，提高工作效能和服务质量， 2012年，市中心血站被评为“贵州省精神文明建设先进单位”。在水西路中国银行门口建设1栋固定采血屋，投资80余万元新购置了1辆大型采血车。市中心血站搬迁建设工程列为市政府“十大工程”之一，新址占地面积约14.7亩，总建筑面积8900平方米，总投资4176万元，2012年完成投资2000万元的主体工程已封顶。

（江 军）

市人民医院

【概况】 2012年3月顺利通过省卫生厅三级甲等综合医院评审，成为六盘水市首家“三甲医院”。修订《规章制度及工作职责汇编》《常见疾病诊疗手册》等规章制度13册；规范各种记录本26个。新增肾内科、肝胆外科、心胸外科、妇产科、儿科、感染科、康复科7个病房。收到病人赠送锦旗98面，感谢信13封，拒收“红包”9人次，金额5800元。门、急诊病人同比增长26.6%，出院病人同比增长70.1%，住院病人手术台次增长55.1%，病人满意度95%以上，平均住院日10.6天，较上年同期缩短1.8天，业务收入增长64.43%。获得市直机关“先进基层党组织”等集体荣誉，有2人荣获“全国卫生系统先进个人”称号，1人荣获省级“创先争优”优秀共产党员称号，1人荣获全市“十佳基层党组织书记”称号，1人被市卫生局推选为全市保持党的纯洁性教育活动先进个人；获全市“拥军优属先进单位”称号。

（杨 畅）

【人才培养与科研】 一是对22个中层干部岗位实施竞争上岗，优化干部队伍；二是对具有执业资格、工作半年以上、经考核合格的人员，签订两年以上劳动合同，留住了紧缺的优秀人才；三是面向社会公开考聘208名医护人员充实临床一线，副院长吕建一 、神经外科主任刘毅被评为六盘水市市管专家。加强教学、科研与医疗工作的相互促进，获得省长基金科研项目1项，市级科研立项5项，市级科研成果4项，数量占全市卫生系统的70%，首次获得省级科研立项。开展新技术、新项目4项。完成37例心脏介入手术，开启市人民医院心血管介入的里程碑；开展脑血管介入、周围血管介入等手术。医院被卫生厅列为国家级流感监测哨点医院。

（杨 畅）

【医疗安全管理】 编辑《六盘水市人民医院医讯》发放全院各科室，对全院50%以上的终末病历进行审核，全院甲级病案率达98%，同比提高2个百分点。按卫生部要求开展临床路径工作，18个临床科室已开展18个病种的临床路径，共计进入路径546例次，完成392例。开展临床抗菌药物使用专项整治工作，I类切口抗生素预防用药使用率20%，住院病人抗菌素使用率59%，急诊病人抗生素使用率33%，采取有效措施降低抗菌药物使用强度。加强对各级人员的院感培训，加大对临床重点部门的监测指导，医院感染发生率1.21%，同比降低0.97%。加强输血管理，成分输血率100%。实施《医疗风险预警制度》，主动邀请患者参与医疗安全活动，加强医患沟通，畅通患者投诉渠道，妥善处理医患纠纷，总结经验教训，保障医疗安全。

（杨　畅）

【提升服务质量】　加强“三基三严”培训，提升护理技能，2人获全省护理岗位创新技能竞赛银奖。坚持“以病人为中心”的服务理念，变被动服务为主动服务、热情服务、微笑服务，杜绝“生、冷、硬、推、拖”现象。实行无假日门诊，积极开展预约挂号及先诊疗后结算服务。门（急）诊开展“双十”活动（提前10分钟上班，推迟10分钟下班），最大限度地为患者提供方便，患者满意度始终保持在95%以上。

（杨　畅）

【资金投入】　投资1.8亿元的综合住院楼全面投入使用；投资200万元对内科楼装饰装修，特别是全市一流的消毒供应室、全市最规范的血液透析室、新生儿室、感染科病房等基础设施的改善，为医院学科建设创造了良好条件。同时，投资8000余万元的CT、核磁共振、大型C臂机等先进医疗设备的投入运行，为医院发展奠定坚实基础。

（杨　畅）

【强化社会责任】　认真贯彻落实《突发公共卫生事件应急条例》和《传染病防治法》，共抢救大型车祸10起103人，食物中毒事件3起29人。在全市手足口病爆发流行的防治工作中，充分发挥龙头医院作用，收治患儿458名，其中重症54名，抢救成功率90%以上。8月初，派出优秀业务骨干15名，分别到六枝特区人民医院、盘县人民医院、水城县人民医院开展讲课、查房等帮扶工作，巩固受援医院已取得的“二甲”成果。9月7日，云南彝良地震发生后，医院及时组建11人的医疗队奔赴灾区抢险救援。完成医保服务39515人次，同比增长23.1%。完成体检收入639.54万元，同比增长10.8%。围绕消防、治安、车辆管理及无主病人、尸体的处理等内容开展工作，实现“三无”目标。医院计划生育率为100%，职工无计划外二胎及超生现象。（杨　畅）

六盘水市第二人民医院

【概况】　六盘水市第二人民医院位于六盘水市所辖的六枝特区下云盘。医院占地面积41600平方米，固定资产1434万元。全院现有职工346人，在岗职工中具有高级职称10人，中级职称57人，初级职称151人。其他技术人员14人。全院有10个病区，10个临床科室，8个医技科室，设有病床360张，是一所地市级大型综合性医院。

六盘水市第二人民医院始建于1965年12月，当时系六枝矿区指挥部医院，医务人员是由江苏南京、苏州、镇江、无锡、常州、扬州、徐州等地支援西南三线建设的医务人员和原贵州省煤炭工业管理局第二基建公司医院的医务人员组成，至今已建院近40年，其间曾几度更名，直至2000年定名为六盘水市第二人民医院。

2012年8月16日至31日，医院正式移交六枝特区人民政府管理。医院移交六枝特区管理，对医院的发展具有十分重要的意义。有利于地区医疗卫生事业的发展，有利于资源的整合利用，有利于医院的成长，有利于医院职工生活的改善。

（黄薇莎）

【设施及环境建设】　改善就医环境。2012年，成立康复理疗科、外4科，缓解病人住院难问题。投入80余万元对院内环境进行了绿化改造，并修建了篮球场等活动场所。同时完善了住院大楼相关配套设施，创建无烟医院，进一步改善了就医环境，大大提升了医院的社会地位和形象。购置先进仪器设备。根据医院发展的实际需求，2012年投入2210多万元，更新和配备了一批先进设备，提高了临床检测和诊断能力。如：投入1396万元引进全进口1.5T核磁共振，投入814万余元购入6台血液透析机、彩超等设备，检验科引进全套设备。加强信息化建设。医院投入大量资金进行信息化改造。为医院进一步加强安防体系建设发挥积极作用。进一步完善了医保农合接口、财务系统、电子病历、电子医嘱、医生工作站、护士工作站、临床路径管理模块的信息建设，建立了医院网站，加大对外宣传力度和信息传递。医院正为加快硬件建设做充分准备。

（黄薇莎）

【管理提升服务质量】 医院在巩固2011年创建“二甲”成果的基础上，继续深入推进“医疗质量万里行”活动。紧密结合“三好一满意”“优质服务年”“创先争优”等活动，提高医疗质量，保障医疗安全。

完善制度建设。在创建“二甲”基础上，逐步修订和完善了《临床执行情况奖惩细则》等规章制度，同时订购了《医疗机构从业人员行为规范手册》（以下简称《规范》）500本，下发到每位职工，要求按照《规范》的内容，对照自己的一言一行，努力做到“三好一满意”，确保医疗质量和安全。

强化各项核心制度落实。坚持每季度召开全院医疗质量分析会，从科室的医疗质量、病历质量、护理质量、院感质量、合理用药、输血质量等进行全方位分析、点评，对出现的问题及时反馈，对存在的问题进行深层次剖析，提出有针对性的改进措施，持续改进医疗质量。

加强安全教育。2012年7月，组织医护人员进行了食物中毒应急演练，开展消防安全培训，增强应急能力和消防安全意识；邀请省医、贵医有关专家到院进行医疗安全专题讲座，增强了医护人员依法、文明、安全行医意识。

加强业务学习。2012年共组织了全院性业务学习24次，邀请院外医学专家来院讲课8余次，三基理论考试2次，合格率为96.7%；护理部组织全院护理业务学习12次，参加人次为2000余人次，护理技术操作培训12次，参加人次为1700余人次，全院护理查房2次，护理技术操作考试12次，抽考356余人次，及格率为97.23%。

规范院感管理。开展医院感染病例监测，认真落实《医院感染管理办法》及各项院感工作制度。2012年，医院获得了全国医院感染横断面调查先进集体称号。

服务意识、服务质量进一步提高。开展“三好一满意”“优质服务年”等活动以来，改进服务态度，改变群众看病就医感受。对病房、医技科室尤其是门诊挂号收费处及药房人员、医护人员进行服务意识重点强化教育，要求落实好首诊（问）负责制度，凡与就医患者发生口角或被投诉的，由院方负主要责任的，对当事人予以适当处罚。优化服务流程，方便群众看病就医。坚持从方便群众就医和符合病人需求入手，改进服务流程。在护理方面，进一步落实基础护理，改善护理服务，提高护理质量。在门诊大厅、住院大楼大厅设立导诊台，方便患者咨询。全院推行电子病历、电子医嘱等措施，以提高医疗服务质量，更好地服务广大患者。

（黄薇莎）

【医改工作】 开展临床路径管理。医院按照省卫生厅的统一要求，通过制订方案，培训人员，实施临床路径。2012年9月12日至9月14日，由副院长王世其带队，带领相关科室主任及护士长一行共15人到遵义市第一人民医院及遵义医学院附属医院就临床路径管理及实施进行了参观学习。

实施便民惠民措施。优化诊疗流程，缩短就医等候时间、改善了门诊设施和条件，病房及门诊、急诊各种标牌标志醒目，在门诊大厅设置了慢性病健康自助检测点，免费为病人检测身高、体重、血压、血糖、腰围等项目，优先安排残疾人、计生特殊家庭等优抚对象病患者就诊检查。全面实现全民医保即时即报，提高了参保人员医疗保障水平。严格执行医疗服务收费标准，并公示各种医疗服务收费标准。

开展抗菌药物临床应用专项整治活动，降低药品比例。召开抗菌药物临床应用专项整治活动会议，签订抗菌药物合理应用责任书，完善制度，保证用药安全。下发《关于加强临床用药管理的规定》等规章制度，将70多种抗生素调整至35种。

履行公共服务职能。积极参与白内障复明工程。坚持救助贫困人群和弱势群体，每年投入大量人力、物力、财力，支持防盲治盲事业。2012年共完成100例“贫困白内障患者复明工程”的任务。推进城乡医院对口支援，与大用镇、落别乡卫生院建立对口帮扶机制，2012年，共有12余名医护人员到卫生院开展学术讲座、培训等短期医疗服务，为郎岱镇阿落村卫生室配备了价值2000元的医疗设备。

（黄薇莎）

【综合实力建设】 学科建设水平上台阶。随着医院规模不断扩张，医院适时调整学科建设，对相关专科进行专业细化，如新成立了康复理疗科、外四科。

人才队伍不断发展壮大。为了进一步提高医院的专业技术水平，加强人才培养，2012年，医院到高校招聘了12名医务人员，面向社会公开招考了22名医护人员，为医院的后续发展储备了人才资源。

深入人事改革，扩大并优化中层干部队伍。2012年，对行政职能部门、部分临床科室主任等25个岗位及3个护士长岗位进行了公开竞聘，充分调动了广大干部、职工的工作积极性和主动性。

新技术、新项目上新水平。2012年医院诊疗水平有所提高，新技术、新项目的开展取得了显著效果。2012年医院开展了双深度单通道经颅多普勒、血清CA—125、血清乙肝两对半定量检测、血清前列腺特异性抗原（PSA）和游离前列腺特异性抗原（fPSA）检测、手术治疗右侧小脑半球肿瘤伴梗阻性脑积水、中医穴位注射治疗法、床旁纤维支气管镜、中心静脉置管术、计算机骨三维重建、微创美容缝合技术在急诊清创术中的临床应用等16个新技术、新项目，为提高医院医疗技术水平打下了坚实的基础。

科教能力进一步提高。通过“请进来、走出去”相结合方式，选送中青年骨干外出参加学术交流和短期培训，邀请资深教授来医院授课讲学；鼓励医务人员撰写学术论文，加快高水平论文产生。2012年选送6名专业技术人员前往重庆第三军医大学附属医院进修深造。2012年在省级、国家级核心期刊、市级期刊上共发表论文30余篇，2012年共接收实习生52人，进修生5人。

（黄薇莎）

【党建工作】 2012年初，制定并下发了《2012年党建工作要点》。2012年院党委发展入党积极分子1名，2名预备党员，2名预备党员按期转为中共正式党员。2012年以来，开展了基层组织建设年暨“三忠诚”教育活动、保持党的纯洁性教育等活动。按照活动要求，及时成立了领导小组，制订了实施方案，召开了动员大会，对活动进行了广泛动员部署。在庆祝建党91周年暨表彰大会上，授予医技党支部、总务党支部“五好党支部”称号，授予王世其等21名党员“优秀共产党员”称号。8名新入党党员在鲜红的党旗下庄严宣誓，全院党员重温誓词。

（黄薇莎）

【文化建设】 医院秉承求真务实，团结奋斗、廉洁奉献、与时俱进的医院精神，不断加强文化建设。开展了丰富多彩的文体活动。2012年初，开展了一系列趣味体育活动，包括夹弹珠、指鼻子、拔河、同舟共济、跳绳等一系列喜闻乐见的活动；2月3日，全院职工欢聚一堂，举行了一场丰富多彩的元宵联谊会；5月11日，举行了纪念“5·12”国际护士节暨表彰大会。会上举行了演讲比赛和护理操作技能示范表演，并为新护士举行了授帽仪式和宣誓仪式。会议表彰了2名“优秀护士长”、2名“优秀带教老师”和护理岗位技能操作比赛的获奖者；12月底，举行了迎“元旦”篮球比赛。加强形象文化建设。创办医院简报，每月一期定期发放；建立医院网站，通过电视、报刊、专栏、标语等多种渠道进行形象宣传；制定了医院服务宗旨，统一标识、服务证，创建“无烟医院”，体现了整齐有序的现代化医院风貌。

（黄薇莎）

市第三人民医院

【概况】 六盘水市第三人民医院前身为六盘水市传染病院，始建于2005年，占地28亩，隶属于六盘水市医疗集团。2009年9月市医疗集团解散后开始独立运转，当时全院有27名职工，承担着六盘水市传染病的医疗救治任务。随着医疗卫生改革的发展和需求，2010年加挂了六盘水市精神病医院牌子，2011年正式挂牌成立六盘水市第三人民医院。在职职工人数110名，专业技术人员占总数的78%（其中高级职称1人，副高职称3人，中级职称11人）。开设床位120张。拥有大型X光机、DR、彩色多普勒超声仪、全自动生化分析仪、血气分析仪、有创、无创进口呼吸机等现代化检查设备。

六盘水市第三人民医院新建院址在德坞新区，占地面积约64亩。建成后的第三人民医院将拥有床位总数为700张（其中传染病区200张、精神病区300张、综合病区200张），是一所集医疗、教学、科研、预防、保健为一体的大专科、小综合国有三级医院。

（李　静）

【生产状况】　2012年住院1998人；门诊3384人；床位使用率80.9%；出入院诊断符合率99.9%；入院三日确诊率100%；院内感染率0.35%；全年网络直报传染病共计2305例，其中，无甲类传染病、乙类传染病493例、丙类传染病1754例、其他58例。

（李　静）

【手足口病救治】　3月，被定为手足口病定点收治医院、六盘水市艾滋病抗病毒治疗定点医院。3月起，手足口病人数逐月增加，4月收治手足口病患儿69人，5月收治手足口病患儿189人，6月1日至14日仅半月就收治手足口病患儿135人。6月初副市长谢朝碧、市卫生局局长张新芝多次亲临医院调研、指导救治工作，医院进入全面戒备的战斗状态。采取积极措施，启动应急预案，建立ICU重症监护病房，全体职工参与到抗击手足口病的紧急救治工作之中，最大限度地减少重症和死亡病例的发生。截至2012年12月31日共收治手足口病患儿1313例（其中167例重症患者）。占全市救治总量的70%。

（李　静）

【创建“群众满意医院”】　4月，在创建“群众满意医院”活动中，按照省卫生厅、市卫生局的部署，以开展创建“群众满意医院”活动为契机，提升医疗质量和服务水平，打造良好的医疗环境，形成了“质量兴院”的良好风气。医院把卫生局年初部署的“医疗质量管理年”活动内容融入到创建“群众满意医院”活动当中，制定了《突发公共卫生事件应急处理预案》《医疗纠纷防范预案》《医疗纠纷处理预案》等一系列制度及措施。确保医疗质量和医疗安全，实现了全年无医疗事故及纠纷发生。

（李　静）

【精神病区一期工程开工】　5月，正式开工建设六盘水市第三人民医院精神病区一期工程，属于2012年六盘水市十大重点工程之一，完成投资2732.3万元。预计2013年5月份投入使用。

（李　静）

【成立党委】　8月，经市委、市政府批准，正式成立六盘水市第三人民医院党委。为医院加速发展提供了有力的组织保证。

（李　静）

【精神文明建设】　9月，医院在市直机关工委组织的全市广播体操比赛中脱颖而出，荣获二等奖，在全市拔河比赛中获得第七名。彰显了六盘水市第三人民医院高度的执行力和凝聚力。

（李　静）

【应急演练】　11月，医院具体承办了全市卫生系统应对传染病与突发公共卫生事件的卫生应急演练活动，锻炼和提高了应急救援队伍的实战水平，为建成一支“招之即来、来之能战、战之能胜”的高素质医疗救援队伍打好了坚实的基础，增强了相关单位之间的应急联动意识，达到了预期效果。

（李　静）

【建立临床基地】　12月，挂牌成立全国中医药防治传染病临床基地。

（李　静）

【人才培养】　2012年，共培训专业技术人员82人次，派送人员外出进修20人次，并多次开展专家讲座及业务辅导。使广大医务人员业务素质得到了进一步提高。同时医院大力引进人员47人，为建设与发展奠定了人才基础。此外，为确保精神病区的开诊，医院派遣相关专业技术人员外出进修，为精神病区的正式使用奠定了医疗技术、管理人员和相关设施的基础。

（李 静）

市妇女儿童医院

【概况】 2012年，市妇女儿童医院以创建三级甲等妇幼保健院为契机，紧紧围绕医院五年发展规划和年初的既定工作目标，抢抓发展机遇，扎扎实实地推动了医院的发展建设。

全年共收治门急诊病人269642人次，同比（224573）增加16.7％；出院病人18816人次，同比（18372）增加2.36％；收入11346万元，比上年增加25.55%。

（费庆娣）

【启动第一笔贫困救助基金】 3月6日，启动第一笔贫困救助基金，为儿科一危重患儿捐助3000元住院费。

（费庆娣）

【成功救治一巨大卵巢肿瘤患者】 3月16日，妇科成功救治一巨大卵巢肿瘤患者（水城县平寨乡播落村营脚组村民付长会）。

（费庆娣）

【召开创建“无红包医院”活动暨“三忠诚”集中教育活动动员大会】 3月19日下午，召开创建“无红包医院”活动暨“三忠诚”集中教育活动动员大会。

（费庆娣）

【召开5·12国际护士节庆祝大会】 5月11日，召开5·12国际护士节庆祝大会，表彰优秀护士并举行了隆重的授帽仪式。

（费庆娣）

【引进流产后女性健康关爱（PAC）项目】 7月26日，引进了流产后女性健康关爱（PAC）项目，这是中国妇女发展基金会在贵州省第一批初审认证指定的医院，对于全市有效提高流产后女性有效避孕率和降低重复流产率有着重要意义。

（费庆娣）

【黄凤英获全国“感动未来奖”】 9月，主任黄凤英在全国“感动未来”优秀儿科、儿保医师圆梦公益行动中获“感动未来奖”。

（费庆娣）

【启动医院改扩建项目工程】 2012年启动了医院改扩建项目工程，该工程现被列为省级和市级的重点建设项目，已累计完成投资6044.33万元，占总投资的35.14%。

（费庆娣）

【创建学习型医院】 2012年，继续加强院科两级业务培训，采取“请进来、送出去”等多种途径，抓好医务人员的继续教育工作，推动学科建设与发展。科室坚持业务学习与教学查房不放松，医院坚持每季度业务学习与业务考试不放松。2012年共举办了“产科适宜技术”“院感相关知识”“抗菌药物合理使用”“护理知识和操作技能”“手足口病防控知识”“爱婴医院相关知识”等37次全员培训。业务考试共八场，参考人员1260人次，“三基”考试合格率达100%；外请省内、市内专家到该院进行业务讲座9人次，教学查房4次；邀请国内、省内知名专家四人到医院授课和腔镜下子宫切除、宫颈癌根治及卵巢癌肿瘤细胞减灭术等手术演示，举办了一期北京协和实用妇科内分泌走进西部学习班；加大教学经费投入，拨专款为各临床科室配备了投影仪、笔记本电脑等多媒体教学设备，改善了科室教学条件；重新修订、编印各项工作手册、制度及流程；成为贵阳医学院教学医院。

（费庆娣）

【特色服务】 将2012年医院品牌工作的主题定位为“感动式服务年”，制定了感动式服务活动方案。品牌办定期深入病房走访患者，倾听患者的意见和建议，每季度评选出患者满意的“服务之星”并予以奖励。以产房为试点，开展感动式服务示范岗活动。通过“分娩镇痛”“导乐分娩”等新技术、新项目的开展，主动尊重、关爱产妇，有效地降低了剖宫产率。通过出院病人电话随访和短信平台，将优质服务延伸到患者出院后。经随访，患者对医院的满意度达95%以上。继续完善“医患沟通爱心联系卡”的发放、在各楼层增设收费点、增加等候椅等便民服务措施。2012年医院还设计制作了患者就诊资料袋，方便患者携带和保管就诊资料，关爱患者于细微处。关爱职工。2012年召开了住院医师座谈会和护士座谈会，帮助他们释放工作压力，也收集到了许多有利于医院发展的意见和建议。作为贵州省唯一的医师人文医学执业技能培训基地，继续与中国医师协会合作，对全市17家医疗单位近80余人次进行了医师人文医学执业技能的培训。邀请国内著名公司的文化建设专家进行专题策划，真正从文化理念系统、行为识别系统、视觉识别系统三方面营造了独特的六盘水市妇幼保健院的文化氛围，树立了医院的品牌形象。

（费庆娣）

【科技兴院工作】　2012年，完成了PICU的改扩建，成立了全市首家儿童重症监护病房，提高了危重患儿的抢救成功率；开展了C13-呼气试验，为小儿消化系统疾病提供了诊断依据；急诊科的建立，规范了急诊留观病人的诊治。继续开展微创手术的同时，提高微创手术的质量与水平，2012年共开展微创手术639例，其中二级手术400例，三级手术120例；开展了阴道成形术；引进了流产后女性健康关爱（PAC）项目，这是中国妇女发展基金会在贵州省第一批初审认证指定的医院，对于全市有效提高流产后女性有效避孕率和降低重复流产率有着重要意义。在全市率先开展了无痛分娩及导乐分娩，剖宫产率由开展前的54.3%下降到50.03%，下降了4.27个百分点，有效减少了并发症的发生，缩短了住院时间；开展了小儿头颅和腹部B超、肠系膜淋巴结探查、肠道B超，最大限度的满足了临床需求；完成了HIV初筛实验室的建立。另外，医院成立了营养科，选派两名工作人员到外院专科进修临床营养，开展了临床营养指导工作。

（费庆娣）

【医护质量与医疗安全】　2012年，医院以创建三级甲等妇幼保健院为契机，继续深入开展“医疗质量万里行”“三好一满意”及“平安医院”创建活动，始终把提高医疗质量、保障医疗安全放在首位，采取一系列举措，切实维护患者就医安全。召开了2012年医教研工作会议，与各科签订了年度医疗质量管理目标责任书；坚持每月医疗质量、医疗安全与服务质量考核，将考核结果与科室的绩效挂钩；加强医院信息化建设。2012年开通了门诊医生工作站、门诊排队叫号系统及LIS、PACS系统，大大提高了门诊工作效率；积极开展临床路径管理，共开展了10 个病种的临床路径管理；加强护理质量管理及爱婴医院培训，开展“以病人为中心”“以人文关怀”为主的“感动式”服务活动，修订完善护理工作制度职责、护理质量标准等，护理质量持续改进；严格执行院感工作制度，切实加强医院感染管理，有效预防和控制了医院感染事件的发生。加强手足口病防控工作，积极配合卫生防疫部门，共同做好疫情防控工作。继续开展多种耐药菌株监测，不断完善多重耐药菌监测与临床多重耐药菌感染病例的隔离控制工作；继续深入开展“抗菌药物专项整治活动”，将抗菌药物合理使用纳入科室专项考核，使抗菌药物的使用率下降了1.74个百分点；加强门诊管理，建立了高峰期门诊应急预案，专家门诊出诊率有了一定提高；健全了应急工作管理，规范了“120”急救管理，医院统一汇编各项工作流程与应急预案；邀请了成都现代医院管理研究所教授陈曙光对全体中层干部进行提升讲座。

（费庆娣）

【妇保工作】　2012年，全市妇幼卫生工作有序开展。各项妇幼卫生主要指标按计划完成，孕产妇住院分娩率96.37%，孕产妇死亡率17.46/10万，5岁以下儿童死亡率7.48‰，婴儿死亡率5.59‰，新生儿破伤风发病率0.175‰；加强对全市妇幼卫生工作的督导检查，完成了四个县区共40家医疗机构的基本公共卫生服务及妇幼卫生工作督导，对存在问题进行了限期整改；继续开展“预防艾滋病、乙肝、梅毒母婴传播”“降消项目”“叶酸增补”等妇幼卫生项目工作；继续加强对基层妇幼卫生专业技术人员的培训，组织了“高级产科生命支持”暨降消项目产科适宜技术县级师资培训和“艾滋病、梅毒、乙肝母婴传播项目业务人员培训”，100余人次参加了培训；继续采取多种形式开展健康教育宣传和义诊活动，大力宣传“一法两纲”，普及妇幼卫生知识，向群众发放各种健康教育宣传资料约3000份、义诊100余人次；儿保科完成集体儿童体检、散居儿童保健、小儿生长发育监测、智力测试、龋齿防治、听力筛查、视力筛查、小儿四病防治共计20822人次，送检新生儿疾病筛查4748人次，完成预防接种及PPD检测13555人次；妇保科完成女职工体检及妇女保健2719人次；产后康复中心开展产后康复治疗、流产后子宫康复、慢性盆腔炎、乳腺小叶增生、乳腺疏通共计7357人次。

（费庆娣）

【党建工作】 2012年，市妇女儿童医院高度重视挂帮工作，将“四在农家”活动落到实处。医院与市交通局公路处、水城县农业局协调，落实化启村的村级公路硬化工程及10个蔬菜大棚，共计202.3万元。同时，医院还投入3万元，帮助其修建蔬菜大棚的配套设施。深入基层，走访慰问困难群众、老党员。春节前夕，医院领导和医务人员到化启村慰问贫困农户43户，发放米、油、慰问金等共计16000余元，继续对该村向家寨子组的贫困学生徐某某进行捐资助学，已向其提供助学款5000元；到龙苑社区慰问贫困居民、老党员10人，发放慰问金2000元，继续关注贫困居民张某某之女术后康复情况并送去慰问金1000元。继续对六枝中寨乡卫生院的对口帮扶，投入5万元帮助乡卫生院规范了制度与标识，印制了《中寨乡卫生院职工手册》，安排业务骨干指导医院进行了流程再造，定期对乡卫生院医护人员安排业务学习。设立“贫困患者救助基金”，帮助贫困患者得到及时救治。2012年，医院共救助贫困患者24人，救助金额近8万元。

（费庆娣）

水矿集团总医院

【概况】 2012年，水矿集团总医院认真落实“医院等级提升年”要求，结合三级甲等医院等级评审标准，强化日常管理，狠抓医疗安全和医疗质量，严格遵守各项医疗法规，提升了全院的管理水平。2012年底，被贵州省卫生厅评审为“三级甲等医院”。

（水矿总医院）

【健康体检中心投用】 2012年，水矿集团总医院院3.0T核磁共振成像等大型设备、具有省内先进水平的健康体检中心正式投入使用。

（水矿总医院）

【完善非医疗因素意外伤害防范措施】 认真做好和防范非医疗安全隐患，完善非医疗因素意外伤害防范措施。2012年，水矿集团总医院认真做好因低温凝冻天气导致的各类突发事件的紧急医疗救援工作，加强了门急诊值班力量，满足低温凝冻天气群众就医增加的需求，凝冻期间接诊电话60次，派出车辆27次，处置车祸医疗救护21人次。

（水矿总医院）

【社会责任】 截至2012年11月底，水矿集团总医院先后在市内、矿区及边远贫困地区举行义诊20余次，共免费诊治患者近800人次，健康咨询2万余人。全年完成10712人次的健康体检工作；医院启动了对施秉县人民医院、三穗县人民医院、德江县人民医院的对口支援工作，赠送了电脑，并为其安装了价值7万余元的电子图书馆系统；继续与国际奥比斯组织合作，并争取到其慈善基金组织33万元的援助。医院眼耳鼻喉科积极帮扶部分省内二级贫困医院，助其提高医疗技术水平，造福当地人民群众。

（水矿总医院）

【拓展分院多元化发展道路】　2012年，水矿集团总医院进一步强化分院“责、权、利”相统一的管理模式，树立分院“相对法人”观念，充分调动分院自主管理积极性。围绕水矿集团新一轮解放思想大讨论活动的开展，医院积极引入社会资本参与医院建设，与源盛医药公司共同投资组建了“六盘水市大湾医院”，受到省市各级政府、卫生行政主管部门高度认可和重视。

（水矿总医院）

疾病预防控制

【概况】　传染病发病率总体下降，甲乙类传染病得到有效控制。2012年，全市无甲类传染病报告，共报告乙类传染病15种，发病6972例，死亡54例，报告发病率为244.26/10万，死亡率为1.89/10万，报告发病数与上年（7644例）同比下降8.79%；全年共报告丙类传染病8种，报告发病7791例，死亡9例（其中手足口病8例、麻风病1例），报告发病率为272.95/10，发病数与上年同期（2737例）相比上升184.65%，死亡率为0.32/10万。重点加强手足口病防治。全市2012年共报告手足口病发病5688例，报告重症病例225例（死亡8例）。进一步加强艾滋病、结核病等重大传染病防治。全市累计发现艾滋病病毒感染者/病人1342例，其中艾滋病人311例，死亡223例。2012年发现艾滋病病毒感染者/病人350例，其中艾滋病人97例，累计抗病毒治疗265人，正在治疗的210人，累计死亡17人；全市共免费治疗结核病人3047例，任务完成率108.20%（任务数为2816例），其中新涂阳病人747例，完成任务率90.44%（任务数为826例）。加强免疫规划工作。全市共报告11次常规免疫报表，报告接种率均达97%以上。

（赵　青）

市卫生监督所

【概况】　2012年，全市共有卫生监督员127人（大专以上学历的占94.7%，年龄45岁以下的占70%）；有卫生部配置标志的监督专用车辆6辆，电脑及影像设备110件；全市有六盘水市人民医院、水城钢铁（集团）总医院、盘江煤电（集团）总医院3家有职业病诊断资质的医疗机构；有职业病体检资质的体检机构13家。4个县（特区、区）卫生监督所办公楼建设相继开工；6月8日，水城县政府召开专题会议，同意水城县卫生监督所与县疾病预防控制中心合建办公楼，6月28日，征地拆迁补偿费351480.23元已汇入县国土局专户，12月21日，完成投资40万元；六枝卫生监督所完成招标开工建设；钟山区卫生监督所与钟山区司法局合建办公楼项目，主体工程基本完工；盘县卫生监督所项目建设进入投标阶段，12月底中央资金1010万元已全部到位。

（吴开学）

【卫生监督】　2012年11月12日，全省卫生监督协管工作现场会在盘县召开，各地、州、市卫生监督所同仁到盘县参观学习，省卫生监督局局长白诚、副市长尹志华、盘县政府县长邓志宏出席现场会。全年共检查公共场所3414户（次），对存在问题的42户给予处罚，罚款共计83100元。共检查医疗机构981户（次），查处违法违规219起（其中违规发布医疗广告的25家），罚款221900元。共抽查医疗机构765家，疾控机构5家，采供血机构3家，消毒产品生产企业3家，对传染病管理不规范、报告不按时的，医疗废物处置不规范的24家机构分别给予处罚，罚款31450元。依据《六盘水市2012年饮用水卫生监督监测工作方案》，共检查全市供水单位14家，农村集中供水单位63家，学校自备水9家。市政供水采集出厂水样18份，合格18份；末梢水43份，合格38份，合格率88.4%；二次供水26份，合格15份，合格率57.7%；采集农村集中式供水水样12份，合格8份，合格率66.7%；对存在问题的单位作出相应处罚。抽查14家公共餐饮具消毒单位，采样送疾控部门检验87份，合格87份。

（吴开学）

市食品药品监督管理局

【药品监管】 2012年，全市药品监管部门共出动执法车辆9643台次，执法人员15796人次，检查药品、医疗器械生产经营使用单位5979家次，责令整改158家次，立案查处29件，办结25件，罚款18.185万元。上报有效药品不良反应报告1450份，医疗器械不良事件报告450份，药物滥用监测表690份。受理药品经营零售许可117件，办结114件；变更药品经营零售许可55件；药品零售企业GSP认证72家，GSP跟踪检查978家，依法注销药品零售企业4家。完成药品抽验710批次（含基本药物150个品种的368批次），不合格8批次，合格率98.73%，不合格品种均为中药饮片。完成药品快速筛查1000批次，通过快筛后抽样80批次，不合格8批次；完成医疗器械抽验50批次，合格50批次；抽验辖区内的药品生产企业使用胶囊剂2批次（检验胶囊的铬含量），合格2批次。依法对抽验不符合规定的药品进行了立案调查处理，打击制售假劣药品行为和责任人。配置药品数字化媒体广告监测系统，对六盘水1、2、3台，水钢新闻综合频道，水矿综合新闻频道实时进行监测，共监测违法药品广告1028条次（含重复播放次数，下同），移送工商行政管理部门28起；违法医疗器械广告296条次，移送工商行政管理部门5起；违法保健食品广告共165条次，移送工商行政管理部门9起。举办6期药品零售企业药学从业人员继续教育培训班，培训涉药人员1209人。对药品生产、批发企业经营的基本药物目录品种、麻醉药品、精神药品、血液制品、疫苗、中药注射剂等高风险重点品种实施电子监管，及时处置电子监管预警信息，做好药品电子监管数据核注核销工作。完善《六盘水市药品零售企业安全信用分级管理标准》，对药品零售企业实施“安全信用分级管理”。对乡（镇、办）食品药品安全监管信息员进行培训，监督网建设与“新农合”有机结合，乡（镇）、村两级药品监督职能加强。加大市食品药品检验所检验检测装备投入，提高检验检测能力和基层快速筛检与机动能力。

（黄河常）

【监督检查】 对全市5家药品生产企业进行监督检查（其中六盘水药业公司、贵州神奇制药明湖药业有限公司、贵州大华制药厂3家停产），检查覆盖率100%。出动执法人员1121人次，对医疗器械批发企业检查26家次，对医疗器械经营企业检查206家次，医疗器械经营企业检查覆盖率100%；责令2家违规经营隐形眼镜、软性角膜镜及护理液的眼镜店限期整改。出动执法人员608人次，检查终止妊娠药品经营企业827家次，对个别企业未收集购售方相关资质的违法行为责令整改，对违规销售终止妊娠药品的经营企业立案查处。出动执法人员690人次，检查含特殊药品复方制剂的经营单位932户次，对个别批发企业客户档案资料不完善，使用现金交易，药品零售企业销售含特殊药品复方制剂未做销售记录或记录不全等行为，均责令整改。开展中药材、中药饮片专项检查，查获虫蛀和霉变中药饮片2批次约3千克，霉变中药1536千克，对查获的不合格产品当场监督销毁。进行铬超标胶囊的核查，检查胶囊剂药品生产企业2家、批发企业7家、零售连锁企业8家、零售企业1213家次、医疗机构405家次，发现并暂停销售和使用9家涉案企业生产的胶囊剂药品共80个品种、111.335万粒；监督药品经营使用单位召回铬超标胶囊剂药品共177个批次、37337盒，涉及43家药品生产企业的74个品种。

（黄河常）

【食品监管】 市食安委先后组织开展“严厉打击食品非法添加和滥用食品添加剂”“地沟油”“小餐饮整治”“校园食品安全及中小学生营养餐”“农药兽药残留”“畜禽屠宰”“调味品”“餐具及食品包装材料”和“面条”等9项重点品种和重点场所的食品安全专项整治。对列入市委、市政府《全市经济社会发展100项重点工作》的“地沟油综合监管”和“小餐饮整洁”工作实施每周调度，全市未发生重大食品安全事件。检查餐饮单位14807家次，下达整改通知书523份，责令停业6家，立案查处16件，罚没金额

11.81万元。开展小餐饮示范建设，基本建成碧云路、市场路等示范街7条，建成示范点25个，建成示范店60个。完成重大活动食品安全保障工作，共执行重大活动食品安全保障52次，派驻执法人员248人次，确保2600余人次就餐的餐饮食品安全。开展保健食品、化妆品日常监督检查和风险监测工作，打击违法行为。

（黄河常）

【宣传与获奖】 2012年，印制、发放宣传册35466册，在新闻媒体网站发布信息428条（国家食品药品监管局网站9条、省食品药品监管局网站13条、省政府网站19条、市政府网站96条、市政务信息公开网99条、《六盘水日报》与《凉都晚报》60条、市局网站132条）。市药学会开展各类药学宣传活动9次，发放宣传资料4660份，张贴宣传画报11幅，摆放展板10块，接受群众咨询226人次。市食品药品监督管理局获贵州省食品药品监督管理局2012年度工作目标考核先进奖和药品抽验工作一等奖，获贵州省药械安全性监测工作一等奖和最佳进步奖。

（黄河常）

文化　体育　旅游

文体广电

【概况】 2012年初，市人民政府办公室下发《市人民政府办公室关于组建六盘水市文化体育广播电影电视局的通知》，将原市文化体育局、市广播电影电视局合并组建为六盘水市文化体育广播电影电视局（简称市文体广电局）。2012年4月1日，市人大常委会明确市文体广电局主要负责同志，新组建的市文体广电局正式合署办公。市文体广电局先后成立了市凉都大剧院、市展览馆、市体育运动技术学院、市博物馆等4家全额拨款副县级事业单位；原全额拨款的正科级事业单位"市全民健身指导中心"升格为副县级、更名为"市全民健身中心"；"市体育场馆服务中心"升格为副县级，更名为"市凉都体育中心"；市图书馆增编5名。

2012年度，市文体广电局在全市年度目标考核中获一等奖。

（赵泽源）

【重大基础设施建设获突破】 市级"三馆一院"启动实施。市图书馆（建筑面积15900平方米，总投资11550万元）、市文化馆（建筑面积10000平方米，总投资6260万元）、市博物馆（建筑面积22300平方米，总投资11000万元）、凉都大剧（建筑面积38000平方米，总投资30000万元）院四个项目于2012年6月获准立项，并于6月28日集中开工。

凉都体育中心于2012年5月复工，年度完成投资3亿元。体育场、体育馆主体已基本完成，于2012年11月开始安装钢结构构件，拟于2013年开始内外装修及设备安装；体育场可于2013年8月投入使用。

老王山国家多梯度高原运动训练示范基地与凉都体育中心、五里坪户外体育旅游休闲基地、玉舍国家森林公园等资源进行整合，把体育训练、体育科研、体育赛事、户外运动、体育旅游、休闲度假融为一体。委托国家体育总局下属华体公司编制的《国家（贵州）示范工程可行性研究报告》于2012年9月30日编制完成，并于2012年11月22日由市发改委组织相关专家评审获得通过。

（赵泽源）

【群众文体活动】 2012年，全市文体广电系统举办了丰富多彩的群众文体活动。

春节系列活动。市文体广电局举办了"2012年春节健身""新春大拜年""迎春长跑比赛"等活动，吸引了3000余名群众参与；六枝特区组织了春节联欢晚会、春节焰火晚会、春节猜谜及"六枝星秀"歌手赛等系列活动；盘县举办了"盘州春韵"系列活动，包含体育比赛、戏曲文艺演出、秧歌、舞龙、民间民俗文化等13个项目；钟山区举办了春节联欢晚会、麒麟敲钟祈福等系列文体活动；水城县也开展了春节慰问演出、迎春晚会等系列文体活动。

部门活动形式多样。根据《关于印发六盘水市2012年文化建设春风行动总体方案的通知》，全市上下掀起了文化建设的热潮，开展了丰富多彩的文化体育活动，据不完全统计，"春风行动”活动项目达289项，参与人次达1307912人，投入资金达3825.705万元。主要有市直机关工委、市文体广电局联合组织的市直机关庆“七一”绿色户外行健步走、市教育局组织的“祖国好、家乡美”主题实践活动、六盘水市交警支队和六盘水市摄影家协会联合开展的“关爱生命、文明出行”交通安全摄影大赛等活动。

少数民族传统节日活动照常开展。2012年，3月7日（农历的二月十五日）水城县南开三口塘苗族跳花节、8月11日中国凉都·六盘水水城县玉舍海坪彝族火把节等少数民族传统节日吸引了数万外地朋友和本地群众参与。

（赵泽源）

【文化交流活动】 5月15日至21日，组织60幅作品在巴黎市举行了“中国水城农民画精品展”。联合国教科文组织国际部负责人程小林、联合国教科文组织外联与公共宣传部门参与计划处处长Stoyan Bantchev、联合国教科文组织乔波、法国国家美协主席米歇乐、法国国家美协执行主席伊萨贝拉等100余名中外官员和专家学者出席了开幕酒会。在为期7天的展出时间里，3000名法国朋友和世界友人参观了画展。画展以民间的方式、艺术的手段促进了中法两国人民的友谊。新华社、《人民日报》、CHINA DAILY、《欧洲时报》《星岛日报》《欧洲商报》《法国侨报》、法国电视台Demain TV等20余家家国内外资深媒体、网络记者到现场进行了采访报道。

六枝特区创作的原生态声乐作品《果山果者》进入全国第十六届“群星奖”音乐类作品复赛；6月组队参加文化部和浙江省政府主办的“2012中国·嘉兴端午民俗文化节”，六盘水市的《苗族芦笙舞》为文化部在全国抽调的六个民间文艺表演节目之一；11月由文化部、浙江省人民政府主办的“第五届秀洲·中国农民画艺术节‘时代·田园—全国农民画大赛’”在浙江嘉兴举行，六盘水市共选送优秀农民画作品15幅参赛，徐吉的《黄瓜丰收》获得金奖，徐承波的《醉丰收》获得银奖，徐承贵的《板栗飘香出苗寨》、熊兴兰的《山果果》获铜奖，另外2个作品获优秀奖；在2012年浙江嘉兴“廉政全国农民画展”上，徐承波的《门神》获金奖；在“2012南京六合·第二届全国农民画展”上，徐承波的《谷风阵阵》获三等奖，其余三篇作品获优秀奖。7月29日至8月2日，受中国教育电视协会和全国校园春节联欢会组委会邀请，市青少年活动中心舞蹈班学员参加在香港举办的“魅力校园·庆祝香港回归十五周年校园综艺盛典”活动。

（赵泽源）

【文体广电惠民工程】 2012年，全市文体惠民工程取得较大进展。文化类：建设公共电子阅览室63个，数字图书进农家建设30户；对盘县文化馆进行了维修改造；建设农家书屋125个，截至年底，全市农家书屋实现行政村全覆盖；建设数字农家书屋26个；完成“三下乡”文艺演出10余次。体育类：新增“全民健身路径”25个（套）；完成乡镇农体工程5套、“乡镇农民体育健身工程”3个、雪炭工程1个、村级农体工程35套、“村级农民体育健身工程”35个。广电类：完成24789套农村广播电视“村村通”工程，解决826个20户以上自然村收听收看广播电视难的问题；完成56个行政村有线广播电视联网延伸覆盖工程，共架设传输光缆68.9公里，架设电缆14.8公里，覆盖用户10240户，完成新用户入网4045户；新建乡镇广播影视综合服务站10个、农村电影公益放映13128场。

（赵泽源）

【文化遗产保护工作】 2012年，围绕六盘水市文化遗产保护，做了大量行之有效的工作。

文物保护方面：先后开展了老城文物现状调查工作，与中科院古脊椎动物与古人类研究所合作完成“大洞遗址”的实地采集标本工作，完成了三线建设博物馆改陈布展、盘县文庙二期修缮、张道藩故居修缮、盘县红二、六军团会议会址陈列馆改陈等前期工作，完成了全市“古城堡、古营盘”资源调查，确定7处具有代表性的“古城堡、古营盘”上报省文物局以及编制了《六盘水市重要文物简介》—第三次全国文物普查工作重要新发现和遴选三处不可移动文物申报第五批省级文物保护单位等工作。在“5·18国际博物馆日”和6月9日“全国文化遗产日”期间，利用标语、展板和图片，对文化遗产、省级以上文物保护单位、典型民族文化村寨、文物保护工作、境内出土文物等进行宣传，并向群众发放宣传资料，宣传文物保护法和文物工作方针。大力争取上级资金，2012年共争取到上级文物保护专项资金1230万元，分别投入三线建设博物馆和重点文物保护单位的修缮。积极推进博物馆纪念馆免费开放，组织完成盘县红二、六军团会议纪念馆免费开放绩效考核工作，落实免费开放资金16.8万元，指导六枝特区梭戛生态博物馆完成免费开放工作。

非物质文化遗产保护方面：完成了六盘水市生态文化旅游发展规划中非物质文化遗产项目规划模板制作，共有11个少数民族节庆活动列入项目规划；开展非物质文化遗产项目资料汇编工作，预计2013年5月完成；完成4个国家级非遗项目传承基地的建设工作，为六盘水市非遗项目的传承提供了场所；加大了非遗工作者的学习培训力度，举办了一期非物质文化遗产保护工作培训班，邀请省博物馆专家对各县区30多名非遗工作者进行了培训。

（赵泽源）

【争取资金工作】 经市财政局于2013年1月25日核定，2012年度市文体广电局分别在文体广电民生工程、文化遗产保护、公共文化设施免费开放等方面争取到上级资金9135.09万元（含实物资金219万元），超出市政府下达2012年确保目标任务数（6017万元）3118.09万元，超出2012年力争目标任务数（7831万元）1304.09万元。比2011年争取到的2241万元增加6894.09万元，同比增长307.6%。

（赵泽源）

【文化产业发展】 成立了“六盘水市文化投资开发有限责任公司”（国有独资），注册资金6000万元，其中货币资金1800万元、实物资本4200万元。经营范围为经政府批准的文化项目投资、开发、经营、管理。公司设董事长1名、副董事长兼总经理1名、其他董事会成员5人、监事会人员3人（市财政局人员兼任），聘用会计人员1名。

全市从事文化产业活动单位共2931家，较上年增长16.8%；全年实现文化产业增加值55626.6万元，占GDP比重为0.91%，提高0.02个百分点；总量增加了 5562.4万元，增长率为11.1%；全市文化产业年末从业人员17581人，增加7808人，增长79.9%；资产总计110049.4万元，比2010年增长42.4%。全市共有综合性歌舞娱乐场所130家，大型电子游戏机（电玩）148家，互联网上网服务营业场所193家，近15000余台电脑。

2012年7，六盘水市完成1家省级网吧企业的连锁认定工作。

（赵泽源）

【文化市场管理】 市综合执法支队办理的水城县“凤凰城”网吧违规接纳未成年人一案，事实清楚，使用法律法规准确，卷宗制作规范，在2012年度全省卷宗评查中获一等奖。

按照文化部、省文化厅有关会议和文件精神，全市开展了多次网吧专项整治行动，各级文化行政主管部门共出动执法人员3200多人次，查处违规网吧13家，停业整顿5家；配合工商部门取缔黑网吧4家，取缔非法经营盗版音像制店5个，地摊9个，收缴盗版音像制品、非法计算机软件3200余盘，检查歌舞娱乐场所140余家次，电子游戏（艺）厅278家次，限期整改歌舞娱乐场所7家，配合公安部门销毁赌博游戏机33台。

市“扫黄打非”办制定了全市“扫黄打非”专项行动方案，由执法大队联合公安、工商、城建等相关部门，严格坚持“六查”行动。一查政治性非法出版物。二查淫秽色情出版物，重点查缴淫秽色情光盘，收缴各类非法出版物19600余册；三查盗版游戏软件和盗版的教辅读物，收缴盗版教辅读物980余册，收缴非法出版物9860余册；四查报刊经营点，共收缴非法报刊260余份，并依法对其进行了处理；五查无证经营出版物地摊、游商，查处了非法经营出版物游商2个，取缔了非法经营出版物活动地摊5个；六查非法出版物源头印刷企业，重点检查有违法违纪的印刷企业，查处了1家印刷企业，责令其限期整顿30日。

（赵泽源）

【大型文体活动】 2012年“中国凉都·六盘水消夏文化节”自7月28日至10月初，共举办11个项目。

8月18日20:00，2012年“中国凉都·六盘水消夏文化节暨第三届川、滇、黔十市州合作与发展峰会开幕式”在六盘水市第三中学体育场隆重举行。开幕式由中央电视台、贵州电视台、六盘水广播电视台资深主持人联袂主持。市委、市政府领导和参加第三届川、滇、黔十市州合作与发展峰会的嘉宾一同观看演出。

7月28日至8月5日，中国桥牌协会和六盘水市人民政府联合主办的六盘水市第九届全国桥牌邀请赛在富丽豪大酒店举行，本届桥牌邀请赛分为老年组比赛和公开组比赛。21支代表队115运动员参加了老年组比赛，53支代表队338名运动员参加了公开组比赛。原贵州省政协副主席相小青，贵州省桥牌协会主席舒登程到现场进行指导。

8月1日至8月6日，中国凉都·六盘水第五届观赏石（工行杯）博览会在市人民广场南侧举办。来自全国26个省、市、自治区的230家观赏石藏家及石商参与展出，共计展出精品观赏石（包括矿物晶体、化石、图纹石、型态石）300件，评出金奖5件、银奖10件、铜奖15件，优秀奖30件。

8月2日至8月6日，在市体育馆举办了第五届中国凉都“红花郎杯”全国业余围棋赛。来自全国20多个省、四十多个市的164位棋手参加了比赛。国家专业初段棋手王香如二次出席，围棋九段国手郑宏亲临赛场，世界业余围棋冠军胡煜清等著名选手前来参赛。

8月18日至8月23日，由中共六盘水市委、六盘水市人民政府主办，六盘水市文体广电局承办，六盘水市足球协会协办的贵州省六盘水市业余男子足球暨川滇黔十市州合作与发展峰会足球邀请赛在体育场举行。云南昭通、四川凉山州、六盘水、遵义、毕节、黔南罗甸等6支球队参加本次邀请赛。遵义代表队夺冠，四川凉山州代表队获得亚军，六盘水代表队获得季军。邀请赛还评出了体育道德风尚奖、最佳教练员奖、最佳守门员奖、最佳射手和最佳裁判员等奖项。

8月26日，“川威杯”公路自行车邀请赛在六盘水市成功举办。来自广东、云南、广西、四川、重庆、贵州、湖南、河南、江西等地的14支代表队100余名公路自行车选手和20余个省区的400名山地自行车选手参赛。

8月26日至9月9日，户外运动四个项目分别举行。这四个活动分别为：全国单绳攀爬（SRT）邀请赛、西南地区山地摩托车越野赛、全国攀岩邀请赛、贵州户外帐篷大会。四项赛事活动均为非传统体育项目，且四个项目都是风险户外竞技极限项目。全国单绳攀爬邀请赛。本次比赛在水城县金盆乡天生桥举办，来自16个省市区的60多名运动员、100多名洞穴探险工作者参赛，禤（音：宣）琼飞以8分21秒夺得冠军，并打破了1996年罗马尼亚选手创造的11分20秒的世界纪录，贵州队员龙昌文、周长勇同时也以打破纪录的9分09秒、9分46秒成绩分获二、三名。六盘水运动员朱家炳、广西队员黄俊喻分别以10分07秒和10分42秒的成绩打破该纪录。来自法国的著名户外运动选手让波塔西参加比赛。越野摩托车场地邀请赛。湖南、重庆、云南以及本地的13支参赛队100名选手参赛，全国冠军、世界杯越野摩托车锦标赛选手、中国首次跑完达喀尔拉力赛全程比赛的苏文敏等前来参赛。全国攀岩邀请赛。此次比赛创造了三个贵州第一：难度、攀石、速度三个项目同时举行在贵州尚属首次，第一次采用电子记时，省内首次采用国际标准岩板比赛。帐篷露营大会。来自全省九个地州市及云南、重庆的1400余名露营及户外爱好者、400余辆自驾车参加了帐篷露营大会。

9月7日至9月9日，由中国篮球协会主办，贵州省体育局、六盘水市人民政府协办，六盘水市文体广电局、六盘水新视屏文化传媒公司承办的“郎牌特曲杯”CBA夏季联赛在市体育馆举行。来自浙江稠州、天津荣钢、辽宁衡业、青岛双星四支球队参加六盘水站的比赛。

9月15日上午9:00，“川威杯”高原马拉松邀请赛在人民广场举行。肯尼亚、中国香港、北京等23个省市代表队共683人参加比赛。来自肯尼亚的George Sirma kipruto以02:28:56成绩获男子全程马拉松第一名，来自云南省的方爱丽以03:00:23成绩获得女子全程马拉松第一名，钟山区周筛妹以0:43:54成绩获得女子10公里第一名，市师院麻云章以0:17:47成绩获得男子5公里迷你马拉松第一名，市民族中学周莉莉以0:21:2成绩获得女子5公里迷你马拉松第一名，获得中老年男子5公里迷你马拉松前三名是向国鲁、雷茂秋、韦朝学；获得中老年女子5公里迷你马拉松前三名是明祥玉、管毓平、黄玉梅。此外，来自机关、企事业单位和学校的10000名象征性长跑队伍参加了此项活动。

市老体协共组织门球、乒乓球、桥牌、柔力球、网球、健身球、钓鱼、象棋等项目12次，参加人数达1200人。此外，2012年，六盘水市还举行了“2012凉都之夏大型歌舞晚会”“多彩贵州舞蹈大赛”六盘水赛区选拔赛、六盘水赛区多彩贵州舞蹈大赛炫舞凉都颁奖有序汇报演出活动等大型文艺活动。

（赵泽源）

【新闻出版和版权工作】 2012年，全市共有印刷及复印打印企业189家，其中，印刷企业41家、复印打印企业148家。通过年度核验的印刷企业40家，其中，省局年检6家，市局年检34家。六盘水市现有出版物发行单位268家，全部为零售单位（无批发企业）。发行单位全年销售总额为2717.6万元，从业人员706人。全市共采购微软操作系统软件3121套，以场地授权方式采购金山WPS办公系统软件，完成市直国家机关软件正版化工作。六盘水市政府机关软件正版化工作全省排位第二，省软件正版化工作督查组对六盘水市的工作给予了肯定，并将六盘水市列为免检地区。

（赵泽源）

【各类培训】 7月9日至11日，举办了“2012年艺术大讲堂暨2012年‘唱响凉都’音乐创作研讨培训班”。邀请到省内外著名词曲作家张中笑、阮居平、王建以及本市词曲作家王宏讲课。共开设了歌词创作、歌曲创作、电脑音乐制作、本土作品赏析等课程。自全市基层文化馆（站）、教育战线、社会各界音乐爱好者共137名学员接受了培训。成功举办了“农民工子女暑期艺术培训班”，开设了声乐、舞蹈、美术书法三个门类的4个班级，来农民工子女和部分职工子女共130多名学员参加了学习。

举办了2012年非物质文化遗产保护培训班，共53人参加培训班学习。此次培训围绕六盘水市非物质文化遗产名录项目资料研究、非物质文化遗产保护、通过非遗项目的生产性保护来带动非遗保护工作进行。举办六盘水市桥牌知识培训班。完成了全市国家一级、国家二级社会体育指导员（300余人）培训班的前期准备、开班培训、考试、申报工作。

（赵泽源）

【文体比赛】 群众文体类：组队参加贵州省第二届农民运动会，共获156个奖项。其中，集体项目获19个奖（一等奖1个，二等奖7个，三等奖11个），个人项目获137个（一等奖4个，二等奖51个，三等奖82个），男子篮球、风筝、武术、龙舟、健身秧歌5个项目和16名运动员获体育道德风尚奖。组队参加2012年“体育彩票杯”贵州省第八届健身气功展示活动，六盘水市代表队获健身气功易筋经、八段锦一等奖。参加全省中老年美术、书法、摄影作品展。六盘水市组织60余件作品，获组织奖1个，一等奖1个（张黎犁，书法《学书在法》），二等奖1个（余朝阳，书法《烟酒茶》），三等奖3个（沈起曙—书法《篆刻》、杜学铀—书法《东城诗》、李庆春—书法《陶渊明桃花源记》），优秀奖5个。

竞技体育类：2012年贵州省青少年锦标赛，获金牌8枚（田径3枚、拳击3枚、羽毛球1枚、游泳1枚），银牌11枚（田径4枚、足球1枚、跆拳道1枚、拳击1枚、羽毛球3枚、摔跤1枚），铜牌31枚（田径13枚、举重3枚、跆拳道2枚、拳击6枚、羽毛球2枚、游泳4枚、摔跤1枚）。“李宁杯”全国少儿体操锦标赛，六盘水市选手杜镇宇在武汉赛获团体第一名，在总决赛获团体第四名。2012年全国皮划艇（静水）比赛，冯邦现获得青少年男子甲组双人皮艇第七名、青少年男子甲组单人皮艇第五名。2012年2月全国竞走冠军赛及奥运会选拔赛，张沙沙、郭润冯获得女子20公里团体第七；3月全国竞走大奖赛上，郭润冯、张沙沙获得女子团体第七；9月全国竞走锦标赛上，郭润冯、张沙沙获得女子团体第十名。参加贵州省第一届耐力项目高原地区对抗赛和2012年贵州省越野锦标赛，取得了1个第一名、1个第二名、1个第三名、团体第二的优异成绩。参加在昆明举行的全国第二届高原耐力项目对抗赛中，获得2个第一名、1个第三名。2012年8月，市皮划艇运动员张宏鹏代表中国皮划艇队参加了第三十届伦敦奥运会皮划艇男子4人艇1000米比赛。

（赵泽源）

【广播电视安全播出和依法行政】 成立了广播电视安全播出检查小组，对全市高山无线发射台站和广播电视播出机构进行定期检查，对可能存在的安全隐患及时整改，确保了全年广播电视安全播出。

2012年12月，经贵州省广播电影电视局正式行文批复，钟山区广播电视站成立。

对六盘水市辖区内的宾馆饭店、招待所、专业电子市场及家电市场等相关经营场所进行了检查，共计检查宾馆饭店、招待所及其他单位30余家。市中心城区非法接收境外卫星电视节目的3家酒店，进行整改后，全面接收由市广电网络公司传送的有线电视节目。2家个体旅店私自安装的地面卫星接收设施已拆除并已安装有线电视，非法销售卫星地面接收设施的个体工商户移交当地工商部门处理。对广播电视娱乐类节目、有群众参与的直播节目和广告播出进行日常监管；对互联网传送视听节目进行常规巡检，全年共巡查400余家网站，发现一家网站未经批准擅自传送视听节目，因其服务器未设在市境内，按规定上报省广电局处理；对六盘水市行政区域内各广播电视播出机构跨地区合办频道频率和传送电视频道的问题进行清理检查；对县级广播电视播出机构开办电视频道和广播频率有关情况进行了调查；办理了盘县广播电视台变更台标的申报审批事项。

积极推进移动多媒体（CMMB）单频网覆盖工程建设，协助贵州中广传播有限公司做好了六枝特区CMMB的单频网建设；认真做好全市CMMB的日常运维管理工作，确保CMMB的安全播出；开展了六盘水广播电视台调频广播对六枝特区、盘县的覆盖建设工作。

（赵泽源）

【体育协会与体育彩票】 2012年，六盘水共有16个体育单项协会、7个体育俱乐部和1个跆拳道馆。在500公里全省信鸽竞翔赛中，六盘水市10羽信鸽打破了贵州省记录，创历年最好水平。乒乓球协会及时换届，新一届乒乓球协会组织了全市乒乓球比赛，市象棋协会、市武术协会、市自行车运动协会相继组织和参与了省、市的比赛。在消夏文化节期间，体育协会积极参与全国桥牌邀请赛、户外露营帐篷大会、全国业余围棋赛、足球邀请赛等赛事的筹备和比赛工作，充分凸显了其在全民健身活动中的桥梁纽带作用。

2012年，六盘水市共有320个体彩销售网点，较2011年增加了40个，体彩销售共计9145万元，较上年同期增加了1404万元。

（赵泽源）

【公共文化设施免费开放】 市图书馆馆藏文献21万册，内设阅览坐席364个，服务窗口5个，为读者提供藏书书目查询、全开架阅览和外借、代借代还等基础服务。读者可在服务区利用WiFi免费上网。市图书馆现有持证读者 3500 个，年均接待读者45600人次（不包括馆外流通服务点），建有馆外图书流通点10个。

2012年，全市公共文化设施（包括：图书馆、文化馆、博物馆、农家书屋等）全部实现免费开放。市文化馆把免费开放和免费培训有机结合，开展了“唱响凉都”音乐创作研讨培训和农民工子女暑期艺术培训，共培训137名音乐爱好者和130多名农民工子女。此举开贵州文化馆免费开放先河，获得了省文化厅的好评和市民的交口称赞。

（赵泽源）

旅 游

【概况】 2012年，全市旅游行业认真贯彻落实中央、省、市有关会议和文件，特别是中共十八大、省委十一届二次全会、市委六届二次全会等精神，抢抓国发2号文件和第八届贵州旅游产业发展大会机遇，以政策推动、项目带动为主线，扎实有序地推进各项工作，使全市旅游业保持了又好又快发展。全市实现旅游总收入32.86亿元，同比增长37.44%；共接待游客470万人次，同比增长6%；实现外汇收入27.13万美元。

8月中旬邀请省旅游学校老师，对全市主要酒店200余名从业人员进行了3天集中培训，促进酒店服务质量的提升。

截至2012年，全市共有星级饭店12家，其中四星级4家，三星级4家，二星级4家，国内旅行社18家，分社14家，4A级景区1家，旅游车辆20辆。

（陈涛　周静）

【筹备旅发大会】 按照市委、市政府要求，积极申报获得第八届贵州旅游产业发展大会承办权。本着“人民满意、产业提升”的办会原则，迅速启动了筹备工，及时召开了动员大会、誓师大会，印发了《六盘水市承办第八届贵州旅游产业发展大会实施意见》，明确旅发大会前重点建设项目92项，各责任单位按照方案正在加快实施中。

全面启动建设凤凰山、明硐湖、体育中心、红桥、老城、德坞6个城市综合体和25万平方米休闲旅游度假旅游社区，市中心城区“7个城市广场”“7个湿地公园”“10大标志性建筑”和城市棚户区改造步伐加快，明湖湿地公园建成开发，市中心城区主要道路两侧绿化基本完成。水盘高速、六六高速、机场高速、长兴旅游公路、中心城区内环快线、有轨电车建设等重点交通项目加快推进。牂牁江西嘎景区、野玉海生态旅游度假区、妥乐古银杏景区、廻龙溪度假区、梭嘎生态博物馆、明湖旅游度假区及主会场、盘江雅阁大酒店、凉都国际大酒店、圣地亚哥大酒店、100座旅游公厕、旅游标识系统等一批重点旅游设施着力推进建设。

（陈涛　周静）

【旅游规划】 全力配合做好《贵州省生态文化旅游发展规划》编制工作，在省旅游局和编制专家的指导和帮助下，“玉舍亚高原生态旅游度假区、梭嘎民族生态文化旅游创新区”等项目进入省旅游项目库，总投资额约5400亿元，占全省规划三万亿总投资额约六分之一。其中“中国凉都国际休闲城”项目是全省唯一以中心城区为核心，基础设施为支撑，周边景区为辅助的综合性城市旅游项目。盘县被列为全省旅游线路西部门户，新增支线机场纳入规划。

同时，在《贵州省生态文化旅游发展规划》推进实施方案中，“中国凉都国际休闲城、玉舍亚高原生态旅游度假区”进入省近期重点推进项目，并作为2013年省重大工程和重点项目推进实施。“梭嘎民族生态文化旅游创新区、牂牁江湖滨户外运动度假区、红果新城旅游度假区、明硐湖国际旅游新城、盘州古城历史文化体验创新区、古银杏生态旅游休闲度假区”作为省重点旅游项目在今后1~3年内通过政府主导、招商引资等方式加以推进实施，将享受省相关项目推进优惠措施。

结合《贵州省生态文化旅游发展规划》，提出六盘水市未来5~10年旅游发展布局为“一个中心，三线主轴，五大基地”，并以此调整了《全市旅游业十二五发展规划》的思路、定位、目标和实施项目。

牵头完成了全市重点打造景区—中国凉都·野玉海旅游度假区总规等规划编制，正式移交水城县政府实施。完成全市旅游信息综合服务平台上报备案，并启动软件系统研发等工作。

完成了2012年国家旅游发展专项资金、省级基本建设前期工作经费、第八届贵州旅游产业发展大会贴息贷款等项目编报工作。争取纳入2013年省“五个100工程”景区项目7个，争取到上级旅游发展资金1760万元支持。

（陈涛　周静）

【招商引资】 结合承办第八届贵州旅游发展大会需要，新制作了旅游招商引资项目册，参加了“2012贵州·香港投资贸易洽谈会”“黔浙两地旅游推介会”等活动，邀请省内外企业负责人到六盘水洽谈开发投资事宜。六枝特区与康沣香港旅游投资（集团）有限公司签署中国凉都“布依水乡—欢乐谷”开发意向性协议，水城县与深圳东部集团签署“明硐国际休闲城”开发意向性协议，红桥新区与瑞德奥特莱斯签订旅游购物综合体建设项目协议等。

（陈 涛 周 静）

【整顿旅游市场】 下发了《2012年六盘水市旅游市场治理整顿工作实施方案的通知》《关于做好2012年全市旅游行业监管工作的通知》等文件，对相关旅游行业管理工作进行了安排部署，并分别于每个黄金周、小长假、重要节庆活动和中共十八大等重要会议前夕，组织市假日办成员单位对各旅游企业进行了综合大检查，及时查找问题并认真督促整改，确保实现了“安全、质量、秩序、效益”四统一的目标。获得“2012年全市消防工作目标考核先进单位”称号。

（陈 涛 周 静）

【提升旅游服务】 对市中心城区主要非星级酒店的星级改造和新建四、五星级酒店建设、装修进行指导服务。完成2家三星级、1家四星级旅游饭店、2家旅行社的报批工作，现有三、四星级酒店的年度复核工作。积极向国家、省旅游局推荐上报玉舍国家级森林公园申请评定4A级旅游景区。配合农业部门成功申报了百车河全国乡村旅游与休闲农业示范点、六枝戈厂林场省级乡村旅游与休闲农业示范点。完成2012年全国导游资格考试贵州考区六盘水考点和第二届全国导游大赛选拔赛工作。完成2012年农家乐（乡村旅舍）贴息贷款及评定工作。配合经信部门完成了旅游商品“两赛一会”工作。

积极协调物价等部门，帮助星级旅游酒店落实“经营性服务用水、用电和用气执行与普通工业企业相同的价格标准”工作。较好地完成了年度政务服务、旅游咨询服务、投诉受理和市场秩序治理整顿工作。

（陈 涛 周 静）

【宣传促销】 指导县区旅游部门成功举办了“百车河桃花节”“南开跳花节”等2012中国欢乐健康游·贵州系列活动，进一步提高六盘水旅游节庆活动的知名度和影响力。

在中国国家地理杂志、贵州旅游在线网站、市政府网站、《乌蒙新报》《六盘水日报》《当代六盘水》《凉都印象》《中国凉都》《当代贵州》《中国国家地理》《汽车自驾游》《少年时代报》等媒体及杂志上发表信息、图片、报道100余篇。

配合日籍华人摄影家井冈今日子、中央数字电视（行摄天下）栏目组、多彩贵州中国摄影家协会等三个采风组深入景区（点）、民族村寨进行采风，陪同省老年书画协会开展了“览胜北盘江百里长卷”写生考察，用镜头、书画等形式宣传推介六盘水旅游资源。

结合承办第八届贵州旅发大会的需要，启动了策划全市旅游整体宣传事宜，将新制作旅游宣传片、光碟、画册、旅游攻略、导游词等，制作凉都旅游网、开展市电视广播旅游宣传及活动专栏，积极利用电视、网络、报刊等载体多渠道多形式开展旅游宣传。同时，还将加大走出去宣传推介力度，定期不定期赴主要客源地开展旅游新闻发布会、推介会、招商引资洽谈会等，进一步提高六盘水旅游的知名度和美誉度。

完成了“玉舍滑雪”这一冬季旅游产品的宣传推介工作。为推介该产品，玉舍森林公园，在贵阳的出租车及交通广播电台上进行了宣传，取得了良好的效果。全年，玉舍森林公园共接待了来自湖南、昆明、特别是贵阳的游客5000余人，旅游收入5万多元。

（陈 涛 周 静）

【旅游节庆】 农历正月二十三，“玩水洞”传统活动在盘县碧云公园进行。数万名游人集聚碧云公园，游览碧云洞。

农历二月十五，水城县举办南开苗族跳花节，活动以苗族节庆、歌舞为主。

三月，在水城县蟠龙沙坡举办水城桃花节，广大市民前往观赏桃花。

农历四月八，在钟山区月照乡马坝村举办苗族“四月八”活动，活动内容有绕花树、赛芦笙等。

农历六月二十四，在水城县海坪举办一年一度的彝族火把节，游客们跳起民族舞蹈、举行篝火晚会。

冬季，玉舍国家森林公园举行滑雪节，吸引广大游客冬季到六盘水滑雪。

（陈 涛 周 静）

新闻　媒体

六盘水日报传媒集团

【概况】 2011年12月7日，市委明确六盘水日报社与六盘水日报传媒集团公司新一届领导班子（一套班子）；12月8日，六盘水日报传媒集团公司挂牌成立。2012年，出版《六盘水日报》353期（约2500万字），出版《乌蒙新报》246期（约3000万字）；《六盘水手机报》刊发彩信版早、晚报685期，短信版早、晚讯710期。六盘水日报社被中国地市报研究会授予“中国地市报管理体制创新十强”称号，被评为“全省文化体制改革工作先进单位”。

（姜媛媛）

【新闻宣传】 对重要会议精神的学习宣传贯彻做到动态报道及时且持续不断。重点关注吕丽和余留芬在基层传达贯彻中共十八大精神的情况；做好各级各部门、各县（特区、区）干部群众学习贯彻十八大精神的动态报道，将十八大报告与市委六届一次、二次会议精神和各级各部门、各县（特区、区）完成全年目标任务紧密结合，联系工作实际，把具体的做法和措施以及成效呈现出来，使新闻稿件言之有物，读之令人振奋。

（姜媛媛）

【重大活动报道】 做好“三忠诚”教育活动和保持党的纯洁性教育活动的常规报道、典型报道和深度报道。重点刊发《再唱山歌给党听—水城县农民顾建平自编山歌谢党恩》《追求》《一段铁路，一群干部》《学习“背篼干部”精神实质，形成推动发展强大合力》《毛口乡利用网络视频发展党员》《偏僻山村的跨越之路》《好风借力 翱翔长空 水矿集团西洋焦化厂十年打造领军企业》《夫妻入党记》《责任与使命》等重点稿件，充分呈现各级各部门党员干部认真践行活动要求、争主动、抢先机、真抓实干的良好精神风貌。

（姜媛媛）

【经济报道】 在重要版面、重要位置，以“坚持科学发展 奋力后发赶超”“迎接中共十八大召开”等重要栏目为统领，全方位、多角度、立体式对全市重点工程、民生工程、园区建设等重点领域给予持续高度关注。刊发《六枝精神催生六枝速度》《黔中水利枢纽工程建设正酣》《决战交通 凸显“四省立交”作用》《市政府与葛洲坝集团签订合作协议》《明湖度假区项目洽谈会在北京举行》《一次解放思想之旅》《凤凰山开发建设要当先锋打头阵》《“老树”更要吐“新绿”》《把园区打造成融入贵安新区的“桥头堡”》《水月产业园区金水路改扩建项目开动》《郎岱农业产业园区已具雏形》等有影响的稿件。

（姜媛媛）

【民生报道】 做好保障和改善民生、创新社会管理的报道，开设“聚焦新农村”栏目，报道广大农村落实党的惠农政策取得的成绩；加强对“五城联创”活动的报道力度，设置“曝光台”“凉都新风”等栏目，鞭挞不文明现象，赞扬良好的市民素质，在报纸上营造昂扬向上的精气神。刊发《提升基础设施的重大机遇》《我市再投千万元　改造43条背街小巷》《六盘水森林覆盖率从7.55%上升到39%》等重点稿件。

（姜媛媛）

【典型报道】　持续对“身边道德模范人物”进行报道，用约28个版面，刊发34名身边的道德模范人物事迹。特别是对优秀村官的代表寇强、累倒在工作一线的卢征东、勇擒歹徒献出生命的好协勤陈涛等先进典型人物，用重要的版面，大量的篇幅予以报道。刊发《我是你一生的拐杖》《真情大爱洒人间》《兄弟演绎人间真情》等长篇通讯。

（姜媛媛）

【新闻评论】　围绕中共十八大、省（市）党代会精神、市两会、全省旅发大会、保持党的纯洁性教育、国发2号文件等重要会议、重要活动和文件精神，在一版重要位置刊发6篇社论及5组20多篇评论员文章，从多个角度和侧面解读精神，联系实际提出贯彻落实的要求、方法和措施。在纯洁性教育中，刊发《纯洁性　就是要始终把群众装在心里》《纯洁性　就是要加快发展惠及民生》《纯洁性　就是要踏实做事干净做人》等评论员文章，为引导开展好纯洁性教育活动，营造了良好的舆论氛围。

（姜媛媛）

【公司建设】　六盘水日报传媒集团公司，先后投资注册成立六盘水乌蒙新报公司、贵州中天银海网络科技开发有限责任公司、六盘水视听悦文化演艺公司、六盘水翰园文化创意公司4家子公司，形成广告、发行、物流、印刷、网站经营、文化创意和演艺齐头并进，全面发展的格局。六盘水日报社旗下正常出版的8个媒体中，除《六盘水日报》外，由传媒集团公司管理或代管的有《乌蒙新报》、中国六盘水网站、六盘水手机报、《六盘水日报数字报》《乌蒙新报数字报》《凉都印象》画刊、21度社区网7个。

《乌蒙新报》系六盘水日报社与毕节日报社跨地区、跨媒体合作的典范，自2011年11月8日更名创刊以来，深受读者欢迎；2012年，中国地市报研究会授予《乌蒙新报》“中国地方都市类报纸最具成长性十强”称号。

由六盘水日报传媒集团公司控股，引进民间资本进行股份制合作创办的中天银海网络公司开发建设了21度网站，即本地化SNS社区网站，于2012年11月20日正式上线运营；填补了六盘水商业网站的市场空白，既是全省首家社交网络门户网站，也是国内首家地方报业集团推出的服务本地用户的社交门户网站；网站的注册用户达到500人，点击量平均高达3万次，综合排名一直保持在全球20万名、国内2万名以内，最高时全球排名12万名。

六盘水视听悦文化演艺有限公司着力打造“春满凉都”演艺品牌，4月27日在市体育馆举办公司成立仪式暨文化体制改革成果展示主题歌舞晚会，邀请到著名相声演员冯巩，歌星费翔、陈明真等到凉都演出，提高了公司的知名度，取得了良好的社会效益。

翰园文化创意公司致力图书出版和活动承办；策划举办“大手牵小手·欢乐笑声跟我走”大型公益活动，策划编辑出版《平安和谐新凉都》一书。

中国六盘水网（《六盘水手机报》）立足新媒体特点，不断创新工作思路，知名度大大提升，订户呈逐步递增态势。

《凉都印象》画刊在广泛征求读者意见的基础上，对刊物的风格和定位进行了调整，尤其是在表现形式和内涵上进行了完善，完成出刊任务。

（姜媛媛）

无线电管理分局

【概况】　贵州省无线电管理局六盘水分局是贵州省无线电管理局派驻六盘水市的正县级机构，行使六盘水辖区内的无线电管理职能，分局下设贵州省无线电管理局六盘水分局监测站（副县级机构）、办公室，监测站内设业务科、综合科。

2012年，多次深入挂帮联系点松河乡，了解村情民意，与村干部共商发展大计；春节前夕，慰问20户特困户，每户慰问300元现金；安排1名党员干部到盘县刘官镇三角田村开展驻村帮扶工作。抓好学习教育培训，努力提高干部职工政治思想素质和业务工作能力；大力开展无线电管理宣传工作，主动深入到开发区和重点建设项目工地，宣传无线电管理，提供咨询和服务；强化无线电管理监督检查工作，及时查处有害干扰，有效维护空中电波秩序；积极开展日常监督检查，核查无线电台站设台单位，及时了解掌握新增无线电台站设台情况。做好无线电频率台站管理工作，统筹保障通信、广电、交通、气象、铁路、公安、安全等行业和部门用频需求，为地方经济社会发展和国防建设提供不可或缺的无线电频谱资源保障；严格执行国家无线电频率划分规定，按规定指配无线电频率。保障无线电安全，维护空中电波秩序，按时完成国家和省下达的监测任务，做好重要时期、节假日、重大活动的无线电安全保障工作和各类考试的无线电安全保障工作；派出工作人员进驻市政务服务大厅综合窗口，集中办理政务服务事项。

（王光南）

六盘水人民广播电视电台

【概况】 2012年，六盘水广播电视台内设办公室、计划财务科、总编室、新闻中心、策划部、经济部、社会生活部、专题部、文艺部、广播影视节目部、广告部、技术部、播出控制部、广播电视发射部、新媒体发展部；定事业编制125名（管理人员24名，专业技术人员90名，工勤人员10名，聘用驾驶员1名）。共有职工180人（在岗职工171人，退休职工9人）；在岗职工中，事业编制身份职工106人（本科54人、大专43人、中专及以下9人；新闻及播音系列副高职称11人、中级职称29人，工程系列副高职称2人、中级职称11人，政工系列副高职称3人、中级职称1人，财会系列中级职称1人），聘用身份职工59人（本科23人，大专21人，中专及以下14人），试用职工6人。3月，面向全国招聘播音员、主持人，报名125人，通过笔试、面试，新招聘5名；7月，参加市直机关事业单位公开招聘3名工作人员。6月，中层干部经过综合考试、业务考试、民主测评、领导班子成员打分等竞聘上岗环节后，共有36人担任15个部、科、室、中心的正副主任。12月，职工经过考核、职位演讲、民主测评、领导班子打分等环节后，双向选择竞聘上岗。

（高其林）

【新闻业务】 2012年，《六盘水新闻联播》共编发各类电视新闻稿件6140条；电视外宣组在《贵州新闻联播》节目中发稿290条，进入全省9市州台前4名，在中央台各频道发稿45条。《新闻半小时》共编发各类广播稿件6000余条，新华社消息7000余条；在省台发稿65条。播放10个自办节目、15个引进节目、6个合作节目。重大主题报道的解读改变以往有字无图的方式，实现图文并茂；大量推出《记者感言》《本台短评》《本台评论》；在新闻报道和主题解读中大量运用图、表，使新闻内容的表现形式更加直观明了、更加丰富多彩、更能吸引观众；《一句话新闻》，改变以前只有文字没有图像的状况，更加形象、直观、生动，使人耳目一新。在外宣工作方面，改变六盘水电视新闻在省台上片数量长期垫底的状况，上片数量达到全省第4位。

（高其林）

【业务交流】 2012年4月，台党委书记、策划科主任、主持人参加在云南曲靖举办的云贵川毗邻州市广播影视协作会、参加云南曲靖举办的“八方名嘴”话名城活动。5月，分管领导、主持人参加在兴义举办的“广播名嘴话金州”活动。7月，分管领导、主持人参加安顺广播电视台举办的“黄果树瀑布节”活动。11月，台总编辑、文艺部主任、主持人参加在四川泸州举办的云贵川毗邻州市广播影视协作会。

（高其林）

【相关业务】 承办市党代会现场录播、五一节广场文化节目现场直播、六一少儿节目现场录播、消夏文化节开闭幕式现场直播、记者站通联会等工作。肖家松林发射机房实现中央电视台一套、七套、贵州电视台一套、六盘水广播电视台一套4个频道安全优质播出23973小时，双尖山调频发射机房实现中央人民广播电台中国之声、音乐之声安全优质播出13870小时，贵州人民广播电台新闻综合安全优质播出7300小时，实现本台自办的新闻综合、交通广播、音乐广播3套调频节目安全优质播出21352.5小时，手持电视（CMMB）安全优质播出8760小时。电视播控机房实现本台3套自办节目和中央新闻、贵州新闻的安全优质播出26280小时。六盘水广播电视视频门户网站于2012年5月建成，以本台自办节目为主，方便凉都市民观看自办的精品节目和实时收看六盘水广播电视台1套节目；共上传视频节目及视频新闻500余条、文字稿件及图片300余张。

（高其林）

广电网络公司六盘水市分公司

【概况】 贵州省广电网络公司六盘水市分公司成立于2008年3月。分公司以服务宣传、服务社会、服务大众为宗旨，利用直播卫星、地面数字电视、移动多媒体、高清电视等技术手段，为广大群众和社会各界提供丰富多彩的公共数字电视等服务。

2012年，分公司积极强化内部管理，提升服务质量，各项工作取得了新的进展—全地区网络从2008年的650赫兹邻频传输系统发展到1000赫兹电视传输系统，形成以光缆为传输主干线辅以电缆混合传输网。截至2012年12月，全市光缆建设总长达3250公里，主干线电缆（-7线和-9线）6000公里，信号覆盖市、县（特区）各城区及91个乡镇，共有网络终端用户20.106万户。

创造性地建设完善农村“四位一体”服务体系，即集有线数字电视、直播卫星（村村通、户户通）、调频广播、农村公益电影“四位一体”的乡镇广播影视综合服务站建设，为实现好城乡文化均等化做出贡献。规模效应拉动广电产业迅速发展，全地区经营创收从2008年2000万余元发展到2012年的6622万元，5年增长330%。

（石　亮）

【经营管理】 2012年，六盘水市分公司根据省公司下达的经营指标，在认真分析2011年分公司各项经营数据的基础上，对2012年的各项收入指标、目标管理和成本控制等作了总体安排和任务分解。在省公司总体制度和市分公司以前制度的基础上，制定、修改、完善了《贵州省广电网络公司六盘水市分公司公务出差管理办法（暂行）》《2012年度六盘水市分公司网络建设目标任务分解方案》《六盘水市分公司2012年度各部门目标管理考核方案》《六盘水市分公司工程报验流程及验收流程》等10余项制度，保证了公司管理的规范化、制度化。

（石　亮）

【营业收入】 2012年是全市两级广电网络公司由城区走向农村，由单向网络走向双向网络，由传输标清电视节目走向高清互动节目，由有线广播电视传输为主走向同时服务村村通、户户通、调频广播、农村公益电影放映的重要一年。地区（全市共有六盘水市分公司，下辖六枝特区、盘县两个分公司）完成预算收入6622万元，是全年计划数的109.29%。

（石　亮）

【成本控制】 2012年，全年地区发生成本总支出7042万元，为使用省公司年成本预算的94.31%。地区人力成本支出2241万元，占总支出的31.8%，地区运营成本支出4801万元，占总支出的68.18%。

（石　亮）

【农村广播影视服务体系“四位一体”建设】 2012年，在市委、市政府及市广电局的积极推动下，在各县区（特区）党委、政府、广电部门的支持、配合下，六盘水市分公司较好地完成农村广播影视服务体系“四位一体”建设任务。

农村公益电影放映情况：根据《六盘水市广电局关于2012年农村公益电影放映场次任务的通

知》，六盘水市全年放映任务是12168场。其中，市分公司放映4128场；盘县分公司放映5400场，六枝分公司放映2640场。市、县级分公司较好完成全年任务，共放映农村公益电影12342场。

（石　亮）

【直播卫星工程建设】　“村村通”工程：2012年全市“村村通”工程建设分两批实施。其中，第一批广播电视直播卫星“村村通”工程任务数为市委、市政府安排的年度“十二件”民生实事之一。市、县（特区）分公司均于7月31日全面完成第一批“村村通”建设，并于10月底完成验收工作。第二批广播电视直播卫星“村村通”工程任务是省广电局9月份另外下达的任务。截至2012年12月31日，共完成33313套（其中，钟山区8600套、水城县5200套、盘县11700套、六枝特区7813）。

“户户通”工程：全市任务数为安装200516户，完成时间为2013年6月30日。截至2012年12月31日，全市共完成17694户。

乡镇调频广播建设情况：2012年六盘水市建设任务为32座。市、县（特区）分公司均在当年12月建设完成并验收合格。

有线数字电视行政村联网情况：2012年，市委、市政府所下达的年度全市任务数40个，公司结合实际将任务增加为50个村。至12月31日止，共计完成58个行政村联网，为任务数的145%。截至2012年12月，全市共有191个行政村有线数字电视联网，农村有线数字电视用户达到5.3万户。

（石　亮）

【服务技能和水平】　2012年，公司采取灵活多样的培训方式，着力加强干部职工业务知识和岗位技能培训，使培训更具针对性、实效性，提高履行岗位职责的能力。全年共计培训人员300人次，培训覆盖率达100%。

公司坚持以用户利益为中心，推行首问负责制，对服务时限、服务质量等作出公开承诺，接受服务对象监督，变被动服务为主动服务。2012年共接待和处理用户投诉135单。针对收费渠道单一问题，采取邮政及银行合作代收的方式，扩展收费渠道，解决用户缴费难的问题。加强用户回访工作，全年共回访高清用户8200户。

（石　亮）

【获得2012年度先进基层党组织荣誉】　分公司主动加强支部建设，积极履行工会职责。2012年，分公司作为市文体广电局党委所辖党支部，积极参加市委、局党委组织的各类活动，加强组织建设，被市直机关工委评为“2012年度先进基层党组织”。

（石　亮）

社会生活

人口与计划生育

【概况】 2012年，针对全市人口计生工作在全省2011年度动态综合排名挂末的严峻形势，全市各级党委、政府及人口计生部门深刻反思，变压力为动力，紧紧围绕省委、省政府确定的“双降”目标任务，明确“重抓六枝、水城升位摘帽，促进全市工作增比进位”的思路，以加强领导、落实责任、夯实基础、突破重点、全面施治为突破口，强势推进人口计生工作措施的落实，有力地促进了全市人口计生工作有序开展，各项目标任务圆满完成。人口计生工作动态综合排名全省第八，获二等奖，摆脱挂末位次；市人口计生委在市直机关目标考核中荣获一等奖。

（杜安政）

【完成省“双降”任务】 根据省人口计生领导小组考核认定结果：全市2012年度人口出生率为12.28‰，低于目标值0.02个千分点，与2011年度比下降0.32个千分点，高于全省平均值（12.13‰）0.15个千分点，人口自然增长率为5.48‰，低于目标值0.02个千分点，与2011年度比下降0.17个千分点，低于全省平均值（5.57‰）0.09个千分点，实现了“双降”目标；全市2012年度符合政策生育率为94.93%，高于目标值0.43个百分点，与2011年度比上升1.43个百分点，高于全省平均值（94.65%）0.28个百分点；在全省9个市州动态综合排名第8位，比2011年度上升1位，荣获二等奖。人口计生实现增比进位目标，摆脱连续两年在省动态综合排名中挂末的被动局面。

（杜安政）

【机构队伍力量壮大】 市人口计生委增设奖励扶助科（副科级），编制3名，增设信息化管理办公室（正科级），编制4名；各县人口计生局增设奖励扶助股，编制3名，增设信息化管理服务中心，编制3至4名；98个乡镇解决2至3名计划生育协会机构编制。基层基础得到进一步夯实，机关党建、作风建设、目标管理等方面实现创新，2012年度市人口计生委在市直机关目标考核中被评为一等奖，六枝特区人口计生局纪检组长李玉萍被评为全市“十佳公务员”之一，盘县断江镇计生服务站医生包桃云获“感动凉都十大人物”提名奖荣誉称号。

（杜安政）

【民生工程提标扩面】 在落实国家“三项制度”（奖励扶助、特别扶助、少生快富）和省“四项制度”（计划生育家庭的奖励、保障、救助、优惠制度）的基础上，出台中共六盘水市委市人民政府《关于进一步深化人口计生综合改革推进“两个转变”统筹解决人口问题的意见》和中共六盘水市委市人民政府《关于进一步加强人口计生工作努力实现“双降”的意见》文件，实施人口计生家庭“百、千、万”帮扶工程（即独生子女保健费每月100元、依法生育家庭送温暖100元、新农保缴费补贴100元；新农保基础养老金补贴200元；农村计生“两户”民用煤补助300

元；推迟一孩生育奖励500元；落实长效避孕节育措施每年奖励800元。办理“独生子女证”和自愿推迟二孩生育家庭奖励1000元；奖励扶助金提高到1200元；特别扶助金提高到2000元；入住养老公寓补助3000元；农村“两户”子女上大学奖励5000元。农村二女孩户绝育家庭、放弃二孩生育家庭奖励10000元；计生特殊家庭发放抚慰金2万元）。2012年发放各类计生家庭奖励扶助资金1.25亿元，惠及10万余户城乡计生家庭，资金量、奖扶面创历史新高。

（杜安政）

【服务水平进一步提高】 在六枝、钟山巩固创国家级优质服务先进县的基础上，盘县2012年又争创进入国家级优质服务先进县行列，全市创建国家级优质服务先进县比例达到75%；市、县自筹资金完成30个乡级计划生育服务站“玛丽斯特普”改造和40个村计生服务室建设。优质服务理念逐步深入人心。

（杜安政）

【乡镇人口计生工作实行动态综合排名管理】 每季度开展一次全市人口计生工作专项督查；定期或不定期对人口计生工作开展效能监察；对全市98个乡镇人口计生工作情况进行两次全面彻查；每月对20个乡镇进行暗查。根据统计报表和检查暗查结果，每月对全市98个乡镇进行动态综合排名，将排名情况在有关媒体上进行公布。强推工作任务的落实。

（杜安政）

老龄事业

【贯彻省老龄办主任会议精神】 主动向市委、市政府分管领导汇报全省老龄办主任会议的精神，使市委、市政府领导了解会议情况。召开全市老龄工作会议。总结2011年老龄工作，对2012年的老龄工作进行安排部署。通报了2011年度各县（特区、区）老龄工作目标考核结果。会议原则通过了《六盘水市关于开展“敬老文明号”创建活动的实施方案》和《2010~2012年度六盘水市老龄工作先进集体和先进个人评选、表彰方案》。

（王　娟）

【出台《六盘水市老龄事业发展“十二五”规划》】 9月19日，六盘水市人民政府印发《六盘水市老龄事业发展“十二五”规划》，要求各县、特区、区人民政府，各经济开发区管委会，市人民政府各部门、各单位，中央、省属驻市行政企事业单位遵照执行。

（王　娟）

【居家养老工作】 2012年，六盘水市居家养老服务已覆盖全市150个城市社区（居委会）。按照省老龄办的要求，积极上报六枝特区平寨镇凉水井社区居家养老服务站、盘县城关镇小观音社区居家养老服务站、钟山区黄土坡街道办事处青年路社区居家养老服务中心三个2012年度城市社区居家养老服务中心（站）建设项目；上报1个2012年度城镇居家养老服务培训项目；上报六枝特区梭戛乡中寨村农村居家养老服务站，钟山区大河镇裕民社区农村居家养老服务站项目两个2012年度农村居家养老试点服务中心（站）项目。项目资金已全部拨付到位。

多模式开展居家养老服务工作。整合社区“星光老年之家”公共资源，开展居家养老服务；在社区服务的基础上，拓展为老服务方式，拓宽为老服务内容。开设老年人小饭桌。加强片区养老服务中心的建设力度，做好项目储备工作。合理布局，搭建居家养老服务平台。组建信息网络、开通紧急呼叫信息系统、搭建居家养老服务的空中平台。积极探索，依托物业管理，开展居家养老服务。积极探索民办公助、公办民营的养老模式。依托农村社区全覆盖建设，因地制宜，整合资源，推进居家养老服务工作。

2012年，市级福彩公益金将投入655万元进行养老服务设施的建设与改造，其中，涉及社区居家养老工作经费为255万元。

（王　娟）

【为老人办好事实事】 春节期间开展慰问活

动。春节期间，市委、市政府组织有关部门对高龄老人、贫困老人、在乡老复员军人和三无老人等进行慰问。全市共慰问70岁以上高龄老年人、特困老人、老复员军人、五保老人1000余人，慰问光荣院6所、敬老院24所、居家养老服务等养老机构4所，发放慰问金60余万元。

为老年人订阅老年报刊。协调市老年基金会为全市200个基层老年协会订200份《贵州老年报》。各县、特区、区为基层老年协会订1000余份《贵州老年报》。

维护老年人权益。2012年，全市共免费办理老年优待证9000本，为24000余名老年人办理免费乘车证及意外伤害保险。接待老年人来信来访60余人次，并针对老年人所反映的问题，一方面耐心细致地做好解释工作，另一方面及时与有关部门沟通协调，尽快地给老年人答复，做到不回避、不拖延，使老年人的来信来访，件件有回音、事事有着落。2012年，全市共发放360余万元90岁以上高龄老人养老补贴。

丰富老年人业余文化活动。2012年，老年人文体活动内容丰富多彩，参与的老年人数较往年广泛。从2月到12月，全市共开展25项老年体育赛事，在往年老年人门球、柔力球，乒乓球、网球、太极拳、太极剑、健身操、健步行等活动基础上，新增了排球、冬泳两个比赛项目。与旅游部门通力合作，组织千余名老年人境外旅游。

（王　娟）

【敬老月系列活动】　加强宣传。为营造活动期间敬老、爱老、尊老、助老的社会氛围，全市切实加强老龄宣传工作，充分利用报刊、电台、电视台、网络、电子屏幕等媒体的宣传平台，全方位、多层次、多渠道加大对“敬老月”活动的宣传力度。在市中心区醒目位置及各乡、镇、街道悬挂、张贴宣传横幅（标语）；在电视台播放老龄工作宣传标语300余次；在有电子显示屏的商户滚动播放宣传标语；利用移动、联通短信平台发送老龄工作宣传短信；在魅力钟山网站开播宣传标语200余条次；收集、整理、上报“敬老月”活动信息23条。

开展走访慰问活动。协调各级老龄部门和成员单位，组织开展走访慰问老年人活动，动员社会各界开展多种形式的为老年人送温暖献爱心活动。节日期间，全市共慰问百岁老人79人、90岁以上高龄老人47人、空巢老人48人、特困老人148人、敬老院4个、社区居家养老服务站（点）6个，发放慰问金、慰问品折合人民币34万元，代发省级百岁老人生活补助94800元。

开展“敬老文明号”创建活动。各县（特区、区）级创建活动均已启动，在“敬老月”期间完成授牌，共计评选出“敬老文明号”35个。

开展“绿丝带”为老志愿服务活动。组织志愿者走进福利院、敬老院、老年公寓和老年人家中，为老人义诊、送药，开展咨询、心理疏导等服务。组织学校广大师生，走进敬老院，开展形式多样的助老活动，为老年人献爱心。

开展老年文化体育活动。积极组织老年人参加贵州省第三届“福彩杯老年文化艺术节”。六盘水市代表团获得书画摄影大赛一等奖1名，二等奖3名，三等奖5名，优秀奖9名；声乐舞蹈大赛获铜奖1名，优秀奖1名。六盘水市举行了庆祝老年教育事业发展暨市老年大学建校25周年文艺演出；市老龄办、市老年大学、市委离退局、市老年书画研究会等多家单位共同举办了2012年“敬老月”老年书画展，共展出书法作品57幅，国画作品37幅。六盘水市委书记王晓光在专门为此次书画展赠送了墨宝—“弘扬书画艺术，构建和谐文化”，并在前款中题：祝全市老同志重阳快乐。各县（特区、区）开展丰富多彩的老年文体活动。盘县老龄办与盘县老年大学、盘县老干局、盘县老年活动中心、盘县组织1400余名老年人参加的“九九重阳节”老年人体育运动会。钟山区老龄办举办“和谐钟山，最美夕阳”老年人文艺汇演，区四大班子领导、区老龄委成员单位、街道社区工作人员及广大老年朋友共计600余人观看了演出。六枝特区充分发挥老年协会、老年学校、文化中心的平台作用，在老体协的组织下开展了丰富多样的文化体育活动。其中，平寨镇给13个社区各1000元的活动经费，支持社区开展老年人文体活动。水城县也积极组织广大老年人开展各类文体活动，丰富老年人精神文化生活。

（王　娟）

【调研工作】 “四在农家””创建活动调研。3月1日，市老龄办到六枝特区郎岱镇木城社区，对木城社区基本情况及“四在农家”创建活动开展情况进行调查摸底。并针对木城社区提出的困难，积极与有关部门联系，帮助木城社区尽快解决问题，确保“四在农家”创建活动的顺利开展。

白鹤养老服务中心调研。3月，市老龄办、市老年基金会到钟山区德坞街道白鹤养老服务中心帮助该中心解决各类难题：协调自来水公司为该中心解决用水难问题；联系水城县黄家桥社区老年公寓负责人，协商合作事宜；协调广播电视局、市电信局、卫生局，为该中心解决有线电视及宽带安装，医疗设备添置等问题；出资为该中心添置热水器。

民生实事调研。6月，市民政局、市老龄办到钟山区调研“十二件民生实事”。深入到乡间地头的同时，听取各建设单位汇报，基本摸清了现阶段工作的开展情况，为下步工作打下基础。

养老服务体系调研。7月，市民政局、市老龄办、市开发研究促进会和市老年基金会组成调研组，在钟山区委、区政府，水城县县委、县政府和市、县（区）民政、老龄部门的陪同下，对六盘水市中心城区养老服务体系建设状况进行调研。形成调研报告分别送呈市委、市政府主要领导和分管领导。其间，市老年基金会发起帮扶社区养老服务体系建设的捐赠活动，将所接受的32万捐赠款全部用于帮助社区养老服务体系建设。

2012年，市政府副市长刘友宾、马雷，市政协副主席张俊昌等领导先后对老龄工作，特别是居家养老养老服务工作进行调研，通过实地查看、走访、座谈，听取老龄工作情况汇报等，对工作中的难点、热点问题高度重视，并提出解决办法及措施，要求：资源整合、资金捆绑、抓重点、抓示范、抓亮点、出成效。

（王　娟）

民族宗教

【概况】 2012年，市民族宗教系统依法保护少数民族的合法权益；协调民族关系，增强民族团结；协助有关部门做好全市少数民族干部的培养；调查全市少数民族生产、生活情况；协助有关部门做好少数民族扶贫工作；落实国家少数民族的有关优惠政策。依法保护宗教信仰自由，保护宗教活动场所的合法权益，帮助宗教活动场所加强自身建设。

（刘杰业）

【民族经费使用】 制定2012年度贫困乡（镇）扶持推进计划和工作方案，建立扶持项目库，协调有关部门对毛口等8个贫困民族乡进行重点扶持。民族工作部门投入资金67万元，协调各级各部门投入扶持资金1962万元。2012年共争取中央、省、市级少数民族发展资金、民族工作经费677万元，落实大小项目116个。其中，中央少数民族发展资金340万元，安排项目57个；省级少数民族发展资金148万元，安排项目18个；省级民族工作经费79万元，安排项目9个；市级少数民族发展资金60万元，安排项目18个；市级民族工作经费50万元，安排项目14个。2013年争取市级“民族三项经费”由2012年的170 万元增加到260万元。

（刘杰业）

【民族文化村寨建设】 2012年，民族工作部门撰写1个村调整报告和42个特色民族文化村（社区）概况。建立特色民族文化村项目库，投入99万元，协调各级各部门投入扶持资金共1589万元，对“11个村”经济社会发展和民族文化建设进行扶持。

（刘杰业）

【计生帮扶与民族地区经济发展监测】 2012年，深入青林等民族乡开展计生政策和法律法规学习宣传活动2次，分发宣传资料400多份；支持帮助玉舍民族乡7万元修建甘塘村计生活动室，帮助培养民族地区计生干部11人；帮扶计生贫困户195户（781人），帮扶资金78.98万元。健全市、县、乡（镇）统计监测队伍，完成94个乡（镇）2011年度统计监测年报，完成全市50个民族乡2011年度经济社会发展情况统计，撰写50个民族乡经济社会发展情况调研报告和42个特色民族文化村经济社会发展情况调研报告。

（刘杰业）

【招商引资】 通过招商引资，贵州宏奇药业有限公司计划投资0.9亿元建设中药材种植基地；都匀大河民族旅游度假娱乐有限公司计划投资1.9亿元到六枝特区岩脚镇修建民族文化一条街；六盘水芭蕾德民族文化发展有限公司计划投资1亿元到钟山区德坞办事处西林村修建穆斯林民族文化园；安达市北方磷脂有限公司计划投资4000万元扩大六盘水润泽药业有限公司生产规模。2012年12月，以上引资项目实际到位资金4500万元。

（刘杰业）

【民族教育扶持计划】 民族教育经费项目落实，加强对2011年度省级民族教育经费18个项目（35万元）、市级民族教育专项经费17个项目（55万元）的管理；申报2012年度省级民族教育经费项目（2012年8月下达省级民族教育专项补助资金43万元，安排21个项目）；做好2012年市级少数民族教育专项经费（60万元，安排19个项目）。认真做好全市29个贫困民族乡中小学校“午餐工程”统计工作。对各县（特区、区）上报的吕正伟等35名少数民族贫困大学生资助7万元。投入19万元对盘县鸡场坪彝族乡民族中学、市民族职业技术学校、六盘水师院等民族体育基地进行重点扶持。

（刘杰业）

【重点古籍普查和抢救】 认真实施民族古籍抢救推进计划，与钟山区联合举办民族古籍总目提要普查培训班，完成《中国少数民族古籍总目提要·彝、苗、布依、仡佬族卷》辞条400多条、400多万字。争取民族古籍传承人普查工作列入市委、市政府2012年全市100件重点工作内容；将300余名民族古籍传承人的材料毫无保留报送省古籍办。深入民族地区征集民族古籍40余册在市档案馆进行恒温保护，将4部清代彝文古籍报送省民委古籍办。翻译整理200多万字的《彝族指路经》和100多万字的《水城玉舍彝族古歌·婚仪卷》，将《水城玉舍彝族古歌·婚仪卷》列入出版计划。向省民委争取彝文古籍抢救经费4万元。

（刘杰业）

【民族人才培训】 2012年7月10日，首次举办全市民族博物馆陈列室管理人员培训班，50人参加培训。9月10至21日，在西南民族大学举办六盘水市少数民族干部培训班，38名少数民族干部参加培训。全年选派28名少数民族干部参加市直机关工委、市扶贫局、市人事局、市委组织部、省民委、省公务员局、国家民委举办的各类培训班。

（刘杰业）

【宗教工作】 推荐先进集体11个（宗教工作部门2个，宗教团体3个，宗教活动场所6个）；先进个人8名（宗教工作部门2名，宗教团体3名，宗教活动场所3名）。2012年6月12至21日，举办“全市宗教工作干部政策法规培训班”，55人参加培训；举办全市宗教教职人员政策法规培训班，参加人员有佛教、伊斯兰教、天主教、基督教和各宗教团体、宗教活动场所负责人及部分信徒共93人。

（刘杰业）

县区概况

钟山区

【概况】 钟山区位于贵州省西部六盘水市中心城区，全区总面积476平方公里，耕地面积13169.46公顷。辖镇4个、民族乡1个、街道办事处7个，村民委员会48个，社区居民委员会71个。2012年全区户籍总人口49.94万人，其中非农业人口319845人。人口出生率6.91‰，自然增长率4.38‰，符合政策生育率95.78%。人口较多的少数民族有彝、苗、白、回等民族。主要矿藏有煤、铁、铅锌、石灰石等。森林覆盖率35.53%。

2012年钟山区地区生产总值完成256.76亿元，增长15.9%；全社会固定资产投资完成.262.32亿元，增长74.8%；财政总收入完成21.6亿元，增长30.85%；公共财政预算收入完成15.37亿元，增长39.39%；规模以上工业增加值完成90.8亿元，增长21.7%；社会消费品零售总额完成101.36亿元，增长16%；城镇居民人均可支配收入完成18764.1元，增长14.6%；农民人均纯收入完成6792元，增长17.3%；招商引资实际到位资金完成153.28亿元，增长166.57%；居民消费价格指数上涨3.3%，控制在4%以内；小康实现程度达到82.28%。

2012年，全区三次产业增加值分别完成2.27亿元、142.84亿元和111.65亿元，三次产业比例为0.88：55.63：43.49，第三产业增加值比重较上年提高0.35个百分点，服务业加快发展，经济结构得到进一步优化。

全区围绕旧城改造、新区拓展、特色小城镇打造，稳步推进城镇化建设。新区开发和旧城改造稳步推进，城市品位、文化品位逐步提高。凤凰山城市综合体图书馆、博物馆、方志馆、档案馆、展览馆等重大项目加快建设；旧城整体改造加快推进，已规划上报城市综合体、棚户区改造、城中村改造等项目32个，总投资达到800亿元以上。小城镇建设步伐加快。以三化观摩会为契机，加快推进大河镇、汪家寨镇小城镇建设，大湾小城镇被列为全省100个重点小城镇之一，小城镇面貌焕然一新。城镇化改革加快推进。大河经济开发区规划正抓紧编制，完成黄土坡街道和荷城街道“撤二设五”工作，钟山区被列为贵州第五轮农村改革发展试点县和第三批全国发展改革试点城市。

加大基础设施投入，城乡基础设施大幅改善。城市公共设施不断完善。六沾铁路复线（钟山段）通车，火车站改扩建、汪水路、德坞西客运站等项目加快推进，荷城片区养老服务中心投入使用，完成凤凰新区、凉都大道LED节能路灯安装，中心城区小街小巷改造项目加快实施。城市景观不断完善。明湖湿地公园、凉都儿童乐园等城市公园改造稳步推进，凉都大道、钟山大道、人民路及次干道绿化景观提级改造和中心城区可视范围景观改造项目加快实施。农村基础设施不断夯实。“四在农家”开工建设7068户，竣工5707户，完成农村危房改造927户，新寨至海嘎、顶拉至黄泥坡、马路湾至大箐村等通村公路建成通车，完成10个自然村寨通电话、通宽带。

加大招商引资工作力度，完善组织机构和招商机制，创新招商方式，加强项目对接和洽谈，强化项目储备。2012年，共接待客商400余人次，分别与永辉、大唐电力、香港美佳达、云南华丰集团洽谈永辉超市、大湾煤矸石发电、渔塘热电联产、美雅国际学校、德坞城市综合体等项目。全区完成招商引资项目234个，总投资619.96亿元，实际到位资金153.28亿元，为年任务92亿元的166.6%，增幅创建区以来新高。其中，新引进项目156 个，实际到位资金89.72亿元；续建项目78个，实际到位资金63.56 亿元。

加大环境执法和行政监察力度，严格控制高能耗、高污染、低效率的落后产能进入。完成镇艺、黄猫洞等16家煤矿矿井废水处理设施建设，实现了矿井废水达标排放；大湾镇、大河镇、汪家寨镇污水处理厂建设加快推进；加大节能减排工作力度，化学需氧量排放总量和氨氮排放总量分别为5332.08吨、557.14吨，顺利完成省环保厅计划目标。

加强天然林保护，巩固退耕还林成果，实施人工造林1.39万亩，封山育林4.13万亩，完成石漠化治理22.5平方公里，森林覆盖率达到35.53%；三岔河治理成效显著，圆满完成全省河长制现场观摩会。

广开就业门路，拓宽就业渠道，促进城镇就业和农村劳动力转移。全区实现城镇新增就业62069人；促进失业人员再就业708人；完成农村劳动力转移3104人；促进大学生就业1702人；城镇登记失业率控制在4.2%以内。

基本医疗保险、城乡最低生活保障、城乡社会养老保险等社会保障体系逐步完善。城镇职工养老保险、失业保险、基本医疗保险参保人数分别达到13536人、7532人和169775，与上年相比分别增长14.7%、24.87%和4.46%。

基层医疗卫生服务体系建设成效明显。大河镇中心卫生院即将投入使用，区人民医院住院楼主体完工，村卫生室管理信息系统进入全面试运行阶段，新农合参合人数达到14.11万人，参合率为98.88%。

（石前周）

【工业经济转型加快】 钟山区坚持走新型工业化道路，做大做强特色优势产业，积极培育新兴产业。2012年全区工业增加值完成130.83亿元，同比增长15.1%。传统工业结构调整力度进一步加大。稳步推进煤矿技改，加大洗选行业治理整顿力度，全年投入地方煤矿、洗煤行业技改资金12.8亿元。区属原煤产量完成300.92万吨，增长56.9%；区属洗煤产量完成199.88万吨，增长70%。水钢、水矿产品结构调整、技术装备更新等顺利实施。循环经济产业加快发展。恒远新型建材二期投入使用，金钉子粉煤灰深加工即将投入生产，龙脖子风力发电项目完成测风塔安装。新型工业化有序推进。按照“一区多园、产城融合”的发展思路，挂牌成立大河经济开发区；水月园区、大湾工业园区、汪家寨工业园区共完成30.33万平方米标准化厂房建设；康师傅绿色食品工业园和铁马汽车工业专用车组装等项目投入生产。

（石前周）

【现代服务业发展迅速】 全区服务业稳步发展，服务形态日趋丰富，以住宿、餐饮、娱乐、商贸为主的传统服务业不断巩固壮大，以物流、金融、保险、旅游等为主的现代服务业加速发展。传统服务业不断巩固壮大。以百盛、国贸、永辉、沃尔玛、圣地亚哥等为代表的知名服务品牌效益明显。社会消费品零售总额完成101.36亿元，增长16%；现代服务业加速发展。投资担保、小额贷款等民间融资机构发展逐步规范，凉都村镇银行正式成立，金融机构网点稳步提升。2012年，金融机构人民币各项存款余额完成386.57亿元，增长28.02%，人民币各项贷款余额完成319.75亿元，增长16.29%；以休闲度假、自然风光、避暑纳凉、乡村旅游为特点的旅游业蓬勃发展，全年旅游总收入完成18.98亿元，增长75%；物流产业进入加速发展时期，发嘎坡货场、润发物流等大型物流项目加快推进。

（石前周）

【农业产业化】 钟山区围绕“都市餐桌”大力发展城郊农业、都市观光农业、设施农业，抓好农业增效、农民增收，繁荣农村经济。种植业基地加快建设。编制完成《都市现代农业发展规划》，新塘社区菜篮子工程加快建设，全区商品蔬菜基地种植完成10050亩，马铃薯高产示范基地完成10000亩，核桃基地完成30000亩，猕猴桃、葡萄、梨子、中药材等各类种植基地完成6900亩，立信农业循环经济示范园建成投产。畜牧产业扩容增效。畜牧业总产值完成3.01亿元，增加值完成1.21亿元，畜牧业产值占农业总产值比重达到58.9%，肉类总产量达到20346吨，增长47.56%。宏裕、荣跃等养殖场规模不断扩大。

（石前周）

【城乡环境整治】 钟山区加强环境卫生整治力度，城乡环境卫生明显改善。城市卫生和管理水平迈上新台阶。“五城联创”深入实施，30台环卫特种车进驻镇乡、街道办，乡容乡貌、镇容镇貌明显改善。农村脏乱差现象进一步改善。完成4个示范村庄整治；大力推进农村生活环境卫生改造工程，加强改水、改厕、改路、改灶、改圈等“五改工程”的力度，加大村庄道路硬化、庭院硬化、亮灯工程和小广场建设力度，提升农村生活环境，村寨新风貌和新文化正逐步成型。

（石前周）

【项目建设】 全区加大项目调度和督查力度，完善项目考核奖惩机制，帮助项目建设单位落实资金、土地、规划、环保、供电、供水等开工条件，切实推进项目建设，确保全年投资任务完成。2012年，固定资产投资入库项目1078个，纳入市级集中开工项目204个，完成投资53.7亿元。产业项目、城建项目、交通项目、社会事业项目和农林水利项目分别完成投资10.4亿元、32.1亿元、0.5亿元、1.8亿元和1.5亿元；续建项目80个，完成投资17.23亿元；“十大工程”项目完成投资4.87亿元；“十二件民生实事”项目完成投资3.82亿元。其中，重大工程和重点项目48个，完成投资39.96亿元。结合国发2号文件精神，加大项目储备力度，共储备项目1003个，总投资达到5100 亿元。

（石前周）

【教育事业】 全面落实义务教育经费保障机制和“两免一补”政策，促进义务教育均衡发展。拨付中小学公用经费2193万元，减免学杂费2308.27万元，减免农村学校教科书本费454.53万元，补助农村寄宿制贫困学生28.18万元。加快推进教育基础设施配套工程建设。钟山区第二小学运动场及附属工程、寄宿制攻坚工程食堂投入使用；中小学营养计划和教师周转房稳步实施；建成大河裕民幼儿园，其他学前教育项目加快推进。加强教师人才队伍建设，教师队伍逐步扩大。引进教师56名，择优聘用教师86名。

（石前周）

六枝特区

【概况】 全县（特区、区）总面积1792平方公里，耕地面积67696.83公顷。辖14个乡（其中9个民族乡）、5个镇，394个村民委员会、17个居民委员会。年末总人口 69.69万人，其中少数民族21.27万人，非农业人口14.19万人。人口出生率7.07‰，自然增长率2.22‰，符合政策生育率95.25%。人口较多的少数民族有彝、苗、布依、仡佬族。主要矿藏有有煤、铁、砷、铅、锌、萤石、冰洲石、重晶石、硅砂、石灰石、石膏等十余种矿产资源。煤炭探明储量为25.5亿吨，煤种齐全、煤质好、易开采，现年产250万吨；瓦斯储量为69.5亿立方米；森林覆盖率39%。

2012年生产总值82.3亿元，比上年增长17.7%；工业总产值116.56亿元，增长23.58%；财政总收入100496万元，增长50.91 %，其中地方财政收入76227万元，增长52.91%；财政总支出326578万元，增长28.25%；全社会固定资产投资完成158.68亿元，同比增长126%；社会消费品零售总额22.67亿元；城镇居民人均可支配收入13218元，人均消费支出4686.15元；农民人均纯收入4728元。

农业生产着力抓好“六大产业”。完成农业产业化基地建设18.88万亩，山区现代农业体系逐步形成；新增6个种植业省级无公害农产品产地认证，认证总面积1650公顷；建成生态养殖合作社8个、协会4个、养殖场23家，农业产业化经营加快；稳定发展粮食生产，全年粮食产量达20.14万吨，同比增长31.57%；粮经比调整为50：50，农业总产值完成12.82亿元，同比增长16.26%。

交通建设加快。投资29.5亿元的六镇高速公路六枝段完成投资12亿元，投资62亿元的六六高速公路六枝段完成投资1.2亿元，投资5246万元建成运煤公路53公里，投资9394万元的长兴旅游公路完成投资达85%，完成通村水泥路200公里，全区交通骨架网络基本形，路网密度达1.41公里/平方公里。航运设施建设加快，新建新寨等渡口9个，水运能力得到提高。

“三位一体”工程加快实施。投资3.34亿元的旧院水库完成投资1.5亿元，投资4.72亿元的懒龙河水库开工建设，投资2000万元的小型农田水利建设项目、投资1250万元的坡耕地治理项目、投资1567万元的六枝河党校至污水处理厂河段治理工程、投资1600万元的中型灌区节水配套改造项目分别完成投资1990万元、800万元、1050万元、790万元，实施石漠化综合治理43.5平方公里，完成造林及封山育林7.44万亩，生态环境明显改善，森林覆盖率达39%。

旅游基础设施逐步完善。推进牂牁江风景名胜区开发建设，安排2000万元成立牂牁旅游开发投资公司，申报设立牂牁江旅游产业园区管委会，加强景区建设管理。投资86.83亿元的老王山多梯度训练示范基地、回龙溪温泉旅游度假区、牂牁江湖滨户外运动度假区等项目进展顺利。旅游总收入达14.25亿元，同比增长154.3%。

环境保护不断加强。削减二氧化硫13.72吨、氮氧化物248.47吨、化学需氧量1099.5吨、氨氮97.83吨，全面完成了减排目标任务；城市污水、生活垃圾无害化处理能力进一步提升；空气质量达到国家二级标准，循环经济发展步入新起点。

项目带动显著增强。切实抓好总投资317.8亿元的200个新开工项目、34个续建项目建设，完成投资95.58亿元，占年度任务的129.34%。强化项目实物化落实，编制落实国发2号文件储备项目535个，总投资2360.95亿元，投资拉动不断增强。重大项目建设加快推进。投资13亿元的新华煤矿、投资14.79亿元的黑拉嘎煤矿分别完成投资5.8亿元、4.05亿元；投资6.7亿元的六矿瑞安4500吨/日水泥生产线完成投资2.1亿元。投资161亿元的华润集团六枝循环经济产业示范区六枝电厂项目，已获国家发改委路条；投资248亿元的盘江投资控股集团六枝煤电一体化基地项目已通过国家发改委主任办公会议，在全国15个同类项目中排第9位。

工（产）业园区初见成果。六枝路喜循环经济园已获省发改委批准为省级循环经济示范产业基地；木岗、郎岱、岩脚3个园区累计完成投资22.61亿元。木岗园区主次干道路网、路灯及绿化等工程全面完成，建成标准化厂房7.26万平方米，宏奇制药、黔鹰电器等一批企业入驻园区。郎岱农业产业园区已发展商品蔬菜1.2万亩、经果林3万多亩、魔芋1万多亩、中药材2万多亩，入驻养殖企业20余家。

招商引资成效明显。先后到北京、上海、广州等地招商。共引进招商引资项目73个，引资总额397亿元，招商引资到位资金139.83亿元。

城乡居民生产生活条件进一步改善。认真落实中央、省、市强农惠农政策，投入各级农业专项资金8934万元；完成广播电视村村通6900户；完成“四在农家”创建15144户、农村危房改造6889户、茅草房改造706户、廉租房1208套，发放住房租赁补贴1100万元；解决农村5万余人饮水安全；投入2029万元实施“一事一议”财政奖补项目，农村环境进一步改善。实施总投资2.71亿元的220千伏、110千伏、35千伏电网、变电站建设，城乡供电保障能力增强。投入财政扶贫资金1382.9万元实施整村推进项目48个；折溪乡、木岗镇实现“减贫摘帽”；减少农村贫困人口2.79万人。社会保障体系进一步完善。积极落实就业政策，城镇新增就业24240人，城镇登记失业率为4.08%；开展农村劳动力技术培训17810人，转移农业劳动力就业14920人；完成职业技能培训1592人；建立充分就业社区4个、完成就业小额担保贷款8997.1万元。城乡居民养老保险、城镇职工养老保险、城镇职工医疗保险、城镇居民基本医疗保险参保率分别达92.70%、100.02%、100.01%、96.1%。新型农村合作医疗参合率达97.65%。发放城镇低保5156.66万元，保障21.66万人次，发放农村低保8535.81万元，保障48125户87140人。社会事业协调发展。实施投资6.49亿元教育工程62个，累计完成投资3.48亿元；在全区240所农村义务教育阶段学校实施学生营养改善计划；基本公共卫生服务逐步完善，建立居民健康档案43.5万人份，建档率达71%。人口计划执行情况良好，人口计生工作实现“升位摘帽”。人才队伍建设进一步加强，人才总量达12282人。

（阎秀明）

【贯彻国发2号文件精神】 2012年初，六枝特区特区党委、政府通过党委常委会、经济工作会议、政府常务会、区长办公会、专题会议等，大力组织动员，加强舆论宣传，认真学习贯彻《国务院关于进一步促进贵州经济社会又好又快发展的若干意见》。

结合文件定课题，由政府区长、副区长各负其责，确定了资源型城市可持续发展、打造省经济强县、喀斯特山区特色农业示范区、扶贫攻坚规划和开发机制创新、六枝与全国同步进入小康社会、创建新型工业化产业示范基地、石漠化山区生态搬迁工程、提高森林覆盖率生态补偿机制、金融政策与市场化融资机制、统筹城乡综合配套改革试点、六枝经济全面融入黔中经济圈11个重大研究课题。

强化载体抓落实。加大项目储备、策划、包装、申报力度，推动项目建设。同时，加快在建项目建设步伐，确保年内完成固定资产投资112.8亿元以上。

强化对接抓落实。加强与省、市的沟通、汇报、协调，以基础设施、优势产业、民生工程等为重点，争取一批关系长远发展和增强后劲的重大项目。重点争取盘江煤化工、六枝电厂、六枝煤矸石电厂、农林生物质发电、日产4500吨新型熟料干法水泥生产线等项目尽快开工建设。

强化措施抓落实。研究、跟进“毕水兴能源资源富集区”“黔中经济区”的产业发展方向，参与区域经济产业分工，承接经济辐射，实现无缝对接。开展“项目建设加速年”“园区建设攻坚年”活动，年内完成园区基础设施建设投入12.95亿元。

强化责任抓落实。确定2012 年主要经济预期目标，进一步明确各部门具体工作职责和任务。将2012年重点工作任务分解到部门、落实到岗位、量化到个人，明确牵头领导和完成时限，确保一季度“开门红”和上半年“双过半”目标的实现。

（阎秀明）

【农村节能减排惠万家工作】 2012年，六枝特区共争取到各级补助资金3065.5万元，在19个乡镇建成农用沼气池19234户，投入使用11900余户，占建成数的62%，其中，投入使用大中型沼气工程8处，占建成数的72.7%。据测算，可节煤3.03万吨/年、电60.67万度、化肥1213.5吨、农药9.71吨，创经济效益1911.26万元；每年可减少未经处理直接排放的人畜粪便和冲洗污水7.97万吨、减少排放二氧化硫约910吨、二氧化碳约3.03万吨，一氧化碳和漂尘浓度分别降低80%和90%。使用沼液、沼渣替代化肥、农药使用，可减少石化能源对土壤的污染，增加土壤有机质含量，提高作物单产和农产品品质。

（阎秀明）

【岩脚面申报国家地理标志产品保护】 六枝特区政府于2012年7月，邀请贵州省地理标志研究中心主任、省社科院研究员李发耀、贵州大学生命科学院博士生导师秦教授、曾教授一行3人组成的调研组到六枝进行实地考察。调研组一行深入到岩脚大畅面业公司、岩脚绿色食品厂等相关面业生产企业，了解“岩脚面”的生产加工工艺、原辅材料、品牌建设、企业及小作坊的生产销售情况并到大畅面业公司新厂区建设场地进行了参观。在岩脚镇政府会议室听取了镇政府、企业及相关人员对“岩脚面”的历史渊源进行介绍。专家组通过调研，一致认为：“岩脚面”产品以其独特的地理特征、人文风格同产品组合而闻名，生产有相当的历史渊源、人文特征、产品独特性、较多的企业品牌、较高的知名度和销售覆盖面，极具地理保护价值，已具备申报条件。通过申报保护将进一步提高“岩脚面”的知名度、市场占有率和产品附加值，促进该产品走向国际市场，更有利于岩脚面业的发展，推动农业产业结构调整，实现农民增收、农村增产、农业增效。专家组还介绍了中国地理标志保护产品申报工作的法律制度、受理部门、程序和相关要求，对地方经济发展的影响和意义。

（阎秀明）

【路喜循环经济园区引进矿用高新装备项目】 2012年11月29日，贵州中船路鑫矿用高新装备建设项目开工仪式在路喜循环经济园区隆重举行，贵州中船路鑫矿用高新装备有限公司是中船重工第719研究所与山西路鑫能源集团共同投资成立的股份制企业，注册资本1000万元，主营矿用设备生产与销售，其中自主研制的矿用救生舱、井下避险系统等填补了国内相关领域的空白，技术水平达到世界先进水平。公司投资5亿元在六枝特区路喜循环经济工业园内打造中国西南地区最大的矿用设备生产基地。该项目的引进，是六盘水实现资源型城市可持续发展的重大战略，项目开工对实现六盘水市采煤安全生产，保障经济平稳较快增长，推动六盘水市经济又好又快、更好更快建设具有重大意义。省能源局副局长胡世延，市政府副市长尹志华，市政协副主席聂志权，中船重工719所所长、中船重工环境工程有限公司董事长杨金成，国家审计署驻西南办事处主任王胜，山西路鑫集团创始人朱其诚、董事长朱福连，特区党委、政府及有关领导出席了开工仪式。

（阎秀明）

【推进农业现代化】 2012年，六枝特区加快推进农业现代化建设。

扩展基地，建好农业生产“第一车间”。组建“水投”“路桥”“强农”等投资公司，开拓农业产业化投入新途径。全省草地生态畜牧业科技扶贫种草养羊项目县、财政支农资金整合试点县、小型农田水利设施建设重点县、高标准农田示范县等项目建设成效明显，逐步形成了“一片两线”“三大板块”的发展雏形。郎岱农业产业园已引进22家企业，总投资6亿元。12.88万亩农业生产基地建设加速推进，其中，商品蔬菜基地完成7650亩，为计划的38.25%；核桃基地完成3.4万亩，为计划的68%；中药材基地完成4.7万亩，为计划的534%；油茶基地完成3500亩，为计划的17%；茶叶和猕猴桃基地正在育苗。

舞活龙头，建好农业生产“第二车间”。完善《六枝农产品加工业发展规划》，六枝地康高山健康产业发展有限公司项目进展加快，投资2500万元的岩脚大畅面业扩建工程完成投资1256万元，培育市级以上农业产业化龙头企业15家，提高农业综合效益。

繁荣市场，建好农业生产“第三车间”。加快大用、郎岱等农产品批发市场建设，拓展营销渠道，建立贵阳、安顺、广州等省内外直销市场。全区已登记注册农民专业合作社117个，会员达500余人，农民经纪人达320余人，带动农户3.6万户，成为连接市场的桥梁和激活农村经济的“催化剂”。培育了“雾峰”苦荞米、岩脚面、郎岱酱等一批特色农产品品牌，特色农产品商品率达80%。

（阎秀明）

盘　县

【概况】 全县总面积4057平方公里，耕地面积125261.27公顷，辖17个乡（11个民族乡）和20个镇、450个村民委员会、49个居民委员会，年末总人口118.94万，其中少数民族22.65万，非农业人口23.81万，人口出生率10.31‰,自然增长率4.25‰,符合政策生育率99.12%,人口较多的少数民族有彝族、苗族、白族、布依族。已探明矿产资源有煤、铁、铜、黄金、锰、锌等20余，其中煤炭资源储量大、品种全、质量优。森林覆盖率42.07%。

2012年全县生产总值完成300.72亿元，比上年增长17.4%,其中一产、二产、三产分别达19.32亿元、221.03亿元、60.37亿元，同比分别增长11.063%、17.09%、16.08%。工业总产值506.14亿，比上年增长16.31%。财政总收入（市口径）65.46亿元，同比增长19.86%，其中县级一般预算收入41.06亿元，同比增长58.69%。财政一般预算支出64.70亿元，同比增长32.6%。年内固定资产投资423.81亿，比上年同期增长111.6%。社会消费品零售额48.15亿，同比增长16.2%。农民人均纯收入5060元，比上年增长17.54%。金融机构存、贷款余额分别为206.6亿元和132.17亿元，比上年分别增长0.27%、27.38%。在全省经济发展增比进位综合评比中预排名第1，跻身中国西部百强县第16位。

2012年，全县重大建设项目共91个，总投资927.61亿元，主要涉及煤炭开采、煤化工、电力、交通、水利、市政基础设施等方面，计划投资131.46亿元，年底完成投资126.01亿元。其中，贵州盘县大唐四格风电场一期工程、黔桂公司粉煤灰综合利用、红果环城东线改造工程、白河沟水库等大项目建设完；盘北煤矸石发电厂、盘县电厂“上大压小”改扩建工程、黔桂天能焦化有限公司130万吨/年循环经济型煤焦化扩建工程等大项目建设速度加快。涉及“十件民生实事工程”项目25个，总投资19.77亿元，年度计划投资16.45亿元，年底完成投资13.78亿元。

全县通车公路里程5911.2公里，其中国家高速公路公里69公里，国道86公里，省道203公里，地方二级公路212.2公，县公路669公里，乡公路1278公里，村公路3338公里，专用公路56公里。有营运车辆12420辆，其中客运407辆。年货运量2682万吨，货物周转量274995万吨公里，客运量2217万人，客运周转量89112万人公里。有电话用户9.83万户，宽带用户3.91万户，移动电话（移动、联通、电信）用户81.84万户，手机网络及电话覆盖37个乡镇、400多个行政村。宽带上网得到提速提质，3G信号覆盖所有的乡镇机关所在地。

城镇、乡村规划编制有序推进。完成《盘县总体规划2011-2030》编制及成果编制调整。委托上海经纬、云南省等规划设计院编制《盘县中心城区综合交通规划》《城关镇古城保护规划》《城关镇控制性详细规划》，基础工作已经完成，进入编制阶段。委托上海同济大学、上海财经大学编制《贵州省红果经济开发区总体规划（2011—2030）》；在《总规》的指导下，完成《红果经济开发区两河新区产业发展规划》《红果经济开发区产业聚集区控制性详细规划》《两河新区冯家庄片区控制性详细规划》《花家庄片区控制性详细规划》；完成《旧铺村大樱桃树新民居修建性详细规划》等编制；计划规划村庄60个、乡镇总规15个，其中特色乡镇规划5个，预计12月底出规划成果。17个乡镇控制性详细规划已进入初步成果阶段。预计总投资19.72亿元进行红果市政工程建设，主要工程有道路、桥梁、绿化等44个建设项目，其中续建项目21个，预计投资4.5亿元，新建项目23个，预计投资15.22亿元。

工业园区建设。2012年，两河新区产业项目入园和意向性入园的项目共59个，总投资224亿元，完成投资18.75亿元，累计完成投资23.87亿元；投产项目14个，累计完成投资7.79亿元；在建项目33个，总投资74.44亿元，全年完成投资20亿元；拟入园项目共12个，总投资94.5亿元；全区实现工业总产值36.34 亿，规划建设标准厂房39万平方米，占地面积762.72亩，总投资5亿元，已建成12.3万平方米，完成投资2.92亿元。盘北工业园区在建大项目5个，总投资354.82亿元，全年完成投资26.16亿元，累计完成投资64.567亿元；意向性入园项目11个，预计总投资202亿元；标准厂房一、二期建设面积10万平方米，正在和投资方协商以BT模式进行建设。2012年，全区实现工业总产值131.28亿元，固定资产投资90.52亿元，招商引资实际到位资金50.98亿元，财政总收入8.7744亿元，其中一般预算收入2.9425亿元。盘南工业园区在建大项目9个，总投资108.48亿元，全年 完成投资13.03亿元，累计完成投46.75亿元。工业总产完成达45.02亿元。规划拟建项目7个，总投资551.52亿元。

农村危房改造力度大。2012年农村危房改造二、三级维修共完成13140户，其中二级改造户9650户（含五保户200户），三级改造3490户（含五保户30户）。各级政府补助资金1.51亿元，其中，中央及省补助资金0.49亿元，市级补助资金0.16亿元，县级补助资金0.86亿元（县级多配套0.8亿元元）。年内工程全部开工，竣工验收12919户，竣工率98.3%，入住11125户，入住率84.7%。

房地产业持续发展，2012年批准许可预售商品房楼盘13，预售住房总面积60.15万平方米，合同销售备案2298宗，面积21.92万平方米。全年房产交易完成各类权属登8151宗。其中，初始登记321宗，建筑面积50.94万平方米；转移登记3496宗，建筑面积47.55万平方米；变更登记174宗，建筑面积4.29万平方米；注销登记1670件，建筑面积为99.08万平方米；办理房地产抵押登记2490宗，抵押面积64.10万平方米，抵押金额11.51亿元。

乡镇企业达3098个，从业人员96124人，全年完成乡镇企业总产值411.42亿元，工业产值

313.1亿元，招商引资完成到位资金221.64亿元，同比增长99.42%；旅游业收入18.06亿元，同比增长229.2%；接待游客465.34万人次，同比增长232.65%；海外旅客接待人数65人次，同比增长96.97%。全县规模以上工业总产值（现价）完成451.94亿元。主要工业产品中，原煤完成4001.13万，同比增长24.3%；发电量完成188.67亿，同比下降4.87%；水泥完成126.97万吨，同比增长9.07%；

教育事业。2012年适龄儿童入学率99.96%，适龄残儿童、少年入学率达88.46%，初级中等教育在校生年辍学率控制在1.35%，小学毕业生全科合格率达83.37%，初中毕业生全科合格率达89.82%，农村行政村扫盲达标率为100%，15周岁人口中初等教育完成率达98.68%。参加高考报名人数7057人（含体育艺术报名905人），其中，理科3798人，录取3196人，录取率为84.15%；文科3259人，录取2899人，录取率为88.95%，全县文理科录取6095人，录取率为86.37%。全年投资6216万元，建教师公租房1480套，涉及学校62所。全年发放高校家庭经济困难助学金10.6万元，其，省外748人，省内116人。发放高中家庭经济困难学生助学金5481人、共计822.16万元。职校学生助学金100余万，受益学生1159人，免学费642人，金额58.6余万元。义务教育学生营养改善计划，补助资金1086.09万元，涉及115所学校，受益学生36203人。寄宿生生活补助费3767.18万元，补助学生39669人，其中，中学31680人，小学7989人。完成2012年度生源地贷款9061人，贷款5265.4万元，催收到期还款633人，还款率达97%，该项工作年终考核，被省教育部门评为一等奖。

文化事业。参加全省健身气功展示获易筋经一等奖，八段锦一等奖。参加贵州省中老年书法比赛，余朝阳书法作品获二等奖，陈黔生等获优秀奖。参与全省第二届农民运动会，舞龙比赛获第三名。拍摄的专题片《世界古银杏之乡—妥乐》被中国电视艺术家协会评为第五届中国旅游电视周专题二等奖。新闻系列报道《巴南印象》获重庆电视好新闻一等奖。参加贵州省群星奖评比，《跨越沧桑》获得歌曲类三等奖。参加“多彩贵州”省半决赛，《彝家越梦》获得全省优秀奖。参加六盘水市选拔赛，获得一等奖2个，二等奖3，三等奖3，优秀奖1个。举办“川、滇、黔、渝、桂”四省一市百家媒体聚焦盘县集中采访活动暨旅游文化艺术节开幕式文艺演出。邀请新中国60年百名优秀出版企业家、云南省文化产业界联合会副会长、新知集团董事长李勇为学校同学开展“读书、创业与人生”的专题讲座。开展了《彝族山歌》采录、记音、翻译等工作，多次组织彝族山歌传承人到省、市、县等地参加各种赛事和文艺演出。举办全市“三化建设”现场会文艺演出。举办了盘县首届旅游文化艺术节，征集诗词楹联作品100余首，书画摄影作品 200余幅。

卫生事业。新建人民医院完成投资7437万元，占年度投资的87.5%。投资1262万元新建8个乡镇中心卫生院，其中，大山镇、羊场乡中心卫生院已竣工，其余都在建设之中。投资860万元建卫生监督所和急救中心。引进七家私立医疗机构，项目总投资19560万元，总建筑面积114239.76平方米，实际到位资金15796.86万元，其中鸡场坪泰康医院，投资总额12060万元，实际到位8050万元；保田镇春晖医院，总投资5000万元，实际到位5017万元；大山镇惠民医院，总投资800万元，实际到位819万元。全年合作医疗参合948597人，参合率为97.58%，同比增加了1210人。共筹集资金2.8亿余元， 同比增加了0.62亿余元。报销支付限额提高到20万，全年共支出2.64亿余元，益人次为689233人次，其中住院补偿支出2.31亿余元，门诊补偿支出0.33亿余元。建立大病保障机制。对20个农村重大疾病医疗，按照80%予以补偿，且不受新农合药品目录和基本诊疗项目目录的限制，不受患者参合地本年度新农合补偿封顶线限制。实行新农合“一卡通”。全县共发放29万余张，实现医疗费结算当场减免报销。全年异地就医参合农民即时结算报销减免5285人。传染病防控，发现艾滋病病毒感染者531例，其中死亡111例，失访38例，查无此人3例，成活在访的379例，正在治疗114人，其中累计死亡9人；全年确诊活动性结核病人1104例，完成全年任务数的123%；涂阳肺结核332例，其中初治涂阳病人274例，复治涂阳58例。收到医院转诊单1061张，转诊率98.24%，病人追踪667例，追踪率100%人，追踪到位率95.6%。

安全生产。全县共发生各类事故41起，死亡49人，同比，事故起数减少60起，下降59%，死亡人数减少50人，下降49%。工作主要采取安全隐患排查和联合相关执法部门开展综合执法。以煤矿、非煤矿山、危化企业和烟花爆竹企业为重点，采取日常监督检查、重点时段和重点行业的专项检查及季度安全生产大检查相结合的方式，积极开展隐患排查治理行动，督促各单位按照措施、责任、资金、时限和预案“五落实”的要求进行隐患整改。1~10月，共检查生产经营单位17734个次，查出隐患82347条，督促完成隐患整改82031条，整改率为99.6%。作出监督罚款70次，共罚款417.2万元。同时，与各相关联合执法，对重点行业领域进行集中整治工作。共组织检查组177个，组织检查人员42695人次，受检企业1464个，责令改正、限期整改、停止违法行为4447起，责令停产、停业、停止建设45家，暂扣或吊销有关许可证、职业资格3个，共处罚款699.4万元。

计划生育。全年共出生12638人（男孩6528人，女孩6110人），政策内出生12357人，政策外出生281人，符合政策生育率为97.78%，人口出生率为10.31‰，自然增长率为4.27‰，出生人口性别比为106.84，同比，出生率下降0.11个千分点，自增率上升了0.12个千分点。奖励机制落实到位，让计生家庭有荣誉感。对农村二女户结扎、放弃二孩生育、计生“两户”女孩考上大学的一次性奖励10000元，读高中期间书学费给予全额报销，女孩考生参加全国普通高考报考省内院校的给予加10分的照顾，农村计生“两户”夫妻双方每人每年发放节育奖励金300元，独生子女户每月发放保健费100元等。对符合条件的农村部分计划生育家庭奖励扶助对象，夫妇年满60周岁起，每人每年领取奖励扶助金1200元；对特别扶助对象，妻子年满49周岁起，每人每年领取特别扶助金2400元。独生子女死亡的，一次性发放抚慰金30000元，独生子女伤残等级为三级及以上的，一次性发放抚慰金20000元，独生子女伤残等级四级及以下的，一次性发放抚慰金10000元。农村计生“两户”参加新型合作医疗参合费用由政府全额代缴，农村计生“两户”每年每户补助民用煤500元等。

（李招尚）

【农业规模化生产】 以全市第二次“三化”建设现场观摩会为突破口，实施农业规模化生产。重点启动实施盘县喀斯特山区特色农业示范区建设，抓好刘官镇小屯村贵州省花卉世界博览中心建设，建设面积为0.12万亩，带动面积1万亩，拟投入资金2亿元，全年已完成投资0.7亿元；启动滑石万亩生态农业观光园建设，已有红月超市、大宇种业等4家企业入驻园区，包括基础设施建设已投入资金0.83亿余元；加快保田园区建设进度，完成旧营、板桥园区的规划工作，启动实施板桥、旧营园区建设工作。完成英武乡镇胜高速公路沿线耕地林下种草0.5万亩，投入资金0.01亿元；完成刘官镇镇胜高速公路沿线耕地林下种植中药材0.5万亩，投入资金0.01亿元；完成平关镇设施蔬菜基地建设0.1万亩，种植葛根、中药材、大豆等作物0.31万余亩，投入资金0.04亿元；产业化基地辐射示范带动效应明显增强。

（李招尚）

【新农村建设】 全年新农村建设以“四在农家”创建为载体，以村寨整治为着力点，大力开展新农村建设工作。项目共投入资金15000万元，其中县级财政资金5000万元。预计完成村寨内主路硬化建设129公里52.93万平方米，支路硬化建设125公里29.81万平方米，串户路硬化建设182公里20.98万平方米，庭院硬化建设44.45万平方米；涉及15个乡镇40个村277个组，惠及农户23016户71174人。

（李招尚）

【荣获“全国农田水利基本建设先进单位”称号】 近年来，盘县积极争取中央、省、市水利建设资金，加大水利事业的投入，2012年，水利事业累计完成固定资产投资10.7亿余元，其中，白河沟水利工程总投资4.72亿元，全年完成投资1.38亿余元，占全年计划投资的100.28%；鱼洞坝水利工程总投资4.72亿元，全年完成投资1.2亿余元，占年度计划的99.88%；卡河水利工程概算总投资3.39亿余元，全年完成投资1.2亿元，占计划任务的102%；朱昌河水利工程已举行了开工仪式，现基本完成“三通一平”工程，全年完成投资0.55亿元；其余的是农村饮水安全、农田水利项目、水土保持、病险水库治理、中小河流治理等项目投资，这些项目中大部分已竣工验收，少部分继续投资建设中。盘县水利建设工作取得突出成绩，于2012年11月被中华人民共和国水利部授予“全国农田水利基本建设先进单位”的称号。

（李招尚）

【“两违”建筑查处】 2012年，县委、县政府对“两违”和私搭乱建依法作出具体规定，制定实施方案，国土、建设、公安、消防等相关职能部门各履其职。县住建局对私搭乱建和“两违”建筑进行清查，共查出34家党政机关和企事业单位中311户私人住宅存在私搭乱建和“两违”的违法行为，对涉及“两违”和私搭乱建的国家公职人员和企事业单位干部职工的，由该单位领导责令其自行拆除，共拆除146户共计5029 平方米，对通知后不自行拆除的，县政府统一组织安排部署各有关部门，组织2000余人次对涉及私搭乱建和“两违”建筑的个人建筑进行强制拆除，共拆除149户14124平方米。

（李招尚）

【文化市场监管】 全年共出动执法人员860人/次，出动车辆500台/次，检查网吧326家/次、检查电玩200家/次、检查歌舞娱乐场所175家/次、检查书刊经营单位147家/次、检查音像制品经营单位114家/次、检查印刷企业66家/次，受理各类举报14起，取缔黑网吧4，扣缴黑网吧电脑设备41套，处罚违规经营网吧17起，其中接纳未成年人12起，未按规定登记5起；责令3家网吧停业整，2家网吧受到警告；取缔黑电子游戏室11，当场捣毁具有赌博功能的游戏机46，收缴电路主板21块，责令整改10家，停业整顿4家；取缔1家歌舞娱乐场所、责令整改6家、警告2家。取缔无证经营书刊及音像制品经营单位7家，责令1家整改。收缴盗版教辅教材967册，收缴其他非法出版物1500余册，收缴盗版音像制品3000余张（盘），收缴淫秽光碟29张。责令3家印刷企业整改。

（李招尚）

【劳动监察保护农民工权益】 加大劳动监察力度，规范劳动用工市场。从源头上着手，对农民工劳动合同签订等进行检查。共检查用人单位400余家，涉及劳动者2万余人次。完成劳动用工年检793户，通过专项检查，有效规范用人单位的劳动用工行为。启动农民工工资支付保障金制度，通过相关部门的大力支持和配合，现有11家用工单位存入工资支付保障金309.43万元，有效减少农民工工资拖欠问题。对农民工工资拖欠进行及时处理，全年受理案件31件，结案29件，为378名农民工追回被拖欠工资211万元。做好劳动（人事）争议案件的调处工作。对各类劳动（人事）争议案件，坚持及时、合法处理的原则，把调解工作贯穿于整个案件处理过程中，让双方当事人充分阐述自己的观点，注重方法，耐心解释，最大程度地化解争议双方的矛盾，促使当事人双方就争议事项达成和解。全年共办理各种劳动人事争议案742件，结案711件，结案率为98%，涉案金额为1843万余元。

（李招尚）

【救灾救济】 2012年，全县遭受干旱、洪涝、风雹等三次较严重的灾害。灾情涉及全县37个乡镇、215个村、2352个村民组，48534户194139人，紧急转移安置1466人，因灾死亡1人；因灾倒塌房屋423户517间（火灾户153户），损坏房屋41户63间；农作物受灾11438.6公顷，直接经济损失达5233.95万元，下拨救助棉被7656床，绒衣4500套，外衣6000套。借出360顶救灾帐篷，发出800卷救灾编织布。下拨362户民房倒塌恢复重建补助款362万元。

（李招尚）

【“五城联创”和整脏治乱】 2012年，县委、县政府下决心，以“五城联创”工作为契机开展整治工作。在四大班子领导的带领下，各部门公职人员走上街头，插上单位“五城联创”红旗，戴上“文明监督”红袖套，以胜境大道为中心分成30个干部执勤段，实施“干部包段”，通过各单位轮流派人全天候的巡查，现场纠正、制止和处罚闯红灯、踩踏绿化带、乱摆摊设点、乱停乱放、随地吐痰和扔垃圾等不文明行为。县政府在广泛征求意见的基础上，制定了相应处罚标准，并发布通告，对于行人不走斑马线、人行道、翻越大街隔离栏、穿越绿化带等不文明行为，予以警告、严重的处50至100元罚款等。有了制度的约束和“干部包段”人员的监督，实行惩罚与教育相结合，不文明行为得到有效纠正和遏制，城市文明有较大提升。

（李招尚）

水城县

【概况】 全县总面积3589平方公里，常用耕地面积104250.57公顷。辖21个乡（其中20个民族乡）、12个镇，301个村民委员会，5个居民委员会。2012年末户籍总人口83.9648万人，其中少数民族33.6万人，非农业人口2.9972万人，人口出生率12.05‰，符合政策生育率95.97%。主要矿藏有煤、铁、锰、铅、锌等。森林覆盖率39.88%。

2012年，全县地区生产总值完成109.51亿元，增长18.8%；全社会固定资产投资完成244.1亿元，增长87.62%；财政总收入和公共财政预算收入分别完成23.31亿元、16.28亿元，分别增长36.62%、64.52%；社会消费品零售总额完成10.65亿元，增长15.5%。农民人均纯收入达4725元，增长17.83%。增比进位综合测评全省预排第6名，在2011年第11名的基础上进位5名。全年累计签约项目68个，协议资金320亿元，实际到位资金117亿元。

农业产业稳步发展。认真实施农业产业化战略，完成农业总产值21.68亿元，增长26.61%；完成粮食总产量21.62万吨，增长30.32%（含恢复性增长）；完成肉类总产量2.95万吨，增长3.92%。特色农业迈出可喜步伐，新增茶叶、猕猴桃、核桃等特色产业基地22.12万亩，“水城红心猕猴桃”获农业部地理标志保护产品认证，15个农产品获农业部无公害认证，新增省、市龙头企业7家。工业经济扩能提速。深入推进以“煤电铝、煤电化、煤电钢、煤电材”四个一体化的工业发展，全面提高产业关联度，延长产业链，完成工业总产值345.45亿元，增长43.34%。国有矿井运营良好，地方煤矿综合机械化采掘和质量标准化建设加速推进，实现原煤产量1370.99万吨，增长78.47%。洗选行业技改扩能快速推进，建成洗煤企业21家，新增入洗能力1440万吨，实现洗精煤产量789.75万吨，增长46.15%。电、铝、建材等行业运行良好，完成发电量139.65亿度，增长15.32%；电解铝产量24.27万吨，增长19.22%；水泥产量29.45万吨，增长57.5%。服务行业逐步繁荣。旅游业发展势头良好，全年接待游客130万人次，增长32.02%；实现旅游综合收入6.08亿元，增长114.2%。认真落实扶持微型企业发展政策，批发、零售、住宿、餐饮、通信、金融等行业稳步发展，消费市场逐步活跃。实现三产增加值26.51亿元，增长21.9%。

积极争取上级支持，全年获得资金补助19.86亿元，极大增强了财政保障能力。加强招商引资工作，进一步完善考核奖惩办法和优惠政策，在全市率先建立北京、深圳、杭州、重庆招商引资分局，重点包装100个成熟精品项目开展驻外招商、以商招商，全年累计签约项目68个，协议资金320亿元，实际到位资金117亿元，为经济发展提供了后续动力。强化项目落地建设力度，采取旬调度、月督查、季考核等措施切实予以推进，全年实施50万元以上投资项目500余个，其中新开工项目203个，累计完成投资171.94亿元，增长79.7%。

以联通内外、覆盖城乡为主导，决战交通。积极配合月照机场和水盘、杭瑞、六六等高速公路建设；全面启动建设113公里运煤公路和“十二五”规划的1356公里通村油路（水泥路），全年建成公路里程460公里。

为解决工程性缺水、季节性缺水问题，积极配合双桥水库建设，开工建设观音岩、万营水库，顺利实施病险水库除险加固、中小河流治理等102个农田水利基础设施项目，解决了4.5万农村人口饮水安全问题。

以优化供电网络为目标，配合实施110千伏以上输变电工程，建成线路132.1公里；推进实施35千伏输变电工程，升级改造10千伏以下农村配电网，建成线路1094公里，供电保障能力进一步提升。

产业聚集效应逐步显现。编制了水城经济开发区发展建设规划，理顺了开发区管理体制，明确了“县区建设一体化、产城互动一体化、城乡发展一体化、产业推进一体化”的四个一体化管理机制；产业大道、永能路、宜居大道、25万平方米标准厂房等基础设施建设快速推进；热电联产、勇能特种煤机制造等项目开工建设，鑫新阳极碳素一期、博宏公司矿渣微粉等项目建成投产；董地工业园区进入全省511示范园区培育计划，发耳煤电化产业园区进入全省100个示范产业园区培育计划。积极开展木果工业园区、以朵食品药品加工园前期工作，启动建设百车河统筹城乡转型发展综合项目和米箩现代高效农业产业园区。

生态环境治理扎实推进。在加快发展、做大总量的同时，注重发展质量和效益，严格新上项目节能减排审查，淘汰落后产能，抓好主要污染物总量减排工作。二氧化硫排放控制在95894吨以内，下降15.19%；氮氧化物排放控制在43036吨以内，下降1.67%；化学需氧量控制在3277吨以内，下降2.32%；氨氮排放量控制在150吨以内，下降19.01%。石漠化综合治理、水土保持、天然林保护等环境与生态修复工程全面推进，完成石漠化综合治理19.57平方公里，实施水土流失治理4.17平方公里，完成营造林18.14万亩，森林覆盖率增加2个百分点，达39.88%。

（夏　颖）

开发区建设

钟山经济开发区（红桥新区）

【概况】 钟山经济开发区于1992年5月成立，1995年10月明确为省级开发区。2010年4月26日正式组建红桥新区，由钟山经济开发区开发建设。红桥新区位于六盘水市中心城区东南部，面积66.2平方公里，区内可利用地约23平方公里。2012年，钟山经济开发区（红桥新区）工业生产总值、工业产品销售额、社会固定资产投入分别完成8.37亿元、31.01亿元、55.91亿元，分别是2011年的1.1倍、1.2倍、1.7倍。财政总收入、固定资产项目建设投资、标准化厂房建设分别完成1.95亿元、33.5亿元、45.5万平方米，分别为2011年的2倍、2倍、23倍。

（钟山开发区）

【基础设施建设】 2012年，建成道路11.4公里，完成平场工程286万立方米，平整土地1639亩。累计建成红桥路、12号路等主次干道35.5公里，在建主次干道62.7公里。围绕“三生”“三宜”“七通一平”配套设施同步推进、同步落实。红桥时代广场建成并向市民开放；凉都五星级国际大酒店、会展中心、纸红路、红桥西路、红桥隧道等项目建设有序推进；韭菜坪路工程项目前期工作基本完成。园区道路绿化和景观建设力度不断加大；启动垃圾中转站、公厕等配套设施建设；新区环境日趋“美化、亮化、绿化”。

（钟山开发区）

【招商引资】 2012年，累计签约项目129个，签约资金430.11亿元，实际到位资金108.12亿元。其中，签约工业项目62个，总计签约资金154.1亿元，其他签约项目67个，总计签约资金276.01亿元。加大主动外出招商力度，改进招商引资方式，采取“以商招商、标准化厂房招商、园中园招商”等方式，成功引进瑞德奥特莱斯、乐清市鸿光照明科技有限公司LED及石墨烯加工等一批重大项目，正在洽谈河北德昊铝合金电缆加工及生物制药等项目，新区基本形成以装备制造及商贸物流为主导的新型产业园区、现代城市新区。

（钟山开发区）

【项目建设】 2012年，累计开工建设项目82个，占签约项目的63.6%。计划总投资212.29亿元，实际完成投资 38.89亿元；已建成项目25个，总投资15.51亿元。新区全力推进项目建设速度，履约率、资金到位率、开工率、投产达产率都有较大提升。2012年，集中开工建设项目62个，为市考核目标的103.33%，计划投资总额93.27亿元，为市考核目标的155.5%，累计完成投资21.6亿元。

（钟山开发区）

【融资工作】 新区成立以来，累计融资52.94亿元，其中，银行贷款11.44亿元，拆借款项7亿元，BT融资34.5亿元，向上级争取各项扶持补助资金1.09亿元。2012年融资40.13亿元，占累计融资总量的73.7%，向上级争取各项扶持补助资金5830万元，占累计争取上级扶持资金总量的一半多。

（钟山开发区）

【其他工作】 2012年，征地3875.63亩；房屋拆迁637户，共17.76万平方米；迁坟898所；拆除“两违”建筑243户，35715平方米；共计支付征地拆迁款项28713.99万元。累计获批土地13609.82亩，已供地6480.69亩（其中2012年4632.86亩），供地率达47.62%。社会治安综合治理成效显著，“社会矛盾化解、公安信息化、执法规范化”等工作不断向前推进，群众安全测评满意度大幅提升，社会大局保持稳定。深入开展“五城联创”，新区城市精细化管理不断加强。

（钟山开发区）

红果经济开发区（两河新区）

【概况】 根据《中共六盘水市委六盘水市人民政府关于建设两河新区的决定》要求，2011年8月，红果经济开发区异地调区到两河新区开发建设，新区面积为126.36平方公里。2012年，新区建设全面启动。

（任广舟）

【主要工作情况】 前期工作不断完善。按照“整体规划、合理布局、分期开发、产业集聚、集约发展”的要求，根据红果经济开发区资源、区位、环境承载能力和产业基础等条件，对《贵州省红果经济开发区总体规划（2011~2030）》和基础设施规划设计进行了修编完善，统筹规划了新区城镇道路、供排水管网、供电网、污水处理等公用设施，促进与红果主城区基础设施建设统筹衔接。同时启动了规划环评等工作。

基础设施建设不断加快。按照“七通一平”要求，启动了4平方公里产业核心区的主次干道和供水、供电、通信以及25万平方米标准厂房等基础设施建设，共完成路面8.85公里、绿化亮化3公里和12公里供水管网及2000立方米蓄水池，建成标准厂房13.5万平方米，全年累计完成固定资产投资35.98亿元。

招商引资取得新成绩。全年共完成招商项目59个，引资总额224亿元，完成全年任务151.43亿元的147.9%；工业引资额143.76亿元，完成全年任务90.86亿元的158.22%；实际到位资金累计完成56.3亿元，完成全年任务53亿元的106.22%，其中工业实际到位资金35.18亿元。

项目建设取得新突破。2012年，两河新区产业项目入园和意向入园的项目共59个，总投资224亿元，完成投资22.99亿元。投产项目14个，累计完成投资7.79亿元；在建项目33个，总投资74.44亿元，全年完成投资20亿元；开展前期工作项目共12个，总投资94.5亿元。

（任广舟）

【2012年重大事件】 中共六盘水市委、六盘水市政府对红果经济开发区工委、管委班子进行调整；2012年6月21日，成立贵州省盘县红腾投资开发有限公司；2012年7月六盘水市“三化”现场观摩会观摩团到红果经济开发区参观建设情况；在2012年全省商务系统工作中被表彰为“全省开发区先进单位”。

（任广舟）

社会经济发展统计资料

六盘水市 2012 年主要经济指标

表五

地区名	地区生产总值（万元）	第一产业（万元）	第二产业（万元）	第三产业（万元）	比上年增长（%）	规模以上工业总产值（万元）	比上年增长（%）	全社会固定资产投资（万元）	比上年增长（%）	社会消费品零售总额（万元）	比上年增长（%）
六盘水市	7386500	432700	4515700	2438200	16	11998800	31.55	10889000	97.8	1828200	16
六枝特区	823020	90867	396848	335305	17.7	747600	52.1	1586800	126	226700	15.8
盘　县	3007239	193244	2210342	603653	17	4464100	17.8	4238100	111.6	481500	16.2
水城县	1095099	125829	704181	265089	19	3021400	45.5	2441000	87.6	106500	15.5
钟山区	2567581	22760	1428368	1116453	15.9	3765700	12.1	2623200	74.8	1013600	16

六盘水市近六年国民经济与社会发展主要指标

表六

指　　标	单　位	2007 年	2008 年	2009 年	2010 年	2011 年	2012 年
从业人员	万人	156.83	156.69	168.28	167.02	146.97	148.98
职工人数	万人	17.52	16.7	18.78	18.15	20.95	22.79
职工平均工资	元	22537	25785	28424	33983	39448	44313
城镇登记失业率	%	3.7	4.2	4.1	4.16	4.15	4.1
生产总值	亿元	305.91	400.57	431.03	500.64	613.39	738.65
第一产业	亿元	22.25	24.86	26.50	30.25	31.6	43.27
第二产业	亿元	178.36	249.2	261.31	303.22	384.69	451.57
工　　业	亿元	162.05	230.57	237.47	278.58	353.06	412.52
第三产业	亿元	105.31	126.5	143.22	167.17	197.1	243.82
人均生产总值	元	10356	13493	14452	16775	21506	25877
全社会固定资产投资	亿元	170.22	197.7	249.25	335.5	550.63	1088.9
财政总收入	亿元	46.08	61.41	74.04	107.89	128.46	156.35
一般预算收入	亿元	21.61	29.71	37.12	49.31	70.84	103.49
一般预算支出	亿元	42.91	63.11	82.15	111.11	146.71	188.08
金融机构存款余额	亿元	270.27	341.68	424.05	500.81	577.02	676.21
城乡居民储蓄存款	亿元	127.34	160.12	186.87	229.57	264.96	321.46
金融机构贷款余额	亿元	200.40	223.47	308.25	361.68	416.97	508.38
农林牧渔业总产值	亿元	36.86	40.68	44.13	50.07	56.5	69.25
社会消费品零售总额	亿元	77.59	93.81	110.88	131.34	157.61	182.82
进出口总额	亿美元	4.07	4.25	3.75	3.16	7.76	10.77
实际利用外资	万美元	1040.00	1410	703	1841.00	2982	9023.24
境内旅游人数	万人次	231.95	195.33	287.75	275.89	444.29	
旅游总收入	亿元	9.86	11.74	10.08	10.61	30.9	32.88
城镇居民人均可支配收入	元	11115	12142	13116	13918.98	16370.89	18764.05
农民人均纯收入	元	2348	2736	3083	3600.50	4437.38	5182.36
城镇居民消费价格指数	%	105.8	104.86	100.8	103.30	105.4	102.7

六盘水市生产总值

表七 单位：万元

指标	2011 年	2012 年	增长（%）
全市生产总值	6133878	7386526	16.0
第一产业	315993	432700	8.8
第二产业	3846915	4515660	15.9
工业	3530612	4125160	15.5
建筑业	316303	390500	20.8
第三产业	1970970	2438166	17.3
交通仓储及邮电通信业	454807	541075	12.5
批发和零售业	606664	355608	13.4
批发业	205641	239283	14.8
零售业	101023	116325	10.5
住宿和餐饮业	191747	225263	8.5
住宿业	16098	18679	13.2
餐饮业	175649	206584	8.0
金融业	208242	254747	15.0
房地产业	74554	80857	6.2
营利性服务业	225812	262780	4.0
信息传输、计算机服务和软件业	75736	87265	6.7
其他营利性服务业	150076	175515	2.7
非营利性服务业	509144	717836	36.1
公共管理和社会组织	316287	496995	51.1
其他非营利性服务业	192857	220841	11.5
人均生产总值（元）	21522	25877	20.2

历年农林牧渔业总产值

表八　　单位：万元

年份（年）	农林牧渔业总产值	农业	林业	牧业	渔业
1991	82108	56707	2619	22744	38
1992	83712	55300	3285	25075	52
1993	92768	57378	3223	32054	113
1994	114173	70825	3880	39320	148
1995	140910	89136	4052	47544	178
"八五"时期	513671	329346	17059	166737	529
1996	169214	115249	4689	49061	215
1997	176723	120224	5183	51062	254
1998	187866	126357	5077	56109	323
1999	197596	137421	5121	54711	343
2000	203361	141634	6034	55250	443
"九五"时期	934760	640885	26104	266193	1578
2001	207819	144329	4882	58396	212
2002	213790	141638	8784	62924	444
2003	229790	142075	10283	70453	356
2004	268332	160946	8881	90866	478
2005	292756	170221	8725	105740	488
"十五"时期	1212487	759209	41555	388379	1978
2006	316146	179985	7429	120096	515
2007	368645	195041	7672	155587	589
2008	406778	232814	9701	152473	900
2009	441341	249492	11397	168145	978
2010	500725	293125	13381	179369	1142
"十一五"时期	2033635	1150457	49580	775670	4124

社会消费品零售总额

表九　　　　单位：万元

指标	2011年	2012年	2012年比2011年增长（%）
社会消费品零售总额	1576069	1828246	16.00
1、按销售地区分	1576069	1828246	16.00
城镇	1364156	1595976	16.99
其中，城区	1291806	1507173	16.67
乡村	211913	242270	14.33
2、按行业分			
批发业	161327	189702	17.59
其中，限额以上	2428	2859	17.75
限额以下	158899	186843	17.59
零售业	1258304	1452982	15.47
其中，限额以上	492508	599737	21.77
个体户			
限额以下	765796	853245	11.42
住宿	7386	10494	42.08
其中，限额以上	4911	7369	50.05
限额以下	2475	3125	26.26
餐饮业	149051	175068	17.46
其中，限额以上	11418	13224	15.82
个体户			
限额以下	137633	161844	17.59

主要工业产品产量（一）

表十　　　　　　　　　　　　　　　　　　　　　　　　　　　　　单位：万吨

年份（年）	原煤	洗煤	焦炭	钢	钢材	生铁
1991						
1992						
1993	1663.12	314.26		40.03	31.05	85.77
1994	1907	375.6	269.76	40.96	33.61	90.48
1995	1765	349	263	44	31	82
“八五”	5335.12	1038.86	532.76	124.99	95.66	258.25
1996	1879.46	331.29	286.28	38.37	30.98	69.11
1997	1979	337	310	57	40	81
1998	2097.99		286.61	77.18	58.13	88.09
1999	1513.51		242.99	113.48	92.75	121.64
2000	1506.5	428.88	203.4	147.37	134.02	133.49
“九五”	8976.46	1097.17	1329.28	433.4	355.88	493.33
2001	1533.47	466.23	252	127.29	124.97	129.58
2002	2078.07	504.78	301.56	175.21	170.37	159.64
2003	2685.5	615.98	391.69	172.37	169.46	149.04
2004	3179	773.71	221.22	183.19	179.45	163.09
2005	3846	881.28	242.21	201.59	183.56	183.9
“十五”	13322.04	3241.98	1408.68	859.65	827.81	785.25
2006	4583.26	1024.57	631.15	289.28	220.09	278.99
2007	4396.82	1202.59	621.47	303.52	286.81	278.53
2008	4478.59	1443.25	581.73	307.12	299.1	284.81
2009	5126.57	795.3	562.5	319.2	308.4	326.3
2010	6001.15	2103.8	496.73	328.31	321.44	324.28
“十一五”	24586.39	6569.51	2893.58	1547.43	1435.84	1492.91

主要工业产品产量（二）

表十一

年份（年）	水泥（万吨）	砖（万块）	发电量（亿千瓦时）	饮料酒（千升）	铝（吨）	化肥（吨）
1991						
1992						
1993	69.44	13900	10.86	11900		
1994	72.69	16524	23.96	16027		
1995	73	9705	35	18062		
“八五”						
1996	85.8	16463.98	35.97	14771.88		
1997	90	15694	42.45	20466		
1998	105.85	17916	48.07	24640		
1999	128.12	32965.4	49.12	27554		
2000	129.59	22646.95	44.59	33643		10151
“九五”	539.36	105686.33	220.2	121074.88	0	10151
2001	136.2	44650	60.36	39202	5295	13877
2002	143.38	48064	85.31	35089	29850	12998
2003	151.29	49470	97.02	35197	39306	15020
2004	147.16	2602.53	87.77	31261	40479	8964
2005	166.34	2599.17	99.2	48112	44331	17452
“十五”	744.37	147385.7	429.66	188861	159261	68311
2006	216.35	9641.35	169.13	52016	25848	11343
2007	216.46	4882.06	195.43	50180	20382	8526
2008	186.77	4398.86	257.56	43950	53830	7896
2009	282.3	6231.11	319.61	46274	175143	4125
2010	377.64	7874.46	319.67	56828	124176	
“十一五”	1279.52	33027.84	1261.4	249248	399379	31890

注：2001年及以前，饮料酒单位为吨。

特 载

国务院《关于进一步促进贵州经济社会又好又快发展的若干意见》

国发〔2012〕2号

各省、自治区、直辖市人民政府，国务院各部委、各直属机构：

改革开放特别是实施西部大开发战略以来，贵州经济社会发展取得显著成就，进入了历史上发展的最好时期。但由于自然地理等原因，贵州发展仍存在特殊困难，与全国的差距仍在拉大。为进一步促进贵州经济社会又好又快发展，现提出以下意见：

一、总体要求

（一）重要意义

贵州是我国西部多民族聚居的省份，也是贫困问题最突出的欠发达省份。贫困和落后是贵州的主要矛盾，加快发展是贵州的主要任务。贵州尽快实现富裕，是西部和欠发达地区与全国缩小差距的一个重要象征，是国家兴旺发达的一个重要标志。贵州发展既存在着交通基础设施薄弱、工程性缺水严重和生态环境脆弱等瓶颈制约，又拥有区位条件重要、能源矿产资源富集、生物多样性良好、文化旅游开发潜力大等优势；既存在着产业结构单一、城乡差距较大、社会事业发展滞后等问题和困难，又面临着深入实施西部大开发战略和加快工业化、城镇化发展的重大机遇；既存在着面广量大程度深的贫困地区，又初步形成了带动能力较强的黔中经济区，具备了加快发展的基础条件和有利因素，正处在实现历史性跨越的关键时期。进一步促进贵州经济社会又好又快发展，是加快脱贫致富步伐，实现全面建设小康社会目标的必然要求；是发挥贵州比较优势，推动区域协调发展的战略需要；是增进各族群众福祉，促进民族团结、社会和谐的有力支撑；是加强长江、珠江上游生态建设，提高可持续发展能力的重大举措。

（二）指导思想

以邓小平理论和“三个代表”重要思想为指导，深入贯彻落实科学发展观，紧紧抓住深入实施西部大开发战略的历史机遇，以加速发展、加快转型、推动跨越为主基调，大力实施工业强省和城镇化带动战略，着力加强交通、水利设施建设和生态建设，全面提升又好又快发展的基础条件；着力培育特色优势产业，积极构建具有区域特色和比较优势的产业体系；着力加大扶贫攻坚力度，彻底改变集中连片特殊困难地区城乡面貌；着力保障和改善民生，大幅提高各族群众生活水平；着力深化改革扩大开放，不断增强发展的动力和活力，努力走出一条符合自身实际和时代要求的后发赶超之路，确保与全国同步实现全面建设小康社会的宏伟目标。

（三）基本原则

——坚持科学发展，转变经济发展方式。牢固树立全面协调可持续的发展理念，把后发赶超与加快转型有机结合起来，走新型工业化、城镇化道路，在发展中促转变，在转变中谋发展。

——坚持统筹协调，促进“三化”同步发展。在加快工业化、城镇化进程中，始终把农业现代化建设和社会主义新农村建设放在突出重要位置，推进城乡区域协调发展，构建城乡一体化发展新格局。

——坚持以人为本，切实保障改善民生。始终将解决人民群众切身利益问题摆在全局工作首位，让发展改革成果进一步惠及城乡居民，保护、调动和发挥各族群众盼发展、谋发展、促发展的积极性。

——坚持改革开放，创新发展体制机制。解放思想，锐意进取，把改革开放作为加速发展、加快转型、推动跨越的强大动力，不断破除体制机制障碍，不断优化投资和发展环境，不断提高对内对外开放水平。

——坚持自力更生，加大国家支持力度。充分发扬“不怕困难、艰苦奋斗、攻坚克难、永不退缩”的贵州精神，依靠自身努力加快发展，进一步加大中央支持和发达地区对口帮扶力度。

（四）战略定位

——全国重要的能源基地、资源深加工基地、特色轻工业基地、以航空航天为重点的装备制造基地和西南重要陆路交通枢纽。大力实施优势资源转化战略，构建特色鲜明、结构合理、功能配套、竞争力强的现代产业体系，建设对内对外大通道，打造西部地区重要的经济增长极。

——扶贫开发攻坚示范区。按照区域发展带动扶贫开发、扶贫开发促进区域发展的新思路，创新扶贫开发机制，以集中连片特殊困难地区为主战场，全力实施扶贫开发攻坚工程，为新时期扶贫开发工作探索和积累经验。

——文化旅游发展创新区。传承优秀传统文化，弘扬社会主义先进文化，探索特色民族文化与旅游融合发展新路子，努力把贵州建设成为世界知名、国内一流的旅游目的地、休闲度假胜地和文化交流的重要平台。

——长江、珠江上游重要生态安全屏障。继续实施石漠化综合治理等重点生态工程，逐步建立生态补偿机制，促进人与自然和谐相处，构建以重点生态功能区为支撑的“两江”上游生态安全战略格局。

——民族团结进步繁荣发展示范区。认真落实民族政策，支持民族地区加快发展，巩固和发展平等、团结、互助、和谐的民族关系，促进各民族交往交流交融，实现经济跨越发展和社会和谐进步。

（五）发展目标

到2015年，以交通、水利为重点的基础设施建设取得突破性进展；产业结构调整取得明显成效，综合经济实力大幅提升，工业化、城镇化带动作用显著增强，农业现代化水平明显提高；单位地区生产总值能耗明显下降，主要污染物排放总量得到有效控制，环境质量总体保持稳定；石漠化扩展趋势得到初步扭转，森林覆盖率达到45%；社会事业发展水平明显提升，扶贫对象大幅减少，全面建设小康社会实现程度接近西部地区平均水平。

到2020年，适应经济社会发展的现代综合交通运输体系和水利工程体系基本建成；现代产业体系基本形成，经济发展质量和效益明显提高，综合竞争力显著增强，城镇化水平大幅提高，科技创新能力明显提升；石漠化扩展势头得到根本遏制，森林覆盖率达到50%，环境质量良好；基本公共服务达到全国平均水平，城乡居民收入显著提高，实现全面建设小康社会奋斗目标。

（六）空间布局

按照“黔中带动、黔北提升、两翼跨越、协调推进”的原则，充分发挥黔中经济区辐射带动作用，加快建设黔北经济协作区，积极推动毕水兴（毕节、六盘水、兴义）能源资源富集区可持续发展，大力支持“三州”（黔东南州、黔南州、黔西南州）等民族地区跨越发展，构建区域协调发展新格局。

——黔中经济区。建设以贵阳—安顺为核心，以遵义、毕节、都匀、凯里等城市为支撑的黔中经济区。推进贵阳—安顺经济一体化发展，加快建设贵安新区，重点发展装备制造、资源深加工、战略性新兴产业和现代服务业。

——黔北经济协作区。以遵义、铜仁为节点城市，以黔北、黔东北为腹地，积极构建连结成渝经济区和黔中经济区的经济走廊。重点发展航天等装备制造、金属冶炼及深加工、化工、特色轻工、旅游等产业。推进武陵山地区经济协作和扶贫攻坚。

——毕水兴能源资源富集区。以毕节、六盘水、兴义为节点城市，充分发挥能源矿产资源优势，建设我国南方重要的战略资源支撑基地。重点发展煤电煤化工、钢铁有色、汽车及装备制造、新能源等产业，深入推进毕节试验区建设。

——“三州”等民族地区。加快推进黔东南州、黔南州、黔西南州及其他民族自治地方跨越发展。重点发展文化旅游、磷煤化工、新型建材、民族医药和农林产品加工业，打造具有国际影响的原生态民族文化旅游区。

二、加强交通基础设施建设，提高发展支撑能力

坚持把交通基础设施建设放在优先位置，按照统筹兼顾、合理布局、适度超前的原则，加快构建现代综合交通运输体系，打破交通瓶颈制约。

（七）推进铁路建设。加强贯通东西、连接南北的铁路大通道建设，提高运输能力，扩大路网覆盖面。加快干线铁路建设，打通与外部区域的快速通道，尽快开工建设成贵、渝黔铁路，与贵广、长昆铁路共同构成通往省外的快速大能力通道，加快实施南昆、黔桂、渝怀铁路扩能改造等工程，提高既有铁路通行能力。完善路网结构，规划建设隆昌至百色贵州段、织金至纳雍、昭通至黔江贵州段等铁路，规划研究毕节经水城至兴义、黔江经贵阳至河口、都匀经凯里至黔江、兴义至永州等铁路，逐步形成新的对外通道。继续实施铁路电气化改造，建设和改造贵阳、六盘水、毕节、安顺等一批铁路枢纽，形成布局完善、功能协调的区域综合交通枢纽。

（八）加大公路建设力度。加快建设国家高速公路网贵州境内路段，推动银川至龙邦、都匀至西昌、毕节至兴义、成都至遵义等公路项目建设，打通连接周边地区的公路通道。完善省内干线公路网络，建设松桃经铜仁至黎平、赤水经正安至沿河、贵阳至瓮安、清镇至黔西、安康经南川至麻江、赤水经罗甸至百色等路段，力争相邻市（州）通高速公路。扩大国省道路网覆盖范围，加大国省干线改造力度，基本实现具备条件的县城通二级及以上标准公路。到2020年基本实现村村通油路。加快重点城镇、重点工矿区与高速公路的快速联络线和专用公路建设。推进重要节点客货站场和农村客运站场建设。

（九）促进民航和水运发展。推进贵阳龙洞堡西部地区重要枢纽机场建设，发展临空经济，适时建设三期扩建工程，新增和加密直达日韩、东南亚及国内大型枢纽机场的客货运航线航班。加快支线机场建设，改扩建铜仁等机场，建设遵义、黄平等机场，研究建设仁怀茅台机场，开展黔北、威宁、罗甸等机场前期工作。鼓励和引导航空公司开辟和增加航线，加大航班频次。支持航空公司在贵州设立基地，扩大机队规模。支持支线航班和支线机场运营。积极发展通用航空，适时试点开放低空空域。积极发展水路运输，规划研究打通西南地区连接长三角、珠三角地区水运通道、重点推进红水河龙滩、乌江构皮滩等水电枢纽通航设施建设，支持都柳江干流航电结合梯级开发，因地制宜发展库区航运特别是旅游客运。

（十）加强能源通道建设。加快实施500千伏独山至桂南电力外送新通道建设。完善省内500千伏主网架，加快建设毕节—大兴北部通道、兴仁—独山南部通道，形成覆盖全省的坚强电网，依托中缅天然气管道、中卫至贵阳天然气管道，建设支线管网，提高天然气供应能力。支持建设成品油储备设施。

（十一）推动信息网络设施建设。稳步推进电信网、广播电视网、互联网融合发展，提高电话、互联网普及率，加快城市光纤宽带接入，力争行政村基本通宽带，已通电的20户以上自然村和重要交通沿线通信信号基本覆盖。加快完善公共服务领域的信息化建设，推进数字化城市建设和信息资源整合，促进互联互通和资源共享。实施电子政务提升工程和“三农”信息服务工程。强化信息网络安全与应急保障基础设施建设。加快邮政普遍服务体系建设。

三、全面实施“三位一体”规划，增强可持续发展能力

坚持把实施《贵州省水利建设生态建设石漠化治理综合规划》（以下称“三位一体”综合规划）放在重要位置，努力消除工程性缺水和生态脆弱的瓶颈制约，促进经济社会可持续发展。

（十二）加大水利建设力度。积极推进夹岩、黄家湾、五嘎冲、马岭等大型水库建设，开工建设一批中小型水库和引提水工程项目，到2020年全省工程供水能力达到159.4亿立方米。全面完成病险水库除险加固，以及灌区续建配套和灌排泵站改造工程。推进小水窖、小塘坝、小堰闸、小泵站、小渠道等“五小”微型水利工程建设。到2020年灌溉供水保证率达到75%，新增有效灌溉面积515万亩，改善和恢复有效灌溉面积715万亩。加大中小河流治理及山洪、地质灾害防治力度，加强重点城镇防洪工程建设，完善防汛抗旱灾害监测预报预警体系。统筹利用地表水和地下水资源，加强岩溶地下水和地下暗河开发利用，建设一批应急水源工程，提高抗旱应急能力。实行最严格的水资源管理制度。加强水资源和水利工程设施管理，促进水资源合理开发和节约利用。在安排中央财政转移支付和中央预算内投资时，加大对贵州水利建设投入力度，支持贵州如期完成“三位一体”综合规划提出的水利建设目标。

（十三）扎实推进生态保护与建设。继续实施天然林资源保护、长江珠江防护林、速生丰产林、水土保持等工程，加强水源地和湿地保护。增加造林和抚育任务。对生态位置重要的陡坡耕地继续实施退耕还林还草。加大草山草坡治理力度，扩大退牧还草重点县范围。加强自然保护区、风景名胜区、森林公园、地质公园、世界自然遗产地保护和建设，保护生物多样性，提升生态系统功能。支持贵州开展生态补偿机制试点。

（十四）突出抓好石漠化综合治理。进一步加大石漠化防治力度；提高单位面积治理补助标准，到2020年石漠化综合治理工程全面覆盖工程小区。坚持自然修复为主，宜林则林，宜草则草，推进封山育林（草），加强林草植被保护和建设，开展坡耕地水土流失综合治理。把石漠化治理与解决好农民长远生计结合起来，多种途径促进农民增收致富。大力发展林下产业，加强山区特色经济林建设，支持因地制宜发展花椒、金银花、猕猴桃、火龙果、核桃等经济作物。抓紧研究论证生态搬迁工程。

（十五）加强环境保护。继续推进乌江、赤水河和南北盘江等流域水环境综合整治，实施红枫湖、百花湖、万峰湖等饮用水水源地环境综合整治工程，加强草海等湖泊环境保护和综合防治。推进城镇和产业园区环保基础设施建设，加强危险废物处理以及锰汞等重金属、持久性有机污染物防治。强化重点行业污染控制和区域大气污染防治。全面加强矿区生态保护与环境综合治理，完善矿山环境治理恢复保证金制度。采取有效措施，开展农村土壤环境保护和农业面源污染治理。完善环境监测预警系统，建立环境污染事故应急处置体系。

四、壮大特色优势产业，增强自我发展能力

按照市场需求导向、发挥资源优势、优化空间布局、促进转型升级的要求，坚定不移地走新型工业化道路，加快构建现代产业体系。

（十六）做大做强能源产业。加强煤炭资源勘查，推进资源整合与优化开发，加快大型煤炭基地建设。推进煤矿企业兼并重组，重点发展大型企业集团。稳步推进矿业权整合，提高资源勘查开发规模化、集约化程度。加强“西电东送”火电基地电源点建设、加快建设六枝、织金、安顺三期、清江等一批大型坑口电厂和路口电厂。合理布局建设煤矸石综合利用电厂，支持产业园区和城市发展热电联产机组，允许符合条件的企业开展大用户直供电。积极推动煤电联营。稳步推进乌江和南北盘江、红水河等重点流域梯级水电开发，积极推进龙滩二期工程研究论证。积极开发风能、太阳能、生物质能、地热、浅层地温能等新能源。2015年，贵州电力装机达到5000万千瓦左右。加强天然气和石油勘查勘探力度，推进页岩气、煤层气等非常规油气资源的勘探、开发和综合利用。

（十七）大力发展资源深加工产业。加强矿产资源勘查开发。认真组织实施贵州省矿产资源总体规划，加大矿产资源调查评价、勘查、开发利用与保护力度。加快建设国家重要的煤电磷、煤电铝、煤电钢、煤电化等一体化资源深加工基地。加强磷矿资源整合，建设织金—息烽—开阳—瓮安—福泉磷煤化工产业带。积极推进铝、钛、钡、钒、锰等资源精深加工一体化，建设清镇—黔西—织金煤电铝、煤电化循环经济示范基地。积极推进贵阳城市钢厂搬迁和水城钢厂升级改造。以资源环境承载能力为基础，支持煤炭清洁高效综合利用，在资源富集区推进煤炭深加工，建设毕节、六盘水煤制烯烃和贵阳乙二醇等项目。优化发展高载能行业。鼓励发展非金属精细化工，在安顺、铜仁建设全国精细碳酸钡生产和研发基地。积极发展氯碱化工和橡胶加工，扶持发展林化工。优化发展传统建材，积极开发生产新型节能环保建材。

（十八）加快发展装备制造业。发挥国防科技工业优势，鼓励地方科研单位和军工科研院所合作，促进军工、民用技术双向转化和科研机构资源共享，发展壮大军民结合产业，推动军工经济与地方经济融合发展。大力发展航空航天装备、汽车及零部件、能矿产业装备和工程机械。巩固壮大精密数控装备和关键基础件、新型电子元器件和电力装备、铁路车辆及备件等产业。培育发展冶金、风电、农业机械等特色装备。支持安顺民用航空产业国家高技术产业基地加快发展，建设通用飞机、无人机、教练机等生产和试训基地，配套发展通用航空产业。依托贵阳、遵义国家级开发区加快发展航天产业。

（十九）积极发展特色轻工业。利用赤水河流域资源和技术优势，适度发展名优白酒，确保产品质量，维护品牌声誉，推动建设全国重要的白酒生产基地。努力提高茶叶加工能力和水平，提升黔茶知名度和市场竞争力。积极推进中药现代化，大力发展中成药和民族药。做强做优特色食品工业，培育一批龙头企业，打造一批知名品牌。

（二十）培育发展战略性新兴产业。发展新材料、电子及新一代信息技术、生物技术、新能源汽车等新兴产业，重点开发一批具有比较优势的产品，形成新的经济增长点。支持金属及其合金材料、电子功能材料产业发展，建设贵阳、遵义新材料产业基地。重点发展电子元器件、软件、混合集成电路等产业，支持发展新一代移动通信技术相关产业。在贵阳、遵义、安顺、黔南等地培育生物医药、生物育种产业，大力发展节能技术和环保产业。建设光伏产品研发及新能源汽车产业基地。

（二十一）提高科技创新支撑能力。鼓励企业与科研院所建立产学研联盟，加强核心技术和关键技术研发。推进科技基础设施、创新平台和创新载体建设，鼓励和支持国家大型科研单位、重点高校在贵州设立科研机构和成果转化中心，支持建设国家重点（工程）实验室、工程（技术）研究中心、企业技术中心。加快500米口径球面射电望远镜项目建设。支持贵阳、遵义建设创新型城市。探索承接产业转移新模式，搭建企业孵化器、产业园区等促进技术和成果转化的合作平台，鼓励支持先进实用技术的应用、科技成果的宣传及普及，通过技术转移带动产业转移。

（二十二）切实做好节能减排工作。全面落实国家下达的节能减排任务，大力实施重点节能改造工程，支持高载能行业节能改造，新建和改建一批重点节能项目。在建筑领域积极推广节能墙体材料等节能产品和技术，实施建筑节能和公共机构节能示范工程。大力推进粉煤灰、磷硫石膏、煤矸石、尾矿等工业废弃物资源化、规模化和产业化利用。加快淘汰落后产能，支持重点行业实施技术改造和清洁生产。深入推进“城市矿产”、园区循环化改造等重点领域循环经济发展。继续推进贵阳国家循环经济试点城市、低碳试点城市建设和节能减排财政政策综合示范工作。支持六盘水开展循环经济示范城市建设。

（二十三）大力发展现代服务业。加快建设贵州与周边地区物流大通道，规划建设贵阳区域性物流中心，遵义、安顺、毕节、六盘水等物流节点城市，研究建设黄桶幺铺等一批现代物流园区。大力培育和引进第三方物流企业，研究完善物流企业营业税差额纳税试点办法。积极培育发展地方金融机构，鼓励股份制银行在贵州设立分支机构。支持组建贵州银行、茅台集团财务公司。支持符合条件的农村信用联社改制组建农村商业银行，鼓励银行业金融机构在贵州发起设立村镇银行。积极发展证券、保险业。大力发展会展业，支持办好中国（贵州）国际酒类博览会。加强城市商业网点建设，积极推进农产品批发市场升级改造，支持建设现代化的中药材批发市场和酒类交易市场。积极发展人力资源服务业以及家政、养老等家庭服务业。支持开展服务业综合改革试点工作。

（二十四）大力发展文化和旅游产业。把文化和旅游产业发展成为支柱产业。依托贵州多民族文化资源，建设一批文化产业基地和区域特色文化产业群。深入挖掘民族文化，做大做强以“多彩贵州”为代表的民族歌舞、工艺美术、节庆会展、戏剧、影视、动漫等文化品牌，培育一批有特色、有实力、有竞争力的文化骨干企业，积极引进文化产业领域战略投资者。加强旅游基础设施建设，提升服务水平，着力打造一批精品旅游线路。建设黄果树、荔波、梵净山、雷公山等精品景区，培育“爽爽贵阳”“梵天净土”“水墨金州”“凉都六盘水”等一批旅游休闲度假胜地。加强遵义、镇远、习水、青岩、西江等历史文化名城（名镇、名村）以及旅游资源富集城镇保护和建设。大力发展红色旅游，实施红色旅游二期建设方案，加强以遵义会议纪念体系为重点的经典景区基础设施建设。积极开发蜡染、服饰、银饰、苗绣、漆器、紫袍玉带石雕等特色旅游商品。支持贵州符合条件的地区申报世界自然遗产。

五、加快城镇化进程，推进新农村建设

按照统筹规划、合理布局、集约用地、完善功能的原则，推进城镇化进程，形成大中小城市和小城镇协调发展的格局。引导产业向城镇和园区集聚。加快社会主义新农村建设。

（二十五）积极推进城镇化进程。实施中心城市带动战略，培育黔中城市群，打造一批节点城市和特色小城镇，提升中小城市承载能力。根据经济发展需要适时研究调整优化行政区划。把贵阳建设成为全国生态文明城市、西部地区高新技术产业重要基地、区域性商贸物流会展中心。加强黔中城市群与六盘水、铜仁、兴义等城市的联系，促进要素流动和功能整合。加快贵阳、遵义、安顺、六盘水等老工业基地改造，推进万山资源枯竭城市转型和赫章、务川、六枝等资源型城市可持续发展。

（二十六）加快城镇基础设施建设。完善城市道路体系，增加路网密度，大力发展公共交通，在符合条件的城市安全有序地建设轨道交通。提高区域间快速通达能力，统筹规划以贵阳为中心、连接重要节点城市的快速铁路和城际轨道交通建设，规划研究贵阳—安顺—六盘水等城际轨道项目。加快给排水、供气、污水处理和生活垃圾处理等市政基础设施建设，加大管网改造力度。实施城市河流水污染防治工程，实现市政公共设施功能配套。城镇集中式饮用水水源地水质达标率超过90%。加强城市园林绿化建设。推进防灾减灾体系建设，建立健全灾害监测预警网络。稳步实施山体滑坡、泥石流等自然灾害避险搬迁工程。

（二十七）有序发展产业园区。按照整体规划、严格管理、滚动发展、务求实效的原则，规范发展产业园区，充分发挥产业集聚和辐射带动作用。支持贵阳、遵义经济技术开发区和贵阳高新技术产业开发区扩区和调整区位，提高投资强度和产出效率。支持符合条件的省级开发区升级为国家级开发区。积极承接产业转移，培育和引进一批就业容量大、技术含量高的企业。鼓励与东中部及周边地区共建产业园区，比照国家级经济技术开发区予以指导和服务。支持贵州依托重点工业园区积极创建国家新型工业化产业示范基地。

（二十八）促进城乡统筹发展。统筹城乡基础设施建设，推动城镇道路、供水、生活垃圾处理等基础设施向农村延伸，公共交通、公共服务向农村拓展。繁荣和发展县域经济，着力打造一批经济强县，促进生产要素在城乡之间自由流动，支持发展城郊农业和农产品深加工等产业，进一步活跃农村经济。积极发展小城镇，强化小城镇对周边农村的生产生活服务功能。做好村庄规划，节约农村建设用地。统筹城乡社会事业发展，逐步实现城乡基本公共服务均等化。改善城乡基层组织保障条件。深入推进户籍制度改革，将在城市有稳定职业和住所的农村人口逐步转为城镇居民。支持遵义、六盘水开展统筹城乡综合配套改革试点。

（二十九）加强社会主义新农村建设。加大农村饮水、道路、供电、沼气等公共服务设施建设力度，重点安排农村群众直接受益的中小型民生项目。加快实施农村饮水安全工程，重点做好高氟、微生物病害污染水防治，全面解决饮水安全问题。实施农村公路通达通畅工程，推进村庄内道路硬化。加强农村电力基础设施建设，实施新一轮农村电网改造升级工程，提高电网供电能力，全面实现城乡用电同网同价。因地制宜发展小水电、沼气、生物质能等能源。推进水电新农村电气化县建设，扩大小水电代燃料建设规模，实施农村水电增容改造。加大农村危房改造力度，适当提高中央补助标准，全面改善困难农户居住条件。加大农村环境综合整治力度，加快实施农村清洁工程，推动乡镇和农村污水、垃圾收集处理设施建设。全面推广“富在农家、学在农家、美在农家、乐在农家”创建活动。

六、发展现代农业，强化农业基础地位

在稳定粮食生产的基础上，进一步推进农业结构调整，积极发展产业化经营，走高产高效、品质优良、绿色有机、加工精细的现代农业发展道路。

（三十）大力推进农业结构调整。实行最严格的耕地保护制度，确保耕地保有量和基本农田保护面积不减少、质量有提高。加强旱涝保收高标准农田建设，确保人均基本口粮田不低于0.5亩。通过稳步提高单产，确保粮食年产量稳定在230亿斤以上。积极调整农业种植结构，立足不同区域特色，巩固发展油菜、马铃薯等传统优势农产品，积极推进茶叶、干鲜果、中药材、酿酒高粱、油茶等基地建设，因地制宜发展薏苡、苦荞、芸豆、芭蕉芋等小杂粮、实施山地高效立体农业工程，建设贵阳、遵义、毕节等山区现代农业示范区和铜仁、黔东南、黔南生态农业示范区、安顺山地农业机械示范区以及黔西南、六盘水喀斯特山区特色农业示范区。完善农业区域布局，重点在贵州北部地区建设粮、畜、茶生产基地，在南部地区建设面向珠三角地区的蔬菜、精品水果生产基地，在西北部地区建设草食畜牧业和马铃薯生产基地。稳定生猪生产。重点支持特色优势农产品良种繁育基地和商品生产基地建设，继续实施对种植马铃薯脱毒种薯的良种补贴，逐步扩大原种生产补贴规模。深入开展粮油作物高产创建和园艺作物标准园建设。

（三十一）着力提高农业产业化水平。重点培育和引进一批农业产业化龙头企业，以农产品生产基地为依托，形成若干具有当地特色和资源优势的农业产业化示范基地。引导龙头企业与农民结成紧密的利益共同体，让农民更多地分享产业化经营成果。着力提高农民组织化程度，扶持农民专业合作社、专业服务公司、专业技术协会等组织发展，为农民提供多种形式的生产经营服务。促进农产品加工业结构调整与升级，支持发展绿色食品和有机食品，加大特色农产品注册商标和地理标志开发保护力度，打造一批具有较强影响力的品牌。

（三十二）建立健全农业服务体系。加强贵州农业科研院所的基础能力建设，提高粮食经济作物和畜禽良种选育、丘陵山地适用农业机械技术研究和实用技术推广水平。健全乡镇农业技术推广、动植物疫病防控、农业机械推广和安全监理、农产品质量安全监管和检验检测服务体系。积极推进农产品质量安全标准示范县建设。支持农村市场和农产品现代流通体系建设。扶持农村物流企业发展，对物流配送中心、农产品批发市场和鲜活农产品冷链物流建设给予补助。支持贵阳花溪农产品、遵义虾子镇辣椒以及黔东南榕江、黔南独山和黔西南册亨蔬菜等批发市场建设。推进农业信息服务网络建设，积极探索信息服务进村入户的有效途径。

（三十三）积极拓宽农民增收渠道。坚持向农业的深度和广度进军，重点发展特色种养业、山地农业、设施农业和庭院经济，提高农民家庭经营收入。大力发展休闲农业和乡村旅游，多渠道增加农民收入。培育一批农产品加工示范企业和项目，带动农民就近就地转移就业。进一步加强农业职业技术院校建设，为农村培养实用技术人才。积极发展劳务经济，加大农村劳动力培训力度，发挥劳务中介组织作用，扩大劳务输出。实施农民创业促进工程，大力支持外出农民工返乡创业。探索农村集体和农户在当地资源开发项目中入股，增加农民财产性收入。

七、深入推进扶贫开发，促进民族地区跨越发展

坚持开发式扶贫方针，以推进民族地区跨越发展为重点，创新扶贫开发机制，加大扶贫开发力度，加快脱贫致富步伐。

（三十四）完善扶贫开发工作布局。根据新时期扶贫开发总体要求，逐步形成以集中连片特殊困难地区为主战场，以国家扶贫开发工作重点县、贫困乡、贫困村为突破口，以贫困户为着力点的扶贫开发工作布局。推进实施武陵山片区区域发展与扶贫攻坚规划，加快编制乌蒙山片区、滇桂黔石漠化片区等区域发展与扶贫攻坚规划，加强基础设施建设，培育壮大特色优势产业，带动扶贫开发上水平。进一步支持扶贫开发工作重点县改善农村生产生活条件，提高劳动力基本素质，大力发展县域经济，重点支持麻山、瑶山等深度贫困地区加快发展。加强规划，整合资金，继续实施整村推进。促进扶贫开发和农村最低生活保障制度有效衔接。积极推广参与式扶贫，让农民通过投工投劳参与扶贫项目。

（三十五）加大扶贫攻坚力度。进一步加大中央财政专项扶贫资金对贵州的投入力度。国家有关部门在制订政策、编制规划、分配资金、安排项目时向贵州倾斜，扶贫相关试点优先安排在贵州实施。支持贵州整合资源、创新体制机制，集中人力财力物力，重点加强公路、水利等基础设施建设，开展扶贫攻坚会战。实施教育扶贫工程，每年选送一批贫困家庭学生赴发达地区、省内大城市接受免费职业教育。引导社会各界参与扶贫事业，鼓励社会帮扶，慈善捐助等，形成专项扶贫、行业扶贫和社会扶贫新格局。

（三十六）支持民族地区跨越发展。把促进民族地区发展作为区域开发工作的重点，采取更加有力的措施加快“三州”和其他民族自治地方的发展。编制相关专项建设规划，加大资金投入和工作力度，尽快解决制约发展的突出问题，探索符合民族地区实际的发展模式。把“三州”民族地区建设成为承接产业转移、旅游休闲度假、民族文化保护和生态文明示范区。支持黔东南州实施凯里—麻江同城化发展，加强清水江、都柳江等流域综合治理，有序发展林浆纸一体化，建设西南林产业基地，率先开展自治州辖区行政体制改革研究。支持黔南州建设瓮安—福泉地区磷煤电一体化基地和中药材、茶叶种植基地，支持水族文化博物馆建设。支持黔西南州建设滇桂黔三省结合部商贸物流中心和西江上游经济区的能源化工、原材料加工基地。加大毛南族、仫佬族人口较少民族扶贫开发力度。充分挖掘民族地区丰富的民族文化和旅游资源，培育和扶持苗岭飞歌、侗族大歌、布依族八音坐唱等民族文化品牌，建设民族文化展演中心。扶持民族特需商品定点生产企业发展，支持民族特需商品生产基地和区域性流通贸易交易市场建设。尊重少数民族生活居住习惯，规划建设一批民族特色村寨，加强木质房屋村寨防火设施建设。结合全国主体功能区规划修编，将符合条件的生态功能重要区域纳入国家重点生态功能区范围。

八、加快社会事业发展，提高基本公共服务水平

加快推进以保障和改善民生为重点的社会建设，大力发展教育、卫生、文化、就业和社会保障等事业，建立健全基本公共服务体系，促进基本公共服务均等化。

（三十七）优先教育事业。大力发展农村学前教育，新建、改扩建和利用闲置校舍改建一批幼儿园，到2015年力争所有城市社区和乡镇至少有1所公办幼儿园。巩固义务教育普及成果，大力推进义务教育学校标准化建设，支持县镇薄弱学校扩容改造。继续办好村教学点，鼓励有条件的地区分期分批开办“小餐桌”。鼓励偏远少数民族村寨小学开展“双语”教育。积极稳妥推进农村中小学寄宿制，支持校舍建设，配齐配好必要的管理人员，到2015年具备条件的地区基本解决小学寄宿生住宿问题。积极稳妥实施农村义务教育学生营养改善计划。继续实施好农村义务教育阶段教师特设岗位计划和“国培计划”。支持民族地区教育基础薄弱县改扩建一批普通高中，扩大普通高中培养能力。大力支持职业教育基础能力建设，支持建设一批国家示范性职业院校。支持贵州优化高等学校布局结构和人才培养结构，加强理工、民族医药等经济社会发展急需的院校和学科专业建设。加大对贵州高等教育年度招生计划安排的倾斜和支持力度，支持增加博士、硕士学位授权单位，加强重点学科和重点实验室建设。鼓励贵州高校与国内外高校联合办学。增加部属师范大学在贵州免费师范生招生计划。加大中央财政专项转移支付和中央预算内投资对贵州教育发展的支持力度，落实好义务教育经费保障机制相关政策，推动贵州义务教育均衡发展。

（三十八）大力提升医疗卫生服务能力。全面落实深化医药卫生体制改革各项任务，建立健全基本医疗卫生制度。逐步提高人均基本公共卫生服务经费标准，落实国家基本公共卫生服务和重大专项公共卫生服务项目，力争到2020年千人口床位数达到全国平均水平。加强基层医疗卫生机构基础设施建设，推进基层医疗卫生信息化，加快推进县乡村三级卫生医疗机构和社区卫生服务中心建设。加强妇幼保健机构服务能力建设。加大基层医疗卫生队伍建设力度，通过订单定向培养、转岗培训等途径培养一批乡镇卫生院、社区卫生服务中心全科医生，开展“特岗医生计划”，力争实现每一个乡镇卫生院和社区服务中心有两名以上特岗医生。加快建立农村医疗急救网络，健全疾病预防控制体系，加大重大传染病、地氟病等地方病防治力度，提高突发重大公共卫生事件处置能力。支持中医药（民族医药）事业发展，加快推进省、市（州）两级中医（民族医）医院建设。以强化技术支撑为重点，完善食品药品监管体系，提高检验检测水平和安全保障能力。鼓励社会资本以多种形式举办医疗机构。加强人口和计划生育服务体系建设，实施“少生快富”工程，努力降低生育水平。

（三十九）积极发展文化体育事业。大力发展公益性文化事业，构建公共文化服务体系。支持建设市（州）图书馆、文化馆、博物馆，加强县级文化馆和图书馆、乡镇综合文化站，村文化室建设，加快建设一批公共电子阅览室。全面推进基层公共文化设施向社会免费开放。深入实施广播电视村村通、农家书屋、文化资源共享、农村数字电影放映等文化惠民工程。加强民族文化遗产保护和综合利用，支持非物质文化遗产展示、传习场所等设施建设。加强城乡公共文化体育设施建设，支持建设国家生态型多梯度高原运动训练示范基地和山地户外体育旅游休闲基地。积极开发民族传统竞技活动和特色体育赛事。

（四十）千方百计扩大就业。大力发展劳动密集型产业、服务业和小型微型企业，多渠道增加就业岗位。完善和落实促进劳动者自主创业的小额担保贷款、税费减免、场地安排等政策，支持高校毕业生、退役士兵、下岗失业人员和农民自主创业。支持开发林场管护、道路协管、城镇公共服务管理等公益性岗位，帮助就业困难人员实现就业。加强人力资源市场建设，培育和推介人力资源服务品牌，加强与珠三角、长三角等沿海发达地区劳务合作，扩大劳务输出规模。支持基层人力资源社会保障公共服务平台等基础设施建设，重点支持创业孵化基地、就业见习基地和实训基地建设，建立健全面向全体劳动者的职业培训制度，完善覆盖城乡的公共就业服务体系。加强劳动关系调解和监察，构建和谐劳动关系。

（四十一）健全社会保障制度。健全覆盖城乡居民的社会保障体系，加大投入力度，提高保障水平。加快实现新型农村和城镇居民社会养老保险制度全覆盖，适时提高基础养老金标准。做好城镇职工和城乡居民基本养老保险的制度衔接和养老保险、医疗保险关系跨省区转移接续工作。巩固基本医疗保障制度覆盖面，稳步提高城镇居民基本医疗保险、新型农村合作医疗的人均筹资标准和政府补助标准，逐步推进各项基本医疗保险制度整合。完善城乡最低生活保障制度，健全低保标准动态调整机制，实现应保尽保。建立健全城乡困难群体、残疾人和优抚对象等特殊群体的社会保障机制，完善失业、工伤保险等制度。加强社会福利和养老机构基础设施建设。完善孤儿保障制度，加强儿童福利机构和儿童福利指导中心建设。推进救灾应急能力建设。加强以公共租赁住房为重点的保障性安居工程建设，开展利用住房公积金贷款支持保障性住房建设试点。

加大城市棚户区、国有煤矿和工矿棚户区等改造力度。加强农村教师、医疗卫生人员周转房建设。

九、深化体制机制改革，全面推进对内对外开放

坚持解放思想，与时俱进，坚持深化改革，扩大开放，以改革促发展，以开放促开发，不断破解体制机制障碍，努力开创经济社会发展新局面。

（四十二）推进体制机制创新。深化行政体制改革，依法调整政企之间、政资之间、政事之间、政府与市场中介组织之间的权力与权利、权力与责任、权利与义务的关系，进一步转变政府职能，规范政府行为。创新政府管理方式，减少审批事项，提高行政效率，改善投资环境。加大国有企业改革力度，鼓励中央企业与地方企业联合重组，支持军地融合发展，培育具有较强竞争力的大企业集团。大力发展非公有制经济，降低民间资本准入门槛，支持非公有制企业进入基础设施、社会事业等领域，切实保护民间投资的合法权益。深化投融资体制改革，提高直接融资比重，支持符合条件的企业上市融资和发行债券。推进资源要素市场化改革。在贵州率先开展全国电力价格改革试点，探索发电企业与电力用户直接交易方式方法。理顺煤电等产品价格关系，适时调整西电东送电价。完善社会矛盾调解机制，加强和创新社会管理。编制毕节试验区深化改革试验方案和规划，拓宽改革试验内容，发挥示范带动作用。

（四十三）深化区域合作。进一步加强与周边地区的交流与合作，实现基础设施互联互通，促进要素自由流动，构建产业分工协作体系。完善黔川渝区域协作机制，深化与成渝经济区在电子信息、装备制造、轻工、能源原材料等领域的合作，推进渝黔能源基地建设。积极参与武陵山经济协作区建设，建立信息共享平台，共同推进基础设施建设、生态环境保护和旅游资源开发。统筹攀西—六盘水经济区规划建设，强化资源集约开发和循环利用。促进滇黔桂粤西江流域航运、能源、旅游等领域合作。推动泛珠三角地区合作，拓展区域合作空间和领域，加强与珠三角、长三角地区的经济联系，承接产业转移，打造东西合作示范基地。

（四十四）扩大对外开放。充分利用中国—东盟自由贸易区、大湄公河次区域、泛珠三角地区等平台，积极参与东南亚、南亚等国际区域合作，全面提高对外开放水平。把贵安新区建设成为内陆开放型经济示范区，形成以航空航天为代表的特色装备制造业基地、重要的资源深加工基地、区域性商贸物流中心和科技创新中心，鼓励在土地、投资、科技创新等领域先行先试。积极有效利用外资和国外优惠贷款。在有条件的市（州）设立海关，支持条件成熟的地区设立综合保税区等海关特殊监管区，建立加工贸易承接基地。拓展对外贸易市场，扩大对外贸易规模，支持国家出口基地和输港澳鲜活产品出口基地建设。积极开展境外工程承包、劳务合作、服务外包等，鼓励具备援外资格企业积极参与援外工程项目及其他经援项目竞标。

十、强化政策支持，加大投入力度

（四十五）财税政策。充分考虑贵州的支出成本差异，进一步加大中央财政均衡性转移支付力度，逐步缩小地方标准财政收支缺口，中央财政在现有资金渠道内加大对交通、水利、教育等领域支持力度。进一步推进资源税改革，适当提高部分黑色金属矿原矿、有色金属矿原矿和其他非金属矿原矿的税率标准。研究完善水电税收政策，进一步使当地分享开发成果。航空航天、电子信息、装备制造、生物医药、新能源等产业企业符合规定条件的，其固定资产可实行加速折旧。适当加大中央集中彩票公益金支持力度，促进贵州社会公益事业协调发展。

（四十六）投资政策。国家有关部门专项建设资金要提高对贵州公路、铁路、民航、水利、市政公用等建设项目的投资补助标准和资本金注入比例。中央安排的公益性建设项目，取消县以下（含县）以及集中连片特殊困难地区市地级配套，明确地方政府责任，强化项目监督检查。

（四十七）金融政策。进一步加大对贵州的信贷支持力度。增加再贷款、再贴现限额，对当地法人金融机构实施较低的存款准备金率。加大扶贫贴息贷款支持力度。进一步完善农村金融机构定向费用补贴政策。增加农业保险保费补贴范围。鼓励国内外金融机构在贵州发起设立新型农村金融机构。鼓励保险资金探索参与贵州交通、能源、水利、市政公用及电网改造等基础设施和重点产业项目建设。加强地方政府和金融监管部门的沟通协调，鼓励银行业金融机构加强合作。支持贵州设立创业投资引导基金，扶持发展创业投资，规范发展股权投资。推进市政公用事业市场化进程，开放基础设施投资领域，实现投资主体多元化。

（四十八）产业政策。实行差别化产业政策，在国家产业政策允许范围内。适当放宽贵州具备资源优势、有市场需求的部分行业准入限制。对有条件在贵州加工转化的能源、资源开发利用项目，予以优先规划布局并优先审批核准。合理确定贵州节能减排指标。加大中央财政对淘汰落后生产能力的支持力度。支持开展煤炭矿区矿权审批改革试点，积极指导贵州加快煤炭矿区矿业权设置方案的编制和修编工作，合理布局和有序投放矿业权。对重点煤炭资源开发项目，使用中央地勘基金、省财政出资的煤炭勘查项目，国家规划明确的煤炭资源开发配套勘查项目，以及已设煤炭采矿权的资源枯竭大中型矿山企业周边和深部不宜单独设置采矿权的零星分散煤炭资源勘查项目，优先审批设置探矿权。对页岩气、煤层气等非常规油气，优先保障当地居民用气和在当地转化利用。

（四十九）土地政策。全面完成新一轮土地利用总体规划的编制工作，在不突破规划约束性指标的前提下，支持贵州建立和完善土地利用总体规划严格管控、动态评估与适时修改机制。在贵州开展国土规划编制试点，在安排土地利用年度计划、城乡建设用地增减挂钩周转指标等方面加大对贵州的倾斜支持力度。支持贵州健全并落实严格的节约集约用地制度，支持创新土地利用方式。将贵州确定为全国开展未利用低丘缓坡实施工业和城镇建设试点地区，相关指标单列管理。支持探索通过土地整理提高耕地质量等级、折抵新增耕地占补平衡指标的途径。在毕节试验区推进国土资源管理制度配套改革试点。

（五十）人才政策。支持贵州进一步优化人才发展环境，健全引进、培养、使用人才的激励机制。加大东部地区、中央国家机关、中央企业与贵州开展干部双向挂职、任职交流工作的力度。依托国家重大人才工程，支持贵州各类人才队伍建设。国家“千人计划”“百人计划”“西部之光”“博士服务团”和“新世纪百千万人才工程”等人才引智项目向贵州倾斜。实施“贵州专门人才培训工程”和“院士专家援黔行动计划”。支持建设遵义干部学院。逐步提高贵州机关事业单位职工工资水平，落实艰苦边远地区津贴动态调整机制，中央财政按规定给予补助。

（五十一）对口支援政策。鼓励东部发达城市对口支援贵州欠发达地区，确实“一对一”结对关系和主要任务，制定对口支援实施方案，编制相关专项规划。创新对口支援方式，支持支援方和受援方共建产业园区，推动招商引资、企业合作和利益共享。完善中央国家机关和企事业单位定点扶贫机制，实现对国家扶贫开发工作重点县全覆盖。发挥毕节试验区示范带动作用，鼓励和支持统一战线参与扶贫开发。引导社会力量开展多种形式的公益性活动，参与和支持贵州经济社会发展。

十一、加强组织领导，落实各项任务

（五十二）强化组织实施。贵州要发扬“开放创新、团结奋进”的时代精神，抓住机遇，励精图治，加强领导，周密部署，认真落实各项任务。要切实转变工作作风，深入基层调查研究，及时研究解决实际问题。要加强与中央国家机关和有关单位的沟通衔接，强化与有关省份和企业的互动合作，扎实推进本意见实施。鼓励积极探索有利于科学发展的体制机制，涉及的重大政策、改革试点和建设项目按照规定程序另行报批后实施。

（五十三）加强指导协调。国务院有关部门要按照本意见要求和职能分工，结合制定相关专项规划，进一步细化各项政策措施，加大支持力度。建立由国务院有关部门和贵州省人民政府参与的协调机制，加强指导和综合协调。发展改革委要加强对实施情况的监督检查和跟踪分析，重大问题及时向国务院报告。

（五十四）推进对口支援。东部地区对口支援城市要建立相应领导体制和工作机制，认真落实对口支援具体措施，注重实效，创新形式，加大帮扶力度。要充分发挥各自优势，把本地区的资金、技术、人才、管理等优势与贵州的资源、劳动力、市场等优势结合起来，支持企业到贵州投资创业，鼓励人才相互交流，形成区域间协调互动、共同发展新局面。

支持贵州经济社会又好又快发展，是一项长期而艰巨的任务。各有关方面要进一步增强责任感和紧迫感，统一思想，戮力同心，开拓进取，扎实工作，努力推动贵州经济社会发展历史性跨越，为实现全面建设小康社会宏伟目标做出新的贡献。

专 文

全市经济工作会议讲话

市委书记 王晓光

（2012年1月5日）

这次全市经济工作会议的主要任务是，深入贯彻落实中央经济工作会议、全省经济工作会议和市第六次党代会精神，分析当前经济形势，总结2011年经济工作，部署2012年经济工作。

上年12月12日至14日召开的中央经济工作会议，是党的十七届六中全会之后中央召开的又一次重要会议。胡锦涛总书记、温家宝总理发表了重要讲话。讲话高瞻远瞩、总揽全局，实事求是地总结了“十二五”开局之年的工作，深刻透彻地分析了当前国际国内经济形势，明确提出了今年经济工作的总体要求、重要原则、主要任务和重大举措，为我们做好今年经济工作指明了方向。12月25日至26日召开的全省经济工作会议，全面贯彻中央经济工作会议精神，回顾总结了上年全省经济社会发展取得的成绩，深刻分析了面临的形势和任务，提出了今年全省经济工作的总基调、总目标、总要求，并作出了全面部署，具有很强的针对性、指导性和可操作性。中央、全省经济工作会议的召开，对于我们统一思想、鼓舞斗志、凝聚力量，全面做好今年经济社会发展的各项工作，具有十分重要的意义。我们一定要把会议精神学习领会好、贯彻落实好，进一步把思想和行动统一到中央、省委精神上来，切实把各项决策部署落实到我市工作中去，努力推动全市经济社会又好又快、更好更快发展。

下面，我就深入学习贯彻中央、全省经济工作会议精神，切实做好今年经济工作，讲三点意见。

一、上年全市经济在困难中“逆势上行”，一定要客观辩证看待形势、负重拼搏争取主动

上年是“十二五”开局之年，我们胜利召开了市第六次党代会，圆满完成市县乡三级党委换届，全面启动实施“十二五”规划，成功举办一系列重大活动，协调推进经济、政治、文化、社会、生态文明建设和党的建设。一年来，面对异常复杂的发展环境、异常增大的压力、异常艰巨的改革发展稳定任务，我们高举发展、团结、奋斗的旗帜，认真贯彻“两加一推”主基调，大力实施“三化”战略，努力克服要素趋紧、电煤紧张、区域限电、物价上涨“四大压力”，抢抓机遇，攻坚克难，锐意进取，全市经济社会发展呈现出“发展提速、价格趋稳、效益较好、民生改善、后劲增强、社会稳定”的良好势头，实现了“十二五”开好局、起好步的目标，呈现出“三个积极变化”。

一是发展态势日益趋好。从总体上看，全市

经济社会发展实现了“四个新突破”：即扩量提速，主要经济指标实现新突破；提质增效，重大产业发展实现新突破；改革创新，开放合作实现新突破；控价惠民，民生改善实现新突破。全市主体经济指标逆势上行，均保持了两位数增长。其中固定资产投资增幅达到64%，创历史新高；招商引资到位资金是上年的2.49倍，创历史新高；农民人均纯收入净增866元，增幅首次突破20%，达到24.1%；城镇居民人均可支配收入增幅由2010年的6.1%提高到17%，是上年的近3倍；城乡居民收入比降到3.64：1，自“十一五”以来首次降到4：1以下；全市物价总水平涨幅趋于稳定。在全市上下的共同努力下，经济增长实现预定目标，项目建设扎实推进，重点产业加速发展，城镇化进程不断加快，改革开放力度加大，社会事业取得新进步，改善民生取得新成效，巩固和发展了科学发展的好势头、和谐稳定的好局面。

二是发展思路日益清晰。一年来，市委、市政府认真贯彻党的实事求是思想路线，解放思想、更新观念、审时度势、集思广益，在找准主要矛盾和突出问题的基础上，进一步明晰了科学发展思路，努力做好“结合”和“创新”的文章。提出“全党抓经济、重点抓工业、首要抓园区、核心抓招商、突破抓转型、跨越抓项目”的要求，回答和解决了抓经济工作的方向、路径、重点、核心、载体等重大问题。提出深入开展“厂市共建”，实行“大矿帮小矿”，变“地下”为“地上”、变“黑色”为“绿色”，进一步发挥优势，巩固和发展了地方与企业双轮驱动、互利互惠、共同发展的格局。提出用“三基本”的方法推进项目落地，坚持发展落在项目上，重点放在考核上，动力出在激励上，以完善考核机制、强化督促检查、严格兑现奖罚推进各项工作，最大限度地调动全市上下干事创业的积极性、主动性和创造性。提出要用改革创新的办法抓好经济运行调节，特别是在贯彻落实省委、省政府电煤保供新机制上，积极主动与各县（特区、区）、供煤企业和火电厂签订目标责任书，建立完善电煤保供的制度安排，使这一长期以来困扰我市发展的难题得到有效缓解。强调要始终坚持执政为民这一核心，把发展的出发点、落脚点放在保障和改善民生上，以民为先、以民为重、以民为本，切实保障和维护群众的政治、经济、文化、安全权益，不断提高群众安全感满意度和幸福指数，顺应广大人民群众过上幸福美好生活的新期待。特别是在刚刚结束的市第六次党代会上，我们集思广益，发扬民主，集中全市广大党员和方方面面的智慧和力量，提出了实施“三大战略”，打造现代特色都市，建设“五个六盘水”的奋斗目标，得到了全市上下的广泛认同。同时，我们还在加快基础设施建设、调整优化结构、加快民营经济发展、优化发展环境、推进改革开放、加强干部队伍建设等方面初步推出了一系列政策措施、打出了一系列“组合拳”，全市上下发展思路更加清晰、方向更加明确、任务更加具体、信心更加坚定。实践证明，这些思路、决策和采取的措施是对头的、有力的、有效的。在今后的实践中，要进一步把中央、省委的精神同我市实际紧密结合，创造性地抓好贯彻落实，并把这些思路进一步丰富、强化、完善和拓展。

三是发展氛围日益浓厚。科学发展，必须“干”字当头，“敢”字为先，“拼”字求胜，努力营造“风清气正”的良好氛围。一年来，组织开展了“创先争优”“三个建设年”“四帮四促”“三访”“中层干部到一线，机关作风大转变”“民主评议百名科长”“向人民报告、请人民监督、让人民满意”等活动，狠抓作风建设，大力优化发展环境，聚精会神谋发展、“干”字当头抓发展、全力以赴促发展。各级干部、各行各业干事创业、创先争优、增比进位的激情更高、干劲更足、作风更实、氛围更浓，全市上下心齐气顺、聚力给力、团结和谐。“一等二靠三落空，一想二干三成功”成为广大干部的共识，加班加点成为常态，比着干、追着干、盯着干蔚然成风。实践充分证明，我市的干部队伍是能谋事、能想事、能干事、干成事的队伍，是靠得住、拉得出、打得赢的队伍。有这样的干部队伍，一定能够团结带领全市人民闯出一片发展的新天地。

今年是实施“十二五”规划承前启后的重要一年，也是贯彻落实市第六次党代会确定目标任务的第一年。特别是我们将喜迎党的十八大和省第十一次党代会的胜利召开，做好今年的经济工作，事关全局，影响深远，意义重大。各级各部门要深入学习领会中央、全省经济工作会议精神，科学分析研判形势，切实在以下几个方面统一思想、达成共识：

第一，充分认识面临的严峻形势，切实增强忧患意识。关于今年的经济形势，胡锦涛总书记、温家宝总理在中央经济工作工作会议上分析得十分深刻、十分透彻。总的来讲，今年世界经济复苏的不稳定性不确定性上升，国际经济环境难以明显好转，呈现“五种趋势”：国际市场将陷于低迷，传统行业产能过剩和新兴产业发展不确定性将长期并存，能源资源竞争将更加激烈，保护主义倾向将更加突出，国际货币体系改革将艰难曲折。同时，我国经济发展出现了一些新的阶段性特征，表现为“三个相互”“一个不容忽视”，即长期矛盾和短期问题相互交织、结构性因素和周期性因素相互作用、国内问题和国际问题相互关联，经济金融领域的潜在风险不容忽视。综合起来，就是要注意克服“两个压力”，即总书记指出的经济增长存在下行压力，物价上涨压力仍然较大。我们必须进一步增强忧患意识，扬长避短、趋利避害，把困难估计得更充分一些，把措施考虑得更周全一些，把工作做得更扎实一些，牢牢把握工作主动权。

第二，充分认识面临的巨大压力，切实增强责任意识。一是区域竞争加剧的压力。近年来，随着贵州“金三角”的加速崛起，全省新一轮区域竞争全面展开，我们面临不进则退、慢进也是退的巨大压力。尽管纵向比，各项工作都有进步，但横向比，我市部分指标在全省处于中靠后或挂末位置。据省统计局预计，与2010年相比，我市经济发展增比进位综合测评得分从第5位降到第6位，其中地区生产总值增速从第1位降到第5位，工业增加值增速从第4位降到第8位，税收收入增速从第6位降到第9位，金融机构个人储蓄存款余额增速从第5位降到第9位，农民人均纯收入增速从第4位降到第8位，等等。同时，各县区在全省88个县市区中的综合得分排位中，除水城从第22位进到第8位外，盘县从第2位降到第3位，钟山从第4位降到第12位，六枝从第29位降到了第53位。二是经济转型升级的压力。一个地方要实现发展的跨越，最核心、最强大的动力来源于产业。只有抢占产业发展制高点，才能为经济插上腾飞的翅膀，为社会进步提供强劲的支撑。目前，我市产业结构存在新兴产业少、有机构成低、产业规模小、产业低端化、创新驱动能力弱、可持续发展能力不强等问题。如果不抓紧进行结构调整，在未来的市场竞争中将更加被动，甚至被淘汰出局。“赶”与“转”压力叠加，任务艰巨，时不我待。三是维护社会稳定的压力。特别是我市作为一个传统资源型城市，由于煤炭开采引发的地质灾害、水源枯竭、环境污染、生态破坏等问题突出，历史遗留问题多，解决难度大。同时，由于企业改制、征地拆迁、移民安置、城市管理、社会治安等引发的问题和不稳定因素增多。这些问题如果处理得不好，就会影响群众情绪，动摇干部信心，阻碍经济发展，甚至导致严重后果，造成不可挽回的影响。

第三，充分认识面临的有利条件，切实增强机遇意识。一是新一轮西部大开发的机遇。中央提出西部大开发在我国区域协调发展总体战略中具有优先发展地位、在促进社会和谐中具有基础地位和在实现可持续发展中具有特殊地位等“三个地位”，明确今后十年总体目标是西部地区综合实力上一个大台阶，人民生活水平和质量上一个大台阶，生态环境保护上一个大台阶“三个大台阶”，配套出台了一系列实实在在的支持政策。我市具有特殊的区位优势、资源优势、能源优势、工业优势，是重点开发的地区之一，发展条件优越，发展潜力巨大。二是新一轮扶贫开发的机遇。在新的十年，中央将国家扶贫标准提高到2300元，有利于我们将更多低收入农村人口纳入扶贫范围。2012年，中央财政的综合扶贫投入将在上年2000亿元的基础上继续保持大幅度增长，其中，财政专项扶贫资金增幅将达20%以上。今年全省的扶贫资金投入将达到60亿以上。我市作为全国14个连片特困地区中的乌蒙山区、滇桂黔石漠化区的主战场之一，可以争取到更多更大的政策扶持。三是国家出台支持贵州又好又快发展政策的机遇。即将出台的《国务院关于支持贵州经济社会又好又快发展的若干意见》，将贵州区域经济发展上升为国家战略，在基础设施、产业发展、城乡统筹、循环经济、区域合作等方面将进一步加大政策、项目、资金支持力度，有利于我们把更多的项目纳入国家规划盘子。四是东部产业转移的机遇。在国外经济疲软、外需乏力的情况下，沿海许多外向型产业转向满足内需将是必然趋势。随着劳动力、土地等要素成本明显上升，沿海发达地区那些处于产业链中低端、盈利能力较弱的劳动密集型产业，正在加速向中西部转移。只要我们把基础做实、环境做优、工作做好，就可以“截留”很大一部分企业和项目。

总之，今年我市面临的挑战前所未有，但机遇也前所未有，从总体上看，我们仍处于大有可为的战略机遇期。全市上下要切实把思想认识统一到中央对经济形势的科学判断上来，统一到省委、省政府的决策部署上来，切实增强忧患意识、责任意识和机遇意识，积极做好应对更加复杂局面的准备，坚定信心、迎难而上、开拓奋进，善于在变局中把握机遇，在逆境中主动作为，在挑战中勇于胜出，推动全市经济社会发展再上新台阶。

二、今年经济工作要突出“稳中求快”总基调，做到统筹协调谋全局、全力以赴抓重点

根据中央、全省经济工作会议精神，综合分析当前形势，今年全市经济工作的总体要求是：以邓小平理论和“三个代表”重要思想为指导，深入贯彻落实科学发展观，全面贯彻中央、全省经济工作会议精神，抓住国家实施新一轮西部大开发、集中连片特殊困难地区扶贫攻坚、出台政策措施支持贵州又好又快发展等重大机遇，紧紧围绕市第六次党代会的战略部署，把“稳中求快”作为总基调，按照“全党抓经济、重点抓工业、首要抓园区、核心抓招商、突破抓转型、跨越抓项目”的要求，着力扩大投资规模，着力调整优化结构，着力推进科技创新，着力深化改革开放，着力推进可持续发展，着力保障和改善民生，着力加强和创新社会管理，统筹推进改革发展稳定各项工作，以优异成绩迎接党的十八大和省第十一次党代会胜利召开。

做好今年的经济工作，要把握好以下两点：

一是要重点把握好工作总基调、总目标、总要求。“稳中求快”是总基调，“突出特色、做大总量、提速转型、增比进位”是总目标，“能快则快、又快又好、更快更好”是总要求。对六盘水而言，就是要牢牢把握发展这个第一要务，以更加积极向上的姿态、更加奋发有为的精神、更加扎实苦干的作风，稳住当前的大好形势，大力实施“三大战略”，坚持速度、质量、效益相统一，全力“赶”、全力“转”，在扩大总量中调整经济结构、转变发展方式、保障和改善民生，确保各项指标的增速进一步提高，在全省的位次前移、比重上升，努力做到结构更好、质量更优、效益更高，在发展中促转变，在转变中谋发展，做到能快则快、又快又好、更快更好。

二是要始终坚持“四个牢牢把握”的总原则。要按照中央提出的“四个牢牢把握”的要求，从我市实际出发，加深对这些重大问题的理解和认识，结合实际创造性地开展工作。一是牢牢把握扩大内需这一战略基点，一方面要着力培育和扩大消费需求，另一方面要继续把扩大和优化投资作为拉动经济增长的强大动力，作为经济工作的主要抓手。二是牢牢把握发展实体经济这一坚实基础，把经济发展建立在实实在在的物质基础之上，大力发展优势特色产业，做大总量，调整优化结构，提升产业竞争力。三是牢牢把握加快改革创新这一强大动力，继续深化改革，扩大开放，推动创新，为经济社会发展提供动力、增添活力、减少阻力，营造宜居宜业的法制环境、政务环境、市场环境、创业环境。四是牢牢把握保障和改善民生这一根本目的，切实把中央、省委的决策部署和政策措施，真正转化为富民利民惠民的具体行动，转化为群众看得见、摸得着、感受得到的实事好事，不断提高人民群众的幸福指数。

关于今年的经济工作，等一会何刚同志还将作具体部署，大家要认真抓好贯彻落实。下面，我根据市委常委会研究的意见，先说几点基本考虑。

第一，统筹项目建设、园区发展与招商引资，在扩大固定资产投资上迈出更大步伐。战书书记指出：“内需包括投资需求和消费需求。特别是在我省，扩大投资需求显得尤为迫切和更为重要。”我市发展速度慢、经济总量小、民生欠账多，主要原因还是投资总量太小、动力不足。2011年，全市完成固定资产投资550亿元，占GDP的89.2%，对经济增长的贡献率最大，是最主要的增长拉动力。2010年，全国人均固定资产投资20761元，上年我市已接近2万元。人均固定资产投资1万元是经济发展加速的一个重要起点。在“十二五”和今后相当长的时期内，投资仍然是拉动我市经济增长的主要动力，保证了投资的快速增长，就抓住了经济发展的“牛鼻子”。今年的投资要突出“三个结合”：一是要把扩大投资与改善基础设施结合起来。突出抓好以交通、水利、电力和城市为重点的基础设施建设，不断改善发展的基础条件。特别要抓好高速公路、城市快线、机场快线、病险水库除险加固等重点项目。在建设项目要加快进度，具备开工条件的项目要全面开工。二是要把扩大投资与调整优化产业结构结合起来。按照“一产抓特色、二产抓转型、三产抓高端”的发展思路，千方百计提高产业项目投资在总投资中的比重，在做大总量中调整结构。对我市而言，要按照“三化同步”的要求，在确保三次产业发展提速的同时，把服务业特别是旅游业作为一个新的增长点，加强旅游基础设施和接待服务能力建设，开工建设“三线”遗址博物馆和一批五星级酒店，把旅游业做大做强做活做优，尽快补齐旅游业这个“短板”。三是要把扩大投资与保障和改善民生结合起来。要在全面抓好“十大工程”的同时，结合实际办好事关群众利益的“十二件民生实事”，特别要以教育、卫生、文化、住房和其他功能性基础设施为重点，全面启动“六个城市广场”“七馆四中心”建设。市委、市政府已经明确，今年必须新开工项目800个以上，总投资800亿元以上，这是底线，是硬指标、硬任务。目前，第一批221个、总投资328亿元的项目已经顺利开工。各级各部门要科学谋划，超前安排，周密部署，全面启动后三批集中开工项目的筹备工作，把工作抓得早而又早、紧而又紧、实而又实。对于已经规划的“2+12”产业园区，要采取市、县分级负责的办法，市委、市政府主抓红桥、两河新区，其他园区由所在县区负责，确保所有规划园区建设全面展开，完成150万平方米以上的标准厂房建设任务。关于招商引资工作，要在抓好上年引进项目跟踪落实、积极主动参加省举办的各类招商引资活动的同时，进一步创新招商引资方式，做到“走出去”与“请进来”相结合、小分队招商与组团招商相结合，政府招商与委托中介招商相结合，抓好以商招商、园区招商、节会招商、中介招商、网上招商，采取特许经营、股权转让、融资、租赁、BT、BO、BOT等方式，增强招商引资工作的针对性和实效性。市委、市政府已经明确，从今年起，对项目建设和招商引资工作要签订目标责任状，加大考核力度，每季度兑现一次奖励，并在媒体上公布考核结果，对连续3次考核结果排名挂末的，对党政主要领导要采取组织措施。需要强调的是，抓投资、上项目，不能两眼盯着财政资金，必须采取上争、外引、内挖的办法，把投融资平台搭建好，靠项目生财、靠项目还贷，变财政担保制为项目平衡制，最大限度地减轻财政负担，把有限的资金用在刀刃上。

第二，统筹“三农”、扶贫开发与“四在农家”建设，在改善农村面貌上迈出更大步伐。战书书记指出：“贵州城乡发展的问题，还不是一般意义上的城乡差距大、二元结构突出，更准确地说，是城市、农村发展都滞后的问题。”我市工业经济占的比重大，虽然不是农业大市、农业强市，但是农村面大、贫困人口多，决定了“三农”工作是全部工作的“重中之重”。对我市而言，在加快工业化、城镇化的进程中，农业在经济总量中的比重下降是一个趋势，但绝对数不能下降。因此，要特别注意防止重工轻农、重城轻乡的错误倾向。做好“三农”工作，核心是增加农民收入。市委、市政府已明确提出了“十二五”时期重点发展的“九大产业”，全力推进种植业“27553332工程”和养殖业“2161工程”的实施，各级各有关部门要按照“以市场为导向，以规划为龙头，以基地为基础，以企业为载体，以增收为目标”的要求，分产业成立专门机构、抽调专门人员、落实专项经费，狠抓目标任务的落实，确保取得实实在在的成效。要紧紧抓住国家大力推进集中连片特殊困难地区扶贫攻坚的机遇，着力巩固和发展专项扶贫、行业扶贫、社会扶贫的大扶贫格局。扶贫部门要按照新的国家扶贫标准，抓紧开展调查研究，全面摸清底数，制定专项规划，加强与上级部门的对接，争取更多更大的政策支持。要按照中央提出的"省负总责、县抓落实、工作到村、扶贫到户"的要求，全力抓好易地扶贫搬迁、整村推进、以工代赈、产业扶贫、就业促进、扶贫试点、革命老区建设等重点工程，确保尽快实现"减贫摘帽"。关于以"四在农家"为载体的新农村建设，市委、市政府已专门下发了文件，明确提出市四大班子包县、市直部门包村、县级干部包点和以县级投入为主、市级投入为辅、实行以奖代补的要求，确保今年完成6万户建设任务。无论是发展现代农业、扶贫开发，还是"四在农家"建设，都必须加大争资跑项的力度，积极鼓励社会力量参与，按照"整合资源，集团帮扶，整村推进，各记其功"的原则，形成强大工作合力，尽快改变农村面貌。

第三，统筹深化改革、扩大开放与创新驱动，在激发发展活力和动力上迈出更大步伐。战书书记指出："对我省来说，在一定意义上开放比改革带来的活力还要大，但不等于不改革，如果不在改革和完善社会主义市场经济体制上下功夫，就不可能有良好的市场条件和环境，发展将始终受到钳制。今年要在改革上有大动作、大突破。"我市是国有企业相对集中的地区，这是我市的特点和优势；但同时也是受计划经济影响较重的地区，体制机制不活，历史遗留问题多，改革任务艰巨。要牢固树立向改革要资金、要效益、要潜力的思想，加强统筹设计和整体配套，围绕加快经济转型升级、保障改善民生、加强社会管理、城乡发展一体化深化改革，着力推动重点领域和关键环节的改革取得突破性进展，为经济社会发展注入新的活力。第一，要制定时间表，深化和完善国有企业改革。一方面，对长期亏损、资不抵债、扭亏无望的国有企业要平稳有序地退出市场，逐步消化历史欠账；另一方面，深化完善产权制度改革，支持帮助企业建立现代企业制度，同时大力支持成长性好的企业上市融资。第二，推进投资体制改革。目前，我市基础设施、市政设施领域，基本上还是国有资本、事业单位主导建设，大量社会资本根本进不来，必须下决心改变这种局面。第三，按照中央和省的要求，积极稳妥推进事业单位分类改革，将主要从事生产经营活动的单位逐步转为企业，继续保留的事业单位要推进人事管理、国有资产和财政支持等方面的改革。要围绕提升发展活力，把扩大开放摆在更加突出的战略位置，促进更宽领域、更高层次的发展要素向我市集聚，借时、借势、借力发展。要围绕建设创新型城市的要求，认真贯彻落实全省科技大会精神，按照省委、省政府提出的"十二五"期间重点推进的"八大科技工程""六大科技行动计划"，认真组织开展专题研究，加强与省级部门的对接，找准切入点和主攻方向，争取更多的政策、项目、资金的支持，使我市成为全省科技进步最快的地区之一，成为全省重要的科技成果转化基地，促进经济社会发展尽快走上创新驱动、内生增长的轨道。要大力发展民营经济，全面实施"民营经济三年倍增计划"和"抓大壮小扶微"工程，着力加强环境建设，加快实现我市民营经济腾飞。

第四，统筹转变发展方式、生态建设与环境保护，在推进可持续发展上迈出更大步伐。战书书记指出："'转'不仅是东部沿海地区的问题，对贵州未来发展更是一件生死攸关的大事。"我市作为一个资源城市，经过"三线建设"以来40多年的努力，逐步发展成为一个工业主导型城市。但是，必须清醒地看到，我市经济发展存在对资源的依存度过大、结构过于单一、发展方式粗放等问题，重工业太重、轻工业太轻，单位生产总值能源高，产业链条短，科技含量低，节能减排压力大，生态环境脆弱。2010年，全市煤炭、电力、冶金、建材四大传统产业占全部工业增加值的比重达到90%以上；单位生产总值能耗为3.47吨标准煤，在全省地州中最高，分别是全省、全国平均水平的1.54倍、3.39倍。近年来，我们在"转"的方面做了一些工作，取得了一些成绩，但任务还十分艰巨，必须抓紧转、主动转，做到早转早主动。我们上年提出的"十二五"期间的六大工业产业振兴规划，总体上还是以传统产业为主，还需要进一步开阔视野，改变传统思维观念，改变路径依赖，敢于向禁区、盲区、空白、弱项挺进突破。战书书记在全省经济工作会议上提到的吉利收购沃尔沃，大庆、成都“无中生有”发展汽车产业取得巨大成功，都是很好的案例。如果我们不敢想、不敢干，不会想、不会干，认为这也没条件，那也没可能，连“转”的方向都找不到，只会晕头转向。在加快转变发展方式的同时，要高度重视生态建设和环境保护。根据国土部门的统计资料，全市石漠化面积3171平方公里，占国土总面积的31.82%；潜在石漠化面积1530平方公里，占国土面积的15.34%；水土流失面积5230平方公里，占国土面积的52.75%。是全省石漠化和水土流失最严重的地区之一。必须牢固树立生态文明理念，坚持开发与保护、节能与减排、治山与兴水相结合，以建设国家环保模范城市为目标，走“生态建设产业化、产业发展生态化”的路子，以发展循环经济、低碳经济、生态经济为主攻方向，切实提高行业准入门槛，抓好重点节能减排工程的实施，加强环境治理，增强可持续发展能力。从今年开始，要下决心逐步将25度以上坡耕地退下来，启动实施生态移民搬迁行动，有关部门要尽快研究制订方案，报市市委、市政府研究。

第五，统筹改善民生、安全生产与加强和创新社会管理，在构建幸福六盘水上迈出更大步伐。战书书记指出：“民生不仅是物质生活问题，也是一个心气顺畅从而保持社会和谐稳定的重大问题。”各级各部门要牢固树立“民生财政”“民生预算”的思想，在实施民生工程的过程中，必须积极争取中央、省级补助份额，必须确保本级配套足额到位，不能留下任何欠账和缺口。对于年内必须完成的民生实事，要全面落实责任，定期调度，强化督查，严格考核，让群众得到实实在在的好处，感受到实实在在的变化，以实际行动兑现承诺，真正取信于民。要继续做好稳控物价的有关工作，确保物价总水平基本稳定，确保社会救助和保障标准与物价上涨挂钩联动机制落实到位，确保困难群众的生活不因物价上涨受到大的影响。要高度重视安全生产，健全完善安全生产长效机制，坚决防止重特大安全事故发生，保障人民群众生命财产安全。在11月19日“瓮安现场会”上，省委提出了基本民生、征地拆迁、矿群矛盾和产权纠纷、水库移民安置、国有企业改制和关闭破产、涉军群体、涉法涉诉信访、城市管理和交通运营、社会治安和公共安全、特殊人群管理等十个方面几十个问题，各级各部门要结合实际，对号入座，找准问题，一个一个地解决好。要认真落实好中央、省、市加强和创新社会管理的各项部署，按照战书书记“谈群众工作九法”的要求，切实提高做好新形势下群众工作的能力和水平。大力加强社会治安综合治理，严厉打击各类违法犯罪活动，确保人民群众的安全感满意度在上年的基础上稳步提高。高度重视党的十八大、省第十一次党代会期间的维护稳定工作，对于因作风不实、工作不力、方法不当造成严重后果的，要严肃追究主要领导和相关责任人的责任。

三、实现全年目标任务要着眼全局、加强领导，做到与时俱进创一流、科学实干促发展

今年是市县乡三级党委班子换届后全面履职的第一年。做好今年经济工作，是对各级党委领导班子执政能力的重大考验。必须加强和改进党对经济工作的领导，大力营造干部要干、发展要快、作风要实、环境要好、风气要正的良好政治生态环境，确保全面超额完成全年目标任务。

一是总揽全局，完善机制统筹发展。按照“全党抓经济”的要求，打破原有工作格局，创新领导体制机制，形成强大工作合力。各级党委要毫不动摇地把经济建设作为中心，毫不动摇地加强对经济工作的统领，谋全局、抓大事、出思路、用干部、推落实。党委对经济工作的领导，主要是指导思想和方向、方针、政策的统领，宏观把握和对重点工作的驾驭，而不是越俎代庖、包办代替。几大班子领导干部要统筹融合，分工不分家，合心、合力、合拍地推进重点工作。这里特别要强调的是，为加快推动“三化”进程，市委、市政府分别成立了领导小组，集中力量攻坚突破。每个领导小组都代表市委、市政府来行使职权、履行职责、安排工作，对于安排的工作任务、提出的工作要求，各级各部门必须无条件服从，必须不打折扣地贯彻好、落实好、执行好。

二是解放思想，对标一流谋划发展。各级领导干部要做解放思想、开拓创新、与时俱进、争创一流的表率，树立世界眼光、全局观念、战略思维，把本地区本部门的工作放在更大范围、用高标准去谋划、去思考、去定位，找准对手，研究抓手，明确推手，争当能手，形成比、学、赶、超的浓厚氛围。各县、特区、区要按照党代会确定的增比进位的要求，从现在起就要认真研究制定赶超方案，确保实现既定目标。各部门要根据自身工作在全省的所处的位次，在确保整体推进的前提下，突出特色和亮点，大胆探索突破，既要出成绩又要出经验，打造一批在全省乃至全国叫得响、立得住、推得开的工作品牌。

三是研究政策，破解难题推动发展。近年来，中央和省出台的政策高度密集、含金量高、针对性强。各级领导干部要学深学透、认真研究、准确把握、融会贯通，用足用活用好这些政策，当好“政策通”，最大限度地发挥政策的效能和作用，真正把政策优势转化为发展优势。特别需要强调的是，对政策的理解和执行不能太死板、太教条，要善于从政策中找机遇，多想好办法、多出新招数，借助政策重点破解用地指标怎么争、项目资金怎么融、瓶颈问题怎么破、物价指数怎么控、民计民生怎么保等突出难题，做运筹策划的高手、操作实施的推手、管理运作的能手，把各项工作提高到一个新水平。

四是求真务实，真抓实干促进发展。要全面推行目标管理责任制，对市委、市政府确定的每一项任务、每一个指标都要细化分解，落实到人、到岗，定进度、定时限、定奖惩，做到工作压力层层传递、发展动力级级递增，确保人人有目标、人人有压力，切实提高执行力。要树立鲜明的实干导向，严格奖惩兑现，对工作实绩突出的干部，要进行重奖重用，优先提拔使用；对工作不到位，完不成任务、打不开局面的干部，要果断进行调整；对弄虚作假、虚报浮夸、欺上瞒下的，要坚决严肃处理，真正做到以发展论英雄、凭实绩用干部。要结合创先争优等活动，坚持治“庸”增能力、治“懒”提效率、治“散”正风气，力促干部作风大转变，服务水平大提高。

五是勤政廉政，风清气正保障发展。今年2月份，市“两会”召开后，市县乡三级党委、人大、政府、政协的换届工作将全面结束。不少同志进入新班子，有了干事创业的机会，更面临廉洁从政的考验。作为领导干部，既要一心干事又要一身干净，廉而不勤会误事，勤而不廉会出事，不勤不廉要出大事。新的各级领导班子要有新形象新面貌新作为，必须始终绷紧廉政这根弦。要对党对人民有感恩之心，常念百姓疾苦，常想组织重托，常思成长历程，对权力要有敬畏之心，对名利要有平常之心，做到珍惜岗位、专心干事，秉公用权、谨慎用权，在诱惑面前学会放弃，在原则面前学会坚守，真正做到一身正气、一尘不染。要通过清廉自守、干净干事出正气、出形象、出威信，不断增强号召力、凝聚力、带动力，以党风廉政建设的实际成果保障经济社会发展。

六是强化宣传，引导舆论助推发展。良好的舆论氛围是凝聚党心民心、形成发展合力的必要条件。要坚持正确的舆论导向，突出团结稳定鼓劲、正面宣传为主，唱响加速发展、加快转型、推动跨越的主旋律和最强音，进一步营造提速转型、增比进位的浓厚氛围。各级党委要善建、善管、善用、善待媒体，宣传部门和新闻媒体要围绕中心、服务大局，科学谋划、策划好宣传报道，为经济发展助威，为民生改善鼓劲，为社会和谐造势，为群众利益呐喊。加大外宣工作力度，大力宣传六盘水的政策环境、发展机遇，扩大知名度和影响力，吸引更多人流、物流、资金流和信息流汇聚六盘水，借势造势，借力发力，真正把宣传优势转化为发展优势。

现在正值年终岁尾，各项工作任务比较繁忙。希望各级各部门认真安排好“两节”期间的各项工作，保证全市人民过上欢乐、祥和、喜庆、安全的节日。要广泛开展形式多样的帮扶救助、送温暖、献爱心和节日期间的走访慰问活动，妥善安排好困难群众的生产生活，进一步抓好与群众生产生活密切相关的供水、供电、供油、供气、供暖和春运等工作。要精心组织货源，严厉打击囤积居奇、哄抬物价、制售假冒伪劣商品等行为，确保市场供应充足、物价基本稳定。要广泛开展健康向上、形式多样、群众喜闻乐见的文化娱乐活动，丰富群众的节日文化生活。各县、特区、区和各部门要按照会议的要求，迅速抓好今年各项工作的启动，确保今年工农业生产、项目建设、招商引资、园区建设、财政税收实现“开门红”，争取全年工作主动。

同志们，做好今年的经济工作，任务艰巨，责任重大。我们要更加紧密地团结在以胡锦涛为总书记的党中央周围，深入贯彻落实科学发展观，按照中央、省委的决策部署和市第六次党代会的要求，统一思想，坚定信心，奋发进取，埋头苦干，奋力推进经济社会又好又快、更好更快发展，以优异成绩迎接党的十八大和省第十一次党代会的胜利召开。

在中共市委六届二次全会第一次会议上的讲话

市委书记　王晓光

（2012年12月17日）

这次全会的主要任务是，认真学习贯彻党的十八大和省委十一届二次全会精神，听取市委常委会关于六届一次全会以来的工作报告，审议《中共六盘水市委关于认真学习贯彻党的十八大精神为与全省全国同步全面建成小康社会而奋斗的决定》。动员全市广大党员干部和各族群众，进一步解放思想，改革开放，凝聚力量，攻坚克难，奋力开启全面建成小康社会新征程，努力开创经济社会发展新局面。

下面，受市委常委会的委托，我向全会作工作报告。

2012年是我市全面贯彻落实市第六次党代会精神的开局之年，也是新一届市委领导班子履行职责的第一年。在上年底召开的市第六次党代会上，我们提出了实施“三大战略”，打造现代特色都市，全面建设“五个六盘水”的奋斗目标，开启了科学发展、后发赶超的新征程。一年来，在省委的坚强领导下，我们深入贯彻落实国发2号文件和省第十一次党代会精神，坚持“两加一推”主基调，大力推进“三化同步”主战略，团结带领全市人民，在狠抓大事上凝聚力量，在抢抓机遇中谋求跨越，在真抓实干中排难前进，统筹做好稳增长、调结构、抓改革、惠民生、促和谐各项工作，全市呈现出“发展提速、投资增加、民生改善、后劲增强、社会和谐、人心思进”的良好局面，各项工作取得新的进展和突破。

一、坚持把思想政治建设放在首位，不断增强贯彻落实中央、省委重大决策部署的自觉性和坚定性

市委常委会认为，思想政治建设是党的建设的根本，是六盘水各项事业发展进步的动力源泉，必须始终放在心上、抓在手上、落实到行动上，为推动科学发展、增比进位、后发赶超凝聚强大力量。

扎实开展“三忠诚”集中教育。今年3月，市委结合中央在“创先争优”活动中开展基层组织建设年活动的要求，在全面分析我市干部思想、作风现状的基础上，开展了以“忠诚祖国、热爱家乡，忠诚于党、服务群众，忠诚人民、推动发展”为主要内容的“三忠诚”集中教育活动。全市各级党组织按照市委的安排部署，坚持“围绕发展实际抓形势教育、围绕党性锻炼抓党员意识教育、围绕作风建设抓履职教育、围绕惩防体系建设抓廉政教育”，教育引导广大党员干部在锤炼党性中增强党性、在增强党性中保持纯洁，成为我市开展“基层组织建设年”活动的有效载体和重要抓手，得到了省委的充分肯定。

扎实抓好省第十一次党代会精神的贯彻落实。市委除召开常委扩大会议进行专题学习、组织开展宣传宣讲外，还举办了学习省党代会精神专题培训班，紧紧围绕“贯彻省第十一次党代会，六盘水怎么干”进行了深入交流和讨论，近千名干部参加了培训。按照省第十一次党代会提出的“三高于、一达到、五翻番”的要求，我们结合实际，明确提出以“七抓七促”助推后发赶超、跨越发展，进一步深化了全面建设“五个六盘水”的目标、任务、路径和举措，全市上下发展思路更加清晰、目标更加明确、任务更加具体。

扎实开展保持党的纯洁性教育试点。开展保持党的纯洁性教育活动，是中央、省委加强新形势下党的思想政治建设的重大决策部署，意义重大，影响深远。省委将六盘水作为全省试点，是对我市各级党组织的充分信任。在试点工作中，我们坚持把“开门搞教育”贯穿始终，紧扣“保持纯洁性、争创新业绩、喜迎十八大”这一主题，围绕“党员受教育、群众得实惠、推动大发展”这一目标，始终把试点工作作为重大政治任务，切实做到强化领导、加强指导；始终把理论武装和党性修养摆在首要位置，扎实推进党要管党、从严治党；始终把解决突出问题作为关键环节，不断彰显实践特色、打造群众满意工程；始终把贯彻群众路线作为制胜法宝，注重凝心聚力、形成发展合力；始终把强化舆论宣传引导作为重要举措，坚持不懈为试点活动提神鼓劲、营造氛围，取得了一系列认识成果、实践成果、制度成果。在3个月的试点工作中，市四大班子和市直90个单位、322个党组织、6063名党员，带头深入基层、深入农村、深入群众，协调资金26.5亿元，帮助基层和群众解决问题2.1万个，进一步密切了党群干群关系。

扎实开展“解放思想、推动跨越”大讨论。为全面贯彻落实克志书记在省委中心组学习读书会上的重要讲话精神，9月8日至12日，市委中心组安排5天时间开展集中学习活动，结合我市经济社会发展实际进行了深入思考和交流，畅谈学习体会，吹响了“解放思想，实事求是，奋力开启后发赶超跨越发展新征程”的嘹亮号角。市委常委会认为，思想解放的程度决定加快发展的速度，加快发展的速度决定增比进位的力度，增比进位的力度决定跨越发展的高度。只有高举解放思想大旗，登高望远谋划发展，坚决破除“小富即安、小进即满、小胜即喜”的思想，做到“积小富为小康、积小进为跨越、积小胜为全胜”，才能在激烈的竞争中实现增比、进位、突破。

党的十八大胜利召开以后，市委高度重视，立即召开常委扩大会议进行传达学习，并就贯彻落实大会精神作出了全面部署。下发了关于认真学习宣传贯彻十八大精神的通知，对有关工作提出了明确要求。全市1000余名党员领导干部带头开展“讲、访、帮、促”活动。组织全市理论骨干深入基层开展大规模的集中宣讲活动，大力推动十八大精神进企业、进农村、进机关、进校园、进社区、进军营，迅速掀起了学习宣传贯彻十八大精神的热潮。从总体上看，我市十八大精神宣传宣讲工作启动迅速，开局良好，进展顺利。

二、坚持“突出特色、做大总量、提速转型、增比进位”，奋力推动经济又好又快、更好更快发展

今年以来，受国际经济大环境的影响，国内经济“增长下行、成本上行”趋势明显，并迅速向我市传导。特别是进入2月份以后，我市主要工业产品市场持续低迷，煤炭、钢材、电解铝价格大幅下跌，火电机组大面积停运。受主要工业产品市场价格的影响，我市上半年工业增加值减少30亿元，税收损失10亿元，给完成全年任务带来巨大压力。市委多次召开常委会、专题会，深入分析研判形势，采取了一系列应对措施。7月20日，市委召开常委扩大会议，专题研究下半年经济工作，明确提出把“保增长”作为全年经济工作的首要任务，千方百计巩固上半年来之不易的增比进位成果，确保已经开创的良好局面不逆转，已经到来的机遇不错过，已经形成的思路不动摇，已经确定的目标不降低，已经上手的项目不松手，牢牢把握发展的主动权。针对我市增比进位面临的严峻形势，市委、市政府组成了9个“保增长、促发展”工作组，由市委、市政府领导担任组长，深入基层、深入企业、深入工地，协调解决经济运行、项目建设、企业生产经营中出现的困难和问题。在全市上下的共同努力下，从8月份开始，我市主要经济指标出现积极变化，发展形势逐步向好，为完成全年任务奠定了坚实基础。

着力抓好国发2号文件落实，千方百计推进政策效应最大化。国发2号文件对贵州来说是一个差异化政策，对全省各地来说是一个普惠性政策。能不能把国发2号文件的政策变成一个个实实在在的项目，并且把这些项目争取到位、落实下去，转化为支撑我市发展的实物工作量，是对我们信心勇气、能力水平、工作方法的重大考验。一年来，我们把贯彻落实国发2号文件作为经济工作的总抓手，切实做到学习、宣传、方案、项目、资金“五落实”。及时成立了贯彻落实国发2号文件领导小组及办公室，组建了16个工作专班，集中力量研究政策、谋划项目、申报项目，全市共编制项目3518个，总投资1.56万亿元。市委、市政府对14类162个重点项目进行责任分解，实行项目化、实物化落实，并明确了责任时限。针对文件中对六盘水明确给予支持的内容，全面启动了六盘水市循环经济示范城市专题规划、攀西—六盘水经济区专题规划、毕水兴能源资源富集区专题规划、统筹城乡综合配套改革试点专题规划、喀斯特山区特色农业示范区专题规划、资源型城市可持续发展专题规划工作，部分规划已完成初稿，正在按程序送审。先后到国家发展改革委、财政部、交通运输部、水利部、农业部、铁道部、环保部等国家部委汇报工作，加大对接力度，积极争取项目、资金、政策支持。今年，全市共争取到位中央预算内资金15.45亿元，是近年来争取中央资金最多的一年。

着力抓好重大项目落地，千方百计扩大投资规模。项目是经济发展的重要引擎，是推动增比进位、后发赶超的第一抓手。近年来，我市发展之所以出现差距，重要原因在于投资不足。上项目、扩投资，既能促进当前增长，又能保证长远发展。同时，投资可以转化为居民收入，反过来又拉动和促进消费。一年来，我们通过建立项目开工“倒逼”机制，用项目凝聚人心、鼓舞士气，推动形成了新一轮项目建设热潮。按照上年底确定的全年新开工项目800个以上、总投资800亿元以上的目标，分季度集中开工项目940个，总投资达1192亿元。加大“上争、外引、内聚”力度，先后与省工行、省农信社、国开行贵州分行、省交通厅、省扶贫办、省地质勘查局、省水投公司、盘江投资控股集团等达成战略合作协议。成功引进中建四局、川威集团、富力集团、葛洲坝集团、德隆集团、东部集团、粤电集团、兖矿集团等战略投资者，参与我市城市建设和资源开发，启动实施了一批城市综合体、基础设施建设和重点产业项目。在北京、上海、重庆、广州、贵阳、昆明等驻外办事处加挂招商引资分局牌子，明确了招商引资工作职责和任务。由市四大班子领导带队，先后赴北京、上海、香港、江苏、山东、云南、广西、陕西、福建等地开展项目推介和招商引资活动。坚持用“三基本”“先安置、后拆迁”的办法加快项目落地步伐，对全市329个重点项目进行责任分解，进一步完善旬调度、月督查、季考核制度，对完成任务好的领导班子和有功人员进行奖励。分季度组织开展“三化”项目推进现场观摩会，进一步形成了比学赶超的浓厚氛围。

着力抓好产业结构调整，千方百计转变发展方式。我市经济总量小、产业结构单一，在当前和今后相当长的时期内，我们面临既要“赶”又要“转”的双重压力、双重任务。一年来，我们坚持在扩大总量中加快经济结构调整、促进发展方式转变，努力推动三次产业在更高层次上协同发展。在农业方面，紧紧围绕做好“喀斯特山区特色农业示范区”这篇大文章，充分发挥农产品“优质、生态、富硒”的优势，统筹推进农业“十大产业”，着力打造“喀斯特原生态精品水果之都”“乌蒙山高品质富硒茶海”“中国珍稀植物红豆杉之乡”“中国南方马铃薯脱毒种薯基地”四张名片。目前，全市省级龙头企业达19家，市级龙头企业68家，农民专业合作经济组织353个，4家中药制药企业通过国家GMP认证。在工业方面，大力实施“工业六大产业振兴计划”，强力推进热电联产项目建设，着力打造煤电钢、煤电铝、煤电化、煤电材“四个一体化”品牌，一批重点循环经济项目加快推进。针对高载能行业生产成本与市场价格倒挂的实际困难，采取“一业一策”措施，对高载能企业实施电价补贴，部分停产企业陆续恢复生产。坚持把产业园区和标准厂房建设作为工业强市的根本路径，积极引导产业向园区集中、企业进驻标准厂房，着力提高项目的入园率、落地率、开工率、投产率。在服务业方面，以承办贵州省第八届旅游发展大会为契机，着力加强旅游基础设施建设，扎实推进重大文化产业工程的实施，有力拉动了旅游、交通运输、现代物流、住宿餐饮、批发零售、电信、房地产等服务业加快发展。

着力抓好城镇化发展，千方百计提升综合承载能力。城镇化一头连着工业化，一头连着农业现代化，在“三化同步”中具有核心带动作用。一年来，我们紧紧围绕打造现代特色都市的目标，坚持市中心城区、县城、小城镇和新农村建设“四位一体”，高起点、高标准、高效率推进规划、建设、管理各项工作，加快城乡一体化发展步伐。启动了六盘水市第四轮城市总规修编工作，完成了《市中心城区综合交通规划》和《市中心城区城市风貌规划》。六枝特区新一轮城市总体规划已经省批准实施，盘县新一轮城市总体规划大纲通过评审。完成了40个乡镇规划和116个村庄整治规划。全面启动了红桥大道、凉都大道、钟山大道、人民路园林绿化、亮化、美化改造工程。着力推进市中心区与水城县城同城化发展，六枝平寨、盘县红果县城建设力度加大。坚持城市综合体引领城市发展并促旧城改造，在市中心城区规划建设城市综合体，凤凰山城市综合体、红桥城市综合体、明硐湖国际新城综合体、体育公园综合体、荷城城市综合体、明湖城市综合体全面推进，掀起了新一轮城市开发建设热潮。认真贯彻落实全省小城镇建设发展大会精神，全力抓好10个省级、市级特色小城镇建设。深入开展“整脏治乱”和“五城联创”活动，加大城市街道保洁力度，深入开展市民文明素质教育，城镇面貌不断改善。

着力抓好基础设施建设，千方百计突破发展瓶颈制约。抓好以交通、水利为重点的基础设施，既是事关群众利益的民生工程、德政工程，又是推进“三化同步”的基础工程、先导工程。一年来，我们牢固树立交通引领经济的思想，坚持以高速公路、铁路、机场建设为重点，着力打通进出境通道，大力改善加快发展的物流条件。六沾铁路复线建成通车。六盘水火车站站房改造主体工程进入收尾阶段。六盘水月照机场建设进展顺利。加快六六高速、水盘高速、杭瑞高速、六镇高速、机场高速建设进度，启动了盘兴高速、六威高速、毕兴高速的前期工作。加快六盘水—安顺城际铁路前期工作，委托中铁二院开展安顺西接轨研究。在确保完成省下达740公里通村油路建设任务的基础上，向省争取了2013年预安排项目1000公里，确保“十二五”期间提前两年实现70%的建制村通油路（水泥路）目标。以解决工程性缺水为目标，新开工懒龙河、观音岩、朱昌河、出水洞、万营、山王庙、红岩、胡冲等8座水库。大力实施“民生水利”工程，病险水库除险加固、农村饮水安全、中小河流治理、小型农田水利重点县建设、水土流失治理及山洪地质灾害防治等工作全面加强。深入实施天然林保护、石漠化治理等重点生态工程，完成营造林33.36万亩。

着力抓好改革开放，千方百计增强发展的动力活力。改革开放是经济社会发展的强大动力，是实现科学发展、后发赶超的必由之路。一年来，我们坚持把深化改革、扩大开放摆在更加突出的位置来抓，着力在全社会形成政府营造环境、企业经营市场、人才创新文化的良好氛围。统筹推进国有企业、投融资、财税、农村等重点领域和关键环节的改革，医药卫生体制改革扎实推进，行政审批改革不断深化。积极支持县区开展统筹城乡、新型工业化等综合配套改革试点。深化区域经济交流与合作，加快培育开放型经济，成功举办了“第三届川滇黔十市州合作与发展峰会”暨“第九届中国凉都六盘水消夏文化节”，积极参加全省组织的招商活动。大力加快开放载体建设，六盘水“无水港”、六盘水海关、贵州出入境检验检疫局六盘水办事处申报建设工作有序推进。深入实施民营经济“三年倍增计划”，认真落实“3个15万元”政策，全力支持中小企业和微型企业加快发展，民营经济比重进一步提高。

三、着力保障和改善民生，扎实推进社会管理创新

在推动经济发展的同时，始终坚持以人为本、民生优先，把保障和改善民生作为一切工作的出发点和落脚点，高度重视抓好社会建设，努力让改革发展成果惠及城乡群众。

着力办好重点民生实事。一年来，针对民生领域欠账较多的实际，一方面，按照省委、省政府的安排部署，落实了总投资49.37亿元的“十二件民生实事”。另一方面，结合重点民生工程的实施，又安排了总投资262.17亿元的“十大工程”建设任务。全面实施积极的就业政策，扎实开展创建省级创业型城市工作，新增城镇就业86374人，超额完成全年目标任务。大力完善覆盖城乡的社会保障体系，城乡各项社会保障覆盖面和水平都有了新的提高。完善城乡居民最低生活保障制度和社会救助体系，城乡低保保障水平位居全省前列。大力推进保障性安居工程、棚户区改造、农村危房改造，不断改善城乡困难群众住房条件。对排查出来的1896户茅草房进行全面改造，彻底告别了农村贫困户居住茅草房的历史。大力实施滇黔桂石漠化地区集中连片特困地区扶贫攻坚规划，全力打造“扶贫攻坚示范区”，争取上级财政扶贫资金2.63亿元，减少贫困人口9.94万人，12个乡镇实现“减贫摘帽”。

大力发展社会事业。实施学前教育、义务教育突破工程，着力缓解市中心城区和县城择校热、大班额现象。大力实施高中教育、职业教育、高等教育质量提升工程，促进各级各类教育均衡发展。按照保基本、强基层、建机制的要求，着力抓好医疗卫生基础设施建设，大力推进医疗保障、医疗服务、公共卫生、监管体制综合改革，加强基层医疗卫生队伍建设，切实改善就医环境，积极为群众提供安全、有效、方便、价廉的公共卫生和基本医疗服务。人口计生工作得到明显加强。大力实施文化、体育、广播、电视惠民工程，公共文化服务能力明显提升，群众文体活动广泛开展，城乡居民精神文化生活更加丰富。

全力维护社会稳定。正确处理“第一要务”与“第一责任”的关系，坚持关口前移、重心下移，深入开展矛盾纠纷大排查、大化解工作，按照强化责任降“总量”、堵住入口控“增量”、多措并举消“存量”、畅通出口扩“流量”的思路，全市信访总量从2011年的14200件减少到400余件，上级交办的182件信访突出问题和矛盾全部化解。坚持用群众工作统揽信访工作，按照“事要解决”的要求，通过包案督访消化一批、公开接访解决一批、带案下访处理一批、入户回访落实一批，18位市领导包案处理的202件信访突出问题全部解决。大力推进“平安凉都”建设，加强社会治安综合治理，深入开展“三反”（反盗抢、反暴力、反毒品）和“打黑除恶”专项行动，加强“天网工程”建设，全市没有发生一起重大群体性事件。深入开展“安全生产年”和“道路客运安全年”活动，全面落实安全生产责任制，大力加强事故隐患排查整治，安全生产事故起数和死亡人数实现“双降”。

四、加强宣传思想文化工作，着力构筑“精神高地”

坚持高举旗帜、围绕大局、服务人民、改革创新，进一步弘扬主旋律、打好主动仗，对内凝聚力量、对外展示形象，不断巩固和发展全市人民团结奋斗的共同思想基础，着力构筑“精神高地”，为冲出“经济洼地”提供强大精神动力。

推进社会主义核心价值体系建设。坚持用社会主义核心价值体系武装党员、教育干部、引领群众，深入开展中国特色社会主义理想信念教育，大力弘扬“开放创新、团结奋进”的贵州时代精神和“艰苦奋斗、无私奉献”的“三线”精神，进一步激发全市上下干事创业、创先争优的工作激情。大力倡导“爱国、敬业、诚信、友爱”的价值取向，加强公民思想道德、职业道德、家庭美德建设，加强大学生思想政治工作和未成年人思想道德建设，推进“祖国好·家乡美”“五心教育”“学雷锋精神”常态化，深入开展“贵人善行”“我推荐我评选身边好人”等主题实践活动，公民思想道德素质不断提高。

加强舆论宣传引导。把握正确舆论导向，坚持团结稳定鼓劲，主流媒体、主流舆论的传播力和影响力进一步提高。结合中央、省、市一系列重要会议、重大活动和重要工作，谋划和实施了

"保持纯洁性、争创新业绩、喜迎十八大"，学习贯彻国发2号文件、省第十一次党代会和市第六次党代会精神，"干部联乡驻村"等重点宣传主题，精心组织建党91周年系列庆祝活动，评选和表彰了"感动凉都十大人物""十大杰出政法干警""十佳基层党组织"和"十佳村官"等先进典型，努力营造创先争优、你追我赶的良好氛围。成功组织开展了书记、市长做客人民网强国论坛，中央、香港驻黔和省内媒体"帮联驻"集中采访，"壮美六盘水·喜迎十八大"全国重点网站聚焦中国凉都大型采访等活动，形成了多角度、全方位、立体化的外宣工作格局。

推动文化繁荣发展。深入贯彻党的十七届六中全会精神，出台了《中共六盘水市委关于推动全市文化大发展大繁荣的实施意见》《中共六盘水市委关于发展和繁荣文学艺术事业的实施意见》。加大公益性文化事业投入，全面启动市级"七馆四中心"、县级"四馆两中心"建设，规划建设六盘水书画院。加大向上争取项目力度，推选10余个文化产业项目申报省级专项扶持资金。策划和储备44个文化产业项目到香港等地招商，签约资金30余亿元。大力实施六盘水会展中心、凤凰山文化广场、凉都大剧院、夜郎文化创意园、凉都影视文化中心、牂牁江影视拍摄文化旅游基地"六大文化产业重点工程"，文化产业发展势头良好。

五、大力提高党的建设科学化水平，为科学发展、后发赶超提供坚强保证

市委常委会认为，办好六盘水的事情，关键在党，关键在全市各级党组织和领导班子。按照建设"团结、务实、勤奋、廉洁"领导班子的要求，我们坚持以加强党的执政能力、先进性和纯洁性建设为主线，围绕发展抓党建，抓好党建促发展，进一步加强和改进新形势下党的建设，不断把党的政治优势和组织优势转化为科学发展优势。

抓思想、强理论，推进学习型党组织建设。按照建设学习型政党、学习型机关、学习型干部的要求，积极开展"四学四创"活动，深入学习贯彻党的路线方针政策和省委的重大决策部署，打牢思想根基，提高理论素养，在大是大非面前始终做到头脑清醒、立场坚定，与中央、省委保持高度一致。市委中心组先后举行8次集中学习，对国发2号文件、省第十一次党代会、保持党的纯洁性教育等重要文件和会议精神进行深入学习交流，并邀请国内知名专家作学习辅导报告，进一步增强了学习效果。

抓优化、强功能，加强干部队伍建设。按照配发展型班子、选发展型干部的要求，注重班子性别、年龄、文化、专业结构搭配，大力推进竞争性选拔干部工作，全市45岁以下干部的配备率明显提高。采取市县联动的方式，面向社会公开选拔97名领导干部。采取"双推三考"的方式，在35岁以下年轻干部中选拔了15名副县级领导干部。推进高层次人才建设工程，评选命名首届市管专家16名。建立2000万元人才开发专项资金，为人才开发和引进提供有力的经费保障。

抓创新、求突破，加强基层组织建设。创新组织设置方式，采取单建、联建、挂建、区域统建等方式，建立非公企业党组织345个，社会组织党组织237个，农民专业合作社、专业协会党组织100个，选派党建指导员3210名，在扩大党的工作覆盖面上实现了新突破。创新活动方式，全面开展"富民型"党组织创建活动，深入推进机关与社区"互助共建"工作，聘请老党员、老村干、大学生村官等为"民情联络员"，促进党员发挥模范带头作用。创新培训方式，大力实施基层党组织、党员培训工程，举办6期乡镇领导班子成员培训班。结合"四在农家"创建活动，组织1341名县、乡、村干部赴遵义市四个县跟班学习，实地感受遵义市的先进经验和做法，推动全市新农村建设。创新管理方式，试行党员证管理制度，记录党员参加"三会一课"、党支部年度评议等情况，实行年度审核和动态管理。实行基层党组织分类定级，认真落实后进包保责任制、整改落实承诺制，72个后进党组织实现整改提高。

抓落实、强服务，强化干部作风建设。坚持问计于民、问需于民、问政于民，大兴调查研究、求真务实之风，推动干部到项目建设、招商引资、新农村建设一线，以实干加快发展，以苦干赢得民心，以大干树立形象。结合"四帮四促""四在农家"、党建扶贫等工作，市委常委带头深入基层开展调查研究和帮促工作，推动作风在一线转变、问题在一线解决、工作在一线落实。选派1207名机关干部到村任职，深入推进“帮县联乡驻村”工作，帮助基层理清发展思路、破解发展难题，切实为群众办好事实事。

抓勤政、促廉政，加强反腐倡廉建设。以构建反腐倡廉“三道防线”为重点，全面推进惩治和预防腐败体系建设。市县两级成立24个纪工委监察分局，强化对领导干部权力的监督制约，促进领导干部严于律己、廉洁从政。成立市公共资源交易中心，规范工程建设、政府采购、国有产权交易、土地和矿业权出让等各类公共资源的交易行为。建立“悬奖”举报制度，认真清理领导干部经商办企业、官煤勾结、官商勾结等以权谋私的行为，始终保持反腐败的高压态势。

一年来，市委常委会充分发挥总揽全局、协调各方的领导核心作用，集中精力把方向、抓大事、出思路、用干部，不断提高科学执政、民主执政、依法执政的水平。认真贯彻民主集中制原则，坚持重大问题集体讨论、集体决定，健全和完善各项会议制度、议事规则，进一步推进市委常委会工作制度化、科学化、规范化。支持市人大、市政府、市政协、水城军分区和各人民团体的工作，增进市委常委会班子的团结、市几大班子的团结和全市人民的团结。坚持和完善人民代表大会制度，支持市人大及其常委会依法履行职能。坚持和完善中国共产党领导的多党合作和政治协商制度，发挥政协的独特优势。加强统战工作，推进“同心”实践，巩固和发展爱国统一战线，凝聚起全面建设“五个六盘水”的强大力量。坚持党管武装，扎实做好“双拥”工作，加强部队和国防后备力量建设，推进军民融合式发展。

以上报告的是市委常委会今年以来的主要工作。这些工作的开展和各项成绩的取得，是省委、省政府正确领导、关心支持的结果，是全市广大干部群众顽强拼搏、不懈奋斗的结果。各位市委委员对我们的工作给予了真诚帮助和大力支持。在此，我代表市委常委会全体同志，向在座的各位，向全市广大干部群众，向所有关心、支持和参与全市改革发展建设的同志们、朋友们，表示衷心的感谢，并致以崇高的敬意！

在充分肯定成绩的同时，我们也清醒地认识到存在的困难和问题。主要是：交通基础设施滞后，工程性缺水问题突出，生态环境脆弱，制约发展的瓶颈问题没有得到根本解决；产业结构单一，传统产业不强，新兴产业发展缓慢，“赶”和“转”的压力大、任务重；城镇化率较低，农村发展滞后，城乡居民收入差距大；人民群众安全感满意度不稳定，加强和创新社会管理的任务十分艰巨；一些领导干部思想解放程度不够，工作作风不实，精神状态不佳，执行力不强，缺乏干事创业的激情和闯劲；有的党员干部理想信念不够坚定，群众观念淡薄，甚至存在贪污腐败、形式主义、官僚主义等问题。对于存在的这些问题，必须采取切实有效措施，下大气力认真解决。

回顾一年来的工作，我们深切体会到：大好的局面来之不易，积累的经验弥足珍贵，增比进位的压力与日俱增，全面小康的前景无限美好。当前，六盘水的发展已经进入一个十分关键的节点：进一步，海阔天空；退一步，万丈悬崖。加快六盘水的发展，最根本的一条就是，从六盘水的市情出发，始终坚持“加速发展、加快转型、推动跨越”主基调，大力实施“三化同步”主战略，紧紧围绕“突出特色、做大总量、提速转型、增比进位”的总目标，全面落实“能快则快、又快又好、更快更好”的总要求，奋力走出一条跨越发展、后发赶超、全面小康的发展道路。在工作中，我们更加深切地体会到，办好六盘水的事情，必须始终不渝地解放思想、更新观念。思想是总闸门、总开关、原动力。不走出惯性思维的“峡谷”，冲破陈旧观念的“大山”，就难以冲出经济发展的“洼地”。必须以克志书记提出的“十破十立”为对照标准，以领导干部和企业家为重点对象，以实事求是为根本原则，以推动发展和改善民生为终极目标，使六盘水成为改革创新的思想高地、政策高地、环境高地。必须始终不渝地转变作风、干在实处。思想决定方向，观念决定方法，作风决定成败。科学发展，“干”字当头。没有“干”，半点马克思主义都没有；没有“干”，半点科学发展观都没有；没有“干”，一切豪言壮语都是假话、大话、空话；没有“干”，一切宏伟蓝图都是废纸一张、一文不值。实践证明，发展靠干，跨越靠干，全面小康还是要靠干。不干就没有美好未来！必须始终不渝地夯实基础、优化环境。环境是生产力、是竞争力、是生命线。当前，制约我市发展的最大问题是：硬环境不硬，软环境太软。不补齐基础设施这个“短板”，不强化硬环境这个支撑，企业、人才、资金就进不来；不下大力改善发展的软环境，已经进来的企业、人才、资金也留不住。我们一方面必须抢抓机遇、攻坚克难、奋力突破，下大力抓好以交通、水利为重点的基础设施建设，变“行路难”为“行路顺”“行路安”，变“水制约”为“水支撑”；另一方面，必须致力于打造公平公正的法治环境、高效廉洁的政务环境、诚实守信的市场环境、宜居宜业的创业环境，让投资者进得来、住得下、能发展。必须始终不渝地大抓项目、增强后劲。改善基础设施要靠项目，做大经济总量要靠项目，推进结构调整要靠项目，保障和改善民生要靠项目，实现全面小康还是要靠项目。抓住了项目，就抓住了发展的“牛鼻子”。能不能抓好项目，是对领导干部执政能力和执政资格的考验。必须强化抓项目就是抓机遇、抓发展、抓明天的意识，始终做到心里想着项目、手上抓着项目、脚下跑着项目，不断提高谋划生成项目、向上争取项目、推动实施项目的能力。必须始终不渝地强化担当、尽职履责。敢于担当既是一种领导素质，也是一种境界、一种精神、一种责任、一种修养。敢于担当，就是遇着矛盾不绕道走，敢于迎着困难上，顶着压力冲，放开手脚干。要强化政治担当，提高政治鉴别力；要强化职责担当，提高决策执行力；要强化能力担当，提高学习创新力；要强化资格担当，提高拒腐防变力，以善政、勤政、廉政的崭新业绩，向党和人民交出一份满意答卷。

面对新的发展形势和任务，针对面临的困难和问题，我们对加强和改进市委常委会的工作进行了深入的思考。在今后的工作中，我们将团结带领全市各族人民，深入抓好党的十八大和省委十一届二次全会精神的贯彻落实，不断增强忧患意识、创新意识、宗旨意识、使命意识，高举旗帜，坚定信心，凝聚力量，奋力攻坚，按照市第六次党代会的部署，大力实施“三大战略”，着力打造现代特色都市，全面建设“五个六盘水”，把科学发展、后发赶超之路走得更快、更好、更稳健，确保到2020年与全省全国同步全面建成小康社会，让全市人民生活得更有保障、更有尊严、更加幸福，共创六盘水幸福美好的明天。

希望同志们对市委常委会的工作提出意见和建议，帮助我们把工作做得更好。

政府工作报告

（2012年2月12日在六盘水市第七届人民代表大会第一次会议上）

市人民政府市长　何　刚

各位代表：

现在，我代表市人民政府，向大会报告工作，请予审议，并请各位政协委员和列席的同志提出意见。

过去五年政府工作回顾

第六届市人民政府任期的五年，是六盘水发展史上极不平凡的五年，是经济社会发展取得显著成绩的五年，是在全面建设小康社会道路上阔步前进的五年。五年来，在省委、省政府和市委的坚强领导下，在市人大、市政协的监督、支持和帮助下，我们坚持以邓小平理论、“三个代表”重要思想为指导，深入贯彻落实科学发展观，紧紧依靠全市各族人民，克服了国际金融危机、特大自然灾害的影响，扭住发展不放松，凝心聚力抓落实，圆满完成了第六届人民政府各项工作任务，全市经济社会步入了又好又快、更好更快发展的轨道。

（一）经济持续快速增长，综合实力跨越攀升。2011年，全市生产总值完成613.4亿元，是2006年的2.4倍，年均增长15%；人均生产总值突破3000美元。财政总收入和一般预算收入分别完成128.46亿元和70.84亿元，是2006年的3.14倍和4.2倍，年均增长25.71%和33.27%。全社会固定资产投资五年累计完成1506.84亿元，是上一个五年的3.5倍。社会消费品零售总额完成157.61亿元，年均增长18.7%。城镇居民人均可支配收入和农民人均纯收入分别达16370元和4437元，年均实际增长7.9%和11.1%。2011年末金融机构存、贷款余额分别为577.02亿元和416.97亿元，是2006年末的2.54倍和2.49倍。

（二）结构调整力度加大，发展方式加快转变。传统支柱产业进一步做大，原煤产能达到8000万吨，电力装机容量达到700万千瓦，钢铁产能达到500万吨，水泥产能达到500万吨。老鹰山煤化工一期工程建成投产。新兴产业不断涌现，西南天地煤机制造、明阳风电设备制造等一批机械制造项目开工建设。经济开发区及产业园区建设全面展开。农业结构调整取得新成效，特色农产品基地规模不断扩大，建成省级、市级龙头企业61户。商贸、物流、旅游、文化、房地产等服务业加快发展。“十一五”规划确定的节能减排目标全面完成，单位生产总值能耗和主要污染物排放总量控制在省下达的指标范围内。

（三）基础设施明显改善，瓶颈制约逐步缓解。交通建设取得突破性进展，六沾铁路复线建设加快推进，长昆铁路客运专线开工建设；镇胜高速公路境内段建成通车，水盘高速公路、六镇高速公路、六六高速公路、杭瑞高速公路境内段开工建设；新建等级公路447公里、农村公路4502公里、运煤公路500公里；六盘水月照机场开工建设；建成了毛口、野钟、中寨航运码头。水利建设力度加大，黔中水利枢纽一期工程和白河沟、双桥、鱼洞坝、旧院、卡河等一批重点水利工程开工建设，完成病险水库治理31座，解决了55.13万人的饮水困难。电力基础设施建设不断加强，建成500千伏、220千伏、110千伏变电站34座，城乡用电保障能力不断提高。生态建设和环境保护力度进一步加大，完成营造林面积131万亩，治理水土流失面积288平方公里、石漠化面积306平方公里，森林覆盖率提高到38%，年均增长1个百分点以上。广播、电视、通信和互联网快速发展，在城市实现了全面普及，在农村实现了广泛覆盖。

（四）城镇建设快速推进，城市功能日益完善。完成了第三轮城市总体规划修编，市中心建成区面积扩展到60平方公里。凉都大道、人民路全线贯通，水黄路入城段改造工程如期完成，红桥大道建设加快，市中心城区路网逐步形成。乌蒙山国家地质公园、凉都森林公园、明湖湿地公园、麒麟山文化公园、环城林带建设和水城河综合治理加快推进，城市人均公共绿地面积达到8平方米，绿化覆盖率达到35.3%。城市公交、供气、供水等公共服务设施保障能力明显提升，一批垃圾中转站、垃圾填埋场、污水处理厂、公共停车场建成使用。深入开展“双创双建”活动，城市形象不断改善，城市品位不断提升，先后荣获全国十佳避暑旅游城市、全国十佳绿色环保标志城市等称号。全市城镇化率提高到38%，步入了城镇化加速发展的新阶段。

（五）改革开放力度加大，发展活力不断增强。大力深化国有企业改革，水钢与首钢实现资产重组，盘江精煤股份公司主业整体上市；基本完成了驻市省属大企业企业办社会职能移交。推行国有资本经营预算制度。投融资体制改革步伐加快，组建了六盘水市商业银行，运用BT、BOT等融资模式建设了一批基础设施；财政体制改革深入推进，预算管理不断加强，国库集中收付制度全面建立。农村综合改革稳步推进。医药卫生、集体林权、文化体制等改革取得新突破。对外开放水平进一步提高，区域经济合作和对口帮扶不断深入，招商引资五年累计到位资金522亿元，是上一个五年的3.94倍。民营经济加快发展，占全市生产总值的比重从30%提高到40%。

（六）社会事业全面进步，社会建设得到加强。各级各类教育全面发展，城乡办学条件明显改善，学前三年幼儿入园率、初中阶段毛入学率、高中阶段毛入学率分别从2006年的30.05%、92%、34.43%提高到2011年的57%、111.72%、53.27%，“两基”工作通过国家督导评估检查，六盘水师专实现“专升本”。公共文化服务体系不断完善，群众文化体育活动丰富多彩，竞技体育取得新突破，非物质文化遗产保护工作卓有成效。城乡公共卫生体系建设步伐加快，医疗卫生服务水平明显提高。新型农村合作医疗参合率从74.01%提高到97.52%，连续五年位居全省前列。人口出生率从12.9‰下降到12.6‰，出生人口性别比从125.68下降到108.12。双拥共建富有成效，军政军民团结更加巩固，荣获“全国双拥模范城”称号。妇女、儿童、老龄、残疾人等事业健康发展，科技、民族、宗教、外事、侨务、对台、档案、气象、人防、共青团、工会、红十字等工作取得新成绩。

（七）民生问题有效解决，发展成果人民共享。积极扩大就业再就业，累计新增城镇就业12.36万人，转移农村劳动力29.69万人。启动了省级创业型城市创建工作。城乡低保实现动态管理下的应保尽保，保障对象分别达到 7.21万人、42.89万人。基本养老、基本医疗、失业、工伤和生育保险覆盖面不断扩大。完成农村危房改造8.59万户、“美好家园”建设1.22万户，建设廉租房31020套、经济适用住房7368套、公租房2200套。国有重点煤矿采煤沉陷区综合治理工程基本完工。高度重视和关心城乡困难群众生产生活，发放临时价格补贴1.09亿元、生活用煤补贴4.75亿元。加大扶贫开发力度，减少农村贫困人口26.91万人。安全生产形势总体平稳，煤炭百万吨死亡率、道路交通万车死亡率、亿元GDP死亡率和10万从业人员死亡率明显下降。深入开展“平安凉都”创建活动，摆脱了连续四年安全感指数测评全省排名挂末的被动局面。信访和维稳工作进一步加强，全市社会大局保持稳定。

五年来，我们始终坚持把政府自身建设作为做好各项工作的重要保障。自觉接受人大的法律监督、工作监督和政协的民主监督，认真办理人大代表议案、建议和政协提案。加强与民主党派、工商联、无党派人士和人民团体的联系，认真听取各界人士的意见和建议。“五五”普法圆满完成，依法治市得到加强。市、县政府机构改革全面完成。深入推进政务公开，扎实开展“创先争优”“三个建设年”“四帮四促”等活动，大力推进机关效能建设，行政效能进一步提高。坚持不懈地开展反腐败斗争，切实加大审计、监察力度，大力纠正部门和行业不正之风，查处了一批腐败分子。

2011年，全市经济社会继续保持了良好的发展势头，实现了“十二五”良好开局。全市生产总值增长16.6%；财政总收入和一般预算收入分别增长20.68%和43.66%；全社会固定资产投资增长66.5%；社会消费品零售总额增长20%；城镇居民人均可支配收入和农民人均纯收入分别增长17.6%和23.2%。

各位代表！回顾五年的奋斗历程和生动实践，我们深刻体会到：一是必须把解放思想作为首要法宝。思想的领先是最重要的领先，观念的滞后是最致命的滞后。要始终坚持与时俱进、自强不息、兼收并蓄、海纳百川的思想境界，用全局意识、世界眼光、战略思维谋划发展，使我们的思想观念、行为方式和工作方法不断适应形势的发展变化。二是必须把加快发展作为首要任务。发展是解决所有问题的关键。快发展小困难，慢发展大困难，不发展难上难。要始终坚持加快发展不动摇、不懈怠、不折腾，在科学发展观的指引下，做到好中求快、快中保好，又快又好、更快更好。三是必须把保障改善民生作为首要目标。民生连着民心，民心凝聚民力。要始终把人民群众满意不满意、答应不答应、高兴不高兴作为做好政府工作的出发点和落脚点，察民情、解民忧、顺民怨、纾民困，切实做到发展为了人民，发展依靠人民，发展成果由人民共享。四是必须坚持把改革开放作为加快发展的首要动力。改革开放是促进科学发展、实现富民强市的动力源泉。要始终以深化改革突破体制障碍，以扩大开放增创发展优势，实现更高层次和更高水平的发展。五是必须把真抓实干作为首要准则。干字当头，敢字为先，拼字求胜。要始终增强发展的信心和决心，以踏石留印、抓铁有痕的精神，脚踏实地，崇尚实干，不务虚功，以一流的作风创造一流的业绩。

各位代表！过去五年取得的成绩来之不易。这是省委、省政府坚强领导、科学引领、亲切关怀和省直各部门支持帮助的结果，是历届领导班子薪火相传、继往开来、接力奋斗的结果，是全市各族人民同心同德、锐意进取、不懈奋斗的结果。在此，我代表市人民政府，向在过去五年中为六盘水市经济社会发展作出艰苦努力和付出辛勤劳动的全市广大工人、农民、知识分子、干部，向各民主党派、工商联、无党派爱国人士和各人民团体，向驻市人民解放军、武警官兵、公安干警、民兵和预备役人员，向所有关心和支持我市改革开放和现代化建设的各界人士，表示衷心的感谢并致以崇高的敬意！

在肯定成绩的同时，我们也清醒地看到，我市经济社会发展还存在诸多不容忽视的问题，主要是：第一，发展速度慢，经济总量小仍是我市的主要问题。虽然纵向比我市发展有进步，但横向比差距在拉大，我市的综合发展竞争力排名在全国地级市中5年就后退了几十位，在省内的经济综合实力排位也从上游滑到中游。第二，瓶颈制约突出。交通、水利等基础设施欠账较多，城乡功能性基础设施不完善，不能适应经济社会发展的需要。第三，发展的协调性不强。城乡发展不平衡，城乡居民收入差距一直在4∶1左右，高于全国、全省平均水平；教育、文化等社会事业发展还比较滞后，社会管理比较薄弱，人民群众安全感不高，安全生产形势仍然严峻。第四，经济对资源的依存度较高。产业结构单一，发展方式粗放，经济增长的资源环境代价过大，节能减排、生态建设和环境保护的任务相当艰巨。第五，改革开放力度不大。市场机制不完善，市场配置资源能力较弱，对外开放水平不高，投资环境还不尽如人意。第六，政府自身建设仍不适应新要求。政府职能转变还不到位，社会管理和公共服务比较薄弱；工作落实不到位，办事效率低，不作为乱作为及以权谋私等现象还不同程度存在。对于这些问题，我们将采取有力措施，认真加以解决。

对今后五年政府工作的建议

第七届市人民政府任期的五年，是我市加速发展的黄金期、加快转型的关键期、推动跨越的攻坚期和全面建设小康社会的决战期。东部产业向中西部地区转移进程加快，资本要素加速流动，我市发展空间无限广阔；国务院出台了《关于进一步促进贵州经济社会又好又快发展的若干意见》，我们迎来了千载难逢的发展机遇；经过30多年的改革开放，我市经济社会发展的基础条件不断改善，发展后劲不断增强，后发优势逐步显现。六盘水谋求大发展、推进大转型、实现大跨越，其势已成，其时已至，发展的潮流势不可挡。我们一定要树立信心、提振精神、坚定意志、攻坚克难，在新一轮发展中赢得主动、赢得优势、赢得未来！

今后五年，政府工作的总体要求是：高举中国特色社会主义伟大旗帜，以邓小平理论和“三个代表”重要思想为指导，深入贯彻落实科学发展观，坚持“两加一推”主基调，全面贯彻落实市第六次党代会精神，按照“全党抓经济、重点抓工业、首要抓园区、核心抓招商、突破抓转型、跨越抓项目”的思路，大力实施工业强市、城镇化带动和农业现代化提升三大战略，大力实施国民经济和社会发展第十二个五年规划，以贯彻落实国务院《关于进一步促进贵州经济社会又好又快发展的若干意见》为总抓手，深化改革，扩大开放，增加就业，保障民生，推进生态文明、环境友好、资源节约、和谐社会建设，打造现代特色都市，努力建设经济发达、政治昌明、文化繁荣、社会稳定、人民幸福的实力六盘水、魅力六盘水、活力六盘水、文明六盘水、幸福六盘水，为与全省全国同步实现全面小康打下坚实基础。

今后五年，全市经济社会发展的主要目标是：到2016年，全市生产总值达到1600亿元以上；财政总收入、一般预算收入、城镇居民人均可支配收入和农民人均纯收入在2011年的基础上翻一番以上；全社会固定资产投资五年累计完成

8000亿元以上。

通过五年努力，全市综合经济实力进入全省“第一方阵”，城市综合竞争力进入全国地级城市200名前，全面小康实现程度接近全国平均水平；逐步实现由传统工业城市向现代工业强市转变，农业弱市向特色农业市转变，区域性中心城市向现代特色都市转变；把六盘水建设成为全国循环经济示范城市、统筹城乡综合配套改革试点城市、全国重要的能源基地、资源深加工基地、长江珠江上游重要生态安全屏障和贵州省重要的综合交通枢纽、现代产业聚集区、和谐社会模范区。

围绕实现以上目标，要重点做好以下工作：

（一）做大经济总量，推动转型升级，努力在建设实力六盘水上实现新突破。充分发挥资源优势，进一步做大二产，做特一产，做优三产。

大力发展工业经济。按照“立足煤、依托煤、超越煤、跳出煤”的思路，做大做强传统支柱产业、培育新兴产业、发展关联产业，延长产业链、拓宽产业幅、提高附加值。煤炭产业，加强煤炭资源整装勘查和开发，新建、改造一批安全高效矿井，提高产业集中度，建成2个3000万吨级、5个1000万吨级特大型煤炭企业，矿井数量控制在100个以内。到2016年，煤炭产业产能稳定在1.5亿吨左右，原煤入洗率提高到70%以上，煤炭产业产值达到1150亿元以上。电力产业，建设一批燃煤电厂、矸石电厂、水电站、煤矿瓦斯发电和风力发电，发展企业自备电厂、热电联产车间。寻求在大用户直供电上取得突破。到2016年，电力装机容量达到1500万千瓦以上，电力产业产值达到300亿元以上。钢铁产业，支持首钢水钢（集团）公司升级改造，把其建设成为西部长材精品基地。加快首黔公司300万吨钢材生产项目建设。大力发展钢铁精深加工。到2016年，力争钢产量达到1000万吨以上，钢铁产业产值达到500亿元以上。有色产业，发挥能源优势，建设高技术、高载能园区，重点实施双元铝业扩能改造，积极引进铝、锰精深加工项目。到2016年，铝及铝产品年产能达到30万吨以上，有色产业产值达到100亿元以上。煤化工产业，依托炼焦煤资源，坚持传统煤化工和现代煤化工并举，以六盘水（六枝）煤电化一体化基地、老鹰山煤化工二期工程、首黔公司煤电钢一体化基地等项目为载体，大力发展煤化工产业。着力发展煤制烯烃，统筹推进煤层气、焦炉煤气和过境天然气的综合利用。到2016年，力争达到年产能焦炭1800万吨、煤焦油45万吨、甲醇240万吨、二甲醚40万吨、煤制烯烃80万吨，煤化工产业产值达到700亿元以上。建材产业，围绕固体废弃物的综合利用，建成六枝畅达（二期）、水城豪龙、老鹰山新型干法水泥项目、恒远新型建材（二期）等工程。到2016年，达到年产能水泥2000万吨以上、新型墙体材料1000万立方米以上，建材产业产值达到200亿元以上。装备制造产业，建成西南天地煤矿成套设备制造、明阳风电设备制造、贵州盘江矿山机械公司煤矿机械制造、六枝变频电机车及新型带式输送机生产等项目，把我市打造成西部重要的矿山装备制造基地。到2016年，装备制造产业产值达到300亿元以上。新兴产业，积极培育节能环保、信息技术、生物制药、农副产品加工、食品加工、特色旅游商品加工等新兴产业，促进产业轻型化、高新化、多元化。到2016年，新兴产业产值达到120亿元以上。“八大产业”工业总产值达到3370亿元以上。

围绕以上产业发展，一要充分发挥我市资源能源优势，强化园区基础设施建设，以招大商招好商为目标，大力实施“园区企业落地突破工程”，着力推进经济开发区（工业园区）发展，建成一批资源深加工园区、装备制造业园区、高载能园区和物流园区，力争申报成功1个国家级经济开发区。到2016年，经济开发区（工业园区）工业增加值占全市工业增加值比例达到60%以上；二要以全面深入贯彻落实国务院《关于进一步促进贵州经济社会又好又快发展的若干意见》为契机，树立大抓项目、抓大项目的强烈意识，全力实施“大项目突破工程”，五年累计完成工业固定资产投资5000亿元以上；三要依托大企业、服务大企业，深入开展地企合作，推进企业加快技改步伐，强力实施“规模以上企业数量质量突破工程”。到2016年，全市规模以上企业达到1000户以上，打造一批销售收入超100亿元、500亿元的大企业大集团，新增上市公司20户以上。

大力发展特色农业。以建设六盘水喀斯特山区特色农业示范区为目标，加快推进设施农业、有机农业、标准农业、观光农业的发展。尤其要在突出特色上下功夫，重点抓好“九大产业”：马铃薯产业，种植面积200万亩左右，总产量300万吨以上，产值40亿元以上；蔬菜产业，建成商品蔬菜基地30万亩以上，总产量60万吨以上，产值9亿元以上；茶叶产业，建成茶叶基地50万亩，产值30亿元以上；油茶产业，建成油茶基地50万亩，产值20亿元以上；猕猴桃产业，建成猕猴桃基地30万亩以上，总产量45万吨以上，产值90亿元以上；核桃产业，建成核桃基地70万亩，总产量11万吨以上，产值22亿元以上；中药材产业，建成中药材基地30万亩，产值9亿元以上；烤烟产业，建成烤烟基地20万亩，总产量50万担以上，产值6亿元以上；畜牧产业，总产值67亿元以上。“九大产业”的总投入累计达到100亿元以上，全部达产后年产值达到300亿元以上。到2016年，将粮经比调整到20：80。

围绕实现以上产业发展，要重点建设郎岱、大用、保田、米箩等现代农业产业园区，打造一批年销售收入超亿元的大型生产基地和龙头企业。建立农村土地流转制度，大力推进农田水利基础设施建设，夯实现代农业发展基础。强化科技兴农，提升农业科技支撑。大力实施新型农民培训工程、农村劳动力转移培训工程，造就有文化、懂技术、善经营、会管理的新型农民。

大力发展现代服务业。切实抓好以旅游业为重点的生活性服务业。将旅游业作为优化经济结构的战略重点来抓，以2013年省第八届旅游发展大会在我市召开为契机，强力推进旅游基础设施、配套服务设施和旅游接待设施建设，推动旅游与文化、体育、工业、农业等融合发展，大力发展城郊乡村休闲旅游。重点推进北盘江牂牁湖旅游区、凉都森林公园、水城县百车河休闲旅游区、玉舍国家森林公园、盘县坡上草原旅游区、妥乐古银杏景区开发和首钢水钢全国工业旅游示范点建设，推进老鹰山石河景区“三线”遗址建设和六枝煤矿工业旅游开发，着力打造“中国凉都”避暑旅游休闲度假胜地和“乌蒙之巅”“夜郎故地”“大三线探秘”“亚高原运动”等特色旅游品牌，把六盘水打造成贵州西部旅游集散中心和川滇黔结合部重要旅游目的地城市。加强对商贸、餐饮等传统服务业的提升改造。积极发展家政服务、病患陪护、物业管理等家庭服务业和社区服务业。大力发展房地产业，带动相关产业快速发展。切实抓好以物流业为重点的生产性服务业。依托能源资源、产业基地和交通枢纽，加快建设物流节点城市；推动重要工业产品、大宗矿产品、农产品等专业市场建设，发展一批物流园区；加快用现代信息技术改造传统物流业，引进一批物流企业，与优势产业、重点企业联动发展，推动物流产业做大做强。鼓励企业开展服务外包，大力发展法律、会计审计、咨询代理、资产及信用评估、策划设计和生产资料（设备）租赁，促进生产、服务的专业化、产业化。

（二）改变城乡面貌，提升城市影响力，努力在建设魅力六盘水上实现新突破。以建设现代特色都市为目标，发挥“中国凉都”品牌效应，高起点、高标准、高质量推进城乡规划建设管理，着力提升城市功能和品位，不断提升城市知名度和美誉度。

全力打造生态环保之城。坚持开发与保护、节能与减排、治山与兴水相结合，大力发展循环经济、低碳经济、生态经济，扎实推进资源节约型、环境友好型社会建设。以退耕还林、石漠化综合治理为重点，继续实施天保、珠防等生态工程建设，全面推进城镇公共绿地、环城林带、交通沿线、景区景点绿化建设，到2016年全市森林覆盖率达到45%以上。实施重点流域水污染治理和水生态建设，加强对森林、草地、湿地等生态系统和自然保护区、饮用水源地的保护。提升全社会生态文明理念，积极倡导低碳生产、生活和消费方式，在加快发展中实现青山永驻、碧水长流、天空常蓝。

全力打造宜居宜业之城。完成第四轮城市总体规划修编，加强城市控制性详细规划、修建性详细规划编制，实现乡镇、村庄整治规划全覆盖。以城市路网建设为先导，拉大城市框架，加快推进市中心城区向特大城市、盘县红果向大城市、六枝平寨向中等城市的目标迈进，力争到2016年全市城镇化率达到60%。注重城市建筑风格和色彩控制。着力抓好“城中村”和旧城改造，5年内基本消除市中心城区城市棚户区。全面启动城市综合交通、绿化、水系、灯饰“四大系统”建设，切实加强供排水、供电、通信、供气管网等市政设施及学校、医院、保障性住房、养老服务等功能性设施建设。全面启动国家级卫生、环保、园林、旅游、双拥“五城联创”计划。积极建设“智慧城市”，全面提升城市管理水平。加强社区建设，推进社区服务。强化城市产业支撑，引导产业向城市集聚，为市民提供更多就业岗位。统筹城乡基础设施建设，推动城镇道路、供水、生活垃圾处理等基础设施向农村延伸，公共交通、公共服务向农村拓展。以“四在农家”为载体，大力实施“新农村建设工程”，推进村庄整治和农村危房改造，用5年左右时间，全面完成全市60万户新民居建设和改造，使农村面貌发生天翻地覆的变化。

全力打造宜游宜购之城。建成一批功能突出、业态完整、聚集力强的重点商贸设施项目，同步优化城市商业网点结构布局，搞活商贸流通，建成覆盖城乡、辐射周边的商品集散地。着力建设一批现代服务产业聚集区、综合功能配套区和特色商贸区，打造城市中心商圈，吸引国内外著名品牌和知名连锁店入驻。不断丰富消夏文化节内涵，定期举办各类大型商务会展、商业演出、文体活动，以凉都品牌推动旅游，以办节办会增强承载，全面提升城市要素吸纳力、辐射带动力和综合竞争力。

（三）坚持改革开放，推进科技创新，努力在建设活力六盘水上实现新突破。抓住国家支持我市开展统筹城乡综合配套改革试点的历史性机遇，进一步解放思想，开拓创新，增创体制机制和对外开放新优势。

不断深化重点领域改革。大力实施城乡综合配套改革，着力推进城乡规划、产业布局、基础设施、公共服务一体化，重点在户籍制度、社会保障、土地流转、管理创新等方面加大改革力度，加快构建统筹城乡发展的体制机制。深化国有企业改革，普遍建立现代企业制度。深化投融资体制改革，努力形成投资增长的内在机制。继续深化教育、医疗、文化、财政、收入分配等方面的改革。大力发展民营经济，到2016年，民营经济占全市经济总量的比重达60%以上。加强扩权强县工作，进一步简政放权，建立加快县域经济发展的政策体系，支持六枝奋力攻坚、盘县加速崛起、水城全力突破、钟山率先跨越，确保盘县5年内进入全国百强县行列，水城县2年、六枝特区3年进入全省经济强县行列，钟山区2年内在全省经济强县中的排名进入前5位。

大力发展开放型经济。加快构筑以高速公路、快速铁路、城际轻轨、民用航空为重点的现代综合交通运输体系，不断完善经济发展基础条件，聚集各类生产要素。联手推进攀西—六盘水经济区、毕水兴资源富集区规划建设，广泛参与珠三角、长三角、东盟自贸区等区域合作，加快形成对外开放新格局。加强与对口帮扶城市、友好城市、川滇黔十市州的交流，积极开展互访考察和经贸交流活动。全力加强招商引资工作，提高招商引资的质量和效能，力争招商引资实际到位资金年均增长30%。

着力建设创新型城市。强化科技创新，加大应用技术研究与开发投入，支持科研院所到我市设立分支机构，建设一批市级以上重点实验室和工程技术中心、企业技术中心，打造一批在煤炭清洁高效利用、装备制造、新材料、新能源、节能环保、现代农业等领域掌握关键技术的知名品牌企业。加强知识产权工作。大力实施创新人才和科技创新团队培育工程。进一步健全柔性引才、稳才机制，创新人才政策，把我市建设成为高端创新人才的聚集地。

（四）大力繁荣文化事业，推进文化改革创新，努力在建设文明六盘水上实现新突破。坚持先进文化的前进方向，推动我市文化大发展、大繁荣。

实施文明素质提升工程。以创建全国文明城市为目标，广泛开展群众性精神文明创建活动。深入推进文明市民教育，积极开展各种群众性评先选优活动，注重典型引路，示范引导，积极营造文化育人、榜样引人、环境造人的良好氛围。

实施特色文化保护工程。加强文化和自然遗产保护与利用，深入挖掘夜郎文化、民族文化、长征文化、工业文化和“三线”文化，在保护中开发利用，在继承中创新发展。大力培养基层文化骨干、民间艺术人才，扶持发展地方民间艺术表演团体。

实施文化服务惠民工程。完善覆盖城乡、结构合理、功能健全、实用高效的公共文化服务体系。全面建成市级“七馆四中心”，县级“四馆两中心”，乡镇精神文明活动中心、综合文化站、公共电子阅览室，村级农民文化家园、农家书屋和一批公共文化场所。广泛开展丰富多彩的群众文化活动，推动公共文化资源向社会免费开放，切实保障人民群众的基本文化权益。

实施文化产业培育工程。加快培育文化产品市场和要素市场，加强重大文化项目和文化品牌建设，大力发展文化产业。积极打造“中国凉都”避暑文化产业聚集区，大力实施“六大文化产业重点工程”。注重文化人才培养、文化品牌培育和文化企业扶持，建成一批特色文化产业园区和基地，使文化产业逐步成为全市经济发展新的增长点，文化发展主要指标和综合实力进入全省前列。

（五）加强社会建设和管理，不断改善人民生活，努力在建设幸福六盘水上实现新突破。更加注重社会建设和管理，着力保障和改善民生，不断提升人民群众的幸福指数。

千方百计增加城乡居民收入。坚持富民优先导向，实施“城乡居民收入倍增计划”，加快构建居民收入持续较快增长的多元支撑体系。实施更加积极的就业政策，加强就业培训和就业援助，鼓励自主创业，推动以创业促进就业，力争城镇新增就业16万人。

进一步完善社会保障和救助体系。围绕“人人享有基本社会保障”的目标，建立完善社会保险、社会救助、社会福利相互衔接、覆盖城乡的社会保障体系。继续扩大城镇居民社会养老保险和新型农村社会养老保险覆盖面，实现城乡居民社会养老保险全覆盖。全面推进城镇职工、城镇居民基本医疗保险和新型农村合作医疗制度建设。全面提高失业、工伤、生育参保覆盖率。加快推进保障性住房建设，全面改善城乡中低收入群众的住房条件。强化防灾减灾救灾工作。

加大扶贫攻坚力度。紧紧抓住国家以乌蒙山片区、滇桂黔石漠化片区等集中连片特殊困难地区为扶贫攻坚主战场的契机，大力实施“减贫摘帽”工程，加大扶贫开发力度，确保六枝、盘县、水城3个国家级贫困县全部实现“减贫摘帽”。

统筹推进各项社会事业发展。坚持教育优先发展战略，办好更加规范的学前教育、更加均衡的基础教育、更具特色的职业教育、更高水平的高等教育和更加开放的民办教育，加快建设教育强市。加快完善覆盖城乡的医疗卫生服务体系和健康保障体系，推动城乡医疗卫生资源优化配置，不断满足人民群众基本医疗卫生需求。加快发展体育事业，大力发展竞技体育，深入开展全民健身活动，开工建设一批体育场馆，建成老王山国家生态型多梯度高原运动训练示范基地。加强人口计生工作，统筹解决好人口问题。

全面加强和创新社会管理。坚持党委领导，强化政府责任，加大社会协同和公众参与力度，建立科学有效的利益协调、诉求表达、矛盾调处和权益保障机制，坚决纠正损害群众利益的行为。加大公共安全投入，强化安全生产监管，严格责任追究，严肃查处重大安全生产事故背后隐藏的违法违纪案件，健全完善安全生产长效机制，确保反映全市安全生产水平的各项指标接近或超过全国平均水平。认真实施“六五”普法规划，推进依法治市。深入开展“平安凉都”建设，采取更加强硬的措施，严厉打击危害国家安全和社会治安的各种违法犯罪和黑恶势力，坚决扫除黄、赌、毒等社会丑恶现象，保障人民群众生命财产安全，巩固提升群众安全感满意度。加强社会主义精神文明和民主法治建设。支持国防建设和法院、检察院工作。加大妇女儿童发展规划实施力度。切实做好民族、宗教、外事、侨务、老龄、对台、档案、工会、共青团、地方志、红十字、残疾人等工作。

2012年工作安排

2012年，是新一届政府施政的开局之年，也是继往开来、再创佳绩的关键一年。全市经济社会发展的总基调是“稳中求快”，总要求是“能快则快、又快又好、更快更好”，总目标是“突出特色，做大总量，提速转型，增比进位”。主要预期目标是：生产总值增长18%；全社会固定资产投资增长50%以上；财政总收入和一般预算收入分别增长20%；招商引资到位资金增长110%以上；社会消费品零售总额增长20%以上；城镇居民人均可支配收入和农民人均纯收入分别实际增长15%；人口出生率控制在12.3‰以内；城镇登记失业率控制在4.2%以内；完成省下达的节能减排指标任务。

围绕实现上述目标要求，我们将重点抓好以下工作：

（一）努力扩大投资规模，拉动经济加速发展。牢固树立抓投资就是抓发展的理念，完成固定资产投资850亿元，力争突破1000亿元。按照“三基本”要求，加快项目前置手续办理，促成项目早日落地建设。实质性新开工800个以上项目（总投资800亿元以上），每季度集中开工200个以上项目。加大产业投资力度，重点投向资源深加工、装备制造，完成工业投资400亿元以上，其中技改投资128亿元以上。研究、吃透国家政策，积极争取上级投入，盘活固定资产，做好土地储备，深化银政合作，做实做细工业、城镇、农业、交通、水利、文化、旅游等项目融资工作，努力争取更大的信贷支持。启动实施“民营企业上市工程”，鼓励有条件的企业上市融资。创新金融产品融资。出台激活民间资金的政策措施，引导本地企业就地投资、转产投资和外流企业回流投资。组建完成市政府金融办。竭力保障项目建设用地需求。强化地方政府重大建设项目征地拆迁安置主体责任，依法、有序、规范、和谐地推进拆迁工作。加大项目前期工作经费投入，加快项目库建设，形成充足的项目储备。加强政府投资项目监管。

（二）壮大工业经济规模，加快结构调整步伐。全年完成规模以上工业增加值362亿元，增长26%以上。全力抓好煤炭生产，全年完成原煤产量7150万吨、洗精煤产量2000万吨。开工建设黑塘煤矿、马依煤矿选煤厂等一批重点项目。着力抓好开发区（园区）建设，全年完成基础设施投资60亿元以上，完成产业项目投资320亿元以上，建成标准厂房150万平方米以上。继续加快转型升级，开工建设一批循环经济项目，推进一批技改项目。大力实施民营经济“三年倍增计划”，全面贯彻落实加快民营经济发展的各项政策措施，促进一批人员创业，带动一批人员就业，全年新增微型企业1000户以上。在加快发展工业经济的同时，大力推进服务业发展，全年完成服务业增加值236亿元，增长15%以上。

（三）加快城镇规划建设，促进区域协调发展。启动第四轮城市总体规划修编，完成30个乡镇505个村的村庄整治规划编制工作。加快市中心城区城市南北向道路建设，拓展城市发展空间。开工建设150万平方米的城市棚户区改造工程，统筹推进“城中村”和旧城改造。继续加强城市功能性基础设施建设，全面开工建设省第八届旅游发展大会工程、凤凰山城市综合体开发工程和市中心城区集中供热工程。深入开展“整脏治乱”和“双创双建”活动，继续推进水城河综合治理。加强城市周边山体绿化，增加城市绿地面积。开展城市综合交通整治，着力解决城市拥堵问题。严格执行市中心城区土地“五统一”管理，大力筹集城市建设资金。

（四）加强“三农”工作，促进农村发展农业增效农民增收。以“四在农家”为载体，搞好房屋亮化、道路硬化、庭院净化、村寨绿化、环境美化，重点在交通沿线、城市周边、乡镇机关所在地及旅游景区建设6万户以上新民居。实施33090户农村危房改造、118个新农村建设试点和水城县蟠龙乡新农村建设“整乡推进”。启动实施“九大产业”推进计划和50万亩农业产业化建设工程，掀起农业结构调整新高潮。着力培育发展龙头企业和农民专业合作经济组织，新增2个以上省级龙头企业、4个以上市级龙头企业。下大力抓好扶贫开发工作，进一步完善和落实扶贫政策措施，拓宽贫困群众增收渠道。实施生态移民工程，完成移民安置4264人。完善结对子帮扶制度，引导城市资金、技术、人才、管理等生产要素向农业和农村流动。大力实施产业化扶贫，实施54个村“整村推进”项目。

（五）加快基础设施建设，强力突破发展瓶颈。完成交通投资151亿元。建成六沾铁路复线工程，配合做好长昆高速铁路六盘水境内段建设，加快推进六盘水—安顺城际轨道项目、毕节—水城—兴义铁路前期工作。建成水盘高速公路，完成六镇高速公路主体工程，加快推进六六高速公路、杭瑞高速公路境内段建设，扎实推进盘兴高速公路、六威高速公路前期工作，力争早日开工建设。建成长寨至兴隆、英武至羊场、响水至瓦窑田等二级公路，开工建设郎岱至毛口旅游公路。建成通村油路600公里，新增80个建制村通油路，实现40%建制村通油路。开工建设机场快线。加快六盘水月照机场建设，完成投资6亿元，确保2013年建成通航。开工建设野钟新发旅游码头和毛口旅游码头；完成水利投资56亿元。加快“三位一体”规划水利项目的前期工作，力争“十二五”全部开工建设。配合抓好黔中水利枢纽一期工程建设，加快推进白河沟、双桥、鱼洞坝、旧院、卡河等水库建设，力争开工建设懒龙河、观音岩、出水洞、朱昌河等水库。完成烟水配套工程1.5万亩，治理水土流失面积23.68平方公里，新增、改善和恢复有效灌溉面积4万亩，治理病险水库5座。加快农村饮水安全工程进度，新增解决14万人农村饮水安全问题；推进城乡电网建设与改造，完成投资15亿元，开工建设一批输变电工程，实现农村电网改造全覆盖；加强信息基础设施建设，完成投资5.7亿元。新增80个自然村寨通电话、80个自然村寨通宽带和40个行政村有线广播电视联网延伸覆盖。

（六）加强生态文明建设，推进经济社会可持续发展。大力实施以石漠化综合治理为重点的生态修复工程和以林业、水土保持为重点的生态建设工程，力争完成营造林任务25万亩以上，治理石漠化面积68平方公里以上。加强环城林带建设和饮用水源地周边绿化，对重要公路干线沿线两侧25度以上玉米地有计划地开展“退耕还林”。积极推进粉煤灰、煤矸石、废水、废气、废渣、脱硫石膏等废弃物的综合利用。抓好重点领域、重点行业的监管，严格执行节能减排有关政策，全面推进清洁生产。开展全民节能减排行动，完成节能减排任务；加大对重点流域、区域、行业污染治理和农村环境综合整治。加强和完善县（乡）级污水处理设施和垃圾填埋设施建设，启动3万人以上重点建制镇生活污水集中处理设施建设。加强地质灾害综合防治和矿山环境恢复治理。

（七）坚持深化改革开放，全面推进招商引资。进一步深化国有企业改革，继续推进水务体制改革，积极稳妥地开展事业单位分类改革，深化医药卫生体制改革。加大招商引资力度，全年完成1600亿元的招商引资任务，实际到位资金达到600亿元以上。以凉都消夏文化节、川滇黔十市州合作与发展峰会等为载体，举办大型招商活动。强化主动服务、上门服务的意识，为企业提供精细化、优质化服务。认真抓好签约项目的跟踪落实，确保签约项目顺利实施。

（八）加快推进社会建设，着力保障改善民生。切实做好就业、社保、教育、文化、卫生、计生等各项工作，努力实现包容性增长和共享式发展。一要进一步抓好城乡就业和社会保障。力争实现城镇新增就业6.2万人，培训农村劳动力2.53万人，转移农村劳动力5.56万人。大力推进社会保障体系建设，进一步扩大各类社会保险参保人数。实现城乡居民社会养老保险制度全覆盖，领取养老金人数达27万人。完善城镇居民医保和新型农村合作医疗制度。提高城乡居民最低生活保障标准。继续实施社会救助和保障标准与物价上涨挂钩联动机制，确保城乡困难群众生活水平不降低。建成城镇保障性安居工程住房10062套；新开工建设城镇保障性安居工程住房10642套。二要优先优质发展教育事业。强力推进“4+2”工程，促进城乡教育均衡发展、布局优化。继续实施缓解市中心城区大班额“三年行动计划”，加快解决大班额问题。加快推进市一中、市三中二期工程建设。围绕创建国家示范性高等职业技术院校目标，加快推进省级示范性高等职业技术院校创建工作，开工建设六盘水职业技术学院二期工程。完善六盘水师院一期工程，开工建设六盘水师院二期工程，加强六盘水师院学科和专业建设。4个县、特区、区各建成城区中学1所、小学1所，钟山区加建城区中学1所、小学2所。建成21所乡（镇）幼儿园。建设农村寄宿制学校学生宿舍3万平方米，教师周转宿舍12.58万平方米。实施营养改善计划，实现农村义务教育阶段学校“人人吃午餐”。大力发展中等职业教育、民办教育和特殊教育。统筹抓好老年教育和民族教育。启动钟山水月职业技术教育中心建设。加强师资队伍建设，提高师德水平和教学质量。三要加快发展文化体育事业。开工建设凉都大剧院、市图书馆、市文化馆、市博物馆、市档案馆、市民中心、会展中心、玉舍国家森林公园博物馆和三线遗址博物馆。按照“周周有活动、月月有比赛”的要求，筹划启动一批群众文化体育活动。积极推进老王山国家生态型多梯度高原运动训练示范基地建设。四要大力发展卫生、人口计生等事业。实施卫生基础设施建设工程，加快推进骨干医院建设，启动市人民医院二期工程和创建三甲医院工作，开工建设市精神病医院和市中心血站，加快推进市妇女儿童医院扩建和县级人民医院建设，建成盘县安宁医院，完成5个中心乡（镇）卫生院规范化建设。加快全科医生培养，加强乡村医生队伍建设。加大人口计生工作力度，采取强有力措施，坚决打一场人口计生工作翻身仗，确保摆脱在全省挂末的被动局面。加快科技进步与创新，推进国家煤炭清洁转化检验中心、水钢技术中心建设。

（九）加强和创新社会管理，促进社会和谐稳定。扎实开展“信访积案化解攻坚”活动，集中力量化解征地拆迁、移民安置、矿群矛盾、产权纠纷、企业改制、城市公共服务管理等方面的历史遗留问题。继续推进“平安凉都”建设，坚持不懈地开展严打整治斗争，加强天网工程等社会治安综合治理信息化建设，强力推进社区戒毒、社区康复“阳光工程”建设，加大基层基础工作和设施建设力度，力争群众安全感指数继续“升点进位”。以煤矿和道路交通为重点，统筹抓好矿山、建筑、民爆、危化、消防等各行业领域的安全生产工作，确保实现安全事故起数和死亡人数双降。加快食品药品安全保障体系建设，加强食品药品生产经营环节的监管和抽验，严厉打击食品药品领域各类违法违规行为，确保人民群众的食品药品安全。

加强政府自身建设

全面完成今后五年的各项任务，政府的责任重大、使命光荣。我们将主动接受人大、政协、各民主党派和社会各界的监督，广泛听取各方面的意见、建议，进一步转变政府职能，改进政府工作作风，提高政府办事效率，推动政府管理创新，努力打造人民满意的政府。

（一）转变工作作风，提高政府效能。坚持真抓实干、大干快干的务实作风，积极倡导“五加二、白加黑”的奉献精神和“人一之我十之，人十之我百之”的执著奋斗精神，争先创优，激情创业。进一步健全观摩交流、监督检查、跟踪问效、绩效评估等机制，实施奖勤罚懒、重奖严罚，力促公务人员真正把精力集中到想干事上、把本领体现到会干事上、把目标锁定到干成事上。进一步树立敢于尝试、敢于担当、敢于负责的工作作风，善于在挑战中寻求发展机遇、在困境中开创局面，大胆突破不合理的制度和框架束缚，深入研究和用足用活国家发展政策。高规格构建行政电子监察平台、高标准构建公共资源交易平台、高质量构建权力公开运行监管平台、高要求构建问责惩处平台，着力落实限时办结制度、首问负责制度、责任追究制度、奖惩激励制度，努力提高政府办事效率，着力降低群众办事成本。

（二）推进职能转变，营造良好的发展环境。结合开展“三个建设年”“四帮四促”和“三访”活动，深入推进政务公开，全面公开办事制度、办事程序、办理结果，营造公开透明、廉洁高效的政务环境；全力加强政务服务中心建设，做到人员到位、项目到位、授权到位、服务到位，做到行政审批事项“能减则减”，营造便民利民、方便快捷的服务环境；加强法制教育，增强党员干部的法律意识，把加强企业、群众的服务纳入法制化的轨道，主动为经济发展保驾护航，营造依法办事、公正文明的法制环境；健全市场准入机制和管理机制，加强信用体系建设，深入开展整顿和规范市场经济秩序活动，严厉打击不法行为，营造诚实守信、安全和谐的市场环境；坚持以正面宣传，提高舆论引导能力，让全社会共同关心发展、投身发展，营造积极向上、健康发展的舆论环境。

（三）狠抓廉政建设，深入开展反腐败斗争。把反腐倡廉建设放在更加突出的位置，坚决贯彻执行中央和省委、市委关于廉洁从政的各项规定，旗帜鲜明地反对腐败。按照“标本兼治、综合治理、惩防并举、注重预防”的方针，进一步完善惩治和预防腐败体系，更加注重从源头上预防和解决腐败问题。深入开展反腐倡廉教育，筑牢拒腐防变思想道德防线。大力提倡艰苦奋斗，坚决制止奢侈浪费。加强廉政监察、效能监察和审计监督，严厉追究失职渎职行为，严肃查处各种违纪违法案件，坚决纠正损害群众利益的不正之风，以反腐倡廉的实际行动赢得人民群众的信任，树立清正廉洁的良好形象。

各位代表！我们的任务十分艰巨，我们的前景无限美好。让我们紧密团结在以胡锦涛同志为总书记的党中央周围，在市委的坚强领导和人大、政协的有力监督、支持下，团结和依靠全市各族人民，高举发展、团结、奋斗的旗帜，把思想统一到发展上，把心思集中到发展上，把力量凝聚到发展上，大力实施“三大战略”，打造现代特色都市，为实现全面建设“五个六盘水”的宏伟目标而努力奋斗！

文件选编

六盘水市人民政府关于进一步加快供销合作社改革发展的实施意见

市府发〔2012〕4号

为贯彻落实《国务院关于加快供销合作社改革发展的若干意见》（国发〔2009〕40号）和《省人民政府关于进一步加快供销合作社改革发展的实施意见》（黔府发〔2010〕9号）精神，结合我市实际，制定本实施意见。

一、加快供销合作社改革发展的意义、要求和目标

（一）充分认识加快供销合作社改革发展的重大意义。供销合作社是为农服务的合作经济组织，是农村商品流通的重要渠道，是推动农村经济发展和社会进步的重要力量。近年来，全市供销社系统深入贯彻落实科学发展观，始终坚持为农服务宗旨，不断深化体制改革，创新经营机制，拓展服务领域，发挥网络优势，为促进农业发展、农民增收、农村繁荣做出了积极贡献。当前，我市城乡一体化进程不断加快，农村正在发生深刻变革，这对供销合作社今后的发展提出了新的更高的要求。加快供销合作社改革发展，是构建新型农村社会化服务体系的需要；是活跃农村市场，推动农村商品流通的需要；是推进社会主义新农村建设，促进城乡经济社会统筹发展的需要。全市各级政府和相关部门要站在全局和战略的高度，充分认识加快供销合作社改革发展的重大意义，重视和支持供销合作事业的发展，加强领导，明确责任，及时研究和协调解决供销合作社改革发展的重大问题。

（二）准确把握加快供销合作社改革发展的总体要求。新形势下推进供销合作社改革发展，要以邓小平理论和“三个代表”重要思想为指导，深入贯彻落实科学发展观，坚持为农服务宗旨，坚持社会主义市场经济改革方向，坚持合作制基本原则，按照统筹城乡发展的根本要求，围绕促进现代农业发展，持续增加农民收入，加快社会主义新农村建设目标，大力推进经营创新、组织创新、服务创新，加快构建运转高效、功能完备、城乡并举、工贸并重、经营性服务与公益性服务为一体的农村现代经营服务新体系。努力成为农业社会化服务的骨干力量、农村现代流通的主导力量、农民专业合作的带动力量，真正办成农民的合作经济组织，为实现我市农村经济社会又好又快、更好更快地发展做出新贡献。

（三）努力完成加快供销合作社改革发展的目标任务。要发挥供销合作社组织体系完整的优势，积极参与构建新型农业社会化服务体系，推进农业产业化经营，提高农民组织化程度，加快我市农业现代化进程；要发挥供销合作社扎根基层的优势，广泛凝聚各类社会资源，大力开展农村社区综合服务，不断提高农民的生活质量，推进社会主义新农村建设；要发挥供销合作社流通网络覆盖城乡的优势，加快推进新农村现代流通服务网络建设，改善农村消费环境，开拓农村市场，促进城乡经济社会统筹发展。建立新型基层综合服务体系，农村现代流通网络更加完善，更有企业带动力、竞争力显著增强，供销合作社经济实力和为农服务水平显著提升。

二、扎实推进新农村现代流通网络建设

（一）加快发展农资现代经营服务网络。支持供销合作社整合系统内外优势资源，以供销合作社农资经营企业为龙头，以农资物流配送中心为纽带，以直营和加盟为主要形式发展连锁店，构建起覆盖全市的农资连锁经营服务网络。支持符合条件的供销合作社企业延伸服务领域，建设新型农资经营服务体系。通过开展技术培训、新产品推广、测土配方、庄稼医院等一体化服务，以服务促经营，拉长农资经营服务链条，更好地为农业生产服务。支持供销合作社符合条件的企业，利用现有设施承担化肥、农药等重要物资的国家商业储备、救灾储备和各级淡季储备任务。

（二）积极发展农副产品现代购销网络。支持供销合作社充分利用现有网点、市场设施，积极整合社会资源，加快农副产品批发交易市场建设和改造，以配送直销、冷链物流等现代营销方式，建设集农副产品生产基地、批发交易市场和物流配送于一体的产业链条，扩大农副产品购销及信息服务网络的覆盖面。推动大型连锁超市与农民专业合作社、生产基地、专业大户等直接建立采购关系，培育品牌产品，降低交易成本，提升流通效率，提高农产品进入市场的组织化程度。

（三）推动发展农村日用消费品现代经营网络。支持供销合作社培育壮大日用消费品连锁骨干企业，加快传统经营网络改造升级，重点加强县级日用消费品配送中心建设，强化日用消费品采购、储存、分拣、送达和信息化管理等职能，实现农村日用消费品现代化、规范化、标准化连锁经营，逐步形成县有配送中心、乡镇有超市、行政村有连锁便民店的农村日用消费品现代经营网络。鼓励供销合作社发挥“一网多用”优势，依法开展家电、图书、药品、通信器材、烟花爆竹等连锁经营。

（四）鼓励发展再生资源回收利用网络。支持供销合作社在建设循环经济城市的大局中找准自己的位置和着力点，构建再生资源回收利用网络，积极参与再生资源回收利用体系建设。加强与商务粮食部门的沟通合作，结合城乡建设发展规划，合理布局，规范建设社区和村镇回收网点、专业化分拣中心、区域集散交易市场和综合利用处理基地。大力支持供销合作社依法开展废旧家电、报废汽车等回收拆解业务，形成回收、分拣和加工利用一体化经营的再生资源回收利用体系，实现再生资源产业化经营、资源化利用和无害化处理，为发展循环经济、构建生态宜居凉都服务。

（五）建设农村信息化服务网络。供销社兴办的各类市场充分利用互联网方便快捷的优势，及时发布各种市场信息，为企业、合作经济组织、广大农民提供多样化的信息服务。与有关部门共建农村综合服务信息网络，促进信息互通，实现资源共享，发展创新农产品网上交易、经纪人代理等新型交易方式，为“三农”工作提供快捷有效的综合信息服务。

三、着力加强供销合作社组织体系建设

（一）加强基层社建设。基层供销合作社是植根农村、贴近农民、强化为农服务的基本环节，只能加强，不能削弱。要根据县域经济发展特点和城镇建设规划要求，合理调整建制，优化网点布局，改造建设一批辐射带动能力强的基层供销合作社。改组改造资产少、实力弱的基层供销合作社。基层社重组后组建为农民专业合作社的，享受国家规定的农民专业合作社各项扶助政策。已经转为民营或职工个人经营的网点，可按照平等自愿的原则，通过加盟的方式，纳入连锁经营服务体系，统一形象标识，统一商品配送，成为供销合作社系统在农村的网络终端。

（二）加快社有企业发展。社有企业是供销合作事业的重要支柱，必须把做大做强社有企业工作摆在更加突出的位置。推进社有企业建立现代企业制度，健全法人治理结构，完善企业经营机制，提高市场竞争能力。规范企业改制行为，切实防止社有资产流失。强化以社有资产保值增值为主要内容的企业经营绩效考核和奖惩机制，建立切实有效的激励约束机制和投资风险控制机制。调整优化社有资本布局，促进优势资源向骨干企业集中，对社有骨干龙头企业，要保持供销合作社控股地位。培育一批主业突出、市场竞争力强、行业影响力大的企业集团。支持符合条件的社有企业参与“万村千乡”和“双百”市场工程以及农超对接等工作，相关部门要支持供销合作社企业积极利用农村物流服务体系发展专项资金、服务业发展专项资金、中小商贸企业发展专项资金开拓农村市场。支持供销合作社有效整合现有资源，加强基础设施建设，以配送中心和批发市场为依托，积极构建第三方物流业网络体系。

（三）增强供销合作社联合社的职能。供销合作社联合社是各级政府管理的供销合作社的联合组织。各级联合社要认真履行指导、协调、监督、服务、教育培训职能，推动纵向联合和横向合作，推进开放办社，广泛吸纳和联合各类经营服务主体入社入股，构建新时期供销合作社组织体系。研究制定行业发展战略和发展规划，全面组织实施新农村现代流通服务网络工程建设和综合服务体系建设，监督、管理和运营本级社有资产，依法行使出资人职责，落实资产保值增值的责任，积极探索建立与绩效挂钩的激励约束机制，充分调动管理者和经营者积极性。保持各级联合社领导班子相对稳定，上级供销合作社要积极支持各级政府加强供销合作社领导班子建设。县级以上（含县级）联合社使用事业编制，参照公务员管理，所需经费全额纳入地方财政预算。

四、不断强化供销合作社服务功能

（一）加强专业合作社服务。以市场为导向，立足当地优势资源和特色产业，利用人才、网络、设施等条件参与组织、联合、引导农民（经纪人）、产销大户和社会力量组建专业合作社。带动农民专业合作社开展信息、营销、技术、农产品加工储运等服务。帮助农民专业合作社开拓市场，开辟合作社产品进超市、进社区、进批发市场的便捷通道。积极参与农民专业合作社示范社建设，加强人员培训，各级财政给予经费支持。

（二）加强行业协会服务。支持供销合作社组建农民合作经济组织联合会、区域性农民经纪人协会和各类涉农专业协会，增强服务功能，强化行业自律，反映行业诉求，推动行业诚信建设。推进协会内部改革，建立健全规范的运行机制。在农资、日用消费品、烟花爆竹和再生资源等传统优势领域，重视发挥供销合作社系统行业协会在制定产业政策、行业规划、产品标准等方面的积极作用。

（三）强化农业产业化经营服务。支持供销合作社在大宗、重要农畜产品主产地和集散地，培育发展一批功能完善、辐射力强的大型涉农流通企业、批发交易市场和农产品加工龙头企业。支持社有企业参与农业产业化、标准化示范、农业技术研发推广等项目，加大对农业综合开发供销合作社项目的支持力度。对供销合作社兴办的流通型、加工型企业，符合相关条件的要给予相应扶持。对为农服务的骨干龙头企业，要保持供销合作社控股地位。

（四）创办农村综合服务组织。支持供销合作社整合资源，大力发展村级综合服务站，有条件的地方创办农村社区综合服务社（中心）。按照农民生产生活实际需要，进一步拓展服务领域，创新服务方式，在继续搞好农资、农副产品、日用消费品经营基础上，积极开展文体娱乐、养老幼教、劳动就业等服务。各级政府要制定相关扶持政策，推进公共服务向农村延伸，调动社会各方面力量，共同打造农村社区综合服务平台。

（五）积极参与金融保险业务。鼓励供销合作社加强与银行业金融机构的合作，积极探索符合适合当地农村发展的金融业务。鼓励供销合作社的企业法人按照市场准入条件参与组建村镇银行、小额贷款公司和信用担保公司。支持供销合作社领办的农民专业合作社开展农村资金互助社和互助合作保险业务试点。规范社员股金服务部。继续做好供销合作社系统内部财产安全统筹工作。

五、加强供销合作社队伍建设和文化建设

（一）实行“人才兴社”战略。加强各级供销合作社领导班子建设，保持供销社合作社各级领导班子稳定。大力引进和培养各类经营管理与专业技术人才，积极吸引高校毕业生到供销合作社就业，广泛吸纳各类人才加入供销合作社队伍，加强对供销合作系统干部职工的分层次教育培训，不断优化干部职工知识结构和年龄结构，培育造就一支甘于奉献、勇于创新、善于开拓的高素质干部职工队伍。

（二）加强供销合作社文化建设。大力弘扬供销合作社“扁担精神”“背篓精神”，打造新时期供销合作社的核心价值观，发扬艰苦创业精神，坚持为农服务宗旨，发挥联合合作优势，凝聚各类社会力量，促进供销合作社持续健康发展。

六、切实加大对供销合作社改革发展的支持力度

（一）把加快供销合作社改革发展纳入各级政府经济社会发展总体规划。各级政府要把供销合作社改革发展纳入当地政府总体改革发展规划中统筹考虑，把供销合作社项目建设纳入当地政府经济发展的大盘子中统一安排，把供销合作社工作纳入各级政府目标考核体系中统一考核。各级政府根据实际需要，积极创造条件，将可以由供销合作社承担的任务和职能委托或赋予供销合作社。贯彻落实国家给予供销社的财税优惠政策。

（二）妥善解决供销合作社地方政策性挂账历史遗留问题。要尽快贯彻落实《关于研究供销社系统地方政策性财务挂账等问题的会议纪要》（贵州省人民政府省长办公会议纪要2007年第149期）精神，按照“分清性质，分清责任，逐级负担”原则，各地所负担的挂账本金和利息，从2012年起，由同级地方政府纳入财政预算，结合自身实际情况在5年内逐年消化。支持供销合作社多渠道消化经营性财务挂账，有关金融机构加快处置供销合作社拖欠的金融债务。

（三）切实解决供销合作社特困企业职工基本养老保险和医疗保险问题。养老保险和医疗保险问题事关供销社稳定和社会和谐大局，各级人民政府要以高度的历史责任感，切实予以解决。对供销合作社特困企业职工达到法定退休年龄，拖欠的基本养老保险金问题，各级政府要积极帮助解决，使职工能按时退休，实现老有所养。对供销合作社特困企业在册职工，未参加医疗保险的，各级政府也要切实关心和给予帮助，使职工不会因病致困，实现病有所医。

（四）保护供销合作社依法用地。一是妥善解决部分供销合作社土地房产历史遗留问题。因历史原因，供销合作社部分土地房产至今尚未确权办理产权手续，全市各级国土、住建部门应尊重历史，注重现实，根据《国土资源部和中华全国供销合作总社关于加快供销合作社土地确权登记工作的通知》（国土资发〔2009〕173号）和《贵州省国土资源厅和贵州省供销社关于加快供销合作社土地确权登记工作的通知》（黔国土资发〔2010〕112号）的要求，依照法律法规和有关政策，支持供销合作社做好土地确权和房屋产权登记工作。二是供销合作社占有的国有划拨土地使用权经依法批准后可以采取出让、租赁方式处置，收益实行“收支两条线”管理，优先用于支付供销合作社破产和改制企业职工安置费用和困难企业职工的基本生活费。支持供销合作社盘活社有资产，开发利用存量土地，改善农村流通基础设施。三是因城镇建设、公路建设需要拆迁、占用供销合作社经营设施和经营场地的，要严格按照中央和国务院有关规定，根据土地利用现状，按市场评估价值给予补偿。四是对于供销合作社兴建物流配送中心、批发交易市场、农产品加工等项目用地，各级政府要合理安排用地需求，符合划拨用地目录的要采取划拨方式提供，生产经营用地可采取出让和租赁方式提供。

（五）把供销合作社困难企业破产纳入当地政府企业改革改制。严重资不抵债的企业破产或关停，可享受国有企业的有关政策，有关部门应予支持。供销合作社破产企业的资产可优先用于安置职工。破产、关停企业和职工均已参加失业保险的，企业和职工解除劳动关系后，符合申领失业保险待遇条件的，可按规定申领失业保险待遇。

（六）积极争取国家专项资金。充分利用国家支持新农村现代流通服务网络工程建设的政策，积极争取国家专项资金，设立市级供销合作事业发展专项资金，纳入市级财政预算，加大对全市供销合作事业发展的支持力度。专项资金主要用于新农村现代流通服务网络工程建设中的配送中心、村级综合服务站、农村社区综合服务社（中心）建设和批发交易市场升级改造，健全和完善农村流通网络体系，助农增收，便民惠农，拉动农村消费。专项资金还用于支持供销社农业产业化龙头企业的发展，促进农产品的深加工与开发利用，提高农产品附加值，采取农产品配送直销、冷链物流等现代经营方式，延长产业链和产品链。

（七）支持供销合作社全面建立化肥淡储制度。各级政府和有关部门要认真贯彻落实《省人民政府办公厅转发省供销社关于进一步完善化肥淡储制度的意见的通知》（黔府办发〔2009〕145号）文件，全面建立化肥淡季储备制度，制定化肥淡储计划，落实化肥淡储补贴，完善化肥淡储监管机制，建立化肥淡储长效机制。

（八）保护供销合作社的财产权益，保障其组织的完整性。任何部门和单位不得随意侵占、平调供销合作社的财产，不得随意改变供销合作社及其所属企事业单位的隶属关系，保持供销合作社组织体系的完整性。改制后基层供销合作社和各级供销合作社直属企业剩余资产分别归县级供销合作社和同级供销合作社理事会所有，用于发展合作经济。

二〇一二年一月十七日

六盘水市人民政府关于大力推进棚户区改造工作的意见

市府发〔2012〕5号

棚户区改造包括城市棚户区、国有工矿棚户区、国有林垦棚户区三类，也包括“城中村”。国家高度重视棚户区改造工作，先后下发了《国务院关于解决城市低收入家庭住房困难的若干意见》（国发〔2007〕24号）和《国务院办公厅关于促进房地产市场平稳健康发展的通知》（国办发〔2010〕4号）、住房城乡建设部等五部委《关于推进城市和国有工矿棚户区改造工作的指导意见》（建保〔2009〕295号）等一系列文件，对棚户区改造做出了政策规定。我市棚户区改造在国家和省的指导下做了许多工作，得到了一定推进，但是，我市棚户区改造的面还不够广、力度还不够大，为了加快推进我市棚户区改造工作，特制定本实施意见。

一、充分认识棚户区改造的重要意义

（一）棚户区改造是改善民生的重大举措。棚户区居民多是低收入困难群体，下岗失业、退休职工、城市拆迁待安置和外来务工人员比较集中，难以依靠自身收入改善住房条件。实施棚户区改造，有利于加快解决中低收入群众的住房困难，将城市建设发展的成果惠及更多百姓，提高党和政府的威信，增强人民群众的向心力和凝聚力。

（二）棚户区改造是完善城市功能的客观要求。棚户区基础设施配套不完善，建筑密度高而陈旧，公共服务设施不全，卫生环境较差，消防隐患突出，与城市现代化建设很不协调，特别是“城中村”成为卫生、治安和流动人口计划生育的死角，为我市打造“凉都”城市品牌，创建全国文明城市、创建全国卫生城市，建设全国循环经济城市、建设全国生态宜居城市带来了很大难度。实施棚户区改造，可完善配套市政设施和公共服务设施，改善城市人居环境和城市景观，提升城市品位。

（三）棚户区改造是促进地方国有企业改革与脱困的有效途径。地方国有企业特别是商贸流通企业，除少数能够维持正常的生产经营业务外，多数企业处于停产或半停产状态，靠固定资产出租维持企业日常运转，企业职工再就业难度大、住房条件差、生活贫困以及企业欠缴社会保险等问题不同程度地存在。通过棚户区改造，可以促进企业资产的盘活，切实解决企业生产、职工生活中的突出困难和问题，逐步帮助企业和职工摆脱困境。

（四）棚户区改造是拉动投资扩大内需的着力点。通过棚户区改造，对棚户区土地进行资源整合，既有利于盘活存量土地，实现土地的节约集约利用，又可带动社会投资，促进居民消费，扩大社会就业。

二、指导思想和基本原则

（一）指导思想。以邓小平理论和“三个代表”重要思想为指导，深入贯彻落实科学发展观，将棚户区综合改造作为一项重大民生工程，以提高居民特别是弱势群体的居住水平为目的，通过改造形成若干设施齐全、生活便利、环境优美的新型社区，不断完善城市功能、提升城市形象、提高城市品位，把改革发展成果切实惠及广大人民群众，促进全市经济社会和谐发展。

（二）基本原则

1．科学规划，分步实施。在调查摸底的基础上，根据全市经济社会发展总体规划、土地利用总体规划、城市总体规划，结合产业结构调整、基础设施建设和生态环境建设的总体要求，编制棚户区改造的规划，加快控制性详细规划的编制工作，为棚户区改造和城市建设谋划好空间布局。选取条件较好的1~3个小区作为试点，先行推动，待取得成功经验后再全面铺开。

2．政府主导，市场运作。充分发挥政府组织引导和统筹协调作用，加大资金投入和政策支持。严格执行有关法律法规规定。注重发挥市场机制作用，积极推行市场化运作，多渠道、多形式筹措改造资金，充分调动各方面的积极性。对不能以市场方式改造的棚户区，主要通过财政补助、政策扶持、企业和居民参与等方式统筹实施。

3．统筹兼顾，因地制宜。与廉租住房建设、经济适用住房建设、城市危旧房改住房改造、城中村改造、盘活存量土地结合起来，坚持节约用地、综合开发，注重改善城市发展环境，注重提升城市形象。对商业价值大的区块，采取房地产综合开发加配建保障性住房的方式；对不具备商业开发价值的棚户区，由政府按建设保障性住房组织实施改造，按国家有关解决城市低收入家庭住房困难的政策，采取全额集资的方式进行改造；对于年代久远、房屋已不适合居住的，通过危旧房改造方式进行改造；对于条件适合的，采取整体搬迁、异地建设的方式。

4．完善配套，改善民生。坚持全面规划、整片改造、合理布局、节约用地、综合开发、配套建设，组织好新建安置小区的供水、供电、供气、通讯、污水与垃圾处理等市政设施和商业、教育、医疗卫生、文化、体育、公共绿化、环保设施、无障碍设施等配套公共服务设施的建设，切实改善棚户区居民的居住条件，促进以改善民生为重点的社会建设。

三、棚户区改造范围和工作目标

（一）改造范围。我市棚户区改造范围包括市中心城区以及六枝、盘县范围内国家政策确认的城市棚户区、国有工矿和国有林区（包括基层林业单位职工危旧房改造、垦区棚户区），对具备条件的移民搬迁、大项目征地拆迁、工业集中区，以及城乡结合部、工矿所在地也可纳入棚户区改造的范围。将城市规划区范围内、平房密度大、使用年限久、房屋质量差、人均建筑面积小、基础设施配套不齐全、交通不便利、治安和消防隐患大、环境卫生脏、乱、差的区域以及“城中村”纳入城市棚户区改造范围。

（二）工作目标。从2012年开始，用5年的时间，基本完成棚户区的综合改造，使棚户区居民的居住条件和生活质量明显提高，基础设施和公用设施进一步完善，城市环境明显改善，有效提升城市整体形象。

四、政策措施

（一）资金扶持。

1．积极争取中央和省对棚户区改造的资金支持。积极申请国家补助和省政府以奖代补资金，统筹用好国家用于补助廉租住房建设与租赁补贴的资金。

2. 从城市维护建设税、城镇公用事业附加、城市基础设施配套费、土地出让收入中，按规定安排资金用于棚户区改造中的拆迁货币补偿、安置住房建设和廉租住房建设及基础设施配套建设等支出。

3. 加大信贷支持力度。积极争取金融机构对棚户区改造项目的支持，探索创新贷款担保模式，促进扩大信贷资金投入。对棚户区改造项目给予贷款贴息。

4. 充分发挥住房公积金对保障性住房建设的支持作用，落实好住房城乡建设部等七部委《关于印发利用住房公积金贷款支持保障性住房建设试点工作实施意见》（建金〔2009〕160号）。

5. 积极采用BT模式进行融资建设，通过项目总承包，融资、建设验收合格后移交给业主，业主向投资方支付项目总投资加上合理回报，积极吸纳社会资金参与棚户区改造。

（二）土地供应。

1. 将棚户区改造安置住房用地纳入土地供应计划，优先安排，并简化审批程序、提高审批效率。

2. 对于安置住房中涉及的经济适用住房和廉租住房建设项目，可以采取划拨方式供地。对于配套建设的商业服务业等经营性设施用地，必须以招拍挂方式供地。严禁将已供应的经济适用住房、廉租房用地改变用途用于商品房开发建设。

3. 按照土地“规划—征地—开发—出让—管理”的要求，推进盘活土地进程，通过集约用地为城市发展储备一定数量的土地。

4. 为了提高土地利用效率，加强土地监管，大力推行净地出让，由棚户区所在地县级政府组织拆迁安置，土地储备中心进行土地收储后，依法实施“净地”出让。

5. 加快土地供应速度。在土地获得审批之前或者棚户区改造进入拆迁后，先行勘测、评估测算、编制出让方案，在土地审批后或拆为“净地”后，发布公告，进入招拍挂程序，缩短土地供应时间。

（三）税费政策。

1. 落实棚户区改造项目有关税收优惠政策。按照《财政部国家税务总局关于城市和国有工矿棚户区改造项目有关税收优惠政策的通知》（财税〔2010〕42号）等文件，对改造安置住房建设用地免征城镇土地使用税。房屋拆迁补偿契税先交后返。对改造安置住房经营管理单位、开发商与改造安置住房相关的印花税以及购买安置住房的个人涉及的印花税予以免征。通过收购筹集安置房源的，执行经济适用住房的税收优惠政策。

2. 棚户区改造免征城市基础设施设施配套费等各种行政事业性收费和政府性基金。

3. 安置用房的经营性、服务性收费按最低限收取；供水、供电、供气、通信、污水与垃圾处理等市政设施由各相关单位配套建设，改造区内用电、用气、用水容量的增容费只收缴新增部分。

4. 对企事业单位土地出让金在扣除各项成本线支出和上缴省级的部分后的净收益部分，按一定比例返还，特困企业返还100%，微型企业返还60%，一般企业返还50%。

（四）安置补偿。

1. 完善安置补偿政策，实行实物安置和货币补偿相结合，由被拆迁人自愿选择，符合规定的住房保障条件的被拆迁人，通过相应保障方式优先安排。

2. 坚持先安置后拆迁。组织拆迁时，同步规划建设足够的回迁房，保证被拆迁居民按时回迁。

3. 按照廉租住房政策储备一批廉租住房，解决好既不符合廉租房、经济适用住房供应条件，又无力购买商品房的困难群众的住房问题。

4. 被拆迁人实行异地安置的，应根据土地级差相应增加补偿。

5. 对选择货币补偿的被拆迁人可适当奖励，被拆迁人承租公有住房的，可参照出售公有住房的政策向被拆迁人出售。

6. 对拆迁范围内原住房证件齐全的，依法予以补偿，证件不齐全的，合理补偿，对违法违章建筑，强行拆除。

（五）统筹保障性住房建设。

1. 将棚户区改造与保障性住房相结合，纳入保障性住房建设规划。为顺利推进棚户区改造，由政府划拨土地、筹集资金，先行修建一批安置房、过渡房，用于拆迁户的搬迁周转。

2. 对棚户区改造项目中建设经济适用住房、廉租房的，按配建比例享受相应的优惠政策。对零星、改造难度大的棚户区，可与其他片区捆绑统筹开发。

3. 企事业单位利用自有土地进行棚户区改造修建保障性住房时，其建设标准、优惠政策、供应对象、产权关系等须经市、县人民政府批准。

4. 通过公开招标，选择具有相应资质和良好社会责任的开发建设单位实施建设。

5. 对“城中村”范围的外来务工人员或流动人口，可以优先享受公租房、农民工公寓、廉租房。

（六）制定规划。

1. 坚持统一规划、综合开发。在摸清底数的基础上制定棚户区改造规划，确定改造范围和切实可行的改造方式。棚户区改造项目的控规调整按简易程序办理。根据项目实际情况，由项目业主测算后可适当提高项目容积率指标，实现项目总体收支平衡。

2. 结合城乡规划、土地利用总体规划和保障性住房建设规划，编制和完善棚户区改造规划和年度计划，分年度明确落实具体改造项目和改造进度，有序推进棚户区改造。有关部门要对土地来源、占地面积、房屋产权、建筑面积、房屋结构、建设年代、家庭人口等进行详细调查。把棚户区改造与廉租住房、经济适用住房建设结合起来，纳入保障性住房建设规划。

（七）与国有企业的改革改制相衔接。

1. 通过破产、合并、注销等多种方式分类实施国有企业改革改制。对于能正常经营和有发展前景的企业，可以通过置换土地、搬迁等方式，实行“退二进三”，盘活位于城市中心的土地。对于经营难以为继的，可以通过关闭、重组等方式，整合资产，改善职工待遇。

2. 由市国土资源局牵头，市规划局、市国资委、市经信委、市供销社、市商务粮食局等国企主管部门参与，做好市（县）属企业的存量资产尤其是土地资产的统筹开发，解决土地纠纷问题和零星土地难以开发的问题。

3. 在工业园区设立国有企业改革改制园区，建设企业生产基地和批发、零售、废旧物资、电器拆解、二手交易等专业市场，促进企业从旧城区整体搬迁，获得更大发展空间。

4. 经市人民政府批准，可以适当考虑城镇建设用地兼容性，采取城镇混合用地建设住宅、商铺，促进国企改革脱困，实现土地综合利用。

五、组织领导

（一）加强领导。市人民政府是棚户区改造的责任主体，各县区政府、企事业单位是棚户区改造的实施主体，项目所在地的县区政府是拆迁工作的主体。市人民政府成立棚户区改造领导小组，主要负责研究制定棚户区改造政策，审定棚户区改造重大事项，由市政府主要领导担任组长。领导小组下设办公室（简称市棚改办、副县级单位），可利用市沉治办的牌子和机构，增加职能，设在市城乡建设局，具体负责棚户区改造项目的审核、报批，制定工作流程以及日常工作的组织、协调、指导与服务，工作人员由指挥部从各成员单位抽调精干人员组成。

（二）明确责任。棚户区改造领导小组成员单位及职责如下：

市国土资源局负责土地权属调查核实、依法收回土地使用权，制定土地处置方案，开展土地收储，办理供地手续，依法及时供应土地。

市城乡建设局负责办理棚户区改造建设项目，加强棚户区改造工程质量与安全的监督管理，争取上级资金支持，住房公积金管理，配合违法建筑依法强拆工作。

市规划局负责组织编制棚户区改造规划，制定规划实施方案，及时办理项目规划报建手续；对违法建筑进行认定。

市财政局负责安排棚户区改造工作经费，调度征收补偿启动资金，统筹考虑棚户区改造区域市政公共设施、公益性建筑及其他公共配套设施所需资金，争取和整合安排上级专项资金。

市发展改革委负责棚户区改造项目申报和中央补助资金的争取工作。

市国资委负责协助市政府授权监管企业的棚户区改造工作。其他国有企业棚户区改造的协调工作由相应的企业主管部门负责。

市环保局负责棚户区改造项目环境影响评价

等工作。

市公安局负责配合查处妨碍执行公务的行为。

人行六盘水市中心支行和六盘水银监分局负责牵头金融信贷支持工作。

市监察局负责对棚户区改造工作实施全程监督。

市直其他部门在职责范围内配合做好房屋征收补偿工作，落实有关优惠政策。各责任单位要相应建立责任制，确保棚户区改造任务圆满完成。

（三）注入资金。设立棚户区项目改造专项资金，专款专用。资金来源包括银行信贷资金、市人民政府注入的项目资本金、土地出让收益、参与改造的住户自筹部分以及其他可作为棚户区改造专项资金的收入组成。专项资金的具体管理办法由市财政局和市棚户区改造办公室制定。本意见实施后，从住房公积金中贷款5亿元用于项目启动。

（四）加强宣传。棚户区改造政策性强，覆盖面广，任务艰巨，涉及社会各个方面和最基层群众，是一个综合性的经济、社会和群众问题。各级各部门要采取多种形式，广泛宣传，做好法规政策的宣传解释和群众的思想工作，及时公布改造政策、补偿标准、安置措施、工作进度等涉及居民切身利益的事项，提高工作透明度，取得群众的理解和支持。新闻部门要大力宣传有关棚户区改造建设的政策、举措及各地各相关部门贯彻、落实、实施情况；宣传保障性住房建设方面的好做法、好经验，让广大群众理解和支持棚户区改造工作。

六盘水市建设全国循环经济示范城市指导意见

市府发〔2012〕35号

为进一步贯彻落实科学发展观，大力发展循环经济，加快把我市建成国家级循环经济示范城市，根据《国务院关于进一步促进贵州经济社会又好又快发展的若干意见》（国发〔2012〕2号）和市委、市政府的总体部署，结合实际，制定本意见。

一、指导思想及发展目标

（一）指导思想。以邓小平理论和“三个代表”重要思想为指导，贯彻落实科学发展观，围绕“加速发展、加快转型、推动跨越”主基调，以建设实力、魅力、活力、文明、幸福六盘水为目标，以提高资源生产率和减少废物排放为抓手，以技术创新和制度创新为动力，强化节约资源和保护环境意识，加强法制建设，完善政策措施，发挥市场机制作用，促进循环经济发展。

（二）发展目标。在企业内部通过各工艺、流程之间的物质流、能量流循环，减少物料与能量的使用，形成一批资源综合利用率高、污染物排放低甚至“零排放”的生态化企业；在产业内部延长产品产业链，提高产品附加值，实现产业结构升级；在产业之间以循环经济园区为载体，形成资源共享和副产品互换的产业链接形式；在社会层面上，强化生活污水和垃圾的处理，充分利用各种生活废弃物资，农业生物废弃物，实现部分“城市矿产”和“农业资源”的循环利用，进而实现社会层面上的大循环，到“十二五”期末，将六盘水市建设成为全国循环经济示范城市和生态宜居城市。

二、重点任务

（一）建立完善全市循环经济发展政策及支撑体系建设。从理论和实践的结合上，系统研究循环经济的内涵、功能及应用方向；对循环经济发展状况进行评价和预测；开发循环经济的关键技术，大力培育主导产业和项目；开展循环经济的法规体系、经济政策和协调机制的研究，探索发展循环经济的新路子。在深入调研的基础上，研究确定我市循环经济发展方向，建立完善我市发展循环经济的机制和框架。

（二）以清洁生产为突破口，建设一批循环经济型企业。企业从事各种经济活动，直接与资源、环境以及服务对象发生联系，是实现经济发展目标和影响环境的主体。要进一步优选一批循环经济的试点企业和试点项目，全面推行清洁生产工作和生态设计工作，广泛采用各种先进成熟的技术和工艺，使试点单位（企业）产品的能耗、物耗、水耗及污染物排放量达到国内先进水平，工业用水重复利用率得到显著提高，创建废水“零排放”；引进关键链接技术，通过能源、水的梯级利用和废物回收利用，形成共生互利生态网。试点企业行业主要以煤炭及洗选产业、电力产业、煤化工产业、冶金产业、煤机制造业和建材产业和农业为重点，每年选择10户企业作为试点，探索循环经济型企业的发展路子，推行清洁生产，实施节水、节能、减污技术，建立生态工业生产链条，在全市主要产业中加快形成一大批循环经济型企业。

（三）以循环经济为理念，建设一批循环经济新型工业园区。园区是发展循环经济的载体，也是进行循环经济建设的核心，要通过创建循环经济园区，使不同企业之间形成资源共享和副产品互换的产业共生耦合，使各企业之间以及企业与社会之间在某一区域内形成闭环型资源循环利用产业，达到相互间资源的最优化配置，实现低排放，甚至零排放。要通过引进关键链接项目，实现整体整合，促进产业升级换代。重点做好红桥新区，水城经济开发区，水月、两河、木岗、岩脚等示范园区循环经济试点工作，实现园区内物流、能流和信息流的合理循环和配置。新建产业园区要按照生态工业学原理，制定相应政策和措施，科学筛选和确定入园项目，实现整体效益最大化。

（四）以减量化、资源化、无害化为目标，构建五个资源循环系统。

——建立城市中水回用系统。以污水分散与集中处理和资源化利用为原则，合理布局，形成点源、面源、区域3个不同层次的中水回用循环体系，保证城市污水资源化总体利用率达到50%以上。

——建立废物循环交换管理系统。通过政府推动、市场引导，企业实施的方式，进一步完善工业固体废物的物流交换体系，提高工业固体废物综合利用率，减少工业废物存量。

——建立城市生活和建筑垃圾减量处置系统。推行垃圾分类收集试点，逐步建立垃圾分类回收系统；通过垃圾焚烧发电等方式，加速推进垃圾的深度处理，实现生活垃圾无害化、资源化；加快医疗废物处置设施建设步伐，实现医疗垃圾处理率100%。

——建立废物回收利用系统。加强再生资源的综合利用和开发，以提高经济效益、降低资源的消耗与浪费为目标，探索建设餐饮废物生产干粉蛋白饲料示范项目，实施工业废物处置回收利用工程，开展新型包装材料的研制和推广，全面治理白色污染。

——建设新型能源示范工程。加快生态农业建设，以生物质能示范工程为重点，推行农村沼气综合利用；推广配方施肥技术，提倡有机肥、生物肥的使用；开展农作物病虫害“绿色防控”技术；在全市农村广泛建立“猪—沼—菜”“猪—沼—电”的循环发展模式；做好城区气源点规划布局以及城市集中供暖项目前期工作，逐步实施城市中心区供气、供热的清洁化。

三、发展方向

（一）完善资源开采循环系统。统筹规划重点矿产资源开发，推广先进的开采技术、工艺和设备，提高回采率、选矿和冶炼回收率。坚持科学规划、合理开发、有效利用和可持续发展的原则，保证煤炭、有色金属等重点矿产资源开发，对现有资源进行整合和优化配置，加快改造或淘汰开采工艺落后、回收率低、安全保证条件差的企业。加强矿产资源开采技术的研究，结合我市重点矿产资源的赋存特点，加强煤炭开采技术和洗选工艺技术研究，使开采利用率达到70%以上，开采损失率达到25%以下。大力推进尾矿、废石综合利用。提高煤矿废矸的综合利用率，从源头控制废矸产生量，加强井下废矸综合利用。做好矿山周围的地质灾害防治和生态环境保护，提高矿山矿界范围内地表和工业广场高林木覆盖率，减少水土流失。

（二）完善资源消耗环节循环利用系统。生产领域，重点降低煤炭、煤化工、电力、冶金、建材、农业等重点行业能源、原材料、水等资源消耗，大力开发和推广资源节约新技术、新工艺、新设备和新材料，先试点，后推广，努力降低单位产值物耗、能耗。建设领域，坚决贯彻实施《公共建筑节能设计标准》，新建建筑严格实施节能标准；巩固禁止使用实心黏土砖的成果，加大推广使用新型墙体材料的范围和力度；进一步推广使用散装水泥，倡导使用预拌混凝土、预制构件、预拌砂浆、干粉砂浆等新工艺、新技术；禁止使用淘汰的耗能耗水材料设备和落后技术，加快建筑领域清洁生产的步伐。流通领域，重点抓好汽车清洁燃料的推广工作，积极支持发展车用清洁燃料，利用天然气、液化石油气、焦炉煤气作为汽车燃料，积极推广双燃料汽车，改善和减轻随着车辆增加而带来的大气污染。

（三）完善废物循环利用系统。强化对行业污染预防和全过程控制，提高污染治理水平，对主要污染物排放实行总量控制，强力推进强制性清洁生产审核。加强工业废物的综合利用，逐步提高对煤矸石、粉煤灰、脱硫石膏等工业固体废物的综合利用率和对工业排放的废气、废热资源化利用率。加强再生水利用设施建设，提高城市中水利用率；制定相关中水利用政策，促进中水回收利用，提高中水生产率，在城市低洼区建立雨水收集系统，将收集到的雨水用于农田灌溉、林业绿化、景观喷泉用水、洗车、冲厕等，减少城镇自来水的取水量；促进城市污水处理厂处理水的资源化利用，推进废旧矿山废水的处理回收利用。加强农业生物废弃物的综合利用，加快农村沼气工程、清洁工程建设，减少农业生物废弃物对农业生态环境的污染，逐步提高农业生物废弃物的综合利用率。

（四）完善再生资源循环系统。建设废旧金属、废旧机电产品和废旧家电产品为重点的再生资源回收系统，重点建设废铜、废铝、废钢铁、废旧轮胎、废塑料、废旧电子产品、废旧木材等废旧物资回收系统及再制造基地，集中人力、物力扶植2~3家报废汽车回收拆解企业，加快再生资源的产业化基地建设进程。建立城市生活垃圾分类收集和分选系统，逐步推行垃圾分类收集，完善现有垃圾收运设施，配套建设垃圾分选处理系统和城市生活垃圾处理厂；采取多种方式，引进国内外先进技术，加快垃圾处理资源化、产业化进程。

（五）完善消费领域循环系统。重点抓好绿色消费，加大清洁能源的使用范围，开辟绿色通道、培育绿色市场、提倡绿色消费。推行能效标识产品、节能节水产品、环境标志产品、绿色食品和有机食品的认证工作。鼓励包装容器的重复使用，提倡减少一次性用品使用，严格一次性塑料袋的有偿使用制度，制定节约包装材料的政策措施，逐步禁止消费品过度包装和搭售。在财政预算单位推行绿色采购，纳入政府采购的设备、产品，在技术、服务等指标同等条件下，优先采购环境标志产品、节能节水产品，严禁采购对环境和人体健康有危害的产品，培育绿色市场体系。

四、保障措施

（一）加强组织领导。市政府已成立了由分管领导任组长，市直相关部门主要负责同志为成员的六盘水市循环经济示范城市建设领导小组，下设办公室在市环保局，具体负责领导小组的日常工作。同时，成立了“六盘水市循环经济示范城市建设服务中心”，具体负责指导、服务和推进全市循环经济示范城市建设工作。各县、特区、区要成立相应的工作机构，将发展循环经济纳入议事日程，全面推进循环经济示范城市建设工作。各级各部门要切实做好本地区、本部门的循环经济统计数据的收集和整理，确保循环经济考核评价体系真实反映循环经济的发展情况。

（二）加大对循环经济建设的投入力度。发挥政府投资对社会投资的引导作用，循环经济重大项目和技术开发、产业化示范项目，市、县两级政府要给予直接投资或资金补助、贷款贴息等支持。加大对发展循环经济的金融支持，对列入国家、省和市的重点项目，辖区内各金融机构要给予信贷支持和融资指导；争取国家支持，发行循环经济建设地方政府债券和企业债券，专项用于重大项目建设；拓宽融资渠道，积极利用融资租赁、信托、创业投资等金融工具多渠道筹措循环经济发展资金。按照“以开放促发展、以环境引投资、以资源换项目”的原则，加大招商引资力度，积极利用外资（直接、间接）和内资（市外）加大对循环经济建设的投入。

（三）利用财税、价格收费等政策促进循环经济发展。认真执行峰谷电价、季节电价、差别电价、惩罚性电价。在市级政府权限范围内，研究制定城市供水价格、再生水价格、水利工程供水价格、农业水费计收办法、超计划和超定额用水加价制度、居民阶梯式水价、煤气出厂和销售价格等方面的价格政策；适当提高城市污水处理费征收标准，全面开征城市生活垃圾处理费。认真落实资源综合利用、再生资源回收利用税收优惠政策，节能、省地型建筑鼓励政策，矿产资源补偿征收办法，水资源费征收范围及标准等，国家支持循环经济发展的财税和收费政策。

（四）加强宏观管理，创造良好外部环境。改进管理方式，提高服务水平，探索建立循环经济信息平台和清洁生产、再生资源利用信息网络，定期向社会公布企业产品、副产品和社会废旧物资供求信息，公布环境友好型项目目录和投资指南。

（五）积极引进技术，强化科技支撑。引进和开发重点行业的关键联结技术，引进废塑料、废电池、废家电、废电脑等特种废物再利用技术，推广城市中水回用、生活垃圾资源化技术，推广危险废物和有毒化学品安全利用与处置等再生资源利用技术；以市内高校为依托，积极与国内资深科研机构联系，加快建设六盘水市循环经济研究基地，形成发展循环经济的技术支撑体系。

（六）加强宣传教育。充分利用电视、报刊等新闻媒体，强化清洁生产、循环经济理念的宣传，增强各级领导干部、企事业单位和公众对发展循环经济重要性的认识，增强全社会节约能源、保护环境的责任意识，在全社会形成节约资源和保护环境的生活方式和消费模式。通过举办各种专题研讨会、技术交流会、成果推介会、新产品展览会等，从经济效益、社会效益等方面大力宣传循环经济。对浪费和破坏资源、严重污染环境的行为和现象，要进行曝光，形成强大的舆论监督作用。

五、工作职责

环保部门：牵头协调、督促落实全市循环经济工作；指导、支持和帮助示范项目的实施；定期发布循环经济工作情况；督促和指导工业企业开展强制性清洁生产审核；会同有关部门监督相关单位执行循环经济相关法律、法规和政策；研究制定支持循环经济发展的环保经济政策；定期提请领导小组召开循环经济领导小组会议；完成上级安排的其他工作任务。

发展改革部门：拟定全市循环经济发展规划；建立完善全市循环经济发展项目库；管理和上报循环经济相关产业重大建设项目，督促推进全市循环经济重点项目的实施；积极争取国家、省对我市循环经济项目政策和资金支持；制定本部门循环经济年度工作计划并定期向领导小组办公室报送工作开展情况。

经信部门：推进工业企业产业结构调整，拟定并组织实施工业和信息化节约能源、资源综合利用、清洁生产的年度计划；指导协调工业和信息化开展资源综合利用，推动循环经济改造传统产业和工业企业；督促和指导工业企业开展自愿性清洁生产；指导产业园区做好循环经济发展规划和清洁生产工作，推进生态产业园区建设；指导帮助县（特区、区）组织申报循环经济和资源综合利用项目，争取上级部门资金支持；配合有关部门研究制定支持循环经济发展的政策措施，制定部门年度工作计划并定期向领导小组办公室报送工作进展情况。

科技部门：研究确定循环经济科技发展的优先领域，推动循环经济科技开发和创新，负责引导循环经济先进科技成果的推广应用，组织实施循环经济相关科学技术的研究攻关、示范试点；组织、管理和指导循环经济重大科技项目研究工作。研究制定支持循环经济发展的科技政策措施；制定部门循环经济年度工作计划并定期向领导小组办公室报送工作开展情况。

财政部门：研究制定有关发展循环经济的财政政策，筹措发展循环经济的资金，建立生态环境补偿机制，做好发展循环经济所需经费的拨付和管理；研究制定支持循环经济发展的财政政策措施；制定部门循环经济年度工作计划并定期向领导小组办公室报送工作开展情况。

统计部门：牵头制定循环经济的统计指标体系和评价指标体系，对发展循环经济的情况进行统计分析、评价、预测和监督，提供有关统计信息和决策咨询建议；制定部门循环经济年度工作计划并定期向领导小组办公室报送工作开展情况。

住建部门：负责环境基础设施的建设，努力改善城乡环境；指导和监督企业污水处理及回收利用；负责生活污水和生活垃圾无害化处理及综合利用，组织开展创建节水型城市；研究制定支持循环经济发展的政策措施；制定部门循环经济年度工作计划并定期向领导小组办公室报送工作开展情况。

规划部门：在新一轮城市总体规划修编中，将发展循环经济纳入规划编制的重要指导思想及经济社会发展战略，切实做好循环经济项目规划服务工作；制定部门循环经济年度工作计划并定期向领导小组办公室报送工作开展情况。

交通部门：负责交通建设项目的环境管理，制定水上交通运输工具的污染防治措施，防止交通设施建设中的生态环境破坏；研究制定支持循环经济发展的交通政策措施；制定部门循环经济年度工作计划并向定期领导小组办公室报送工作开展情况。

农业部门：组织开展生态农业建设，加快农业产业和经济结构调整，大力发展无公害食品、绿色食品、有机食品等优质农产品，开展新技术、农村清洁能源、再生资源的推广应用和农业废弃物的综合利用；负责创建富有六盘水特色的生态经济示范村，努力改善农村人居环境；研究制定支持循环经济发展的农业政策措施；制定部门循环经济年度工作计划并定期向领导小组办公室报送工作开展情况。

国土资源部门：负责国土资源的保护与合理开发利用，负责矿山地质环境的监督和管理，落实国家有关循环经济发展的土地政策，制定部门循环经济年度工作计划并定期向领导小组办公室报送工作开展情况。

水利部门：统一管理和科学配置水资源，对水资源实行合理开发、高效利用、综合治理，负责水土保持和水资源可持续利用的监督管理，指导水利工程项目的生态环境保护工作，实现水资源利用与生态环境相协调，增强经济社会可持续发展的资源保障能力；研究制定支持循环经济发展的水利政策措施；制定部门循环经济年度工作计划并定期向领导小组办公室报送工作开展情况。

税务部门：认真落实支持发展循环经济的税收政策措施，对循环经济企业给予相应的税收优惠和支持；制定部门循环经济年度工作计划并定期向领导小组办公室报送工作开展情况。

物价部门：积极向上争取支持循环经济发展的价格政策措施，对循环经济产品给予价格上的政策指导；制定部门循环经济年度工作计划并定期向领导小组办公室报送工作开展情况。

质监部门：加强对循环经济企业市场准入的帮扶，积极帮助循环经济企业制定和修订产品标准，加强对循环经济企业计量设备的监督管理，推进特种设备的节能降耗及工业锅炉改造，提高循环经济企业质量管理水平及产品质量水平；制定部门循环经济年度工作计划并定期向领导小组办公室报送工作开展情况。

二〇一二年九月二十四日

六盘水市人民政府关于加大金融支持力度促进煤炭产业更好更快发展的意见

市府发〔2012〕37号

煤炭产业作为我市重点支柱产业，是实现全市经济社会更好更快发展的重要支撑。为充分发挥金融在加快煤炭资源整合、促进煤炭企业兼并重组、促进煤炭产业加速发展中的服务和支持作用，实现“立足煤、依托煤、超越煤、跳出煤”的产业转型，现提出如下意见。

一、充分认识促进煤炭产业加快发展的重要性和紧迫性

（一）切实提高对促进煤炭产业加快发展重要性的认识。六盘水因煤建市，以煤兴市。改革开放30多年来，煤炭产业始终是我市的重点支柱产业，始终是推动经济发展的主要力量，始终是财政税收的主要来源。2011年，煤炭产业对全市地区生产总值和财政总收入的贡献率分别达到38%和52.82%。各级政府和有关部门要充分认识进一步做好金融工作，对加快我市经济发展、改善民生、维护社会和谐稳定的重要意义，切实采取有效措施，积极引导银行和非银行信贷资金、民间资金参与煤炭产业发展，为煤炭企业融资创造良好条件。

（二）切实增强促进煤炭产业加快发展的紧迫感。“十二五”时期，既是我市加速发展的黄金期，又是我市加快转型的提速期，也是我市推动跨越的攻坚期和全面建设小康社会的决战期。实现增比进位、后发赶超目标，必须充分发挥煤炭资源优势，切实做好煤炭这篇大文章。当前，我市煤炭产业正处于加快整合、加快重组、加快发展的关键期，预计“十二五”期末煤炭产能将达到1.5亿吨左右。但受金融业发展滞后、融资渠道单一、政策扶持不够等因素影响，煤炭企业融资难问题比较突出。经初步统计，目前全市地方煤矿资金缺口达200亿元以上。各级政府和有关部门要进一步统一思想，紧紧抓住国家推进能源发展战略西移的机遇，以建设大型煤炭企业、大型现代化煤矿、大型煤炭基地为目标，加快煤矿技改扩能步伐，支持煤炭企业做大做强，全面提升煤炭产业的规模化、机械化、集约化和信息化水平。金融部门要找准执行国家宏观金融政策与促进地方经济发展的最佳结合点，优化信贷结构，创新金融服务，创造性地开展各项工作，在支持煤炭产业发展中壮大自身实力。

二、完善煤炭产业融资服务体系

（三）充分发挥银行业金融机构融资主导优势。市内国有商业银行要充分发挥资金实力雄厚、金融服务能力强等优势，争取更大的信贷规模，丰富煤炭产业信贷产品，积极开展煤炭企业评级授信，简化信贷手续，给予地方煤炭企业更多的信贷支持；政策性银行要加快商业性改革步伐，扩大信贷规模，探索开办煤炭企业信贷业务；邮政储蓄银行要充分发挥流动性较为充裕的优势，拓宽信贷业务范围，争取开办煤炭企业贷款业务；地方性银行金融机构要不断壮大资本实力，增强支持地方煤炭企业发展能力。

（四）充分发挥小型金融机构融资功能。大力推动村镇银行、小额贷款公司的设立进程，力争2013年村镇银行县区全覆盖、2015年小额贷款公司乡镇全覆盖。村镇银行和小额贷款公司要根据自身信贷门槛低、手续简便和审批灵活的优势，在风险可控、利率合理的前提下，为煤炭企业提供更多的贷款支持。

（五）加大“引银入市”工作力度。针对我市国有银行贷款门槛高、审批周期长，地方银行资本实力弱、难以有效满足煤炭企业信贷需求的现状，金融监管部门要加强督促指导，大力引进股份制银行、外资银行和其他金融机构在我市设立分支机构。市政府金融办要会同有关部门尽快制定“引银入市”工作方案，研究出台相关优惠政策，吸引资本实力强、信贷审批灵活的股份制银行到我市设立分支机构，培育更多适合我市煤炭产业发展需求的银行分支机构，增加煤炭企业贷款供给主体，力争3年引进银行机构主体3家以上。

三、建立健全煤炭产业融资担保体系

（六）加快担保机构建设，壮大融资担保实力。进一步做大、做优现有财政性融资担保机构，引导和鼓励设立民间资本参与、企业联合组建的融资性担保机构，形成多层次、多形式的中小企业贷款担保体系。市政府金融办、市经信委等职能部门要积极研究我市规模较大、实力较强的市级融资性担保机构组建工作方案，尽快完成组建工作。各级政府和有关部门要加强指导，引导和鼓励有实力的大型煤炭企业与中小煤炭企业联合组建融资性担保机构，切实为地方煤炭企业兼并重组提供有效的融资担保。

（七）创新担保合作方式，拓宽融资担保渠道。鼓励融资性担保机构开展跨地区、跨行业联合担保（再担保）业务。积极探索开展“桥隧担保”“担保换期权”等担保方式，推动担保机构与风险投资机构、行业上下游企业建立战略合作伙伴关系，壮大担保实力。积极发挥煤炭行业协会作用，推动地方煤炭企业建立互助性质的担保机构，鼓励其通过联保、互保等形式进行融资。

（八）探索建立融资风险担保基金，降低银行信贷风险。经信、国土资源、能源、环保、财政等部门要充分利用各类煤炭专项基金，在不违反国家相关规定的前提下，积极探索建立全市“煤炭产业融资风险担保基金”，充分调动银行金融机构发放地方煤矿兼并重组贷款的主动性和积极性。有条件的县（特区、区）可采取“财政出资+煤炭企业出资”的模式建立“煤炭产业融资风险担保基金”。

四、创新煤炭产业信贷服务模式

（九）转变经营服务理念，提高金融服务质量。银行业金融机构要增强市场竞争意识，创新服务模式，积极开展煤炭市场调研分析，建立地方煤炭企业信息数据库，变被动服务为主动服务。针对煤炭企业金融需求，推出包括财务顾问、融资服务、金融创新等全方位、专业化的综合金融服务，提供有效的融资咨询、信贷、结算等个性化金融服务。加强与证券、保险等非银行机构的合作，探索业务运营模式创新。

（十）创新信贷产品，满足多元化信贷需求。金融机构要根据煤炭企业的生产经营状况，积极探索适应其发展的信贷产品和服务形式。对资信良好、产供销状况稳定的煤炭企业逐步推广使用商业汇票；根据企业现金流量大小，稳步开发中小煤炭企业现金流量周转贷款、专利权和采矿权抵押及应收账款质押贷款、设备按揭贷款等新品种；积极探索煤炭企业的法定代表人或股东个人资产连带责任担保、经营业主联户担保等新型信贷方式。

五、拓宽煤炭企业融资渠道

（十一）推动煤炭企业上市融资。市政府金融办要建立煤炭企业上市储备库，将规模较大、管理完善、财务制度健全、发展前景较好的煤炭企业纳入储备库，加强上市工作的指导和服务，制定奖励政策，进行重点培育。按照“培育一批、上市一批、储备一批”的要求，每年筛选1~3户煤炭企业作为重点培育对象，推动煤炭企业在主板市场、中小企业市场或创业板市场上市。

（十二）鼓励煤炭企业发行债券融资。加大直接融资产品的宣传推广力度，加快培育发债主体，完善风险防控、信用增进机制，支持符合条件的煤炭企业在银行间债券市场发行中小企业集合票据、短期融资券和中期票据。

（十三）支持煤炭企业通过非银行金融机构融资。鼓励地方煤炭企业在成本可控的范围内，通过小额贷款公司、信托公司、基金公司和融资租赁公司等非银行金融机构融资。

六、改善煤炭行业融资环境

（十四）加快煤炭企业信用数据库建设。人行六盘水市中心支行要加强对煤炭企业的信用宣传，多渠道采集煤炭企业信息，扩大、丰富和完善征信系统信息量，提高对煤炭企业信用、信息服务水平。金融监管部门要结合地方实际，指导银行业金融机构建立和完善信贷风险管理机制，设立科学合理的审贷制度和信贷风险容忍度，做到金融风险防控和支持地方经济发展应有力度相协调。各银行业金融机构要建立适合煤炭企业特点的资信评估制度，尽快完善煤炭企业信用评级标准，合理确定授信额度，对征信记录良好的煤炭企业，在贷款金额、期限、利率和担保条件上给予优惠。

（十五）规范融资中介服务机构管理。公安机关要通过设立举报电话、开展专项治理等方式，加大煤炭企业融资“黑中介”的打击和处罚力度。金融中介服务机构要建立沟通联系机制，加强行业自律，规范中介行为。各级政府和有关部门要探索建立多形式、多层次的煤炭企业融资中介服务体系，为煤炭企业健康融资提供政策保障、项目评估、财务辅导、融资设计等服务。

（十六）加大金融债权保护力度。各级政府和有关部门要积极探索和建立有效的煤炭信贷风险联防联控机制和信贷损失补偿机制，成立煤炭企业不良贷款清收协调工作组，综合运用经济、行政和法律手段，最大限度地提高风险管控水平和降低贷款损失。

（十七）严厉打击非法金融行为。公安机关、金融监管等部门要依法严厉打击非法金融活动，引导民间资金通过合法渠道积极支持煤炭产业发展。金融办、经信、商务粮食、人行、银监等部门要建立联动工作机制，加强金融宣传和教育，普及金融知识；对小额贷款公司、担保公司、典当行、寄卖行等非银行金融机构加强合规性检查，严厉打击非法吸收公众存款和发放高利贷等行为，严厉查处直接或间接发放高利贷的机构或个人。

七、建立完善煤炭企业融资协调机制

（十八）建立和完善信息沟通机制。政府部门、金融机构、煤炭企业三者之间要建立和完善信息沟通机制，建立健全煤炭企业融资信息库，通过定期发布煤炭企业生产经营、融资需求信息，开展融资政策、信贷产品宣传，召开对接会、座谈会、推介会等形式，搭建煤炭企业和银行业金融机构的信息沟通平台，实现政府部门、银行、企业间的信息共享，提高企业融资效率。

（十九）建立和完善融资工作协调机制。成立政府牵头、相关职能部门参与的煤炭企业融资工作议事协调机构，及时研究和协调解决煤炭企业在融资工作中遇到的热点和难点问题，推动融资工作顺利进行。

二〇一二年十一月十二日

六盘水市临时救助制度实施办法

市府办发〔2012〕25号

第一章 总 则

第一条 为进一步健全完善社会救助体系，有效解决城乡群众临时性、突发性生活困难，根据国家、省的有关政策规定，结合我市实际，制定本办法。

第二条 本办法所称临时救助是指对由于各种特殊原因造成基本生活出现暂时困难的城乡居民家庭给予非定期、非定量的生活救助。

第三条 临时救助坚持以下基本原则：

（一）坚持保障基本生活的原则；

（二）坚持救急救难的原则；

（三）坚持便捷高效的原则；

（四）坚持公开、公平、公正的原则；

（五）坚持分级负责与属地管理相结合的原则。

第四条 临时救助制度实行各级人民政府负责制。

县级以上人民政府民政部门负责本行政区域内临时救助的实施和日常管理，财政部门负责筹集落实临时救助所需资金，监察、审计部门分别负责监督、审计临时救助资金的管理和使用发放。

乡镇人民政府（街道办事处）负责临时救助对象的审核、规定权限内较小申请数额的审批和临时救助资金的发放工作。

村（居）委会受县级民政部门以及乡镇人民政府（街道办事处）的委托，协助承担临时救助的日常管理和服务工作。

第二章 救助范围和救助标准

第五条 临时救助范围主要是基本生活暂时出现困难的城乡居民家庭，包括在当地有相应固定工作和相对固定住所半年以上的农民工等流动人口。重点对以下特殊原因导致家庭基本生活暂时难以维持的对象给予救助：

（一）家庭成员中有人患危重疾病，在领取各种医疗保险、新型农村合作医疗保险、城镇居民基本医疗保险、医疗救助报销部分和其他社会帮困救助资金后，因个人负担的医疗费数额较大，直接导致家庭基本生活难以维持的，视家庭生活困难程度，在500元—3000元范围内，一次性给予适当救助；

（二）家庭成员中有人遭遇车祸、溺水、矿难等人身意外伤害，在领取各种赔偿、保险、救助补助资金后，个人负担仍然较重，受害者家庭基本生活难以维持的，视家庭生活困难程度，在1000元—3000元范围内，一次性给予适当救助；

（三）因发生火灾等突发性意外事件，造成家庭财产重大损失，导致家庭基本生活暂时难以维持的，视家庭生活困难程度，在500元—3000元范围内，一次性给予适当救助；

（四）因支付子女或法定赡养人非义务教育阶段教育费用，导致家庭基本生活难以维持的，视家庭生活困难程度，在500元—3000元范围内，一次性给予适当救助；

（五）其他临时性特殊原因造成家庭生活特别困难的城乡困难家庭，经其他救助措施帮扶后，基本生活仍然难以维持的，视家庭生活困难程度，在500元—3000元范围内，一次性给予适当救助。

第六条 临时救助属一次性救助，原则上一个家庭同一事由一年内只能申请享受一次救助。在不同时间段因不同原因导致基本生活困难的家庭重复申请临时救助，一年内不得超过两次。同一申请中上述情况叠加的，可视家庭生活困难程度，在叠加项最高救助限额之和的范围内，一次性给予适当救助。

第七条 有下列情形的，不予实施临时救助：

（一）危害国家公共秩序和社会公共安全以及参与政府明令禁止的非法组织活动导致家庭生活困难的；

（二）因打架斗殴、交通肇事、酗酒、赌博、吸毒等原因导致家庭生活困难的；

（三）家庭有就业能力的人员，但无正当理由拒绝就业，不自食其力的；

（四）法定赡养（扶养、抚养）人未履行义务的；

（五）拒绝管理机关工作人员调查，隐瞒或不提供家庭真实收入，出具虚假证明的；

（六）无理取闹或谩骂、侮辱、威胁工作人员的；

（七）县级以上人民政府民政部门认定不应给予救助的其他情形。

第三章 救助程序

第八条 临时救助原则上按以下程序办理：

（一）申请。申请临时救助的家庭，由户主向乡镇人民政府（街道办事处）提出书面申请，乡（镇、街道）社会救助经办机构或受委托的村（居）委会受理申请并如实登记。

申请人需同时提交居民户口簿、户主身份证、家庭收入和家庭财产证明、重大支出证明、民政部门认为需要提供的其他相关证明材料。

（二）审核。收到申请后，乡镇人民政府（街道办事处）应及时组织人员，采取入户调查、邻里走访等方式进行调查核实。入户调查应至少保证1名国家干部和1名村干部参与。

（三）审批。按照救急救难的原则，采取分级审批和后置审批的方式进行。1000元以下的临时救助申请可由乡镇人民政府（街道办事处）审批；1000元以上的临时救助申请由县级民政部门负责审批。

县级民政部门要对乡镇人民政府（街道办事处）的临时救助审批情况进行入户抽查，对本级审批的临时救助对象，视情况可委托乡（镇、街道）组织入户调查，也可由本级组织入户调查。特殊情况下的应急救助可采取后置审批的方式救助，先予以救助后按规定程序办理审核审批手续。

对符合临时救助条件的家庭，应在5个工作日之内办结审批手续；对不符合临时救助条件的家庭应在5个工作日之内书面通知申请人，并说明理由。

第九条 特殊情况下，按照救急救难和便捷高效的原则，县级以上人民政府民政部门、乡镇人民政府（街道办事处）对本行政区域内农民工等流动人口中的生活困难群众、上级领导或有关部门接访转办的家庭基本生活困难人员、以及艾滋病、麻风病患者、患病弃婴、无主精神病人等实施的临时救助，在认定事实清楚的情况下，可适当简化审批手续程序。

第十条 各级临时救助的审核审批情况要及时张榜公布，接受社会和群众监督。

第四章 资金筹集和管理

第十一条 各县、特区、区设立临时救助基金，资金来源主要为：

（一）上级补助；

（二）县级财政预算安排；

（三）福彩公益金投入；

（四）社会捐助资金。

县级财政按辖区人口每人每年不低于1元的标准安排临时救助资金。各县、特区、区每年应从福彩公益金和社会捐助资金中安排一定比例用于临时救助。

第十二条 各县、特区、区在保证足额发放城乡低保金的前提下，可从本级预算安排的城乡低保配套资金中调整部分预算作为临时救助资金。

第十三条 临时救助基金实行专户储存，专账管理、专款专用，年度结余资金转下年使用，不得挪作他用。临时救助资金的使用情况要定期向社会公布，接受社会监督。

第五章 责任与监督

第十四条 救助对象不如实申报家庭收入状况，提供虚假证明、采取欺瞒等手段骗取临时救助资金的，追回冒领资金，并取消当事人当年申请临时救助的资格。

第十五条 对因玩忽职守、徇私舞弊、滥用职权违规办理临时救助或贪污、挪用、扣压、拖欠临时救助金的经办机构和人员，严格追究有关机构和人员的责任；构成犯罪的，依法追究刑事责任。

第十六条 各级民政部门和各乡镇人民政府（街道办事处）设立临时救助举报箱和监督电话，受理群众举报、投诉和咨询。各级财政、审计、监察等部门要加强对临时救助资金管理使用情况的监督检查，严惩违法违纪行为。

第六章 法律责任

第十七条 因流域性水灾、旱灾、风雹等自然灾害，以及较大范畴环境污染、破坏性灾害和不可抗拒因素造成社会性灾害实施的救助不适用本办法。

第十八条 本办法由市民政局负责解释。

第十九条 本办法自印发之日起30日后施行，各县、特区、区可根据本办法制定完善具体实施细则。

六盘水市农村养老服务机构管理暂行办法

市府办发〔2012〕26号

第一章　总　则

第一条　根据国务院《农村五保供养工作条例》、民政部《农村五保供养服务机构管理办法》和国家、省的有关规定，结合我市实际，制定本办法。

第二条　本办法所称农村养老服务机构，是指由县级人民政府民政部门或乡镇人民政府主办的，为农村“五保”供养对象和其他老年人提供供养服务的公益性机构。

农村养老服务机构作为公益性非营利组织，纳入财政全额预算事业单位管理，由各县、特区、区事业机构登记管理部门依法办理事业单位法人登记。

第三条　民政部门是农村养老服务机构业务主管部门，负责对其进行业务指导和监督管理。财政部门负责安排和落实农村养老服务机构建设、管理和“五保”对象供养资金。

乡镇人民政府负责对其主办的农村养老服务机构进行具体管理。

第四条　农村养老服务机构实行等级评定。各级人民政府应当对在农村养老服务机构建设、管理和服务工作中作出显著成绩的单位和个人给予表彰和奖励。

第二章　规划与建设

第五条　各级人民政府要加强对农村养老服务机构建设的领导，将农村养老服务机构建设纳入当地经济和社会发展规划，结合当地实际编制农村养老服务机构建设专项规划，由县级人民政府民政部门或乡镇人民政府组织实施。

第六条　农业人口达到10000人以上或农村“五保”供养对象超过50人以上的乡镇，原则上应当建设1所规模适中、基本满足当地实际需要的农村养老服务机构；也可以根据当地实际，由县级人民政府民政部门或几个乡镇人民政府联合建设农村养老服务机构。

第七条　农村养老服务机构应当遵循因地制宜、合理布局、节约实用的原则，充分利用农村“五保”供养服务中心（敬老院）资产，采取改造提升或新建等方式建设。

第八条　农村养老服务机构建设应当达到下列标准：

（一）新建、改扩建农村养老服务机构床位数不低于60张，首批吸纳供养对象入住率不低于70%，居住用房使用面积单人间不少于10平方米，双人间不少于14平方米；

（二）通水通电、环境优雅、交通方便，占地面积、生产基地与实际供养需求相适应；

（三）建筑宜为砖混结构的平房院落或三层以下楼房，室内设计应考虑供养对象生活安全需要，符合国家建设标准；

（四）生活区、文化娱乐区、生产经营区布局科学合理，功能齐全，建有厨房、餐厅、储藏室、卫生间、浴室、活动室、办公室、医疗室等配套设施，配备膳食制作、医疗保健、文化娱乐、供暖降温、办公管理等生活设施；有必要的农副业生产经营场地和设施。

第三章　供养服务

第九条　农村养老服务机构集中供养的农村“五保”对象应当符合下列条件：

（一）经县级人民政府民政部门审查确认并发证的农村“五保”供养对象；

（二）本人自愿集中供养；

（三）无传染性疾病和精神病。

第十条 农村养老服务机构应当优先供养农村五保供养对象。在满足当地农村“五保”供养对象集中供养需要的基础上，多余床位向社会开放，吸收社会老人自费寄养，并与其本人或法定赡养人签订供养协议，约定双方权利和义务。

第十一条 乡镇人民政府应当与农村养老服务机构签订农村“五保”供养对象委托供养服务协议，协议范本由县级人民政府民政部门制定，报市级民政部门备案。

第十二条 农村“五保”供养对象入住农村养老服务机构按下列程序办理：

（一）由本人提出申请，本人有意愿但无法表达的可由他人或村民委员会代为申请；

（二）村民委员会进行审查、评议，签署审核意见报乡镇人民政府；

（三）乡镇人民政府对申请供养对象进行考察、公示，组织健康检查，提出审查批准意见；

（四）村民委员会、“五保”供养对象（或监护人）与农村养老服务机构签订供养协议。

第十三条 农村养老服务机构供养对象个人私有财产按照国家有关法律规定处理，不得将其私有财产交给国家或单位作为入住集中供养的条件。

第十四条 农村养老服务机构应当向农村“五保”供养对象提供符合国家有关规定的规范服务：

（一）提供适合农村“五保”供养对象需要的膳食；

（二）提供服装、被褥等生活用品和零用钱；

（三）提供符合居住条件的住房；

（四）提供日常诊疗服务，对生活不能自理的给予护理照料；

（五）妥善办理丧葬事宜。

对未满16周岁或者已满16周岁仍在接受义务教育的农村“五保”集中供养对象，农村养老服务机构应当依法保证其接受并完成义务教育，保障所需费用。

第十五条 农村养老服务机构中“五保”对象的实际供养水平不得低于县级人民政府公布的农村“五保”集中供养标准，并随着当地村民生活水平的提高适时调整。

第十六条 农村养老服务机构供养对象膳食安排应当符合食品卫生要求，每周有食谱，每日三餐，荤素、干稀搭配合理，能满足供养对象营养需求。

第十七条 农村养老服务机构应当为供养对象建立健康档案，依托当地医疗机构定期为供养对象进行健康检查，并安排患病供养对象及时治疗。农村养老服务机构应当设立医务室，为供养对象提供日常诊疗服务。

第十八条 农村养老服务机构应当为供养对象提供热情周到的日常护理，为生活不能自理的供养对象提供必要的特殊护理。积极组织开展文化娱乐、体育健身等活动，丰富供养对象的精神文化生活。

第十九条 农村养老服务机构供养的“五保”对象死亡，应当根据有关殡葬管理规定办理丧葬事宜，供养对象所在村、组应协助农村养老服务机构从简料理后事。

第二十条 农村养老服务机构入住对象应当团结互助、讲究卫生、爱护公物、服从管理，尽量做到自主服务；自觉遵守社会公德和院内各项规章制度；积极参加有益身心健康的生产劳动和其他集体活动。

第二十一条 农村养老服务机构供养的“五保”对象自愿要求出院的，由本人提出申请，农村养老服务机构报乡镇人民政府批准；因故被农村养老服务机构动员出院的，由农村养老服务机构提出申请，报乡镇人民政府批准。

经批准出院的农村“五保”供养对象，由原所在地村民委员会派人办理出院手续，带回原居住地并妥善安排日常生活，有监护人的及时告知监护人。

第四章 内部管理

第二十二条 农村养老服务机构名称原则上

由县、特区、区名+乡镇名+养老服务中心组成，也可以保留“农村五保供养服务中心”“敬老院”等传统名称。

第二十三条 县级人民政府民政部门、乡镇人民政府举办的农村养老服务机构为公益性事业单位，纳入财政全额预算管理。可根据当地实际工作需要及养老服务机构规模，按程序申报机构编制有关事宜。

第二十四条 农村养老服务机构应当设立院务管理委员会，实行院务公开。院务管理委员会由主办单位代表、入住对象代表和工作人员代表组成，其中入住对象代表应达到二分之一以上。

院务管理委员会由农村养老服务机构全体人员民主选举产生，履行以下职责：

（一）监督各项规章制度的执行情况；

（二）监督财务收支和管理情况；

（三）监督院长和工作人员的工作；

（四）调解入住对象之间的矛盾纠纷；

（五）组织协调入住对象开展自我服务和自我管理；

（六）其他院务管理职责。

第二十五条 农村养老服务机构实行院长负责制，院长由乡镇人民政府从在编人员中选拔任命产生，报县级人民政府民政部门备案。农村养老服务机构应当与聘用工作人员签订劳动合同，保障工作人员的工资不低于当地最低工资标准，并为其办理相应的养老、医疗、工伤等社会保险。

县级人民政府民政部门应当对农村养老服务机构工作人员进行业务培训，考核合格的，准予上岗服务。

第二十六条 乡镇人民政府应当将农村养老服务机构纳入目标管理考核范围。农村养老服务机构应当建立健全岗位责任制和档案管理、环境卫生、安全保卫等规章制度，并向入住对象公开。

对农村养老服务机构院长实行年度考核，由乡镇人民政府和县级人民政府民政部门组织实施。对年度考核不称职或者信任度测评达不到50%以上的，应当进行调整或解聘。

对农村“五保”供养服务机构工作人员的考核，由院务管理委员会组织入住对象测评，对连续两次信任度测评达不到50%的应当解聘。

第二十七条 农村养老服务机构应当建立健全财务管理制度，设立专账，实行独立核算，做到资金专款专用。供养资金、工作经费、生产经营收入与日常支出等情况要按季公布，接受供养人员和社会的监督。

第五章 保障措施

第二十八条 农村养老服务机构资金来源包括：上级财政转移支付、县级财政预算、社会捐赠收入、院办经济收入和其他收入。

第二十九条 农村养老服务机构的建设资金和管理资金应当按照财政预算管理程序申报，经审核后纳入县级财政预算安排。

管理资金是指维持农村养老服务机构正常运转必须支出的各项费用，主要包括聘用人员工资、办公经费、设备设施购置维护经费和水电燃料费等。县级财政应当按农村养老服务机构入住供养人数每人每年不低于2000元安排管理资金，并根据最低工资标准的增长幅度增加管理经费。

第三十条 农村养老服务机构集中供养“五保”对象的资金应当按照县级人民政府公布的集中供养标准，纳入财政专项保障。县级财政部门应当按照民政部门核定的实际供养人数按季及时将供养资金拨付给农村养老服务机构。

农村养老服务机构应当将“五保”对象集中供养资金全部用于为“五保”供养对象提供供养服务，不得挪作他用。

第三十一条 市、县民政部门应当每年从本级福彩公益金中安排不低于20%的资金，用于支持农村养老服务机构建设和维护。

第三十二条 农村养老服务机构“五保”供养对象参加新农合由农村医疗救助资金全额资助，供养对象因病在县、乡级定点医疗机构住院的基本医疗费用补助不设起付线，新农合补助比例乡级不得低于90%，县级不得低于80%，补助后的基本医疗费用从农村医疗救助资金中统筹解决。

第三十三条 农村养老服务机构供养的“五

保”对象去世后，县级财政部门按当地一年的“五保”集中供养经费标准拨付给农村“五保”供养服务机构，作为该对象的丧葬补助。

第三十四条 农村养老服务机构可以采取多种形式开展农副业生产，其收入用于改善入住对象的生活。鼓励入住对象参加有益身心健康和力所能及的生产活动，并给予适当报酬。

第三十五条 农村养老服务机构入住对象在用电、用水、用气、电视收视等方面比照城镇低保对象予以优惠。

第三十六条 鼓励机关、企业、事业单位、社会组织、个人向农村养老服务机构提供捐赠，帮助改善供养对象的生活条件。

第三十七条 农村养老服务机构管理和使用的资产，任何单位和个人不得侵占，需要办理登记的应当依据相关规定办理登记手续。

第六章 法律责任

第三十八条 农村养老服务机构有下列行为之一的，由县级人民政府民政部门或者乡镇人民政府责令限期改正；逾期不改的，应当终止供养服务协议；造成损失的，依法承担赔偿责任：

（一）歧视、虐待入住对象的；

（二）未尽到管理和服务义务致使入住对象合法权益遭受侵害的；

（三）侵占入住对象财产的；

（四）其他违反规定的行为。

第三十九条 农村养老服务机构工作人员有下列行为之一的，予以批评教育；情节严重的，予以辞退；造成损失的，依法承担赔偿责任；构成犯罪的，依法追究刑事责任：

（一）私分、挪用、截留农村“五保”供养款物的；

（二）私分、挪用农副业生产经营收入的；

（三）辱骂、殴打、虐待入住对象的；

（四）盗窃、侵占农村养老服务机构和入住对象财产的；

（五）其他违反规定的行为。

第四十条 农村养老服务机构入住对象有下列行为之一的，予以批评教育；情节严重的，停止集中供养或寄养；构成犯罪的，依法追究刑事责任：

（一）违反农村养老服务机构规定，扰乱正常生活秩序的；

（二）打架、斗殴，造成他人身体伤害的；

（三）损毁、盗窃、侵占农村养老服务机构或者入住对象财产的；

（四）其他违反规定的行为。

第七章 附 则

第四十一条 鼓励社会组织或个人积极兴办农村养老服务机构，相关管理和服务参照本办法执行。

第四十二条 本办法由市民政局负责解释。

第四十三条 本办法自印发之日起30日后施行。

六盘水市贯彻落实大力扶持微型企业发展意见的实施意见

市府办发〔2012〕33号

为贯彻落实《省人民政府关于大力扶持微型企业发展的意见》（黔府发〔2012〕7号），全面落实全省城乡居民收入倍增计划和民营经济三年倍增计划，推动加快发展与改善人民生活协调同步，充分发挥微型企业在转变经济发展方式、优化产业结构、促进创业带动就业等方面的积极作用，现结合实际，就我市大力扶持微型企业发展工作，促进创业型城市建设提出如下意见：

一、进一步统一思想，充分认识大力扶持微型企业发展的重要性和紧迫性

微型企业是一种企业雇员人数少、产权和经营权高度集中、产品服务种类单一、经营规模微小的企业组织，具有创业成本低、使用资源少、创办速度快和成果见效快等特点，可以让更多的大中专毕业生和就业困难人员有机会创业和参与发展，缓解社会就业压力，增强经济发展内生动力。大力发展微型企业是扩大就业、改善民生、激发民间活力、促进社会和谐稳定的重要举措。大力发展微型企业不仅可以培育壮大经济社会发展新动力，培养大批有所作为的企业家，也可以营造“重商”氛围，激发全民创业激情，在加快统筹城乡发展中产生巨大的推动作用。因此，大力扶持发展微型企业发展十分迫切、意义深远。各级各部门要把思想统一到省委、省政府和市委、市政府的决策部署上来，统一到“建设五个六盘水”上来，充分认识大力扶持微型企业发展的重要性和紧迫性，把扶持发展微型企业发展作为一项政治任务抓紧、抓好、抓落实。

二、大力扶持微型企业发展的基本原则和总体目标

（一）基本原则。坚持以科学发展观为统领，创业带动就业为核心，按照“政府促进、社会支持，市场导向、自主创业，就业为先、定向扶持，加强监管、防范风险”的原则，全面落实全省城乡居民收入倍增计划和民营经济三年倍增计划，推动加快发展与改善人民生活协调同步，大力扶持微型企业发展。

1．政府促进、社会支持。各级政府在促进微型企业发展中要发挥主导作用，切实担负起规划制定、政策统筹、资金筹措、服务协调、监督管理等方面的职责。工商、财政、金融、经信、人资社保、审计、税务、监察等部门和单位要积极配合、分工协作，形成统筹安排、各负其责、齐抓共管的良好格局。

2．市场导向、自主创业。立足我市市情以及创业就业扶持政策执行的现状，利用市场导向作用引导创业者选择合适的创业项目，利用政策规范创业者的入市行为和保障创业者的合法权益，争取实现经济发展和就业增长的良性互动。

3．就业为先、定向扶持。通过“创业申请、资格审查、基地培训、结业考核、组织评审、孵化扶持、成熟放飞”的全过程服务，有条不紊地推进微型企业发展。

4．加强监管、防范风险。扶持资金必须用于有创业意愿、具备一定生产经营条件和经营能力的特定人群创业，必须做到专款专用、定人定项，必须经过严格的程序、严密的审查，确保扶持资金发挥最大效能。工商、人资社保、财政、税务、金融、监察等部门要加强信息沟通，共同防范风险，依法严厉查处套取、抽逃、转移资金的行为，保障资金安全。

（二）总体目标。2012年，全市扶持创办2500户微型企业，力争扶持创办2850户微型企业，新增就业人员12500人以上。今后，全市扶持微型企业发展目标数根据省政府确定的扶持微型企业发展目标数进行分解，孵化一批具有稳定成长前景的微型企业，培育一批具有创业经验和较强经营能力的企业家队伍。

三、大力扶持微型企业发展的扶持对象及范围

微型企业创业扶持对象应同时具备下列条件：

（一）不属于国家禁止经商办企业的人员；

（二）具有贵州省户籍（含集体户口）；

（三）无在办企业。

扶持对象创办微型企业，可采取个人独资企业、合伙企业、有限责任公司中的任一组织形式。扶持对象与他人创办合伙企业或有限责任公司，其出资比例不得低于全体投资人出资总额的50%。

创办的微型企业应符合《关于印发中小企业划型标准规定的通知》（工信部联企业〔2011〕300号）微型企业划分标准，并安排5人及以上人员（含创业者）就业，且实际货币投资达到10万元。

结合我市实际，重点扶持从事加工制造、科技创新、创意设计、软件开发、民族手工艺加工和特色食品生产等行业的微型企业。各县、特区、区、开发区可根据本地实际情况，向适合微型企业特点、需要大力发展的产业适度倾斜。

从事国家限制类、淘汰类产业的微型企业不列入扶持范围。

四、制定措施，确保大力发展微型企业的扶持各项政策落实到位

各地严格按照省政府“3个15万元”的扶持措施大力扶持微型企业发展。即投资者出资达到10万元，政府给予5万元补助，15万元的税收奖励，15万元额度的银行贷款支持。

（一）各地确保本级财政扶持补助资金落实到位。创办的微型企业，在实际货币投资达到10万元，并经审核合格后，由县级人民政府财政部门给予企业5万元补助。补助资金按省、市、县7：1：2的比例分担，各级财政按承担比例年终清算。根据我市财政收入增长状况，结合扶持对象创业需求，市级财政每年要编列微型企业扶持资金预算，用于创办微型企业资本金补助资金、设立担保基金和贷款贴息，以及扶持对象的创业培训及孵化，并做到专项列支、逐年递增、足额拨付；各县、特区、区、开发区财政也要投入专项配套资金，并确保政府补助资金到位，切实加大对微型企业创业的扶持力度。

资本金补助资金的发放和管理要遵循同步配套、定向支用、全程监管的原则。同步配套，即投资者应先行或与扶持资金同步投入企业，以反映其真实的创业意愿，防止套取财政资金、骗取信贷资金。定向支用，即资本金补助资金要按照已审定的投资计划书中明确的用途进行支付，主要用作房租费、机器设备购置费、加盟费等，不得交由投资者自由支配。全程监管，即县级微型企业发展工作领导小组办公室（以下简称“微企办”）依法对投资人实施资格审定，并对资金用途、开业状况、关闭注销、雇工情况等实行全过程监管，严厉查处套取、抽逃、转移资金和资产的行为。

（二）税务部门确保税收奖励政策落实到位。符合扶持条件的微型企业除享受国家和省、市对微型企业及特定行业、区域、环节的税收优惠和西部大开发所有优惠政策外，县级财政部门按照微型企业实际缴付的所有税收中省级及以下地方留存部分总额进行等额奖励，总计不超过15万元，实行先征后返（不限年限）。国税、地税等部门要制定相关配套措施，将税收奖励政策落实到位。

（三）金融部门确保融资与担保政策落实到位。符合扶持条件有贷款需求的微型企业，可以自有财产抵押、税收奖励为质押或信用贷款等方式，到当地银行或担保机构申请15万元额度的银行贷款或担保支持，有财政出资担保机构的县由县级财政出资的担保机构进行担保，没有财政出资担保机构的县由市级财政出资的担保机构担保，并按我市就业小额担保贷款的相关规定享受财政贴息。鼓励和支持民间资本出资的担保机构为符合条件的微型企业提供微利担保，对发展前景好、扩张能力强、符合国家及我市产业导向的微型企业提供小额贷款担保，对不具备抵押或担保条件的微型企业可由市级民营担保机构或各县、特区、区签约的社会专业担保公司为微型企业贷款提供反担保。担保公司按现行担保贷款管理办法的最低标准且不高于担保额的2%收取担保费。金融机构要积极创新金融产品和服务，为扶持对象提供贷款和担保支持。

符合扶持条件的微型企业，享受行政事业零收费政策，即所有涉及微型企业创办的管理类、登记类、证照类等行政事业性收费全部免收。创办的微型企业符合国家有关部门政策支持的，可依据相关规定进行申请。有关单位和部门要制定相关措施，确保其他扶持政策落实到位。

五、规范程序、严格审查、公开公平公正，强化对扶持微型企业发展工作的监督管理

（一）严格审核发放扶持资金。各县、特区、区人民政府、各经济开发区管委会要组建扶持资金发放评审委员会，建立联审制度，制定严格的扶持资金审查发放规则。严格审查投资者资格条件、投资计划书的可行性等，评审结果面向社会公开。申请人或其他组织、个人对是否给予扶持的决定有异议的，可向市微型企业发展工作领导小组申诉。

（二）定期公开扶持工作情况。各县、特区、区、开发区微企办要定期公示财政资金补助、税收奖励资金、银行贷款和担保支持的情况，公布财政扶持资金的使用情况和受助创业者、企业的基本情况，接受公民、组织对公布信息的查询，并在每年的第一季度公布上一年度微型企业创业投资扶持计划推进报告。

（三）严肃查处违规违纪行为。微型企业创业扶持工作涉及多项资金的安全，必须加强风险防范，坚决查处投资者套取、抽逃、转移扶持资金以及工作人员以权谋私等违规违纪行为。

六、加强对微型企业发展工作的领导

（一）加强统筹协调。市政府成立由分管副市长任组长，分管副秘书长、市工商局、市财政局、市人资社保局主要负责人任副组长，市政府督查室、市监察局、市委宣传部、市工商联、市金融办、市经信委、市审计局、市国税局、市地税局、六盘水银监分局、人行六盘水市中心支行、市商业银行、省农信社六盘水办事处等部门和单位负责人为成员的市微型企业发展工作领导小组，负责协调微型企业发展所涉及的各方面问题，审议涉及扶持微型企业发展工作的规则、制度，监督全市各地各部门落实市政府大力扶持微型企业发展的各项政策措施。各县、特区、区、开发区也要成立相应的机构，切实加强对微型企业发展工作的领导。

各级各有关部门要在明确分工、各负其责的基础上，密切配合、齐抓共管。由市工商局牵头全市扶持微型企业发展工作，领导小组办公室设在市工商局，具体负责市微型企业发展工作领导小组办公室的日常工作，牵头与成员单位共同开展扶持微型企业发展全面工作。其中，市工商局：负责指导、协调、监督全市扶持微型企业发展工作；负责制定扶持微型企业发展操作程序；宣传扶持微型企业发展政策；牵头会同市人资社保、经信、商务等部门编制微型企业发展规划及创业投资促进计划；指导开展创业培训及微型企业孵化工作；监督微型企业创业扶持资金的使用；对微型企业发展进行全过程监管；利用好注册管理网络平台，审核微型企业注册资本金的到位情况；办理微型企业登记注册；在规定期限内完成审查、资料收集和反馈工作，做好微型企业“出生率”和“存活率”及其他相关数据的统计分析。市财政局：负责编制微型企业扶持资金预算，协同工商、人资社保等部门做好微型企业扶持专项资金的筹措、审核、拨付和监管；将微型企业发展扶持资金落实到位；2012年起将微型企业发展资金列入财政预算。市人资社保局：负责以SIYB创业培训为依托开展好扶持微型企业发展创业培训工作，依托基层工商网络开展扶持微型企业发展工作；负责与承办金融机构协同进行就业小额担保贷款申请的审查。税务部门：负责税费的征收和优惠政策的执行。金融管理部门：负责指导、监督信贷资金的落实。监察部门：负责监督扶持微型企业发展政策的执行；负责优化政务环境，推进政务中心规范化建设，解决乱执法、乱收费等问题；及时处理创业者的举报投诉。经信、农业、商务、国资、科技、文化、教育、民政、残联等部门和单位要主动配合工商部门做好促进扶持微型企业发展的相关工作。

（二）强化宣传引导。各有关部门要运用

各种宣传手段，切实加大扶持微型企业发展相关政策的宣传力度，激发和引导扶持对象的创业热情，为推动扶持微型企业发展营造良好舆论氛围。

（三）优化创业服务。各有关部门要及时向微型企业及其投资者提供法律、法规、政策等各类信息咨询服务，建立完善技术、信用、融资、市场等各类信息的服务平台。在办理有关手续时，可采取集中式办公等方式提高工作效率。任何单位和个人不得以任何名义干扰企业的正常生产经营活动，不得摊派或强令企业回馈和捐赠，不得违反规定加重企业负担，切实维护微型企业的经营自主权。

各级各部门要抓好本意见的贯彻落实，根据各自的工作职责尽快制定具体的配套政策和实施办法，要建立目标责任考核制度，将扶持微型企业发展工作纳入年度考核和干部考核的内容。市微型企业发展工作领导小组和市政府督查室将对各县、特区、区、开发区和市有关部门落实本意见的情况进行督查，具体由市微型企业发展工作领导小组和市政府督查室组织实施，以推动各项扶持政策的落实，确保扶持微型企业发展工作卓有成效。

六盘水市全民科学素质行动计划纲要实施方案（2011~2015年）

为推动新时期全民科学素质建设，全面提高我市公民科学素质，根据《国务院关于印发全民科学素质行动计划纲要（2006—2010—2020年）的通知》（国发〔2006〕7号）和《省人民政府办公厅关于印发贵州省全民科学素质行动计划纲要实施方案（2011~2015年）的通知 》（黔府办发〔2012〕10号）精神，结合我市实际，制定本实施方案。

一、背景和意义

自2006年国务院颁布实施《全民科学素质行动计划纲要》（以下简称《科学素质纲要》）以来，我市各级党委、政府高度重视，市、县（特区、区）成立了全民科学素质工作领导小组，建立健全了领导小组工作规则，制定了实施方案。各县（特区、区）和市全民科学素质工作领导小组各成员单位通力配合，按照各自的职责，采取有效措施推进全民科学素质工作开展，初步形成了政府主导、部门协作、社会参与的工作格局。我市全民科学素质工作环境不断改善，科普队伍日益壮大，科普设施不断完善，大众传媒科技传播能力有所增强，科学教育和科普活动广泛开展。未成年人、农民、城镇劳动者、领导干部和公务员等重点人群科学素质行动稳步推进，带动了我市全民科学素质整体提高，较好地实现了“十一五”全民科学素质工作目标，为“十二五”开局和实现2020年长远目标奠定了基础，为推动我市经济社会全面协调可持续发展、构建和谐社会做出了积极贡献。但我市公民的科学素质水平与全国甚至西部地区的平均水平相比仍有较大差距，一些单位对公民科学素质建设的重要性认识不足，重视不够，工作缺乏积极性和主动性；科普经费投入不足，科普基础设施建设和科普队伍建设仍需加强；公众缺乏对全民科学素质工作的了解，社会各界参与全民科学素质工作的积极性尚未充分发挥。

“十二五”时期是我市贯彻落实《国务院关于进一步促进贵州经济社会又好又快发展的若干意见》（国发〔2012〕2号）和省第十一次党代会、市第六次党代会精神，大力实施“工业化、城镇化、农业现代化”战略，实现“加速发展、加快转型、推动跨越”，打造现代特色都市，建设“五个六盘水”的关键时期。是继续实施科教兴市、生态立市、人才强市，实现科学发展的重要时期。进一步加强我市公民科学素质建设，大力提高广大公民的科学素质，对增强我市自主创新能力，转变经济发展方式，保障和改善民生，构建和谐社会，促进经济社会又好又快、更好更快发展具有重要的意义。

二、指导方针和工作目标

（一）指导方针

高举中国特色社会主义伟大旗帜，以邓小平理论和“三个代表”重要思想为指导，深入贯彻落实科学发展观，坚持“政府推动、全民参与、提升素质、促进和谐”的指导方针，围绕“节约能源资源、保护生态环境、保障安全健康、促进创新创造”的工作主题，着力推动科学技术教育、传播与普及，不断提高全民科学素质，为促进我市经济社会全面协调可持续发展，全面建设小康社会打下坚实的人力资源基础。

（二）工作目标

到2015年，科学技术教育、传播与普及在“十一五”基础上显著发展，公众获取科学技术知识渠道进一步拓宽，对科学技术的态度更加理性，处理实际问题、参与公共事务的能力得到提高，我市公民具备基本科学素质的比例高于全省平均水平。

——贯彻落实科学发展观有新成效。突出工作主题，加强对低碳生活、防灾减灾、公共安全、创新创造、身心健康等观念和知识的宣传普及。倡导建立资源节约型、环境友好型社会，促进人与自然和谐相处，提高生态文明水平，推动经济社会发展向主要依靠科技进步、劳动者素质提高、管理创新转变。

——公民提高自身科学素质的主动性显著增强。公众了解科学技术知识，掌握科学方法，树立科学思想，崇尚科学精神的愿望不断提高，运用科学知识和方法处理实际问题和参与公共事务的能力进一步增强。全面开展社区居民科学素质行动，继续推进未成年人、农民、城镇劳动者、领导干部和公务员等重点人群的科学素质行动，带动全民科学素质整体提高。

——公民科学素质建设的公共服务能力大幅提升。全民科学素质建设的组织实施、基础设施、条件保障等体系进一步完善。继续推进科学教育与培训、科普资源开发与共享、大众传媒科技传播能力建设、科普基础设施工程，特别是要加快社区科普设施建设和利用信息技术等新技术构建科普新模式。

——公民科学素质建设机制更加完善。资源共享机制逐步完善，资源集成和有效利用得到加强，公益性科普事业与经营性科普产业并举的体制初步建立。动员激励机制不断完善，社会各方面参与科学素质建设的积极性明显提高，社会化工作格局基本形成。联合协作的工作机制不断完善，全民科学素质工作的合力不断增强。

三、重点任务及分工

（一）实施未成年人科学素质行动

以培养社会主义建设接班人为总体目标，以学校（幼儿园）科学教育为基础，以提高课堂教学质量和丰富课外、校外活动内容为手段，推进幼儿园、义务教育阶段和高中阶段的科学教育，激发未成年人学习科学知识的兴趣和创新精神，培养科学的思维方式和行为习惯，使其实践能力和整体科学素质得到显著提高。

——推广学龄前科学启蒙教育。在各类幼儿园日常教育中融入科学启蒙教育，使幼儿初步了解科学。鼓励幼儿园、社区和家庭结合幼儿特点，利用身边的事物与现象，通过游戏活动等方式，激发幼儿的认知兴趣和探究欲望，养成良好的行为习惯。

——推进义务教育阶段科学基础教育。合理安排科学教育课程，提高教学质量和效果，帮助学生掌握基本的科学知识与技能，培育学生的动手实践能力和创新精神。加强信息技术教育，培养学生运用互联网学习和获取信息的能力。在中小学校开展以科普为主要内容的团队活动，围绕环境保护、节能减排、创新创造、生命教育、安全避险等专题开展科普教育。

——深化高中阶段科学素质教育。引导高中阶段学生树立终身学习的理念，培养“学科学、爱科学、用科学”的情感，以实践探究为重点培养方式，培养学生的科学方法、科学态度、科学行为习惯和价值观，结合与科学相关的研究性学习、社区服务和其他社会实践，提高其解决科学问题的能力，促进自身科学素质较义务教育阶段有较大提高。

——丰富校外和课外科学教育活动。组织动员科技工作者和教育工作者与青少年开展面对面的科技交流活动。根据未成年人各年龄段的生理、心理特点和知识能力，广泛开展课外科技活动兴趣小组、“科技创新大赛”“‘七巧科技’系列科普竞赛”“大手拉小手科技传播行动”“科学调查体验活动”、中学生进科研院所（实验室）等活动，重点办好青少年科技创新大赛和中小学生科技竞赛等科技活动。

——营造崇尚科学的校园文化氛围。在创建平安校园、文明校园、绿色校园、和谐校园活动中，普及保护生态环境、节约能源资源、心理生理健康、安全避险自救等知识，加强珍爱生命、远离毒品和科学文明、反对愚昧迷信的宣传教育。推动开展学校科技节、科技周等常规教育活动，营造“学科学、爱科学、用科学”的文化氛围。

——建立完善校外科技活动与学校科学课程的衔接机制。建立校外科技活动场所与学校科学课程相衔接的长效机制，全市科普教育基地、展览馆、博物馆、大专院校和科研院所实验室、动（植）物园、大企业和农业科技园、农村科普示范基地等科学教育场所，要定期向未成年人开放。各类青少年科技活动场所要加强面向未成年人的科技展教活动，加快科技展教品的配备，使其成为未成年人的科技活动中心。

——发挥家庭教育在提高未成年人科学素质中的作用。通过中小学校利用家长会、家校联系会议等形式，引导未成年人的父母或其他监护人树立正确、科学的教育观念，并给予教育方法指导，鼓励其为未成年人进行科学实践活动提供条件，引导未成年人广泛接触自然、社会，培养亲近自然的情感。

——巩固普及义务教育成果，切实提高农村中小学科学教育质量。结合农村实际，加强农村中小学现代远程教育的科学教育资源建设，发展针对农村校外未成年人的非正规教育，开展生活能力和生产技能培训等科普活动。面向农村未升学的初高中毕业生大力开展农业实用技术和职业技能培训，帮助他们掌握1~2门农业生产实用技术或职业技能。

（牵头单位：市教育局、团市委，责任单位：市委宣传部、市科技局、市人资社保局、市文体广电局、市环保局、市安监局、市卫生局、市妇联、市社科联、市文联、市科协）

（二）实施农民科学素质行动

紧紧围绕推进社会主义新农村建设和实施农业现代化战略，结合我市农业产业发展需要和农民自身需求，努力探索符合实际的科学教育、传播和普及模式，大幅提升农民依靠科技发展生产、改善生活和增产增收致富能力。

——加大对农民的科普服务力度。围绕“四在农家”创建活动和农业科学生产、增效增收以及农村劳动力转移的职业技能需求，依托农村科学教育、传播与普及的服务组织网络，为农村经济发展和农民科技致富服务。鼓励各类农科教机构、组织、企业和其他社会力量参与多元化的农技推广服务，有效形成服务“三农”工作机制，提高农民获取科技知识、技术技能和发展生产的能力。

——建立完善的农民教育培训体系。继续实施“农村党员干部现代远程教育工程”“新型农民培训工程”“农村劳动力培训阳光工程”“星火富民科技工程”“生态家园富民行动”“农村实用人才培养百万中专生计划”“科普惠农兴村计划”“科技致富‘二传手’培训工程”“双学双比”“巾帼科技致富工程”，大力开展系统化、规范化的农民科技培训和农村党员、基层干部科学技术及经济知识培训，提高广大农民群众的科学素质和生产技能，帮助广大农民树立科学生产和现代市场经济意识，提高农民专业化生产、产业化经营能力。继续实施农村劳动力就业培训，围绕农村特色产业、农产品加工业、农村清洁能源等，积极开展农村劳动力就地、就近转移就业培训。着力培养有文化、懂技术、善经营的新型农民。

——加强对农民的科普宣传教育。普及卫生防病知识和科学健身知识，引导农民养成良好的卫生习惯和科学的生活方式。促进保护生态环境、节约水资源、保护耕地和防灾减灾等科学理念、知识和技能的普及，倡导建立科学、文明、健康、环保的新型农村社区。加大移风易俗和反对愚昧迷信、陈规陋习等内容的宣传教育，重点传播科学的思维方法，努力提高农民的基本科学素质，全面促进社会主义新农村建设。深入开展文化、科技、卫生“三下乡”，探索科技工作者“常下乡，常在乡”的长效机制。

——夯实农村科普基础设施建设。加大乡科普站、村科普协会、科普活动室、科普宣传栏、科普宣传员的“五个一”科普体系建设，并以此为依托，充分发挥农村专业协会、农村科普示范基地和科普带头人的示范带动作用，组织开展农村科普活动，提高农民的科学素质和依靠科技发展生产的能力，推进我市社会主义新农村建设。

——实施科普惠农项目，推进农村科技新型社会化服务组织建设。进一步加大“科普惠农兴村计划”项目的培育力度，深入实施“科普惠农兴村计划”。大力推进农村专业合作组织和农村科普示范基地的建设和发展，依托各级农业技术推广机构、农村专业合作组织、农产品生产加工龙头企业和农村科普示范基地建立“科普惠农服务站”，为广大农民提供技术咨询和技术服务，做好产前、产中、产后全程跟踪服务。引导各级涉农学（协）会，组建促进我市“九大农业产业”发展的农业专家科技服务团和科普志愿者队伍，形成动员科技人员为“三农”服务的长效机制。

——推进农村公共文化服务体系建设。以乡（镇）综合文化站建设、“文化信息资源共享工程”“农村电影放映工程”为载体，广泛开展群众喜闻乐见的文化活动，引导农民掌握健康积极的生活方式，切实促进农村物质文明、政治文明和精神文明协调发展。结合“农家书屋”工程建设，在农村建立科普宣传教育和传播科学知识阵地，不断拓宽农村经济发展渠道，促进农民科学素质提高。开展节约资源、综合利用农业废弃物和反对封建迷信、反对邪教、远离“黄赌毒”等科普宣传活动。

（牵头单位：市农委、市科协，责任单位：市委组织部、市委宣传部、市经信委、市民委、市教育局、市科技局、市人资社保局、市财政局、市文体广电局、市环保局、市卫生局、市林业局、市民政局、市扶贫局、市安监局、市总工会、团市委、市妇联、市社科联、市文联）

（三）实施城镇劳动者科学素质行动

围绕城镇化、工业化和发展现代服务业的需求，有序开展各类职业技能培训。以培养学习能力、职业技能和技术创新能力为重点，提高第二、第三产业从业人员科学素质，使其更好地适应经济社会发展要求。围绕城镇化进程要求，提高进城务工人员的职业技能水平和适应城市生活的能力，提高失业人员的就业能力、创业能力和适应职业变化的能力。

——开展科学教育培训。坚持学校教育与继续教育相结合，完善社会教育体系，不断提高科学素质。引导企事业单位参与建立工学结合的职工教育和培训体系，加强创新方法的宣传普及，提高职工的科学素质，充分发挥网络资源的作用，开展技术交流和技能竞赛活动，鼓励倡导群众性技术创新和发明。倡导和普及低碳经济、节能降耗、保护环境、安全生产、健康生活等观念和知识，激发自身提高科学素质愿望，增强获取知识改变生活方式的能力。

——开展职业技能培训。实施技能型人才培养工程，各地、各有关部门根据区域经济和行业发展需要，制定本地区和本行业技能型人才培养规划，加快生产、服务一线急需的技能型人才的培养，特别是现代服务业技能型紧缺人才的培养。以提高城镇失业人员技能水平和就业能力为目标，开展多层次、多形式的职业技能培训。根据企业用工需求和劳动者就业需求，组织订单式、定向式培训，提高劳动者职业技能水平。围绕企业自主创新和现代服务业发展需求，以学习能力、职业技能和技术创新能力为重点，提高第二、第三产业从业人员科学素质。强化外来务工人员的技能培训和知识普及，针对新生代农民工的需求和特点，广泛开展科普进工地等活动。建立外来务工人员和用工单位、劳务输出组织共同开展职业培训的机制。继续实施外来农民工特别培训计划，在家政服务、护理等行业免费为外来农民工提供职业技能培训服务。

——加强专业技术人员继续教育工作。实施新的专业技术人才知识更新工程，举办专业技术人员高级研修班，帮助专业技术人员开展技术攻关、解决技术难题和参加跨行业、跨学科及学术研讨、技术交流活动，进一步促进专业技术人员能力水平和科学素质的全面提升。

——开展日常性职工科普教育活动。继续深入推进“创建学习型组织、争做知识型职工”“讲理想、比贡献”等活动，结合创新工作方法，着力打造一批学习型、创新型、技能型团队。充分发挥企业科协、职工技协、研发中心等组织和机构的作用，举办面向职工的专题讲座，组织专家团队深入非公企业和国有大中型企业开展送科技活动。在企业内部刊物、广播、闭路电视、局域网络上开办科普专栏，设立科普橱窗、职工书屋等，充分利用实验室、产品陈列室等建设科普宣传阵地。加大面向科技工作者的健康知识科普宣传，组织开展健康讲座、心理培训等宣传教育活动。

（牵头单位：市人资社保局、市总工会，责任单位：市委宣传部、市教育局、市经信委、市民政局、市科技局、市文体广电局、市卫生局、市安监局、团市委、市妇联、市社科联、市文联、市科协）

（四）实施领导干部和公务员科学素质行动

围绕市“十二五”经济社会发展目标和市委、市政府中心工作，将提高科学素质贯穿于领导干部和公务员选拔录用、教育培训、综合评价全过程，增强领导干部贯彻落实科学发展观的自觉性和科学执政能力，增强公务员终身学习和科学管理的能力，为提升全社会的科学素质发挥示范带头作用。

——加强领导干部和公务员的科技教育培训。根据《2010~2020年干部教育培训改革纲要》《2011~2015年行政机关公务员培训纲要》，继续深入开展大规模培训干部、大幅度提高干部素质工作，将学习实践科学发展观、普及科学知识、弘扬科学精神、提倡科学态度、讲究科学方法作为领导干部和公务员教育培训的重要内容。抓好市、县两级党政领导、各级科技行政管理干部、科研机构负责人和国有企业负责人等科学教育培训。各级党校、行政学院和各类干部培训机构要将科学素质教育内容列入教学计划。

——加强学习型机关建设，注重培养领导干部和公务员的科学素质。在党委（党组）中心组理论学习中，将科学发展观、建设创新型国家等战略思想以及国家、省和我市的科技发展规划作为重要内容。在组织干部学习、培训、自主选学和在线学习中，强化工业技术知识、工业经济知识、工业产业知识、城镇化建设知识以及现代农业知识和农业产业化知识的学习，加强科学知识、科学方法、科学思想、科学精神的学习。通过学习，提高各地、各部门领导干部领导科学发展的能力，提高党员干部、公务员的综合素质和履职能力，为我市“加速发展、加快转型、推动跨越”，打造现代特色都市，建设“五个六盘水”提供坚强的组织保障和智力支持。

——在领导干部和公务员选拔录用、综合评价中体现科学素质的要求。建立体现科学发展观要求的干部综合考核评价体系。在党政领导干部、国有企业负责人等公开选拔考试大纲和题库中，适当增加提高科学素质的具体内容。在公务员录用考试中，强化科学素质有关内容。

——举办面向领导干部和公务员的各类科普活动。举办科技知识讲座、科学素质竞赛、主题演讲和科学素质大讲堂等活动。组织领导干部和公务员到科技创新型企业、科研单位和科普场所等参观学习。各级党政领导干部和公务员要在每年的科技活动周、全国科普日和有关科学纪念日期间带头参与科普活动。

（牵头单位：市委组织部、市人资社保局，责任单位：市全民科学素质工作领导小组各成员单位）

（五）实施社区居民科学素质行动

搭建社区科学素质建设平台，广泛开展社区居民科学素质教育。依托社区内外科普资源，以广泛深入的社区科普活动，提升社区科普服务能力，完善社区公共服务体系，推动文明、和谐社区建设。

——建立健全社区居民科学素质工作体系。加强各级政府和相关部门对社区居民科学素质工作的协调与服务。根据社区的实际状况与需求，明确责任主体，配备专（兼）职人员，建立必要的工作队伍，将科学素质工作列入年度工作计划，落实经费预算，切实把社区居民科学素质工作落到实处。

——开展社区科普宣传和教育活动。围绕安全健康、节能环保、防灾减灾等内容，开展科教、文体、法律、卫生“四进社区”、全民健康科技行动、节能减排家庭行动、心理健康咨询等活动。发挥社区在提高劳动者科学素质、服务民生和促进社会和谐方面的作用，面向老年人、少年儿童开展科学生活、安全生活、健康生活等宣传教育活动，引导未成年人正确使用网络资源，拒绝不良信息。面向新生代农民工开展提升自身素质、适应城市生活的宣传教育活动。

——实施社区科普益民计划。充分依托社区公共服务场所和设施，建立完善社区科普活动室、科普图书室、科普画廊等基础设施，拓展和发挥科普功能。结合社区信息化建设，发挥互联网、移动通信、移动电视等新型传媒功能。健全街道科协、科普协会，社区科普小组等网络组织。建立健全社区科普宣传员和科普志愿者队伍。开展科普示范社区、楼宇、家庭等创建活动。

——创新社区科普工作模式。逐步实现科普资源主要由政府投入向政府引导、社会投入等多种模式共存的格局发展。要充分利用、整合社区内外科普资源，在科普产品、信息资源、人力资源等多方面建立共享机制。鼓励学校、企事业单位、科研院所、科普场馆、科普教育基地积极参与社区科普活动，形成社区科普工作合力。

（牵头单位：市委宣传部、市科协、市民政局，责任单位：市经信委、市教育局、市科技局、市卫生局、市环保局、市文体广电局、市安监局、团市委、市妇联、市社科联、市文联）

（六）实施科学教育与培训基础工程

加强科技教师队伍、培训教材和基础设施建设，进一步改进和创新教育培训方法，提高教育培训质量，增强教育培训的吸引力，激发公众接受科学教育与培训的自觉性和积极性，使科学教育培训的效果明显增强。

——大力提高教师的科学素质。合理选拔从事科学教育的专门人才。建立中小学教师科学素质培训机制，在教师培训和进修中，增加科学教育内容。推进中小学教师科学素质与课程实施能力建设，广泛开展中小学科学教师之间的业务交流，提高实施科学教育的能力和水平。以县级和县级以下幼儿园、中小学科学教育教师培训为重点，加强科学教育骨干教师培训。

——完善科学教育培训教材。改革教学方法，以创新意识和实践能力培养为重点，形成适应不同对象需求、满足科学教育培训要求的教材教法。根据农民、城镇劳动者、社区居民、领导干部、公务员的特点和需求，以科学发展观、先进实用技术、职业技能、现代科技知识为主要内容编写科学教育培训教材，加强职业教育、成人教育及各种科学素质教育培训教材的修编和完善。

——加强教学基础设施建设。充分利用现有教育培训场所、基地，配备必要的教学仪器和设备，为开展科学教育培训提供基础条件支持。加强中小学特别是农村中小学科学教育基础设施建设，完善实验室、图书室的功能，配齐实验仪器、教具、音像设备、计算机等教学器材，并面向社会提供服务。

（牵头单位：市教育局、市人资社保局，责任单位：市委组织部、市委宣传部、市发展改革委、市农委、市经信委、市科技局、市卫生局、市林业局、市总工会、团市委、市妇联、市科协、市社科联）

（七）实施科普资源开发与共享工程

加强科普资源建设，引导、鼓励和支持科普产品和信息资源的开发，丰富资源种类和总量。加强现有科普资源有效整合，建立高效资源共享和交流机制，充分发挥科普资源社会效益。

——推进科技成果转化为科普资源。积极探索将学术交流与科普活动紧密结合的新途径，充分发挥科技社团联系科技工作者和科普创作团队的作用，选择适宜向公众传播的科技成果，探索将科技成果转化为科普资源的机制。鼓励和支持科研项目承担单位和负责人将科研成果向社会公众传播，扩大科研成果对社会的影响。

——促进原创性科普作品的创作。加大对优秀原创科普作品的扶持、奖励力度，鼓励社会各界参与科普作品创作。探索科普产品的新形式，开发适用于电信、互联网、广播电视“三网融合”需要的新型科普资源。加强合作交流，促进我市科普创作整体水平的提高。

——加强科普资源的开发与共享。开展简便易行、具有特色的科普展览和科普活动，增加图书馆、文化馆、活动中心等场所和学校、社区等基层单位的科普内容。促进科普展教活动与学校科学课程教学、综合实践和研究性学习相衔接。博物馆、展览馆、科普教育基地等各类科普设施，在科技周、科普日等大型科普活动期间，免费向社会公众开放。

（牵头单位：市科协、市科技局，责任单位：市委组织部、市委宣传部、市农委、市经信委、市教育局、市环保局、市文体广电局、市卫生局、市林业局、市安监局、市总工会、团市委、市社科联、市文联）

（八）实施大众传媒科技传播能力建设工程

进一步提升各类媒体科技传播质量和效果，充分发挥新型媒体科技传播功能，组织实施“百万公众网络学习工程”，形成多层次、全方位、立体化的科技传播新格局。

——提升大众传媒从业者的科学素质与科技传播能力。有计划地开展大众传媒从业者科学素质培训，增强其在传播科学知识、弘扬科学精神中的主动性与责任感，增强坚持科学态度、自觉抵制伪科学、反科学的意识。吸收自然科学类专业毕业生充实科技宣传报道队伍。推动科技社团与媒体交流互动，提高媒体从业者客观准确报道最新科技创新成果、具有科技背景的社会热点话题以及自然灾害、突发公共卫生事件的能力。

——加大新兴媒体科技传播力度。发挥互联网、移动通信、移动电视等新兴媒体在科技传播中的积极作用，推动电视台、广播电台增加科技节目的播出时间，《六盘水日报》《乌蒙新报》增加科技专栏的数目和版面，政府网站和六盘水市科协网站加强科技专栏建设。

——深入推进，广泛宣传，进一步开展“百万公众网络学习工程”活动。以“贵州数字图书馆”为平台，以领导干部及公务员、青少年学生、农民、城镇劳动者、社区居民为重点对象，引导广大公众树立理性用网、健康上网的观念，促进浓厚的网络学习氛围在全社会的形成，推动创新型社会的建设。

（牵头单位：市委宣传部、市文体广电局，责任单位：市农委、市经信委、市教育局、市科技局、市卫生局、市总工会、团市委、市妇联、市科协、市社科联、市文联）

（九）实施科普基础设施工程

提升现有各类科普基础设施的科普能力，拓展社会设施资源的科普功能，推进基层科普基础设施建设，优化科普基础设施布局，形成各类科普基础设施优势互补、协同发展的良好格局。

——提升现有科普基础设施的科普能力。推进现有科普教育基地的内容更新和发展建设，并定期向社会免费开放。推动青少年活动中心、妇女儿童活动中心、图书馆、科普教育基地等设施增加科普教育功能。鼓励有条件的企业向公众开放研发机构、生产设施（流程）或展览馆，建设专门科普场所。

——加快科普基础设施建设。各地要将科普基础设施建设纳入当地经济和社会发展总体规划及基本建设计划，加大对公益性科普设施建设和运行经费的公共投入，不断满足公众参与科普活动的需求。建成六盘水科技馆，在市中心城区建成10个电子科普画廊，各县（特区、区）建成1个以上专业性的科普场馆，建成一批具有专业或产业特征场馆的科技和科普教育基地，鼓励有条件的企事业单位和社会力量建立有专业特色的科普场馆，鼓励社会各界对公益性科普设施建设提供捐赠、资助，参与科普基础设施建设。初步形成以市科技馆为核心，以成片科普教育基地为基础的科普场馆体系和以大众传媒为主体的网络化、立体化的科普宣传体系，从而增加公民提高自身科学素质的机会与途径。

——加强基层科普基础建设。在充分利用和整合现有资源的基础上，到2015年底，全市60%的街道（乡镇）、社区（行政村）建有科普活动站（室），60%的社区（行政村）建有科普画廊（宣传栏），不断拓展科普服务能力。有条件的中小学利用现有的教育培训场所建立青少年科学工作室。

（牵头单位：市发展改革委、市科技局、市财政局、市科协，责任单位：市委组织部、市教

育局、市人资社保局、市环保局、市农委、市卫生局、市林业局、市总工会、团市委、市妇联）

（十）实施科普人才建设工程

提升科普人才队伍整体素质，培养和造就一支规模适度、结构优化、素质优良的科普人才队伍。不断壮大兼职科普人才队伍，积极发展科普志愿者队伍。大力培养面向基层的科普人才。

——培养农村实用科普人才队伍。依托农村党员基层干部、基层科普组织人员、农村专业协会业务骨干、农村科普带头人和基层科技、教育工作者以及离退休人员，积极发展科普志愿者队伍，向群众传递科技信息，组织群众参与科技教育、传播与普及活动。利用农业技术推广机构、农村专业合作组织、农广校等，采取培训、示范和实践相结合的方式，培养农村实用科普人才，提高科普服务能力。

——培养社区科普人才队伍。结合科教进社区、卫生科技进社区、全民健康科技行动等活动以及实施社区科普益民计划，建立社区科普宣传员队伍。依托高校、科研机构、科普组织、科普场馆、科技社团等，建设社区科普人才培养培训基地。鼓励学校、科研机构、企业、科技社团、科普场馆、科普教育基地等企业事业单位的专业人才积极参与社区科普活动，建立社区科普人才队伍交流协作机制。

——培养企业科普人才队伍。充分发挥企业科协、职工技协、培训中心等组织和机构的作用，开展专业技术人员的继续教育和职业技能培训等，培养和造就企业实用科普人才。

——培养青少年科技辅导员队伍。结合中小学科学课程和课外科普活动，重点在中小学、科普教育基地和青少年活动中心等建立专职青少年科技辅导员队伍。依托科技专家、大学生志愿者、老科技工作者等建立兼职青少年科技辅导员队伍。加强对青少年科技辅导员的培训，提高其开展科学技术教育、组织策划科普活动的能力。

——培养科普志愿者队伍。推动建立科普志愿者协会、科普志愿者服务站等组织，为科普志愿者施展才能提供服务平台。鼓励老科技工作者、高校师生、中学生、在职科研人员、传媒从业者参加科普志愿者队伍。充分发挥科普志愿者在大型主题科普活动和科普教育基地展教活动中的作用，为其提供参与科普实践的机会。

（牵头单位：市科协、市科技局、市人资社保局，责任单位：市委组织部、市委宣传部、市教育局、市农委、市经信委、市环保局、市文体广电局、市林业局、市卫生局、市安监局、市总工会、团市委、市妇联、市社科联）

四、保障措施

——在市人民政府的领导下，各有关部门、事业单位和人民团体要按照《科学素质纲要》要求，将有关任务纳入相应工作规划和计划，充分履行相关工作职责，发挥各自优势，密切配合，形成合力，切实推进公民科学素质建设。市科协要发挥综合协调作用，会同有关方面共同推进公民科学素质建设。

——各县（特区、区）人民政府结合实际，负责领导当地《科学素质纲要》实施工作，将公民科学素质建设工作纳入当地国民经济和社会事业发展总体规划，把实施《科学素质纲要》重点任务列入年度工作计划，纳入目标管理考核。

——实行工作例会制度，定期召开全民科学素质工作领导小组会议，加强对全市全民科学素质工作的领导。充分发挥领导小组办公室协调沟通职能，定期召开领导小组办公室联络员会议和《科学素质纲要》实施工作推进会，推动工作任务的贯彻落实。

——按照《中华人民共和国科学技术普及法》和《贵州省人民政府关于加强全民科学素质工作的意见》（黔府发〔2009〕2号）的有关规定，加大经费保障力度，将全民科学素质建设经费和科普活动经费列入同级财政预算，并根据财力情况逐年增加。市级财政预算安排的专项经费，从目前的人均0.15元，提升到“十二五”期末人均0.5元。各县（特区、区）人民政府也应安排相应的科普专项经费用于开展科普工作，并建立随年度财力增加而提高经费投入的长效机制。各有关单位要根据各自承担的《科学素质纲要》实施任务，按财政预算管理规定和现行资金管理渠道，统筹考虑和落实所需经费。鼓励企业和社会各界赞助、捐赠科普事业，形成财政拨款、单位投入、企业赞助和广泛吸纳境内外机构、个人资金支持的多渠道科普经费投入机制。鼓励社会力量兴办各类公益性科普事业实体、捐助建设公益性科普设施和开展公益性科普活动。

——督促检查。各地各部门要对落实《科学素质纲要》情况进行定期督促检查，推动工作任务落实，强化全民科学素质工作研究和经验交流。市全民科学素质工作领导小组各成员单位要在本系统内开展督促检查，做好工作总结。要大力宣传科普先进人物和典型经验，对在公民科学素质建设中做出突出贡献的集体和个人应给予表彰奖励。

——进度安排。2012年，各地、各部门要按照本《实施方案》的要求，进一步分解任务、明确责任，牵头单位要会同责任单位组织制定2011~2015年10项重点任务的实施方案，共同抓好各项工作任务的落实。责任单位要发挥各自优势，积极配合，把科学素质工作与本部门职能工作有机结合，纳入工作规划和年度计划，加强对本系统开展科学素质工作的指导。各县（特区、区）人民政府要把公民科学素质建设纳入“十二五”经济和社会事业发展总体规划，制定本地“十二五”科学素质工作实施方案，并启动实施。2012~2014年，继续完善联合协作等工作机制建设，针对薄弱环节和突出问题，加大投入力度，落实相关措施，切实推进各项重点任务深入开展。2015年，对“十二五”实施工作进行总结和评估，研究制定“十三五”实施工作的阶段目标、任务和措施。

二○一二年六月十九日

六盘水市创建国家卫生城市实施方案

市府办发〔2012〕121号

为深入贯彻落实《国务院关于进一步促进贵州经济社会又好又快发展的若干意见》（国发〔2012〕2号）和省第十一次、市第六次党代会精神，坚持“两加一推”主基调、“三化同步”主战略，切实构筑“精神高地”，全力打造现代特色都市，努力建设实力、魅力、活力、文明、幸福六盘水，全面建设小康社会，市委、市政府决定开展创建国家卫生城市活动。根据市委、市政府《关于开展“五城联创”活动的实施意见》（市发〔2012〕19号）、《全国爱卫会关于印发国家卫生城市、区标准及其考核命名和监督管理办法的通知》（全爱卫发〔2010〕3号）的规定和要求，为进一步统一思想，坚定信心，明确任务，狠抓落实，大力推进我市创建国家卫生城市工作，力争2017年实现创建国家卫生城市目标，结合我市实际，特制定本方案。

一、指导思想

以邓小平理论和“三个代表”重要思想为指导，紧紧围绕全市经济社会发展大局，坚持科学发展观，奋力后发赶超，以构建和谐社会理念统领创建工作，全面落实《国务院关于进一步促进贵州经济社会又好又快发展的若干意见》（国发〔2012〕2号）和省第十一次、市第六次党代会精神，严格对照国家卫生城市创建标准，坚持以人为本，为民创建，以改善城市人居环境、提高城市卫生水平、增强全民健康意识为目的，以完善卫生基础设施、强化城市卫生管理为主要内容，结合城乡环境卫生整治行动，按照政府主导、部门协同、全民参与、综合治理、突出重点、因地制宜、完善机制、长效管理的工作原则，围绕城市总体规划，加强领导，广泛动员社会各方面力量，统筹规划，分步实施，为全面建设“五个六盘水”打下坚实基础，为加快我市经济社会发展步伐创造良好的卫生环境。

二、工作目标

从2012年开始，力争用5年左右时间实现创建国家卫生城市的目标。2014年开始申报国家卫生城市，力争2017年实现创建目标。具体指标为：钟山区、水城县要巩固创建省级卫生城市（县城）成果，按《国家卫生城市标准》夯实申报创建国家卫生城市的基础；六枝特区要全力以赴保留省级卫生县城称号；盘县要力争2013年成功创建省级卫生县城。同时各县、特区、区要积极组织开展卫生乡镇、村寨的创建活动，建成不少于20%的省级以上卫生乡镇。

三、组织机构

根据市委办、市政府办《关于成立六盘水市“五城联创”工作领导小组的通知》（市办通字〔2012〕92号），市“五城联创”工作领导小组下设创国家卫生城市工作组，成员单位由《国家卫生城市标准》指标涉及的部门组成，下设办公室在市卫生局（市爱国卫生运动委员会办公室）。各县、特区、区，市直各部门及驻市国有企业要相应成立和加强创卫工作机构，由主要领导负总责，强化组织领导，明确工作职责，推进工作落实。

四、工作任务

根据市委、市政府《关于开展“五城联创”活动的实施意见》（市发〔2012〕19号）、《国家卫生城市标准》《国家卫生城市考核命名和监督管理办法》，按照全市创建国家卫生城市总体部署和工作目标，明确责任分解如下。各县、特区、区也要结合《国家卫生城市标准》及相关部门工作职责进行责任分解，做到责任明确。

（一）爱卫办：负责创建国家卫生城市日常工作的综合协调、督促检查、资料收集、申报及日常工作等，并负责指导开展全民健康教育工作，组织并协调相关部门开展病媒生物防治工作，通过综合防治，鼠、蚊、蝇、蟑螂等病媒生物要得到有效控制，至少有三项达到国家规定的标准，另一项不得超过国家标准的3倍。

（二）宣传部门：负责统筹指导、协调新闻媒体对创建国家卫生城市活动进行宣传报道，在机场、车站、码头、广场等大型公共场所增设公益性电子屏幕和广告栏等，不间断宣传创卫内容，大力开展创卫公益宣传活动，创新宣传方式，拓宽宣传渠道，形成强大的宣传声势，积极营造创建国家卫生城市的浓厚氛围，提升全体市民文明卫生意识。动员全市人民群众积极行动起来，以主人翁姿态和满腔热情投入到创卫活动，从今天做起，从我做起，从身边小事做起，自觉参加环境卫生综合整治，像维护自己的形象一样维护六盘水的形象，像爱护自己的小家一样爱护六盘水市，通过广大市民群众的自觉行动，使六盘水市的环境更加优美整洁，使广大市民的生活更加健康文明，实现创建国家卫生城市目标。

（三）卫生部门：负责组织协调、全面完成全市公共卫生相关创卫指标任务，确保通过国家、省创卫达标验收。依法加强以小浴室、小美容美发厅、小歌舞厅、小旅馆为重点的公共场所单位的卫生整治，确保有效卫生许可证达100%，从业人员体检率、卫生知识培训率达95%以上；餐饮业食品卫生量化分级管理覆盖面力争达95%以上，单位与建筑工地食堂卫生达标率力争达90%以上；医疗机构法定传染病漏报率<2%；居住期限3个月以上流动人口儿童建卡、建证率达到95%；免疫规划疫苗全程接种率达到95%；强化疾病预防控制工作和饮用水卫生监督管理工作，确保不发生甲、乙类传染病暴发疫情；指导全市社区卫生服务工作，社区卫生服务机构设置符合规范要求，充分发挥作用；临床用血100%来自无偿献血；医源性污水的处理排放符合国家有关要求。加大打击非法行医、非法采供血力度，加强医疗机构审批和监管，确保医疗服务市场秩序良好。

（四）城管部门：认真执行《城市市容和环境卫生管理条例》等法律法规，负责组织协调、全面完成全市城市管理、园林绿化相关创卫指标任务，确保通过国家、省创卫达标验收。加快完善市政环卫设施建设。通过整治和加强管理，使市容环境卫生达到《城市容貌标准》要求，城市主次干道和街巷路面平整，下水道无垃圾堵塞现象；主要街道两侧建筑物整洁美观，无乱张贴、乱涂写、乱设摊点现象，广告、牌匾设置规范，居民楼房阳台屋顶无乱堆放和乱挂衣物等现象；

沿街单位“门前三包”等责任制度落实，车辆停放整齐；废物箱等垃圾收集容器配置齐全，无乱扔乱吐现象；城区无卫生死角，街巷路面普遍硬化，无残垣断壁、乱搭建、垃圾渣土暴露和违章饲养畜禽现象；城市亮化、美化，照明设施完好，路灯亮化率≥95%。城市环境卫生作业达到《城市环境卫生质量标准》要求，建立城区清扫保洁制度，生活垃圾日产日清，定时定点收运；主要街道保洁时间不低于12小时，一般街道保洁时间不低于8小时，城市道路机械化清扫（含高压冲水）≥20%，城市生活垃圾、粪便无害化处理率≥80%。城市环卫设施符合《城镇环境卫生设施设置标准》要求，其中，公共厕所建设和管理符合《城市公共厕所卫生标准》《城市公共厕所设计标准》要求，布局合理，数量充足，管理规范，做到基本无蝇、无臭、无乱刻乱画、贮粪池有盖、粪便不满溢、有专人管理和保洁。会同市有关部门、各县、特区、区抓好待建工地、城市河道以及城中村、城郊结合部环境卫生管理工作；全面启动城市综合绿化建设，推进城镇公共绿地、城市湿地公园、交通沿线、河道两岸绿化、景区景点绿化建设，配合政府相关职能部门开展义务植树活动，提高城市绿化率，重点实施市中心城区公共绿化、小区院落绿化、水城河综合治理、苗圃基地建设等，配合实施城市周边山体绿化，建成区绿化覆盖率≥36%、绿地率≥31%、人均公共绿地面积≥8.5平方米。

（五）住建部门：负责组织协调、全面完成全市建设工地管理相关创卫指标任务，确保通过国家、省创卫达标验收。建筑工地符合《建筑施工现场环境与卫生标准》要求，施工场地设置的隔离护栏规范，临街施工工地围墙高度不低于2米，市政设施、道路挖掘施工工地围墙高度不低于1.8米；施工现场清洁，物料堆放整齐；建筑垃圾管理规范，设置车辆冲洗设施，全面实施密闭运输，无偷倒乱倒现象。城市河道、湖泊等水面清洁，无飘浮垃圾；岸坡整洁，无垃圾杂物。全面加强基础设施建设工程，抓好以城市道路、广场等为重点的城市基础设施建设，加快完善城区道路路网、污水排放管网和处理设施建设、过街设施建设；加强城市停车场地建设；全面建设市级“七馆四中心”；继续加大6个城市广场、6个城市湿地公园和市中心城区“亮化”工程推进力度，不断美化市容市貌；全面实施市中心城区老城区综合改造；分步实施市中心城区棚户区、城中村综合改造，逐步改善城中村基础设施和人居环境。

（六）环保部门：贯彻落实《环境保护法》，负责组织协调、全面完成全市环境保护相关创卫指标任务，确保通过国家、省创卫达标验收。全年优良（API指数≤100）的天数≥全年天数的80%；集中式饮用水源地水质达标；市控以上断面水质达到相应水体环境功能的要求，其他水体无黑臭现象；区域环境噪声平均值≤60分贝；城市生活污水集中处理率≥80%。大力发展循环经济、低碳经济、生态经济，继续关闭取缔不符合国家产业政策污染企业，加强污染减排和污染治理；突出抓好以改善城市环境空气质量为主要内容的“蓝天”工程；以水污染治理和饮用水源地保护为主要内容的“碧水”工程，重点实施三岔河流域、水城河的综合治理；以控制扰民噪音，创建噪声达标区为重点的“宁静工程”；以固体废物和生活垃圾资源化、减量化、无害化为重点的“固体治理”工程；以农村环境综合整治为重点的“生态保护”工程；以绿色创建为主要内容的“创建细胞”工程；以提升环保自身素质为重点的“能力建设”工程。抓好环境治理与保护工作，确保不发生特大环境污染与破坏事故。

（七）工商部门：负责组织协调、全面完成相关创卫指标任务，确保通过国家、省创卫达标验收。加强食品流通环节监管和农贸市场交易秩序规范管理工作，协助做好整治取缔无证摊贩工作，对城区涉及烟草内容的广告进行清理，确保建成区内无烟草广告。制定食品流通环节监管、农贸市场交易秩序和烟草广告整治等专项工作方案并组织实施。

（八）商务粮食部门：负责组织协调、全面完成相关创卫指标任务，确保通过国家、省创卫达标验收。加强建成区农副产品市场建设，督促、指导市场完善设施设备，确保设施设备齐全、功能完善；抓好城市生猪定点宰杀工作，确保无注水肉和病畜肉上市，开展牛、羊、禽类定点宰杀。制定农贸市场升级改造实施方案和生猪定点屠宰监管等工作方案并组织实施。

（九）文体广电部门：负责组织协调、全面完成全市文化市场管理、广播电视健康教育相关创卫指标任务，确保通过国家、省创卫达标验收。进一步规范文化市场管理，加强对网吧等公共场所的监督检查，使其环境卫生符合标准要求；加强创建国家卫生城市宣传报道，发挥新闻媒体的舆论导向和监督作用，形成良好的舆论氛围；在广播、电视等媒体上开设健康教育栏目，开展形式多样的卫生防病宣传和健康教育；加强对电影院等公共场所卫生监督检查，使其环境卫生符合标准要求。制定网吧、电影院等公共场所卫生整治专项方案并组织实施。

（十）食品药品监管部门：认真贯彻执行《食品安全法》等法律法规，负责组织协调、全面完成全市饮食服务环节食品安全监管相关创卫指标任务，确保通过国家、省创卫达标验收。重点加强小饮食店综合整治，确保全市不发生重大饮食服务环节食品安全事故。制定小饮食店卫生专项整治方案并组织实施。

（十一）质量技术监管部门：负责组织协调、全面完成全市食品生产加工环节食品安全监管相关创卫指标任务，确保通过国家、省创卫达标验收。制定食品生产加工企业卫生专项治理方案并组织实施。

（十二）教育部门：负责组织协调、全面完成全市中、小学校健康教育相关创卫指标任务，确保通过国家、省创卫达标验收。在全市中、小学校全部开设健康教育课程，学生健康知识知晓率和健康行为形成率≥80%；完成14岁以下儿童驱蛔工作，感染率控制在3%以内。在卫生部门配合下，制定中、小学健康教育和14岁以下儿童蛔虫感染控制等工作方案并组织实施。

（十三）公安部门：负责组织协调、全面完成与公安部门相关的创卫指标任务，确保通过国家、省创卫达标验收。对涉及创卫工作的治安案件要及时立案、及时查办；加强城市交通秩序管理，及时查处机动车辆违法行为。制定整治交通秩序和车辆乱停乱放等专项工作方案并组织实施。

（十四）交通运输部门：负责组织协调、全面完成全市交通运输部门相关的创卫指标任务，确保通过国家、省创卫达标验收。抓好公交车、出租车规范管理，做到车容车貌整洁、营运秩序良好；抓好建成区内长途客运站环卫设施建设和管护，建立健全长效管理机制。制定长途客运站卫生整治专项工作方案并组织实施。

（十五）农业部门：负责组织协调、全面完成全市农业部门相关的创卫指标任务，确保通过国家、省创卫达标验收。把好上市畜、禽及其产品和蔬菜的检疫检测关；会同卫生部门搞好人畜共患传染病的防治工作。制定农药、兽药使用、销售、宣传和蔬菜、禽畜农药、兽药残留监测等工作的专项整治方案并组织实施。

（十六）六盘水月照机场有限责任公司：全面完成相关创卫指标任务，确保通过国家、省创卫达标验收。抓好机场管辖范围内的环卫设施建设和管护；建立健全长效管理机制，确保管辖区域无暴露垃圾和白色污染；认真组织开展创卫宣传和健康教育工作。

（十七）成都铁路局六盘水办事处：负责组织协调、全面完成火车站管辖区域内相关创卫指标任务，确保通过国家、省创卫达标验收。抓好火车站管辖范围内的环卫设施建设和管护；建立健全长效管理机制，确保管辖区域内无暴露垃圾和白色污染；重点强化管辖范围内小饮食店、小浴室、小美容美发厅、小歌舞厅、小旅馆、小网吧等食品和公共场所单位卫生整治，达到卫生要求；认真组织开展创卫宣传和健康教育工作。

（十八）其他部门、单位、系统和驻市国有企业：全面完成相关创卫指标任务，确保通过国家、省创卫达标验收。发改部门把涉及创建国家卫生城市的基础设施建设纳入国民经济和社会发展计划。规划部门要以宣传《城乡规划法》为先导，做好公共卫生服务设施、市政设施、环境卫生基础设施、城区绿化景点、农贸市场的规划。财政部门要围绕创建国家卫生城市，确保基础设施项目建设和创建国家卫生城市经费按时足额到位。旅游部门抓好旅游景区、景点的环境卫生管理工作。林业部门做好城市周边山体绿化工作，广泛开展义务植树活动。驻市国有企业抓好企业内部厂房、厂区、道路、办公区域、家属院落的环境卫生管理工作。工会、共青团、妇联等群团组织和驻地人民解放军、武警部队要在创卫工作中发挥先锋模范作用，带头做好责任区的环境卫生达标工作，并主动参与创建活动。

没有承担具体指标任务的各部门、单位、系统和企业，要认真配合、积极参与全市创建国家卫生城市各项工作和相关活动。

（十九）各县（特区、区）党委、政府及各经济开发区党工委、管委会：对照《国家卫生城市标准》，坚持“谁主管、谁负责”“属地管理”“条块结合，分级管理”等原则，严格按照本方案，制定更加详细、更加具体、更加管用的本县、特区、区的实施方案，落实创建国家卫生城市的主体责任，强力推进责任区域内创卫的各项工作，按时限全面完成创卫工作目标任务，确保通过国家、省、市创卫达标验收。

五、实施步骤

根据“五城联创”总体部署和创建国家卫生城市总体目标，创建国家卫生城市工作分三个步骤开展。

（一）宣传发动和自查整改阶段（2013年6月底前）。

1. 对照《国家卫生城市标准》和《国家卫生城市考核命名和监督管理办法》，查找差距，制定措施，明确创建目标和任务，召开动员大会，制定下发《六盘水市创建国家卫生城市实施方案》；层层宣传发动，充分利用电视、电台、报纸、宣传栏、手机短信等有效形式进行广泛深入的宣传，广泛调动市民参与创建的积极性和自觉性，营造浓厚的创建氛围。

2. 各级各部门按照各自职责任务制定具体工作方案，明确创建目标和时间进度，并按照要求认真开展自查整改工作。对照《国家卫生城市标准》《国家卫生城市考核命名和监督管理办法》和《六盘水市创建国家卫生城市实施方案》进行自查，查找差距、及时整改。

（二）持续整改和巩固提高阶段（2013年7月—2014年10月）。

对照《国家卫生城市标准》《国家卫生城市考核命名和监督管理办法》及各级各部门制定的具体工作方案、时间进度，全力推进，逐项落实创建国家卫生城市目标和任务。到2014年10月力争《国家卫生城市标准》10项指标基本达到规定标准。

（三）申报和迎检验收阶段（2014年11月—2017年1月）。

完善创建国家卫生城市各项工作资料、档案的收集整理工作，对创建工作进行全面总结；对照《国家卫生城市标准》开展全市范围内的模拟检查，对发现的问题及时整改达标；2014年11月开始申报，在省爱卫办的指导下进一步完善各项指标涉及的工作，力争到2016年11月全面达到相关创卫标准，迎接省爱卫会指导、考核，按照省爱卫会提出的意见进行整改；做好迎检各项准备工作，接受国家爱卫会暗访、明查和综合考评，力争到2017年1月获得国家卫生城市称号。

六、保障措施

创建国家卫生城市涉及社会各个方面，任务十分艰巨。各级各部门都要紧紧围绕既定的目标任务，加大投入，狠抓落实，务求实效，确保各项工作目标、任务、措施落到实处。

（一）加强组织领导。全市各级各部门要将爱国卫生工作和创建国家卫生城市工作纳入重要议事日程，健全各级爱卫会组织。从2012年8月份起，创国家卫生城市工作组原则上每月召开一次调度会，组织协调、督促落实各项工作进展情况和下一步工作安排。以事实、数据、指标为依据，全面及时通报全市创卫工作进展情况；严格对照各项创卫指标，对工作进行分析、研判和汇总；及时研究、解决创卫工作中遇到的重点和难点问题，对下一步工作提出具体要求，强有力地推进各项工作。

（二）广泛宣传动员。在全市范围内深入开展广泛的宣传教育活动，强化创建意识。广播、电视等新闻媒体要紧密结合创建工作的要求，开辟宣传专栏和专题节目，对创建活动进行正确的舆论引导。各繁华街道、社区、窗口单位等人流量大的区域设置电子显示屏播放公益广告，使创建活动形成人人皆知、个个参与的良好氛围。各级各部门要召开动员会，传达“创卫”的工作安排，宣传“创卫”的意义和作用，宣讲“创卫”

的标准和要求，尽快把每个单位、每位市民都发动起来。市直机关要起表率作用，各级工会、共青团、妇联要充分发挥群团组织的优势，结合“创卫”开展丰富多彩的群众性活动，凝聚民心、集中民智、整合民力、共同推动。要把加强教育的工作做到位，通过健康教育和文明素质教育，让市民不乱吐、不乱扔、不乱行。要结合“创卫”工作，依据相关规定，制定市民行为规则。各级各类学校要把健康教育、思想道德教育与“创卫”活动的宣传教育结合起来，使广大青少年争当“创卫”活动的先锋和模范。

（三）分解落实职责任务。各县、特区、区和市直各部门要按照各自的职责任务制定相应的创建工作计划，实行目标责任制，把创建责任落实到每个单位、每个院落、每个市场、每个“五小”场所和每一个具体的责任人，真正做到横向到边、纵向到底，不漏一个环节，不留一个死角，不存在一个盲点。要按照“属地管理块块抓、分级管理层层抓、行业管理条条抓”的原则，实行城乡共建，明确任务、落实责任，确保创建活动取得显著成效。

（四）突出重点难点。加强基础设施建设，重点加强城市道路建设、城市生活垃圾及粪便无害化处理、城市生活污水处理、农贸市场和公厕等基础设施建设，加强城市建成区绿化，逐步实施城市管理信息化，尽快缩小与国家卫生城市标准之间的差距。要搞好规划，加大投入，有计划、有步骤地逐步抓好落实。从为民、便民、利民的角度出发，采取切实可行的措施，下大气力解决好与人民群众生活密切相关的背街小巷、居民庭院、市场摊区、“五小”行业、建筑工地和“城中村”及城乡结合部的建设与管理。通过开展创建活动，使这些区域、部位和单位卫生发生显著变化，人民群众的生活质量明显提高。

（五）落实创建经费。为保障创建工作的顺利开展，将创国家卫生城市专项工作经费纳入国民经济和社会发展总体计划和年度财政预算，市财政每年拨出专款用于创建工作，保证创建任务圆满完成。各县、特区、区和市直各部门也要安排足够的经费，确保创建工作正常开展。

（六）强化督促检查。创建工作的督查由创国家卫生城市工作组办公室（市爱国卫生运动委员会办公室）负责。要认真制定督查方案、督查内容，切实改进督查方式。按月对创卫工作进展情况和创卫方案落实情况进行面上指导和督促检查，并实行整改和责任追究制度。督查情况要每月一报，紧急、重大或特殊情况要及时向领导小组报告。各县、特区、区要加强对辖区创建工作的督查，确保创建工作整体推进。市委市政府督查室要对创建工作实施重点督查、专项督查。为确保各项创建工作任务的完成，创国家卫生城市工作组办公室（市爱国卫生运动委员会办公室）要采取明查暗访和集中检查的方式，对全市各级各部门和各县、特区、区的创建工作进行督导考核，对工作中存在突出问题的单位和部门严格执行问责制。同时还要开展阶段性的检查验收活动，做到达标一项，验收一项，巩固一项，发展一项，逐步推进创建工作。

六盘水市贯彻落实《质量发展纲要（2011~2020 年）》深入推进质量兴市工作实施方案

市府办发〔2012〕170号

为认真贯彻落实《省人民政府关于贯彻落实〈质量发展纲要（2011~2020年）〉全面推进质量兴省工作的意见》（黔府发〔2012〕27号），增强全民质量意识，全面提高质量水平，提升产业竞争力，促进经济社会又好又快、更好更快发展，结合我市实际，制定本方案。

一、发展目标

到2020年，质量兴市取得显著成效，质量基础进一步夯实，质量总体水平显著提升，市内主导产业和产品的质量水平接近或达到国内先进水平，形成一批以“煤电钢、煤电铝、煤电化、煤电材”等具有自主知识产权和知名品牌、市场竞争力强的优势企业和产业集群，基本建成食品质量安全和重点产品质量检测体系，为创建质量强市夯实基础，为与全国同步实现全面小康社会奠定坚实的质量基础。

到2020年，产品质量保障体系更加完善，产品质量安全指标全面达到国家强制性标准要求，质量创新能力和自有品牌市场竞争力明显提高，品种、质量、效益显著改善，节能环保性能大幅提升，基本满足人民群众日益增长的质量需求。

（一）产品质量。

到2015年，主要工业产品全部按标准组织生产和检验，全市工业企业消灭无标生产现象；支柱产业的产品质量和管理质量力争达到国内先进水平，名牌产品的质量和服务达到国家标准要求，一般产品质量监督抽查合格率超过全省平均水平，农产品质量安全指标达到国家规定的标准；国家级品牌达到2个以上，贵州省名牌产品达到15个以上，创驰名商标1个以上，贵州省著名商标达到40个以上，创建地理标志产品达到5个以上，全市重点工业企业质量管理体系认证率达到80%以上，强制性产品认证率达到100%。到2020年，产品质量保障体系更加完善，产品质量安全指标全面达到国家强制性标准要求，质量创新能力和自有品牌市场竞争力明显提高，品种、质量、效益显著改善，节能环保性能大幅提升，基本满足人民群众日益增长的质量需求。（责任单位：各县、特区、区人民政府，各经济开发区管委会，市质量兴市工作领导小组各成员单位）

1．冶金产品。以钢、铝、铁及深加工产品为重点，加快质量创新，钢、铝、铁等重点产品质量达到国内先进水平。钢筋混凝土用热轧带肋钢筋和低碳钢热轧盘条，按采标标准产量占总产量的95%以上。炼钢生铁和铸造生铁按采标标准产量占总产量的95%以上。建筑钢材、有色金属冶炼加工产品监督抽查合格率达到98%以上。（责任单位：市质监局，市经信委）

2．煤、焦产品。提高煤炭利用率，国有重点煤矿生产的原煤入选比例达50%以上，地方煤矿生产的原煤入选比例达30%以上，煤、焦产品质量达到国家标准，商品煤、焦炭、精煤的灰分达到合同要求的质量标准。国有煤矿和地方煤矿建成投产矿井安全质量标准化达标率达100%。煤、焦产品质量监督检验合格率较“十一五”期末提高5个百分点。（责任单位：市能源局，市安监局）

3．化工产品。着力打造煤及煤化工产业集群带，研究开发一批煤化工产品的关键、共性技术和重大前沿技术，并形成相应的产业标准，煤化工产品主要质量技术指标达到国内领先水平。

（责任单位：市质监局）

4．装备制造业产品。工程机械制造及零部件，精密数控装备及功能部件，电子元器件和电力装备，特色装备及配件等领域的设计水平、成套能力、整机装配合格率、可靠性达到国家标准要求。（责任单位：市质监局）

5．建材工业产品。主要产品按国家标准组织生产，大中型企业产品出厂合格率达到100%。建材工业布局更趋合理、完善，同时开发一批新型墙材和新产品，新型墙材比例达到80%以上，新型干法水泥生产比例达90%以上，水泥散装率提高到45%以上，水泥等主要建材工业产品监督抽查合格率达到95%以上。（责任单位：市质监局，市经信委）

6．新材料产业、产品。以木塑复合材料、高性能铝合金、高品质特殊钢、焦性没食子酸等新材料产品为重点，拓展新产品开发领域，加快新材料产业的质量创新和质量提升，重点产品质量达到国家标准要求。（责任单位：市发展改革委，市质监局，市科技局）

7．电力产品。电力生产企业管理水平达到行业要求，电能质量达到有关规定，其中供电电压合格率达到98%以上，频率合格率达到99%以上，配电网供电可行率达到99.6%以上。（责任单位：六盘水供电局）

8．食品。食品生产企业100%建立食品安全信用档案和食品生产企业信用监督考核评价体系，食品经营及餐饮单位100%建立食品进货索证票制度和食品安全信用档案。干鲜果品、特色产品、茶叶、酿酒、植物蛋白饮料等有75%以上按国家、行业或地方标准组织生产，安全卫生指标符合国家强制性标准，产品质量达到国家、行业或地方标准的要求。（责任单位：市食品药品监管局、市质监局、市工商局、市农委）

9．药品。药品全部按国家标准组织生产供应，生产企业全部达到《药品生产质量管理规范》（GMP）要求，产品质量达到国家标准；医药批发企业、药品零售企业全部达到《药品经营质量管理规范》（GSP）要求，基本药物生产企业监督抽检覆盖率达到98%以上。（责任单位：市食品药品监管局）

10．农产品。加快农业标准化生产进程，建立健全农业标准体系和监测体系；围绕我市烤烟、马铃薯、猕猴桃等特色优势农产品，以农产品生产、加工和出口企业为龙头，大力推进农业标准化示范区建设。力争2015年我市农业标准化示范区建设达到5个；逐步完善《六盘水优质烤烟技术标准体系》及《六盘水马铃薯标准体系》，大力推广烤烟及马铃薯农业标准化示范区的建设。主要农产品安全、卫生质量达到国家、行业或地方标准，烤烟上等烟比例达到40%以上，上中等烟比例达到80%以上，等级合格率达到80%以上，烟叶质量特色彰显。积极培育扶持农业优势企业和名牌农产品，通过采用现代管理技术和手段，建立农产品包装、运输、储藏及市场营销等各个环节技术和管理标准。积极开展农产品产地环境评价，力争创建无公害农产品认证55个以上，绿色食品认证5个以上，有机产品认证10个以上。建立专销网络，不断提高绿色食品和有机农产品在市场中的比重。（责任单位：市农委，市烟草局）

（二）工程质量。

到2015年，竣工交付使用的工程质量达到国家标准或规范要求，大中型工程建设项目交验合格率达到100%，其他工程一次验收合格率达到98%以上。到2020年，建设工程质量水平全面提升，重点工程质量达到国内先进水平，人民群众对工程质量满意度显著提高。（责任单位：各县、特区、区人民政府，各经济开发区管委会，市质量兴市工作领导小组各成员单位）

1．道路工程。全市高速公路、干线公路、农村公路交工验收合格率达到100%，优良率分别达到80%、80%、60%以上。（责任单位：市交通局，水城公路管理局）

2．电信工程。重点工程交付使用合格率达到100%，一般工程交付使用合格率达到98%以上，优良率分别达到60%以上和50%以上，所有工程全部达到国家标准。（责任单位：市各通信企业）

3．电力工程。施工、设计、修造企业质量体系通过GB/T19000—ISO9000标准认证；主要火电、水电、送变电工程项目实现“达标投产”，电力工程管理及工程质量水平接近或达到国内

先进水平。（责任单位：市经信委，六盘水供电局）

4．建筑工程。城市房屋建筑与市政工程质量监督覆盖率、工程质量验收合格率达到100%；争创国家优质工程奖1项，省优质工程奖2项。（责任单位：市住建局）

5．水利工程。单位工程质量合格率达到100%，工程竣工验收合格率达到100%；争创省优良工程奖1项。（责任单位：市水利局）

6．污染治理设施工程。市、县两级政府所在地城镇（城市）全部建立污水处理设施，污染治理设施工程质量达到国家标准或规范要求，大中型工程项目交验合格率达到100%，其他工程一次验收合格率达到98%以上。（责任单位：市环保局，市水务公司）

（三）服务质量。

到2015年，探索建立覆盖旅游、住宿、商贸、交通、通信、金融、保险、医疗卫生等行业的服务标准体系，顾客满意率达到85%以上，力争培育创建旅游服务业省级名牌企业1个。到2020年，全面实现服务质量的标准化、规范化和品牌化，服务业质量水平显著提升，建成一批省级服务业标准化试点，骨干服务业和重点服务项目的服务质量达到或接近全省平均水平，服务业品牌价值和效益大幅提升，推动实现服务业大发展。（责任单位：市质量兴市工作领导小组各成员单位）

1．商贸服务业。大型商贸服务企业60%以上建立质量诚信档案，杜绝在商业企业存在假冒伪劣商品，建立比较完善的质量保证体系和服务承诺制度，推行质量先行负责制进行投诉处理，投诉完结率达到99%以上，达到行业服务规范要求，全市商业行业质量保证体系进一步完善，对列入商业特许经营管理系统的商贸服务企业质量动态监管率达到100%。（责任单位：市商务粮食局，市工商局，市质监局，市食品药品监管局，市公安局，市农委，市卫生局）

2．餐饮服务业。应用现代经营方式和服务技术，提高服务水平和经营效率，餐饮计量、卫生条件和制作标准符合国家相关规定，餐饮业服务质量达到国家标准要求，顾客满意率达85%以上。（责任单位：市食品药品监管局，市卫生局）

3．物业管理服务业。应用现代物业管理理念，引进先进管理模式，树立业主至上理念，提供全面周到的物业服务，业主满意率达80%以上。（责任单位：市住建局）

4．旅游业。创建3A级以上旅游景区（景点）4个，四星级以上旅游饭店达到8家。旅游、酒店、购物、客运、娱乐等服务业标准覆盖率达到80%以上，游客满意度达到85%以上。（责任单位：市旅游局）

5．通信业。市中心城区的邮政和电信（包括电脑联网传输通道）达到行业规范要求和服务质量国家标准并向国际标准靠拢，计时收费等民生计量问题实现有效监控，顾客满意率达到90%以上，投诉处理及时率达到99%以上。（责任单位：市质监局，市邮政局，市各通信企业）

6．交通运输业。公路长途客运正点率达到80%以上；乘客满意率达到85%以上，投诉处理及时率达到99%以上。（责任单位：市交通局）

7．金融保险业。顾客满意率达到90%以上，投诉处理及时率达到99%以上。（市各金融机构，六盘水银监分局）

（四）生态环境质量。

大力发展循环经济，推进节能降耗和环境保护、污染减排工作，加快建设资源节约型、环境友好型社会。围绕煤炭、电力、冶金、建材、固体废弃物综合利用等重点领域开展节能减排标准化工作，推动企业技术标准战略的实施和节能减排工作的开展。帮助企业加快节能降耗技术改造与技术进步，科学合理开发利用原材料、能源和资源，鼓励企业采用节能、环保型工业设备，严格限制高能耗、工艺装备落后的产品。到2015年，基本遏制环境污染和生态恶化趋势，全市单位生产总值能耗和规模以上工业单位增加值能耗比2010年分别下降15%和24%，万元GDP能耗下降，节能减排成效突出，城乡居民生活环境质量不断提高，未发生重大环境污染和生态破坏事件；全年空气质量指数达到良好的天数逐年提高；环境噪声功能区达标率逐年提高，完成国家、省下达的其他节能减排目标任务。（责任单位：各县、特区、区人民政府，市质量兴市工作

领导小组各成员单位）

1．大气环境质量。县级政府所在地建成区空气质量100%达到二级标准以上。（责任单位：各县、特区、区人民政府，市环保局）

2．水环境质量。市、县两级政府所在地城镇（城市）污水处理率达到80%以上，地表水国控断面劣Ⅴ类水质的比例小于20%，水质达标的城镇集中式饮用水源比例提高到90%以上，中心城市集中式饮用水源地水质达标率稳定在100%，其他城镇集中式饮用水源水质达标率达到80%以上。（责任单位：各县、特区、区人民政府，市环保局）

3．生态环境质量。全市森林覆盖率达到45%以上，城镇（城市）建成区绿化覆盖率达到25%以上（其中市中心城区建成区绿化覆盖率达到30%以上）；县级政府所在地城镇（城市）垃圾无害化处理率达到80%以上，一般工业固体废弃物综合利用率达到60%以上。（责任单位：各县、特区、区人民政府，市环保局，市林业局，市城管局）

二、工作措施

（一）加强组织领导。

市质量兴市工作领导小组具体负责质量兴市的统筹规划、组织协调、指导监督、宣传教育、考核检查等工作。领导小组办公室（市质监局）具体负责日常工作。县（特区、区）领导小组办公室（同级质监局）负责本辖区质量兴县（区）日常管理、协调推进工作。

（二）落实考核制度。

各级各有关部门要把深入推进质量兴市工作作为一项重要工作来抓，加强领导，责任到人，结合自身工作职责提出本地、本部门质量发展的总体目标和质量标准要求，制定具体的工作目标和实施细则，制定和完善质量责任考核细则，全面推进本地、本部门质量兴市（县、区）工作的深入开展，确保质量兴市各项目标任务全面落到实处。要加强对质量兴市工作的检查及督促考核工作，对工作成绩突出的单位和个人要给予表彰，对存在问题的单位要通报批评并要求整改。

（三）加强队伍建设。

加快推行质量专业技术人员职（执）业资格制度，加强质量人才梯队建设，重点培养高层次、高技能的质量专业人才，满足质量工作需要。加强质量监管部门队伍建设，加强教育培训工作，提高质量工作人员思想素质和业务能力，建设一支思想好、作风正、业务精、管理强的质量工作队伍。

（四）强化质量监督。

各级工商、质监、食品药品监管、农业、商务粮食部门要加强不合格品的整治工作，加大对制假售假单位和个人的曝光及处罚力度，提高质量监督工作的有效性；切实落实打假工作责任制，认真开展专项打假治劣工作，治理整顿市场经济秩序。要抓大案要案，抓源头、抓窝点，杜绝恶性、行业性、区域性制假售假行为的发生；要加强市场监管，严厉查处标识不符、以次充好、掺杂使假、短斤少两等违法行为，深入开展打假保名优活动。

（五）实施名牌战略。

企业是质量兴市的主体。企业要树立科学的质量观，加强技术基础工作，依靠科技进步和科学管理，提高产品质量，增强市场竞争力，促进产品结构的调整。中小企业要加强标准化和计量基础工作，力争产品质量达到国家标准和行业标准。小型民营企业、乡镇企业要消灭无标生产，按标准组织生产，重视企业基础工作，依法生产和经营。实行许可证管理（包括工业产品生产许可证、特种设备制造许可证、计量器具制造许可证、食品市场准入）及“3C”认证的产品，到2015年，生产企业必须做到持证生产，基本清除无证生产现象。加快培养具有质量意识和创新意识的企业家队伍，充分发挥企业家在自主创新、自主创立品牌过程中的核心作用。进一步加大对煤及煤化工、铝及铝加工、钢材、特色食品等产品培育，鼓励企业创建国家级、省级技术中心，创新企业科技开发机制，加大科研开发经费投入，不断提高产品的技术含量和竞争力，形成一批拥有自主知识产权，在国际国内市场具有较强竞争力的优势企业。大型企业和企业集团要积极采用国际标准和国外先进标准，完善企业计量检测体系，积极采用ISO9000系列标准，实行质量体系认证和产品质量认证，形成一批具有竞争力的优势产品和名牌产品。各级各部门要加强对名牌产品培育创建力度，力争创建一批在省内外具有影响力和知名度的名牌产品。

（六）加大经费投入。

各级政府要进一步加大对质量工作的经费投入，保障各项工作的深入开展。要统一规划，合理配置资源，建立适应市场经济发展需要的技术保障体系和公共检测服务平台。要增加实施名牌战略、产品质量监督抽查、认证认可、标准制修订及推广实施等专项经费投入，确保各项质量基础工作的顺利开展。要落实打假举报奖励制度，按规定对举报人员给予相应奖励。要增加对企业产品质量培训、产品质量认证等基础工作的投入，积极推动企业努力提高产品质量。

（七）加大宣传力度。

动员社会各方面积极响应和广泛参与是确保质量兴市工作取得成效的重要保证。要采取各种形式广泛开展质量兴市宣传教育工作，为贯彻落实《质量发展纲要（2011~2020年）》营造良好的氛围。要充分发挥新闻媒体的宣传和监督作用，以群众喜闻乐见的形式普及质量知识，报道先进经验。要动员全社会参与质量兴市工作，自觉参与质量监督，积极举报质量违法行为，努力营造“政府重视、企业参与、社会关注”的良好氛围。

二〇一二年十一月十五日

附 录

2012年市人民政府文件目录

市府发〔2012〕1号市人民政府关于印发政府工作报告的通知

市府发〔2012〕2号市人民政府关于进一步加强市中心城区土地管理的通知

市府发〔2012〕3号市人民政府关于兑现2011年电煤应急保障目标责任奖励的决定

市府发〔2012〕4号市人民政府关于进一步加快供销合作社改革发展的实施意见

市府发〔2012〕5号市人民政府关于大力推进棚户区改造工作的意见

市府发〔2012〕6号市人民政府关于加快推进电子政务建设的意见

市府发〔2012〕7号市人 民政府关于大力开展大宗工业固体废弃物综合利用促进循环经济发展的意见

市府发〔2012〕8号市人民政府关于加强六盘水月照机场建设秩序管理的通告

市府发〔2012〕9号市人民政府关于进一步加强艾滋病防治工作的通知

市府发〔2012〕10号市人民政府关于印发《六盘水市人民政府工作规则》的通知

市府发〔2012〕11号市人民政府关于印发2012年国民经济和社会发展计划的通知

市府发〔2012〕12号市人民政府关于颁发六盘水市第十三次科学技术奖和首届知识产权奖的决定

市府发〔2012〕13号市人民政府关于加快农村富余劳动力转移的意见

市府发〔2012〕14号市人民政府关于市政府政务服务大厅启动运行的通告

市府发〔2012〕15号市人民政府贯彻国务院关于加强地质灾害防治工作决定的实施意见

市府发〔2012〕16号市人民政府关于印发六盘水市地质灾害防治工作责任制的通知

市府发〔2012〕17号市人民政府关于兑现2011年安全生产工作考核奖励的决定

市府发〔2012〕18号市人民政府关于做好2012年能源（煤炭）工作的意见

市府发〔2012〕19号市人民政府关于印发六盘水市建设用地管理若干规定的通知

市府发〔2012〕20号市人民政府关于实施凤凰山片区旧城改造的决定

市府发〔2012〕21号市人民政府关于禁止在凤凰山片区城市综合开发项目区域内新增建设项目及其他实物指标的通告

市府发〔2012〕22号市人民政府关于加强标准化工作的意见

市府发〔2012〕23号市人民政府关于废止部分规范性文件和公布现行有效规范性文件的决定

市府发〔2012〕24号市人民政府关于明确市开发投资有限公司作为保障性住房建设住房公积金项目贷款借款人的通知

市府发〔2012〕25号市人民政府关于加强存量房交易税收管理的通告

市府发〔2012〕26号市人民政府关于严厉打击传销违法犯罪活动的通告

市府发〔2012〕27号市人民政府关于印发六

盘水市矿产资源总体规划（2011~2015年）的通知

市府发〔2012〕28号市人民政府关于下大力治理市中心城区脏乱问题的实施意见

市府发〔2012〕29号市人民政府关于授予陈涛等三名同志见义勇为公民荣誉称号的决定

市府发〔2012〕30号市人民政府 省地矿局关于成立合作开展六盘水市优势特色矿产资源勘查开发协调工作组的通知

市府发〔2012〕31号市人民政府关于贯彻国务院加强和改进消防工作的实施意见

市府发〔2012〕32号市人民政府关于表彰2012年度市人民教育基金奖优秀教师及优秀教育工作者的决定

市府发〔2012〕33号市人民政府关于废止《市人民政府关于水城河治理二期工程建设土地征用及房屋征收的通告》的决定

市府发〔2012〕34号市人民政府关于印发六盘水市老龄事业发展十二五规划的通知

市府发〔2012〕35号市人民政府关于印发建设全国循环经济示范城市指导意见的通知

市府发〔2012〕36号市人民政府关于印发六盘水市第一批循环经济示范项目名单的通知

市府发〔2012〕37号市人民政府关于加大金融支持力度促进煤炭产业更好更快发展的意见

市府发〔2012〕38号市人民政府关于大力支持六枝路喜循环经济产业基地加快发展的意见

市府发〔2012〕39号市人民政府关于贯彻落实推进扩权强县工作的实施意见

市府发〔2012〕40号市人民政府关于明确六盘水市凤凰山片区城市综合开发项目为市级重点建设项目的通知

2012 年市政府办公室文件目录

市府办发〔2012〕1号市人民政府办公室关于印发六盘水市2012年文化建设春风行动总体方案的通知

市府办发〔2012〕2号市人民政府办公室关于印发六盘水市中心城区2012~2014年土地收购储备实施方案的通知

市府办发〔2012〕3号市人民政府办公室关于印发行政复议规范化建设实施方案的通知

市府办发〔2012〕4号市人民政府办公室关于印发六盘水市老工伤人员纳入工伤保险统筹管理实施细则的通知

市府办发〔2012〕5号市人民政府办公室关于印发六盘水市被征地农民就业和社会保障实施办法的通知

市府办发〔2012〕6号市人民政府办公室关于进一步加快我市中医药事业发展的实施意见

市府办发〔2012〕7号市人民政府办公室关于表彰2011年度政务信息工作先进单位和先进个人的通报

市府办发〔2012〕8号市人民政府办公室关于做好“两会”期间有关工作的通知

市府办发〔2012〕9号市人民政府办公室关于印发六盘水市市级电子政务项目建设管理暂行办法的通知

市府办发〔2012〕10号市人民政府办公室关于印发六盘水市2012年度依法行政考核指标和评分标准的通知

市府办发〔2012〕11号市人民政府办公室关于下达一季度开门红奋斗目标的通知

市府办发〔2012〕12号市人民政府办公室关于印发六盘水市地名管理办法的通知

市府办发〔2012〕13号市人民政府办公室关于印发全市科技大会筹备工作总体方案的通知

市府办发〔2012〕14号市人民政府办公室关于建立贯彻落实国务院2号文件信息报送机制的通知

市府办发〔2012〕15号市人民政府办公室关于对六枝特区政府市公安局市安监局迟报信息的通报

市府办发〔2012〕16号市人民政府办公室关于印发《六盘水市人民政府值守应急工作规则》的通知

市府办发〔2012〕17号市人民政府办公室关于兑现2011年度全市社会消防安全目标考评表彰先进单位和个人的通报

市府办发〔2012〕18号市人民政府办公室关于印发《六盘水市突发事件应急委员会工作规

则》的通知

市府办发〔2012〕19号市人民政府办公室关于印发《六盘水市突发事件应急预案管理实施细则》的通知

市府办发〔2012〕20号市人民政府办公室关于将六盘水市城乡规划局由部门管理机构调整为市人民政府工作部门的通知

市府办发〔2012〕21号市人民政府办公室关于将六盘水市能源局（六盘水市煤炭局）由市人民政府工作部门调整为部门管理机构的通知

市府办发〔2012〕22号市人民政府办公室关于印发《六盘水市二〇一二年应急管理工作要点》的通知

市府办发〔2012〕23号市人民政府办公室关于2011年度传染病控制及妇幼卫生工作目标责任书考核情况的通报

市府办发〔2012〕24号市人民政府办公室关于印发六盘水市“村村通”广播电视工程长效维护体系建设工作实施方案的通知

市府办发〔2012〕25号市人民政府办公室关于印发六盘水市临时救助制度实施办法的通知

市府办发〔2012〕26号市人民政府办公室关于印发六盘水市农村养老服务机构管理暂行办法的通知

市府办发〔2012〕27号市人民政府办公室关于印发荷城古镇老城棚户区改造工程实施方案的通知

市府办发〔2012〕28号市人民政府办公室关于下达荷城古镇老城棚户区改造任务的通知

市府办发〔2012〕29号市人民政府办公室关于印发六盘水市“十二五”单位GDP能耗考核体系实施方案的通知

市府办发〔2012〕30号市人民政府办公室关于禁止在赵家院水库水利工程淹没区和施工区新增建设项目和迁入人口的通知

市府办发〔2012〕31号市人民政府办公室关于禁止在纳革水库水利工程淹没区和施工区新增建设项目和迁入人口的通知

市府办发〔2012〕32号市人民政府办公室关于禁止在小坝田水库水利工程淹没区和施工区新增建设项目和迁入人口的通知

市府办发〔2012〕33号市人民政府办公室关于印发《六盘水市贯彻落实大力扶持微型企业发展意见的实施意见》的通知

市府办发〔2012〕34号市人民政府办公室关于办理市七届人大一次会议代表建议和市政协七届一次会议政协提案的通知

市府办发〔2012〕35号市人民政府办公室关于强力推广煤矿综合机械化采煤的通知

市府办发〔2012〕36号市人民政府办公室关于开展2011年度平安畅通县区创建评价工作的通知

市府办发〔2012〕37号市人民政府办公室关于下达2012年全市财政收入奋斗目标的通知

市府办发〔2012〕38号市人民政府办公室关于2011年度全市移民工作目标管理考核情况的通报

市府办发〔2012〕39号市人民政府办公室关于六盘水市外事侨务旅游局更名的通知

市府办发〔2012〕40号市人民政府办公室关于县级高清视频会议系统建设有关问题的通知

市府办发〔2012〕41号市人民政府办公室关于清理行政强制实施主体及事项的通知

市府办发〔2012〕42号市人民政府办公室关于重申严格执行有关规定的通知

市府办发〔2012〕43号市人民政府办公室关于2011年全市水利工作目标考核结果的通报

市府办发〔2012〕44号市人民政府办公室关于切实加强古大珍稀树木及其生长环境保护管理的通知

市府办发〔2012〕45号关于在全市遴选市人民政府办公室工作人员的实施方案的通知

市府办发〔2012〕46号市人民政府办公室关于加强行政村有线广播电视延伸联网建设有关工作的通知

市府办发〔2012〕47号市人民政府办公室关于贵阳办事处房产问题的通知

市府办发〔2012〕48号市人民政府办公室关于重庆办事处房产问题的通知

市府办发〔2012〕49号市人民政府办公室关于印发杭瑞高速公路毕节至都格段（六盘水境）项目建设拆迁安置补偿方案的通知

市府办发〔2012〕50号关于选派第一批轮换制干部到各驻外办事联络处工作的通知

市府办发〔2012〕51号市人民政府办公室关于印发六盘水市2012年度地质灾害防治方案的通知

市府办发〔2012〕52号市人民政府办公室关于印发六盘水市人民政府机构简称的通知

市府办发〔2012〕53号市人民政府办公室关于下达2012年上半年全市财政收入奋斗目标的通知

市府办发〔2012〕54号市人民政府办公室关于做好城镇新增就业及实名制登记工作的通知

市府办发〔2012〕55号市人民政府办公室关于加强和改进流浪未成年人救助保护工作的实施意见

市府办发〔2012〕56号市人民政府办公室关于印发2012年六盘水市整治违法排污企业保障群众健康环保专项行动工作方案的通知

市府办发〔2012〕57号市人民政府办公室关于转发贵州省2012年依法行政工作要点的通知

市府办发〔2012〕58号市人民政府办公室关于印发六盘水市集中开展安全生产领域“打非治违”实施方案的通知

市府办发〔2012〕59号市人民政府办公室关于做好通信保障及数据填报更新工作的通知

市府办发〔2012〕60号市人民政府办公室关于印发六盘水市旅游局主要职责内设机构和人员编制规定的通知

市府办发〔2012〕61号市人民政府办公室关于印发六盘水市城乡规划局主要职责内设机构和人员编制规定的通知

市府办发〔2012〕62号市人民政府办公室关于印发六盘水市城市管理局主要职责内设机构和人员编制规定的通知

市府办发〔2012〕63号市人民政府办公室关于印发六盘水市能源局（六盘水市煤炭局）主要职责内设机构和人员编制规定的通知

市府办发〔2012〕64号市人民政府办公室关于印发六盘水市文化体育广播电影电视局（六盘水新闻出版局六盘水版权局）主要职责内设机构和人员编制规定的通知

市府办发〔2012〕65号市人民政府办公室关于进一步加强市政府领导批示件办理工作的通知

市府办发〔2012〕66号市人民政府办公室关于印发六盘水市继续深入扎实开展 “安全生产年”活动实施方案的通知

市府办发〔2012〕67号市人民政府办公室关于印发六盘水市金融机构支持地方经济发展考核奖励办法（试行）的通知

市府办发〔2012〕68号市人民政府办公室关于印发《六盘水市属国有特困企业确认工作方案》的通知

市府办发〔2012〕69号市人民政府办公室关于印发六盘水市人民政府办公室公文处理办法的通知

市府办发〔2012〕70号市人民政府办公室关于严肃公文报送有关事宜的通知

市府办发〔2012〕71号市人民政府办公室关于加强全市煤矿水害防治工作的通知

市府办发〔2012〕72号市人民政府办公室关于印发六盘水市消防安全网格化管理实施意见的通知

市府办发〔2012〕73号市人民政府办公室关于印发六盘水市公益性岗位开发管理实施细则的通知

市府办发〔2012〕74号市人民政府办公室关于印发2012年食品安全重点工作责任分工方案的通知

市府办发〔2012〕76号市人民政府办公室关于对市人民政府安排的重要工作事项开展调度的通知

市府办发〔2012〕77号市人民政府办公室关于实行存贷挂钩引导金融机构增加信贷投放有关事宜的通知

市府办发〔2012〕78号市人民政府办公室关于加强资源综合利用企业税收管理有关问题的通知

市府办发〔2012〕79号市人民政府办公室关于印发中小学幼儿园食堂回收工作方案的通知

市府办发〔2012〕80号市人民政府办公室2012年第一季度招商引资考核情况的通报

市府办发〔2012〕81号市人民政府办公室关

于做好明湖湿地公园污染源治理工作的通知

市府办发〔2012〕82号市人民政府办公室关于一季度固定资产投资考核情况的通报

市府办发〔2012〕83号市人民政府办公室关于印发六盘水老城棚户区改造工程（荷谐园）项目房屋征收补偿安置方案的通知

市府办发〔2012〕84号市人民政府办公室关于印发市人民政府2012年6月—12月工作计划的通知

市府办发〔2012〕85号市人民政府办公室关于明确全市小（1）型及其以上水库和县级中心城区以及县级园区防汛责任人的通知

市府办发〔2012〕86号市人民政府办公室关于印发六盘水市公共资源交易目录的通知

市府办发〔2012〕87号市人民政府办公室关于印发《六盘水市公共资源交易监督管理暂行办法》《六盘水市公共资源交易信息发布暂行办法》的通知

市府办发〔2012〕88号市人民政府办公室关于印发《2012年度六盘水市政府系统门户网站绩效评估工作方案》的通知

市府办发〔2012〕89号市人民政府办公室关于规范行政事业单位人员因公出国出境手续办理程序的通知

市府办发〔2012〕90号市人民政府办公室关于对省政府2012年度依法行政考核指标体系进行分解办理的通知

市府办发〔2012〕91号市人民政府办公室关于印发六盘水市参与“中国⊠贵州人才交流合作平台”建设工作实施方案的通知

市府办发〔2012〕92号市人民政府办公室关于钟山区凤凰街道办事处石龙社区委托给钟山经济开发区管理的通知

市府办发〔2012〕93号市人民政府办公室关于印发六盘水市全民科学素质行动计划纲要实施方案（2011~2015年）的通知

市府办发〔2012〕94号市人民政府办公室关于印发《2012年六盘水市麻风病防治工作目标考核办法》的通知

市府办发〔2012〕95号市人民政府办公室关于印发六盘水市2012年政府机关使用正版软件工作实施方案的通知

市府办发〔2012〕96号市人民政府办公室关于印发六盘水市2012年公共机构节能工作实施方案的通知

市府办发〔2012〕97号市人民政府办公室关于印发六盘水市2012年道路交通安全年活动实施方案的通知

市府办发〔2012〕98号市人民政府办公室关于切实抓好煤炭产量销量库存量报送工作的通知

市府办发〔2012〕99号市人民政府办公室关于印发六盘水市2012年主要污染物总量减排计划的通知

市府办发〔2012〕100号市人民政府办公室关于印发六盘水市遏制与防治艾滋病“十二五”行动计划的通知

市府办发〔2012〕101号市人民政府办公室关于印发六盘水市完善体制机制加快推进中药材产业化中药现代化发展重点工作实施方案的通知

市府办发〔2012〕102号关于印发《党的十八大期间六盘水市消防安全保卫战工作方案》的通知

市府办发〔2012〕103号市人民政府办公室关于转发《省政府办公厅关于进一步推进扩权强县工作的实施意见》的通知

市府办发〔2012〕104号市人民政府办公室关于建立公文处理工作督查通报制度的通知

市府办发〔2012〕105号市人民政府办公室关于印发六盘水市人民政府应急通信指挥系统管理试行办法的通知

市府办发〔2012〕106号市人民政府办公室关于六枝特区洒志乡山体滑坡情况的通报

市府办发〔2012〕107号市人民政府办公室关于印发六盘水至六枝高速公路拆迁安置补偿方案的通知

市府办发〔2012〕108号市人民政府办公室关于2012年上半年社会消防工作检查考核情况的通报

市府办发〔2012〕109号市人民政府办公室关于推广使用复合自保温（EPS）粉煤灰混凝土小型空心砌块的通知

市府办发〔2012〕110号关于向市人民政府驻

外办事（联络）处派出轮换制干部的通知

市府办发〔2012〕111号市人民政府办公室关于在六盘水市安全生产经营建设领域推行“三位一体”执法工作的通知

市府办发〔2012〕112号市人民政府办公室关于印发六盘水市参加第二届中国（贵州）国际酒类博览会工作方案的通知

市府办发〔2012〕113号市人民政府办公室关于规范行政事业单位人员因公赴台手续办理程序的通知

市府办发〔2012〕114号市人民政府办公室关于上半年固定资产投资考核情况的通报

市府办发〔2012〕115号市人民政府办公室关于2012年

第二季度招商引资考核情况的通报

市府办发〔2012〕116号市人民政府办公室关于进一步明确经费类购车类公文办理有关事项的通知

市府办发〔2012〕117号市人民政府办公室关于印发六盘水市国有土地上房屋征收与补偿办法（试行）的通知

市府办发〔2012〕118号市人民政府办公室关于印发六盘水市煤矿安全生产联合执法工作方案的通知

市府办发〔2012〕119号市人民政府办公室关于下达2012年向上争取资金补助目标任务的通知

市府办发〔2012〕120号市人民政府办公室关于启用六盘水市人民政府应急通信指挥系统的通知

市府办发〔2012〕121号市人民政府办公室关于印发《六盘水市创建国家卫生城市实施方案》的通知

市府办发〔2012〕122号市人民政府办公室关于印发六盘水市人民政府政务服务大厅进驻人员考核管理规定的通知

市府办发〔2012〕123号市人民政府办公室关于印发六盘水市城市低收入家庭认定实施办法的通知

市府办发〔2012〕124号市人民政府办公室关于切实履行好部门牵头职责的通知

市府办发〔2012〕125号市人民政府办公室关于切实做好双戛乡老鹰山镇委托管理后有关工作的通知

市府办发〔2012〕126号市人民政府办公室关于切实做好“十二五”期间主要污染物总量减排工作的通知

市府办发〔2012〕127号市人民政府办公室关于切实做好水库库区移民维稳工作的通知

市府办发〔2012〕128号市人民政府办公室关于申报农业特色产业发展重点乡镇的通知

市府办发〔2012〕129号市人民政府办公室关于下达2013年农业九大产业预安排计划的通知

市府办发〔2012〕130号市人民政府办公室关于印发六盘水市村级档案管理暂行办法（修订）的通知

市府办发〔2012〕131号关于加强全市人民防空专业队伍建设的通知

市府办发〔2012〕132号市人民政府办公室关于印发市中心城区结合民用建筑修建防空地下室清理工作方案的通知

市府办发〔2012〕133号市人民政府办公室关于严格执行首问责任制的通知

市府办发〔2012〕134号六盘水市人民政府办公室关于进一步加强乡镇卫生院管理的意见

市府办发〔2012〕135号市人民政府办公室关于印发六盘水市深化医药卫生体制改革2012年度主要工作安排的通知

市府办发〔2012〕136号市人民政府办公室关于做好2012年度化肥淡季储备工作的通知

市府办发〔2012〕137号市人民政府办公室关于分解落实省人民政府第五次民族工作联席会议确定的2012年主要工作任务的通知

市府办发〔2012〕138号市人民政府办公室关于禁止在阿雨水库工程水库淹没区和工程占地区新增建设项目和迁入人口的通知

市府办发〔2012〕139号市人民政府办公室关于建立规范性文件有效期制度和定期清理制度的通知

市府办发〔2012〕140号市人民政府办公室关于对全市主要工业指标任务进行分解的通知

市府办发〔2012〕141号市人民政府办公室关于印发六盘水市知名商标认定和保护办法的通知

市府办发〔2012〕142号市人民政府办公室关于认真学习贯彻贵州省省级财政专项资金管理办法和贵州省省级财政资金审批管理办法（暂行）的通知

市府办发〔2012〕143号市人民政府办公室关于印发《2012年全市政府信息公开工作要点》的通知

市府办发〔2012〕144号市人民政府办公室关于印发六盘水市创建无传销城市活动实施方案的通知

市府办发〔2012〕145号市人民政府办公室关于进一步加强行政调解工作的意见

市府办发〔2012〕146号市人民政府办公室关于印发2012年全市经济发展增比进位目标责任分解表的通知

市府办发〔2012〕147号市人民政府政府办公室关于停建煤矿恢复建设验收有关事项的通知

市府办发〔2012〕148号市人民政府办公室关于对市内高载能企业实施电价补贴的通知

市府办发〔2012〕149号市人民政府办公室关于报送市级政府性投资项目融资情况的通知

市府办发〔2012〕150号市人民政府办公室关于印发六盘水市招商引资奖励办法（试行）的通知

市府办发〔2012〕151号市人民政府办公室关于废止六盘水市评标专家管理暂行办法和六盘水市工程招标代理监督暂行办法的通知

市府办发〔2012〕152号市人民政府办公室关于印发六盘水市行政审批过错责任追究试行办法的通知

市府办发〔2012〕154号市人民政府办公室关于转发六盘水市直播卫星“户户通”工程建设实施方案的通知

市府办发〔2012〕155号市人民政府办公室关于印发六盘水市气象灾害应急预案（修订）的通知

市府办发〔2012〕156号市人民政府办公室关于2012年第三季度招商引资考核情况的通报

市府办发〔2012〕157号市人民政府办公室关于印发六盘水市2012年秋冬种工作安排意见的通知

市府办发〔2012〕158号市人民政府办公室关于印发六盘水市“十二五”单位GDP能耗考核体系实施方案的通知

市府办发〔2012〕159号市人民政府办公室关于2012年第三季度固定资产投资考核奖励情况的通报

市府办发〔2012〕160号市人民政府办公室关于印发六盘水市确保党的“十八大”期间广播电视安全播出工作方案的通知

市府办发〔2012〕161号市人民政府办公室关于开展安全生产大检查的通知

市府办发〔2012〕162号市人民政府办公室关于进一步加强林业植物检疫工作的通知

市府办发〔2012〕163号市人民政府办公室关于做好公文格式改版工作的通知

市府办发〔2012〕164号六盘水市人民政府办公室关于进一步加强乡村医生队伍建设的实施意见

市府办发〔2012〕165号市人民政府办公室关于印发六盘水市支持贵州盘江投资控股（集团）有限公司股权投资类企业发展暂行办法的通知

市府办发〔2012〕166号市人民政府办公室关于印发六盘水市土地储备资金管理实施办法的通知

市府办发〔2012〕167号市人民政府办公室关于印发六盘水市车辆税收征收管理暂行规定的通知

市府办发〔2012〕168号市人民政府办公室关于印发2012年建议提案办理回头看工作实施方案的通知

市府办发〔2012〕169号市人民政府办公室转发市人口计生委市扶贫局关于人口计生与扶贫开发相结合的实施意见的通知

市府办发〔2012〕170号市人民政府办公室关于印发六盘水市贯彻落实《质量发展纲要（2011~2020年）》深入推进质量兴市工作实施方案的通知

市府办发〔2012〕171号市人民政府办公室关于切实做好2012年度困难群众生活用煤供应补贴工作的通知

市府办发〔2012〕172号市人民政府办公室关

于开展2012年度社会消防工作目标责任考核的通知

市府办发〔2012〕173号市人民政府办公室关于印发六盘水市水利水电工程移民群体性突发事件应急预案的通知

市府办发〔2012〕174号市人民政府办公室关于贵州盘南煤炭开发有限责任公司发生煤与瓦斯突出事故的通报

市府办发〔2012〕175号市人民政府办公室关于印发六盘水市政府性投资项目招标投标管理暂行办法的通知

市府办发〔2012〕176号市人民政府办公室关于分解下达2012年中央预算内投资项目及扶贫生态移民工程年度目标任务的通知

市府办发〔2012〕177号市人民政府办公室关于印发六盘水市市直机关事业单位面向社会聘用工勤人员招聘办法（暂行）的通知

市府办发〔2012〕178号市人民政府办公室印发六盘水市关于办理人大代表建议和政协提案工作规定的通知

市府办发〔2012〕179号市人民政府办公室关于印发明湖花园酒店与钟山宾馆员工整合工作方案的通知

市府办发〔2012〕180号市人民政府办公室关于印发六盘水市气象灾害预警信号发布与传播管理办法的通知

市府办发〔2012〕181号市人民政府办公室关于提供编制六盘水市创建国家环境保护模范城市规划相关资料的通知

市府办发〔2012〕182号市人民政府办公室关于印发市人民政府政务服务大厅进驻事项目录的通知

市府办发〔2012〕183号关于在全市遴选市依法行政研究所工作人员的实施方案的通知